日本史史料 [1] 古代

# 日本史史料

## [1] 古代

歴史学研究会編

岩波書店

# はしがき

近年、日本史研究は飛躍的な発展を遂げている。戦後早くから求められていたアジア史・世界史の中に日本史の展開を位置づけるという課題、民衆の立場から日本史像の見直しを徹底し、明治以来形成されてきた国家中心の歴史像を克服するという課題なども急速に具体化され、深められるようになった。アジア太平洋戦争・戦後改革が広い視野から見直されたり、生活文化史・女性史・社会史など民衆史の諸側面が多角的に追究されたりしているのもそのあらわれである。

そうした状況の中で、どの時代についても、新たな問題関心に基づいて設定されたテーマへの多様な接近方法が工夫され、基本史料の読み直しとともに、これまで史料としての価値をほとんど与えられていなかった類いのさまざまの文字・非文字史料が積極的に掘りおこされ、活用されるようになった。それにともなって、史料論・史料学的基礎研究も本格的に進められるようになった。

歴史学研究会は、日本史研究のこのような新しい段階への到達を確認し、一九九三年六月の委員会において、『日本史史料』の編纂・刊行の方針を決定し、その内部に企画小委員会を設置した。研究の新しい水準を具体的にあとづける基本的な史料集が、広く利用しやすい形で提供されることは歴史教育にとって欠かせないものであり、さらに一般の人びとの日本史理解の深化・歴史意識の研磨のためにも重要であると考えたのである。それはたしかに、戦後一貫して、歴史学研究と歴史教育の相関関係を重視し、教育と学問の分離という方向を強く批判してきた歴史学研究会の仕事にふさわしいものといえるであろう。

翌九四年七月、企画小委員会での討議をふまえ、この計画を実現するための、独立の「日本史史料編集委員会」が発足した。そのメンバーには、各時代責任者として、古代＝石上英一、中世＝村井章介、近世＝高埜利彦、近代＝宮地正人、現代＝小林英夫、それに全体の取りまとめ役として永原慶二、幹事役として当時会の委員であった海老沢衷、保立道久の合計八名が歴史学研究会委員会から委嘱された。

第一回の編集委員会は企画小委員会での討議を受け継ぎ、『日本史史料』の基本的性格、枠組みを次のように決定した。

（一）『日本史史料』は、高校・大学一般教育の基本的教材として活用されることを主目標とし、併せて、一般読者の日本史認識にも役立つことができるようなものとする。

（二）そのため史料の選択は、各時代の発展の道筋や特質を明らかにする基本史料を諸分野に目配りしつつ精選するとともに、新しい研究水準のなかでとくに注目すべき新史料を極力多く採用する。

（三）採用する史料には、読点を打ち、必要に応じ読み下しもつける。また、難読、難解語、人名・地名などをはじめ必要とする注をつける。さらに、その史料の注目点・意義・歴史的背景などについて、新しい研究水準をふまえた解説を一点ごとに加える。

（四）『日本史史料』は、古代・中世・近世・近代・現代、各一巻、全五巻の編成とし、各巻ともA５判四〇〇ページ程度を目安とする。

（五）刊行出版社は、先に本会が編集して多くの利用者を得ている『新版　日本史年表』と同様、岩波書店に依頼する。

およそ以上のような基本方針を歴史学研究会委員会に報告、了承を得た上、引きつづき岩波書店に提案、幸いにその快諾を得た。そして、それに基づき九四年秋以降、編集委員会は各巻の分担執筆メンバー（計三二名）を決定し、内容についての責任は各巻ごとにこれらメンバーが負うこととし、編集の仕事を本格的に開始した。これらのメンバーはみな、今日の研究の第一線にあって多忙をきわめる人びとであるため、予定日程通りに進めることには困難が少なくなかったが、諸氏ともこの仕事の重要性を認識され、予想以上に順調に原稿がつくられていった。

さらに、この種の史料集のような本つくりは細部にわたる注意と手間とを予想以上に必要とするものであるが、それを短期集中的に乗り越えることができたのは岩波書店側の編集担当者となった沢株正始・富田武子氏のおかげである。厚く御礼申し上げたい。

『日本史史料』はこのような経過で世に送られることとなった。この上は、本史料集が歴史教育や一般の方々の歴史学習の場で少しでも多く利用され、広い人びとの自分の目、自分の頭による主体的な日本史認識に役立つことができることを願うものである。

一九九七年二月

『日本史史料』編集委員会

代表　永　原　慶　二

# 凡　例

## ○史　料

本書に収録した史料は、原典(原史料あるいは史料集)を忠実に再現することにつとめたが、史料読解の便宜のために、左記のような整理を行った。

一、漢字は新字体を用い、正字や異体字は常用の字体に改めることを原則とした。

一、仮名遣いは原典のままであるが、必要に応じて獨音表記を用いた。

一、史料の中略部分は(中略)として示した。また、必要に応じて、(上略)(下略)により、前後に省略部分のあることを示した。

一、史料中の割書は、木簡などを除いて、〈　〉で囲み、一行に組んだ。

一、必要に応じて、句読点、返り点、訓読用傍書を加えた。訓読は、語幹を平仮名で、活用語尾・助辞や読み添えの字句を片仮名で表記した。なお、語幹は現代仮名遣い、活用語尾等は旧仮名遣いで表記した。

一、史料中の引用部分などは、「　」「　」『　』を用いて示した。

一、必要に応じて、史料に説明注、校訂注を(　)を用いて加えた。

一、本書に利用した史料は、序章及び各章の解説に掲げた史料集を参照しているが、理解の便宜のために、適宜、他の史料集を参照したり、著者の考えにより、字句や句読点・返り点、訓読を改めたところがある。また、句読点や返り点、訓読の方法は、各章・各節の担当者や史料により、異なる場合がある。これは、時代ごとの史料の読み方や訓読法の違い、読者への分かりやすい提示などによるものであり、史料の正確な理解を妨げることがないように配慮してある。

一、史料の出典については、利用しやすい史料集や訓読や注釈の加えられた史料集を重視した。

○注　解

一、史料中の難解な語句や人名などの固有名詞には、史料一点ごとに、または史料の群ごとに、(1)(2)……の番号を付して語注を加えた。

一、各史料、または史料の群ごとに、史料から読み取れることがらについての解説を記した。

一、語注及び解説は、各史料の理解を容易にするため、前後の章節・史料の語注・解説と重複することがある。

一、歴代の大王については、便宜的に、例えば「雄略」の如く、漢風諡号(八世紀中葉に撰進されたとされる)を用いた。また、当該大王の治政の時期については、「雄略期」の如き表現を用いた場合がある。なお、天皇・皇后・皇子の称号が成立する以前の時期についても、便宜的に、有間皇子・大津皇子・大海人皇子の如くに皇子の称号などを慣行に従い用いた場合がある。

本章の執筆については、石上英一・吉田恵二・仁藤敦史・大町健・佐藤信・加藤友康・木村茂光が左記の章節項の分担を行い、全体の調整を石上が行った。

序章　はじめに、二　石上英一
一　吉田恵二
第一章　仁藤敦史
第二章　第一節、第二節、第三節、第四節1・3、第五節、第六節、第七節　大町健
第四節2(2)(3)(4)　佐藤信
第四節2(1)　石上英一
第三章　第一節、第二節　佐藤信
第三節、第四節、第五節、第六節　佐藤信・石上英一
第七節　石上英一
第四章　第一節1(1)(2)(4)、2(1)(2)、3、第二節、第三節、第四節、第五節　加藤友康
第一節1(3)、2(3)(4)　石上英一
第五章　第一節、第二節、第四節　木村茂光
第三節　石上英一

# 目次

# 序章　古代史史料について

## はじめに

本書は、日本列島上の政治的社会が中国を中心とする東アジア世界において、文字資料に記録されるようになる一世紀より十一世紀中葉まで——中世的社会への移行期となる十一世紀後半の平安院政期より以前の時期の、日本列島上の国家と社会の歴史を、史料によりたどるための史料集である。ただし、北海道及びのちに琉球国を形成する琉球諸島は対象としていない。

歴史は、文字資料（歴史資料、文学資料、宗教資料等）、画像資料（絵画、絵図等）、考古学資料（遺跡・遺構・遺物、古環境情報）、民俗資料、美術史資料（作品、修復復原技術）、芸能資料（音楽資料、舞踊資料等）、建築史資料（古建築、修復復原建造物、土木技術情報）、技術史資料（古道具、作品、復原作品、復原技術）、口頭伝承、歴史地理資料（地図、地名、歴史的景観情報、地理情報）、自然・環境情報などにより解明される。

それらの歴史情報の中で、文字により記録された歴史情報は、時間、場所、行為関係者、対象物、対象とする状況の情報を内包するものとして、歴史研究の基礎となるものである。ある社会についての文字による歴史の記録は、当該社会内部で生み出される場合と、周辺の先進文化を有する社会によってなされる場合とがある。日本の古代国家は、紀元前数世紀から紀元七世紀までの移行期を経て誕生する。特に紀元一世紀から五世紀の時期は、先進文化地域の中国や朝鮮半島諸国が記録した日本（当時は倭と称されていた）に関する文字資料が残されており、それらと考古学資料を基準として、七世紀末から八世紀初に編纂された史書（日本書紀・古事記）等における当該時代に関する記述の信頼性が検証される。そして、七世紀になると当該時期に関する史書の記述内容の信頼性は増し、七世紀後半の時期の記述は多くが信頼できる内容となる。八世紀以降は、史料批判（あるいは文献批判）を必要とはするが、同時代の歴史情報として文字資料を使用できるようになる。

本書は、これらの文字資料により、いわゆる古代日本（弥生時代から古墳時代までは、原始社会から古代社会への移行期）の歴史をたどるための書である。

当初、弥生時代以降の歴史を考古学資料と歴史資料によりたどることを検討したが、資料のありかたと研究方法が異なるので、考古学資料については、別にそれらを中心とした資料集として企画されるべきであると考えて、取り上げることを断念した。そこで、本書の企画に当初より参加した、考古学の吉田恵二氏による、考古学より見た原始・古代社会史概観を、「古墳時代以前」として序章に掲げることにしたい。

## 一　古墳時代以前

### 1　旧石器時代

人類が最初に作った利器が旧石器で、原石を打ち欠いて作られ、刃部を磨いて作る磨製石器が出現するまで用いられた。欧米諸国では旧石器時代を前期旧石器時代、中期旧石器時代、後期旧石器時代の三時期に分けている。しかし、日本では中期旧石器時代の前半をも含めて前期旧石器時代とし、中期旧石器時代の後半以後を後期旧石器時代としており、単純に欧米と比較することはできない。

昭和二十四年に相沢忠洋《ただひろ》が群馬県岩宿《いわじゅく》で縄文時代以前の石器を発見して以来、日本にも旧石器時代があったことが広く認められ、旧石器時代の遺跡が発見されている。しかし、そのほとんどが約三万年前から始まる後期旧石器時代のもので、これより古い旧石器時代遺跡はきわめて少ない。

地球上には大きく四回の氷河期が断続し、氷河期と氷河期の間は間氷期となる。氷河期には陸上を氷河が覆い、海水面は降下して海岸線が後退し、間氷期には海水面が上昇して海岸線は前進し、陸地の奥深くまで入り込む。大陸と地続きになった氷河期に、大陸からマンモスその他の動物が日本列島に南進し、これを追うようにして人類がやって来たと考えられている。

旧石器時代の人類の生活形態は基本的に狩猟、漁労、採集生活であり、狩猟には尖頭器《せんとうき》と呼ばれる槍先が使われ、獲物の解体や小分けには搔器《そうき》と呼ばれるナイフが用いられた。

旧石器時代も後期になると生活用具も発達し、石器は用途別に作り分けられ、ヨーロッパでは鹿の角や骨で作った骨角器が現れ、洞窟壁画やマンモスの牙や石で作ったヴィーナス像など、精神文化も発達したが、日本ではこのような遺物はまだ発見されていない。毛皮などで作った衣服もあったと考えられるが、未発見である。日本の旧石器時代遺跡から発見されるのが石器のみであるのは、日本の土壌が酸性の強い火山灰土であるからであり、このような土壌の中では有機物は速やかに腐敗消滅するためである。

## 2　縄文時代

今から約一万年前に始まり、紀元前二—三世紀まで続く縄文時代は、草創期、早期、前期、中期、後期、晩期の六期に分けられている。新石器時代に相当する縄文時代の生活形態は基本的に狩猟、漁労、採集生活であり、旧石器時代の生活形態を踏襲するが、旧石器時代に比べると生活様式、文化は格段に発達している。

石器には刃部を研ぎだした磨製石器が現れ、種類も大幅に増える。しかし、旧石器時代と決定的に異なるのは石鏃《せきぞく》の出現で、弓矢の発明によって狩猟能力は飛躍的に改良された。漁労技術の発達もめざましく、骨角製の銛や釣り針の形や性能は今日の物とほとんど変わらない。貝塚が形成されたのも縄文時代の特徴で、日本各地の貝塚から出土する貝殻や魚骨、獣骨の研究によれば、縄文人が食用とした魚介類や獣類の種類は今日とほとんど変わらない。こうした狩猟、漁労、採集の一方で、植物栽培も行われており、ソバ、マメ、ヒョウタンなどの種子や花粉が発見されている。特に注目されるのはヒョウタンで、アフリカ原産のヒョウタンの種子が縄文時代前期の福井県鳥浜貝塚から発見されている。

土器が発明されたことも旧石器文化と縄文文化を分ける大きな変化である。縄文土器の多くは食物を煮炊きするための鉢や甕であり、貯蔵用の壺や食器用の皿や椀はきわめて少ない。弥生時代以後の土器では煮炊き用の土器以外に貯蔵用の土器や食器用の土器があるのと様相を異にしている。しかし、煮炊き用の土器が発明されたことによって、調理法は格段に広がり、植物性食料の種類が大きく増大した。

旧石器時代と縄文時代を分ける重要な要素に、竪穴住居の出現と集落の形成がある。竪穴住居と集落は洪積台地の縁辺や丘陵上に作られ、人々が定住生活に入ったことを示している。竪穴住居内には炉が設けられ、煮炊きや暖をとる以外に明かりとしても用いられた。こうした定住化が、植物栽培を容易にした。石器や土器、骨角器以外の生活用具も豊富になり、木製器具や独木舟《まるきぶね》、漆器、縄、魚網なども作られ、生活は飛躍的に便利になった。装身具類も豊富になり、貝輪《かいわ》や耳飾り、各種珠類をつけ、特殊な地位にあったと推定される人々も出現したが、弥生時代以後のような階層差や階級差はみられず、原始共同体を形成していた。

土偶や石棒、土版その他、呪術的な道具も出現し、旧石器時代に比べ、精神文化にも格段の進歩がみられる。こうした精神文化の発達を示すのが墓地の形成で、土坑墓や甕棺墓が造られた。土坑墓には成人が埋葬され、伸展葬と屈葬の二種類があり、子供は甕棺に葬られた。幼児を納めた埋め甕は竪穴住居の床下や出入り口の下に埋められている。これらの墓の副葬品は貧弱で、集落内に階層差がなかったことを如実に物語っている。

### 3　弥生時代

弥生時代は稲作と金属器の使用が始まった時代で、北部九州に伝わった稲作は弥生時代前期のうちに東海地方から日本海側の青森県まで波及した。関東地方から東北地方の太平洋側に稲作が伝わったのは、弥生時代中期である。日本に伝わった稲作は、その初期から水田造作、水路の掘削から収穫、脱穀までの一貫した技術をもち、かつ、そこで用いられた木製農具は機能的に完成されたものであった。収穫は石包丁による穂刈りで、籾のまま高床倉庫に貯蔵され、竪杵と竪臼で脱穀された。稲作の開始はやがて富と強大な農業共同体を生み出し、中国の史書でクニ(国)と表現される連合体を形成していった。これらのクニの中には漢や魏に使いを出すものも現れ、縄文時代の約一万年の間、大陸とほとんど没交渉であった日本列島が東アジアの一員として組み込まれた。当然、文字を解する人々もいたと思われるが、確実な文字関係遺物は発見されていない。

青銅器には銅剣、銅鉾、銅戈、銅鐸などがあるが、武器を含めてそのほとんどが祭祀に用いられた。これに対し、実用品として使われたのが鉄製農耕具で、石器が急速に消滅する弥生時代後期にはかなり普及していたと考えられている。

弥生時代の集落も竪穴住居が中心であるが、縄文時代に比べて集落規模は大規模になり、集落の周囲を防御用の深い濠で囲んだ環濠集落も現れた。魏志倭人伝にある倭国大乱に対応するものとされる高地性集落が九州から瀬戸内、畿内に密集する。縄文時代の無防備な集落に代わって防御的な集落が出現するのも、弥生時代の特徴である。

弥生時代の墓には、土坑墓、甕棺墓、配石墓、方形周溝墓、墳丘墓などがある。個々の墓の規模や副葬品には、次第に差が現れ、弥生時代後期の岡山県楯築《たてつき》墳丘墓のように巨大な墳丘内に木槨と木棺を埋納し、墳丘上に後の円筒埴輪のもととなった特殊器台や特殊壺を並べたものも築かれた。

## 4　古墳時代

古墳時代は大和、河内などの畿内の王権を中心に、九州から東北地方の一部まで前方後円墳を頂点とする古墳が築かれた時代で、富と資源、技術が畿内に集中された。一つの墓に複数の人が埋葬された弥生時代と異なり、古墳は一人のための墓であり、副葬品も豪華で、強大な権力を持った個人が出現したことを物語っている。

古墳時代の富と権威の原動力となったのは鉄の普及で、鉄製農具や工具、鉄製武器が大量に作られた。鉄製農具の普及は、弥生時代に水田化されていた水辺の湿田に加えて、奥地の乾田や半乾田の開墾に威力を発揮し、水田面積を大幅に増加させた。この鉄の入手のため、朝鮮半島にまで進出していたことが、中国の史書にも記されている。

古墳時代には、古墳から中国製や朝鮮製の遺物が出土するだけでなく、積極的に大陸との関係を求めた。この動きは、高句麗広開土王碑文や中国の史書にも記されている。前期古墳出土遺物中、特に注目されるのは三角縁神獣鏡で、魏の年号である景初、正始を銘文中にもつもののあることから、邪馬台国の女王卑弥呼が魏の皇帝から下賜された鏡と考えられ、邪馬台国の所在地比定の重要な鍵となっている。ただ、中国では三角縁神獣鏡が一面も出土していないこと、魏にはない景初四年銘をもつものがあることから、三角縁神獣鏡は魏の鏡ではなく、日本で作られた鏡とする説が王仲珠から出されている。しかし、三角縁神獣鏡のうち中国製の舶載鏡をまねて日本で作ったとされる倣製鏡の銘文は文字の体をなさず、文字を解する者が作ったとは思われない。

この時代になると、埼玉県稲荷山古墳出土鉄剣、熊本県江田船山古墳出土大刀、和歌山県隅田《すだ》八幡宮蔵人物画像鏡など、日本で文字を象嵌した剣や文字を鋳造した鏡が各地で出土し、文字資料は豊富になる。

## 二　古代国家の確立と展開

### 1　時代の概観

四―六世紀には大和・河内を本拠とする倭王の権力が確立し、七世紀初頭の推古期には王権も安定した(**第一章**)。七世紀には中国の律令に基づく国家制度の導入が図られ、七世紀後半の壬申の乱を経て、浄御原令《きよみはらりょう》、大宝律令の編纂・施行がなされ、藤原京・平城京の造営と地方行政制度の整備を通じて国家体制が確立した。国号も七世紀末には倭から日本へと転換した。この時代は奈良時代と称されている(**第二章**)。

八世紀末に桓武天皇により長岡京、ついで平安京に都が移され国家権力の整備が図られたが、九世紀には、藤原氏の勢力が拡大し、貴族勢力による統治体制が模索されるようになった。この時代は平安前期と区分されている(**第三章**)。

九世紀後半から藤原北家の摂政・関白就任による摂関政治への転回が起こり、十世紀には国風文化の展開も見られ、新しい政治体制への模索が行なわれた。この時代は平安時代中期と区分されている(**第四章**)。

十世紀には、次第に中世的社会への変化が生じ、十世紀後半以降、国家統治も後期摂関政治と称される体制へと展開した。この時代は平安時代後期と区分されている(**第五章**)。

十一世紀後半には、院政という新しい王権の支配体制が展開し、中世的な国家秩序への転回が生じた。この時代は平安院政期と称されている(十世紀以降を平安時代後期と称することもある)。平安院政期は、『日本史史料集』第二巻中世で取り扱っている。

## 2　古代の史料

日本の古代を知るための史料には次のような分野のものがある

**①　外国史料**　中国の史書である漢書・後漢書・三国志（魏書に倭人伝を収める）・宋書・隋書や、朝鮮三国の史書である三国史記は、まだ十分な文字の使用が進展していない段階の倭に関する情報を記録しているものとして重要である。

また、高句麗広開土王碑などの金石文も倭に関する基本史料である。

**②　史書**　日本の史書は、古事記（七一二年〔和銅五〕撰）、日本書紀（七二〇年〔養老四〕撰）をもって始まる。古事記・日本書紀に記録された六世紀以前の事柄は、外国史料、金石文史料、考古学の所見により、精密な史料批判が加えられなければならない。日本書紀は、天武紀以降の部分は信頼性が高く、七世紀についても、天智紀、孝徳紀、推古紀とさかのぼるにしたがい、史料批判が必要となる。特に、孝徳紀の大化改新記事、推古紀の聖徳太子に関する記事などについては、史料批判に関して様々な研究がなされている。

続日本紀《しょくにほんぎ》（対象期間は六九七－七九一年）、日本後紀《にほんこうき》（対象期間は七九二－八三三年。四分の三欠失）、続日本後紀（対象期間は八三三－八五〇年）、日本文徳《もんとく》天皇実録（対象期間は八五〇－八五八年）、日本三代実録（対象期間は八五八－八八七年。現存本は抄写部分あり）は、日本書紀とあわせて六国史《りっこくし》と称されている。これら天皇の命令により撰述された正史は、編年体であるところに特徴がある。六国史の記事を事項別に類聚したのが菅原道真（八四五－九〇三）が撰述した類聚国史《るいじゅこくし》（二百巻中六十一巻伝存）である。

六国史のあとを継ぐ正史は、編纂が試みられたが完成しなかった。十一世紀後半－十二世紀の成立と推定される編年体史書の日本紀略（編者未詳）は、神代から一〇三六年（長元九）を収め、六国史のある部分はそれを抄出し、後半は新国史（九三六年〔承平六〕編纂開始。未完）などの史書・記録から採録している。日本紀略は、続日本紀にない早良《さわら》親王廃太子の記事があり、日本後紀の欠失部復原資料としても重要である。本朝世紀《ほんちょうせいき》は、藤原通憲《みちのり》（信西《しんぜい》、一一〇六－一一五九）が鳥羽院《とばいん》の命により六国史を継承するものとして一一五〇年（久安六）より編纂を始めた史書で未完成であるが、外記《げき》日記など利用しており重要である。私撰史書には、神武天皇から堀河天皇の一〇九四年（嘉保元）までを収めた編年体史書の扶桑略記があり、仏教関係史料を多く利用する。斎部広成《いんべのひろなり》が八〇七年（大同二）に撰上した古語拾遺は、古事記・日本書紀と異なる神代の記事を有している。

右に紹介した史書のうち、古語拾遺以外のものは、『新訂増補国史大系』（吉川弘文館）に収録されている。

また古事記は『日本古典文学大系』（岩波書店）・『日本思想大系』（岩波書店）に、日本書紀は『日本古典文学大系』に、続日本紀は『新日本古典文学大系』（岩波書店）に、日本後紀は『訳注日本史料』（集英社）に、古語拾遺は岩波文庫に、それぞれ訓読・注解本がある。古事記・日本書紀・続日本紀・古語拾遺は、古写本の影印本も刊行されている。

**③法制史料**　浄御原令、大宝律令は写本が伝わらない。養老令十巻は、その注釈書である令義解《りょうのぎげ》（八三三年〔天長十〕撰。八三四年〔承和元〕施行）や令集解《りょうのしゅうげ》（惟宗直本《これむねのなおもと》撰、九世紀後半―十世紀初の成立）に採録されることによりほぼ内容が知られる（倉庫令・医疾令《いしつ》は逸文が集成されている）。養老律十巻は、写本により三分の一が伝えられる。養老律令の訓読・注解は『日本思想大系』律令に収められる。また、『訳注日本律令』（東京堂出版）は、養老律令の注解と共に、大宝律令の逸文の集成も収載している。令義解、養老律、令集解は、『新訂増補国史大系』に収録され、主要な写本の影印本も刊行されている。

一定期間に施行された単行法令を集積した格《きゃく》と、律令や格の施行細則などを集成した式は、弘仁・貞観・延喜の三代に撰述された。弘仁格（七〇一年〔大宝元〕―八一九年〔弘仁十〕の法令を集成。八三〇年〔天長七〕施行。八四〇年（承和七）、弘仁式と共に改正遺漏紕謬格式として再施行）は目録のみの弘仁格抄が残るだけで、貞観《じょうがん》格（弘仁格以降の法令を集成。新立法も含む。八六九年〔貞観十一〕施行）・延喜《えんぎ》格（貞観格以降の法令を集成。九〇八年〔延喜八〕施行）の写本は伝わらないが、三代の格を事項別に分類した類聚三代格《るいじゅさんだいきゃく》（編者未詳。十一世紀成立）、政務・年中行事に関する法令・格式を集成した政事要略（令宗允亮《これむねのただすけ》撰。一〇〇二年〔長保四〕成立。百三十巻中二十五巻残存）により収録された法令の一部を知ることができる。弘仁式（八三〇年施行、八四〇年再施行）・貞観式（八七一年〔貞観十三〕施行）は写本が伝わらないが、延喜式（九六七年〔康保四〕施行）が残る。また、官司の交替に関する法令や細則を集成した交替式としては、延暦《えんりゃく》交替式（八〇三年〔延暦二十二〕施行。法令集成）・貞観交替式（八六七年〔貞観九〕施行。法令集成）・延喜交替式（九二一年〔延喜二十一〕施行。官司ごとの細則集）が編纂され、写本が残されている。新抄格勅符抄《しんしょうきゃくちょくふしょう》は寺社封戸についての大同元年（八〇六）牒などを収めるが、成立年代、撰者は不明である。類聚符宣抄《るいじゅふせんしょう》は八―十一世紀の官符等を分類収録したものであり、続左丞抄《ぞくさじょうしょう》は十世紀から近世前期までの官符等を集めたもので、いずれも壬生官務家《みぶかんむけ》に伝えられた文書集である。類聚三代格、政事要略、弘仁格抄、延喜式、延暦交替式、貞観交替式、延喜交替式、新抄格勅符抄、類聚符宣抄、続左丞抄は、『新訂増補国史大系』に収録されている。また、延喜式の注解本が、『訳注日本史料』で刊行されている（既刊は上巻）。

朝廷の政務や恒例・臨時の行事の次第を規定した儀式書も編纂された。貞観儀式は、「儀式」（『新訂増補故実叢書』）と題される書がそれに当たるとされる。十四項目の朝議の儀式次第を記す内裏儀式（『新訂増補故実叢書』）は、八一八年（弘仁九）以前に編纂されたものと推測され、内裏式（『新訂増補故実叢書』『神道大系』）は八二一年（弘仁十二）に撰進され、八三三年（天長十）に補訂され、二十三の恒例・臨時の儀式次第を載せる。

十世紀以降、源高明《たかあきら》（九一四―九八二）の西宮記《さいきゅうき》（『新訂増補故実叢書』）、藤原公任《きんとう》（九六六―一〇四一）の北山抄《ほくざんしょう》（『新訂増補故実叢書』）、大江匡房《まさふさ》の江家《ごうけ》次第《しだい》（『新訂増補故実叢書』）などの儀式書が著述され、摂関政治期の政務・祭祀などの様相を詳細に知ることができる。

**④文書**　八世紀以降、文書も多数残される。正倉院宝庫には、正倉院に伝えられた献物《けんもつ》帳、八世紀の東大寺写経所に伝えられた文書（正倉院古文書。通称、正倉院文書）、東大寺寺家に伝えられ明治時代に正倉院宝庫に献納された東南院文書などが伝えられる。正倉院文書は、東京大学史料編纂所編『大日本古文書』編年文書（東京大学出版会）に翻刻され、宮内庁正倉院事務所編『正倉院古文書影印集成』（八木書店）で写真版が公刊されている。また、東京大学史料編纂所編『正倉院文書目録』（東京大学出版会）がある。正倉院文書は、写経事業に関する帳簿や文書であるが、政府から払い下げられた反故紙に天平時代の正税帳や大宝・養老の戸籍などの公文書が含まれ、それらが紙背文書として今に残されている。正倉院文書は地上に残された八世紀の文書群として、世界でも珍しいものである。

東南院文書は『大日本古文書』東大寺文書に翻刻されて

いる。東大寺に伝えられ正倉院宝庫に収められる八世紀の東大寺の荘園絵図は、東京大学史料編纂所編『東大寺開田図』（東京大学出版会）に収録され、他の古代荘園図と共に東京大学史料編纂所編『日本荘園絵図聚影』（東京大学出版会）、金田章裕他編『日本古代荘園図』（東京大学出版会）にも収録されている。八世紀の弘福寺（大和国高市《たけち》郡、のち東寺の末寺）、唐招提寺《とうしょうだいじ》（平城京）、観世音寺《かんぜおんじ》（大宰府、のち東大寺末寺）、九世紀の東寺（平安京）などの寺院文書も現れる。これらの古代文書は、竹内理三編『寧楽遺文』『平安遺文』（東京堂出版など）に収録されている。

**⑤記録**　日記のことを記録ともいう（ただし、ここでは、日記文学、報告書である事発日記、外記日記のような官司作成の日記は含まない）。七世紀にも、遣唐使の一員としての渡航記である伊吉連博徳《いきのむらじはかとこ》書など日記があったことが日本書紀から知られる。入唐僧も、円仁《えんにん》（七九四―八六四）の入唐救法巡礼行記《にっとうぐほうじゅんれいこうき》、円珍《えんちん》（八一四―八九一）の行歴抄《ぎょうれきしょう》のように巡礼日記を記した。日常の記録としての日記でまとまった内容が知られるのは、逸文が伝えられる宇多天皇の日記から始まる（所功『三代御記逸文集成』国書刊行会、一九八二年）。そして、写本や自筆本が残る記録としては、東京大学史料編纂所編『大日本古記録』（岩波書店）に、貞信公記《ていしんこうき》（九〇七年〔延喜七〕―九四八年〔天暦二〕）。藤原忠平《ただひら》（八八〇―九四九）、九暦《きゅうれき》（九三〇年〔延長八〕―九六〇年〔天徳四〕）。藤原師輔《もろすけ》（九〇八―九六〇）、御堂関白記《みどうかんぱくき》（九九八年〔長徳四〕―一〇二一年〔治安元〕）。藤原道長《みちなが》（九六六―一〇二七）。小右記《しょうゆうき》（九八二年〔天元五〕―一〇三二年〔長元五〕）。藤原実資《さねすけ》（九五七―一〇四六）が翻刻されている。また、醍醐《だいご》天皇皇子重明《しげあきら》親王（九〇六―九五四）の日記の吏部王記《りほうおうき》は、後世の儀式書などに多数引用され、九二〇年（延喜二十）から九五三年（天暦七）までの逸文が伝存する（『史料纂集』続群書類従刊行会）。さらに、藤原行成《ゆきなり》《こうぜい》（九七二―一〇二七）の権記《ごんき》（『史料纂集』九九一年〔正暦二〕―一〇一一年〔寛弘八〕）、源経頼《つねより》（九七六―一〇三九）の左経記《さけいき》（『増補史料大成』臨川書店、一〇一六年〔長和五〕―一〇三五年〔長元八〕、類聚雑例）、藤原資房《すけふさ》（一〇〇七―一〇五七）の春記（『増補史料大成』、一〇二六年〔万寿三〕―一〇五四年〔天喜二〕）なども摂関政治期史料として重要である。なお、記録の一覧は、『国史大辞典』（吉川弘文館）や『日本史辞典』（岩波書店）の記録年表に記されている。

**⑥文学**　万葉集は、『新日本古典文学大系』ほかの古典文学全集に注解がある。また、漢文学は、詩文集の懐風藻《かいふうそう》

（七五一年〔天平勝宝三〕成立、作者未詳）、勅撰集の文華秀麗集《ぶんかしゅうれいしゅう》（八一八年〔弘仁九〕撰）は『日本古典文学大系』に注解がある。他に勅撰集の経国集《けいこくしゅう》（八二七年〔天長四〕撰。『群書類従』文筆部）や凌雲集《りょううんしゅう》（八一四年〔弘仁五〕頃成立）（『日本古典全集』）がある。さらに、個人の詩文集として、空海（七七四―八三五）の性霊集《しょうりょうしゅう》（『日本古典文学大系』）、菅原道真の菅家文草《かんけぶんそう》・菅家後集《かんけこうしゅう》（『日本古典文学大系』）などがある。

詩文は、本朝文粋《ほんちょうもんずい》（藤原明衡《あきひら》〔九八九―一〇六六〕撰）、朝野群載《ちょうやぐんさい》（三善為康《ためやす》〔一〇四九―一一三九〕、一一一六年〔永久四〕撰）などに、公文なども含めて集成されている（いずれも『新訂増補国史大系』所収。本朝文粋は『新日本古典文学大系』にも収録）。また、詩文のうち政治・社会に関わる著名なものは『日本思想大系』八「古代政治社会思想」に収録され、注解がなされている。

最初の勅撰和歌集は古今《こきん》和歌集（九〇五年〔延喜五〕の醍醐天皇の勅により撰）であり、後撰《ごせん》和歌集（村上天皇の命により九五五年〔天暦九〕頃成立）、拾遺《しゅうい》和歌集（花山院《かざんいん》撰か。一〇〇五―一〇〇七年〔寛弘二―四〕頃成立か）と勅撰集が撰修される（いずれも『新日本古典文学大系』所収）。また、九世紀後半に活躍した六歌仙（遍昭《へんじょう》・在原業平《ありわらのなりひら》・文屋康秀《ふんやのやすひで》・喜撰《きせん》・小野小町《おののこまち》・大友黒主《おおとものくろぬし》）、藤原公任が「三十六人撰」で選んだ三十六歌仙（三十六人歌仙伝〔『群書類従』伝部〕）や、中古三十六歌仙（中古歌仙三十六人伝〔『群書類従』伝部〕）などの私家集《しかしゅう》、九世紀末からの例が知られる貴族や内裏での歌合《うたあわせ》も、個人の伝記や、朝廷の文芸の史料として重要である。私家集は『私家集大成』（明治書院）に諸本が集成され、様々な注釈書が刊行されている。また、万葉集や勅撰集などの和歌を網羅した『新編国歌大観』（角川書店）がある。

さらに、紀貫之《きのつらゆき》（―九四五）の土佐日記などの日記文学、日本往生極楽記《にほんおうじょうごくらくき》（慶滋保胤《よししげのやすたね》〔―一〇〇二〕。九八三年〔永観《えいかん》《ようかん》元〕―九八六年〔寛和《かんな》《かんわ》二〕に成立し、永延年間〔九八七―九八九年〕に聖徳太子・行基《ぎょうき》等の伝を追加。『日本思想大系』）・三宝絵詞《さんぼうえことば》（源為憲《ためのり》〔―一〇一一〕。九八四年〔永観二〕成立。『新日本古典文学大系』。『諸本対照三宝絵集成』）などの仏教説話集も、歴史資料として重要である。

さらに、平安時代後期から平安院政期に、摂関政治の時代を対象とした大鏡《おおかがみ》（『日本古典文学大系』）、栄花《えいが》物語（同。栄華物語）などの歴史物語が現れる。

⑦**仏教史料**　経典の題跋は『平安遺文』などに集成されている。また、真言宗・天台宗の聖教《しょうぎょう》も九世紀末頃のも

のから増え、僧の伝記や宗派の活動を知る史料として重要である。空海についての『弘法大師全集』『弘法大師伝全集』『弘法大師真蹟集成』や『日本思想大系』五（空海）、最澄（七六七―八二二）についての叡山大師伝（八二三年〔弘仁十四〕、一乗忠撰。『続群書類従』伝部）・『伝教大師全集』や『日本思想大系』四（最澄）、円仁《えんにん》の伝記の慈覚大師伝（続群書類従本と三千院《さんぜんいん》本）や円珍の伝記の智証大師伝（九〇二年〔延喜二〕三善清行《きよゆき》撰）や円珍所持の円珍関係文書（円珍系図や入唐関係文書）と『智証大師全集』、源信《げんしん》（九四二―一〇一七）についての『恵心僧都全集』などの僧伝史料がある。また鎌倉時代の宗性《そうしょう》撰の日本高僧伝要文抄、虎関師錬《こかんしれん》撰の元亨釈書《げんこうしゃくしょ》、江戸時代の卍元師蛮《まんげんしばん》撰の本朝高僧伝も後代のものであるが、参考となる。

さらに、空海等の入唐僧が日本に持ち帰った仏典・外典・道具等の請来目録（『平安遺文』等）もある。

また、僧綱補任《そうごうぶにん》は僧綱の年代順記録であり、七大寺年表（『続群書類従』釈家部）・興福寺本（『大日本仏教全書』）・彰考館《しょうこうかん》本・僧綱補任抄出（『群書類従』補任部）の諸本がある。

**⑧その他の文献資料**　皇太神宮儀式帳（『群書類従』神祇部）や寺院資財帳（『寧楽遺文』『平安遺文』）をはじめ、奈良・平安時代の文献史料は、上述のもの以外にも多数ある。それらのうち主要なものは、『群書類従』・『続群書類従』・『新訂増補故実叢書』などの叢書に収録されている。また、風土記は、『日本古典文学大系』に常陸《ひたち》国・播磨《はりま》国・出雲《いずも》国・豊後《ぶんご》国・肥前《ひぜん》国の各風土記と、逸文が集成されている。仏教説話集の日本霊異記《りょういき》は、『新日本古典文学大系』に注解が収められている。

政治史の基本史料としては、公卿補任《くぎょうぶにん》（『新訂増補国史大系』）や外記《げき》補任（『続群書類従』）・弁官《べんかん》補任などの補任記録、尊卑分脈《そんぴぶんみゃく》（『新訂増補国史大系』）などの系図もある。

また、六国史のあとの時期（宇多天皇即位以降）を記す編年史料集である『大日本史料』（東京大学出版会）が東京大学史料編纂所で編纂されている。『大日本史料』は、年月日ごとの出来事に関する史料を網羅し、綱文により出来事の要点を簡潔に記述する。第一編（八八七―九八六年）・第二編（九八六―一〇七二年）が、本書の第四章・第五章の時期に当たる。また、第二編の未刊部分は、東京大学史料編纂所編『史料綜覧』（東京大学出版会）により概要が知られる。

八世紀の編年史料に関しては、皇學館大学史料編纂所より『続日本紀史料』が刊行されている。

**⑨木簡** 木簡は、木片を利用した文書・帳簿や付札・荷札であり、都城、寺院、地方官衙、集落の遺跡から、廃棄された遺物として発見される。木簡は、七世紀後半以降の遺物として多数見られるようになり、古代社会の政治・経済・信仰を知るための重要な史料である。木簡は、難波宮、飛鳥京、藤原宮、平城宮・平城京、長岡京、平安京、大宰府、多賀城、秋田城、但馬国分寺など、各地の遺跡から多数発見され、報告書が刊行されている。木簡の概要は、木簡学会編『日本古代木簡選』(岩波書店、一九九〇年)・『日本古代木簡集成』(東京大学出版会、二〇〇三年)に示され、木簡学会の年報『木簡研究』に、毎年の出土事例が紹介されている。

遺跡から出土する土器にも墨書や刻書により文字が記されているものがある。また、反故《ほご》文書が漆液の容器の蓋紙に利用されたのち廃棄され、漆液により保護されて地中に残ったものは、漆紙文書《うるしがみもんじょ》と称されている。漆紙文書については平川南『漆紙文書の研究』(吉川弘文館、一九八九年)があり、また『多賀城漆紙文書』などの報告書が刊行されている。

**⑩金石文** 四世紀末の七支《しちし》刀《とう》(百済から渡来)をはじめ、倭国の時代を知る史料として、剣、鏡、仏像、墓誌などの銘文は重要である。これらの、金属や石の素材の上に書かれたり刻まれたりした文字資料を金石文という。八世紀以降、仏像や墓などの金石文は増大し、主要なものは『寧楽《なら》遺文』『平安遺文』に収録されている。仏像の銘文については、『飛鳥・白鳳の在銘金銅仏』(奈良国立文化財研究所飛鳥資料館、一九七九年)がある。

**⑪データベース** 『大日本史料』『史料綜覧』『大日本古文書』や『平安遺文』のデータベースは、東京大学史料編纂所により、木簡データベースは奈良文化財研究所により、古典文学のデータベースは国文学研究資料館により、それぞれインターネットで公開されている。

なお、古代史料の簡潔な紹介には「古代史研究の手引」(『日本史辞典』岩波書店、一九九九年)がある。

## 3 各章の主要史料

以下、章ごとに、「2 古代の史料」で取り上げておらず、本文中に出典を明示していないものを掲げる(ある史料が隣接の章に主として利用されている場合には、その章に掲げる)。

## 第一章

前漢書・後漢書・三国志・宋書・隋書　『中国の古典』一七「倭国伝」、学習研究社、一九八五年

三国史記　佐伯有清編訳『三国史記倭人伝』岩波文庫、一九八八年。『三国史記』国書刊行会、一九七一年

七支刀銘・稲荷山古墳出土鉄剣銘・江田船山古墳出土大刀銘　『発掘された古代の在銘遺宝』奈良国立博物館、一九八九年

島根県岡田山一号墳出土鉄剣銘　『出雲岡田山古墳』島根県教育委員会、一九八七年

法隆寺金堂薬師如来像光背銘・法隆寺金堂釈迦三尊像光背銘　『飛鳥・白鳳の在銘金銅仏』奈良国立文化財研究所飛鳥資料館、一九七六年

高句麗広開土王碑銘　武田幸男『広開土王碑原石拓本集成』、東京大学出版会、一九八八年

上宮聖徳法王帝説　『日本思想大系』二、聖徳太子、岩波書店、一九七五年

元興寺縁起・法隆寺伽藍縁起并流記資財帳　『寧楽遺文』中、東京堂出版、一九七七年

釈日本紀　『新訂増補国史大系』八、日本書紀私記・釈日本紀・日本逸史、吉川弘文館、一九六五年

## 第二章

旧唐書　中華書局

藤氏家伝　『群書類従』伝部。沖森卓也・佐藤信・矢嶋泉『藤氏家伝 鎌足・貞慧・武智麻呂 註釈と研究』吉川弘文館、一九九九年

野中寺金銅弥勒菩薩造像記・銅板法華説相図銘　『飛鳥・白鳳の在銘金銅仏』

船首王後墓誌・小野朝臣毛人墓誌　『日本古代の墓誌』奈良国立文化財研究所飛鳥資料館、一九七七年

薬師寺東塔擦盤銘・唐大和上東征伝　『寧楽遺文』下

宇治橋断碑　『古代の碑』国立歴史民俗博物館、一九九七年

大僧正舎利瓶記　『日本古代の墓誌　銘文篇』奈良国立文化財研究所飛鳥資料館、一九七八年。『寧楽遺文』下

冊府元亀　中華書局

文苑英華　中華書局

## 第四章

寛平遺誡・藤原保則伝・尾張国郡司百姓等解文・将門記・九条右丞相遺誡　『日本思想大系』八、古代政治社会思想、一九七九年
新儀式　『群書類従』公事部
古事談　『新訂増補国史大系』一八、宇治拾遺物語・古事談・十訓抄、吉川弘文館、一九六五年
更級日記　『新日本古典文学大系』二四、土佐日記・蜻蛉日記・紫式部日記・更級日記、岩波書店、一九八九年
時範記　『書陵部紀要』一四・一七・三二号
帝王編年記　『新訂増補国史大系』一二、扶桑略記・帝王編年記、一九六五年
侍中群要　『続々群書類従』法制部。『侍中群要』吉川弘文館、一九八五年
台記　『増補史料大成』臨川書店
年中行事御障子文　『群書類従』公事部

## 第五章

今昔物語集　『新日本古典文学大系』三三―三七、一九九三―九九年
新猿楽記・法成寺金堂供養記　『日本思想大系』八、古代政治思想、一九七九年
応徳元年皇代記（編年残篇）　『続々群書類従』一七
拾芥抄　『新訂増補故実叢書』二二、一九五二年
本朝無題詩　『群書類従』文筆部
宋史　中華書局
往生要集　『日本思想大系』六、源信、一九七〇年
枕草子　『新日本古典文学大系』二五、一九九一年
紫式部日記・蜻蛉日記　『新日本古典文学大系』二四
雲州消息（明衡往来）　『群書類従』文筆部
小野宮年中行事　『群書類従』公事部
桃花蘂葉　『群書類従』雑部
和漢朗詠集　『新潮日本古典集成』新潮社、一九八三年
定家朝臣記（康平記）　『群書類従』雑部
古今著聞集　『日本古典文学大系』八四、一九六六年
初例抄　『群書類従』釈家部

# 第一章　古代王権の成立

本章では中国史書に倭国についての記載がみえ始める、紀元前一世紀から七世紀中葉の「大化改新」前夜までの約七百年間を扱う。

律令制以前の歴史についての体系的な編纂史料としては、七一二年(和銅五)成立の『古事記』および七二〇年(養老四)成立の『日本書紀』がある。両書は八世紀初頭における律令国家および天皇支配の正統性の根拠を歴史的に示す必要から編纂された書物であり、後代の編纂史料である。したがって、七世紀中葉までの歴史を明らかにするために利用する場合には、その取り扱いには十分な注意が必要である。当該期を検討する場合には、断片的な記載ながら同時代性にすぐれた金石文や、中国・朝鮮の外国史料などと総合して考察することが重要となる。

倭国についての最初の確かな記述は中国の正史にみえる。紀元前一世紀ころの倭人社会は、中国王朝から「国」と認識された百余の集落連合から構成され、朝鮮半島に漢によって設けられた楽浪郡に定期的に朝貢した。一世紀には奴国の王が後漢に冊封され、印綬を与えられた。さらに、「魏志倭人伝」には、帯方郡から邪馬台国への道程とその間に位置する諸国の地理的記載、倭人社会の風俗・習慣、魏との外交記事などが記される。しかしながら、二六六年(泰始二)の朝貢以降、一世紀以上のあいだ倭国の記載は中国の正史から消えることとなる。

七支刀銘文と広開土王碑文の二つの金石文によれば、四世紀後半、倭国は百済と結んで、高句麗と争っていた。その前提には「倭王」(七支刀銘文)による軍事・外交権の掌握を考えることができる。

五世紀になると、新羅は高句麗への従属を深めた。高句麗と百済は中国南北朝と朝貢関係をもったので、倭の五王も南朝に直接遣使して、朝鮮半島での立場を有利にしようとした。その目的は、倭国内における自己の地位と朝鮮半島での軍事活動を中国王朝から承認されることであった。倭の五王の系譜が地位継承系譜か血縁系譜かについては議論がある。稲荷山古墳出土鉄剣銘文や江田船山《えたふなやま》古墳出土大刀銘文からは、雄略期の画期性が指摘できる。この時期、東は関東、西は九州に及ぶ支配領域が成立し、君主の称号としての「大王」号や、倭国独自の中華意識である「治天下」の観念も確認できる。「杖刀人《じょうとうじん》」「典曹人《てんそうじん》」といった言葉から、後の伴造《とものみやつこ》制度につながる豪族による世襲的な職務の分担制度（人制）の存在、なども指摘できる。

雄略期から欽明期に相当する、五世紀末から六世紀になると、倭の五王までの段階で見られたような、大王が軍事指導者としての力で、諸豪族に対する統率力を強め、鉄資源や先進文物を配分するという「外向き」の支配体制の弱点が暴露されるようになる。対外的影響力は低下し、政権内部の混乱、地方豪族の反乱などに対処するため、内政の充実が急速に図られることとなる。六世紀以降、百済は、倭に軍事的援助を期待して五経博士の上番《じょうばん》を開始する。倭は百済の申し入れを支持し、高麗や新羅に軍事的圧力を加えた。

こうした朝鮮からの技術者の渡来は、部民制や屯倉制という内政整備の大きな原動力となった。朝鮮半島からわが国にもたらされた先進文化は、百済への軍事的援助への見返りとして、先進文物や諸博士の渡来を要請したことがその大きな背景にある。先進的な思想・技術・文物が複雑に複合した仏教もそうした事例の一つであった。

王権機構は、六世紀末―七世紀初の推古期までに一応の完成をみる。王族・豪族の家政機関を基盤としながらも、壬生部《みぶべ》・私部《きさいべ》の設置、地方行政機構の整備、屯倉の拡充、馬司―馬飼部などの官司制的機構整備、大夫《まえつきみ》による合議制、冠位制（冠位十二階）の施行などが行われた。また、朝鮮半島に対する倭国の対外政策のゆきづまり状態を解消するため遣隋使が派遣されたが、後には隋の先進文化を学ぶことが主目的となる。蘇我氏は、倭王権の屯倉の管理や財政への関与などに渡来系氏族を登用したこの新しい支配体制を背景に勢力を伸ばし、王権内部における独裁的地位を確立する。

# 第一節　東アジアと邪馬台国

## 1　小国の分立

### (1)　倭人の登場

**1〔漢書〕巻二十八下　地理志　燕地**

夫《レ》楽浪(1)海中《ニ》有《リ》㆓倭人(2)㆒、分《レテ》為《ル》㆓百余国(3)《ト》㆒、以《テ》㆓歳時《ヲ》㆒来《リテ》献見《スト》云《フ》。

(1)楽浪　前漢の武帝が紀元前一〇八年に衛氏を滅ぼして朝鮮半島に設置した四郡(楽浪・真番・玄菟・臨屯)の一つ。朝鮮民主主義人民共和国ピョンヤン付近。(2)倭人　古代中国人は、日本を倭と呼んだ。(3)百余国　当時の国は漢王朝の郡県に編成されない領域や集落を示し、そこには王侯に相当する君長(首長)が存在するのが原則。

### (2)　倭奴国の朝貢

**2〔後漢書〕巻八十五　東夷列伝**

建武中元二年(五七)、倭奴国(1)《ノ》奉《リ》㆑貢朝賀《ス》。使人自《ラ》称《ス》㆓大夫(2)《ト》㆒。倭国之極南界(3)也。光武(4)、賜《フニ》以《テス》㆓印綬(5)《ヲ》㆒。

安帝(6)永初元年(一〇七)、倭国王帥升(7)等《ら》、献《ジ》㆓生口(8)百六十人《ヲ》㆒、願《フ》㆓請見《ヲ》㆒。

(1)奴国　「な」の国。福岡県福岡市博多区付近の小国名。博多は古代には儺津《なのつ》という。『魏志』にも奴国がある。(2)大夫　中国の官名で、卿に次ぐ地位。(3)倭国之極南界　奴国を「倭国之極南界」とするのは『魏志』に別の奴国について「次有㆓奴国㆒、此女王境界所㆑尽、其南有㆓狗奴国㆒」とあるのを誤解したものと考えられる。(4)光武　後漢初代の皇帝。在位は二五―五七年。(5)印綬　印章(当時は封泥《ふうでい》に用いる)とそれを身につけるための紐。後に卑弥呼が金印紫綬を与えられたように、中国王朝内における位置づけにより、与えられる印の形状、材質と紐の色などが異なった。(6)安帝　後漢第六代の皇帝。在位は一〇七―一二五年。(7)帥升　『魏志』に「世々王あり」と記される伊都国の首長か。(8)生口　奴隷。国相互の戦闘による捕虜か。

【解説】『漢書』は一世紀後半に成立した中国前漢の正史。同書によれば、紀元前一世紀ころの倭人社会は、前漢から「国」と認識された百余の集落連合から構成され、その中には定期的に朝鮮半島の楽浪郡に朝貢していた国も存在した。一方、『後漢書』は三世紀後半の『魏志』よりも後の五世紀に成立したが、奴国朝貢は『魏志』には見えない独自の記述である。それによれば、五七年には奴国が後漢に冊封され、印綬を与えられたとあるが、奴国王は倭国全体を統治していたわけではなかった。この印は一七八四年(天明四)に、福岡県志賀島で発見された「漢委奴国王」と彫られた金印(国宝、福岡市博物館蔵)に比定されている。一〇七年には、「倭国王」が奴隷を漢に献上した。身分的な差異が当時すでに存在したことがうかがわれる。一〇七年に朝貢した倭国王には奴国のような固有国名が見えないこと、「帥升等」と代表が複数で記されていること、献上された生口数が多いこと、などからすれば、当時の倭国は必ずしも強固な連合体とはいえず、「倭国王」と漢から認定された帥升を名目的な代表として複数の国の首長が朝貢したと推定される。当時、大量の生口が国相互の戦闘により発生していたとすれば、国の連合体としての倭国が形成された要因として、継続的な戦闘を回避する目的があったと考えられる。

# 2　邪馬台国

## (1)　邪馬台国の位置

**3〔三国志〕巻三十　魏書三十　烏丸鮮卑東夷伝**

倭人在帯方(1)東南大海之中。依山島為国邑。旧《もと》百余国。漢時有朝見者。今使訳所通三十国。従《より》郡(2)至倭、循《したが》海岸水行、歴韓国(3)、乍《あるい》南乍東、到其北岸狗邪《くや》韓国(4)、七千余里。始度《わた》一海、千余里至対馬《つま》国。其大官曰卑狗《ひこ》、副曰卑奴母離《ひなもり》(5)。所居絶島、方可《ばかり》四百余里。土地山険、多深林、道路如禽鹿径。有千余戸。無良田、食海物自活、乗船南北市糴《てき》(6)。又南渡一海、千余里、名曰瀚海《かんかい》(7)。至一大国(8)。官亦曰卑狗、副曰卑奴母離。方可三百里。多竹木叢林、有三千許《ばかり》家。差《やや》有田地、耕田猶不足食。亦南北市糴。又渡一海、千余里至末盧《まつら》国(9)。有四千余戸。浜山海居。草木茂盛、行不見前人。好捕魚・鰒(10)、水無深浅、皆沈没取之。東南陸行五百里、到伊都《いと》国(11)。官曰爾支《にき》、副曰泄謨觚・柄渠觚。有千余戸。世有王、皆統属女王国。郡使往来常所駐《とど》。東南至奴《な》国百里。官曰兕馬觚、副曰卑奴母離。有二万余戸。東行至不弥《ふみ》国(12)百里。官曰多模、副曰卑奴母離。有千余家。南至投馬国、水行二十日。官曰弥弥《みみ》、副曰弥弥那利《みみなり》。可《ばかり》五万余戸。南至邪馬台国(13)、女王之所都、水行十日、陸行一月。官有伊支馬、次曰弥馬升、次曰弥馬獲支、次曰奴佳鞮。可七万余戸。自女王国以北、其戸数・道里可得略載、其余旁国遠絶、不可得詳。次有斯馬国、次有已百支国、次有伊邪国、次有都支国、次有弥奴国、次有好古都国、次有不呼国、次有姐奴国、次有対蘇国、次有蘇奴国、次有呼邑国、次有華奴蘇奴国、次有鬼国、次有為吾国、次有鬼奴国、次有邪馬国、次有躬臣国、次有巴利国、次有支惟国、次有烏奴国、次有奴国、此女王境界所尽。其南有狗奴《くな》国、男子為王、其官有狗古智卑狗《くこちひく》。

不レ属セ二女王ニ一。自リレ郡至ルマデ二女王国ニ一万二千余里ナリ。

(1)帯方　後漢末の三世紀初頭に遼東太守公孫康が楽浪郡の南に設置した郡。大韓民国ソウル付近。(2)郡　帯方郡。(3)韓国　帯方郡の南の三韓(馬韓・弁韓・辰韓)。主に馬韓地域。(4)狗邪韓国　弁韓の加羅(金海)。北岸は、倭国に対して北側の意。(5)卑奴母離　女王国から派遣された官で、辺要の地を守る夷守《ひなもり》の意か。対馬・一支・奴・不弥など九州北部沿岸の四ヵ国に見える。(6)市糴　交易により米を購入すること。(7)瀚海　中国世界の東端の大海。対馬海峡を示す。(8)一大国『梁書』『北史』は「一支」につくる。壱岐《いき》国。(9)末盧国　肥前国松浦郡。佐賀県唐津付近。(10)鰒　あわび。(11)伊都国　筑前国怡土郡。福岡県糸島郡前原町付近。(12)不弥国　以下の諸国の比定地については諸説があり確定していない。(13)邪馬台国『魏志』は「邪馬壹(壱)国」につくるが、『後漢書』などはすべて「邪馬臺(台)国」とする。

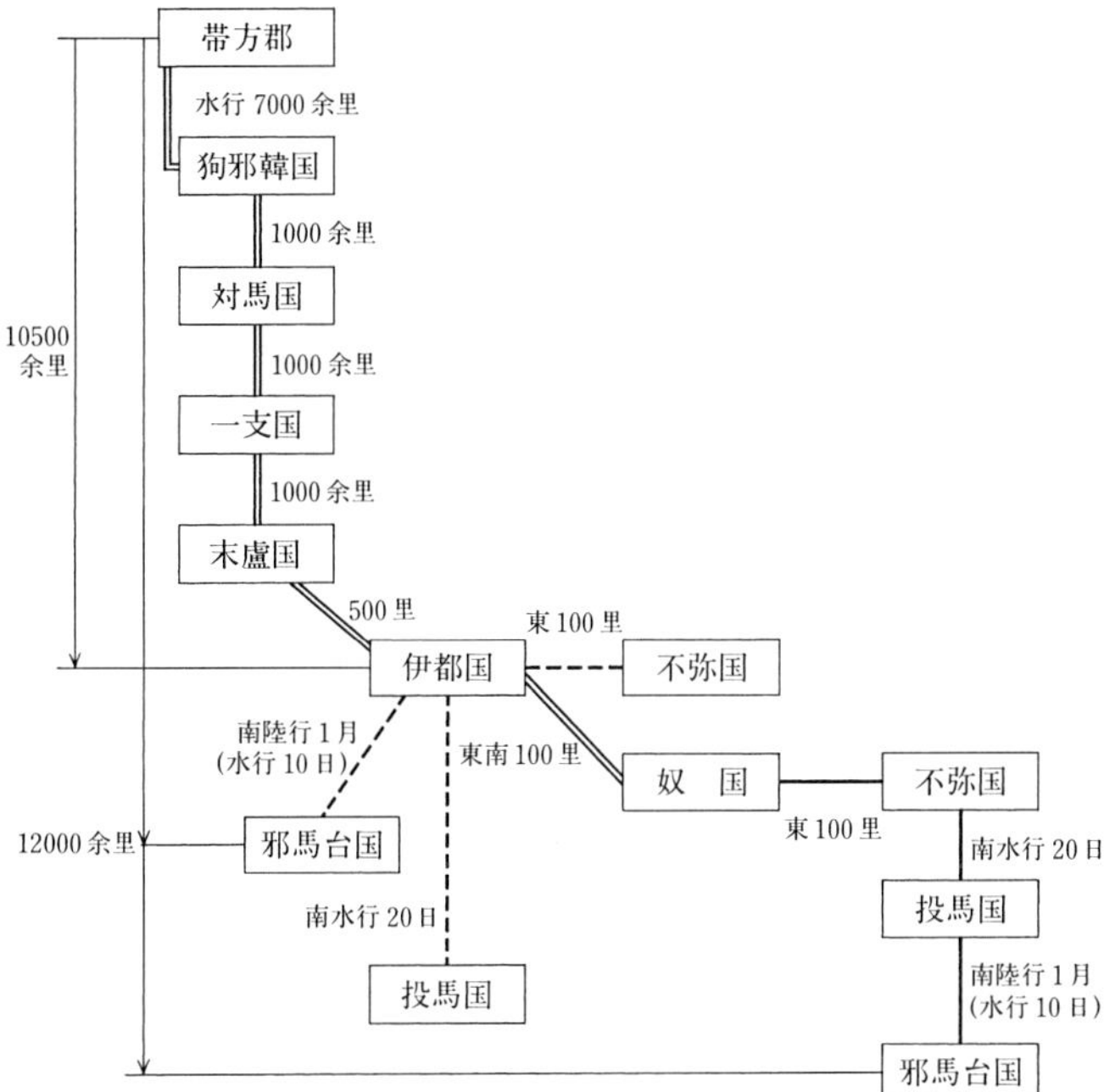


**図 1-1　邪馬台国への里程図**

## (2) 倭の風俗・社会

### 4〔三国志〕巻三十　魏書三十　烏丸鮮卑東夷伝

男子無ク二大小ト一皆黥《げい》面文身(1)ス。自リレ古以来《へこのかた》、其ノ使詣《いた》ルヤ二中国ニ一、皆自ラ称ス二大夫ト一。夏后少康之子封ゼラレ二於会稽ニ一、断髪文身以テ避ク二蛟龍之害(2)ヲ一。今倭ノ水人好ミテ沈没シ捕フ二魚蛤ヲ一、文身シ亦タ以テ厭《はら》フ二大魚水禽ヲ一、後稍《やや》以テ為スレ飾リト。諸国ノ文身各異リ、或ハ左ニシ或ハ右ニシ、或ハ大ニ或ハ小ニ、尊卑有リレ差。計ルニ二其ノ道里ヲ一、当シレ在ル二会稽・東治(3)之東ニ一。其ノ風俗不レ淫ナラ。男子ハ皆露紒《ろかい》(4)シ、以テ二木綿ヲ一招《しばり》レ頭ニ、其ノ衣ハ横幅ニシテ、但《ただ》結束シテ相連ネ、略《ほぼ》無シレ縫フコト。婦人ハ被髪屈紒《くつかい》(5)シ、作ルコトレ衣ヲ如ク二単被ノ一、穿チテ二其ノ中央ヲ一、貫キテレ頭ヲ衣《き》ルレ之ヲ。種《う》エ二禾稲《かとう》・紵《ちょ》麻ヲ一、蚕桑緝績《さんそうしゅうせき》シテ、出ス二細紵《さいちょ》・縑綿《けんめん》ヲ一。其ノ地ニハ無シ二牛・馬・虎・豹・羊・鵲《かささぎ》一。兵ニハ用フ二矛・楯・木弓ヲ一。木弓ハ短クシレ下ヲ長クシレ上ヲ、竹箭《ちくせん》ハ或ハ鉄鏃或ハ骨

鏃。所有無与儋耳《たんじ》・朱崖(6)同。倭地温暖、冬夏食生菜。皆徒跣(7)。有屋室、父母兄弟臥息異処、以朱丹塗其身体、如中国用粉也。食飲用籩豆(8)、手食。其死、有棺無槨《かく》、封土作冢《つか》。始死停喪十余日、当時不食肉、喪主哭泣、他人就歌舞飲酒。已葬、挙家詣水中澡浴(9)、以如練沐(10)。其行来渡海詣中国、恒使一人不梳《くしけず》頭、不去蟣蝨《きしつ》(11)、衣服垢汚、不食肉、不近婦人、如喪人。名之為持衰《じさい》(12)。若行者吉善、共顧《かえり》其生口財物、若有疾病、遭暴害、便欲殺之。謂《いへ》其持衰不謹。出真珠・青玉。其山有丹、其木有柟《だん》・杼《ちょ》・豫《よ》樟《しょう》・楺《じゅう》・櫪《れき》・投・橿《きょう》・烏号《うごう》・楓香。其竹篠《しょう》・簳《かん》・桃支《とうし》(枝)。有薑《きょう》・橘・椒・蘘荷《じょうか》、不知以為滋味。有獮(獼)猴・黒雉。其俗、挙事行来、有所云為《うんい》、輒《すなわち》灼骨而卜、以占吉凶。先告所卜。其辞如令亀法(13)、視火坼《かたく》(14)占兆。其会同坐起、父子男女無別。人性嗜酒。見大人(15)所敬、但搏《うち》手以当跪拝(16)。其人寿考、或百年、或八、九十年。其俗、国大人皆四、五婦、下戸(17)或二、三婦。婦人不淫、不妒《と》忌《き》(18)。不盗窃、少諍訟。其犯法、軽者没其妻子、重者滅其門戸及宗族。尊卑各有差序、足相臣服。

(1)黥面文身　顔と身体に入墨を施すこと。(2)蛟龍之害　『漢書』地理志・『史記』越世家などに、夏の王であった少康の子は禹を祀るため会稽に封じられて文身・断髪したとの伝承がある。『史記』呉太伯世家の注によれば、龍子の入墨のため水中で害を受けなかったとある。(3)東治　会稽郡東治県。中国福建省福州。(4)露紒　冠を付けずに髪を束ねること。(5)屈紒　髪を後ろに垂らして束ねること。みずらに結うことか。(6)朱崖　『漢書』地理志粤地条にみえる海南島の郡名。『魏志』の記載は同条の記載と類似する。(7)徒跣　裸足。(8)籩豆　高坏型の食器。(9)澡浴　水浴して死のけがれを清める。(10)練沐　古代中国では父母の一周忌にねりぎぬの衣を着て、沐浴した。(11)蟣蝨　しらみ。(12)持衰　喪服を着用した人、斎戒を守る人、災害を引き受ける者などの説がある。(13)令亀法　中国の卜法。亀の甲を焼いてできたひび割れにより吉凶を占う。(14)火坼　火による亀裂。(15)大人　首長層の一般的な呼称。(16)跪拝　ひざまずき、拝する。(17)下戸　大人に隷従する被支配者層の呼称。(18)妒忌　嫉妬。

## (3) 政治と外交

### 5 〔三国志〕巻三十　魏書三十　烏丸鮮卑東夷伝

収租賦、有邸閣(1)。国国有市、交易有無、使大倭《たいわ》(2)監之。自女王国以北、特置一大率(3)、検察諸国。諸国畏憚之。常治《ち》伊都国。於国中有如刺史(4)。王遣使詣《いたり》京都・帯方郡・諸韓国、及郡使倭国、皆臨津捜露、伝送文書賜遺之物詣《いた》女王、不得差錯(5)。下戸与大人相逢道路、逡巡(6)入草、伝辞説事、或蹲或跪、両手拠地、為之恭敬。対応声曰噫《あい》。比如然諾《ぜんだく》。

其国本《もと》亦以男子為王、住《とどマルコト》七八十年、倭国乱、(7)相攻伐歴年。乃共立一女子為王、名曰卑弥呼。事《つかヘテ》鬼道、(8)能惑衆。年已長大、無夫壻《ふせい》。有男弟佐《たすケ》治国。自為王以来、少有見者。以婢千人自侍。唯有男子一人給飲食、伝辞出入居処。宮室・楼観(9)・城柵厳設、常有人持兵(10)守衛。

女王国東渡海千余里、復有国、皆倭種。又有侏儒国、在其南。人長《たけ》三四尺、去女王四千余里。又有裸国・黒歯国。復在其東南。船行一年可至。参問倭地、絶在海中洲島之上。或絶或連、周旋可《ばかりナリ》五千余里。

(二三八)(11)景初二年六月、倭女王遣大夫難升米等詣郡、求詣天子朝献。太守劉(12)夏遣吏将《ひきヰ》送詣京都(13)。其年十二月、詔書報倭女王曰、「制詔親魏倭王卑弥呼。帯方太守劉夏遣使送汝大夫難升米・次使都市牛利(14)、奉汝所献男生口四人、女生口六人、班布二匹二丈、以到。汝所在踰《はるか》遠、乃遣使貢献。是汝之忠孝、我甚哀汝。今以汝為親魏倭王(15)、仮金印・紫綬(16)、装封付帯方太守仮授汝。其綏撫種人、勉為孝順。汝来使難升米・牛利渉遠、道路勤労。今以難升米為率善中郎将(17)、牛利為率善校尉(18)、仮銀印・青綬(19)、引見労賜遣還。今以絳地交龍錦(20)五匹、絳地縐粟罽《すうぞくけい》(21)十張、蒨絳《せんこう》(22)五十匹、紺青五十匹、答汝所献貢直。又特賜汝紺地句文錦三匹、細班華罽《さいはんかけい》五張、白絹五十匹、金八両、五尺刀二口、銅鏡百枚(23)、真珠・鉛丹各五十斤、皆装封付難升米・牛利。還到録受、悉可以示汝国中人、使知国家哀汝。故鄭重賜汝好物也」。

(二四〇)正始元年、太守弓遵遣建中校尉梯儁《ていしゅん》等、奉詔書・印綬、詣倭国、拝仮倭王、并齎詔賜金・帛・錦・罽・刀・鏡・采物。倭王因使上表、答謝恩詔。其四年、倭王復遣使大夫伊声者・掖邪狗等八人、上献生口・倭錦・絳青縑《けん》・綿衣・帛布・丹木・𤝔(24)・短弓矢。掖邪狗等壱《いつ》拝率善中郎将印綬。其六年、詔賜倭難升米黄幢(25)、付郡仮授。其八年、太守王頎《き》到官。倭女王卑弥呼与狗奴国男王卑弥弓呼(26)素不和。遣倭載斯・烏越等詣郡、説相攻撃状。遣塞曹掾史(27)張政等因齎詔書・黄幢、拝仮難升米為檄告喩之。卑弥呼以死。大作冢《つか》、径百余歩(28)。徇葬者奴婢百余人。更立男王、国中不服。更相誅殺、当時殺千余人。復立卑弥呼宗女台与(29)、年十三為王、国中遂定。政等以檄告喩台与。台与遣倭大夫率善中郎将掖邪狗等二十人送政等還。因詣台(30)、献上男女生口三十人、貢白珠五千、孔青大句珠二枚、異文雑錦二十匹。

**〈参考〉奈良県天理市東大寺山古墳出土鉄刀銘**

中平□年五月丙午《ニ》、造ニ作《ス》文刀《ヲ》一。百練《シ》清剛《ナリ》。上《ハ》応《ジ》ニ星宿《ニ》一□(下)□(辟)□(不)□(羊)

(1)邸閣　倉庫。『三国志』の用例では、糧食などを蓄える軍事用の大型倉庫。(2)大倭　官名。邪馬台国から派遣され、交易を監督する役人。(3)一大率　官名。邪馬台国から伊都国に派遣され、諸国の検察と外交事務を担当した役人。(4)刺史　中国の地方監察官。軍事権を含む大きな権限を有した。(5)差錯　まちがい。(6)逡巡　しりごみする。後ずさりのこと。(7)倭国乱　『後漢書』は「桓・霊間、倭国大乱、更相攻伐、歴年無レ主」、『梁書』は「漢霊帝光和中、倭国乱、相攻伐歴レ年」とあり、前者ならば一四六―一八九年、後者ならば一七八―一八四年の間が倭国の乱の時期となる。卑弥呼が即位する以前の二世紀後半に、後漢の衰退とともに倭国内に軍事的緊張状態が存在したことが知られる。奈良県天理市の東大寺山古墳出土の鉄刀には後漢の年号である「中平」(一八四―一八九年)の銘があり、後漢皇帝が倭国王に倭国の大乱を鎮定する目的で与えたとする説がある。(8)鬼道　シャーマニズム。または鬼神の能力を行使する術。(9)楼観　物見櫓。(10)兵　武器。(11)景初二年　遼東を支配した公孫氏を魏が攻め、楽浪郡がその支配に帰したのは景初三年(二三九)。したがって、二年は三年の誤りか。(12)太守　郡の長官。(13)京都　魏の都、洛陽。中華人民共和国河南省北西部。(14)都市牛利　「都市」を名の一部ではなく、市を監督する「大倭」の中国的な表記とする説がある。(15)親魏倭王　魏王朝では「親魏大月氏王」のように有力な異民族の君主に「親魏」の名称を与えた。魏と呉との緊張関係により、呉と近接した南方の大国と考えられていた倭国に高い地位が与えられたらしい。(16)金印・紫綬　皇帝の間接統治をうける異民族の王に与えられた。(17)率善中郎将　本来は禁中で天子の守衛・給事を務める中郎を統率する官。(18)率善校尉　本来は皇帝の護衛をする戦闘部隊の隊長。(19)銀印・青綬　漢代では郡太守・校尉・中郎将などに相当する地位に与えられた。(20)絳地交龍錦　交錯する龍の文様のある濃赤色の錦。(21)縐粟罽　細かい毛羽根の織物。(22)蒨絳　茜染めの布。(23)銅鏡百枚　古墳から出土する三角縁神獣鏡に比定する説があるが、中国からは出土していない。島根県の神原神社古墳からは「景初三年」の紀年を有する三角縁神獣鏡が出土している。(24)犭付　俯の誤りか。弓の中央の手に取るところ。(25)黄幢　棒にふさを付けた黄色い旗。(26)卑弥弓呼　卑弥弓呼素までを人名とする説もある。(27)塞曹掾史　郡の下級役人。(28)径百余歩　一〇〇メートル以上の墓と考えられるが、初期の古墳と考える説もある。(29)台与　原文は壹(壱)。臺(台)の誤りか。(30)台　洛陽の役所。

**【解説】**　『三国志』は三世紀に成立した。そのうちの魏書東夷伝倭人条(通称「魏志倭人伝」)には、当時の倭国についてのまとまった記載がある。そこには、帯方郡から邪馬台国への道程と諸国の地理的記載、倭人社会の風俗・習慣、魏との外交記事などが記されている。邪馬台国の位置についての諸説は、その記載に誇張や誤りが含まれていることを承認したうえで、その矛盾をどのように解消するかによって生ずる。つまり、帯方郡からの方位と里程を、そのまま信用するならば、邪馬台国ははるか九州南方海上に位置することとなり、その記載には里程あるいは方位に修正を加える必要が生じる。方位を信じて里程を修正するのが九州説であり、里程を信じて方位を修正するのが畿内説の立場となる。この論争が重要なのは、単なる位置論に留まらず、倭国における三世紀の政治的統一が西日本全域に及ぶ広域的なものなのか、北九州を中心とした地域的なものであったのか、という倭国の成立時期に影響を与えるからである。

さらに、倭国の社会構造や風俗などについて、大人・下戸・生口などの身分の区別や、妻子・門戸・宗族などの親族組織が存在し、原始的な刑罰や租税制などが定められていたことも確認される。里程記事からもうかがわれるように、中国では、倭国は実際よりもはるか南方に位置すると信じられていたらしく、風俗記事には南方的な要素が強い。卑弥呼の王権については開明的な側面と未開な呪術的側面の二面性が指摘できる。外交では魏の権威を積極的に利用して、威信財や府官制秩序により諸国や狗奴国に対峙し、交易・外交・防衛に関係した大倭・一大率・卑奴母離などの支配機構が邪馬台国を中心に組織されていた一方で、「共立」された卑弥呼の王権は「鬼道」という呪術により運営されていた。倭の諸国は卑弥呼の権威によってのみ争乱をかろうじて回避していた。卑弥呼没後も一族の女性台与の呪術的権威により統一は保たれたが二六六年(泰始二)の朝貢以降、一世紀以上のあいだ倭国の記載は中国正史からは消えることとなる。

# 第二節　倭の五王

## 1　朝鮮三国と倭国

### (1)　百済との同盟

**6〔七支刀銘〕** 奈良県天理市石上神宮蔵

(表) 泰(和)(1)□四年十(一)□月十六日、丙午正陽(2)、造ル二百練(3)ノ(鉄)□ノ七支刀ヲ一。□辟《さケ》二百兵(4)ヲ一、宜シク三供二供侯王ニ一。□□□□作ル。

(裏) 先世以来、未《ず》レ有ラ二此刀一。百済王世(子)(5)□奇生聖音(6)、故ニ為メニ二倭王旨(7)ノ一造リテ伝ス二示後世ニ一。

(1)泰□四年　東晋年号で太和四年とすれば三六九年。(2)正陽　正午。正陽は、金属器を作るための火をとるのに最も適した日時。(3)百練　よく鍛える。(4)辟百兵　立派な刀であることの吉祥句。(5)世□　世子とすれば百済王の王子。肖古王(在位三四六—三七五年)の子貴須王(在位三七五—三八四年)か。(6)奇生聖音　「奇生」は貴須、「聖音」は王子に対する敬称か。(7)倭王旨　「旨」を倭王の固有名とする説と倭王の意向とする説がある。

## (2) 高句麗との抗争

### 7〔高句麗広開土王碑銘〕

〔第一面〕

惟《おもへバ》レ昔《ヲ》、始祖鄒牟王(1)之創基也。出《ヅ》レ自《リ》二北夫余(2)一。天帝之子《ニシテ》、母《ハ》河伯《ノ》女郎《ナリ》。剖《さキテ》レ卵降世《シ》、生《マレナガラニシテ》而有《リ》レ聖。□□□□□□命《ジテ》レ駕《ヲ》、巡幸《シテ》南下《ス》。路由《ハル》二夫余《ノ》奄利《あむり》大水《ニ》一。王、臨《ミテ》レ津《ニ》言《ヒテ》曰《ク》、「我是《ハレ》皇天之子《ニシテ》、母《ハ》河伯《ノ》女郎、鄒牟王《ナリ》。為《ニ》レ我《ガ》連《ナリ》レ葭《あし》、浮《ビテ》レ亀応《ヘヨ》レ声《ニ》」。即《チ》為《ニ》連《ナリ》レ葭浮《ブ》レ亀。然後《ルニ》、造《はじメテ》渡《ル》。於《テ》二沸流谷忽本《ノ》西《ニ》一城《きずキテ》二山上《ニ》一、而建《ツ》レ都《ヲ》焉。不レ楽《マ》二世位《ヲ》一。天遣《シ》二黄龍《ヲ》一、来下《リ》迎《フ》レ王《ヲ》。王、於《テ》二忽本東岡《ノ》一履《ふみテ》二龍首《ヲ》一昇《リ》レ天《ニ》、顧三命《シ》世子儒留王《ニ》一、以《テ》レ道興《ス》レ治《ヲ》。大朱留王(3)、紹三承《シ》基業《ヲ》一伝《ヘテ》至《ル》二十七世孫国岡上広開土境平安好太王(4)《ニ》一。二九(5)《ニシテ》登祚《ス》。号《シテ》為《ス》二永楽太王《ト》一。恩沢洽《あまねく》二于皇天《ニ》一、威武《ハ》振三被《ス》四海《ニ》一。掃三除《シ》□□《ヲ》一、庶寧《ンジ》二其業《ニ》一、国富民殷《さかへ》、五穀豊熟《カニみのル》。昊天《こうてん》不弔、卅有九《ニシテ》宴駕《シ》、棄《ツ》レ国《ヲ》。以《テ》二甲寅年(四一四)九月廿九日乙酉《ヲ》一、遷《リテ》就《つク》二山陵《ニ》一。於《テ》レ是《ニ》立《テテ》レ碑《ヲ》、銘三記《シ》勲績《ヲ》一、以《テ》示《ス》二後世《ニ》一焉。其《ノ》辞《ニ》曰《ク》、

永楽五年(三九五)、歳在《リシトキ》二乙未《ニ》一、王、以《テ》二稗麗不□□人《ヲ》一、躬《みずから》率《キテ》往《キテ》討《ツ》。過《ギテ》二富山負山《ヲ》一、至《リ》二塩水上《ニ》一、破《ル》二其《ノ》丘部《ノ》洛六七百営《ヲ》一。牛馬群羊《ハ》、不レ可《ラ》レ称《ス》レ数《ヲ》。於《テ》レ是《ニ》、旋《めぐらシ》レ駕《ヲ》、因《リテ》過《ギ》二襄平道・東来□(候)城・力城・北豊・五備海《ヲ》一、遊三観《シ》土境《ヲ》一、田猟《シテ》而還《ル》。

百残(6)・新羅、旧《もと》是《レ》属民《ニシテ》由来朝貢《ス》。而倭、以《テ》二辛卯年(三九一)《ヲ》一、来《リテ》渡《リ》レ□《ヲ》、破《リ》二百残《ヲ》一□□新羅、以為《テス》二臣民《ト》一。以《テ》二六年丙申(三九六)《ヲ》一、王、躬《みずから》率《キテ》二□軍《ヲ》一、討三伐《ス》残国《ヲ》一。軍□□南、攻《メ》三取《ル》壱八城・臼模盧城・各模盧城・幹氐利□(城)・□□城・関弥城・牟盧城・弥沙城・□□(舎)蔦城・阿旦城・古利城・□利城・雑珍城・奥利城・句牟城・古須耶羅城・莫□□□□城・□而耶羅□(城)・瑑城・於□(利)城・農売□(城)・豆奴城・沸□□

〔第二面〕

利城・弥鄒城・也利城・太山韓城・掃加城・敦抜城・□□□城・婁売城・散那城・那旦城・細城牟婁城・于婁城・蘇灰城・燕婁城・析支利城・巌門□城・味城・□□□□□□利城・就鄒城・□抜城・古牟婁城・閏奴城・貫奴城・彡穣城・□□城・儒□盧城・仇天城・□□□□(城)《ヲ》一。□二其国城《ニ》一。残、不レ服《サ》義《ニ》、敢出《テ》二百戦《ニ》一。王威赫怒《シ》、渡《リ》二阿利水《ヲ》一、遣《シテ》レ刺《ヲ》迫《ル》レ城《ニ》。□□侵レ穴《ヲ》□便囲レ城。而《シテ》残主困逼《シ》、献《ジ》三□男女生口一千人、細布千匹《ヲ》一、跪《ク》レ王《ニ》。自誓《ラフ》三従《リ》レ今以後永《ク》為《ルコトヲ》二奴客(7)《ト》一。太王、恩三赦《シ》先迷之愆《けんヲ》一、録《ス》二其後順之誠《ヲ》一。於《テ》レ是《ニ》、得《ル》二五十八城・村七百《ヲ》一。将《キテ》二残主《ノ》弟并《ビニ》大臣十人《ヲ》一、旋《かえシテ》レ師還《ル》レ都《ニ》。

八年戊戌(三九八)、教《シテ》遣《シテ》二偏師《ヲ》一観《セシム》二粛慎土谷《ヲ》一。因《リテ》便《チ》、抄三得《ス》莫□

羅城・加太羅谷男女三百余人《ヲ》㆒。自《リ》㆑此《レ》以来、朝貢論《シ》事《ス》。

(三九九)九年己亥、百残違《ヒ》㆑誓《ヒニ》、与㆑倭《ヲ》和通《ズ》。王、巡㆓下《ス》平穣(8)《ニ》㆒。而《シテ》新羅《ノ》遣使、白《もうシテ》㆑王《ニ》云《ク》、「倭人、満《チ》㆓其国境《ニ》㆒、潰㆓破《シ》城池《ヲ》㆒、以《テ》㆓奴客《ヲ》㆒為《ス》㆑民《ト》。帰《シテ》㆑王《ニ》請《ハント》㆑命《ヲ》」。太王恩《めぐミ》㆑慈《ヲ》、称《シ》㆓其《ノ》忠誠《ヲ》㆒、□《メ》㆓遣使《ヲシテ》還《ラ》㆒、告《グルニ》以《テス》㆓□計《ヲ》㆒。

(四〇〇)十年庚子、教《シテ》遣《シテ》㆓歩騎五万《ヲ》㆒、往《キテ》救《ハシム》㆓新羅《ヲ》㆒。従《リ》㆓男居城㆒至《ル》㆓新羅城《ニ》㆒。倭満《ツ》㆓其中《ニ》㆒。官軍方《ニ》至《リ》、倭賊退□。侵《シ》㆑背《ヲ》急追《シ》、至《ル》㆓任那加羅《ノ》従抜城《ニ》㆒。城即《チ》帰服《ス》。安羅人戍兵、□㆓新羅城・□城《ヲ》㆒。倭□倭潰《ついユ》。城大□□。尽更《ニ》□□、安羅人戍兵、満□□□□其□□□□□□□言

〔第三面〕

□□□倭□□□□□□□□□□□□辞□□□□□□□□潰□□□□安羅人戍兵。昔、新羅《ノ》寐錦《みきん》、未《ダ》㆑有《ラ》㆓身《みずから》来論事㆒。□□□□(国岡上広)開土境好太王□□□□寐錦□□□勾□□□□朝貢。

(四〇四)十四年甲辰、而《シテ》倭不軌《ニシテ》(9)、侵㆓入《シ》帯方界《ニ》㆒、□□□□□石城□連船□□□。□(王)躬率《ラキ》□□、従平穣□□□鋒、相㆓遇《シ》王幢《ニ》㆒、要截盪《とう》刺《ス》。倭寇潰敗《シ》、斬殺無数。

(四〇七)十七年丁未、教《シテ》遣《シ》㆓歩騎五万《ヲ》㆒、□□□□□□□□師□□合戦、斬殺蕩尽《ス》。所《ノ》㆑獲《ル》鎧鉀、一万余領、軍資器械《ハ》、不㆑可《ラ》㆑称《フ》㆑数《ヲ》。還《また》、破《ル》㆓沙溝城・婁城・□住城・□□□□□□那□城《ヲ》㆒。

(四一〇)廿年庚戌、東夫余、旧《もと》是《レ》鄒牟王《ノ》属民《ニシテ》、中《ゴロヨリ》叛《そむキテ》不㆑貢《セ》。王、躬率《ラキ》、往《キテ》討《ツ》。軍到《ル》㆓余城《ニ》㆒。而《シテ》余城国、駭□□□□□□□王《ノ》恩、普覆《クフ》。於《テ》㆑是《ニ》旋還《ス》。又其《ノ》慕《ヒ》㆑化《ヲ》、随《ヒテ》㆑官《ニ》来《ル》者、味仇婁鴨盧・卑斯麻鴨盧・椯社婁鴨盧・粛斯舎鴨盧・□□□鴨盧《ナリ》。

凡《ソ》所《ノ》㆓攻破《メル》㆒城六十四、村一千四百《ナリ》。

守墓人《ノ》烟戸、売句余《ノ》民、国烟二、看烟三。東海賈、国烟三、看烟五。敦城《ノ》民四家、尽《ク》為《ス》㆓看烟《ト》㆒。于城《ノ》一家為《ス》㆓看烟《ト》㆒。碑利城《ノ》二家、為《ス》㆓国烟《ト》㆒。平穣城《ノ》民、国烟一、看烟十。訾連《ノ》二家、為《ス》㆓看烟《ト》㆒。俳婁人《ノ》、国烟一、看烟卌三。梁谷《ノ》二家、為《ス》㆓看烟《ト》㆒。梁城《ノ》二家、為《ス》㆓看烟《ト》㆒。安夫連《ノ》廿二家、為《ス》㆓看烟《ト》㆒。□谷《ノ》三家、為《ス》㆓看烟《ト》㆒。新城《ノ》三家、為《ス》㆓看烟《ト》㆒。南蘇城《ノ》一家、為《ス》㆓国烟《ト》㆒。新来《ノ》韓穢《ノ》沙水城、国烟一、看烟一。牟婁城《ノ》二家、為《ス》㆓看烟《ト》㆒。□(豆)比鴨岑韓《ノ》五家、為《ス》㆓看烟《ト》㆒。句牟客頭《ノ》二家、為《ス》㆓看烟《ト》㆒。求□(底)韓《ノ》一家、為《ス》㆓看烟《ト》㆒。舎蔦城《ノ》韓穢《ト》、国烟三、看烟廿一。古□(須)耶羅城《ノ》一家、為《ス》㆓看烟《ト》㆒。□(炅)古城、国烟一、看烟三。客賢韓《ノ》一家、為《ス》㆓看烟《ト》㆒。阿旦城・雑珍城《ノ》合《セテ》十家、為《ス》㆓看烟《ト》㆒。巴奴城韓《ノ》九家、為《ス》㆓看烟《ト》㆒。

曰模盧城ノ四家、為ス二看烟ト一。各模盧城ノ二家、為ス二看烟ト一。牟水城ノ三家、為ス二看烟ト一。幹氐利城、国烟一、看烟三。弥□(鄒)城、国烟一、看烟

〔第四面〕

七。也利城ノ三家、為ス二看烟ト一。豆奴城、国烟一、看烟二。奥利城、国烟二、看烟八。須鄒城、国烟二、看烟五。百残ノ南ニ居ル韓、国烟一、看烟五。太山韓城ノ六家、為ス二看烟ト一。農売城、国烟一、看烟七。閏奴城、国烟二、看烟廿二。古牟婁城、国烟二、看烟八。瑑城、国烟一、看烟八。味城ノ六家、為ス二看烟ト一。就咨城ノ五家、為ス二看烟ト一。彡穣城ノ廿四家、為ス二看烟ト一。散那城ノ一家為ス二国烟ト一。那旦城ノ一家、為ス二看烟ト一。句牟城ノ一家、為ス二看烟ト一。於利城ノ八家、為ス二看烟ト一。比利城ノ三家、為ス二看烟ト一。細城ノ三家、為ス二看烟ト一。

国岡上広開土境好太王、存スルノ時ニ教シテ言ク、「祖王・先王、但《およソ》教シテ、取リテ二遠近ノ旧民ヲ一守リレ墓ヲ洒掃《さいそう》セシム。吾慮レル三旧民転二当センコトヲ羸劣《るいれつ》ニ一。若シ吾ガ万年之後、安ンゾ守ルレ墓ヲ者アランカ。但《およソ》、取リテ下吾ガ躬ラ巡リテ所ノ二略来シ一韓ト穢ヲ上、令メヨレ備ヘ二洒掃ニ一」。言フコトヲレ教ヘ如シレ此ノ。是ヲ以テ、如ク二教令ノ一、取ル二韓穢ヲ二百廿家ヲ一。慮リ二其ノ不ルコトヲ一レ知ラ法ヲ、則チ復タ取リテ二旧民ノ一百十家ヲ一、合セリ二新旧ヲ一。守墓ノ戸、国烟卅、看烟三百、都《すべテ》合セテ三百卅家ナリ。自リ二上祖・先王一以来、墓上ニ不レ安ゼ二石碑ヲ一、致セリ下使シテ二守墓人ノ烟戸ヲ一差錯セシムルコトヲ上。唯、国岡上広開土境好太王、尽ク為テ三祖先王ノ墓上ニ立テント二碑銘ヲ一、其ノ烟戸ヲシテ不レ令メ二差錯セ一。又、制ス、守墓人、自リレ今以後、不レ得二更ニ相転売スルコトヲ一。雖モ三有リト二富足ル之者一、亦、不レ得二擅《ほしいまま》ニ買フコトヲ一。其ノ有ラバ二違ヒテレ令ニ売ル者一、刑シレ之ヲ、買フ人ハ制シテ令ムレ守ラ墓ヲ之。

(1)鄒牟王　高句麗の始祖。『三国史記』高句麗本紀始祖条に東明聖王、諱は朱蒙とあり、『日本書紀』は仲牟王、『新撰姓氏録』は都慕王にもつくる。(2)夫余　紀元前一世紀から五世紀にかけて、松花江流域平野を中心に活動したツングース系民族の国。(3)大朱留王　『三国史記』高句麗本紀には大武神王、大解朱留王とある。(4)好太王　「国岡上広開土境平安好太王」が広開土王の正式名称。(5)二九　十八歳。(6)百残　百済。(7)奴客　隷属し臣下となること。(8)平穣　南平壌。現在の大韓民国京畿道ソウル付近か。(9)不軌　約束に従わない。

【解説】　四世紀の倭国および朝鮮との関係を知ることができる確実な史料は、七支刀銘文と広開土王碑文の二つの金石文のみである。これらは近代日本の朝鮮支配の歴史的正統性を証明するために利用された史料でもあり、朝鮮半島南部の経営を当然視するという歪曲された解釈がなされてきたことにも留意しなければならない。しかしながら、少なくとも四世紀後半には倭国が百済と結んで、高句麗と争ったことが確認され、その前提には「倭王」(七支刀銘文、史料6)による軍事・外交権の掌握を考えることができる。七支刀は石上《いそのかみ》神宮に伝わる鉄製両刃の剣で、刀の左右交互に三本ずつの小枝に分かれる。六十二文字の銘文が刀身の中央部に金象嵌で記されている。『日本書紀』神功皇后五十二年九月丙子条に百済からの使節が「七枝刀」などの財物を献上したとの記載があり、百済王世子(近肖古王の

太子、のちの貴須王)より倭王に与えたとする説が有力であるが、百済王が「侯王」たる倭王に下賜したとする説や東晋年号の使用を重視した東晋による下賜説なども提起されている。

広開土王碑文は高句麗の広開土王(在位三九一—四一二年)の功績を記念して、子の長寿王が四一四年に鴨緑江中流域北岸の通溝(現在の中華人民共和国吉林省集安県)に建てた高さ六・四メートルの方柱碑である。碑文の構成は千七百七十五字が四面に刻まれ、内容的には大きく第一面の「其辞曰」および第三面の「村一千四百」で区切られる三つの段落から構成される。第一段では王家の由来と広開土王に至る系譜を掲げ、第二段では王一代の武勲を語り、第三段では王陵の守墓人たち三百三十戸の出身地を詳細に記す。近年の研究によれば、各段落は互いに連関し、神聖なる王の武勲により拡大された領土各地から徴発された守墓人の存在がさらに王家の権威を可視的に高めるという密接な関係を有し、この碑が単なる墓誌ではなく、守墓役制の維持強化を主要な目的として立碑されたことが指摘されている。また第二段の武勲記事には、不利な状況を記述した「前置文」を配することにより、王の親征による戦果を劇的に高める筆法が用いられており、倭は不利な状況を惹起する強大な敵として描かれている。したがって、倭が高句麗の「属民」であるべき百済・新羅を「臣民」としたとある記述に重要な史料的価値を認めることはできないが、少なくとも高句麗の南下政策に百済が抵抗し、倭は百済の後ろ盾として朝鮮半島に度々派兵したことは疑いない。なお、碑文については、近代に日本軍が石灰を塗布して文面を一部改ざんしたとの説があるが、新たに石灰塗布以前の「原石拓本」がいくつか中国から発見され、改ざんの可能性は低くなった。

## 2　倭の五王

### 8〔宋書〕巻九十七　夷蕃伝

倭国在《ハリ》ニ高驪(1)《ノ》東南大海中《ニ》一、世《よよ》修《ム》ニ貢職(2)《ヲ》一。高祖(3)《ノ》永初二年(四二一)、詔《シテ》曰《ク》、「倭讃(4)万里修《ム》レ貢《ヲ》、遠誠宜《シクあきらかニス》レ甄、可《シ》レ賜《フ》ニ除授(5)《ヲ》一」。太祖(6)《ノ》元嘉二年(四二五)、讃又遣《シテ》ニ司馬曹達《ヲシ》一奉《リ》レ表《ヲ》献《ズ》ニ方物《ヲ》一。讃死《シテ》、弟(7)珍立《ツ》。遣《シテ》レ使《ヲ》貢献《ス》。自称《ラス》ニ使持節・都督(8)倭百済新羅任那(9)秦韓(10)慕韓(11)六国諸軍事・安東大将軍・倭国王《ト》一。表《シテ》求《ム》ニ除正(12)《セラレンコトヲ》一。詔《シテ》除《ス》ニ安東将軍・倭国王《ニ》一。珍又求《ム》三除ニ正《センコトヲ》倭隋等十三人《ヲ》平西・征虜・冠軍・輔国将軍号《ニ》一。詔《シテ》並《ビニゆるス》聴。二十年(四四三)、倭国王済(13)遣《シテ》レ使《ヲ》奉献《ス》。復以為《タテス》ニ安東将軍・倭国王《ト》一。二十八年(四五一)、加《フ》ニ使持節・都督倭新羅任那加羅(14)秦韓慕韓六国諸軍事《ヲ》一、安東将軍如《シ》レ故《もとノ》。并《ビニ》除《ス》ニ所《ノ》レ上《ル》二十三人《ヲ》軍・郡《ニ》一。済死《ス》。世子興(15)遣《シテ》レ使《ヲ》貢献《ス》。世祖(16)大明六年(四六二)、詔《シテ》曰《ク》、「倭王世子興、奕《えき》世載《すなわチ》忠、作《シ》ニ藩外海《ヲ》一、稟《うケテ》レ化《ヲ》寧《やすンジ》レ境《ヲ》、恭《シク》修《ム》ニ貢職《ヲ》一。新《タニ》嗣《グ》ニ辺業《ヲ》一。宜《シク》レ授《ク》ニ爵号《ヲ》一。可《シ》ニ安東将軍・倭国王《トス》一」。興死《シテ》、弟武(17)立《ツ》。

自称《ラス》二使持節・都督倭百済新羅任那加羅秦韓慕韓七国諸軍事・安東大将軍・倭国王《ト》一。

(1)高驪　高句麗。(2)貢職　貢ぎ物。(3)高祖　南朝の宋の始祖、武帝。在位四二〇―四二二年。(4)倭讃　応神・仁徳・履中の各大王に比定する説がある。(5)除授　爵号を与える。(6)太祖　宋の第三代皇帝、文帝。在位四二五―四五三年。(7)弟珍　『梁書』は弥とする。大王仁徳または反正に比定される。(8)都督　中国の軍政官。当該地域における軍事的支配権を承認された。(9)任那　朝鮮半島南部の洛東江流域から蟾津江流域に及ぶ小国群の総称。(10)秦韓　辰韓。具体的には慕韓と同様、新羅・百済の支配下に入らない韓の諸地域をいう。(11)慕韓　馬韓。(12)除正　官職に任命すること。(13)倭国王済　大王允恭《いんぎょう》。(14)加羅　任那諸国の一つ。(15)世子興　大王安康。(16)世祖　宋の第四代皇帝、孝武帝。在位四五四―四六四年。(17)弟武　大王雄略。

【解説】　五世紀になると新羅の高句麗への従属の深まりや高句麗・百済の中国南北朝への朝貢にともない、倭も遣使により南朝と直接の交渉をもつことで、朝鮮諸国に対する倭国の立場を有利にしようとした。中国へ朝貢したことが中国の史書に記録される五人の倭王を倭の五王と称する。倭の五王を『日本書紀』のどの大王に比定するかについては、済・興・武が允恭《いんぎょう》・安康・雄略の各大王に比定されるが、讃・珍については諸説がある(図1-2)。珍と済との血縁関係は不明であり、倭の五王の系譜が地位継承系譜か血縁系譜かについては議論がある。遣使の記載は四一三年から五〇二年までの間、中国の正史『宋書』を中心として『晋書』『南史』『南斉書』『梁書』などに合計十三回記録されている(表1-1、1-2)。この遣使、朝貢の目的は、倭国内における王みずからの地位と朝鮮半島での軍事活動を、中国王朝に承認してもらうことにあった。ただし、倭国王は倭国以外に百済等の朝鮮半島南部地域の軍事指揮・統率権を要請したが、宋は北魏との対抗上、百済を味方につけるために、百済を含む称号は一度も許さなかった。冊封関係は対外的な意味だけではなく、国内においては公認された将軍号・国王号により臣下へ将軍・郡太守号を仮授する権限を行使できることを意味し、国内の軍事・行政の秩序化を推し進めることになった。こうした努力にもかかわらず、高句麗が勢力を拡大し、四七五年には百済の首都漢城が陥落し南の熊津へ遷都したことは、倭国にとっても大きな打撃となった。

**図1-2　大王の系譜と倭の五王**

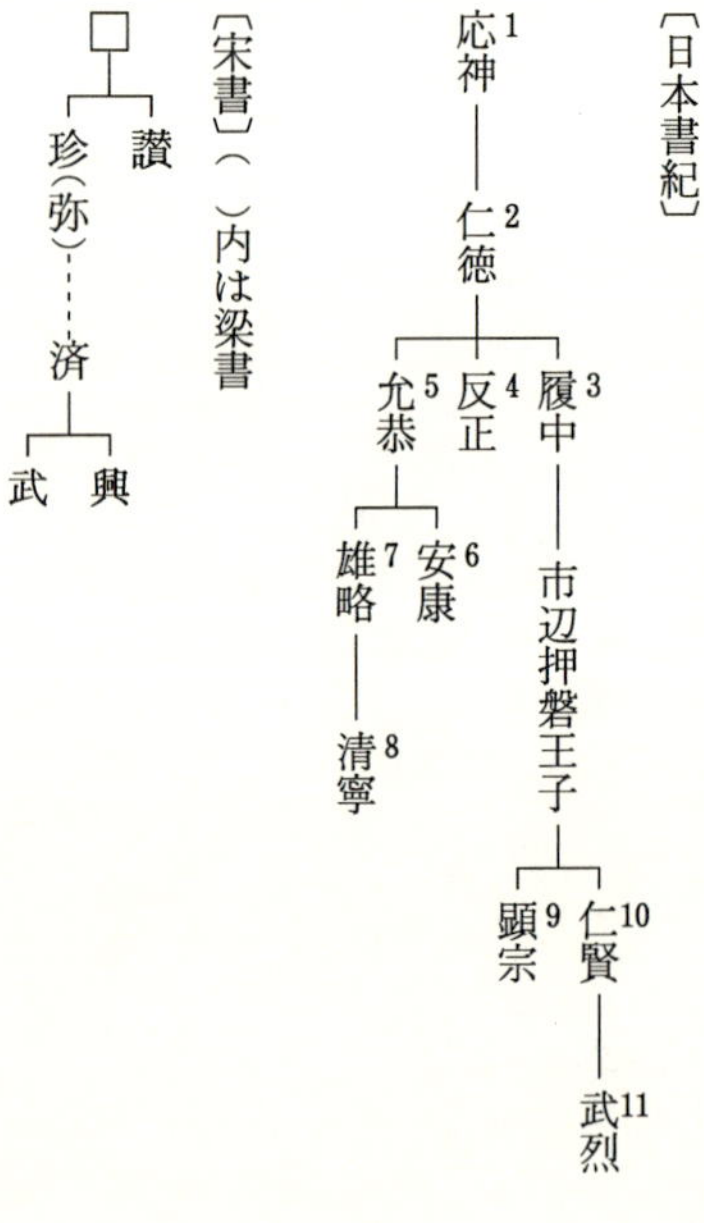

表 1-1　古代日本関係中国史書一覧

| 書名 | 著・撰者 | 巻数 | 記載年代 | 成　立 | 日本関連記事　(　)は巻数 |
|---|---|---|---|---|---|
| 漢書 | 班固 | 120 | BC 202-AD 8 | 82 以前 | 倭人の記事(地理志 28 下) |
| 後漢書 | 范曄 | 120 | 25-220 | 445 以前 | 倭王の遣使(東夷伝・倭 115) |
| 三国志 | 陳寿 | 65 | 220-280 | 297 以前 | 邪馬台国の記事(魏志東夷伝・倭人 30) |
| 晋書 | 房玄齢 | 130 | 280-420 | 648 | 倭人の記事(四夷伝・倭人 97) |
| 宋書 | 沈約 | 100 | 420-479 | 488 以後 | 倭の五王の遣使・武の上表文(夷蛮伝・倭国 97) |
| 南斉書 | 蕭子顕 | 59 | 479-502 | 537 以前 | 武の遣使(東南夷伝・倭国 58) |
| 梁書 | 姚思廉 | 56 | 502-557 | 636 | 倭の五王の記事(諸夷伝・倭 54) |
| 隋書 | 魏徴 | 85 | 581-618 | 636-656 | 倭国の記事(東夷伝・倭国 81) |
| 旧唐書 | 劉昫 | 200 | 618-907 | 945 | 倭国・日本の記事(東夷伝・倭国日本 199 下) |

# 3　倭　王　武

## (1)　倭王武の上表文

**9〔宋書〕巻九十七　夷蕃伝(倭王武上表文)**

順帝(1)昇明二年(四七八)、遣使上表曰、「封国偏遠、作藩于外(2)。自昔祖禰《そでい》(3)、躬擐《つらぬ》甲冑、跋渉山川、不遑《いとま》寧処(4)。東征毛人(5)五十五国、西服衆夷(6)六十六国、渡平海北(7)九十五国。王道融泰(8)、廓《かく》土遐《か》畿《き》(9)。累葉朝宗(10)、不愆《あやま》于歳(11)。臣雖下愚、忝胤先緒、駆率所統、帰崇天極、道遥《はるか》百済、装治船舫。而句驪無道、図欲見呑、掠抄辺隷(12)、虔劉《けんりゅう》(13)不已《やま》。毎《つね》致稽滞(14)、以失良風。雖曰進路、或通或不。臣亡考済(15)、実忿《いかり》寇讐《こうしゅう》(16)壅塞《ようそく》天路、控弦百万(17)、義声感激、方《あたり》欲大挙、奄《にわか》喪父兄、使垂成之功、不獲一簣《いっき》。居在諒闇《りょうあん》(18)、不動兵甲。是以偃息《えんそく》未捷《か》(19)。至今欲練甲治兵、申《の》父兄之志。義士虎賁《こほん》(20)、文武効《いた》功、白刃交前、亦所不顧。若以帝徳覆載、摧《くだ》此強敵、克《よく》靖《やすん》方難、無替前功。窃自仮開府儀同三司(21)、其余咸《みな》各仮授、以勧忠節」。

**表1-2　倭の五王関係記事年表**

| 年 | | 王朝・皇帝 | | 記事内容 |
|---|---|---|---|---|
| 四一三 | 義熙九 | 晋 | 安帝 | 倭国、高句麗とともに東晋に朝貢。 |
| 四二一 | 永初二 | 宋 | 武帝 | 倭王讃、朝貢。 |
| 四二五 | 元嘉二 | 宋 | 文帝 | 倭王讃、司馬《しば》曹達《そうたつ》を遣わし方物を献ずる。 |
| 四三〇 | 元嘉七 | 宋 | 文帝 | 倭国王、遣使して方物を献ずる。 |
| 四三八 | 元嘉十五 | 宋 | 文帝 | 珍、貢献して「使持節《しじせつ》・都督《ととく》倭《わ》百済《くだら》新羅《しらぎ》任那《みまな》秦韓《しんかん》慕韓《ぼかん》六国諸軍事・安東《あんとう》大将軍倭国王」と自称し上表。文帝、珍を「安東将軍倭国王」とする。 |
| 四四三 | 元嘉二十 | 宋 | 文帝 | 済、貢献して「安東将軍倭国王」を授けられる。 |
| 四五一 | 元嘉二十八 | 宋 | 文帝 | 済、「使持節・都督倭新羅任那加羅秦韓慕韓六国諸軍事・安東将軍倭国王」を賜る。 |
| 四六〇 | 大明四 | 宋 | 孝武帝 | 倭国、使を遣わして方物を献ずる。 |
| 四六二 | 大明六 | 宋 | 孝武帝 | 興、貢献する。孝武帝、興に「安東将軍倭国王」を授ける。 |
| 四七七 | 昇明元 | 宋 | 順帝 | 倭国、遣使して方物を献ずる。 |
| 四七八 | 昇明二 | 宋 | 順帝 | 武、遣使して「使持節・都督倭百済新羅任那加羅秦韓慕韓七国諸軍事・安東大将軍倭国王」と自称し上表する。順帝、倭王武に「使持節・都督倭新羅任那加羅秦韓慕韓六国諸軍事・安東大将軍倭国王」を授ける。 |
| 四七九 | 建元元 | 斉 | 高帝 | 高帝、倭王武を「鎮東大将軍」にすすめる。 |
| 五〇二 | 天監元 | 梁 | 武帝 | 武帝、倭王武を「征東将軍」にすすめる。 |

詔《シテ》除《ス》二武使持節・都督倭新羅任那加羅秦韓慕韓六国諸軍事・安東大将軍・倭王《ニ》一。

(1)順帝　宋の第八代皇帝。在位は四七七―四七九年。(2)作藩于外　領域を遠い所に広げる。(3)祖禰　『冊府元亀』は「自昔祖父」とするように、先祖を示す。(4)不遑寧処　落ちつく暇もない。(5)毛人　蝦夷か。(6)衆夷　隼人などか。(7)海北　朝鮮半島か。(8)王道融泰　王道を確立する。(9)廓土遐畿　領土を遠方に拡大する。(10)累葉朝宗　代々、諸侯が天子に拝謁すること。(11)不愆于歳　時期を間違えない。(12)掠抄辺隷　国境で略奪する。(13)虔劉不已　殺害がやまない。(14)致稽滞　中国への道が滞る。(15)臣亡考済　臣の亡父の済。済は名ではなく諡か。(16)寇讐　かたき。高句麗のこと。(17)控弦　弓を持つ兵士。(18)居在諒闇　喪に服する。(19)未捷　いまだ討伐していない。(20)虎賁　勇士。(21)開府儀同三司　格式が大臣と同じで、軍政のための役所を開くことができる武官。

## (2)　獲加多支鹵大王

### 10〔稲荷山古墳出土鉄剣銘〕

(表)

辛亥年(1)七月中、記《ス》。乎獲居臣《おわけノ》。上祖、名意富比垝《ハおほひこ》(2)。其児《ノ》、多加利足尼《たかりのすくね》。其児《ノ》、名弖已加利獲居《ハてよかりわけ》。其児《ノ》、名多加披次獲居《ハたかひしわけ》。其児《ノ》、名多沙鬼獲居《ハたさきわけ》。其児《ノ》、名半弖比《ハはてひ》。

(裏)

其児《ノ》、名加差披余《ハかさひよ》。其児《ノ》、名《ハ》乎獲居臣《ノ》。世々(3)、為《リ》二杖刀人《ノ》首《ト》(4)一、奉事《シ》来至《リテル》レ今《ニ》。獲加多支鹵《わかたける》大王《ノ》寺(5)(6)、在《ル》二斯鬼宮《しき》(7)一時《ニ》、吾、左二治《シ》天下(8)一、令《メ》レ作《ラ》二此《ノ》百練《ノ》利刀《ヲ》一、記《ス》二吾《ガ》奉事《ノ》根原《ヲ》一也。

(1)辛亥年　四七一年。五三一年説もある。(2)意富比垝　記紀には孝元の王子大彦命が北陸道に派遣され、阿倍臣・膳臣ら七族の祖であると伝承する。同一人物とすれば五世紀末には記紀伝承の原型が存在したことになる。(3)世々　大王の治世。(4)杖刀人首　大王の親衛隊の隊長。(5)獲加多支鹵大王　ワカタケル大王。記紀に「大泊瀬幼武天皇」「大長谷若建命」と表記される大王雄略に比定される。(6)寺　役所。朝廷。(7)斯鬼宮　記紀の泊瀬《はつせ》朝倉宮。泊瀬(奈良県桜井市)を含む広域名称である「シキ」の地名を宮号に用いたか。(8)左治天下　天下統治を助ける。倭国独自の中華意識を示すか。

### 11〔江田船山古墳出土大刀銘〕

台(治)《ラシメシシ》二天下《ノ》一獲□□□鹵《わかたける》大王世《ノ》(1)、奉事典曹人(2)、名无《ハむ》□(利カ)弖《て》、八月中、用《ヒ》二大鉄釜《ヲ》一、并《ならべテ》二四尺延刀《ヲ》一、八十練《タビねり》、□(九カ)十振《タビうツ》。三寸上好《ノ》□(刊カ)刀《ナリ》。服《スル》二此刀《ヲ》一者《ハ》、長寿《ニシテ》、子孫《ハ》洋々、得《ル》二□恩《ヲ》一也。不《ル》レ失《ナハ》其所《ノヲ》レ統《ブル》。作《ル》レ刀《ヲ》者、名伊太《ハいた》□(和カ)、書《ク》者《ハ》張安(3)也。

(1)獲□□□鹵大王世　稲荷山古墳出土鉄剣銘と同じくワカタケル大王を示すか。ただし、「大王世」は過去の君主の治世を示すので、大王はすでに没していたことになる。(2)典曹人　官司名または職名で、文官か。「典曹に奉事せし人」と読む説もある。(3)張安　渡来系氏族か。

【解説】　五世紀の倭国の様子を示す確実な史料には、中国正史である『宋書』のほか、金石文として稲荷山古墳出土鉄剣銘文と江田船山古墳出土大刀銘文がある。前者は北武蔵の埼玉古墳群（埼玉県行田市埼玉）に属する全長一二〇メートルの前方後円墳から発掘されたもので、一九七八年の保存修理の際、金象眼による一一五字の銘文が発見された。後者は、熊本県玉名郡菊水町の全長四十五メートルの前方後円墳から、一八七三年（明治六）に発掘されたもので、銀象眼により七十五字が刻まれている。いずれの史料にも、記紀の大王雄略に相当するワカタケル大王、すなわち『宋書』に見える倭王武の名が記載され、倭王武がはじめて宋から「安東大将軍」の称号を公認されたことからもわかるように、大王雄略の治世は倭国の発展において大きな画期と位置づけられる。八世紀において大王雄略の時代が大きな画期であったと考えられていたことは、『万葉集』『日本霊異記』などからも確認される。『宋書』の倭王武の上表文によれば、倭王武の時代までに、倭国は東西に領域を拡大したことが述べられている。埼玉県の稲荷山古墳出土鉄剣銘文と熊本県の江田船山古墳出土大刀銘文に同じワカタケル大王の名前が見えることは、当時の支配領域が東は関東、西は九州にまで及んでいたことを裏付けるものである。さらに、二つの銘文からは、君主号としての「大王」号の成立、倭国独自の中華意識である「治天下」観念、「杖刀人」「典曹人」など、後の伴造制度につながる豪族による世襲的な職務の分担制度（人制）の存在などを指摘できる。

# 第三節　倭王権の動揺と支配の強化

## 1　朝鮮半島情勢の変化

### (1)　加耶諸国の滅亡

**12〔日本書紀〕欽明二十三年（五六二）正月条**

新羅打チ二滅ス任那官家《みやけ》(1)一ヲ。〈一本云ク、廿一年ニ、任那滅ブ焉。惣《すべて》言フ二任那一ト、別シテ言フ二加羅国(2)・安羅国(3)・斯二岐国・多羅国・卒麻国・古嵯国・子他国・散半下国・乞飡国・稔礼国一ト、合セテ十国ナリ。〉

（1）任那官家　『日本書紀』編者による修飾で、「官家」は、屯倉に対する課税に仮託し、倭王権に対する擬制的な貢納国の意に用いられる。（2）加羅国　現在の大韓民国慶尚南道高霊。（3）安羅国　現在の大韓民国慶尚南道咸安。

**13〔三国史記〕新羅本紀　真興王二十三年（五六二）九月条**

加耶(1)叛ケリ、王命ジ二異斯夫ニ一討ツレ之ヲ。

（1）加耶　高霊の大加耶（加羅）。

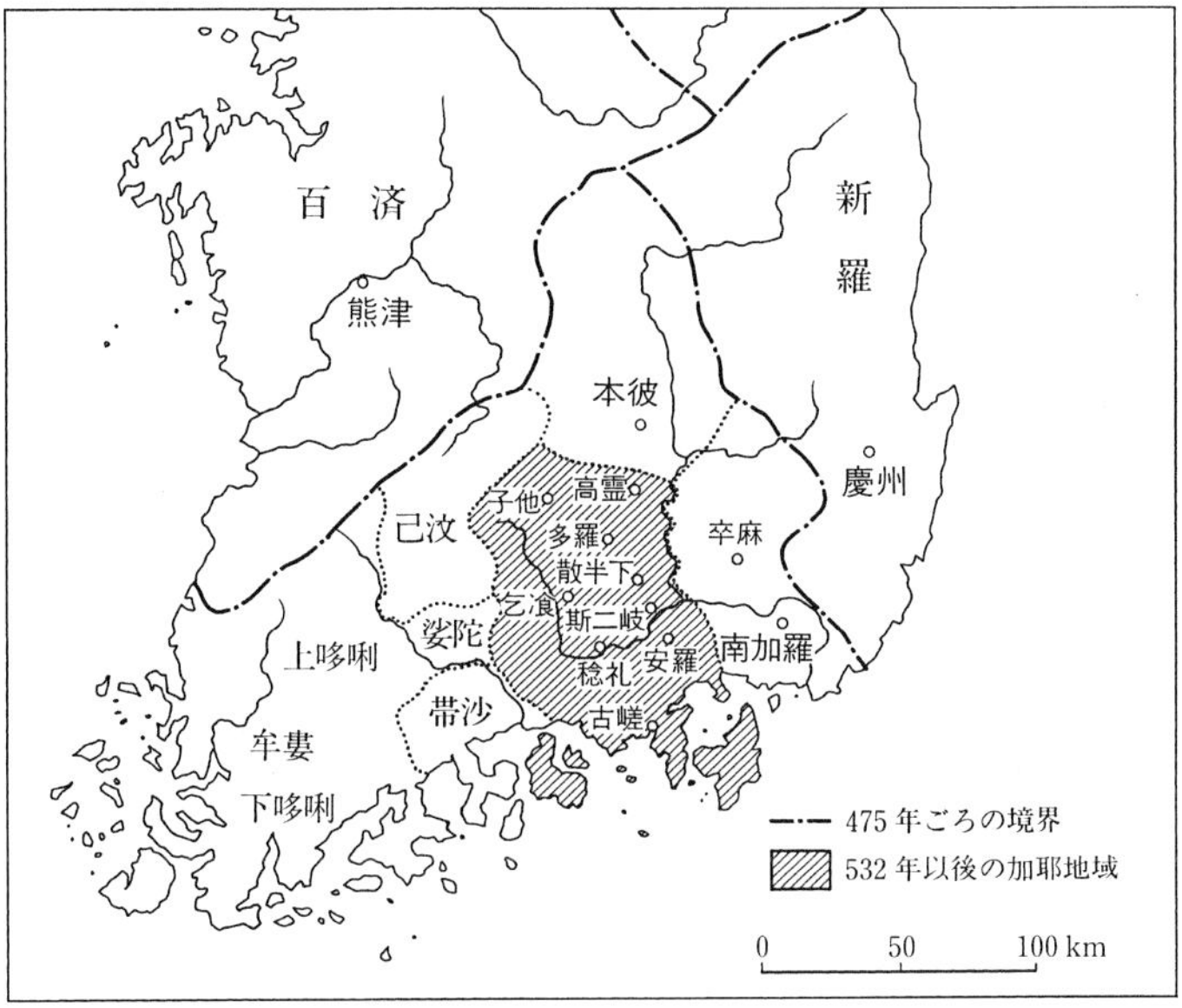


図1-3 加耶諸国地図

## (2) 百済と加耶諸国

**14〔日本書紀〕継体六年(五一二)十二月条**

百済遣使貢調。別表請任那国上哆唎《おこしたり》・下哆唎《あるしたり》・娑陀《さた》・牟婁《むろ》、四県(1)。哆唎国守穂積臣押山《ほずみのおみおしやま》(2)奏曰、「此四県、近連《まじわり》百済、遠隔日本。旦暮《あしたゆうべ》易通、鶏犬難別。今賜百済、合為同国、固存之策《はかりごと》、無以過此。然縦《たと》賜合国、後世猶危。況為異場、幾年能守」。大伴大連金村、具得是言、同謨《はかりごと》而奏。廼《すなわち》以物部大連麁鹿火《あらかひ》、宛宣勅使。(中略)其妻切諫云、「称疾莫宣」。大連依《したが》諫。由是、改使而宣勅。付賜物并制旨、依表賜任那四県。(中略)於是、或有流言曰、「大伴大連、与哆唎国守穂積臣押山、受百済之賂(3)矣」。

(1)四県　大韓民国全羅南道全域に及ぶ地域。この地域までを任那と称するのは、当時の実態を示すものではなく、『日本書紀』編者による認識か。(2)穂積臣押山　物部系の氏族。国守は臨時に派遣された使者の意か。(3)路　「賂」(財貨の供与)は「質」(人的供与)や「盟」(宗教的拘束力)とともに政治的約束を守る保証としての意。

**15〔日本書紀〕継体七年(五一三)六月条**

百済遣姐弥文貴《さみもんき》将軍・州利即爾《つりそに》将軍、副穂積臣押山(1)、〈百済本記云(2)、委意斯移麻岐弥《やまとおしやまきみ》。〉貢五経博士段楊爾《だんように》(3)。別奏云《ク》、「伴跛《はへ》(4)国略二奪《ス》臣国《ノ》己汶《こもん》之地一(5)《ヲ》。伏《シテ》願《フ》、天恩《アリト》判《ジテ》還《シタマヘト》二本属《ニ》一」。

(1)穂積臣押山　「百済本記」のオシヤマキミの音を書紀編者が押山の字に当てたものか。(2)百済本記　七世紀末、日本に亡命した百済人が伝えた記録か。(3)五経博士　儒教の教官。五経とは易経・書経・詩経・春秋・礼記。百済による己汶・帯沙領有の承認と密接な関係を有する。永住せず、交替制であった。(4)伴跛国　大韓民国慶尚北道星州付近。加耶北部の有力国。(5)己汶之地　現在の蟾津江流域。

【解説】　いわゆる五六二年の「任那の滅亡」について、七二〇年(養老四)成立の官撰国史『日本書紀』は新羅が任那官家《みやけ》を滅ぼしたと伝えるが、一一四五年成立の朝鮮三国の正史である『三国史記』は加羅が叛乱を起こしたと記述し、年紀についても異同がある。一本が記載する十国の多くはすでに五六〇年に新羅により占領されており、百済や加羅の最後の反撃を鎮圧することにより新羅の領有が確定したと考えられる。『隋書』新羅伝が「襲二百済附庸諸加羅国一」と記すように、新羅が百済と戦い、加耶諸国を支配下に置いたのである。『日本書紀』は一貫して現実には多様な加耶小国群を「任那」として一体なものとしてとらえ、「官家」として隷属の対象に位置づけている。したがって、書紀編者のこうした誇大な国際意識を念頭に置いたうえで、「任那」関係記事には厳密な史料批判を加える必要がある。近年の研究によれば、「任那日本府」を強力な権力を持つ恒常的な任那支配のための倭国の出先機関と考える戦前以来の通説は否定され、その用語は後の造作で、加耶諸国全体を領域的に支配するような恒常的な支配機構や軍事組織ではなかったとする見解が有力となっている。『日本書紀』欽明十五年十二月条の「安羅に在る諸の倭の臣等」との表現が現実に近く、六世紀における加耶諸国の政治的成長を前提に、任那執事らによるその合議体が百済からの外圧をかわすために、安羅にいて倭国を背後にもつ倭臣たちの調停能力に期待したらしい。いわゆる「任那四県の割譲」記事についても、倭王がこの地域を領域的に支配していた事実はなく、加耶諸国の帰属について百済から了解を求められる立場にあったことが確認されるにすぎない。五一三年、百済は北加耶の有力国である伴跛が己汶の地を奪ったため、倭に軍事的援助を期待して最初の五経博士の上番をおこなった。これに対して倭は百済の申し入れを支持し、軍事的圧力を加えたことが確認される。

## 2　「継体朝」の成立と磐井の乱

### (1)　継体の即位

**16〔日本書紀〕継体即位前紀**

男大迹《おほど》天皇〈更名彦太尊。〉誉田《ほんだ》(応神)天皇五世孫《ノ》(1)、彦主人王《ひこうしのおおきみ》之子也。母《ヲ》曰《フ》二振媛一《ト》。振媛、活目《いくめ》(垂仁)天皇七世之孫也。天皇父聞《キテ》三振媛《ノ》顔容姝妙《きらぎらシクテ》甚《ダ》有《ルヲ》二媺色一、自《リ》二近江国高嶋郡三尾《みお》(2)之別業一、遣《シテ》レ使《ヲ》聘《むかヘテ》二于三国坂中井《さかないニ》(3)一、〈中、此云《フ》レ那《ト》。〉納《レテ》以為《テス》レ妃《ト》。遂《ニ》

産ム二天皇ヲ一。々々幼年ニシテ、父王薨ズ。振媛廼《すなわ》チ歎キテ曰ク、「妾今遠ク離レタリ二桑梓ヲ一(4)。安《いず》クンゾ能ク得ン二膝養スルヲ一。余帰リ二寧《とぶら》ヒテ高向ニ一(5)〈高向者、越前国邑名。〉奉リ二養セント天皇ヲ一」。々々壮大ニシテ、愛《め》デレ士ヲ礼シレ賢ヲ、意豁《ゆたか》如也。天皇年五十七歳、八年冬十二月己亥、小泊瀬天皇(武烈)崩ズ。元ヨリ無ク二男女一、可シレ絶ユ二継嗣一。

(1)誉田天皇五世孫　記紀が五代の中間の人名を欠くことや後の令文が五世までを皇族とすることなどから、継体を皇親とするために後に作られた系譜とも考えられる。(2)高嶋郡三尾　滋賀県高島郡高島町。『和名抄』の近江国高島郡三尾郷。「上宮記」逸文には弥乎国高嶋宮とある。(3)三国坂中井　福井県坂井郡丸岡町。『和名抄』の越前国坂井郡高向郷。(4)桑梓　故郷。(5)高向　福井県坂井郡丸岡町。『和名抄』の越前国坂井郡高向郷。

## 17〔釈日本紀〕「上宮記」逸文

男大迹《おほど》天皇、誉田天皇(応神)五世孫、彦主人王子也。母曰フ二振媛ト一。上宮記曰ク、「一云フ、凡牟都和希王《ほむたわけ》(応神)娶《みあ》ヒテ二洷俣那加都比古《くいまたなかつひこ》ノ女子、名弟比売麻和加《おとひめまわか》一(稚野毛二派皇子母)ニ生メル児若野毛二俣王《わかのけふたまた》、娶ヒテ二母々恩己麻和加《ももしきまわか》(大郎子以下四人母)中比売《なかひめ》一ニ生メル児大郎子、一名意富々等王《おほほど》(1)、妹践坂大中比弥王《おしさかのおおなかつひめ》(2)、弟田宮中比弥、弟布遅波良己等布斯郎女、四人也。此意富々等王ノ娶ヒテ二中斯知命(乎非王母)一ニ生メル児乎非王《おひ》、娶ヒテ二牟義都国造《むげつ》(3)名伊自牟良君《いわむらのきみ》女子名久留比売命(彦主人王母)一ニ生メル児汙斯王《うし》。娶《ヒテ》下伊久牟尼利比古《いくむねりひこ》大王ノ児伊波都久和希《いはつくわけ》ノ、児伊波智和希《いはちわけ》ノ、児伊波己里和気《いはころわけ》ノ、児麻和加介、児阿加波智君ノ、児乎波智君《おはち》、娶ヒテ二余奴臣ノ祖名ハ阿那尓比弥《あなにひめ》(都奴牟斯君妹振媛母)一ニ生メル児都奴牟斯君《つぬむし》、妹布利比弥命《ふりひめ》上也。汙斯王坐《シシ》二弥乎国高嶋宮ノ一ニ時、聞テ二此布利比売命(継体天皇母)ノ甚《いと》美《うるわ》シキ女ナリトイフコトヲ一、遣シテレ人召《め》サレテ二上自リ三国坂井県(4)一、而娶ヒテ所ハレ生メル伊波礼《いはれ》宮ニ治二天下《あめのした》一乎富等大公王《をほどのおおきみ》(継体天皇)也。父汙斯王崩去《かむさ》リマシシ而後、王母布利比弥命言ヒテ曰ク、「我独リ持チ二抱キテ王子ヲ一、在リテ二无キ親族《うがら》部之国ニ一、唯我独リ難シ二養育スルコト一」、比陁斯《ひだし》奉《たてまつる》之云ヒ、尓《ここ》ニ将ニレ下リ二去ラン於在《いま》スレ祖《みおや》ニ三国命ノ坐ス多加牟久村二一也」。

(1)意富々等王　『古事記』は三国君らの先祖とする。(2)践坂大中比弥王　大王允恭の大后。(3)牟義都国造　美濃国の豪族。(4)三国坂井県　越前国坂井郡。

## 18〔日本書紀〕継体二十五年(五三一)十二月庚子(五日)条

葬ル二于藍野陵《あいの》(1)一ニ。〈或本云、天皇、廿八年歳次甲寅崩。而此云テ二「廿五年歳次辛亥崩一」者、取テ二百済本記ヲ一為スレ文ヲ。其文云、「太歳辛亥三月、軍進ミテ至テ二于安羅ニ一、営ス二乞乇城ヲ一。是月、高麗弑ス二其王安ヲ一」。又聞、「日本天皇及ビ太子皇子、倶ニ崩薨ス(2)ト」。由テレ此ニ而言フ、「辛亥之歳ハ、当ル二廿五年ニ一矣」。後ノ勘校スル者、知レレ之也。〉

(1)藍野陵　『延喜式』諸陵寮に「三嶋藍野陵〈磐余玉穂宮御宇継体天皇、在摂津国嶋上郡、兆域東西三町。南北三町。守戸五烟〉」とある。大阪府茨木市の茶臼山古墳が継体陵とされるが、今城塚が古墳の編年により

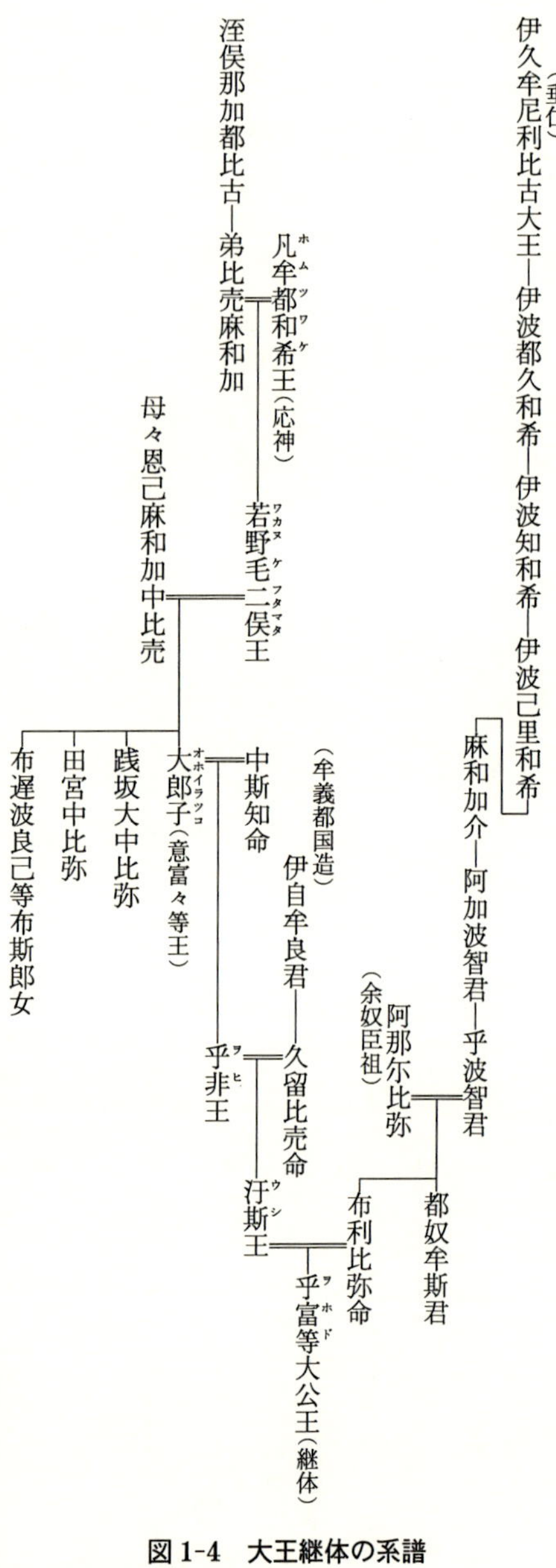

図 1-4　大王継体の系譜

有力視されている。(2)倶崩薨　天皇・太子・皇子の死を記す「百済本記」の異説については、倭国内部に内紛を想定する説がある。

【解説】　大王継体の即位については、武烈王統の断絶、応神天皇五世孫とする系譜の信憑性、即位後も長い間大和に入らなかったことなどを根拠に、新王朝説が提起されている。これに対しては、「上宮記」系譜成立の年代や複数の百済王暦の存在、継体紀の重複・異伝の検討などから否定的な見解も提起された。近年では、応神系譜への史料批判、継体出身氏族息長氏の実態、王朝概念の再検討などから、これまでの二者択一論ではない記紀の王権史の基本的構想と当時の王権構成範囲をどのようにとらえるかという議論がなされている。

また大王継体の死去から大王欽明の即位に至る経緯についても、史料の混乱が存在する。すなわち、『日本書紀』の紀年には継体の死と安閑の即位の間に二年の空位が存在するだけではなく、大王継体の死去した年(『古事記』・『日本書紀』或本)や大王欽明の即位年(『元興寺縁起』・『上宮聖徳法王帝説』)についてはいくつかの異説がある。異説を重視するならば大王欽明と安閑・宣化は同時に即位していたこととなり、「二朝並立」の内乱状態が想定される。

『釈日本紀』は鎌倉時代に卜部兼方が著した『日本書紀』の注釈書で、『風土記』など多くの逸書を引用する。「上宮記」もその一つで、厩戸王子が編纂したと伝える神話・皇統譜を中心とした史書。

### (2) 磐井の乱

**19〔日本書紀〕**

**継体二十一年(五二七)六月甲午(三日)条**

近江毛野臣《おうみのけぬ》(1)、率衆六万、欲往任那、為復興建新羅所破南加羅《ありひしのから》・喙己呑《とくことん》(2)、而合任那。於是、筑紫国《くにの》造《みやつこ》磐井《いわい》(3)、陰謨叛逆、猶預経年。恐事難成、恒伺間隙。新羅知是、密行貨賂于磐井所、而勧防遏毛野臣軍。於是、磐井掩《おそ》拠火豊二国(4)、勿《な》使修職《つかへ》(5)。外邀《よう》海路、誘致高麗・百済・新羅・任那等国年貢職船《みつぎ》、内遮遣任那毛野臣軍。乱語揚言曰、「今為使者、昔為吾伴、摩《す》肩触肘、共器同食。安得率爾《にわか》為使、俾余自伏儞《いまし》前」。遂戦而不受。驕而自矜《ほこ》。是以、毛野臣、乃見防遏中途淹滞。天皇(継体)詔大伴大連金村・物部大連麁鹿火(6)・許勢大臣男人等《ら》曰、「筑紫磐井反《そむき》掩《おそ》、有《たもつ》西戎之地。今誰可将者」。大伴大連等僉《みな》曰、「正直仁勇通於兵事、今無出於麁鹿火右」。天皇曰、「可」。

**継体二十一年八月辛卯(一日)条**

詔曰、「咨《ああ》、大連、惟茲《これこ》磐井弗《ず》率《したが》。汝徂《ゆ》征《う》」。物部麁鹿火大連再拝言、「嗟《ああ》、夫磐井西戎之奸猾。負《たの》川阻《さか》而不庭《つかえまつら》。憑山峻《たかき》而称《あ》乱。敗徳反道。侮嫚《おご》自賢。在昔《むかし》道臣(7)、爰及《いた》室屋《むろや》(8)、助帝而罰《う》。拯《すく》民塗炭《くるしき》、彼此一時。唯天所賛《たす》、臣恒所重《おも》。能不恭伐」。詔曰、「良将之軍《いくさだち》也、施恩推恵、恕《おもひはか》己治人。攻如河決《さ》。戦如風発《た》」。重詔曰、「大将民之司命《いのち》。社稷《くにいえ》存亡、於是《ここ》乎在《あり》。勗《つとめ》哉」。恭《つつし》行天罰。天皇親操斧鉞《まさかり》、授大連曰、「長門以東朕制《と》之。筑紫以西汝制《と》之。専行賞罰。勿《な》煩《わずら》頻奏」。

**継体二十二年(五二八)十一月甲子(十一日)条**

大将軍物部大連麁鹿火、親与賊帥磐井、交戦於筑紫御井郡(9)。旗鼓相望、埃塵《ちり》相接《つ》。決機両陣之間、不避万死之地。遂斬磐井、果定境場《さかい》。

**継体二十二年十二月条**

筑紫君葛子《くずこ》(10)、恐坐父誅、献糟屋屯倉(11)、求贖《あがな》死罪。

(1)近江毛野臣　建内《たけうち》宿禰の後裔を称する近江国の豪族。(2)南加羅・

喙己呑　それぞれ大韓民国慶尚南道金海、慶尚北道慶山付近か。新羅が南加羅を奪ったのはこれ以後。(3)筑紫国造磐井　大彦命の後裔を称する。筑紫君。(4)火豊二国　後の肥前・肥後国、および豊前・豊後国。その範囲は北九州の全域に及ぶ。(5)勿使修職　朝廷に従わない。(6)物部大連麁鹿火　『古事記』は大伴金村とともに磐井を討ったとする。(7)道臣　大伴氏の祖。(8)室屋　大伴金村の祖父。麁鹿火が大伴氏の祖先を讃えるのは不自然。(9)筑紫御井郡　福岡県三井郡・久留米市付近。(10)筑紫君葛子　磐井の子。(11)糟屋屯倉　福岡県粕屋郡付近。

## 20〔釈日本紀〕所引「筑後国風土記」逸文

筑後国風土記曰、上妻県(1)、々南二里、有筑紫君磐井之墓墳(2)。高七丈、周六十丈。墓田《はかどころ》(3)南北各六十丈、東西各卌丈。石人石盾各六十枚、交陣《こもごもつら》成行、周《めぐ》匝四面。当東北角、有一別区。号曰衙頭(4)。〈衙頭、政所也。〉其中有一石人。縦容《おもぶる》立地。号《なづ》曰解部《ときべ》(5)。前有一人。裸形伏地。号曰偸人《ぬすびと》(6)。〈生為偸猪、仍擬決罪。〉側有石猪四頭。号曰贓物《ぞうもつ》。〈贓物盗物也。〉彼処亦有石馬三疋、石殿三間、石蔵二間。古老伝云、「当雄大迹《おおど》(継体)天皇之世、筑紫君磐井、豪強暴虐、不偃《したが》皇風。生平之時、預造此墓。俄而官軍動発《おこ》、欲襲之間、知勢不勝、独《ひとり》自遁于豊前国上膳《かみつみけ》県(7)、終《う》于南山峻《さか》嶺之曲《くま》。於是、官軍追尋《ひま》失蹤《あと》。士怒未泄《や》、撃折石人之手、打堕《おと》石馬之頭」。古老伝云、「上妻県、多有篤疾、蓋由茲歟」。

(1)上妻県　福岡県八女郡東北部。(2)墓墳　北九州最大の古墳である岩戸山古墳(福岡県八女市)に比定。(3)墓田　墓域。(4)衙頭　役所。(5)解部　裁判官。令制では刑部省に属し、訴訟を問い質す役人。(6)偸人　盗人。(7)上膳県　福岡県築上郡の南部。

## 21〔日本書紀〕安閑元年(五三四)閏十二月是月条

(是月)武蔵国造笠原直使主《おみ》(1)与同族小杵《おき》、相争国造、〈使主・小杵、皆名也。〉経年難決也。小杵性阻有逆。心高無順。密就求援於上毛野《かみつけの》君小熊(2)。而謀殺使主。使主覚之走《に》出。詣京言状。朝庭臨断、以使主為国造。而誅小杵。国造使主、悚憙《しょうき》交《み》懐、不能黙《もだ》已《やむ》。謹為国家《みかど》、奉置横渟《よこぬ》(3)・橘花《たちばな》(4)・多氷《おおひ》(5)・倉樔《くらす》(6)、四処屯倉《みやけ》。

(1)武蔵国造笠原直使主　笠原直の氏族名は武蔵国埼玉郡笠原郷(埼玉県鴻巣市笠原付近)の地名による。(2)上毛野君小熊　群馬県を本拠とする地方豪族。(3)横渟　武蔵国横見郡(埼玉県東松山市)。(4)橘花　武蔵国橘樹郡(神奈川県川崎市)。(5)多氷　武蔵国多摩郡(東京都多摩地区)。(6)倉樔　武蔵国久良郡(神奈川県横浜市)。

【解説】　倭王の権力機構は、雄略期以来、渡来人や地方豪族を内部に取り込み、その支配を強化しつつあった。これに対して、自己の独立性を維持しようとする有力地方豪族の反乱がしばしばおこった。雄略期の吉備氏の反乱をはじめ、磐井の乱や武蔵国造の乱はその典型といえる。倭王は、それらの反乱を鎮圧すると、その支配領域の内部に屯倉を設定し、土地や民衆を直接支配することをめざした。

磐井の乱は、近江毛野が兵を率いて朝鮮に出発したところ、筑紫君磐井が、新羅と結び、北九州で反乱を起こしたとされる。この乱は、これまで地方豪族の倭王権にたいする反乱と位置づけられていたが、国家形成期における国土統一戦争とする見解が提起されている。磐井の墳墓については、幕末の久留米藩士矢野一貞が『筑後将士軍談』で福岡県八女市の岩戸山古墳に比定して以来、通説となっている。

武蔵国造の反乱は、笠原直氏の同族が国造の位を争い、一方が隣接する強大な豪族の上毛野氏を頼り、一方は倭王に訴え、中央権力の介入により紛争が解決されたものである。献上された四カ所の屯倉は、その地名から、郡規模のものであったと考えられる。なお、国造や屯倉の設置年代および具体的な比定地については、議論がある。

## 3　地方支配の強化

### (1)　阿直岐と王仁

**22**〔**古事記**〕**応神段**

亦新羅人参渡来。是以、建内宿禰《たけしうち》命引率、為役《え》之堤池《つつみいけ》而、作百済池(1)。亦百済国主照古王(2)、以牡《お》馬壱疋、牝《め》馬壱疋、付阿知吉師《あちきし》(3)以貢上。〈此阿知吉師者、阿直史《あちきのふびと》等之祖。〉亦貢上横刀及大鏡(4)。又科《おおせ》賜百済国、若有賢《さかしき》人者貢《たて》上《まつ》。故、受命以貢上人《たてまつりしひと》、名和邇吉師《わにきし》。即論語十巻、千字文一巻(5)、幷十一巻、付是人即貢進《たてまつ》。〈此和爾吉師者文首等祖。〉又貢上手人《てひと》(6)韓鍛《からかぬち》、名卓素《たくそ》、亦呉服《くれはとり》西素《さいそ》二人也。又秦造《はたのみやつこ》之祖(7)、漢直《あやのあたへ》之祖(8)、及《また》知醸酒《みき》人、名仁番《にほ》、亦名須須許理《すすこり》等参渡来也。

(1)百済池　『日本書紀』応神七年九月条に、韓人池。(2)照古王　近肖古王。(3)阿知吉師　阿直岐《あちき》。(4)横刀及大鏡　刀と鏡の貢上は古墳の副葬品や「三種の神器」とのかかわりから注目される。(5)論語十巻、千字文一巻　論語の巻数や千字文の成立年代が整合しない。(6)手人　技術者。(7)秦造之祖　弓月君。(8)漢直之祖　阿知使主《あちのおみ》。

**23**〔**日本書紀**〕

**応神十四年二月条**

百済王貢縫衣《きぬぬい》工女。曰真毛津《まけつ》。是今来目衣縫《くめのきぬぬい》(1)之始祖也。

**応神十四年是歳条**

弓月君《ゆづき》(2)自百済来帰。因以奏之曰、「臣領《ひき》己国之人夫百廿県(3)而帰化。然因新羅人之拒《ふせぎ》、皆留加羅国(4)」。爰遣葛城襲津彦《かつらぎのそつひこ》、而召弓月之人夫於加羅。然経三年、而襲津彦不来焉。

**応神十五年八月壬戌朔丁卯条**

百済王遣阿直伎《あちき》(5)、貢良馬二匹。即養於軽(6)坂上厩《うまや》。因以阿直伎令掌飼。故号其養馬之処、曰厩坂也。阿直伎亦能読経典。即太子菟道稚郎子《うじわきいらつこ》師焉。於是、天皇問阿直伎曰、「如勝汝博士亦有耶」。対曰、「有王《わ》仁《に》(7)者。是秀也」。時遣上毛野君《かみつけぬのきみ》祖、荒田別《あらたわけ》・巫別《かんなぎわけ》於百済、仍徴《め》王仁也。其阿直岐者、阿直岐史《あちきのふひと》之始祖也。

**応神十六年二月条**

王仁来之。則太子菟道稚郎子師之、習諸典籍於王仁、莫不通達。所謂王仁者、是書首《ふみのおびと》(8)等之始祖也。

**応神二十年九月条**

倭漢直祖(9)阿知使主《あちのおみ》(10)、其子都加使主《つかのおみ》(11)、並率己之党類十七県(12)、而来帰焉。

(1)来目衣縫　久米は奈良県橿原市久米町付近か。その他に呉・蚊屋・漢・飛鳥・伊勢衣縫の来朝記事がある。史料25参照。(2)弓月君　秦氏の祖。後には秦の始皇帝の後裔を称する。(3)己国之人夫百廿県　多くの人々を従えて渡来したとの伝承は、後世多くの部民を管理することからの創作か。(4)加羅国　慶尚北道高霊の伽耶か。(5)阿直伎　阿直岐にもつくる。『古事記』に阿知吉師。(6)軽　奈良県橿原市大軽付近。(7)王仁　『古事記』に和邇吉師。(8)書首　河内の書(文)氏。倭漢《やまとのあや》氏に対して西文《かわちのふみ》氏ともいう。本拠は大阪府羽曳野市古市の西琳寺周辺。(9)倭漢直祖　後には漢の帝室の後裔を称する。書・坂上・民・長などの氏族がいる。(10)阿知使主　阿智王。(11)都加使主　雄略期ころの実在人物(史料24)が架上されたものか。(12)己之党類十七県　多くの人々を従えて渡来したとの伝承は、後に多くの技術者や部民を管理するようになったことからの創作か。

【解説】　記・紀には、秦氏の祖「弓月君」、東漢《やまとのあや》氏の祖「阿知使主」、西文氏の祖「王仁」などが、応神期に朝鮮半島から多数の渡来人とともにやってきたことを記すが、その記述には矛盾があり、祖先伝承に基づいて潤色された部分がある。たとえば、都加使主と東漢直掬《つか》は同一人物と考えられ、「今来漢人《いまきのあやひと》」「今来才伎《いまきのてひと》」「手末才伎《たなすえのてひと》」「新漢《いまきのあや》」などと表現された五世紀後半の新しい渡来人たちの伝承を基礎として、作成された部分が存在する。このように、多くの疑わしい部分が存在するが、この段階で、九世紀に明瞭となるような中国皇室の末裔の自称は見えず、「秦造之祖」や「漢直之祖」らが、倭国と朝鮮半島南部との交渉の過程で渡来し、その後、倭王と密接な関係を有するようになったことまでは否定しにくい。記・紀が応神期に渡来の始源を集中させたことは作為的であるが、「今来」に対する古い渡来人集団が存在したことは当然予想される。『古事記』は七一二年(和銅五)に太安麻呂《おおのやすまろ》により編纂された神代から推古期までを扱った史書。

### (2) 今来漢人

**24〔日本書紀〕雄略七年是歳条**

天皇(雄略)詔シテ三田狭《たさ》臣ノ子弟君《おときみ》ト与ニ二吉備《きび》海部直《あまべのあたい》赤尾一曰ク、「汝宜シク往キテ罰《う》テト二新羅ヲ一」。於テレ是ニ、西漢才伎《かわちのあやのてひと》(1)歓因知利在リレ側ニ。乃チ進ミテ而奏シテ曰ク、「巧ナル二於奴一ヨリ者、多ク在リ二韓国ニ一。可シト二召シテ而使フ一」。(中略)天皇詔シテ二大伴大連室屋《むろや》ニ一、命ジテ二東漢直掬《やまとのあやのあたいつか》(2)ニ一、以テ新漢《いまきのあや》(3)陶部《すえつくり》(4)高貴・鞍部《くらつくり》(5)堅貴・画部《えかき》(6)因斯羅我・錦部《にしごり》(7)定安那錦・訳《お》語《さ》(8)卯安那等ヲ、遷シ二居ラシム于上桃原・下桃原(9)・真《ま》神《がみ》原(10)ノ三所ニ一。〈或本云ニク、吉備臣弟君、還リテレ自リ二百済一、献ズ二漢手人部・衣縫部・宍人《ししひと》部《べ》ヲ一。〉

(1)西漢才伎　河内を本拠とする渡来系技術工人。(2)東漢直掬　応神紀(史料23)に都加使主とある。(3)新漢　応神期に渡来したとされる集団に対して、雄略期に新しく渡来した漢人の意。(4)陶部　須恵器を作る部民。(5)鞍部　外来の技術で馬具を製造する部民。(6)画部　絵画・彩色を職掌とする部民。(7)錦部　外来の技術で高級織物を織成する部民。(8)訳語　通訳。(9)上桃原・下桃原　大和国高市郡の桃原墓(明日香村の石舞台古墳)付近。(10)真神原　大和国高市郡の飛鳥寺付近。

**25〔日本書紀〕雄略十四年三月条**

命ジテ二臣連ニ一迎フ二呉使ノ(1)ヲ一。即安《は》二置ベラシム呉人ヲ於檜隈野(2)ニ一。因テ名ク二呉原ト一。以テ二衣縫《きぬぬい》兄《え》媛《ひめ》ヲ一、奉ル二大三輪神ニ一。以テ二弟媛《おとひめ》ヲ一為ス二漢衣縫部(3)ト一也。漢《あや》織《はとり》・呉織《くれはとり》ノ衣縫、是レ飛鳥衣縫部・伊勢衣縫(4)之先也。

(1)呉使　中国南朝への使い。(2)檜隈野《ひのくまの》　奈良県高市郡明日香村檜前付近。(3)漢衣縫部　渡来系技術による衣縫の部民。(4)伊勢衣縫　伊勢神宮にかかわる集団か。

**26〔続日本紀〕天平宝字二年(七五八)四月己巳(二十八日)条**

内薬司佑《じよう》兼出雲国員外ノ掾《じよう》正六位上難波薬師《なにわのくすし》奈良等一十一人言ス、「奈良等ガ遠祖徳来ハ、本ト高麗ノ人ニシテ、帰ス二百済国ニ一。昔泊瀬《はつせ》朝倉朝廷(雄略)詔シテ二百済国ニ一、訪ヒ二求ム才人《てひと》ヲ一。爰ニ以テ二徳来ヲ一貢二進ス聖朝ニ一。徳来五世ノ孫恵日《えにち》(1)、小治田朝廷(推古)ノ御世ニ、被レテ遣サ二大唐ニ一、学ビ二得タリ医術ヲ一。因テ号ス二薬師ト一。遂ニ以テ為スレ姓ト。今愚《ぐ》闇《あん》ノ子孫、不レ論ゼ二男女ヲ一、共ニ蒙ル二薬師之姓ヲ一。窃《ひそか》ニ恐ル二名実錯乱センコトヲ一。伏シテ願クハ、改メテ二薬師ノ字ヲ一、蒙ラント二難波連ヲ一」。許スレ之ヲ。

(1)恵日　遣隋留学生。後に遣唐使としても渡唐。

【解説】　記・紀によれば、五世紀後半の雄略期に渡来の第二の波があった。すなわち、百済や中国南朝の呉から陶部・鞍部・錦部・画部・衣縫部などの技術者たちが大量に渡来し、大和や河内に居住させられたことが記載されている。すべてを信用することはできないが、須恵器の生産が五世紀後半から河内を中心に活発化することや、馬の飼育、鉄器・機織技術の革新もこの時期から活発化することは、外来技術の導入を前提にしなければならない。

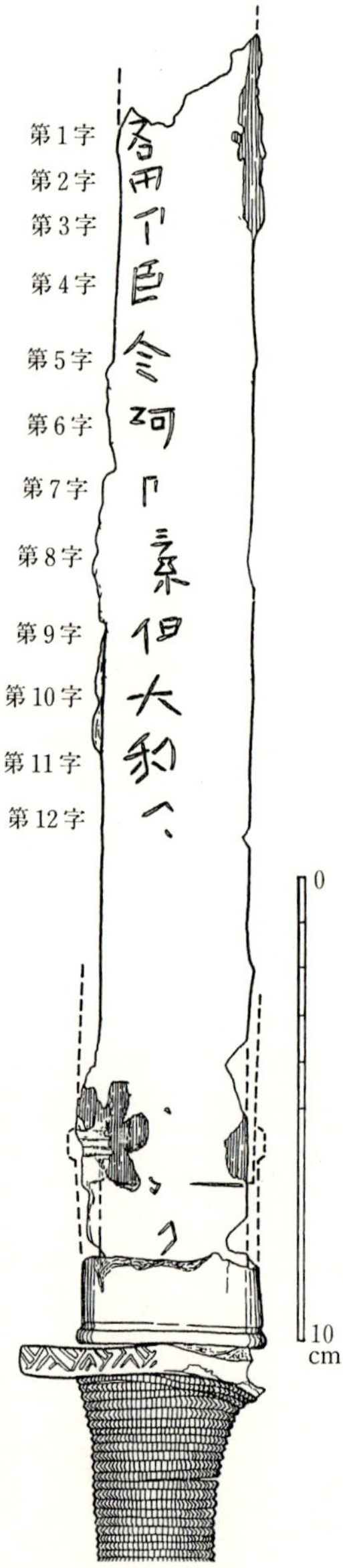


図1-5　岡田山一号墳出土鉄剣

〔出典〕　島根県教育委員会『出雲岡田山古墳』一九八七年。

## (3)　部民の設定

**27**〔**島根県岡田山一号墳出土鉄剣銘**〕（↓図1-5）

各田《(額)》卩《(部)》臣《(1)》□□□□《(素)》大利□

（1）各田卩臣　額田部臣。額田部は全国に分布するが、「額田部臣」は出雲地域にしか分布しない。『出雲国風土記』に大原郡少領として額田部臣伊去美がみえ、さらに屋裏郷に新造院を建てた額田部臣押嶋の名があり、伊去美の従父兄と伝える。この銘文は一九一五年の発掘により出土した円頭太刀に刻まれている。当初は完形品であったらしいが、現在では先端部分三十二センチが欠け、刀身は折れた部分を合わせても二十六・二センチが残るにすぎない。一九八四年にX線の照射により十二字の象嵌銘を発見。

**28**〔**日本書紀**〕**雄略十六年十月条**

詔《シテ》、聚《メテ》二漢部《(1)ヲ》一、定《ム》二其《ノ》伴造《(2)ヲ》者一。賜《ヒテ》レ姓《ヲ》曰《フ》レ直《(3)ト》。〈一《ニ》云《ク》、賜《フトハ》二漢使主《おみ》等《ニ》一、賜《ヒテ》レ姓《ヲ》曰《フト》レ直《ト》也。〉

（1）漢部《あやべ》　倭漢直が管理する部民。『日本書紀』応神二十年九月条（史料23）に倭漢直の祖阿知使主・都加使主が「己之党類十七県」の人々を従えて渡来したとの伝承がある。（2）伴造《とものみやつこ》　部の管理者。（3）直《あたい》　国造や渡来系氏族に与えられた姓。古くは費直とも表記する。

**29**〔**日本書紀**〕**履中六年正月辛亥（二十九日）条**

始《メテ》建《ツ》二蔵職《くらのつかさ(1)ヲ》一。因《リテ》定《ム》二蔵部《(2)ヲ》一。

（1）蔵職　令制の内蔵寮の前身官司。『古事記』には阿知直を蔵官に任命し、粮地を与えたとある。年代は疑わしいが大蔵より内蔵・蔵が先行したことを示す可能性がある。（2）蔵部　令制では大蔵省と内蔵寮に各六十人と四十人が伴部として置かれ、主に渡来系氏族が任じられた。倭漢氏や西文氏の一族には内蔵直や内蔵首などの氏族がいる。部民ではなく蔵の出納事務をおこなう官人。

**30〔古語拾遺〕**

至於後《のちの》磐余《いわれ》稚桜《わかざくら》(履中)朝、三韓貢献、奕《かさ》世無絶。斎蔵《いみくら》(1)之傍、更建内蔵《うちつくら》(2)、分収官物。仍令阿知使主《あちのおみ》(3)与百済博士王仁《わに》(4)、記其出納、始更定蔵部。至於長谷《はつせ》朝倉朝(雄略)、(中略)自此而後、諸国貢調、年々盈溢。更立大蔵《おおくら》(5)、令蘇我麻智《まち》宿禰(6)、検校三蔵〈斎蔵・内蔵・大蔵〉秦氏《はたうじ》出納其物、東西文氏《やまとかわちふみ》勘録其簿。是以、漢《あや》氏賜姓、為《す》内蔵《くら》・大蔵。今秦・漢二氏、為内蔵・大蔵主鎰《かぎのつかさ》・蔵部之縁《ことのもと》也。

(1)斎蔵　祭祀にかかわるものを納める蔵。(2)内蔵　大王家の財物。(3)阿知使主　倭漢(東漢)氏の先祖。(4)王仁　西文氏の先祖。(5)大蔵　朝廷の蔵。(6)蘇我麻智宿禰　武内宿禰の孫、韓子の父。

**31〔日本書紀〕応神五年八月壬寅(十三日)条**

令諸国、定海人《あま》(1)及山守部(2)。

(1)海人　海人部。海部。海産物を貢納する部民。(2)山守部　特定の山林を守衛する部民か。『古事記』には海部・山部・山守部・伊勢部を定めたとある。

**32〔日本書紀〕清寧二年二月条**

天皇(清寧)恨無子(1)、乃遣大伴室屋大連於諸国、置白髪部《しらかべの》舎人《とねり》(2)・白髪部膳夫《かしわで》(3)・白髪部靫負《ゆげい》(4)。

(1)天皇恨無子　自分に子供がないので白髪部を置いたとするが、『古事記』雄略段には大王雄略が子の清寧のために置いたとする。(2)白髪部舎人　生まれながらに白髪であったことから清寧は「白髪天皇」とも称された。白髪部に資養され、大王清寧に仕える私的従者である舎人。(3)白髪部膳夫　大王の食膳に奉仕する伴。(4)靫負　矢を入れる道具である靫を背負う者をいい、兵士の意。

【解説】　倭王権内部にはすでに五世紀段階に大王に近侍して各種の職掌を分担する膳夫《かしわで》・水取《もいとり》・掃守《かにもり》・殿守《とのもり》・門守《かどもり》などの伴《とも》の制度が存在し、早くから王権に帰属した大伴氏のような豪族たちにより構成されていた。これに対して、部民制は五世紀末以降、朝鮮半島から渡来した「今来漢人《いまきのあやひと》」と称せられる大量の技術者集団を組織するために採用されたもので、錦織部《にしごりべ》・鞍作《くらつくり》部《べ》・陶部《すえべ》・韓鍛冶部《からかぬちべ》・衣縫部《きぬぬいべ》などに編成された。旧来の伴も部に再編され、膳部・水部・掃部・殿部・門部のように称された。このように部民制は律令制以前に倭王権が採用した豪族を介しての民衆支配制度で、生産物の貢納や労役奉仕をおこなう人々に対してそれぞれ固有の「部」という名称を付したことにちなむ。

その成立年代を示す確実な史料としては、島根県岡田山一号墳出土鉄剣銘がある(史料27・図1-5)。これによれば「額田部臣」の記載があり、遅くとも六世紀後半には部姓と姓《かばね》が複合した氏姓が成立していたことが確認される。

また『古語拾遺』の三蔵検校説話については疑わしいところが多いが、渡来系の氏族名として倉・内蔵・大蔵・長倉を名乗る者が多数存在することは、宮域内に対応する建物やそれを管理する職掌が存在したことをうかがわせる。内蔵と大蔵の明確な分化は氏族名からする限りでは新しく、ただ蔵と称していた可能性があるが、すでに令制前の段階で、倉人の存在も含め蔵に関する職掌はかなり分化し、複雑化していたことが指摘されている。少なくとも、蔵の拡充の過程、財政実務を渡来系の官人が担当したこと、蘇我氏が渡来系氏族や蔵の管理を通じて権力を拡大していったことなどは史実として確認される。なお、

『古語拾遺』は、忌部《いんべ》氏の伝承を、中臣氏に対抗する立場から斎広成《いんべのひろなり》が八〇七年(大同二)に撰述した書。

部の種類としては山部・海部のように生産物を貢納する類型と蔵部・韓鍛冶部のように一定期間上番して勤務する類型とがある。部民制が発達すると、白髪部のように王族の養育・生活のためや舎人・膳夫などの出仕の費用に充てるため、特別な技能により仕えるのではなく、名代・子代と称され、地方豪族を通じて一般農民を組織した部民も置かれるようになった。さらに、『日本書紀』雄略二十三年条によれば、大伴大連らの民部は広く大きく、国に満ちたと評されたように、各豪族にはその氏族としての職掌を果たすために、蘇我部・大伴部などの民部または部曲《かきべ》とよばれる部民の管理が任されていた。

### (4)　屯倉の再編

**33〔日本書紀〕**

**安閑二年(五三五)五月甲寅(九日)条**

置《ク》二筑紫穂波屯倉《みやけ》・鎌屯倉、豊国腠碕《みさき》屯倉・桑原屯倉・肝《か》等《と》屯倉〈取《リテ》レ音《ヲ》読《メ》。〉・大抜《おおぬく》屯倉・我鹿《あか》屯倉、〈我鹿、此《ヲバ》云《フ》二阿柯《ト》一。〉火国(1)春日部《かすかべ》屯倉、播磨国越部屯倉・牛鹿《うしか》屯倉、備後国後城《しつき》屯倉・多禰《たね》屯倉・来履《くくつ》屯倉・葉稚《はわか》屯倉・河音《かわと》屯倉、婀娜《あな》国(2)胆殖《いにえ》屯倉・胆年部《いとしべ》屯倉、阿波国春日部屯倉、紀国経《ふ》湍《せ》屯倉、〈経湍、此《ヲバ》云《フ》二俯世《ト》一。〉・河辺屯倉、丹波国蘇斯岐《そしき》屯倉、〈皆取《レ》レ音《ヲ》。〉近江国葦浦屯倉、尾張国間敷《ましき》屯倉・入鹿《いるか》屯倉、上毛野国緑野《みどの》屯倉、駿河国稚贄《わかにえ》屯倉(3)《ヲ》一。

**安閑二年八月乙亥(一日)条**

詔《シテ》置《ク》二国々《ニ》犬養部(4)《ヲ》一。

**安閑二年九月丙午(三日)条**

詔《シテ》二桜井田部連・県犬養連・難波吉士等《ニ》一、主三掌《つかさどラシム》屯倉之《ノ》税(5)《ヲ》一。

(1)火国　肥前・肥後両国の古称。(2)婀娜国　備後国東部の古称。(3)置筑紫穂波屯倉……駿河国稚贄屯倉　安閑紀に集中的に記載される屯倉は二十六カ所におよび、九州および瀬戸内海沿岸地域が大半を占め、東国は五カ所にすぎない。(4)犬養部　屯倉の番犬として犬を飼うことを職掌とする部民。(5)屯倉之税　税は田祖。在地における屯倉の管理者を任命し、税の納入を任せたものか。

**34〔日本書紀〕**

**欽明十六年(五五五)七月壬午(四日)条**

遣《シテ》二蘇我大臣稲目宿禰《おおおみいなめのすくね》(1)・穂積磐弓臣《ほづみのいわゆみ》等《ヲ》一、使《シム》三于吉備五郡(2)《ニ》、

置《カ》二白猪《しらいノ》屯倉(3)《ヲ》一。

**欽明十七年(五五六)七月己卯(六日)条**

遣《シテ》二蘇我大臣《おおおみ》稲目宿禰等《ヲ》於備前児嶋郡(4)《ニ》一置《カシメ》二屯倉《ヲ》一、以《テ》二葛城《ノ》山田直瑞子《みつこヲ》一為《ス》二田令《たつかい》(5)《ト》一。〈田令、此云《フ》二陀豆歌毗《たつかいト》一。〉

**欽明三十年(五六九)正月辛卯(一日)条**

詔《シテ》曰《ク》、「量《リ》二置《ク》田部(6)《ヲ》一、其《ノ》来《ルコト》尚《ひさシ》矣。年甫《はじメテ》十余《ニシテ》、脱《もレテ》レ籍《ニ》免《ルル》レ課《ヲ》者衆(7)《シ》。宜《シク》下遣《シテ》二胆津《いつ》(8)《ヲ》一、〈胆津者、王辰爾《じんに》(9)之甥也。〉検《へ》中定《ム》白猪《ノ》田部《ノ》丁籍(10)《ヲ》上」《シト》。

**欽明三十年四月条**

胆津検二閲《シ》レ白猪《ノ》田部《ノ》丁《よぼろヲ》者一、依《リテ》レ詔《ニ》定《ム》レ籍《ヲ》。果《シテ》成《ス》二田戸(11)《ノヲ》一。天皇嘉《よみシ》二胆津定《メシ》レ籍《ヲ》之功《ヲ》一、賜《ヒテ》レ姓《ヲ》為《ス》二白猪史《ふひとト》一。尋《ついデ》拝《シ》二田令《ニ》一、為《ス》二瑞子《みつこ》之副《ト》一。

**敏達三年(五七四)十月丙申(九日)条**

遣《シテ》二蘇我馬子《うまこノ》大臣《ヲ》於吉備国《ニ》一、増三益《セシム》白猪《ノ》屯倉与《ト》二田部《ヲ》一。即《チ》以《テ》二田部《ノ》名籍(12)《ヲ》一、授《ク》二于白猪史胆津《ニ》一。

(1)蘇我大臣稲目宿禰　宣化・欽明期の大臣。馬子の父。(2)吉備五郡　吉備は律令制下の備前・備中・美作《みまさか》・備後の四ヵ国。岡山県と広島県東部。五郡の内実は不明。(3)白猪屯倉　美作国大庭郡の地名とする説と児島屯倉と同所とする説がある。(4)備前児嶋郡　岡山県児島半島。(5)田令　屯倉の管理のため中央から派遣された使者。(6)田部　屯倉の耕作民。(7)脱籍免課者衆　屯倉設置後、十年以上が経過して、課役負担年齢に達しているのに田部丁籍に入れられていないため、課役を免れている者が多い。(8)胆津　王辰爾の兄味沙の子。船史氏。(9)王辰爾　船史の祖。(10)田部丁籍　課税対象となる男子だけの籍。(11)田戸　田部の家族を編戸した戸籍。丁籍よりも対象は広い。(12)田部名籍　胆津が作成した田戸の戸籍。律令制下の戸籍・計帳に近いとされる。

**【解説】**　屯倉《みやけ》制は部民制とともに令制前における重要な在地支配の制度である。屯倉は、支配の拠点としての宅《やけ》を中心として、収穫物を納める倉《くら》と屯田《みた》が付属するのが基本的な構造で、後には交通・鉱山・山林・軍事拠点などの機能が重視されてくる。『日本書紀』では「安閑紀」に屯倉の大量設置記事を載せているが、その前後では性格が大きく変化する。「仁徳紀」以降「安閑紀」までの倭屯田のような初期屯倉は、後の宮内省が管理する「官田」につながるもので、大和・河内やその周辺において周辺地域から徭役労働を徴発する王権直営の小規模な屯田経営という性格が強い。これに対して「安閑紀」以降の屯倉は地方に置かれ、後の郡郷規模に相当し、在地豪族にその管理を任せることが多かった。屯倉は、単なる経営拠点というだけでなく、多様な政治的・軍事的拠点としての役割も担うことになる。これは磐井の乱や武蔵国造の反乱のように独立性の強い地方豪族が大王に従属したことをきっかけに、支配領域の一部を献上し屯倉としたことによる。のちには、吉備の白猪屯倉のように中央から屯倉の管理者である田令《たつかい》が派遣され、耕作者である田部が田戸に編成されるという、より進んだ支配形態の屯倉も出現した。ただし、こうした記紀の構想に対応した屯倉の発展については、開発記事の重出などから推古朝以前の王権による田地開発記事を批判的に検討する必要がある。

## 4　仏教の伝来

**35**〔**扶桑略記**〕**欽明十三年条**

日吉《ひえ》山薬恒法師法華験記《ノ》(1)《ニ》云《ク》、「延暦寺《ノ》僧禅岑《ぜんしん》記《ニ》云《ク》、第廿七代継体天皇即位十六年壬寅(五二二)、大唐漢人案部《くらつくりのすぐり》村主司馬達止《たつと》(2)、此《ノ》年春二月《ニ》入朝《ス》。即《チ》結《ビテ》二草堂《ヲ》於大和国高市郡坂田原(3)《ニ》一、安二置《シ》本尊《ヲ》一、帰依礼拝《ス》。挙《ゲテ》レ世《ヲ》皆云《フ》、是《レ》大唐《ノ》神《ナリト》之」。

(1)日吉山薬恒法師法華験記　現存せず。(2)司馬達止　鞍首止利の祖父。渡来系の技術者。(3)坂田原　奈良県高市郡明日香村坂田の金剛寺。

**36**〔**上宮聖徳法王帝説**〕

志癸嶋《しきしま》天皇(欽明)《ノ》御世戊午年(五三八)十月十二日、百済国主明王(1)、始《メテ》奉《ル》レ度《わたシ》二仏像経教并《ビニ》僧等《ヲ》一。勅《シテ》授《ケテ》二蘇我《ノ》稲目《ノ》宿禰《ノ》大臣《ニ》一、令《ムル》二興隆《セ》一也。

(1)明王　聖明王(在位五二四―五五四年)。

**37**〔**元興寺縁起**〕

大倭国《ノ》仏法《ハ》、創《マル》レ自《リ》二斯帰嶋《しきしま》宮《ニ》治天下《あめのしたしろしめしし》天国案春岐《あめくにおしはるき》広庭(欽明)《ノ》天皇《ノ》御世《ニ》一。蘇我《ノ》大臣稲目《ノ》宿禰仕奉《ヘル》時、治天下七年歳次《ほしやどル》二戊午《ニ》一十二月《ニ》度《わたリ》来《ル》。百済国聖明王《ノ》時《ニ》、太子像并《ビニ》灌仏之器一具、及説《ク》二仏起《ノ》一書巻一篋《はこヲ》度《わたシテ》而言《フ》、(後略)

**38**〔**日本書紀**〕**欽明十三年(五五二)十月条**

百済聖明王《ノ》、〈更名聖王〉遣《シテ》二西部姫《きし》(1)氏達率怒唎斯致契《ぬりしちけい》(2)等《ヲ》一、献《ル》二釈迦仏金銅像一軀《ノ》・幡蓋若干・経論若干巻《ヲ》一。別表《ニシテ》、讃《メテ》二流通礼拝功徳《ヲ》一云《ク》、「是《ノ》法《ハ》於《テ》二諸法《ノ》中《ニ》一、最《モ》為《リ》二殊勝《ナル》一。難《ク》レ解《さとり》難《シ》レ入《リ》。周公・孔子《モ》、尚不レ能《ハ》レ知《ル》。此《ノ》法《ノ》能《ク》生《なシ》二無量無辺《ノ》福徳果報《ヲ》一、乃至成《ハ》二弁《ス》無上《ノ》菩提(3)《ヲ》一。譬《ヘバ》如《ク》下人《ノ》懐《ふところニシテ》二随意宝《ヲ》一、逐《したがヒテ》レ所《ニ》レ須《ベキ》レ用《もちヰル》、尽依《クままナルガ》上情《ノ》、此《ノ》妙法《ノ》宝《モ》亦復《タ》然《リ》。祈願依《ままニ》レ情《ノ》、無《シ》レ所レ乏《シキ》。且《ツ》夫《レ》遠《ク》自《リ》二天竺(4)一、爰泊《ニおよブマデ》二三韓《ニ》一、依《リテ》レ教《ニ》奉持《シテ》、無《シ》レ不《ル》二尊敬《セ》一。由《リテ》レ是《ニ》、百済王臣明、謹《ミテ》遣《シ》二陪臣怒唎斯致契《ヲ》一、奉《リテ》レ伝《ヘ》二帝国《ニ》一、流二通《セシメ》畿内《ニ》一、果《スナリト》二仏《ノ》所《ヲ》レ記《ス》二我《ガ》法《ハ》東流《ストイフコトヲ》一」。是日《ノ》、天皇聞已《キおわリテ》、歓喜踊躍《シテ》、詔《シテ》二使者《ニ》一云《ク》、「朕従《リ》レ昔来《このかた》、未《ダ》二曽《テ》得《テ》一レ聞《クヲ》二如《キノ》レ是微妙之法《ヲ》一。然朕不《ト》二自決《ラセ》一」。乃歴二問《チ》群臣《シテ》一曰《ク》、「西蕃献《レル》仏相貌端厳《ニシテ》、全《ク》未《ダ》二曽《テ》有《ズ》一。可レ礼《キャうやまフ》以不《いなヤト》」。蘇我《ノ》大臣稲目《いなめ》宿禰奏《シテ》曰《ク》、「西蕃《ノ》諸国、一《ニ》皆礼《ス》之。豊秋日本《とよあきつやまと》、豈独背《リカンヤト》也」。物部大連尾輿・中臣《なかとみ》連鎌子、同奏《ジクシテ》曰《ク》、「我《ガ》国家《みかど》之、王《タル》二天下《ニ》一者《ハ》、恒《ニ》以《テ》二天地社稷《しょくノ》百八十神《ヲ》一、春夏秋冬《ニ》、祭《ヒ》拝《ムヲ》為《ス》レ事《ト》。方《まさニ》今改《メテ》拝《マバ》二蕃神《ヲ》一、恐《ラクハ》致《サント》二国神之怒《ヲ》一」。天皇曰《ク》、「宜《シク》下付《さずケテ》二情《こころニ》願《フ》人稲目《ノ》宿禰《ニ》一、試《ミニ》令《ムト》中礼拝《セ》上」。大臣跪《キテ》受《ケテ》而忻悦《シ》、安二置《シテ》小墾田《おわりだノ》家《ニ》一。懃《ねんごろニ》修《メテ》二出《ツル》レ世業《ヲ》一為《シ》レ因《ト》、浄二捨《シテ》向原《むくはらノ》家《ヲ》一為《ス》レ寺《ト》(5)。

(1)西部　百済の行政区画である五部の一つ。(2)達率《たつそつ》　百済官位十六等のうちの第二位。(3)是法……菩提　「金光明最勝王経」による表現で『日本書紀』による潤色。(4)天竺　古代のインド。(5)寺　後の豊浦寺。

【解説】　仏教の私的な受容については、すでに継体期に渡来人の間では信仰されていたと考えられるが、仏教の公伝の時期については、『日本書紀』は五五二年(欽明十三)に、百済の聖明王が日本に仏教を伝えたとする。ところが、『日本書紀』の当該条文には七〇三年に漢訳された「金光明最勝王経」による修飾があり、その信頼性には疑問がある。また『上宮聖徳法王帝説』や『元興寺伽藍縁起并流記資財帳《がんごうじ》』には戊午年(五三八)に仏教が伝えられたとすることから、現在では後者の見解が有力となっている。『扶桑略記』は、十二世紀後半に皇円によりまとめられた仏教史を中心とした編年体の歴史書。『上宮《じょうぐう》聖徳法王帝説』は平安中期に成立した聖徳太子(厩戸王子)の伝記で、『日本書紀』と異なる所伝がある。『元興寺縁起』は七四七年(天平十九)に提出された奈良市元興寺の縁起と財産目録。

## 5　蘇我氏の台頭

### 39〔日本書紀〕崇峻即位前紀

蘇我《ノ》馬子《ノ》宿禰大臣、勧《メテ》三諸皇子与《ト》二群臣《ニ》一、謀《ル》レ滅《サンコトヲ》二物部守屋大連《もののべのもりやのおおむらじヲ》一。泊瀬部皇子《はつせべのみこ》(1)・竹田皇子(2)・厩戸《うまやど》皇子(3)・難波皇子(4)・春日皇子(5)・蘇我馬子宿禰大臣・紀男麻呂《きのおまろ》宿禰・巨勢臣比良夫《こせのおみひらふ》・膳臣賀拕夫《かしわでのおみかたふ》・葛城臣烏那羅《おなら》、倶《ニ》率《キテ》二軍旅《ヲ》一、進《ミテ》討《ツ》二大連《ヲ》一。大伴連嚙《くい》・阿倍臣人《ひと》・平群《へぐり》臣神手・坂本臣糠手《ぬかて》・春日臣、〈闕《リ》二名字《ヲ》一。〉倶《ニ》率《キテ》二軍兵《ヲ》一、従《リ》二志紀郡(6)一、到《ル》二渋河家(7)《ニ》一。大連親《ラ》率《キテ》三子弟与《ト》二奴軍《ヲ》(8)一、築《キテ》二稲城(9)《ヲ》一而戦《フ》。(中略)誓《ヒおわりテ》已、厳《ニシテ》二種々《ノ》兵《ヲ》一、而進《ミテ》討伐《ツ》。爰《ニ》有《リ》二迹見首赤檮《とみのおびといちい》一、射二堕《シテ》大連於枝下《ヲ》一、而誅《ス》二大連并《ビニ》其子等《ヲ》一。由《リテ》レ是《ニ》、大連之軍、忽然《たちまちニ》自敗《ラル》。(中略)平《グル》レ乱《ヲ》之後、於《テ》二摂津国《ニ》一、造《ル》二四天王寺《ヲ》一。分《チテ》二大連《ノ》奴《ノ》半《ト》与《ヲ》レ宅、為《ス》二大寺《ノ》奴《やっこ》・田荘《たどころ》(10)《ト》一。以《テ》二田一万頃《けいヲ》(11)一、賜《フ》二迹見首赤檮《ニ》一。蘇我《ノ》大臣、亦依《たままニ》二本願《ノ》一、於《テ》二飛鳥《ノ》地《ニ》一、起《ツ》二法興寺(12)《ヲ》一。

(1)泊瀬部皇子　後の大王崇峻。(2)竹田皇子　大王敏達の子。母は大王推古。(3)厩戸皇子　聖徳太子。(4)難波皇子　大王敏達の子。(5)春日皇子　難波王子の同母弟。(6)志紀郡　河内国の郡名。大阪府藤井寺市・八尾市付近。(7)渋河家　後の河内国渋川郡内に所在した守屋の邸宅。(8)奴軍　守屋の隷属民を兵士として組織したもの。(9)稲城　稲を積んだ砦。(10)田荘　寺院や豪族の私有地。(11)一万頃　頃《けい》は代《しろ》の借用。一代は稲一束の収穫がある土地。五十代は一段。(12)法興寺　飛鳥寺。

**40〔日本書紀〕崇峻五年(五九二)十一月乙巳(三日)条**

馬子宿禰、詐《いつわリテ》二於群臣《ヲ》一曰《ク》、「今日進《たてまつルト》二東国之調《みつき》(1)《ヲ》一」。乃《チ》使《ム》三東漢直駒(2)《ヲシテ》弑《セ》二于天皇(崇峻)《ヲ》一。

(1)東国之調　東国の屯倉からの貢進物か。(2)東漢直駒《やまとのあやのあたいこま》　後に馬子により殺された。

**【解説】**　欽明期以降、倭王権の屯倉の管理や財政への関与など、渡来系氏族を登用した新しい支配体制の整備を背景に勢力を伸ばした蘇我氏は、崇仏・廃仏をめぐる争いに代表されるように伝統的な氏族である物部氏と対立した。やがて大王用明の死後において、有力王族や中央豪族の支持を得て、蘇我馬子は武力闘争により物部守屋を滅ぼし、王権内部の独裁的地位を確立した。馬子は、さらに蘇我氏の専横を嫌った大王崇峻とも対立し、配下の東漢氏をそそのかし、これを殺害した。

## 第四節　倭王権の再編と支配体制

### 1　「聖徳太子」と蘇我馬子

**41〔上宮聖徳法王帝説〕**

少治田宮《おはりだのみや》(推古)(1)《ニ》御《あめのした》宇《しろしめす》天皇《すめらみこと》之世《みよ》《ニ》、上宮《かむつみや》(厩戸王子)《ノ》厩戸《うまやど》《ノ》豊聡《とよとみみの》命《みこと》(2)《ノ》・嶋大臣(蘇我馬子)(3)《ト》共輔《ニク》二天下《ノ》政《ヲ》一。

(1)少治田宮　少治田宮は小墾田宮にもつくる。(2)上宮厩戸豊聡命　大王用明の王子。上宮の名号は、父の大王用明が厩戸王子を寵愛したため、池辺宮の南の上殿に居住させたという伝承による(『日本書紀』『上宮聖徳法王帝説』)。豊は美称で、耳が聡いことを示す。十人の訴えを一度に聞いたという伝承と関連する(『日本書紀』)。(3)嶋大臣《しまのおおおみ》　飛鳥川の傍らに邸宅をかまえ、庭中に小島を築いた小池を造ったことにちなむ(『日本書紀』)。

**【解説】**　『日本書紀』推古元年四月己卯条は、大王推古が初めて女性の大王として即位すると、聖徳太子(厩戸王子)が皇太子となり、摂政として執政したと記す。しかし、当時、唯一の皇位継承者としての皇太子は存在せず、平安時代の藤原北家による摂政とも意味が異なるので、有力な王族が国政に参加したことを示す表現と考えられる。しかも、『上宮聖徳法王帝説』によれば蘇我馬子と共同執政を行ったとあり、蘇我氏の権勢下では、帝説の記載が現実に近かったと推定される。現実の施策でも、推古から蘇我馬子と厩戸王子の二人に対して命令されることが多かった。蘇我氏が冠位十二階の授与対象からはずされており、天皇記・国記の編纂も蘇我氏の邸宅で行われていることは、蘇我氏中心の政治体制であったことを示す。

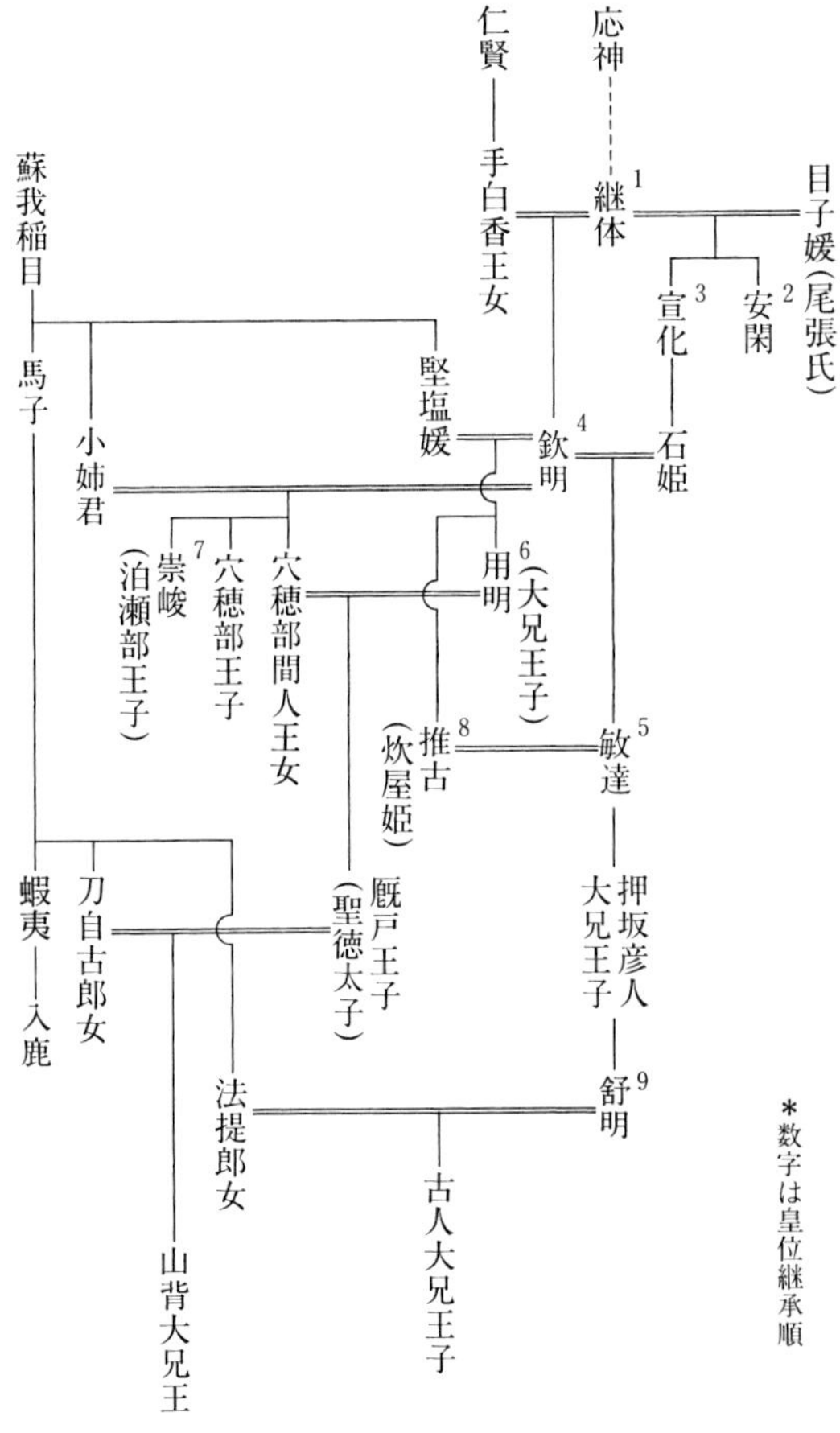


図 1-6　蘇我氏と王族の関係系図

なお、推古の即位へのプロセスは、大王敏達のキサキであったことを基礎に、王族内部の女性尊属としての立場から、独自の宮経営や「私部《きさいべ》」設置がなされ、大王の一時的代行（敏達の殯《もがり》を主催し、穴穂部《あなほべ》王子の誅殺を許可）や次期大王の指名（崇峻を指名）を経て、群臣にその執政能力が評価されることにより女帝として推戴されたと考えられる。

表1-3　王子宮一覧

| | 宮名 | 経営主体 | 系譜関係・備考 |
|---|---|---|---|
| 1 | 菟道宮<br>桐原日桁宮 | 太子菟道稚郎子 | 応神の子<br>『山城風土記』逸文 |
| 2 | 難波(宮) | 大鷦鷯尊(仁徳) | 応神の難波大隅宮? |
| 3 | 太子宮 | 太子去来穂別(履中) | 仁徳の難波高津宮? |
| 4 | 大草香皇子家 | 大草香王子 | 仁徳の子 |
| 5 | 市辺宮 | 市辺押磐王子 | 履中の子 |
| 6 | 柴宮 | 億計王(仁賢)<br>弘計王(顕宗) | 市辺押磐王子の子<br>同上 |
| 7 | 海部王家 | 海部王 | 系譜未詳、訳語田 |
| 8 | 糸井王家 | 糸井王 | 系譜未詳、訳語田 |
| 9 | 水派宮 | 押坂彦人大兄王子 | 敏達の子、広瀬郡城戸郷? |
| 10 | 穴穂部皇子宮 | 穴穂部王子 | 欽明の子 |
| 11 | 上宮 | 太子厩戸王子 | 用明の子 |
| 12 | 斑鳩宮 | 太子厩戸王子<br>山背大兄王 | 用明の子<br>法隆寺東院地下遺構<br>厩戸王子の子 |
| 13 | 泊瀬王宮<br>(飽波宮) | 泊瀬王 | 厩戸王子の子<br>成福寺付近 |
| 14 | 軽皇子宮 | 軽王子(孝徳) | 茅淳王の子 |
| 15 | 私宮 | 古人大兄王子 | 舒明の子、大市宮? |
| 16 | 皇太子宮(宮殿) | 中大兄王子(天智) | 舒明の子、嶋宮? |
| 17 | 市経家 | 有間王子 | 孝徳の子 |
| 18 | 皇大弟宮 | 大海人王子(天武) | 舒明の子、「大津京」内 |

## 2　大兄と王子宮

### (1)　王子宮と宅

**42**〔日本書紀〕推古九年(六〇一)二月条

皇太子(1)、初興《テス》二宮室《ヲ》于斑鳩《ニ》(2)一。

(1)皇太子　厩戸王子。皇太子の語は、天皇号の使用と連動し、浄御原《きよみはら》令においてはじめて公的に使用され、この時期にはまだ用いられていない。(2)斑鳩《いかるが》　奈良県生駒郡斑鳩町。

**43**〔日本書紀〕推古十三年(六〇五)十月条

皇太子居《ス》二斑鳩宮《ニ》(1)一。

(1)斑鳩宮　法隆寺東院の地下遺構に比定。

**44**〔日本書紀〕推古二十九年(六二一)二月癸巳(五日)条

半夜《よなかニ》、厩戸豊聡耳《ノ》皇子命《ノ》、薨《ス》二于斑鳩宮《ニ》一。

**45**〔日本書紀〕推古三十四年(六二六)五月丁未(二十日)条

大臣(蘇我馬子)薨《ス》。仍葬《ル》二于桃原墓《ニ》(1)一。大臣則稲目宿禰之子《チ》也。性《ひととなり》有《リ》二武略《たけきわざ》一、亦有《リ》二弁才一。以《テ》恭二敬《シ》三宝《ヲ》一、家《(2)ス》二於飛鳥河之傍《ニ》一。乃庭中《ニ》開《はレリ》二小池《ヲ》一。仍興《つク》二小嶋《ヲ》於池中《ニ》一。故時人《ノ》曰《フ》二嶋大臣《ト》一。

### 表1-4　蘇我氏の宅一覧

| ヤ　ケ | 年　月 |
|---|---|
| 蘇我稲目 | |
| 小墾田《おはりだ》の家 | 欽明紀三年十月 |
| 向原《むくはら》の家 | 欽明紀三年十月 |
| 軽曲《かるのまがり》の殿 | 欽明紀二十三年八月 |
| 蘇我馬子 | |
| 石川の宅 | 敏達紀十三年是歳 |
| 槻曲《つきのまがり》の家 | 用明紀二年四月 |
| 葛城県 | 推古紀三十二年十月 |
| 飛鳥河の傍《かたわ》らの家 | 推古紀三十四年五月 |
| 嶋大臣 | 推古紀三十四年五月 |
| 蘇我蝦夷 | |
| 豊浦大臣家 | 舒明紀八年七月 |
| 畝傍《うねび》の家 | 皇極紀元年四月 |
| 大津の宅の倉 | 皇極紀三年三月 |
| 甘檮岡《あまかし》の家 | 皇極紀三年十一月 |
| 畝傍山の東の家 | 皇極紀三年十一月 |
| 境部摩理勢 | |
| 蘇我の田家《なりどころ》 | 舒明即位前紀 |
| 蘇我石川麻呂 | |
| 山田の家 | 大化五年三月 |

（1）桃原墓　奈良県高市郡明日香村島之庄の石舞台古墳に比定。（2）家　この馬子の家《やけ》は、蘇我氏本宗家の滅亡後に、王族の家産となり、嶋宮として経営された。

【解説】　大王宮は奉仕と貢納の場として当時の倭王権の支配の中心であったが、それをとりまく王子宮《みこのみや》・妃宮《きさきのみや》といった王族の宮や豪族の宅・家《やけ》も、当時の支配機構において重要な役割を担っていた。大王宮への権力の集中度が弱い段階においては、有力な王族の宮および大夫《まえつぎみ》と称されるような有力豪族の居宅には未熟ながら家産と家政機関が存在し、中小伴造や部曲《かきべ》、名代《なしろ》・子代《こしろ》、奴などが貢納・奉仕をしていた。これらの拠点は王権のさまざまな機能を分担し、大王の全国支配体制の一翼を担っていたと考えられる。

例示的に示すならば、炊屋姫《かしきやひめ》大后の別業であった「後宮（海《つ》石榴市《ばきいち》宮）」（『日本書紀』用明元年五月条）、次期大王を議論し、群臣を接待した蘇我蝦夷《えみし》の「大臣家」（同舒明即位前紀・皇極元年十月丁酉条）、唐客を飾騎《かざりうま》で迎えた「海石榴市」（同推古十六年八月癸卯条）、蘇我蝦夷が祈雨を発願した「大寺南庭」（同皇極元年七月庚辰条）などが見える。また、大王以外にも王子や大臣が各自で新嘗を行ったとあるのは（『日本書紀』皇極元年十一月丁卯条）、支配機構が分散した当該期に適合的な儀礼である。

王族や豪族のこうした政治的・経済的な支配拠点が一ヵ所に留まらず畿内地域に複数ヵ所に維持経営されていたことは、上宮王家や蘇我氏・物部氏・大伴氏などの例から確認される。しかしながら、土地と人の競合的な分有状態は部民・屯倉の量的な拡大を可能にしたが、大王への権力集中は間接的なものとな

表1-5 大兄・皇弟表

| 名前 | 大兄・皇弟 | 系譜関係 | 即位 | 出典 |
|---|---|---|---|---|
| 勾大兄王子 | 大兄 | 継体大后の長子 | 安閑 | 古事記・日本書紀 |
| 箭田珠勝大兄王子 | 大兄 | 欽明大后の長子 | | 紀 |
| 大兄王子(橘豊日命) | 大兄 | 欽明妃の長子 | 用明 | 紀 |
| 押坂彦人大兄王子 | 大兄 | 敏達元大后の長子 | | 紀 |
| 山背大兄王 | 大兄 | 厩戸王子妃の長子 | | 紀・上宮聖徳法王帝説 |
| 古人大兄王子 | 大兄 | 舒明夫人の唯一子 | | 紀・家伝 |
| 中大兄王子 | 大兄 | 舒明大后の長子 | 天智 | 紀・家伝 |
| 穴穂部王子(皇弟王子) | 皇弟 | 欽明妃の第四子 | | 紀 |
| 泊瀬仲王 | 皇弟 | 厩戸皇子妃の第二子 | | 紀・太子伝 |
| 大海人王子(大皇弟) | 皇弟 | 舒明大后の第三子 | 天武 | 紀・家伝 |

らざるをえなくなる。大王宮への朝参が有力王族・豪族に対して強制されるようになることとも無関係ではない。

## (2) 大兄と皇弟

**46〔日本書紀〕舒明即位前紀(六二九)**

先《ニ》レ是《ヨリ》、大（蘇我蝦夷）臣独《リ》問《テ》二境部摩理勢臣《さかいべのまりせのおみ》(1)一曰《ク》、「今天皇崩《かむあがリマシテ》無《シ》レ嗣《ひつぎ》。誰《ヲカ》為《べキ》二天皇《ト》一」。対《こたえテ》曰《ク》、「挙《ゲテ》二山背大兄(2)《ヲ》一為《せム》二天皇《ト》一」。是時《ノ》、山背大兄、居《まシテ》二於斑鳩宮《ニ》一、漏《レ》二聆《きキッ》是議《ヲ》一。

(1)境部摩理勢臣　蘇我蝦夷の叔父。馬子の弟。(2)山背大兄《やましろのおおえ》　厩戸王子の子。

**47〔日本書紀〕欽明二年(五四一)三月条**

次《ニ》蘇我大臣稲目宿禰女《ノむすめヲ》曰《ス》二堅塩媛《きたしト》一。〈堅塩、此云《フ》二岐拕志《きたしト》一。〉生《メリ》二七男《ノ》六女《ヲ》一。其一《ヲ》曰《フ》二大兄皇子《おおえのみこト》一。是為《す》二橘豊日尊《ト》（用明）一。

**48〔日本書紀〕用明二年(五八七)四月丙午(二日)条**

於《ニ》レ是、皇弟《すめいろど》皇子、〈皇弟皇子云《トハ》者、穴穂部《あなほべ》皇子、即《チ》天皇《ノ》庶弟《ナリ》。〉引《キテ》二豊国法師《ヲ》一、〈闕《セリ》レ名《ヲ》也、〉入《ル》二於内裏《ニ》一。物部守屋大連、邪睨《にらミテ》大怒《ニル》。

【解説】『日本書紀』等によれば、山背大兄王のように六世紀から七世紀にかけて大兄《おおえ》の称を持つ王子が多数確認される。大兄の特徴として、原則として大王の長子であり、多くが後に大王または太子となっていること、七世紀中葉にはその実例が見えなくなることが指摘できる。大兄は「母を同じくする王族内の単位集団の代表」であり、王族内の有力な王位継承資格者が使用すると、長子の意味だけにはとどまらない「ヒツギノミコ」(皇太子制成立以前の王位継承にかかわる有力な王族、後の皇太子とは異なり一度に複数が存在し得る)としての内容が付加されてくる。すなわち、この単位集団の物質的基礎が王子宮《みこのみや》であり、王子宮の経営主体として大兄の存在が注目されている。しかしながら、大兄以外にも王子宮を経営した穴穂部王子や大《おお》海《あ》人《ま》王子らの事例があり、彼らは皇弟と称された。皇弟という名称は本来、天皇(大王)の同母弟に対してのみ用いられる用語であるが、穴穂部王子の兄に大王であった者はおらず、『日本書紀』が注記するように大王用明の庶弟であることにちなんだ名称と考えざるをえない。しかも『古事記』ではわざわざ「須《す》売《め》伊《い》呂《ろ》杼《ど》」と穴穂部と同様の固有名詞的な用い方をしており、用明が単に「大兄皇子」と称されていたことと対をなした用法である。

王子宮の経営は、王位継承資格を有する王族内の有力者が担当し、とりわけ同母兄弟中の長子である大兄が担当することが多かったが、庶弟のなかで人格・資質において卓越した人物が特に「皇弟」と称されて、その経営権が承認された。長子優先の原理は顕著に見出せるが、そのことが王位継承の絶対的基準にはなっていない。「皇弟」という存在を内包することは、古くからの首長一般に要求された人格資質の側面をより強く体現しており、大兄と皇弟の対立が表面化した「壬申の乱」までは王位継承において過渡期的な段階と位置づけることができる。

### (3) 壬生部・私部の設置

**49〔日本書紀〕敏達六年(五七七)二月甲辰(一日)条**

詔シテ置ク㆓日祀部《ひまつりべ》(1)・私部《きさいべ》(2)㆒ヲ。

(1)日祀部　朝廷で行われる太陽神の祭祀に関係した部民。地方では辺境に多く分布する。(2)私部　大后のための置かれた部民。

**50〔日本書紀〕推古十五年(六〇七)二月庚辰(一日)条**

定ム㆓壬生部《みぶべ》㆒ヲ。

【解説】　大后《おおきさき》や大兄の経済的基盤として私部や壬生部が設定された。王族がその管理を任された部民であるが、従来の名代《なしろ》・子代《こしろ》が長谷部《はつせべ》・穴穂部《あなほべ》・刑部《おさかべ》のように宮号を付した固有名詞を冠して設定され、個別性が強かったのに対して、六世紀末以降、王権機構が次第に整備されてきたことと対応して、一般的な名称を付していることに大きな特徴がある。

とりわけ、壬生部は推古期に設定された最新の部民で、王位継承資格を有する大兄の称をもつ王子(同母兄弟中の長子)が経営した王子宮《みこのみや》に付属し、その経済的・軍事的基盤となることを目的に設定された。しかし、『日本書紀』皇極元年是歳条によれば、蘇我蝦夷が今来《いまき》に自分たち父子の墓を作る時、「上宮《かみつみやの》乳部之民《みぶのたみ》」を使役したため上宮《かみつみやの》大娘姫王《いらつめのみこ》が大いに怒ったとあり、同二年十一月丙子朔条では、蘇我入鹿の襲撃を受けて敗北した山背大兄王が斑鳩の宮殿から生駒の山中に逃れた時、随行した三輪文屋君《みわのふみやのきみ》が山背大兄王に、ひとまず山背の深草屯倉に落ちのび、そこから馬に乗って東国へ行き、所領の「東国の乳《み》部《ぶ》」を根拠として兵を集めれば必ず勝てるであろうと進言したこと、などの記載がある。これによれば、現実には敏達期における豊御食炊屋姫《とよみけかしきやひめ》を対象とした私部の設置と同様、蘇我馬子の意志が強く働き、厩戸王子と山背大兄王の属する蘇我系の「上宮王家」以外に壬生部の領有は確認できない。

# 3　官司制的支配

## (1)　国司・国造・県稲置

**51〔隋書〕巻八十一　倭国伝**

有《リ》㆓軍尼(1)一百二十人㆒、猶《ホ》《ごとシ》㆓中国《ノ》牧宰《ノ》㆒。八十戸《ゴトニ》置《ク》㆓一伊尼翼(2)《ヲ》㆒、如《キ》㆓今《ノ》里長《ノ》㆒也。十伊尼翼《ハ》属《ス》㆓一軍尼(3)《ニ》㆒。

(1)軍尼　一般には「くに」と読み、国造に比定されるが、中国の牧宰と同じく派遣官とすれば国司《くにのみこともち》となる。(2)伊尼翼　「翼」は「冀」の誤りで、「いなぎ」と読み、稲置に比定される。稲置の職掌については、県主と同一とする説、国より規模の小さい「こおり」の役人とする説、屯倉の役人とする説などがある。(3)十伊尼翼属一軍尼　国の下に十の県を置くような整った「国県制」と呼ぶ組織が全国的に存在したか、一部地域に限られるかについては議論がある。

**52〔日本書紀〕成務紀五年九月条**

令《シテ》㆓諸国《ニ》㆒、以《テ》国郡《ニ》立《テ》㆓造長《ヲ》㆒、県邑《ニ》置《ク》㆓稲置《いなぎ》(1)《ヲ》㆒。並《ニ》賜《テ》㆓盾矛《ヲ》㆒以《テ》為《ス》㆑表《しるしト》。則隔《テ》(2)㆓山河《ヲ》㆒而分《チ》㆓国県《ヲ》㆒、随《ヒテ》㆓阡陌(3)《ニ》㆒以《テ》定《メ》㆓邑里《ヲ》㆒、因《テ》以《テ》㆓東西《ヲ》㆒為㆓日縦《ト》㆒、南北《ヲ》為㆓日横《ト》㆒。山陽《ヲ》曰《ヒ》㆓影面《ト》㆒、山陰《ヲ》曰《フ》㆓背面(4)《ト》㆒。是以《テ》、百姓安《ジ》㆑居《ニ》、天下無《シ》㆑事焉。

(1)稲置　『古事記』には稲置設置のことは見えず、県主《あがたぬし》の設置とする。景行の征討記事に対応して、成務期における地方行政組織の設置を強調した編者の潤色と考えられる。(2)則隔……邑里　以下は地方行政組織を定めたことの漢文的表現。(3)阡陌　阡は南北の道、陌は東西の道。(4)日縦…日横…影面…背面　『高橋氏文』や『万葉集』によれば、東は日竪・日の経、西は日の緯、南は陰面とも表記される。

**53〔日本書紀〕崇峻二年(五八九)七月壬辰(一日)条**

遣《シテ》㆓近江臣満《みつヲ》於東山道《やまのみち》使《ニ》㆒、観《シム》㆓蝦夷《えみしノ》国境《ノヲ》㆒。遣《シテ》㆓宍人臣《ししひと》雁《かりヲ》於東海道《うみつみち》使《ニ》㆒、観《シム》㆓東方《ノ》浜《そヘル》㆑海《ニ》諸国境《ヲ》㆒。遣《シテ》㆓阿倍臣《ヲ》於北陸道《くるがのみちノ》(1)使《ニ》㆒、観《シム》㆓越等《ノ》諸国境《ヲ》㆒。

(1)東山道…東海道…北陸道　「やまのみち」「うみつみち」「くるがのみち」という古訓に対して律令制下の用語をあてたもの。

**54〔日本書紀〕皇極二年(六四三)十月己酉(三日)条**

饗《あえ》㆓賜《フ》群臣伴造《ニ》於朝堂庭《ノニ》㆒。而議《シテはかル》㆓授《ケタマフ》㆑位《ヲ》之事《ヲ》㆒。遂《ニ》詔《シテ》㆓国司(1)《ニ》㆒、「如《ク》㆓前《ノ》所《ノ》㆑勅《セル》、更無《シ》㆓改換《メフルコト》㆒。宜《ク》之《まかリテ》㆓厥《そノ》任《ニ》㆒、慎《メト》㆓爾《ノ》所《ヲ》㆑治《しらス》㆒」。

(1)国司　職務や期間は不明であるが、中央から地方へ派遣されていた

表 1-6 「日本書紀」国司関係記事

| 記　　　　事 | 年　　月 |
| --- | --- |
| 遠江国司，大井河の河曲に大木のとどまるを報ず． | 仁徳紀 62 年 5 月 |
| 吉備臣田狭を任那国司とす． | 雄略紀 7 年是歳 |
| 遺詔に国司・郡司の朝集する記事あり． | 雄略紀 23 年 8 月 |
| 大嘗供奉料(新嘗供物)を収納するため，播磨国司伊予来目部小楯(山部連の祖)が縮見屯倉首忍海部造細目の宅へゆく． | 清寧紀 2 年 11 月，顕宗・仁賢即位前紀 |
| 哆唎国守として穂積臣押山みゆ． | 継体紀 6 年 12 月 |
| 下哆唎国守として穂積臣押山みゆ． | 継体紀 23 年 3 月 |
| 河内国司，捕鳥部万を処刑す．また犬の奇事を報ず． | 崇峻即位前紀 7 月 |
| 国境をみるため東山・東海・北陸に使を派遣す． | 崇峻紀 2 年 7 月 |
| 十七条憲法第 12 条に百姓からの収奪について国造とともに国司をいましめる． | 推古紀 12 年 4 月 |
| 大和・山背・河内に池溝を掘り毎国に屯倉をおく． | 推古紀 15 年是歳 |
| 百済宮・百済大寺の造営のため東・西の民をおこす． | 舒明紀 11 年 7 月 |
| 百済大寺の造営のため近江と越の丁を発す．飛鳥板蓋宮の造営のために材木を国々から貢上させ，遠江以西・安芸以東の丁を発す． | 皇極紀元年 9 月 |
| 国司に前勅の変更なきこと，任所にあって治政を厳にするべきことを詔す． | 皇極紀 2 年 10 月 |

ことが確認され、律令制下の国司に類似する。

**55〔日本書紀〕推古十二年(六〇四)四月戊辰(三日)条**

十二曰《ク》、国司国造(1)、勿レ斂《おさめとルコト》二百姓《ヲ》一。国非《ニなク》二二君一、民無《ニシ》二両主一。率土《そっとノ》兆民、以《テ》レ王《ヲ》為《ス》レ主《ト》。所《ノ》レ任《ズル》官司《ハ》、皆是王《ノ》臣《ナリ》。何《ゾ》敢《テ》与レ公《おおやけ》、賦二斂《センヤ》百姓《ニ》一。

(1)国司国造　国司・国造の連記を推古期段階ではありえないとする説もあるが、国司を地方への臨時の派遣官(くにのみこともち)と考えれば、矛盾しない。

【解説】　七世紀前半における地方行政組織の実態を示す史料として『隋書』倭国伝がある。それによれば「軍尼百二十人あり、なお中国の牧宰のごとし。八十戸に一伊尼翼(冀)を置く、今の里長の如きなり。十伊尼翼(冀)は一軍尼に属す」という記載があり、崇峻期の領域区画の確定と対応し、七世紀前半には国造が全国的に設置されていたと考えられる。ただし、この記載を信じるならば、国造(国)と稲置(県)の重層化した地方行政組織が、編戸を基礎として行われていたことになるが、こうした整然とした支配の全国的な施行は疑問視されている。稲置については、県や屯倉さらには「こおり」との関係を指摘するさまざまな説があり、不明な点が多い。大化の東国国司らの詔には「国造・伴造・県《こおり》稲置」の呼称があり、地方行政官として広範な設置が確認される。

県の用字には「あがた」と「こおり」の二種の訓があり、前者には倭王権の内廷につながる直轄領的性格が強い。後者は渡来系集団の居住単位の名称として出発し、屯倉を中核とする拠点的な支配を示す用法であり、やがて令制郡につながる領域的支配の名称として拡大したと考えられる。『古事記』成務段の国造－県主の設置記載が、『日本書紀』では国造－(県)稲置へと転換しているように、屯倉が全国的に設置された六世紀以降、「あがた」から「こおり」への転換が全国的に進行したと推測される。

一方、令制前における国司は「くにのみこともち」と称され、大王の命により限定的な任務のため、臨時に地方へ派遣される使者であった。令制国司とは異なり、常駐せず、強力かつ幅広い地方行政権は与えられてはいなかった。のちに大化の東国国司派遣が令制国司の起源とされ、次第に大きな権限が与えられていった。『隋書』は帝紀・志・列伝合わせて八十五巻からなる七世紀に成立した中国隋朝の正史。

## (2)　官司制の萌芽

**56〔日本書紀〕推古元年(五九三)四月己卯(十日)条**

立厩戸豊聡耳皇子《うまやどとよとみみのみこ》、為皇太子。仍録《つぶさにつかさどる》摂政。以万機悉委《ゆだぬ》焉。橘豊日天皇(用明)第二子也《なり》。母皇后曰穴穂部間人《あなほべのはしひと》皇女《のひめみこ》。皇后懐妊開胎之日、巡行禁中、監察諸司、至于馬官《うまのつかさ》(1)、乃当厩戸、而不労忽産之。

(1)馬官　つぎの史料にみえる「馬司」と同じ。

**57〔続日本紀〕天平神護元年(七六五)五月庚戌(二十日)条**

播磨守従四位上日下部《くさかべ》宿禰子麻呂等言、「部下《ぶげ》賀古《かこ》郡人外従七位下馬養造《うまかいのみやつこ》人上《ひとかみ》款云、「人上先祖吉備都彦《きびつひこ》(1)之苗裔、上道臣《かみつみちのおみ》息長借鎌《おきながのかりかま》、於難波高津(仁徳)朝庭、家居播磨国賀古郡印南野《いなみの》(2)焉。其六世之孫牟射志《むさし》、以能養馬仕上宮太子(厩戸王子)、被任馬司《うまのつかさ》(3)。因斯、庚午年造籍之日(4)、誤編馬養造。伏願、取居地之名、賜印南野臣之姓」。国司覆審、所申有実」。許之。

(1)吉備都彦　孝霊の王子彦五十狭芹彦命《ひこいさせりひこのみこと》のこととされ、四道将軍の一人として西道に派遣されたとの伝承がある。(2)播磨国賀古郡印南野　兵庫県加古川市・高砂市付近。(3)馬司　奈良県大和郡山市に「馬司《まつかさ》」の地名が残る。(4)庚午年造籍之日　六七〇年(天智九)の庚午年籍《こうごねんじゃく》。

【解説】　七世紀前半の推古期には馬司(馬官)－馬飼部、山官－山部のように官司制的機構整備の萌芽がみられる。同様な官司名としては船官・鳥官・前事奏官・祭官・大蔵(大椋官)・尻官・水田司などの名称がある。しかしながら、伴造－部民制から十分に分化自立せずに特定の氏が官職と官司の未分化な機能を果たす点で、令制下の官司制とは区別される。これはこの時期の王権が王族・豪族の家政機関を基盤として成り立っていたことと表裏の関係にあると考えられる。

### (3)　大　夫

**58〔日本書紀〕推古十八年（六一〇）十月丁酉（九日）条**

客等拝ム二朝庭ヲ一。於レ是、命《おお》セテ二秦造《はたのみやつこ》河勝《かわかつ》・土部《はじ》連菟《うさぎ》ニ一、為ス二新羅導者ト一。以テ二間人《はしひと》連塩蓋《しおふた》・阿閉《あへ》臣大籠《おおこ》ヲ一、為ス二任那ノ導者ト一。共ニ引キテ以自リ二南門一入《まい》リテ、立テリ二于庭中ニ一。時ニ大伴咋《くい》連・蘇我豊浦《とゆら》蝦夷臣・坂本糠手臣・阿倍鳥子臣、共ニ自リレ位起チテ之、進ミテ伏セリ二于庭ニ一。於是ニ、両国客等各再拝シ、以テ奏ス二使ノ旨ヲ一。乃チ四大夫(1)、起チ進ミテ啓《もう》ス二於大（蘇我蝦夷）臣ニ一。時ニ大臣自リレ位起チテ、立チテ二庁ノ前ニ一而聴ク焉。既ニシテ而賜《ものたま》フ二禄諸客ニ一。各有リレ差《しな》。

（1）四大夫　大伴連、蘇我臣、坂本臣、阿倍臣の四人をさす。

**59〔日本書紀〕舒明即位前紀**

葬礼畢《みはふりのことおわり》ヌ之。嗣《ひつぎ》ノ位未レ定。当テ二是ノ時ニ一、蘇我ノ蝦夷ノ臣為二大臣ト一。独欲スレ定メムト二嗣ノ位ヲ一。顧《かえりみ》テ畏ル二群臣ノ不ルコトヲレ従ハ。則与二阿倍麻呂臣一議テ、而聚《つど》ヘテ二群臣ヲ一、饗ス二於大臣ノ家ニ一。

【解説】　令制前における政治的地位を示す呼称として大夫《まえつぎみ》（令制下では五位以上の者に対する敬称）の呼称がしばしば用いられる。推古期に外国の使者を迎える儀式の場で重要な役割を演じた「四大夫」などはその典型である。大夫は中央の有力豪族のなかから選抜されて合議体を形成し、伴造—部民制を基礎として国政諸部門の職務を分掌した。その権限としては参議・奏宣、王位推戴、軍隊統率などが指摘されている。ただし、召集・諮問する主体および大臣・大夫らによる合議の最終決定権はあくまで大王にあり、群臣による合議は大王による意思決定を拘束するものではなかった。合議制は、六世紀以降における王権機構の整備充実にともない、大王がすべての伴造—部民を直接掌握できなくなった段階に、その管理を有力な王族や豪族に分与したことを前提に発生した権限であり、いいかえれば有力豪族の大王宮への貢納奉仕を、中小豪族や地方豪族を自己の配下に組織化することにより実現したもので、大臣をも含む大夫層の諸権限は、後次的に発生し、拡大した権限であったと推測される。『日本書紀』舒明即位前紀にみえる王位推戴の合議についても、合議で意見は統一できず、最終的に反対派への武力行使（境部臣摩理勢《まりせ》の討伐）によってのみ解決されたことからわかるように、任意の候補者を選別できるような自由度の高い権限ではなかったと考えられる。

## 4　「推古朝」の内政

### (1)　屯倉の開発

**60〔日本書紀〕推古十五年（六〇七）是歳冬条**

於二倭国《やまと》ニ一、作ル二高市《たけち》ノ池(1)・藤原池ノ(2)・肩岡池ノ(3)・菅原池ノ(4)ヲ一。山背国《やましろ》、掘ル二大溝ヲ於栗隈《くりくま》(5)ニ一。且河内国ニ、作ル二戸苅池ノ(6)・依網《よさみ》池ノ(7)ヲ一。亦毎レ国ニ置ク二屯倉ヲ一。

(1)高市池　大和国高市郡内に所在か。(2)藤原池　大和国高市郡内に所在か。(3)肩岡池　大和国葛下郡の葦田池(奈良県生駒郡王寺町)に比定。(4)菅原池　大和国添下郡菅原(奈良県奈良市菅原)に比定。(5)栗隈　山城国久世郡栗隈郷(京都府宇治市大久保)に比定。(6)戸苅池　河内国古市郡の戸苅池(大阪府羽曳野市蔵内)。(7)依網池　河内国丹比郡の池内池(大阪府住吉区の大依羅神社付近)に比定。

**61〔日本書紀〕推古二十一年(六一三)十一月条**

作ル二掖上《わきがみ》池ノ(1)・畝傍《うねび》池ノ(2)・和珥《わに》池ノ(3)ヲ一。又自リ二難波一至ルレ京ニ置ク二大道ヲ(4)一。

(1)掖上池　大和国葛上郡の腋上池(奈良県御所市池之内)に比定。(2)畝傍池　大和国高市郡の畝傍山付近に所在か。(3)和珥池　大和国添上郡の和珥池(奈良県池田町)に比定。(4)大道　竹内峠を越える竹内街道か。

【解説】　後期の屯倉は、六世紀前半以降、畿外に置かれ、在地豪族にその管理が任されるものであった。推古期になると、より安定的な収取をめざし、倭王権自らが大規模な田地の開発に乗り出すようになった。倭・山背・河内国で池や溝の開発を主導し、そこに屯倉が設置された。崇神紀や仁徳紀などにも同名の池溝開発記事があるが、考古学的にも大規模な人工流路と溜池により沖積平野から洪積段丘に開発が及ぶのは七世紀初頭以降とされ、開発の画期は推古期であったと推測でき、推古期以前の開発記事は信用しがたい(表1-8参照)。倭・山背・河内三国での池溝開発記事に続き、国ごとに屯倉を置くとの記載は、池溝開発にともない、田地の開墾が進められ、それを管理する屯倉が設置されたことを示すものである。さらに難波から京への大道と屯倉が密接するのは、上《かみ》・中《なか》・下《しも》ッ道や横大路など推古期に整備された道沿いに多くの屯倉が設定されていることからも分かるように、屯倉管理のために交通路が整備されたことを示す(表1-7参照)。

## (2) 仏教興隆

**62〔日本書紀〕推古二年(五九四)二月丙寅(一日)条**

詔シテ二皇太子(厩戸王子)及ビ大臣(蘇我馬子)ニ一、令ムレ興二隆セ三宝(1)ヲ一。是ノ時ニ、諸臣連等、各為ニ二君親《おや》之恩《めぐみ》ノ一、競テ造リ二仏舎ヲ一、即チ是ヲ謂フレ寺ト焉。

(1)三宝　仏・法・僧をいう。仏教のこと。

**63〔日本書紀〕**

**推古三十二年(六二四)四月戊午(十三日)条**

詔シテ曰ク、「夫レ道人尚モ犯スレ法ヲ。何ヲ以テカ誨《おしへ》ム二俗人ヲ一。故自レ今已後、任《め》シ二僧正僧都《そうず》ヲ一、仍応シレ検二校セシム僧尼ヲ一」。

**推古三十二年四月壬戌(十七日)条**

以テ二観勒僧(1)ヲ一為シ二僧正ト一、以テ二鞍部徳積《くらつくりのとくしゃく》ヲ一為ス二僧都ト一。即日、以テ二阿曇連《あづみ》ヲ一〈闕《もらせり》レ名ヲ〉為ス二法頭《ほうず》ト一。

(1)観勒　推古期に渡来した百済僧。暦・天文などを伝えた。

**64〔日本書紀〕推古三十二年（六二四）九月丙子（三日）条**

校《かんがへテ》二寺及僧尼《ヲ》一、具《つぶさニ》録《しるス》二其寺《ノ》所レ造之縁、亦僧尼《ノ》入道之縁、及《ビ》度之年月日《ヲ》一也。当《リテ》二是《ノ》時《ニ》一、有《リ》二寺卅六所、僧八百十六人、尼五百六十九人、并《テ》一千三百八十五人一。

【解説】 大王推古が三宝興隆の詔を出したことを契機として、多くの豪族が競って寺院を造り、倭・河内や山背だけでなく、近江や西国にも寺院が建立されるようになった。その総数は四十六寺とされるが、古瓦の出土から知られる飛鳥時代の寺院数五十三と大きな差はない。『日本書紀』には推古期までに向原寺・吉野寺・長安寺・大別王寺・坂田寺・四天王寺・法興寺・桜井寺・斑鳩寺・蜂岡寺などの寺名がみえる。仏教は畿内の有力豪族や渡来人を中心とする支配者層により受容されたが、「法隆寺金銅釈迦三尊像光背銘」（史料91）にみられるように、多くは病や死の恐怖から逃れ、父母や先祖を鎮魂するという現世利益を目的とする呪術的な役割を期待した。一部には厩戸王子と関係が深い法隆寺の教団により「三経義疏」などの経典研究もおこなわれたが、必ずしも内面的な深い教義理解を前提とするものではなかった。寺院や僧侶の増加にともない、推古期後半には仏教統制もおこなわれるようになった。一人の僧が祖父を殴り殺したことをきっかけに、僧尼を検校するために僧正・僧都を置き、別に寺院財産の管理者として俗人から法頭が任じられた。さらに、寺と僧尼が調査され、縁起や出家の理由や日時が記録されるようになった。

**表1-7　屯倉関係記事一覧**

| 日本書紀　（　）は古事記 | 大王 |
|---|---|
| 来目邑の屯倉 | 垂仁 |
| 田部屯倉（倭屯家・田部） | 景行 |
| 淡路屯倉（淡道之屯家） | 仲哀 |
| 倭屯田及屯倉（屯田司）<br>茨田屯倉（舂米部）（茨田三宅）<br>依網屯倉阿弭古 | 仁徳 |
| 村合屯倉<br>倭蔣代屯倉 | 履中 |
| | 安康 |
| 縮見屯倉 | 清寧 |
| 匝布屯倉<br>糟屋屯倉 | 継体 |
| 伊甚屯倉<br>小墾田屯倉・桜井屯倉・茅渟山屯倉・難波屯倉（田部・钁丁）<br>竹村屯倉（钁丁・田部）<br>安芸国過戸盧城部屯倉<br>横渟・橘花・多氷・倉樔屯倉<br>筑紫穂波屯倉以下26屯倉<br>（屯倉之税） | 安閑 |
| 河内国茨田郡屯倉・尾張国屯倉・新家屯倉・伊賀国屯倉・那津官家・筑紫肥豊三国屯倉（穀） | 宣化 |
| 白猪屯倉<br>児嶋屯倉（田令）<br>韓人大身狭屯倉・高麗人小身狭屯倉・海部屯倉（田部） | 欽明 |
| 毎国の屯倉 | 推古 |
| 深草屯倉 | 皇極 |
| 官家<br>難波狭屋部邑子代屯倉 | 孝徳 |

表1-8　池溝開発記事一覧

| 日　本　書　紀 | 古事記 | 大王 |
|---|---|---|
| 河内の狭山に多く池溝を開けとの詔<br>依網池<br>苅坂池・反折池 | 依網池<br>軽之酒折池 | 崇神 |
| 高石池・茅渟池<br>倭狭城池・迹見池<br>諸国に多く池溝を開かせる | 地沼池<br>狭山池<br>日下之高津池 | 垂仁 |
| 坂手池 | 坂手池 | 景行 |
| 韓人池<br>剣池・軽池・鹿垣池・厩坂池 | 剣池<br>百済池 | 応神 |
| 難波堀江・茨田堤<br>山背栗隈県の大溝<br>和珥池<br>横野堤<br>感玖の大溝 | 茨田堤<br>丸邇池<br>依網池<br>難波之堀江<br>小椅江 | 仁徳 |
| 磐余池<br>石上溝 | | 履中 |
| 高市池・藤原池・肩岡池・菅原池(以上，倭国)，山背国栗隈の大溝，戸苅池・依網池(以上，河内国)<br>掖上池・畝傍池・和珥池 | | 推古 |

## (3)　冠位十二階

**65〔日本書紀〕推古十一年(六〇三)十二月壬申(五日)条**

始テ行フ二冠位一ヲ(1)。大徳・小徳・大仁・小仁・大礼・小礼・大信・小信・大義・小義・大智・小智(2)、并セテ十二階。並ビニ以テ二当色ノ絁《きぬ》ヲ一縫ヘリ之。頂ハ撮《とり》総《すべ》テ如クシテレ嚢ノ、而着タリレ縁《もとおり》ヲ焉。唯元日ニハ着ク二髻花《うず》ヲ一。〈髻花、此ヲバ云二于孺一ト。〉

(1)始行冠位　いわゆる冠位十二階。翌年の推古十二年正月一日条に冠位を諸臣に賜ったとある。(2)大徳……小智　仁礼信義智の五つの徳目のうえに、これらを総括する徳の冠位が置かれている。徳目の順番は中国の仁義礼智信とは異なり、信と礼が重視されている。これは十七条憲法の「以礼以本」「信是義本」の記載と対応する。

**66〔隋書〕巻八十一　倭国伝**

内官有リ二十二等一、一ニ曰フ二大徳ト一、次ハ小徳、次ハ大仁、次ハ小仁、次ハ大義、次ハ小義、次ハ大礼、次ハ小礼、次ハ大智、次ハ小智、次ハ大信、次ハ小信(1)、員ニ無シ二定数一。

(1)大徳……小信　順番が異なるのは、中国の徳目の順番により誤解したもの。

### 表1-9　冠位十二階被授与者例

（ゴチックは昇進例）

| 冠位名 | 被授与者名 | 典　拠 |
|---|---|---|
| 大徳 | 境部臣雄摩侶<br>**小野臣妹子**<br>大伴連咋子 | 推古紀31年<br>続紀和銅7年4月紀・新撰姓氏録<br>続紀天平感宝元年閏5月紀 |
| 小徳 | 中臣連国<br>中臣連御食子<br>河辺臣禰受・物部依網連乙等・波多臣広庭・近江脚身臣飯蓋・平群臣字志・大伴連某・大宅臣軍<br>巨勢臣徳太・粟田臣細目・大伴連馬飼<br>平群臣神手<br>**秦川勝**<br>高向史黒麻呂<br>巨勢大海<br>阿輩台（大河内直糠手）<br>長福（百済質） | 推古紀31年・続紀延暦7年7月・中臣氏本系帳<br>中臣氏本系帳<br>推古紀31年<br><br>皇極紀元年<br><br>聖徳太子伝補闕記<br>聖徳太子伝補闕記・聖徳太子伝暦<br>孝徳紀大化2年<br>続紀養老元年正月・同天平勝宝5年3月<br>隋書東夷列伝<br>皇極紀元年 |
| 大仁 | 鞍作鳥<br>**犬上君三田耜**・薬師恵日<br>阿曇連比羅夫<br>土師娑婆連<br>上毛野君形名<br>秦川勝<br>矢田部御嬬連公<br>船首王後<br>膳臣清国<br>（度会）神主久遅良<br>（**小野妹子**） | 推古紀14年<br>舒明紀2年<br>皇極紀元年<br>皇極紀2年<br>舒明紀9年<br>聖徳太子伝補闕記<br>旧事紀推古22年<br>船首王後墓誌<br>聖徳太子伝暦<br>豊受太神宮禰宜補任次第<br>（旧事紀推古16年） |
| 小仁 | 物部連兄麿<br>（**吉志雄成**） | 聖徳太子伝暦<br>（旧事紀推古16年） |
| 大礼 | **小野臣妹子**<br>**吉士雄成**<br>**犬上君御田鉏**<br>哥多毗（額田部比羅夫） | 推古紀15年・釈紀所引海外記．旧事紀大仁に作る<br>推古紀16年・旧事紀小仁に作る<br>旧事紀推古22年<br>隋書東夷列伝 |
| 小礼 | （鞍作）福利 | 旧事紀推古16年 |
| 大信 | 大部屋栖野古連公 | 日本霊異記上巻第6 |
| 大義 | 坂上首名連<br>大三輪君弟隈 | 坂上氏系図<br>大三輪朝臣系図 |

**67〔日本書紀〕推古十九年（六一一）五月五日条**

薬二猟《くすりがり》(1)ス於菟田野《うだの》(2)ニ一。（中略）是ノ日ニ、諸臣ノ服色、皆随フ二冠ノ色ニ一。各着セリ二髻花ヲ一。則チ大徳小徳ハ並ニ用ヒレ金ヲ、大仁小仁ハ用ヒ二豹ノ尾ヲ一、大礼以下ハ用フ二鳥ノ尾ヲ一。

（1）薬猟　鹿の若角をとる猟。後世には薬草採りを意味する。（2）菟田野　奈良県宇陀郡榛原町足立付近に比定。

**68〔日本書紀〕推古十五年（六〇七）七月庚戌（三日）条**

大礼小野臣妹子《いもこ》ヲ遣ス二於大唐(1)ニ一。以テ二鞍作福利ヲ一為ス二通事(2)ト一。

（1）大唐　隋。（2）通事　通訳。

【解説】　六〇三年（推古十一）に定められた冠位十二階は、百済の冠位制を参考に作られたとされる。儒教の徳目によって冠位の名称が定められ、大小の区別があった。可視的身分表象として冠の飾りには金と豹の尾、鳥の尾の三種類があり、大きくは大徳・小徳、大仁・小仁、大礼以下の三段階に区分されていた。その特色は、旧来の姓《かばね》とは異なり、個人の功績に対して与えられ、小野妹子が大礼から大徳に昇ったように（『日本書紀』十五年七月庚戌条、『続日本紀』和銅七年四月辛未条）、昇進が可能で、世襲されない点である。ただし、すべての支配層を網羅するものとはなっておらず、蘇我氏や王族は除外され、大和や河内とその周辺に限定されていた。これは倭王権に結集した豪族を編成し序列化することが大きな目的であったが、同時に冠位の使用が外交や儀式の場に限定されていたことから明らかなように、中国との外交交渉の必要から礼的秩序を整えるために短期間で導入された側面も否定できなかった。そのため、必ずしも一元的な編成がされなかったのである。氏別の職務と対応した旧来の姓《かばね》とは異なる点で、後の位階制の出発点となったが、未熟な側面も有していたのである（表1-9参照）。

## (4)　十七条憲法

**69〔日本書紀〕推古十二年（六〇四）四月戊辰（三日）条**

皇太子（厩戸王子）親ラ肇テ作ル二憲法十七条(1)ヲ一。一ニ曰ク、以テレ和ヲ為シレ貴(2)シト、無キヲレ忤《さか》フルコト為セレ宗ト。人皆有リレ党(3)。亦少シ二達《さと》ル者一。是ヲ以テ、或ハ不レ順ハ二君父ニ一、乍《また》違フ二于隣里ニ一。然レドモ上和シ下睦(4)ビテ、諧《かな》ハバ二於論《あげつら》フコトニレ事ヲ、則チ事理自ラ通ズ。何事カ不ランレ成ラ。二ニ曰ク、篤ク敬ヘ二三宝ヲ一。々々者トハ仏法僧也(5)。則チ四生之終帰(6)ニシテ、万国之極宗ナリ。何《いずれ》ナル世何ナル人、非ズレ貴ランバ二是ノ法ヲ一。人鮮《すくな》シ二尤ダ悪シキモノ一。能ク教フレバ従フ之。其レ不レバレ帰《よ》ラ二三宝ニ一、何ヲ以テカ直《ただ》サンレ枉《まが》レルヲ。三ニ曰ク、承テハレ詔ヲ必ズ謹メ。君ハ則チ天トシ之、臣ハ則チ地トス之(7)。天覆ヒ地載ス(8)。(9)四時順行シテ、万気得レ通フコトヲ。地欲スルトキハレ覆サントレ天ヲ、則チ致サンレ壊《やぶ》ルコトヲ耳。是ヲ以テ、君言ヘバ臣承リ、上行ヘバ下靡《なび》ク。故ニ承リテハレ詔ヲ必ズ慎メ。不ンバレ謹マ自ラ敗レン。四ニ曰ク、群卿百寮、以テレ礼ヲ為ヨレ本《もと》ト。其ノ治ムルレ民ヲ之本ハ、要《かなら》ズ在リ二乎礼ニ一。上不レバレ礼(10)ナラ、而下非ずレ斉《ととの》ハ。下無ケレバレ礼、以《すなわ》チ必ズ有リレ罪。是ヲ以テ、群臣有ルトキハレ礼、位次不レ乱レ。百姓有ルトキハレ礼、国家自ラ治マル。五ニ曰ク、絶チレ饕《むさぼり》ヲ棄テレ欲ヲ、明ニ弁ヘヨ二訴訟ヲ一。其レ百姓之訟、一日ニ千事アリ。一日

尚爾《しかルヲヤ》、況乎累《かさネテヲヤ》歳。頃《このごろ》治訟者、得利為常、見賄聴讞《げつ》(11)。便有財之訟、如石投水(12)。乏《ともシキ》者之訴、似水投石。是以貧民、則不知所由。臣道亦於焉《ここに》闕。六曰、懲悪勧善(13)、古之良典。是以无《テなク》匿人善、見悪必匡《ただセ》。其諂《へつらヒ》詐者、則為覆国家之利器、為絶人民之鋒剣。亦佞《かだミ》媚者、対上則好説下過、逢下則誹《そ》謗上失。其如此人、皆无忠於君、无仁於民。是大乱之本也。七曰、人各有任。掌宜不濫《みだレ》。其賢哲任官、頌《ほムルこえ》音則起。奸者有官、禍乱則繁。世少《すくなシ》生知。剋《よク》念作《ヒテなル》聖。事無大少、得人必治。時無急緩。遇賢自寛。因此国家永久、社稷《くに》勿危。故古聖王、為官以求人、為人不求官。八曰、群卿百寮、早朝《とクまいリ》晏退《おそクまかデヨ》(14)。公事靡《なシ》盬《いとま》。終日難尽。是以、遅朝《クまいるときは》不逮《およバ》于急。早退必事不尽。九曰、信是義本。毎事有信。其善悪成敗、要《かならズ》在于信。群臣共信、何事不成。群臣无信、万事悉敗。十曰、絶忿棄瞋《テテいかりヲ》、不怒人違。人皆有心。々各有執。彼是《ぜトスレバ》則我非。我是則彼非。我必非聖。彼必非愚。共是凡夫耳《のみ》(15)。是非之理、詎《たれカ》能可定。相共賢愚、如鐶《みみかねノ》无端。是以、彼人雖瞋《いかルト》、還恐我失。我独雖得、従衆同挙《ジクおこなへ》。十一曰、明察功過、賞罰必当。日者《ひごろ》(16)、賞不在功。罰不在罪。執事群卿、宜明賞罰。十二曰、国司国造(17)、勿斂《おさめとルコト》百姓。国非二君、民無両主(18)。率土兆民、以王為主。所任官司、皆是王臣。何敢与公《おおやけ》、賦斂百姓。十三曰、諸任官者、同《ともニ》知職掌。或病或使、有闕於事。然得知之日、和如曽《クセヨむかしヨリ》識。其以非与聞《あずかり》、勿防《さまたゲルコト》公務。十四曰、群臣百寮、無有嫉妬(19)。我既嫉人、々亦嫉我。嫉妬之患《うれい》、不知其極。所以、智勝於己則不悦。才優於己則嫉妬。是以、五百之乃今遇賢。千載以難待一聖。其不得賢聖、何以治国。十五曰、背私向公、是臣之道矣。凡人有私必有恨。有憾《うらみ》必非同《ととのハ》。非同《おなじから》則以私妨公。憾起則違制害《やぶル》法。故初章云、上下和諧、其亦是情歟。十六曰、使民以時(20)、古之良典。故冬月有間《いとま》、以可使民。従春至秋、農桑之節。不可使民。其不農《たつくラ》何食。不桑何服。十七曰、夫事不可独断《さだム》。必与衆《もろもろ》宜論《あげつらフ》。少事是軽。不可必衆。唯逮《およビテハ》論大事、若疑有失。故与衆相弁《わきまフルトキハこと》、辞《ちう》則得理。

(1)皇太子親肇作憲法十七条　「弘仁格式序」に「上宮太子親作憲法十七条、国家制法自茲始焉」とある。(2)以和為貴　『礼記』儒行に「礼之以和為貴」、『論語』学而に「礼之用、和為貴」とある。(3)人皆有党『左伝』に「亡人無党、有党必有讎」とある。(4)上和下睦　『孝経』に「民用和睦、上下無怨」とある。(5)三宝々々者仏法僧也　後世の傍注が紛れたものか。(6)四生　『般若経』に「一者卵生、二者胎生、三者湿生、四者化生」とある。すべての生き物。(7)臣則地之　『管子』に「君臣者天地之位也」とある。(8)天覆地載　『礼記』に「天之所覆、地之所載」とある。(9)四時　春夏秋冬。(10)上不礼　『韓詩外伝』に「上無礼則不免乎患」とある。(11)見賄聴讞　賄賂を受けて後に、その申し立てをきく。(12)如石投水　『文選』に「如以水投石、如以石投水」とある。(13)懲悪勧善　『左伝』に「懲悪而勧善、非聖人誰能脩之」とある。(14)早朝晏退　『墨子』に「掻朝晏退、聴獄治政」とある。『日本書紀』舒明八年七月条に大派王《おおまたのおおきみ》が蘇我蝦夷に朝参の徹底を訴えたが従わなかったとある。(15)凡夫　仏教で真理を悟った聖者に対して、そこに至らない者をいう。(16)賞罰必当　『韓非子』に「凡治之大者、謂其賞罰之当也」とある。(17)国司国造　国司の語は当時の用語として相応しくない。(18)国非二君、民無両主　『礼記』に「天無二日、土無二王」とある。(19)嫉妬　嫉は他人の善を憎む心、妬は他人を憎悪する心。(20)使民以時　『論語』学而に「節用而愛人、使民以時」とある。

【解説】　十七条憲法については、『日本書紀』にのみ全文があるだけで、他には史料がない。第十二条の「国司」の語など部分的に当時としては相応しくない用語が用いられていることから、後世の偽作とする説があり、『日本書紀』の文章に手が加えられていることは確実である。しかしながら、地方に派遣される「クニノミコトモチ(国御言持)」という使者が推古期段階で存在したことは不自然ではなく、全体を偽作と断定する根拠とはならない。憲法の内容は法律というよりも、道徳的規範を説いたもので、君・臣・民の三者の関係を論じ、和の尊重と派閥の否定(第一条)、命令への服従(第三条)、訴訟の公平(第五条)など、とりわけ官吏たる臣の服務規程に重点が置かれている。形式は仏教・法家・儒教の外来思想を調和させた文章で、命令形の主文とそれを解説した副文とから構成され、陰陽の極数(八と九)の和である十七という条数に整えられている。

## (5)　国史編纂

### 70〔日本書紀〕推古二十八年(六二〇)是歳条

皇太子(厩戸王子)、嶋大臣(蘇我馬子)共ニ議シテ之、録《しる》ス二天皇記(1)及ビ国記(2)、臣連伴造国造百八十部《とものお》并ビニ公民等ノ本記(3)ヲ一。

(1)天皇記　「天皇記」以下が編纂された書名。天皇記は大王の系譜・事績を記したもので、帝紀・帝皇日継に類するものと考えられる。編纂当時の名称か疑わしい。(2)国記　風土記に類するものではなく、旧辞のように国家の歴史を記したものか。(3)臣連伴造国造百八十部并公民等本記　支配層の諸家に伝わる系譜・伝承を集成したものか。臣連は中央の有力氏族、伴造は品部を管理する中小氏族、国造は在地の有力氏族、百八十部はトモを示す。百八十部は実数ではなく数が多いことの意。公民は部民一般か。

### 71〔日本書紀〕皇極四年(六四五)六月己酉(十三日)条

蘇我臣蝦夷(1)等臨ミテレ誅ニ、悉ク焼ク二天皇記・国記・珍宝ヲ一。船史《ふねのふひと》恵尺《えさか》(2)、即疾《と》ク取リテ二所ノレ焼カルル国記ヲ一、而奉ス二献中大兄(天智)ニ一。

(1)蘇我臣蝦夷　馬子の子。(2)船史恵尺　船氏は河内を本貫とする渡来系氏族で、王辰爾の後裔を称する。恵尺は道照の父。

【解説】　六二〇年(推古二十八)、厩戸王子と蘇我馬子の協議によりわが国で最初の歴史書「天皇記及国記、臣連伴造国造百八十部并公民等本記」が編纂された。「乙巳《いっし》の変」の際、炎上中の蘇我蝦夷の邸宅から、国記のみが船史恵尺により持ち出され、中大兄王子に献上されたと伝えるが現存しない。天皇記と国記のみは完成し、蘇我氏の邸宅に保管されていたことが知られる。天皇記と国記は蘇我氏が主導した歴史書編纂であったと推定される。内容の詳細は不明だが、編目によれば、帝紀(大王の系譜・事績)に相当する天皇記、旧辞(諸家の系譜・伝承)に相当する国記、すなわち「臣連伴造国造百八十部并公民等本記」が構想されたらしい。全体が完成したかは明らかでない。なお、平安時代初期の成立とされる『先代旧事本紀』は、その序文において『日本書紀』の本条に仮託し、推古二十八年の編纂を主張する。

## 5　新羅・隋との外交

### (1)　新羅との対立

**72〔日本書紀〕**

**崇峻四年(五九一)十一月壬午(四日)条**

差《シテ》二紀男麻呂《きのおまろ》宿禰(1)・巨勢猿臣・大伴囓《くい》連・葛城烏奈良《おなら》臣《ヲ》一、為《ス》二大将軍《ト》一。率《キテ》二氏々《ノ》臣連《ヲ》一、為《シ》二裨将《ひしょう》・部隊(2)《ト》一、領《キテ》二二万余軍《ヲ》一、出《デ》二居《ル》筑紫《ニ》一。遣《シ》二吉士金《きしのかね》《ヲ》於新羅《ニ》一、遣《シ》二吉士木蓮子《いたび》《ヲ》於任那《ニ》一、問《ハシム》二任那事《ヲ》一。

**崇峻五年(五九二)十一月丁未(五日)条**

遣《シテ》二駅使《ヲ》於筑紫将軍所《ノニ》一曰《ク》、「依《リテ》二於内乱(3)《ニ》一、莫《レ》レ怠《ルト》二外事《ヲ》一」。

(1)紀男麻呂宿禰　五六二年(欽明二十三)、大将軍として新羅を征討。(2)裨将・部隊　裨将は副将、部隊は部隊長のことか。(3)内乱　十一月三日に蘇我馬子が東漢直駒《やまとのあやのあたいこま》に命じて大王崇峻を暗殺させた事件がおきている。

**73〔日本書紀〕**

**推古八年(六〇〇)二月条**

新羅与《ト》二任那一相攻《ム》。天皇欲《ス》レ救《ハント》二任那《ヲ》一。

**推古八年是歳条**

命《ジテ》二境部臣《ニ》一為《す》二大将軍《ト》一。以《テ》二穂積臣《ヲ》一為《ス》二副将軍《ト》一。〈並闕《ニク》レ名《ヲ》。〉則将《チひきキテ》二万余衆《ノヲ》一、為《ニ》二任那《ノ》一撃《ツ》二新羅《ヲ》一。於《テ》レ是《ニ》、直《ただニ》指《テ》二新羅《ヲ》一、以泛《ふねカラ》海《ク》往之。乃《チ》到《リテ》二于新羅《ニ》一、攻《メテ》二五城《ヲ》一而抜《ク》。於《テ》レ是《ニ》、新羅王、惶《かしこみテ》之挙《ゲテ》二白旗《ヲ》一、到《テ》二于将軍之麾下《ニ》一而立《ツ》。割《さキテ》二多々羅・素奈羅・弗知鬼・委陀《わだ》・南迦羅・阿羅々六城(1)《ヲ》一、以請《テもうス》レ服《サントニ》。時《ニ》将軍共議《リテ》曰《ク》、「新羅知《リテ》レ罪《ヲ》服《ス》之。強《ヒテ》撃《ツハ》不《ラ》レ可《ナ》」。則《チ》奏上《ス》。爰《ニ》天皇更《ニ》遣《シ》二難波吉師神《みわヲ》於新羅《ニ》一、復《タ》遣《シテ》二難波吉士木蓮子《いたびヲ》於任那《ニ》一、並《ビニ》検《セシム》二校事状《ノヲ》一。爰《ニ》新羅・任那、二国遣《シテ》レ使《ヲ》貢《ズ》レ調《ヲ》。

仍《リテ》奏《シテ》レ表《ヲ》之曰《ク》、「天上《ニ》有《リ》レ神。地《ニ》有《リ》二天皇一。除《キテハ》二是《ノ》二神《ヲ》一、何《ゾ》亦《タ》有《ランヤ》レ畏《かしこキコト》乎。自《リ》レ今以後、不《ラ》レ有二相攻《ムルコト》一。且《ツ》不レ乾《ほサ》二船柁《かじヲ》一。毎《ニ》レ歳必《ズ》朝《セン》」。則《チ》遣《シテ》レ使《ヲ》以《テ》召《シ》二還《ス》将軍《ヲ》一。将軍等至《ル》レ自《リ》二新羅一。即《チ》新羅亦《タ》侵《ス》二任那《ヲ》一。

(1)多々羅・素奈羅・弗知鬼・委陀・南迦羅・阿羅々六城　いずれも任那(加耶)の地名。南迦羅までは南加羅の地域で、現在の釜山・金海付近。阿羅々は安羅で現在の咸安。

## 74〔日本書紀〕

### 推古十年(六〇二)二月己酉(一日)条

来目《くめノ》皇子(1)《ヲ》為《ツ》下撃二新羅《ヲ》一将軍《ト》上。授《ク》二諸《ノ》神部(2)及《ビ》国造伴造《とものみやつこ》等、幷《セテ》軍衆二万五千人《ヲ》一。

### 推古十一年(六〇三)四月壬申(一日)条

更以《ニテ》二来目皇子之《ノ》兄当摩《たぎまノ》皇子(3)《ヲ》一、為《ス》下征《ツ》二新羅《ヲ》一将軍《ト》上。

(1)来目皇子　厩戸王子の同母弟。(2)神部《かんべ》　神事にかかわる部民か。(3)当摩皇子　厩戸王子の異母弟。

【解説】　継体期以降、倭国の朝鮮半島での影響力は後退し続け、五六二年には任那(加耶)地域は新羅・百済の支配下にはいり、倭国は朝鮮半島における影響力を完全に失った。欽明期以降、この「任那」に対する政策が大きな外交課題となり、新羅・百済からは「任那の調」を一貫して要求するとともに、新羅への出兵がたびたび計画された。まず、五九一年(崇峻四)には紀男《きのお》麻呂《まろ》らを大将軍にして筑紫まで出兵したが、大王崇峻の暗殺(内乱)を容易にすることや外交交渉を有利にするため軍事的圧力をかけるのが目的であったらしく、五九五年(推古三)まで筑紫に駐留したのみで、軍事的成果はなかった。次は六〇〇年(推古八)に境部臣を大将軍として「新羅征討」が行われたとあるが、新羅王を服属させたとの内容や『三国史記』『三国遺事』などの朝鮮側史料に記載が無く、六二三年(推古三十)の征討記事と類似することなどから、その史実性はいずれも疑問視されている。六〇二年(推古十)には来目《くめのみこ》王子さらに翌年には当摩《たぎま》王子を将軍に任命して新羅征討を計画したが、王子や妻の死去により計画は中止されたとある。前例のない王族将軍の任命や難波吉士以外の外交使者任命などから、厩戸《うまやど》王子が主導した新たな「任那復興」策であったと考えられる。一方、新羅からは何度か「任那の調」が送られてきたが、百済や高句麗との対外的緊張が高まったときに、敵対行動を防ぐため倭国に対して独自の外交判断により送られたものであり、倭国の主観的認識とは大きな隔たりがあると考えられる。このように朝鮮半島に対する倭国の対外政策はゆきづまり状態に陥っていた。この間、五八九年に中国が隋により統一され、東アジアに大きな影響力を及ぼすようになると、倭国の外交政策も後述するように大きな政策転換を迫られるようになる。

## (2) 遣隋使と留学生

**75〔隋書〕巻八十一　倭国伝**

開皇二十年(六〇〇)、倭王姓阿毎《あめ》(1)、字《あざな》多利思比孤《たりしひこ》(2)、号二阿輩鶏弥(3)一、遣レ使詣《いたる》レ闕(4)。上(5)令三所司訪二其風俗一。使者言、「倭王以レ天為レ兄、以レ日為レ弟。天未レ明時出聴レ政、跏趺《かふ》(6)坐、日出便停二理務一、云レ委二我弟一」。高祖曰、「此太無二義理一」。於レ是、訓《さと》令レ改レ之。王妻号二鶏弥一。後宮有二女六七百人一。名二太子一為二利歌弥多弗利(和)一。無二城郭一。(中略)大業三年(六〇七)、其王多利思比孤遣レ使朝貢(7)。使者曰、「聞三海西菩薩天子重興二仏法一。故遣朝拝、兼沙門数十人(8)来学二仏法一」。其国書曰、「日出処天子致二書日没処天子一、無レ恙《つつが》云云」。帝覧レ之不レ悦、謂二鴻臚卿(9)一曰、「蛮夷書有二無礼者一、勿二復以聞《ぶん》一」。明年(10)、上遣二文林郎裴清(11)一使二於倭国一。(中略)

倭王遣二小徳阿輩台一、従二数百人一、設二儀仗一、鳴二鼓角一来迎。後十日、又遣二大礼哥多毗一、従二二百余騎一郊労。既至二彼都一。其王与レ清相見、大悦、曰、「我聞海西有二大隋一、礼義之国。故遣朝貢。我夷人、僻二在海隅一、不レ聞二礼義一。是以稽二留境内一、不二即相見一。今故清レ道飾レ館、以待二大使一、冀聞二大国惟新之化一」。清答曰、「皇帝徳並二二儀一、沢流二四海一。以二王慕一レ化、故遣二行人一来此宣諭」。既而引レ清就レ館。其後清遣レ人謂二其王一曰、「朝命既達、請即戒レ塗《みち》」。於レ是、設二宴享一以遣レ清。復令三使者随レ清来貢二方物一。此後遂絶。

(1)阿毎　天か。(2)多利思比孤　美称の足彦か。大王の称号。(3)号阿輩鶏弥　天君《あめきみ》か。(4)詣闕　隋の朝廷。(5)上　隋の高祖文帝。(6)跏趺　あぐら。(7)朝貢　小野妹子の朝貢。(8)沙門数十人　『日本書紀』には記載を欠く。(9)鴻臚卿　四夷や朝貢に関する事務を担当。(10)明年　六〇八年。(11)裴清　『日本書紀』は裴世清《はいせいせい》。唐太宗李世民の諱をさけたもの。

**76〔日本書紀〕推古十五年(六〇七)七月庚戌(三日)条**

大礼小野臣妹子遣二於大唐一。以二鞍作福利一為二通事一。

(史料68参照)

**77〔日本書紀〕推古十六年(六〇八)四月条**

小野臣妹子、至レ自二大唐一。唐国号二妹子臣一曰二蘇因高(1)一。即大唐使人裴世清《はいせいせい》・下客(2)十二人、従二妹子臣一、至二於筑紫一。遣二難波吉士雄成《おなり》一、召二大唐客裴世清等一。為二唐客一更造二新館於難波高麗館《こまのむろつみ》之上《ほとり》一。

(1)蘇因高　小野妹子の唐名。(2)下客　外交使節中の職掌・地位の一つ。

**表1-10 遣隋使年表**

| 出発年 | | | 記載 | 典拠 |
|---|---|---|---|---|
| 600 | 推古 8 | 開皇 20 | 倭王の阿毎多利思比孤の使者が隋都大興に到る | 隋書倭国伝 |
| 607 | 推古 15 | 大業 3 | 7 月に小野妹子を隋に派遣する　帰国推古 16 年 | 日本書紀 |
| | | | 倭王の使者が朝貢し，国書を提出する | 隋書倭国伝 |
| 608 | 推古 16 | 大業 4 | 3 月に倭が遣使して方物を貢ずる | 隋書煬帝紀 |
| 608 | 推古 16 | 大業 4 | 9 月に裴世清の帰国にともない，妹子をふたたび派遣し，国書を伝える．高向玄理，南淵請安，日文ら入隋．帰国推古 17 年 | 日本書紀・隋書倭国伝 |
| 610 | 推古 18 | 大業 6 | 正月に倭国が遣使して方物を貢ずる | 隋書煬帝紀 |
| 614 | 推古 22 | 大業 10 | 6 月に犬上御田鍬を隋に派遣する．帰国推古 23 年 | 日本書紀 |

**78**〔日本書紀〕推古十六年（六〇八）九月辛巳（十一日）条

唐客裴世清罷帰。則復以小野妹子臣為大使、吉士《きし》雄成為小使、福利為通事、副于唐客而遣之。爰天皇聘唐帝。其辞曰、「東天皇敬《つつしみて》白《もうす》西皇帝。使人鴻臚寺掌客裴世清等至、久憶方《ひとまさ》解。季秋(1)薄冷。尊何如《いか》。想清悆。此即如常。今遣大礼蘇因高・大礼乎那利《おなり》(2)等往。謹白不具《つぶさ》」。是時、遣於唐国学生倭漢直福因・奈羅訳語《おさ》(3)恵明・高向漢人玄理《たかむくのあやひとくろまろ》・新漢人《いまきのあやひと》大国、学問僧新漢人日文《にちもん》(4)・南淵漢人請安《みなぶちのあやひとせいあん》(5)・志賀漢人慧隠《えおん》・新漢人広済等、并八人也。

（1）季秋　九月。（2）乎那利　難波吉士雄成。（3）訳語　姓の一種。（4）日文　後に僧旻とみえる。（5）南淵漢人請安　帰朝後、中臣鎌足・中大兄らに儒教を教えた。

**79**〔日本書紀〕推古三十一年（六二三）七月条

是時(1)、大唐学問者僧恵斎・恵光及医《くすし》恵日・福因等、並従智洗爾《ちせんに》等来之。於是、恵日等共奏聞曰、「留于唐国学者、皆学以成業。応喚。且其大唐国者、法式備定之珍国也。常須達《かよ》」。

（1）是時　新羅使の来朝記事がある。

**80**〔**日本書紀**〕**舒明四年（六三二）八月条**

大唐遣《シテ》二高表仁《ヲ》一、送《ル》二三田耜《みたすき》《ヲ》一。共泊《ル》二于対馬《ニ》一。是時《ノ》、学問僧霊雲・僧旻《みん》及《ビ》勝鳥養《すぐりのとりかい》、新羅《ノ》送使等従《ヘリ》之。

**81**〔**日本書紀**〕**舒明十二年（六四〇）十月乙亥（十一日）条**

大唐《ノ》学問僧清安(1)・学生高向漢人玄理、伝《リテ》二新羅《ヨリ》一而至《ル》之。

（1）清安　南淵漢人請安。

**【解説】**　倭国と中国王朝との交渉は、倭の五王による遣使以降、途絶えていたが、五八九年に中国が隋により統一され、東アジアに大きな影響力を及ぼすようになると、朝鮮外交を有利に展開しようと六〇〇年に第一回の遣隋使を派遣した。ついで六〇七年（推古十五）には小野妹子が隋に派遣され、翌年隋の煬帝は使節裴世清を来日させた。この時、倭国の国書が従来の朝貢国の立場ではなく、対等の立場を主張したため隋の煬帝が不快を示したことが記載されている。小野妹子の二回目の渡航には隋の先進文化を学ぶため八人の留学生が随行した。彼らは最長三十数年の留学ののち舒明期に次々と帰朝し、多方面で活躍することになる。とりわけ、南淵請安・高向玄理・僧日文（旻）らは「大化改新」を指導した。

# 第五節　飛鳥文化

## 1　飛鳥寺

### (1)　僧侶・技術者の渡来

**82**〔**日本書紀**〕**崇峻元年（五八八）是歳条**

百済国遣《シテ》二使幷《ビニ》僧恵総《えそう》・令斤《りようこん》・恵寔《えしよく》等《ヲ》一、献《たてまつル》二仏舎利(1)《ヲ》一。百済国遣《シテ》二恩率《おんそち》(2)首信《すしん》・徳率(3)蓋文・那率(4)福富味身等《ヲ》一、進《リ》レ調(5)《ヲ》幷《セテ》献《ズ》二仏舎利、僧聆照《りようしよう》律師(6)・令威・恵衆・恵宿・道厳・令開《りようけ》等、寺工太良未太《たらみた》・文賈古子《もんけこし》、鑪盤《ろばんノ》博士(7)将徳(8)白昧淳、瓦博士麻奈文奴・陽貴文・㥄貴文・昔麻帝弥、画工《えかき》(9)白加《ヲ》一。蘇我馬子宿禰、請《ヒテ》二百済僧等《ヲ》一、問《フ》二受《クル》レ戒《ヲ》之法《ヲ》一。以《テ》二善信尼(10)等《ヲ》一、付《ケテ》二百済国使恩率首信等《ニ》一、発《テ》二遣《ス》学問《ものならいニ》一。壊《こぼチテ》二飛鳥衣縫《きぬぬいの》造《ノ》祖樹葉《このは》之家《ヲ》一、始《メテ》作《ル》二法興寺(11)《ヲ》一。此地《ヲ》名《ヅク》二飛鳥真神原《まかみのはらト》一。亦名《ヅク》二飛鳥《ノ》苫田《とまたト》一。

（1）仏舎利　釈迦の骨、またはその代用品。（2）恩率　百済官位十六階第三位。(3)徳率　百済官位第四位。(4)那率　百済官位第六位。(5)調《みつき》『日本書紀』の表現で、朝鮮三国が倭国に服属したことを示す貢納物。(6)律師　戒律に詳しい僧侶。(7)鑪盤博士　仏塔の相輪を鋳造する技術者。(8)将徳　百済官位第七位。(9)画工　仏画を描く技術者。(10)善信尼　司馬《しば》達等《たっと》の娘。(11)法興寺　奈良県高市郡明日香村飛鳥の安居《あご》院(飛鳥寺)。

## (2) 飛鳥寺の造営

**83〔日本書紀〕崇峻三年(五九〇)是歳冬十月条**

入《リテ》レ山《ニ》取《ル》二寺《ノ》材《ヲ》一。

**84〔日本書紀〕崇峻五年(五九二)十是月条**

起《ツ》三大法興寺仏堂(1)《ト》　与《ヲ》二歩廊一。

(1)仏堂　金堂のことか。

**85〔日本書紀〕推古元年(五九三)正月丙辰(十五日)条・正月丁巳(十六日)条**

以《テ》二仏舎利《ヲ》一、置《ク》二于法興寺《ノ》刹柱(1)《ノ》礎中《ニ》一。(中略)建《ツ》二刹柱《ヲ》一。

(1)刹柱《さっちゅう》　仏塔の中心の柱。

## (3) 伽藍の完成

**86〔日本書紀〕推古四年(五九六)十一月条**

法興寺造竟《リル》。則《チ》以《テ》二大(蘇我馬子)臣《ノ》男善徳臣《ヲ》一拝《めス》二寺司《ニ》一。是日《ノ》、慧慈・慧聡(1)二僧、始《メテ》住《ス》二於法興寺《ニ》一。

(1)慧慈・慧聡　高句麗僧と百済僧。

## (4) 丈六仏

**87〔日本書紀〕推古十三年(六〇五)四月辛酉(一日)条**

天皇詔《シテ》二皇太子大臣及諸王諸臣《ニ》一、共《ニ》同《ジク》発《シテ》二誓願《ヲ》一、以《テ》始《メテ》造《ル》二銅・繍丈六仏像《ノ》(1)、各一軀《ヲ》一。乃《チ》命《ジテ》二鞍作鳥(2)《ニ》一、為《ス》二造《ル》レ仏《ヲ》之工《ト》一。是時《ノ》、高麗国大興王(3)、聞《キテ》三日本《ノ》国《ノ》天皇造《ルト》二仏像《ヲ》一、貢三上《ス》黄金三百両《ヲ》一。

(1)丈六仏　一丈六尺の仏像。安居院の丈六釈迦像がこれに相当する。(2)鞍作鳥《くらつくりのとり》　司馬達等の孫、多須奈の子。(3)大興王　高句麗の嬰陽王。

**88〔日本書紀〕推古十四年(六〇六)四月壬辰(八日)条**

銅・繍《ノ》丈六《ノ》仏像並《ビニ》造竟《リル》。是日《ノ》也、丈六《ノ》銅像坐《ヲすウ》二於元興寺(1)《ノ》金堂《ニ》一。時《ニ》仏像、高《クシテ》二於金堂《ノ》戸《ヨリ》一、以《テ》不レ得レ納《ルルヲ》レ堂《ニ》。於《テ》レ是《ニ》、諸《ノ》工人等議《シテ》曰《ク》、「破《リテ》二堂《ノ》戸《ヲ》一而納《レント》レ之」。然《ルニ》鞍作鳥之秀工、不《シテ》レ壊《タ》レ戸《ヲ》得《タリ》レ入《ルルヲ》レ堂《ニ》。即日、設斎《ス》。於《テ》レ是《ニ》、会集《ノ》人衆、不

レ可《カラ》二勝《あゲテ》数《かぞフ》一。自《リ》二是年一初《メテ》、毎《ニ》レ寺、四月八日・七月十五日《ニ》
設斎《ス》。

（1）元興寺　法興寺。平城京移転後に元興寺といった。

【解説】　飛鳥寺は、蘇我馬子により建立された寺院で、わが国最初の本格的寺院といえる。法興寺・元興寺とも称し、現在の奈良県高市郡明日香村飛鳥に所在した。創建については、五八八年（崇峻元）に百済王からおくられた僧侶や寺工・露盤工・瓦工・画工らが参画し、飛鳥衣縫《きぬぬい》造の祖樹葉《このは》の家を壊して飛鳥真神原で建立が開始されたとある。五九六年（推古四）に伽藍の完成があり、寺司・寺僧が任命された。さらに六〇五年（推古十三）、銅と刺繡の丈六仏を仏工鞍作鳥に命じて作らせ、翌年金堂に安置したと伝える。発掘調査によると、回廊の中は塔を中心に東西と北に金堂を配置する形式で、高句麗の清岩里廃寺との類似が指摘されている。出土瓦も百済の扶余出土のものと酷似することから、仏教伝来当時における、朝鮮半島諸国の強い文化的影響を受けて造営されていることが確認される。

## 2　法隆寺

### (1)　太子建立寺院

**89〔法隆寺伽藍縁起并流記資財帳〕**

奉《おんために》下為（用明）池辺大宮御宇《ニしろしめす》
天皇并《ビニ》在《ましまシシ》二坐御世御世《ニ》一
天皇《ノ》上、歳次《ほしハやどル》（六〇七年）丁卯、（推古）小治田大宮御宇
天皇并《ビニ》（厩戸王子）東宮上宮聖徳法王、法隆学問寺并《ビニ》四天王寺《してんのう》・中宮《ちゆうぐう》
尼寺・橘尼寺・蜂岳《はちおか》寺(1)・池後《いけじり》尼寺(2)・葛城尼寺(3)乎《を》、敬造《ヒリ》仕奉《ヘル》。

（1）蜂岳寺　広隆寺。（2）池後尼寺　法起寺。（3）葛城尼寺　和田廃寺か。

**90〔上宮聖徳法王帝説〕**

太子起《ツ》二七寺《ヲ》一。四天皇寺・法隆寺・中宮寺・橘寺・蜂丘寺〈并《セテ》彼宮《ノ》賜《フ》二川勝秦公《ニ》一〉・池後寺・葛木寺。〈賜《フ》二葛木臣《ニ》一。〉

### (2)　金堂薬師如来像

**91〔法隆寺金堂薬師如来像光背銘〕**

（用明）池辺大宮治《ニ》二天下《あめのしたしろしめしし》一天皇大御身労《いたヅキ》賜《ヒシ》時、歳次《ほしハやどル》
（五八六年）丙午年、召《シテ》三於（推古）大王天皇与《トヲ》二太（厩戸王子）子一而誓願賜《シヒ》、「我大御病
太平《ナラント》欲坐《シスガ》故、将《ニ》二造《リテ》レ寺薬師像《ヲ》作仕奉《リへまつラント》一」詔《シタマフ》。然《ルニ》当時《そのとき》
崩賜《ジヒテリ》造不《あへ》レ堪者。（推古）小治田大宮治《ニ》二天下一大王天皇及東宮聖王《ビ》（厩戸王子）、
大命受《ヲケリテ》賜而歳次丁《ハル》（六〇七年）卯《ノ》年仕奉《ニへル》。

### (3)　金堂釈迦三尊像

**92〔法隆寺金堂釈迦三尊像光背銘〕**

法興元卅一年《(1)》、歳《ハ》次《ル》辛巳《(六二一年)ノ》十二月、鬼前太后《(2)》崩《ズ》。明年正月廿二日上宮法皇枕《シ》レ病《ニなシ》弗レ悆《よろこぶコト》。干食王后《かしわで(3)》仍《リテ》以《テ》労疾《シ》、並《ビテ》着《ク》二於床《ニ》一。時《ニ》王后・王子等及《ビともニ》与二諸臣《ト》一深《ク》懐《ヒテ》二愁毒《へいたムコトヲ》一、共相《もろともニ》発《ス》レ願《ヲ》。「仰《ギテ》依《リテ》二三宝《ニ》一、当《ニ》レ造《ル》二釈像《ノ》尺寸王身《ナルヲ》一。蒙《リテ》二此願力《ヲ》一、転《ジ》レ病《ヲ》延《べ》レ寿《ヲ》、安二住《セン》世間《ニ》一。若《シ》是定業《しじょうごうニシテ》、以《テ》背《カバ》レ世者《ニ》、往《キテ》登《リテ》二浄土《ニ》一、早《ク》昇《ランコトヲ》二妙果《ニ》一」。二月廿一日癸酉、王后即世《シ》、翌日法皇登遐《ス》。癸未年《(六二三年)》三月中、如《ク》レ願《ノ》敬《ヒ》二造《リ》釈迦尊像《ノ》并《ビニ》侠侍及《ビ》荘厳具《ヲ》一竟《ル》。乗《ジ》二斯《ノ》微福《ニ》一、信《ズル》レ道《ヲ》知識、現在安隠、出《デテ》レ生《ヲ》入《リ》レ死《ニ》随《ヒ》二奉《リテ》三主《ニ》一、紹二隆《シ》三宝《ヲ》一、遂《ニ》共《ニセン》二彼岸《ヲ》一。普二遍《あまねキ》六道《ニ》一法界含識《ノ》、得《テ》レ脱《ルルヲ》二苦縁《ヲ》一、同《ジク》趣《カン》二菩提《ニ》一。使《ム》二司馬鞍首《くらつくりのおびと》止利仏師《ヲシテ》造《ラ》一。

（1）法興元卅一年　法興は私年号。（2）鬼前太后　厩戸王子の母、大后穴穂部間人《はしひと》。（3）干食王后　厩戸王子の妃　膳《かしわで》夫人。

### (4)　寺領の施入

**93〔日本書紀〕推古十四年(六〇六)七月条**

皇太子《(厩戸王子)》亦講《ズ》二法華経《ヲ》於岡本《ノ》宮《(1)ニ》一。天皇《(推古)》大《イニ》喜《ビ》之、播磨国水田百町《(2)ヲ》施《ス》二于皇太子《ニ》一。因《リテ》以《テ》納《ム》二于斑鳩寺《いかるが(3)ニ》一。

（1）岡本宮　法起寺の前身。（2）水田百町　古くは代制で、五万代に相当する。『法隆寺資財帳』の縁起に「五十万代」とあるのは「五十千代」を改めたものか。以後の史料は当時の開墾面積を記している。（3）法隆寺。

### (5)　法隆寺の焼失

**94〔日本書紀〕天智九年(六七〇)四月壬申(三十日)条**

夜半之後《ニ》、災《ひつケリ》二法隆寺《(1)ニ》一。一屋無《モシ》レ余《スコト》。大雨雷震《ス》。

（1）法隆寺　この場合は若草伽藍の焼失で、現在の法隆寺はこれ以後の建立と考えられる。

### (6)　三経義疏

**95〔法隆寺伽藍縁起并流記資財帳〕**

合論疏玄章伝記惣壱拾参部拾壱巻〈八部卌巻、人々坐奉者、〉
法華経疏参部　各四巻
維摩《ゆいま》経疏壱部　三巻
勝鬘《しょうまん》経疏壱巻
右上宮聖徳法王《ノ》御製者《ハ》

【解説】厩戸王子の仏教信仰については「天寿国繡帳」にみえる「世間虚仮、唯仏是真」が自身の言葉として注目されているが、法華《ほっけ》・維摩《ゆいま》・勝鬘《しょうまん》経の注釈書で、太子撰と伝えられる

「三経義疏」については、法隆寺の学僧集団による著述であると考えられる。造寺については、後世に多数の寺院の建立が伝承されているが、四天王寺・法隆寺を除けば検討を要するものが多い。法隆寺は現在の奈良県生駒郡斑鳩町にあり、斑鳩寺・鵤寺・伊可留我寺・法隆学問寺とも称される。聖徳太子建立七カ寺の一つと伝称する。現在の伽藍は西院と上宮王院とも呼ばれる東院に分かれている。創建については、正史に記載がなく、創建を記した金石文を疑う説があり、不明な点が多い。『日本書紀』には、六〇六年(推古十四)「斑鳩寺」へ播磨国の水田百町を施入したとある。また、「金堂薬師如来像光背銘」には、大王用明の病気回復を念じて寺と薬師像を造ることを誓願したが、大王が没したので、六〇七年(推古十五)に大王推古と厩戸王子が完成させたとある。瓦の編年によれば、飛鳥寺と四天王寺の造営の中間に位置することが明らかとなっている。少なくとも七世紀の初頭に上宮王家の氏寺として建立されたことは間違いない。厩戸王子の没後には、「金堂釈迦三尊像」や「天寿国繡帳」が作成された。『日本書紀』には六七〇年(天智九)に法隆寺が全焼したと記されるが、再興についての記載が見られないことから、法隆寺再建・非再建論争が明治期以降において展開されることになる。一九三九年(昭和十四)の若草伽藍の発掘、さらには近年の防災工事にともなう発掘調査などの結果、旧法隆寺(若草伽藍)は主軸が北から西へ二十度傾き、塔と金堂が一直線にならぶ四天王寺式伽藍配置をとること、西院伽藍と若草伽藍が同時並存することは不可能で、若草伽藍の焼失後に金堂と五重塔を東西に配置する現在の西院伽藍が造営されたことが明らかになった。中門の仁王像や五重塔内の塑像群が造られた七一一年(和銅四)までに西院の主要伽藍は完成していたと考えられる。「法隆寺伽藍縁起并流記資財帳」は、七四七年(天平十九)に僧綱に提出された、法隆寺の縁起と財産目録。「法隆寺金堂釈迦三尊像光背銘」は金堂に安置された本尊の光背に刻まれ、釈迦三尊像を六二三年(推古三十一)に亡き厩戸王子(聖徳太子)らのために鞍首止利に造らせたとある。「法隆寺金堂薬師如来像光背銘」は薬師如来像光背に刻まれ、薬師如来像は六〇七年(推古十五)に完成したとあるが、光背銘作成の時期については議論がある。

## 3　技術者の渡来

### (1)　諸博士の渡来

**96〔日本書紀〕欽明十四年(五五三)六月条**

遣《シ》二内臣《ノ》一、〈闕《ク》レ名《ヲ》〉使《ス》二於百済《ニ》一。仍賜《テフ》二良馬二匹・同船二隻・弓五十張・箭《や》五十具《ヲ》一。勅《シテ》云《ク》、「所《ノ》レ請軍者《フハ》、随《ままニ》二王《トノ》所須《もちキル》一」。別勅《ニスラク》、「医《くすし》博士・易博士(1)・暦《こよみ》博士等《ニ》、宜《ク》依《リテ》レ番《ニ》上下《スベシ》。今上件色人《ノしなノハ》、正《ニ》当《レリ》二相代《ラム》年月《ニテ》一。宜《シク》下付《さずケテ》二還使《ニ》一相代《ラシム》上。又卜書・暦本《ノためし》(2)・種々薬物《ノくすり》、可《シ》二付送《たてまつレト》一」。

(1)易博士　陰陽道の専門家。(2)暦本　当時、百済で用いられた中国の元嘉暦か。

**97**〔日本書紀〕欽明十五年（五五四）二月条

百済遣《シテ》㆓下部《かほう》(1)杆率《かんそち》(2)将軍三貴・上部《じょうほう》(3)奈率《なそち》(4)物部烏《かく》等《ヲ》㆒、乞《フ》㆓救兵《ヲ》㆒。仍《リテ》貢《たてまつリテ》㆓徳率《とくそち》(5)東城子莫古《とうじょうしまくこ》《ヲ》㆒、代《フ》㆓前番奈率《なそち》東城子言《ごん》《ニ》㆒。五経博士(6)王柳貴《ヲ》、代《フ》㆓固徳《ことく》馬丁安《ニ》㆒。僧曇慧《どんえ》等九人《ヲ》、代《フ》㆓僧道深等七人《ニ》㆒。別《ニ》奉《うけたまわリテ》㆑勅《ヲ》、貢《たてまつル》㆓易博士施徳王道良、暦《こよみ》博士固徳王保孫、医博士《くすし》奈率王有《う》㥄陀《りょうだ》、採薬師《くすりかり》施徳潘量豊《はんりょうぶ》・固徳丁有陀《ちょううだ》、楽人施徳三斤・季徳(7)己麻次《こまし》・季徳進奴・対徳(8)進陀《ヲ》㆒。皆依《リ》㆑請《スニ》代《フルナリ》之。

(1)下部　百済の五部の一つ。(2)杆率　百済官位十六階の五番目。(3)上部　下部と同様に百済の五部の一つ。(4)奈率　百済官位の六番目。(5)徳率　百済官位の四番目。(6)五経博士　易経・書経・詩経・春秋・礼記の五経を教える儒教の教官。(7)季徳　百済官位の十番目。(8)対徳　百済官位の十一番目。

## (2) 観勒

**98**〔日本書紀〕推古十年（六〇二）十月条

百済《ノ》僧観勒《かんろく》来《ル》之。仍《リテ》貢《ル》㆓暦本及《ビ》天文地理書、并《あわセテ》遁甲《とんこう》方術(1)之書《ヲ》㆒也。是時《ノ》、選《ビテ》㆓書生三四人《ヲ》㆒、以俾《テしム》㆑学《ビ》㆓習《ハ》於観勒《ニ》㆒矣。陽胡史《やこのふひと》祖玉陳《おやたまふる》習《フ》㆓暦法《ヲ》㆒。大友村主《おおとものすぐり》高聡学《ブ》㆓天文遁甲《ヲ》㆒。山背《やましろ》臣《のおみ》日立《ひたて》学《ブ》㆓方術《ヲ》㆒。皆学《ビテ》以成《テス》㆑業《わざヲ》。

(1)遁甲方術　占星術と占い・医術。

## (3) 曇《どん》徴《ちょう》

**99**〔日本書紀〕推古十八年（六一〇）三月条

高麗《こま》王貢㆓上《ス》僧曇徴《どんちょう》・法定《ヲ》㆒。曇徴知《ル》㆓五経《ヲ》㆒。且《また》能《ク》作《リ》㆓彩色(1)及《ビ》紙墨《ヲ》㆒、并《ならビニ》造《ル》㆓碾磑《みずうす》(2)《ヲ》㆒。蓋《シ》造《ルハ》㆓碾磑《ヲ》㆒、始《マル》㆓于是時《ニ》㆒歟《か》。

(1)彩色　絵の具。(2)碾磑　水力を利用した臼。

## (4) 鞍作鳥

**100**〔日本書紀〕推古十四年（六〇六）五月戊午（五日）条

勅《シテ》㆓鞍作鳥《ニ》㆒曰《ク》、「朕欲《シ》㆑興㆓隆《セント》内典(1)《ヲ》㆒、方《まさニ》将㆑建《テント》㆓仏刹(2)《ヲ》㆒、肇《メテ》求《ム》㆓舎利《ヲ》㆒。時《ニ》汝《ノ》祖父司馬達等《しばたっと》、便《チ》献《ズ》㆓舎利《ヲ》㆒。又於㆑国《ニ》無《シ》㆓僧尼㆒。於是、汝《ガ》父多須那《たすな》、為《メニ》㆓橘豊日《ノ》(用明)天皇《ノ》㆒出家《シテ》、恭㆓敬《ス》仏法《ヲ》㆒。又汝《ガ》姨嶋女《おばしまめ》(3)、初《メテ》出家《シテ》、為《リ》㆓諸尼導者《ト》㆒、以修《テ》㆓行《ス》釈教《ヲ》㆒。今朕為《メニ》㆑造《ラムガ》㆓丈六仏《ノヲ》㆒、以求《テム》㆓好《キ》仏像《ヲ》㆒。汝之所㆑献《ズル》仏本《ノためし》(4)、則《チ》合《ヘリ》㆓朕《ガ》心《ニ》㆒。又《タ》造《ルコト》㆓仏像《ヲ》㆒既訖《おわリテ》、不㆑得㆑入《ルコトヲ》㆑堂《ニ》。諸工人不《シテ》㆑能㆑計《ルコト》、以将㆑破《ラント》㆓堂戸《ヲ》㆒。然《ルニ》汝不《シテ》㆑破《ラ》㆑戸《ヲ》而得《タリ》㆑入《ルヲ》。此皆汝之功也《ナリト》」。即賜《フ》㆓大仁位(5)《ヲ》㆒。因《リテ》以給《フ》㆓近江国《おうみノ》坂田郡《ノ》水田廿町《ヲ》㆒焉。鳥以《テ》㆓此田《ヲ》㆒、為《メニ》㆓天皇《ノ》㆒作《ル》㆓金剛寺(6)《ヲ》㆒。是《レ》今謂《フ》㆓南淵《みなぶちノ》坂田尼寺《ト》㆒。

（1）内典　仏法。（2）仏刹　寺院。（3）嶋女　善信尼。（4）仏本　仏像の原図または見本。（5）大仁位　冠位十二階のうち第三等。（6）金剛寺　現在の奈良県高市郡坂田の坂田寺。

【解説】　朝鮮半島からもたらされた先進文化は、百済への軍事的援助に対する見返りとして、先進文物や諸博士の来日を要請したことがその大きな背景にある。先進的な思想・技術・文物が複雑に複合した仏教もそうした事例の一つであった。当時の先進文化の多くが僧侶によりもたらされたことも偶然ではない。六〇二年（推古十）、百済からの渡来僧観勒は、暦本・天文地理書・遁甲方術書を献上し、学生らに教授したとある。この結果、『政事要略』によれば六〇四年（推古十二）から暦日が用いられるようになり、以後天体観測によると思われる天文記事が『日本書紀』に見られるようになる。さらに六一〇年（推古十八）、高句麗からの渡来僧曇徴は、絵の具・紙・墨などの製法を伝えた。これにより仏画が作られるようになり、写本が作られて知識や文字が普及し、記録として残されるようになった。また、鞍作鳥は仏工として活躍し、飛鳥寺の釈迦如来像や法隆寺の釈迦三尊などの仏像を作っている。その様式は中国の北魏様式の影響をうけ、磨崖仏のように正面の姿を重視するものであった。

# 第二章　律令国家

七世紀後半における律令国家の形成過程を古代国家の成立と考えるにせよ、前代に成立した古代国家の確立とするにせよ、それが国家史の画期の一つであることに異論はないであろう。

七世紀後半期は、六世紀末以来、隋・唐と続いた、中国の巨大帝国による朝鮮諸国への介入と戦争・動乱の最終局面であり、高句麗・百済は滅亡した。日本の律令国家が成立したのはこうした激動期においてであった。律令国家は、いうまでもなく中国から継受した律令を基本法とする国家であり、こうした国際関係抜きにその成立を論ずることはできない。

律令国家の形成過程は、官僚制や支配組織としての国家機構の形成の過程であるのみならず、支配層の結集を通じて天皇を頂点とした新たな質の権力を生み出す過程であり、そのゆえに乙巳の変を出発点とし壬申の乱を一つの頂点とする政治抗争の過程でもあった。また、いわゆる大化改新における課題の一つが評制という地方制度の創出にあったことは、律令国家の形成が、国際関係や中央貴族層のみならず、在地社会における変動を巻き込んだ動きでもあったことを示している。

律令国家の性格は、その骨格を規定する律令法の分析なしには明らかにしえない。飛鳥浄御原《きよみはら》令・大宝律令・養老律令として編纂・施行された律令法は、中国で発展した体系的な法典を継受したものである。律令法理解において重要なことは、この体系性にある。律令について、官僚制・戸籍・土地制度など、各条文を取り出して分析することも有効である。しかし、律令法の体系性を重視するならば、まず、律令法の構成にしたがって全体を理解することが必要である。中国から継受されたといっても、律令は、その編纂自体が日本の古代社会の特質に規定されておこなわれ、その結果日本律令は独自の内容をもつものとなった。律令法の構成にもそうした性格が反映されている。

律令国家の特質の一つは、官僚機構を通じた支配層の結集である。それゆえ、支配層の居住の場であり、官庁の所在地としての都城を生み出した。七世紀後半に始まった都城の形成は、藤原京・平城京において一応の完成をみた。しかし王権は、恭仁《くに》京・難波《なにわ》京・紫香楽宮《しがらきのみや》・平城京と転々とした。この都城の彷徨ともいうべき事態が藤原広嗣の乱を直接の契機とするように、都城は、王権と貴族層をめぐる政治的な抗争事件の場となった。また貴族・官人の居住・生活の場としての都城は、貨幣経済が限界をもちながらも展開し、都市としての機能も有していた。都城における貴族の生活の様子が長屋王家木簡などにより明らかにされてきている。さらに記紀や万葉集などの古代文化の展開の場でもあった。国分寺創建・大仏造立によって押し進められた、国家鎮護を内容とする古代仏教の中心地でもあった。

都城の対極に位置するのは農村である。都城と農村を結びつけるのは、律令国家が地方支配のために創出した国府・郡家である。国府・郡家は、行政支配機構であり、戸籍・計帳、正税帳や計会帳にみえる文書行政の場であった。寺院・貴族の初期荘園も国府・郡家の機構を通じて経営された。また、国府・郡家は、郡司を中心とした在地の首長層の結集の場でもあった。そして、首長層により支配されていた農村のあり方は、古代社会の歴史的性格を規定していた。

律令国家は隋・唐との緊張関係のなかで形成された。日本古代の国際関係は、唐を中心とする国際関係の中に包摂されていた。日本の律令国家は、唐の冊封を受けていなかったが、唐にとっては「不臣の外臣」であり、遣唐使は唐にとっては朝貢使にほかならなかった。その一方で日本の律令国家は、唐を模倣し諸蕃（新羅・渤海）や夷狄（南島・隼人・蝦夷）の朝貢を求め続ける「東夷の大国」としてふるまった。

第一節

# 律令国家の形成

## 1　激動する東アジア

### (1)　百済

101〔旧唐書〕巻百九十九　百済伝　貞観十六年(六四二)条

義慈(1)興シレ兵ヲ、伐ツ二新羅ノ四十余城ヲ一。又発シレ兵ヲ以テ守ル之。与二高麗一和親シテ通ジレ好ヲ、謀リテ欲ス下取リテ二党項城ヲ一以テ絶タムト中新羅入朝之路ヲ上。

(1)義慈　百済の王。この前年武王の死によって王となった。

102〔日本書紀〕皇極元年(六四二)二月戊子(二日)条

百済ノ弔使ノ傔人《ともびと》(1)等言ク、「去年ノ十一月、大佐《だいさ》平智積《へいちしやく》(2)卒ス。(中略)今年ノ正月、国主ノ母薨ズ。又弟王子ノ児翹岐《ぎょうき》(3)及ビ其ノ母妹ノ女子四人、内佐平岐味《きみ》、有ル二高名一之人卌余、被ヌレ放タ二於島ニ一」。

(1)傔人　大王舒明の死に対する百済弔使の従者。(2)大佐平智積卒　本年七月乙亥(二十二日)条に使人大佐平智積とあり、前年十一月に死んだとすることは疑問。(3)翹岐　本年四月癸巳(八日)条に大使翹岐。大佐平智積のことと合わせ考えると、この傔人の言をそのまま事実とすることはできないが、百済国内の政変における下級官吏の間の風説によるものともされている。

【解説】　六四三年の唐の高句麗征討を前にして、六四一年に即位した百済の義慈王は、王族を追放し、専制的君主として権力を集中した。その権力は、同時に新羅への攻撃がはじまっていることからすれば、その中心が軍政であったと考えられる。『旧唐書《くとうじょ》』は、中国の正史である二十四史の一つであって、五代後晋の劉昫《りゅうく》が勅によって編纂した官撰歴史書。紀伝体によって記され、二百巻からなる。

### (2)　高句麗

103〔旧唐書〕巻百九十九　高麗伝　貞観十六年(六四二)条

西部ノ大人蓋蘇文《がいそぶん》摂ルニレ職ヲ有リレ犯スコト。諸大臣与二建武(1)一議シテ、欲スレ誅セムト之。事洩レ、蘇文乃悉ク召シテ二部兵ヲ一云ク、「将ニ二校閲セムト一」、幷テ盛二陳ス酒饌ヲ於城南ニ一。諸大臣皆来リテ臨ミ視ルニ、蘇文勒シテレ兵ヲ尽ク殺ス之。死者百余人。焚キ二倉庫ヲ一、因テ馳二入リ王宮ニ一、殺シ二建武ヲ一、立テテ二建武ノ弟大陽ノ子蔵(2)ヲ一為スレ王ト。自ラ立チテ為ル二莫離支《ばくりしと》一。猶シ二中国ノ兵部尚書兼中書令ノ職ノ一也。自リレ是専ニス二国政ヲ一。

(1)建武　六一八年に即位した栄留王。(2)蔵　栄留王の弟大陽王の子、即位して宝蔵王。

104〔日本書紀〕皇極元年(六四二)二月丁未(二十一日)条

使人貢献既訖《ニリ》、而諮《もうシテ》云《ハク》、「去年六月、弟王子薨《ズ》。秋九月(1)、大臣伊梨柯須弥《いりかすみ》(泉蓋蘇文)弑《シ》二大王《ヲ》一、幷殺《テス》二伊梨渠世斯《いりこせし》等百八十余人《ヲ》一。仍以《テテ》二弟王子児《ノヲ》一為《シト》レ王、以《テ》二己同姓都須流金流《つするこんるヲ》一為《スト》二大臣《ト》一」《トイフ》。

(1)秋九月　『旧唐書』高麗伝では、泉蓋蘇文が栄留王等を殺した政変の時期は、前年の秋九月ではなく、貞観十六年＝皇極元年(六四二)。

【解説】六四二年、大臣泉蓋蘇文が国王・王族及び諸大臣以下百数十人を殺して権力を握るという高句麗における政変もまた、唐の征討を前にした軍事的な性格をもつものと考えられる。

### (3) 新　羅

105〔旧唐書〕巻百九十九　新羅伝

**貞観五年(六三一)条**

是歳、真平卒《ス》。無《ク》レ子立《テテ》二其女善徳《ぜんとく》(1)《ヲ》一為《スト》レ王。宗室大臣乙祭《いっさい》総《ス》二知国政《ヲ》一。

**貞観二十一年(六四七)条**

善徳卒《ス》。(中略)因立《テテ》二其妹真徳《しんとくヲ》一為《スト》レ王。

**貞観二十二年(六四八)条**

真徳遣《シテ》二其弟国相伊賛千、金春秋(2)及其子文王《ビノヲ》一来朝《セシム》。

**永徽三年(六五二)条**

真徳卒《ス》。(中略)以《ヲ》二春秋《ヲ》一嗣《トシ》、立《テテ》為《ス》二新羅王《ト》一。

(1)善徳　真平王の長女。(2)金春秋　『新唐書』では真徳王の弟。『三国史記』では真智王の孫。

106〔三国史記〕新羅本紀

**善徳王十三年(六四四)九月条**

王命《ジテ》二庾信《ゆしんニ》一為《ス》二大将軍《ト》一。領《シテ》レ兵伐《ツ》二百済《ヲ》一。

**善徳王十六年(六四七)正月条**

毗曇《ひどん》廉宗《れんそう》等謂《ク》、「女主不《ハ》レ能《クルコト》二善理《ヲ》一」。因謀《テ》叛《シ》挙《グ》レ兵《ヲ》。

**真徳王元年(六四七)正月十七日条**

誅《ス》二毗曇《ヲ》一、坐《シテ》死《ス》者三十人。

**真徳王二年(六四八)条**

遣《シテ》二伊湌金春秋及其子文王《ビノヲ》一朝《セシム》唐。(中略)春秋又請《フ》レ改《ムルコトヲ》二其章服《ノヲ》一。以従《テフ》二中華(唐)制《ノニ》一。

**真徳王三年(六四九)春正月条**

始服《テス》二中朝(唐)衣冠《ノヲ》一。

【解説】新羅では、毗曇の乱以降、女王真徳王のもとで、王族の金春秋が軍事指導者の金庾信と結び権力を集中し、中国の律令制を導入する国内改革を行なった。『三国史記』は、高麗時代の一一四五年に成立した官撰歴史書で、新羅・高句麗・百済を紀伝体で記す五十巻からなる、朝鮮古代史の基本史料。

### (4) 倭

**107〔日本書紀〕皇極二年（六四三）十一月丙子朔条**

蘇我臣入鹿遣シテ二小徳巨勢徳太《こせのとこだの》臣・大仁土師娑婆《はじのさば》連(1)ヲ一、掩《おそわ》シム二山背《やましろの》大兄王《おおえのみこ》等ヲ於斑鳩《いかるが》ニ一。（中略）於テレ是ニ山背大兄王等自リレ山還リテ入ル二斑鳩《いかるが》寺ニ一。軍将等即チ以テレ兵ヲ囲ムレ寺ヲ。於テレ是ニ山背大兄王使メテ三三《み》輪文屋《わのふみや》君ヲシテ謂ハ二軍将等ニ一曰ハク、「吾起シテレ兵ヲ伐タバ二入鹿ヲ一者、其ノ勝チ定マレリ之。然ルニ由リテ二一身之故ニ一不レ欲セレ傷二残セムコトヲ百姓ヲ一。是以テ吾之一身ヲ賜フ二於入鹿ニ一」トマウス。終ニ与二子弟妃妾一一時自ラ経《わなき》(2)テ倶ニ死ス也。

(1)蘇我臣入鹿遣小徳巨勢徳太臣・大仁土師娑婆連　『上宮聖徳太子伝補闕記』によれば、参加者を宗我大臣（蝦夷）、林臣入鹿、軽王（孝徳）、巨勢徳太古臣、大伴馬甘《うまかい》連公、中臣塩屋枚夫《ひらふ》としている。(2)経　首をくくる。

【解説】　皇極二年の蘇我入鹿らによる山背大兄王一族の殺害事件は、唐の高句麗征討をきっかけとした東アジアにおける政変と権力集中の歴史過程の一部であった。さらにつづく乙巳の変（六四五年）も、こうした歴史過程の中に位置づけなければならないであろう。

## 2 大化改新

### (1) 乙巳の変

**108〔日本書紀〕皇極四年（六四五）六月戊申（十二日）条**

天皇御シ二大極殿《だいごくでん》(1)ニ一、古人《ふるひと》大兄侍ル焉。中臣鎌子《なかとみのかまこ》連、知リテ二蘇我入鹿《いるか》臣為《なり》レ人多クレ疑、昼夜持《はケルコトヲ》一レ剣ヲ、而教ヘテ二俳優《わざひと》(2)ニ一方便《たばかり》テ令ムレ解カ。入鹿臣咲《わら》ヒテ而解キレ剣ヲ、入リテ侍リ二于座ニ一。倉山田麻呂《くらのやまだのまろ》臣、進ミテ而読ミ二唱《あグ》三韓ノ表文(3)ヲ一。（中略）中大兄見テ下子麻呂等（佐伯連）畏ガレテ二入鹿ノ威ヲ一便旋《ためら》ヒテ不ルヲ上レ進マ曰ハク、「咄嗟《やあ》」トイフ。即チ共ニ二子麻呂等ト一出デテ二其不意ニ一、以テレ剣ヲ傷二割《やぶりさ》ク入鹿ノ頭肩ヲ一。入鹿驚キ起ツ。子麻呂、運《めぐ》ラシレ手ヲ揮《ふる》ヒテレ剣ヲ、傷ル二其ノ一脚ヲ一。入鹿転ビ二就テ御座ニ一、叩頭《のみ》テ曰ハク、「当ニレ居《ましま》ス二嗣位ニ一、天之子也。臣不レ知ラレ罪ヲ。乞フ垂審察《あきらめたま》ヘ」トイフ。天皇大イニ驚キテ、詔シテ二中大兄ニ一曰ハク、「不レ知ラレ所レ作ス。有ル二何事一カ耶」トノタマフ。中大兄、伏シテレ地ニ奏シテ曰ハク、「鞍作尽ク二滅シテ天宗ヲ一、将ニレ傾ケムト二日ノ位ヲ一。豈以テ二天孫ヲ一代ヘム二鞍作ニ一乎」トイフ。〈蘇我臣入鹿更名鞍作〉天皇即チ起チテ入ル二於殿中ニ一。佐伯連子麻呂・稚犬養連網田、斬ル二入鹿臣ヲ一。（中略）古人大兄、(4)見テ走リ二入リテ私宮ニ一、謂ヒテ二於人ニ一曰ハク、「韓人殺シツ二鞍作臣ヲ一。〈謂下因二韓政一而誅上(5)。〉吾ガ心痛シ矣」。即入臥内《ねや》、杜《さ》門不出。

**孝徳天皇即位前紀皇極四年(六四五)六月庚戌(十四日)条**

天豊財重日足姫天皇《あめとよたからいかしひたらしひめ》(皇極)、思《おも》欲《ほ》伝位於中大兄、而詔曰、「云々」。中大兄退語於中臣鎌子連。中臣鎌子連議曰、「古人大兄、殿下之兄也。軽皇子、殿下之舅《おじ》也。方《まさ》今古人大兄在《ましま》。而殿下陟《のぼ》天皇位、便違人弟恭遜之心。且《しばら》立舅以答《かな》民望、不亦可乎」。於是、中大兄深嘉厥《その》議、密以奏聞。(中略)[6]以中大兄、為皇太子[7]。以阿倍内摩呂臣、為左大臣[8]。蘇我倉山田石川麻呂臣、為右大臣。以大錦冠[9]、授中臣鎌子連、為内臣《うちつおみ》。(中略)以沙門旻《みん》法師・高向史玄理《たかむくのふびとげんり》、為国博士。

**大化元年(六四五)九月戊辰(三日)条**

古人皇子、与蘇我田口臣川堀・物部朴井《えのい》連椎子・吉備笠臣垂・倭漢文直麻呂・朴市秦造田来津、謀反。〈或本云、古人太子。或本云、古人大兄。此皇子入吉野山。故或云、吉野太子。垂、此云之娜屢《しだる》。〉

(1)大極殿　天皇が出御し、政事・国家的儀式をおこなう場。文献上の初出であるが、後世の大極殿が、この飛鳥板蓋宮に存在したかは別。(2)俳優　滑稽なしぐさで歌舞などをする芸人。(3)三韓表文　高句麗・百済・新羅の貢調の上表文。実際に三国の上表が同時にあり得たかは問題。『藤氏家伝』には、「中大兄詐唱三韓上表」とある。(4)古人大兄　蘇我入鹿が支持した王位継承資格者。(5)謂因韓政而誅　外交問題が乙巳の変の重要な要因の一つと考えられるが、この分注の存在は、古人大兄の言葉の解釈が当初から困難であったことを示すか。(6)中略　中大兄が辞退したので、皇極は軽皇子に譲ろうとしたが、軽皇子は古人大兄に譲って固辞した。古人大兄も出家して吉野に入ると辞退したので、軽皇子が即位したという記事がある。(7)皇太子　この段階で皇太子の制度があったかは疑問。中大兄は、有力な王位継承資格者であったとすべきであろう。(8)左大臣　左右大臣の初見。前代の大臣を左右に分けたものであって、令制の太政官の長官としての左右大臣とは異なる。(9)大錦冠　この段階には存在しない冠位。後の六四七年(大化三)の冠位では、十三階中第七位に相当する。

【解説】『日本書紀』では、中大兄が中臣鎌足との協力のもとに、蘇我氏の本宗(蝦夷・入鹿)を滅ぼし、母皇極の弟軽皇子を即位させ(孝徳)、皇太子として権力を握った政変が大化改新の発端として記述されている。この『日本書紀』に描かれた大化改新の存在を批判する立場から、政変を改新と切り離して乙巳の変と称すべきとの見解がある。また、孝徳こそ、乙巳の変の主体であり、新政権の中心とする見解もある。皇太子制は八世紀初頭に確立するので、中大兄は最有力の王位継承資格者以上の存在ではなかったとされる。七世紀の半ばにおける国際関係の緊張のなかで、古人大兄の擁立をはかる蘇我本宗家父子と軽皇子を擁立しようとする中臣鎌足・中大兄との対立、後者による前者の打倒が乙巳の変の内容であるとするのである。一方、中大兄への権力集中こそ乙巳の変の内容とする見解もあり、前項の朝鮮三国の政変からすれば、名目上の王をたて王族の一員が権力を集中した新羅の類型にあたることになる。中大兄は、孝徳の死後も即位せず、皇極が再度皇位につき（斉明）、天智として即位したのは、斉明の死の七年後であった。

## (2) 改新の詔

**109 〔日本書紀〕 大化二年（六四六）正月甲子朔条**

賀正礼畢《リテ》、即宣《チのたまヒテ》二改新之詔《ヲ》一曰《のたまハク》、「其《ノ》一《ニ》曰《ハク》、罷《メヨ》二昔《むかしノ》在天皇等《ノ》所レ立《ツル》子《こ》代《しろ》之民(1)・処々《ノ》屯倉《みやけ》(2)、及《ビ》別《ニ》臣・連・伴造・国造・村首《ノ》所レ有《たもテル》部曲《かき》之民(3)、処々《ノ》田荘《たどころ》(4)《ヲ》。仍《リテ》賜《フコト》二食封(5)《ヲ》大夫(6)以上《ニ》一、各有《ラム》レ差《しな》。降《リテハ》以《テ》二布帛《ヲ》一、賜《フコト》二官人百姓《ニ》一、有レ差《ラム》。又曰《ハク》、大夫《ハ》所レ使《ムル》レ治《メ》民《ヲ》也。能《ク》尽《サバ》二其治《ヲ》一、則民頼《チル》之。故《ニ》、重《クスルハ》二其《ノ》禄《ヲ》一、所《ゆ》二以《えナリ》為《ニスル》一レ民《ノ》也。其《ノ》二《ニ》曰《ハク》、初《メテ》修《メ》二京師《ヲ》一、置《キ》二畿内国司(7)・郡司(8)・関塞《せきそこ》・斥候《うかみ》・防人《さきもり》・駅馬・伝馬《でんまヲ》一、及《ビ》造《リ》二鈴契《ヲ》一、定《メヨ》二山河《ヲ》一。凡《ソ》京《ハ》毎《ニ》レ坊置《ケ》二長一人《ヲ》一。四坊《ニ》置《ケ》二令一人《ヲ》一。掌《レ》下按《シ》二検戸口《ヲ》一、督中察《スルヲ》奸非(9)《ヲ》上。其《ノ》坊令《ハ》、取《リテ》下坊内明廉強直《ニシテ》、堪《フル》二時務《ニ》一者《ヲ》上充《テヨ》。里坊長《ハ》、並《ニ》取《リテ》二里坊《ノ》百姓清正強幹《ナル》者《ヲ》一充《テヨ》。若《シ》当里坊《ニ》無《クバ》レ人、聴《ゆるセ》二於比《ならびノ》里坊《ヨリ》簡用(10)《スルコトヲ》一。凡《ソ》畿内《ハ》、東《ハ》自《リ》二名墾《なばりノ》横河(11)一以《この》来《かた》、南《ハ》自《リ》二紀伊《ノ》兄《せ》山(12)一以来、〈兄、此《ヲ》云《フ》レ制《せト》。〉西《ハ》自《リ》二赤石櫛淵《あかしノくしぶち》(13)一以来、北《ハ》自《リ》二近江《ノ》狭々波《ささなみノ》合坂山《おうさか》(14)一以来《ヲ》、為《セヨ》二畿内国《ト》一。凡《ソ》郡《ハ》以《テ》二四十里《ヲ》一為《セヨ》二大郡《ト》一。三十里以下四里以上《ヲ》為《シ》二中郡《ト》一、三里《ヲ》為《セヨ》二小郡(15)《ト》一。其《ノ》郡司《ハ》、並《ニ》取《リテ》下国造性識清廉《ニシテ》、堪《フル》二時務《ニ》一者《ヲ》上、為《シ》二大領・少領《ト》一、強幹聡敏《ニシテ》、工《たくみナル》二書算《ニ》一者《ヲ》、為《ニ》二主政・主帳(16)《ト》一。凡《ソ》給《フコトハ》二駅馬・伝馬《ヲ》一、皆依《レ》二鈴・伝符《ノ》剋数(17)《ニ》一。凡《ソ》諸国及関《ニハ》給《ヘ》二鈴契《ヲ》一。並長官執《レ》。無《バ》次官執(18)《レ》。其《ノ》三《ニ》曰《ハク》、初《メテ》造《レ》二戸籍・計帳・班田収授之法《ヲ》一。凡《ソ》五十戸《ヲ》為《す》レ里《ト》。毎《ニ》レ里置《ケ》二長一人《ヲ》一。掌《レ》下按二検《シ》戸口《ヲ》一、課二殖《シテ》農桑《ヲ》一、禁二察《シ》非違《ヲ》一、催中駆《スルコトヲ》賦役《ヲ》上。若《シ》山谷阻険《ニシテ》、地遠《ク》人稀《ナル》之処《ハ》、随《テ》レ便《ニ》量《リ》置(19)《ケ》。凡《ソ》田《ハ》長《サ》卅歩、広《サ》十二歩《ヲ》為《シ》レ段《ト》、十段《ヲ》為《セ》レ町《ト》。段《ゴトニ》租稲《ハ》二束二把、町《ゴトニ》租稲《ハ》廿二束(20)。其《ノ》四《ニ》曰《ハク》、罷《メテ》二旧《ノ》賦役《ヲ》一、而行《ヘ》二田之調《ヲ》一。凡《ソ》絹絁糸綿《ハ》、並《ニ》随《ヘ》二郷土《ノ》所《ニ》一レ出(21)《ス》。田一町《ニハ》絹一丈、四町《ニテ》成《セ》レ匹《ヲ》。長《サ》四丈、広《サ》二尺半。絁《ハ》二丈、二町《ニテ》成《セ》レ匹《ヲ》。長広同《ジ》レ絹《ニ》。布《ハ》四丈、長広同《ジ》二絹絁《ニ》一。一町《ニテ》成《セ》レ端《ヲ》。〈糸綿絇屯、諸処不レ見。〉別《ニ》収《とレ》二戸別之調(22)《ヲ》一。一戸《ニ》貲布《さよみ》一丈二尺。凡《ソ》調《ノ》副物《そえ》(23)《ノ》塩《ト》贄《トハ》、亦《タ》随《ヘ》二郷土《ノ》所《ニ》一レ出《ス》。凡《ソ》官馬《ハ》者、中馬《ハ》毎《ニ》二一百戸《ニ》一輸《いだせ》二一匹《ヲ》一。若《シ》細馬《しよきナレバ》毎《ニ》二二百戸《ニ》一輸《セ》二一匹(24)《ヲ》一。其《ノ》買《フ》レ馬《ヲ》直《ハ》者、一戸《ニ》布一丈二尺。凡《ソ》兵《ハ》者、人身《ごとニ》輸《セ》二刀甲弓矢幡鼓(25)《ヲ》一。凡《ソ》仕丁《ハ》者、改《メ》下旧《ノ》毎《ニ》二卅戸《ニ》一一人《ヲ》上、〈以二一人一充レ廝也。〉而毎《ニ》二五十戸《ニ》一一人《ヲ》、〈以二一人一充レ廝。〉以《テ》充《テヨ》二諸司《ニ》一。以《テ》二五十戸《ヲ》一、充《テヨ》二仕丁一人之糧《ニ》一。一戸《ニ》庸布一丈二尺、庸米五斗(26)。凡《ソ》采女《ハ》者、貢《たてまつレ》二郡少領以上《ノ》姉妹及子女《ノ》形容端正《ナル》者《ヲ》一。〈従丁一人、従女二人。〉以《テ》二一百戸《ヲ》一、充《テヨ》二采女一人《ノ》糧《ニ》一。庸布・庸米、皆准《なぞらへ》二仕丁(27)《ニ》一」《トノタマフ》。

(1)子代之民　王権直属の隷属民。部民のなかで王家に直接的に帰属するとされる部。(2)屯倉　王権直轄地。王権の支配拠点。倉に田地がともなったものとされる。(3)部曲之民　各豪族の支配民。『日本書紀』では、部民を支配することを所有と記す。(4)田荘　各豪族の支配拠点ないし支配地。(5)食封　封を食む、すなわち供与される意味。大宝令では、食封の支給対象を三位以上としたが、四・五位の食封もつづき、七〇六年(慶雲三)に至って、五位のみの食封が廃止されて位禄にきりかわった。(6)大夫　国政に参加した有力氏の代表の者。(7)畿内国司　畿内・国司と読む説もあるが、下文に畿内国の規定があることからすれば、畿内国の司とすべきか。(8)郡司　郡評論争によって、大化から大宝令施行以前の地方行政組織は、郡ではなく評であることが明らかとなっている。(9)凡京……奸非　養老戸令3置坊長条の「凡京毎レ坊置二長一人一。四坊置二令一人一。掌下検二校(大宝令では按検)戸口一、督二察奸非一上」とほぼ同じ。(10)其坊令……簡用　養老戸令4取坊令条の「凡坊令、取下正八位以下明廉強直、堪二時務一者上充。若当里当坊無レ人、聴三於比里比坊簡用二」とほぼ同じ。(11)名墾横河　伊賀国名張郡(三重県名張市)の名張川に合流する西川とも。(12)紀伊兄山　紀伊国紀川北岸(和歌山県伊都郡)にある背山。(13)赤石櫛淵　播磨国明石郡(兵庫県明石市)。(14)近江狭々波合坂山　近江国(滋賀県大津市)の逢坂山。以上の四至による畿内規定は、国を前提とし、中心は大和にあるので、大化当時のものとしてはふさわしくないという見解と、名張横河とあって伊勢国名張とないなど国を前提とせず、その中心も難波宮と考えられ、その当時のものという見解とがある。(15)凡郡……小郡　養老戸令2定郡条の「凡郡以二廿里以下十六里以上一為二大郡一、十二里以上為二上郡一、八里以上為二中郡一、四里以上為二下郡一、二里以上為二小郡一。」に類似するが、郡の等級はちがう。(16)其郡司……主帳　養老選叙令13郡司条「凡郡司、取下性識清廉、堪二時務一者上、為二大領・少領一、強幹聡敏、工二書計一者、為二主政・主帳一」とほぼ同じ。(17)凡給駅馬……剋数　養老公式令42給駅伝馬条「凡給二駅伝馬一、皆依二鈴伝符剋数一」と同じ。令制では、各駅に駅馬、各郡に伝馬をおき、駅鈴、伝符を示せば、それに刻まれた剋数の馬の提供が受けられた。(18)凡諸国……官執　養老公式令43諸国給鈴条「凡諸国給レ鈴者、太宰府廿口、三関及陸奥国各四口、大上国三口、中下国二口、其三関国、各給二関契二枚一。並長官執。無次官執」の規定と同じ主旨。契は木契。(19)凡五十戸……量置　養老戸令1為里条「凡戸以二五十戸一為レ里、毎レ里置二長一人一。掌下検二校(大宝令は按検)戸口一、課二殖農桑一、禁二察非違一、催中駆賦役上。若山谷阻険、地遠人稀之処、随レ便量置」と基本的に同じ。(20)凡田……租稲廿二束　養老田令1田長条「凡田長卅歩、広十二歩為レ段。十段為レ町。段租稲二束二把。町租稲廿二束」と同じ。(21)凡絹絁糸綿、並随郷土所出　養老賦役令1調絹絁条冒頭の「凡調絹絁糸綿布、並随二郷土所一レ出」とほぼ同じであるが、令制の人頭税の規定と田の広さを基準とする詔の田調の規定とでは原理が異なる。絁は粗い絹。(22)戸別之調　戸別の調の規定は令にはない。(23)凡調副物　調の付加税。養老賦役令1調絹絁条では「其調副物正丁一人紫三両、紅三両、茜二斤……」と細かく規定しているが、ここでは塩と贄の規定のみ。(24)凡官馬……一匹　令制に官馬の徴収の規定は無い。(25)凡兵……幡鼓　兵は武器。武器輸納の規定は令制にはない。(26)凡仕丁……五斗　養老賦役令38仕丁条は「凡仕丁者、毎二五十戸一二人。以二一人一充二廝丁一」の規定と五十戸ごとに仕丁と廝丁を出す原理は同じようにみえる。しかし、令制の庸が歳役の代納物であり、それが国庫を経て、仕丁と采女の費用に充てられたのに対して、ここでは仕丁を出した五十戸が資養物を負担する規定となっている。(27)凡采女……仕丁　養老後宮職員令18氏女采女条の「其貢二采女一者、郡少領以上姉妹及女形容端正者、皆申二中務省一奏聞」の規定と類似する。しかし百戸毎の庸規定は令制と異なる(前項参照)。

【解説】『日本書紀』は、改新の詔を乙巳の変後の新政権の改革の根本方針の宣言であり、律令体制の形成過程の重要な一歩と位置づけている。しかし、この詔は、前後の詔に比して整いすぎており、大化当時のものとすることへの疑問は古くからあった。とりわけ、凡字で始まる「凡条」は、後の令文との一致あるいは類似の規定が多く、令文を転載したものともされてきた。改新の詔の信憑性もからみ、大化以降の地方行政組織をめぐっておこなわれた郡評論争は、藤原宮出土木簡によって、大化以降の地方行政組織は『日本書紀』の記載とは違って、評であり、大宝令の施行によって郡に転換したことに決着した。郡に関する凡条は、編者の多少の潤色はあるものの大宝令文の転載であることが明らかとなった。また、改新の詔の田積・田租の規定は町段歩制によるが、固有法の代制を町段歩制にかえたのは、飛鳥浄御原令発布以降のこととされている。さらに凡条ばかりでなく、いわゆる主文についても、戸籍・計帳・班田収授の法を定めたという第三詔は、造籍が六七〇年(天智九)まで、班田は六九二年(持統六)まで、おこなわれた形跡がない。第一詔の子代、屯倉、部曲、田荘の廃止も問題が多い。そもそも正月一日に国政の改革についての詔を出した例は他にはなく、「大化改新」は、八世紀の律令政府がその体制の成立を説明するために構築した虚構であるという見解もある。畿内国の規定など大化当時の規定を反映した部分もあるとされているが、改新の詔は『日本書紀』編者の潤色や造作が多く、『日本書紀』の改新の詔のもとになる大化当時の「原詔」が仮にあったとしても、それを復原することは極めて困難といわざるを得ない。

## (3) 東国国司の派遣

**110〔日本書紀〕大化元年(六四五)八月庚子(五日)条**

拝《めス》二東国等国司(1)ヲ一。仍《よりテ》詔《シテ》二国司等ニ一曰ハク、「随《ままニ》二天神《あまつかみの》之所奉寄《うけよさせたまヒシ》一、方今始テ将スレ修《メムト》二万国ヲ一。凡ソ国家所ノレ有テル公民、大小所ノレ領スル人衆(2)、汝等之ノレ任《まかりテ》ニ、皆作リ二戸籍(3)ヲ一、及ビ校《かんがへ》ヨ二田畝(4)ヲ一。其ノ薗池水陸之利ハ、与ニ二百姓一倶ニセヨ。(中略)其《そレ》ハ於二倭国六県(5)ニ一被ルレ遣サ使者ハ、宜下シ造リ二戸籍ヲ一、并《あわせテ》校フ中田畝ヲ上。〈謂レ検二覈墾田頃畝及民戸口年紀一。〉(中略)」トノタマフ。

(1)東国等国司　新政権によって派遣された東国の国司への詔は、他に大化二年三月甲子(二日)条、同辛巳(十九日)条がある。後者の詔では、東国朝集使とされており、八組に分かれて派遣されたとある。(2)凡国家所有公民、大小所領人衆　両者が対比されているとすれば、前者の公民は王権の直接支配民、後者の人衆は在地首長(豪族)の支配民をさすか。(3)作戸籍　大化元年九月甲申(十九日)条の「遣二使者於諸国一、録二民元数一」の人口調査が実態に近いか。(4)校田畝　田地の調査。(5)倭国六県　『延喜式』祈年祭の祝詞に、高市《たけち》・葛木《かつらぎ》・十市《とおち》・志貴《しき》・山辺《やまのべ》・曽布《そふ》の六御県《みあがた》がある。

**【解説】**　七世紀後半の律令制形成の過程をどのように理解するかについては論争がある。先に述べたように改新の詔について、『日本書紀』編者の修飾・述作が加わっていることが明らかであり、前後の史料解釈が問題となる。この東国国司への詔もその一つである。『日本書紀』は、新政権の政治の一環として、東国国司の派遣を掲げる。国司(朝集使)が派遣されたこと、戸口数・田数の調査の実施については多くの論者の認めるところであるが、定説はまだない。東国国司詔を、実際には大化よりも後のものとする見解もある。また、東国と同時に、倭国(のちの大和)六県に使者が派遣されているのは、両者が当時の王権の直接的な基盤であったことによるとの説もある。

## (4) 鐘櫃の制・男女の法

**111〔日本書紀〕大化元年(六四五)八月庚子(五日)条**

是《ノ》日《ニ》、設《ケテ》二鐘匱《かねひつ》(1)《ヲ》於朝《ニ》一、而詔《シテ》曰《ハク》、「若憂訴《シヘフル》之人、有《ラバ》二伴造《ノ》一者、其尊長先勘当《かんがヘテ》而奏《セ》。有《ラバ》二尊長《ノ》一者、其伴造先勘当《ヘテ》而奏《セ》。若其伴造尊長、不《ずシテ》レ審《あきらかニセ》二所《ヲ》レ訴《フル》、收《メテ》レ牒《ヲ》納《レバ》レ匱《ニ》、以《テ》二其《ノ》罪《ヲ》一罪《セム》之。(中略)或懈怠《おこたリテ》不《ハ》レ理《ことわラ》、或阿党(2)《シテ》有《ラバ》レ曲《ルコト》、訴《ヘル》者可《シ》二以《テ》撞《ク》レ鐘《ヲ》。(中略)又男女之法(3)《ハ》者、良男良女共《ニ》所《ノ》レ生《メラム》子《ハ》、配《セ》二其《ノ》父《ニ》一。若良男、娶《まキテ》レ婢《ヲ》所《ノ》レ生《メラム》子《ハ》、配《セ》二其《ノ》母《ニ》一。若良女嫁《シテ》レ奴《ニ》所《ノ》レ生《メラム》子《ハ》、配《セ》二其《ノ》父《ニ》一。若両家奴婢所《ノ》レ生《メラム》子《ハ》、配《セ》二其《ノ》母《ニ》一。若寺家仕丁之子者《ハ》、如《クセヨ》二良人《ノ》法《ノ》一。若別入《レラバ》二奴婢《ニ》一者、如《クセヨ》二奴婢《ノ》法《ノ》一、今剋《よく》見《サシム》三人《ニ》為《ルコトヲ》二制《ノ》之始《メ》一」《トノタマフ》。

(1)鐘匱　民の訴えを聞くために、訴状を匱に入れ、群臣が審議し、群臣に怠慢や不公平があれば鐘を撞かせる儒教にもとづく制度。大化二年二月戊申(十五日)条に実施の記事がある。(2)阿党　おもねりくみすること。一方をひいきする。(3)男女之法　子の帰属を定めた法。

【解説】民の訴えを聞く鐘匱の制を設ける記事は、新政府の新政策の一環であり、東国国司への詔と同日のものとされていることからすれば、地方社会への介入の施策の一つとされよう。また、男女の法も戸口数の調査の前提として位置づけられるか。

## (5) 品部廃止の詔

**112〔日本書紀〕大化二年(六四六)八月癸酉(十四日)条**

詔《シテ》曰《ハク》「(中略)而《ルニ》始《メテ》二王之名々《ニ》一、臣・連・伴造・国造、分《チテ》二其品部《しなべ》(1)《ヲ》一、別《ク》二彼《その》名々《ニ》一。復《タ》以《テ》二其《ノ》民《ト》品部《ヲ》一交雑《まじリテ》使《ム》レ居《ラ》二国県《ニ》一。遂《ニ》使《ム》二父子易《へ》レ姓《ヲ》、兄弟異《ニシ》レ宗《ヲ》、夫婦更互《ニ》殊《ニセ》一レ名《ヲ》。一家五分《ニ》六割《レ》。由《リテ》レ是、争競之訟《ヒ》、盈《みチ》レ国充《ツ》レ朝《ニ》。終《ニ》不《シテ》レ見《ヲ》レ治、相乱《ルコト》弥盛《ナリ》。粤《ここニ》以《テ》、始《メテ》二於今之御寓《あめのしたしらす》天皇《ヨリ》一、及《ブマデ》二臣連等《ニ》一、所《ノ》レ有《テル》品部、宜《シ》三悉《ク》皆罷《メ》為《ス》二国家民《ト》一」《トノタマフ》。

(1)品部　しなじなのとも。部の総称とする説と部のなかでもその職の名をつけた海部などの職業部をさすとの説がある。

【解説】『日本書紀』の大化改新関係の法令のなかでも、改新詔と並んで見解のわかれる史料である。この品部廃止の詔によって部民制の廃止がおこなわれたとする説がある一方で、後出の六六四年(天智三)の甲子《かっし》の宣の民部・家部の設定、六七五年(天武四)の諸氏の部曲の廃止などから、「品部廃止の詔」をさきの「東国国司詔」とともに大化段階のものではなく、本来は甲子の宣の前後に出されたものとして、大化改新とされる一連の改革そのものを否定する見解もある。ただし、その時期は別にして、この詔が部民制による社会の分裂・混乱を指摘することからすれば、部民制特有のトモーベの縦割り的・個別的な結合関係の肥大化が、律令制導入の要因として、認識されていたことは明らかである。

## (6) 大化の冠位

### 113〔日本書紀〕大化三年（六四七）是歳条

是《ノ》歳、制《ス》二七色一十三階之冠《ヲ》一。一《ニ》曰《ハク》、織《しょく》冠、有《リ》二大小二階一。以《テ》レ織(1)《ヲ》為《つくル》之。以《テ》レ繡《ヲ》裁《たちいル》二冠之縁《ヲ》一。服色《ハ》並《ニ》用《ヒヨ》二深紫《ヲ》一。（下略）

**表2-1　冠位・位階の変遷**

| 推古11年 | 大化3年 | 大化5年 | 天智3年 | 天武14年 | | 令制 | |
|---|---|---|---|---|---|---|---|
| | 大織<br>小織 | 大織<br>小織 | 大織<br>小織 | 明 | 正 大壱 広壱 | 一品 | 正一位<br>従一位 |
| | 大繡<br>小繡 | 大繡<br>小繡 | 大縫<br>小縫 | 明 | 正 大弐 広弐<br>大参 広参 | 二品 | 正二位<br>従二位 |
| | 大紫<br>小紫 | 大紫<br>小紫 | 大紫<br>小紫 | 明 | 正 大肆 広肆 | 三品 | 正三位<br>従三位 |
| 大徳<br>小徳 | 大錦 | 大花上<br>大花下 | 大錦上<br>大錦中<br>大錦下 | 浄 | 直 大壱 広壱<br>大弐 広弐 | 四品 | 正四位上<br>正四位下<br>従四位上<br>従四位下 |
| 大仁<br>小仁 | 小錦 | 小花上<br>小花下 | 小錦上<br>小錦中<br>小錦下 | 浄 | 直 大参 広参<br>大肆 広肆 | | 正五位上<br>正五位下<br>従五位上<br>従五位下 |
| 大礼<br>小礼 | 大青 | 大山上<br>大山下 | 大山上<br>大山中<br>大山下 | | 勤 大壱 広壱<br>大弐 広弐<br>大参 広参<br>大肆 広肆 | | 正六位上<br>正六位下<br>従六位上<br>従六位下 |
| 大信<br>小信 | 小青 | 小山上<br>小山下 | 小山上<br>小山中<br>小山下 | | 務 大壱 広壱<br>大弐 広弐<br>大参 広参<br>大肆 広肆 | | 正七位上<br>正七位下<br>従七位上<br>従七位下 |
| 大義<br>小義 | 大黒 | 大乙上<br>大乙下 | 大乙上<br>大乙中<br>大乙下 | | 追 大壱 広壱<br>大弐 広弐 | | 正八位上<br>正八位下 |
| 大智<br>小智 | 小黒 | 小乙上<br>小乙下 | 小乙上<br>小乙中<br>小乙下 | | 追 大参 広参<br>大肆 広肆 | | 従八位上<br>従八位下 |
| | 建武<br>初位<br>立身 | 立身 | 大建<br>小建 | | 進 大壱 広壱<br>大弐 広弐<br>大参 広参<br>大肆 広肆 | | 大初位上<br>大初位下<br>少初位上<br>少初位下 |

**大化五年(六四九)二月条**

制《ス》二冠十九階《ヲ》一。一《ニ》曰《ハク》、大織。二《ニ》曰《ハク》、小織。(下略)

(1)織　織物の種類。

【解説】 六四七年(大化三)の十三階の冠位、六四九年(大化五)の冠位十九階は、六〇三年(推古十一)の冠位十二階とは大きく異なる。第一・二の織冠、第三・四の繡冠、第五・六の紫冠は、冠位十二階に対応するものがなく、第七の大錦冠が、十二階の第一の大徳冠に相当し、十二階にあたるのは、六階とされ、最下位に建武が付け加えられた。大化五年の十九階冠位では、六階とされた部分が十二階に戻された。

## (7) 評の設置

**114 〔藤原宮木簡〕**

(表) 辛卯年(六九一)十月尾治《おわり》国知多評

(裏) 入家里神部身□□

(縦二一三㎜×横三八㎜×厚さ五㎜　荷札)

(『日本古代木簡選』)

**115 〔藤原宮木簡〕**

(表) 尾治国知多郡　□

(裏) 大宝二年(七〇二)

((一一一)×二六×四　荷札)

(『藤原宮木簡』一)

【解説】 藤原宮は、持統・文武・元明の三代の宮都である。飛鳥浄御原《あすかきよみはら》令と大宝令の施行を経験した、藤原宮出土木簡は、飛鳥浄御原令と大宝令の相違を明らかにする史料となる。『日本書紀』が大化以降の地方行政組織を郡とするのに対して、七世紀後半の地方行政組織が評であり、大宝令によって郡に転換したことを明確にしたのは藤原宮木簡であった。ここに掲げた二つの木簡は、同じ地域が大宝令をはさんで、国評から国郡に表記が変わっている例である。

**116 〔皇太神宮儀式帳〕 初神郡度会多気飯野三箇郡本記行事**

而難波朝廷《ノ》(孝徳)天下立《ニテ》レ評《ヲ》給《ヒシ》時仁《に》、以《テ》二十郷《ヲ》一分弖《チテ》、度会乃《わたらいの》山田原立《ニテ》二屯倉(1)《ヲ》一弖《て》、新家《にいのみ》連阿久多督領(2)《ガ》二、礒《いそ》連牟良助督(3)《ガ》二仕奉支《ヘリき》。以《テ》二十郷《ヲ》一分《チ》、竹《たけ》村立《ニテ》二屯倉《ヲ》一、麻続《おうみ》連広背督領《ガ》二、礒部真夜手《ガ》助督《ニ》仕奉《ヘリ》支。(中略)近江大津朝庭天命開別《あめことひらかすわけ》(天智)天皇御代仁、以《テ》二甲子年(六六四)《ニ》一、小乙中(4)久米勝《すぐり》麻呂仁、多気《たけ》郡四箇郷《ヲ》申割弖《シキ》、立《テ》二飯野《いいのノ》高宮村《ニ》屯倉《ヲ》一弖、評督(5)領《ニ》仕奉《ヘリ》支。即為《チス》二公郡《ト》一之。

(1)屯倉　官家。評の役所。(2)督領　評の長官。(3)助督　評の次官。(4)小乙中　六六四年(天智三)の冠位二十六階中第二十三位。(5)評督　評の長官。

【解説】 『皇太神宮儀式帳』は伊勢神宮内宮の儀式帳。八〇四年(延暦二十三)、神宮より神祇官に提出したもの。度会・多気・飯野の三神郡の由来を記した部分に、孝徳期に天下に評が立てられたと記している。さらに、評の官人に督領・助督の別があったとしている。

117〔那須国造碑〕

永昌元年(六八九)(1)己丑四月、飛鳥浄御原大宮(持統天皇)那須国造追大壱(2)那須直韋《ゐ》提《で》、評督被《ヲル》レ賜《ハ》。歳次《ハやどレル》二康(庚)子一年(七〇〇)正月二壬子日辰節《とき》(3)殄《みまかりヌ》。故《かれ》、意《お》斯《し》麻《ま》呂《ろ》等立《テテ》二碑銘《ヲ》一偲《ビテ》云《フ》レ尓《しか》。

(1)永昌元年　周の則天武后の年号。持統三年。(2)追大壱　六八五年(天武十四)の冠位四十八階中の第三十三位。(3)辰節　辰を時刻(午前八時頃)と見る説もある。

【解説】那須国造碑は、江戸時代前期から世に知られた碑で、栃木県那須郡湯津上村字笠石の笠石神社の祭神として祀られている。碑文は、那須国造が、六八九年(持統三)に評督に任ぜられ、七〇〇年(大宝元)までその地位にあって死んだことを記す。大宝令施行まで評制の存続したことを示す史料。

118〔常陸国風土記〕行方郡条

古老曰《ハク》、難《な》波《に》長《わ》柄《なが》豊《らとよ》前《さき》大宮《ノ》馭《ニあめのしたしろしめしし》(孝徳)宇天皇之世、癸丑年(六五三)(1)、茨城国造小乙下(2)壬《み》生《ぶ》連麿・那珂《なか》国造大建(3)壬生直夫子等、請《ヒテ》二惣領(4)高《たか》向《むく》大夫・中臣幡《はた》織《おり》田《た》大夫等《ニ》一、割《キテ》二茨城地八里・那珂地七里(5)合《セテ》七百余戸《ヲ》一、別《ニ》置《ケリ》二郡家(6)《ヲ》一。

(1)癸丑年　白雉四年。(2)小乙下　大化五年の冠位十九階中第十八位。(3)大建　天智三年冠位二十六階の第二十五位。(4)惣領　後の数カ国を統括する地方官で、『日本書紀』大化元年・二年条の東国国司・朝集使に相当するか。(5)那珂地七里　写本には現存せず、意味上で補っている。(6)郡家　郡の役所。『日本書紀』と同様に、大化以降の地方行政組織を郡としている。

【解説】史料291の和銅六年(七一三)の詔によって、国司から撰進された各国の風土記の内、常陸《ひたち》国は省略本が伝来している(『常陸国風土記』)。古老の伝承を中心とするが、大化以降の地方行政組織を郡とすることでは、『日本書紀』と同じであって、撰進した国司の認識を反映した部分のあることは当然であろう。別の見方をすれば、大化以降の地方行政組織を郡とするのが、『日本書紀』撰者のみならず、律令官人に共通のものであることを示している。こうした点にかかわらず、立評の具体的状況を窺うことのできる貴重な史料でもある。東国国司(朝集使・惣領)の任務の一つは、評の官人である在地首長(豪族)を調査し、立評することにあった。また、『皇太神宮儀式帳』と同じく、複数の首長によって立評がおこなわれている。評制の目的は、在地首長を地方行政組織に組み入れることによって、政権の基盤を拡大するとともに、部民制の個別的な隷属関係に代る新たな支配原理を創出する点にあるとの見解もある。

## (8) 難　波　宮

119〔日本書紀〕

大化元年(六四五)十二月癸卯(九日)条

(孝徳)天皇遷《ス》二都難波長柄豊碕(1)《ニ》一。老人等相謂《かたリテ》之曰《ハク》、「自《リ》レ春至《ルマデ》レ夏《ニ》、鼠向《キシハ》難波《ニ》、遷《ス》都《ヲ》之兆《しるし》也」《トイフ》。

**白雉四年(六五三)是歳条**

太子奏請《シテ》曰《ハク》、「欲 冀《ねがわくは》遷《ラム》于倭京《ニ》。」《トマウス》 天皇不許《サ》焉。皇太子乃《チ》奉《ジ》皇祖母尊《すめみおや》(2)・間人《はしひと》皇后(3)《ヲ》并《テ》率《キテ》皇弟(大海人王子)《ヲ》等、往《キテ》居《ス》于倭《ノ》飛鳥河辺行宮《ノかりみやニ》。于時《ニ》、公卿大夫百官人等皆随《テ》而遷《ル》。

**朱鳥元年(六八六)正月乙卯(十四日)条**

酉《ノ》時《ニ》、難波《ノ》大蔵省《ニ》失火《シテ》、宮室悉焚《ニやケヌ》。

(1)難波長柄豊碕　大阪市中央区法円坂一帯。(2)皇祖母尊　祖母またはそれ以上の王統上の女性尊長を表す。ここでは皇極。(3)間人皇后　孝徳の皇后。舒明とその皇后宝皇女(後の皇極・斉明)との間の娘。中大兄の妹。

【解説】　難波長柄豊碕宮が、実際に造営されたのは、六五〇(白雉元)―六五二年とされる。六五四年(白雉四)に、中大兄等が去り、孝徳が難波宮で死ぬと、中大兄の母、皇極が飛鳥板蓋宮《あすかいたぶきのみや》で再度大王となり(斉明)、都は倭《やまと》に戻った。難波宮はその後も存続し六八六年(朱鳥元)に焼失した。焼失後の再建は、文献に直接には見えないが、八世紀にも難波宮(遺構を後期難波宮という)は存続している。

## 3　白村江の戦いと大津宮

### (1)　有間皇子事件

120〔日本書紀〕

**斉明四年(六五八)十一月壬午(三日)条**

留守官(1)《ノ》蘇我赤兄《あかえ》臣、語《リテ》有間《ありま》皇子(2)《ニ》曰《ハク》、「天皇(斉明)《ノ》所治《ムル》政事、有《リ》三失《ノ》矣。大《おおイニ》起《たテテ》倉庫《ヲ》、積《ミ》聚《メルハ》民財《ヲ》、一也。長《ク》穿《ほリテ》渠水《みぞヲ》、損《ヒ》費《スハ》公糧(3)《ヲ》、二也。於舟《ニ》載《セテ》石《ヲ》、運《ビ》積《ミテ》為《スハ》丘(4)《ニ》、三也」《トマウス》。有間皇子、乃《チ》知《リテ》赤兄之善《キコトヲ》己《ニ》、而欣然《よろこビテ》報答《こたヘテ》之曰《ハク》、「吾年始《メテ》可《キ》用《フ》兵《ヲ》時《ナリ》矣」《トイフ》。

**斉明四年十一月甲申(五日)条**

是《ノ》夜半《ニ》、赤兄遣《シテ》物部朴井《えのい》連鮪《しびヲ》、率《キテ》造《ル》宮丁《ヲ》、囲《ム》有間皇子《ヲ》於市経《いちぶノ》家(5)《ニ》、便《すなわチ》遣《シテ》駅使《ヲ》、奏《ス》天皇所《ノニ》。

**斉明四年十一月戊子(九日)条**

捉《ヘテ》有間皇子与《トとヲ》守君大石《もりのきみおおいわ》・坂合部《さかいべ》連薬《くすり》・塩屋連鯯魚《このしろ》、送《ル》紀温湯《ノゆ》(6)《ニ》。舎人新田部米麿《とねりにいたべのよねまろ》従《フ》焉。於是《テニ》、皇太子(中大兄)、親《ラ》問《ヒテ》有間皇子《ニ》曰《ハク》、「何故《ニ》謀反《セムトイフ》」。答《ヘテ》曰《ハク》、「天与《ト》赤兄知《ラン》。吾全《ク》不レ解《し》ラ」トイフ。

**斉明四年十一月庚寅（十一日）条**

遣シテ二丹比小《たじひのお》沢《ざわ》連国襲《くにそ》ヲ一、絞《くび》ラシム二有間皇子ヲ於藤白坂(7)ニ一。

（1）留守官　天皇の行幸にさいして、宮に留まり守る官。本年十月甲子（十五日）条に斉明が紀温湯に行幸したとある。（2）有間皇子　孝徳の皇子、母は阿倍倉梯《くらはし》麻呂の娘の小足媛《おたりひめ》。（3）長穿渠水、損費公糧　斉明二年（六五六）是歳条に「於二飛鳥岡本一更定二宮地一。（中略）廼使二水工穿一レ渠（中略）時人謗曰、狂心渠」とあるに相当するか。（4）於舟載石、運積為丘　斉明二年（六五六）是歳条に「以二舟二百隻一載二石上山石一」とあることにあたるか。（5）市経家　奈良県生駒市の一分（いちぶ）という。（6）紀温湯　斉明三年（六五七）九月条に有間王子が病を癒しに行き、彼の地を誉めたとある牟婁温湯《むろのゆ》、和歌山県西牟婁郡白浜町湯崎温泉か。（7）藤《ふじ》白坂《しろのさか》　和歌山県海南市内海町藤白か。

【解説】　有間王子事件は、大王斉明の土木工事に対する批判を背景にして起こった、王位継承にからむ事件。赤兄が王子をそそのかしておいてこれを捕らえ、鎮定の功績によって勢力をのばそうとした予定の行動であったかもしれない。赤兄は後に大王天智のもとで、左大臣になる。当初から赤兄と中大兄との連絡のもとにおこなわれた可能性もある。この事件は中大兄の王位継承者としての地位が絶対的なものでなかったことを意味する。

## (2) 阿倍比羅夫の東北遠征

**121〔日本書紀〕斉明四年（六五八）四月条**

阿陪臣(1)〈闕レ名。〉率キテ二船師《ふないくさ》一百八十艘ヲ一伐ツ二蝦夷《えみし》ヲ一。齶田《あきた》(2)・渟代《ぬしろ》(3)二郡ノ蝦夷望《おせり》怖《おじ》テ乞フレ降ラムコトヲ。於テレ是ニ、勒《ととのへ》テレ軍ヲ陳《つら》ヌ二船ヲ於齶田ノ浦ニ一。齶田ノ蝦夷恩荷《おか》進ミ而誓ヒテ曰《い》ハク、「不下為ノ二官軍ノ一故ニ持タ中弓矢ヲ上。但奴等ノ性食フレ肉ヲ故ニ持ツ。若シ為ニ二官軍ノ一以テ儲ケタラバ二弓矢ヲ一、齶田浦ノ神知ラム矣。将《もつ》テ二清キ白キ心ヲ一仕《つかへまつ》ラム二官朝ニ一矣」トマウス。仍テ授ケテ二恩荷ニ一以テシ二小乙上ヲ一、定ム二渟代・津軽二郡ノ郡領ニ一。遂ニ於二有間浜(4)ニ一、召二聚シテ渡嶋(5)蝦夷等ヲ一、大イニ饗シテ而帰ス。

（1）阿陪臣　斉明四年是歳条に越国守阿倍引田臣比羅夫とある。（2）齶田　秋田県秋田市。（3）渟代　秋田県能代市。（4）有間　次の渡嶋の解釈にかかわって、齶田浦の一部とする説と青森県の深浦・鰺ヶ沢・十三などの港津に比定する諸説がある。（5）渡嶋《わたりのしま》　北海道南部という説と、渡嶋という地名は海を渡ったかなたという意味で時によって変わり、津軽一帯を北進していったという説がある。

【解説】　六四七年（大化三）に渟足柵《ぬたり》（新潟県新潟市付近）、次年に磐舟柵《いわふね》（同県村上市付近）が置かれ、蝦夷征討が進められていった。蝦夷の服属は、皇帝が夷狄を支配するという、中国の中華思想に範をとる倭国の王権にとっても不可欠であった。

## (3)　朝鮮半島の戦乱と白村江の戦い

122〔日本書紀〕

**斉明六年（六六〇）九月癸卯（五日）条**

百済遣《シテ》二達率《だつそつ》(1)〈闕レ名〉沙弥覚従《かくじゅう》等《ヲ》一、来《リテ》奏《シテ》曰《ハク》、〈或本云、逃来告レ難。〉「今年七月、新羅恃《ミ》レ力《ヲ》作《なシテ》レ勢《ヲ》、不レ親《マ》二於隣《ト》一。引二構《シテ》唐人(2)《ヲ》一、傾二覆《ス》百済(3)《ヲ》一。君臣総俘《とりこニシテ》、略《ほぼ》無《シ》二噍類《のこれるもの》一《トイフ》」。

**斉明六年十月条**

百済佐平《さへい》(4)鬼室福信《きしつふくしん》《ノ》、遣《シテ》二佐平貴智《きち》等《ヲ》一、来《リテ》献《ゼシム》二唐俘一百余人《ヲ》一。（中略）又乞《ヒ》レ師《いくさヲ》請《フ》レ救《ヲ》。幷《あわセテ》乞《ヒテ》二王子余豊璋《よほうしょうヲ》一曰《ハク》、「（中略）方《まさニ》今謹《ミテ》願《フ》、迎《ヘテ》下百済国遣三侍《セル》(5)天朝《ニ》二王子豊璋《ヲ》上、将《す》レ為《サムト》二国主《ト》一」云々《しかしかもうス》。

**斉明六年十二月庚寅（二十四日）条**

天皇幸《ス》二于難波宮《ニ》一。天皇方随《ヒテ》二福信所《ガ》レ乞《フ》之意《ニ》一、思《フ》下幸《シテ》二筑紫《ニ》一、将《さムトハ》上遣二救軍《ヲ》一。

**天智天皇即位前紀斉明七年（六六一）九月条**

皇太子（中大兄）御《シテ》二長津宮(6)《ニ》一、以《テ》二織冠《ヲ》一授《ク》二於百済王《ノ》子豊璋《ニ》一。大将軍大錦中阿曇比邏夫《あずみのひらぶ》連等、率《キテ》二船師一百七十艘《ヲ》一、送《ル》二豊璋等《ヲ》於百済国《ニ》一。宣《シテ》(7)レ勅《ヲ》、以《テ》二豊璋等《ヲ》一使《ム》レ継《ガ》二其位《ヲ》一。

**天智元年（六六二）五月条**

**天智二年（六六三）三月条**

遣《シテ》二前将軍(8)上毛野君稚子《わかこ》・間人《はしひと》連大蓋《おおふた》、中将軍巨勢神前《かんさき》臣訳語《おさ》・三輪君根麻呂、後将軍阿倍引田《ひけた》臣比邏夫・大宅臣鎌柄《かまつか》《ヲ》一、率《キテ》二二万七千人《ヲ》一、打《タシム》二新羅《ヲ》一。

**天智二年八月戊戌（十七日）条**

大唐《ノ》軍将、率《キテ》二戦船一百七十艘《ヲ》一、陣二烈《ス》於白村江(9)《ニ》一。

**天智二年八月戊申（二十七日）条**

日本船師初《メニ》至《ル》者、与二大唐船師一合戦《ス》。日本不利《ニシテ》而退《ク》。大唐堅《クシテ》レ陣《ヲ》而守《ル》。

**天智二年八月己酉（二十八日）条**

日本諸将、与二百済王一、不レ観《シテみ》二気象(10)《ヲ》一、而相謂《ヒテ》之曰《ハク》、「我等争《ハバ》レ先《ヲ》、彼応《シ》二自退《ラク》一」《トイフ》。更率《キテ》二日本乱《セル》レ伍《ヲ》中軍之卒《ヲ》一、進《ミテ》打《ツ》二大唐《ノ》堅《クセル》レ陣《ヲ》之軍《ヲ》一。大唐便《チ》自《リ》二左右一夾《ミテ》レ船繞《ヲかこミ》戦《フ》。須臾之際《ときのまニ》、官軍敗続《ス》。赴《キテ》レ水《ニ》溺死《スル》者衆《おおシ》。艫舳《へとも》不レ得《ルコトヲえ》二廻旋《スルコトヲえ》一。朴市田来津《えちのたくつ》、仰《ギテ》レ天《ヲ》而誓《ヒ》、切《くいしばリテ》レ歯《ヲ》而嗔《いかリテ》、殺《ス》二数十人《ヲ》一。於《テ》レ焉《ここニ》戦死《ス》。是時《ノ》、百済王豊璋、与二数人一乗《リテ》レ船《ニ》、逃《ゲ》二去《リヌ》高麗《こまニ》一。

(1)達卒　百済官位の第二位。(2)引構唐人　新羅では、六五四年、金春秋が即位し(武烈王)、唐との提携をはかり唐の年号や衣服を採用した。(3)傾覆百済　唐・新羅連合軍は、六八〇年、百済に侵攻。七月に義慈王は降伏し、王や太子隆等は、唐の都洛陽に送られ、百済は滅亡。(4)佐平　百済官位の第一位。(5)天朝　倭国。(6)長津宮　斉明七年(六六一)三月庚申(二十五日)条に娜大津《なのおおつ》を長津とする記事がみえる。那珂津とも。博多港。長津宮は現在の福岡県福岡市南区三宅の地か。(7)宣勅　宣勅して、豊璋を百済王位につけたことは、中国王朝にならう冊封を意味したか。また、豊璋が百済に到着したのは、前年のことであり、この条にかかる記事は、宣勅と豊璋の就任か。(8)前将軍　前・中・後は軍隊編成。(9)大唐……白村江《はくすきのえ》　これ以前に豊璋と福信が不和となり、福信が殺された。唐・新羅連合軍は、朝鮮半島南西部の錦江河口に近い周留城に百済復興軍を囲み、唐水軍は河口の白村江で倭の水軍を迎え撃った。錦江の中流に百済の旧都熊津(忠清南道公州)、都泗沘《しひ》(同扶余)がある。(10)気象　形勢あるいは風向き。

### 123〔旧唐書〕巻八十四　劉仁軌伝

仁軌、遇《ヒテ》倭兵《ト》於白江之口《ニ》、四《タビ》戦《フ》。捷《かチテ》焚《ク》其《ノ》舟四百艘《ヲ》。煙焰漲《ハリ》天《ニ》、海水皆《ハ》赤《シ》。賊衆大《イニつい》潰《ユ》。

【解説】　百済復興軍・倭連合軍の白村江での敗北以後の朝鮮半島は、六六八年に高句麗が滅亡し、六七〇年の高句麗遺民の反乱を契機とした唐と新羅の対立を経て、六七八年には唐軍が撤退し、新羅による統一という結果に終わった。

## (4)　大津宮と防衛体制

### 124〔日本書紀〕

**天智二年(六六三)九月甲戌(二十四日)条**

日本船師及佐平余自信《よじしん》・達率木素貴子《もくそきし》・谷那晋首《こくなしんす》・憶礼福留《おくらいふくる》国民等、至《ル》於弖礼城《てれさしニ》。明日、発《シテ》船《ヲ》始《メテ》向《フ》日本《ニ》。

**天智三年(六六四)是歳条**

於対馬嶋・壱岐嶋・筑紫国等《ニ》、置《カシム》(1)防《さきもり》与《ヲ》(2)烽《とぶひ》。又於筑紫《ニ》、築《キテ》大堤《ヲ》貯《フ》水《ヲ》。名《ヅケテ》曰《フ》(3)水城《みずきト》。

**天智四年(六六五)八月条**

遣《シテ》達率答炑春初《とうほんしゆんそヲ》、築《カシム》城《ヲ》於長門国《ニ》。遣《シテ》達率憶礼福留・達率四比福夫《しひふくぶヲ》於筑紫国《ニ》、築《カシム》大野及椽《き》二城《ヲ》(4)。

**天智六年(六六七)三月己卯(十九日)条**

遷《ス》都于近江《ニ》(5)。是時《ノ》、天下百姓、不《ハ》願遷《スコトヲ》都《ヲ》。諷諫《スル》者多《ク》、童謡《わざうた》亦衆《シ》。日々夜々、失火《スル》処多《シ》。

(1)防　防人。辺境防衛の兵。(2)烽　のろし。(3)水城　大宰府の北、博多湾沿岸から筑紫平野に通じる平地の最狭部に長さ約一・二キロ、高さ約十四メートル、基底部幅八十メートルの土塁が築かれ、前面には幅六十メートル、深さ四メートルの堀がつくられた。(4)大野及椽二城　大野城は、大宰府跡北、福岡県糟屋郡宇美町の四王寺山に遺構がある。

椽城(基肄城)は、大宰府南西、佐賀県三養基《みやき》郡基山《きやま》町の基山に遺構がある。(5)近江　近江大津宮。滋賀県大津市錦織地区。

【解説】　白村江の敗北の後、百済の遺民が倭に渡来した。また、倭は、唐・新羅連合軍の侵攻の危機のなかで、それに対処するための国内の軍事・政治体制の改革を迫られた。まず、防人と烽を置き、水城、さらに大野城・椽城を築いた。宮を近江大津にあえて移したのも、防衛上の理由ともされる。

## (5)　甲子の宣

125〔日本書紀〕天智三年(六六四)二月丁亥(九日)条

天皇(天智)命二ジテ大皇弟(大海人皇子)ニ一、宣ベシム下増シ三換フルコト冠位階名(1)ヲ一、及氏上《うじのかみ》・民部《かきべ》・家部《やかべ》(2)等ノ事ヲ上。其ノ冠ハリ有二廿六階(3)一。(中略)其ノ大氏ノ之氏上ニハ賜ヒ二大刀ヲ一、小氏ノ之氏上ニハ賜ヒ二小刀ヲ一、其ノ伴造《とものみやつこ》ノ等之氏上ニハ賜フ二干楯《たて》・弓矢ヲ一。亦定ム二其ノ民部・家部ヲ一。

(1)増換冠位階名　天智十年(六七一)正月条にも冠位法度の事を施行する記事があり、即位三年目なので、記事の重出との説もある。(2)民部・家部　天武四年(六七五)二月己丑(十五日)条に、「甲子年諸氏被レ給部曲者、自今以後皆除之」とあり、甲子年は天智三年である。民部・家部については、様々な議論があるが、民部は首長支配下の部民で部曲に相当し、家部はより隷属度の高い、後の家人・氏賤につながるものという見解が有力であろう。(3)廿六階　冠位二十六階の内容は、表2-1参照。

【解説】　部民制の廃止、公民化をめぐる議論の中心の一つは、六六四年(天智三)の「甲子の宣」の評価である。六四六年(大化二)八月の「品部廃止の詔」における部民制の廃止を否定する見解では、六四五年(大化元)八月の「東国国司詔」における「国家所有公民」「大小所領人衆」をそれぞれ、民部・家部にあて、「甲子の宣」の段階で国家の公民と豪族私有民を分けたものとし、後出する六七五年(天武四)の部曲(甲子の宣の家部の自営的部分)の廃止によって、部民制は廃止されたことになる。一方、六四六年(大化二)の段階で部民制の廃止を認める説では、大化二年の詔は、あくまで理念的原理的なものであり、現実には旧部民に対する支配は旧来とそれほど違わぬ形で存続しており、「甲子の宣」は諸豪族の現実の人民支配に対して改めて統制を加えたものとする。即ち国家の民とされた旧部民で諸豪族の支配下にあった民部と部民制に組み込まれていない純然たる私民としての家部を分離・確定するとともに、諸豪族の民部支配に統制を加えたとし、この民部＝部曲が天武四年に廃止されることによって、部民制は最終的に否定されたとする。

## (6)　庚午年籍と支配体制

126〔日本書紀〕天智九年(六七〇)二月条

造リ二戸籍(1)ヲ一、断ツ三盗賊与ト二浮浪一。

(1)戸籍　庚午年籍《こうごねんじゃく》。最古の全国的戸籍。

127〔戸令〕戸籍条

凡戸籍ハ恒ニ留メヨ二五比(1)ヲ一。其ノ遠キ年ハ者依リテレ次《ついで》ニ除ケ。〈近江大津宮庚午年籍不レ除。〉

（1）五比　一比は六年。即ち五回の造籍のこと。

**128**〔**飛鳥京木簡**〕

・白髪《しらかべ》マ五十戸

・皷(1)十口

（一五七×二六×四　付札）

（『日本古代木簡選』）

（1）皷　すき（鉏）、くわ（鍬）か。

【解説】　庚午年籍は、最古の全国的戸籍。その内容については、議論が分かれる。庚午年籍の前提になっていると考えられる甲子の宣について、前項のように解釈が分かれるからである。ただし、令制において、庚午年籍が特別視され、永久保存とされていたことは明らかである。また、飛鳥京木簡は、出土状況から六六四年（天智三）以前のものと考えられており、六七〇年（天智九）の庚午年籍以前に五十戸を単位にした制度が行われていたことを示す。さらには五十戸＝一里制が存在したとの見解もある。

## (7)　政治体制

**129**〔**日本書紀**〕**天智十年（六七一）正月癸卯（五日）条**

是日ノ、以テ二大友皇子ヲ一、拝シ二太政大臣ニ一(1)、以テ二蘇我赤兄臣ヲ一、為シ二左大臣ト一(2)、以テ二中臣金《こがねの》連ヲ一、為二右大臣ト一、以テ二蘇《そ》我果安《がのはたやすの》臣・巨《こ》勢《せ》人《ひとの》臣・紀大人《きのうしの》臣ヲ一、為《す》二御史《ぎょし》大夫《たいふ》ト一(3)。〈御史蓋今之大納言乎。〉

（1）太政大臣　太政の語の初見。後出の『懐風藻』に「総二百揆一」「親二万機一」とあるように、天智に代わって国政上の大権を代行する者であったと考えられる。（2）左大臣　大化期に始まる、それ以前の大臣を左右にわけたものとは異なり、令制の左右大臣につながるものとの見解もある。（3）御史大夫　国政審議官である宰相を秦漢では、御史大夫と称した。このことを参照した議政官と考えられ、後の大納言の源流。

【解説】　六七一年（天智十）の官制は、太政大臣、左右大臣が登場し、令制の太政官制につながるとの見解もある。しかし、その見解の前提になる、近江令によって整った官制によるものという理解、近江令の評価については多くの議論がある。さらに、太政大臣は、大友皇子の位置からして令制の太政大臣とは性格が異なるものであるとの見解もあり、また、天武期に左右大臣がおかれなかったことからして、令制の太政官制につながるとすることを疑問とする見解もある。

# 4　壬申の乱

## (1)　大海人皇子と大友皇子の対立

**130**〔**藤氏家伝**〕

（天智）七年（六六八）正月、即《つ》キタマフ二天皇ノ位ニ一。是ヲ為ス二天命開別《あめみことひらかすわけ》天皇ト一（天智）。朝廷無クレ事、遊覧ヲ是レ好ミ、人無ク二菜色一、家有リ二余蓄一。民咸称ス二太平之

代《ト》一。帝召《シテ》二群臣《ヲ》一、置二酒《ス》浜楼《ニ》一。酒酣《たけなわニシテ》極《ム》レ歓《ヲ》。於《テ》レ是《ニ》、(大海人)大皇弟以《テ》二長槍《ヲ》一刺《シ》二貫《ク》敷板《ヲ》一。帝驚《キテ》大《イニ》怒《リテ》、以《テす》将《ニ》二執《ヘテ》害《サムト》一。(中臣鎌足)大　臣固《ク》諫《メ》、帝即《チ》止《メタマフ》　之。

【解説】　大王天智の即位以降、天智と大海人皇子との関係は円滑でなかったことが『藤氏家伝』の記事から窺われる。

## 131〔懐風藻〕大友皇子伝

淡海朝大友皇子、二首(1)

皇太子者(2)《は》、淡海帝(天智)之長子也。魁岸《かいがん》奇偉(3)《ニシテ》、風範弘深。眼中精耀《ニシテ》、顧盼《こへん》煒燁《いようナリ》。唐使劉徳高(4)見《テ》而異《トシテ》曰《ハク》、「此皇子、風骨不レ似《ニ》二世間《ノ》人《ニ》一。実非《ズ》二此国《ノ》之分《ニ》一」《トイフ》。嘗《テ》夜夢《ムラク》、天中洞啓《ひらキ》、朱衣《ノ》老翁、捧《ゲテ》レ日《ヲ》而至《リ》、擎《ささゲテ》授《ケムトス》二皇子《ニ》一。忽《チ》有《リ》レ人、従《リ》二腋底一出来《デテ》、便《チ》奪将《ひもチ》去(5)《ル》。(中略)年甫《はじめテ》弱冠、拝《シ》二太政大臣(6)《ニ》一、総《すベテ》二百揆《ヲ》一以《テ》試《ム》之。皇子博学多通《ニシテ》、有《リ》二文武材幹《ニ》一。始《メテ》親《したしくスルヤ》二万機《ヲ》一、群下畏服《シ》、莫《シ》レ不《ルハ》二粛然《トセ》一。年二十三、立《チテ》為《ル》二皇太子《ト》一。広《ク》延《ひイテ》二学士沙宅紹明《さたくしょうめい》・塔本春初《とうほんしゅんそ》・吉太尚《きったいしょう》・許率母《きょそつも》・木素貴子《もくそきし》等(7)《ヲ》一、以《テ》為《ス》二賓客《ト》一。太子天性明悟《ニシテ》、雅《もとヨリ》愛《シ》二博古《ヲ》一、下《セバ》レ筆《ヲ》成《リ》レ章《ト》、出《セバ》レ言《ヲ》為《ル》レ論《ト》。時議《スル》者歎《ズ》二其洪学《ヲ》一。未《シテ》レ幾《バクナラ》文藻日《ニ》新《タナリ》。会《ヒテ》二壬申年之乱《ニ》一、天命不レ遂《ゲ》。時年《ニ》二十五。

(1)二首　以下に掲載される大友皇子の漢詩の数。(2)皇太子　『日本書紀』には、大友皇子が太政大臣となったという記事はあるが、皇太子となったという記事はない。(3)魁岸奇偉　逞しく立派な体格。(4)唐使劉徳高　『日本書紀』天智四年九月壬辰(二十三日)条に、「唐国遣二朝散大夫沂州司馬上柱国劉徳高等一」とある。(5)嘗夜夢……便奪将去　この夢は、大王天智が死んだ後に、狡猾な者が隙をうかがうと解釈されている。(6)太政大臣　『日本書紀』天智十年正月癸卯(五日)条。(7)沙宅紹明・塔本春初・吉太尚・許率母・木素貴子　百済滅亡の際に渡来した人々。

【解説】　天智と大海人皇子の不和の原因の一つは大友皇子の存在にあった。天武即位前紀には天智の即位とともに大海人が東宮となったとある。しかし、天武即位前紀にはあるが、天智紀には大海人の立太子の記事はない。また『懐風藻』は大友を皇太子とする。こうしたことからすれば、大海人や大友の立太子そのものが問題となり、皇太子制の制度の確立は八世紀初頭とする説が近年有力となりつつある。天智のもとの大海人は、最有力の王位継承資格者であり、かつ詔を宣することもある大権の代行者でもあった。しかし、大海人の地位は、大友が大権の代行者としての太政大臣となったことにより微妙なものとなる。これまで王位継承は執政能力のある同一世代内の兄弟や傍系親族などが継承した後、次の世代に移るという慣行が存在した。王権の確立、専制化のなかで、そうした世代内継承に対して父子直系継承の原理が顕在化する。大海人と大友の抗争は、そうした王位継承原理の転換点における事件であった。さらに、両派の対立の背景には、白村江の敗北以降における親唐路線をめぐる外交政策の対立があったともされている。

## (2) 壬申の乱

**132〔日本書紀〕**

**天武即位前紀天智十年（六七一）十月庚辰（十七日）条**

(天智)天皇臥病以痛之甚矣。於是、遣蘇我臣安麻侶、召(大海人)東宮、引入大殿。時安摩侶、素《もと》東宮所好《よみ》。密顧《かえり》東宮曰、「有意《こころしらい》而言《のたまへ》矣」。東宮、於茲、疑有陰謀、而慎之。天皇勅東宮授鴻業。乃辞譲之曰、「臣之不幸、元有多病、何能保《たも》社稷。願陛下挙天下附皇后(1)。仍立大友皇子、宜為儲君(2)。臣今日出家、為陛下欲修功徳(3)」。天皇聴之。即日出家法服。因以収《と》私兵器《つわもの》、悉納於司。

**天武即位前紀天智十年十二月乙丑（三日）条**

天命開別天皇(天智)崩。

**天武元年（六七二）六月壬午（二十二日）条**

詔村国連男依《おより》・和珥部《わにべ》臣君手・身毛君広《むげつきみひろ》曰、「今聞、近江朝庭之臣等、為朕謀害。是以汝等三人、急《すみやか》往美濃国、告安八磨《あはちま》郡湯沐令《ゆのうながし》(4)多臣品治《おおのおみほむぢ》、宣示機要、而先発当郡兵《いくさ》。仍経《ふ》国司等差発諸軍、急塞不破《ふわ》道(5)。朕今発路」。

**天武元年七月辛卯（二日）条**

(天武)天皇遣紀臣阿閇麻呂《あへまろ》・多臣品治・三輪君子首《こおびと》・置始《おきそめ》連菟《うさぎ》、率数万衆、自伊勢大山(6)越之向倭。且《また》遣村国連男《お》依《より》・書首《ふみのおびと》根麻呂・和珥部臣君手・胆香瓦《いかごの》臣安倍、率数万衆、自不破出、直入近江。

**天武元年七月辛亥（二十二日）条**

男依等到瀬田。時大友皇子及群臣等、共営於橋西而大成陣、不見其後《しりえ》。（中略）衆悉乱而散走之、不可禁《とど》。時将軍智尊《ちそん》(7)抜刀斬退者。而不能止。因以斬智尊於橋辺。則大友皇子・左右大臣等、僅身免以逃之。

**天武元年七月壬子（二十三日）条**

大友皇子走無所入。乃還隠山前《やまさき》(8)、以自縊《らくび》焉。時左右大臣及群臣皆散亡。唯《ただ》物部連麻呂、且《また》一二舎人従之。

(1)皇后　天智の大后の倭姫。古人皇子の娘。この記事から、倭姫の即位説、称制説がある。(2)儲君　皇太子。(3)臣之不幸……欲修功徳　大海人皇子の言は、天智紀によれば、「付属大后。令大友王、奉宣諸政」。(4)湯沐令　湯沐は、中宮・皇太子に支給される食封の一種。湯沐令は湯沐の地を支配し、課税をおこなう役人。(5)不破道　近江・美濃国境にあり、畿内と東国を結ぶ要路の一つ。(6)伊勢大山　伊勢・伊賀国境の鈴鹿山脈を越える加太越《かだごえ》。(7)智尊　近江方の将。(8)山前　近江国滋賀郡長等山《ながら》(滋賀県大津市三井寺の地)、山城国山崎(京都府乙那郡大山崎町)などの説がある。

【解説】　大友皇子を太政大臣とした天智十年の九月に天智は病に臥した。十月天智は大海人皇子を呼んで後事を託すが、大海人は固辞し出家して吉野に去り、十二月天智が大津宮で没する。『日本書紀』によると、大海人は近江方の戦闘準備の様子を聞いて、六月二十二日、意を決し、吉野を出発し、自らの拠点のある美濃をめざし、二十七日には不破に入った。七月二日大海人の陣営は、軍を二つに編成し、一つは鈴鹿越えで大和に向かい、もう一つは不破から琵琶湖沿いに大津宮をめざした。近江側は、対応の遅れもあり、次々に防衛線を破られ、二十二日瀬田川の戦いに敗れ、大友は翌日自殺した。壬申の乱は、古代における最も大規模な内乱であり、国家の中枢である畿内とその周辺で戦われたという点でも、律令国家成立史上画期的な事件であった。この内乱を経て即位した天武天皇は強力な集権体制をつくりあげたとされる。

## 5　官僚体制と支配体制の強化

### (1)　軍事体制の強化

133 〔日本書紀〕

**天武四年(六七五)十月庚寅(二十日)条**

詔《シテ》曰《ハク》、「諸王以下、初位以上(1)、毎《ニ》レ人備《ヘヨ》(2)レ兵《ヲ》」《トノタマフ》。

**天武十三年(六八四)閏四月丙戌(五日)条**

詔《シテ》曰《ハク》、「来年九月(3)、必閲《ズセム》之。因《リテ》以《テ》教《ヘヨ》二百寮之進止威儀《ヲ》一」《トノタマフ》。又詔《シテ》曰《ハク》、「凡政要者《ソノハ》軍事也。是以《ヲテ》、文武官諸人《ノ》、務《メテ》習《ヘ》二用《キ》レ兵《つわものヲ》及乗《ビルコトヲ》レ馬《ニ》。則《チ》馬兵、并当身装束之物《テノ》、務具《つぶさニそなへ》儲足《セ》。其有《レル》レ馬者為《ヲシ》二騎士《ト》一、無《キ》レ馬者為《ヲせヨ》二歩卒《ト》一。並当《ニニ》試練《シテ》、以《テ》勿《カレ》レ障《ルコト》二於聚会《ニ》一。若忤《したがヒテ》二詔旨《ノニ》一、有《リ》レ不《ル》レ便《ニ》二馬兵《ニ》一、亦装束有《ラバ》レ闕《クルコト》者、親王以下、逮《いたルマデ》二于諸臣《ニ》一、並罰《ニセム》之。大山位以下者、可《キハ》レ罰《すばつシ》々之、可《キハ》レ杖《うちうタム》々之。其務《メ》習《ヒテ》以能《テク》得《ム》レ業《ヲ》者《ハ》、若《シ》雖《モ》二死罪《ト》一、則《チ》減《ゼム》二二等《ヲ》一。唯侍《よりテ》二己才《ガニ》一、以《テ》故《ことさらニ》犯《スハ》者、不《ラ》レ在《ニ》二赦《ノ》例《ニ》一」《トノタマフ》。

**天武十四年(六八五)十一月丙午(四日)条**

詔《シテ》二四方国《ニ》一曰《ハク》、「大角小角(4)、鼓吹(5)幡旗(6)、及《ビ》弩抛《どほう》(7)之類、不レ応《カラ》レ存《おク》二私家《ニ》一。咸《ことごとく》収《メヨ》二于郡家(8)《ニ》一」《トノタマフ》。

(1)初位以上　初位は、大宝令の位階の最下位。この時期の冠位(八九頁、表2-1)での最下位は、小建位。(2)兵　武器。天武五年九月乙亥(十日)条に「王卿遣二京及畿内一校二人別兵一」ともあり、畿内の官人の武装化を進めたものと考えられる。(3)来年九月　天武十四年九月甲寅(十一日)条の「遣二宮処王・広瀬王・難波王・竹田王・弥努王於京及畿内一、各令レ校二人夫之兵一」が対応。(4)大角小角　軍事用の吹奏楽器。(5)吹　ふえ。大角小角と同じ。(6)幡旗　軍事指揮用の旗。(7)弩抛　弩《おおゆみ》は、機械仕掛けの大弓。抛《いしはじき》は、石を飛ばす機械。(8)郡家《ぐうけ》　この当時は、評の役所。

【解説】　天武天皇が十三年閏四月丙戌(五日)条の詔で「政ノ要ハ軍事ナリ」と述べたのは、律令国家の形成にさいして軍事・武力が基本要件であったことによる。軍事体制の強化は、畿内・官人の武装の強化により行われた。天武四年三月庚申(十六日)条の兵政官(令制の兵部省に相当)の長官・次官の任命に始まり、天武四年十月庚寅(二十日)条にみられる諸王から全有位者の武装の強化、兵器とくに馬の装備、騎兵と歩卒の分化、戦闘の訓練と技術の習得などによる質の高い武装力をもって、畿内を固めた。畿内の武装は、全国的な軍事体制と対応したものであった。天武十四年十一月丙午(四日)条の詔は、大角等の類を私家に置くことを禁じ、「郡家」(評の役所)に納めることを命じる。この詔による措置は、従来の国造軍の指揮権を収公しようとするものであって、令制の軍団の形成の前提をなす。

## (2)　官僚体制の形成

### 134〔日本書紀〕

**天武二年(六七三)五月乙酉朔条**

詔《シテ》二公卿大夫及《ビ》諸臣連并《ビニ》伴造等(1)《ニ》一曰《ハク》、「夫《レ》初《メテ》出身(2)《セム》者《ハ》、先《ツ》令《メヨ》レ仕《ヘ》二大舎人《おおどねり》(3)《ニ》一。然《ル》後《ニ》、選二簡《シテ》其《ノ》才能《ヲ》一、以《テ》充《テム》二当職《ニ》一。又婦女(4)《ハ》者、無《ク》レ問《フコト》二有《ルト》レ夫無《キ》レ夫及《ビ》長幼《ヲ》一、欲《おもフ》二進仕《セムト》一者《ヲ》聴《セ》矣。其《ノ》考選《ハ》准《ゼヨ》二官人之例《ニ》一」《トノタマフ》。

**天武七年(六七八)十月己酉(二十六日)条**

詔《シテ》曰《ハク》、「凡《ソ》内外文武官(5)《ノ》、毎《ニ》レ年、史(6)以上、其《ノ》属官人等《ノ》、公平《ニシテ》而恪勤《ナル》者《ヲ》、議《はかリテ》二其《ノ》優劣《ヲ》一、則《チ》定《メヨ》二応《キ》レ進《ム》階《ヲ》一。正月上旬以前《ニ》、具《ニ》記《シテ》送《レ》二法官(7)《ニ》一。則《チ》法官校定《シテ》、申二送《レ》大弁官(8)《ニ》一。然《レドモ》縁《リテ》二公《く》事《じニ》一、以《テ》出《サム》レ使《ヲ》之日、其《ノ》非《ズシテ》二真病及《ビ》重服《ニ》一、軽《シク》縁《リテ》二小故《ニ》一而辞《サバ》者、不レ在《ラ》二進《ムル》レ階《ヲ》之例《ニ》一」《トノタマフ》。

**天武十四年(六八五)正月丁卯(二十一日)条**

更《ニ》改《メテ》二爵位之号《ヲ》一。仍《テ》増《シ》二加《フ》階級《ヲ》一。

(1)公卿大夫及諸臣連并伴造等　官人に対する呼びかけの称。(2)出身　官に挙げ用いられること。(3)大舎人　養老令制では、中務省被官の左右大舎人寮に属し、分番で禁中に宿直し供奉や雑役を勤めた。ここの「大」は「天皇」で、天皇の従者の意か。(4)婦女　天武八年(六七九)

八月条の詔に「諸氏貢二女人一」とある。(5)内外文武官　養老公式令53京官条に、在京諸官司の官人が京官(内官)、それ以外が外官、52内外諸司条に、衛府・軍団及び武器を帯びる者を武官、それ以外を文官とするとある。(6)史　四等官の第四。(7)法官　大宝・養老令制下の式部省。(8)大弁官　大宝・養老令制では考課は式部省から太政官に送る規定であった。ここでは、大弁官が最終の受理機関であったと考えられることから、大弁官は令制のように太政官の下部機関となっていなかったと考えられている。

【解説】　官僚制の基礎には、官僚の養育制度がある。ここでは大舎人が出身者の関門とされた。天皇への近侍により官人の養成を行うものであった。地方(「外国人」)については、天武五年(六七六)四月条に、臣連伴造の子とともに国造の子の出身を許すという規定がある。また、考課制度は律令官僚制度の基本である。天武七年の規定は、毎年の評定(=「考」)がそのまま毎年の冠位昇進(=「選」)に直結する方式であったと考えられる。官人が毎年昇進する可能性をもった方式に対応したのが、日本古代の位階で最も階数の多い六八五年(天武十四)の六十冠位制(八九頁、表2-1。王が明四階・浄八階の十二階、臣が四十八階)であろう。毎年の「考」を一定年数総合して、「選」=叙位をおこなう選限方式という令制の制度に転換したのは持統四年四月。

## (3)　八色の姓

**135〔日本書紀〕天武十三年(六八四)十月己卯朔条**

詔《シテ》曰《ハク》、「更《ニ》改《メテ》二諸氏之族姓《ヲ》一、作《リ》二八色之《やくさの》姓《かばねヲ》一、以混《テまろかス》二天下《ノ》万姓《ヲ》一。一《ヲ》曰《ヒ》二真人《まひとト》一、二《ヲ》曰《ヒ》二朝臣《あそみト》一、三《ヲ》曰《ヒ》二宿禰《すくねト》一、四《ヲ》曰《ヒ》二忌寸《いみきト》一、五《ヲ》曰《ヒ》二道師《みちのしト》一、六《ヲ》曰《ヒ》レ臣《おみト》、七《ヲ》曰《ヒ》レ連《むらじト》、八《ヲ》曰《フ》二稲置《いなぎト》一」《トノタマフ》。

【解説】　官僚制の展開に対応して、各氏を序列化するために八色の姓を定めた。新たに姓を賜与することを通じて、上級官人を出すことのできる氏を、上位の姓を与えることによって定めた。

## (4)　官制の整備

**136〔日本書紀〕**

**朱鳥元年(六八六)九月乙丑(二十八日)条**

是《ノ》日、直大参布勢《ふせ》朝臣御主人《みぬし》、誄《(1)しのびごとたてまつル》二太政官《ノ》事《ヲ》一。次《ニ》直広参石上《いそのかみ》朝臣麻呂、誄《ル》二法官《(2)ノ》事《ヲ》一。次《ニ》直大肆大三輪《おおみわ》朝臣高市《たけち》麻呂《まろ》、誄《ル》二理官《(3)ノ》事《ヲ》一。次《ニ》直広参大伴宿禰安麻呂、誄《ル》二大蔵事《ヲ》一。次《ニ》直大肆藤原朝臣大嶋、誄《ル》二兵政官《(4)ノ》事《ヲ》一。

**朱鳥元年九月丙寅(二十九日)条**

是《ノ》日、直広肆阿倍久努《あへのくの》朝臣麻呂、誄《ル》二刑官《(5)ノ》事《ヲ》一。次《ニ》直広肆紀朝臣弓張《ゆみはり》、誄《ル》二民官《(6)ノ》事《ヲ》一。次《ニ》直広肆穂積朝臣虫麻呂、誄《ル》二諸国司《ノ》事《ヲ》一。次《ニ》大隅・阿多隼人《ノはやと》、及《ビ》倭・河内馬飼部造《うまかいべのみやつこ》、各誄《ル》之。

**持統四年(六九〇)七月庚辰(五日)条**

以《テ》二皇子高市一《ヲ》、為《シ》二太政大臣一《ト》、以《テ》二正広参一《ヲ》、授《ケテ》二丹比嶋《たじひのしま》真人一《ニ》、為《ス》二右大臣一《ト》。并《テ》八省百寮(7)、皆遷任《ス》焉。

(1)誄　死者を慕って、その霊に向かって述べる言葉。殯宮における主要な儀礼の一つ。(2)法官　大宝・養老令制の式部省に相当。(3)理官　大宝・養老令制の治部省に相当。(4)兵政官　大宝・養老令制の兵部省に相当。(5)刑官　大宝・養老令制の刑部省に相当。(6)民官　大宝・養老令制の民部省に相当。(7)八省百寮　中央の全官司。

【解説】　朱鳥元年九月甲子(二十七日)に始まった天武天皇の殯宮《もがりのみや》における誄《しのびごと》は、この当時の中央政府の構成を示している。太政官と法官・理官・大蔵・兵政官・刑官・民官などの六官が天武期に存在した。六官が天智期に遡るかは議論がある。天武七年(六七六)十月己酉(二十六日)条の大弁官は、太政官の統括下にあったか、独立の官であったかは見解がわかれる。太政大臣、左右大臣はすでに天智期にみえている。しかし、天武期には、大臣がおかれず、御史大夫が納言とされるなど、太政官の構成は天智期のものとは異なっている。天智期の太政官制は天武期に消滅し、納言のみによって構成される太政官がおかれたとする見解もある。持統四年は、持統三年の浄御原令施行の後であり、八省もそれ以前の六官から浄御原令によって揃ったとされ、中央の官司の官人の任命、異動がおこなわれたと考えられる。六九〇年(持統四)の太政大臣は浄御原令の太政官の構成によるものとされるが、高市皇子が任命されていることからすれば、六七二年(天智十)に大友皇子が任命された太政大臣と同じく、天皇大権の代行者としての性格をもっており、大宝・養老令制のそれとは異なるか。

## (5)　部曲の廃止と食封

### 137〔日本書紀〕

**天武四年(六七五)二月己丑(十五日)条**

詔《シテ》曰《ハク》、「甲子《かつし》年《ノ》諸氏《ニ》被《ルル》レ給部曲《かきのたみ》者(1)、自《リ》レ今以後皆除《やメヨ》之。又親王(2)・諸王及諸臣《ビ》并《ビニ》諸寺等所《ノ》レ賜《フ》山沢・島浦・林野・陂池《いけハ》前後《さきモのちモ》並《ニ》除《メヨ》焉《トノタマフ》」。

**天武十一年(六八二)三月辛酉(二十八日)条**

是日《ノ》、詔《シテ》曰《ハク》、「親王以下至《ルマデ》二于諸臣一《ニ》被《らルル》レ給食封《へじきふハ》、皆止《メテ》之更《ニ》返《セ》二於公《おおやけ》一《ニ》」《トノタマフ》。

(1)甲子年諸氏被給部曲　六七四年(甲子年)(天智三)二月に諸氏の民部・家部を定めたことを示す。(2)親王　親王の初見。令制では、天皇の兄弟・子。

【解説】　この時点での部曲の廃止については、六七四年(天智三)の甲子の宣の民部・家部との関係が問題となる。「部曲＝民部(旧部民で国家の支配民となったが諸豪族支配下にあったもの)」とするのが通説。「部曲＝家部(諸豪族支配民)」とする説においても、豪族支配下にあった人民がこの段階で国家の直接支配下に入ったとし、部民の公民化の最終段階という評価においては一致している。部曲廃止は、食封の実施を必要とし、六八二年の食封の収公は、新位階制と関連する新たな食封実施のため、官人の食封を一時収公したものであろう。

## (6)　庚寅年籍

138 〔日本書紀〕

**天武六年(六七七)九月己丑(三十日)条**

詔《シテ》曰《ハク》、「凡浮浪人(1)《ノ》、其《ノ》送《リシ》二本土《ニ》一者、猶《ホ》復《タ》還《リ》到《ラバ》、彼《モ》此《モ》並《ニ》科《セヨ》二課役(2)《ヲ》一」《トノタマフ》。

**天武十二年(六八三)十二月丙寅(十三日)条**

遣《シテ》二諸王五位伊勢王・大錦下羽田公八国《やくに》・小錦下多臣《おお》品治《ほむち》・小錦下中臣連大嶋、并《テ》判官・録史・工匠者等《ヲ》一、巡二行《シ》天下《ニ》一、而限《リ》二分《タシム》諸国之境界《ヲ》一。然《ルニ》是《ノ》年、不レ堪《ヘ》二限分《リツニ》一。

**天武十三年(六八四)十月辛巳(三日)条**

遣《シテ》二伊勢王等《ヲ》一、定《メシム》二諸国《ノ》堺《ヲ》一。

**持統三年(六八九)閏八月庚申(十日)条**

詔《シテ》二諸国司《ニ》一曰《ハク》、「今冬《ニ》、戸籍《ヲ》可《シ》レ造《ル》。宜《シ》下限《リテ》二九月《ヲ》一糺《シ》中捉《とらフ》浮浪《ヲ》上。其《ノ》兵士者《ハ》、毎《ニ》二於一国《ニ》一、四《ニ》分《チテ》而点《さだメテ》二其《ノ》一(3)《ヲ》一、令《メヨ》レ習《ハ》二武事《ヲ》一」《トノタマフ》。

**持統六年(六九二)九月辛丑(九日)条**

遣《ス》二班田《ノ》大夫(4)《ヲ》等於四畿内《ニ》一。

(1)浮浪人　本貫地以外に不法に所在するもの。(2)彼此並科課役　本貫地と所在地で課税し、浮浪人の本貫地への帰還を促す浮浪人対策。(3)毎於一国、四分而点其一　養老軍防令3兵士簡点条に「毎二三丁一取二一丁一」、『続日本紀』天平四年八月壬辰(二十二日)条に「又四道兵士者、依レ令差点、満二四分之一一」とある。(4)班田大夫　前年夏に進上された庚寅年籍に基づく班田を行うための班田使。班田収授は国司が行うが、畿内では班田長官以下の官人を任命。

【解説】　六七五年(天武四)の部曲廃止の後の始めての造籍は、六九〇年(持統四)の庚寅年籍であった。戸籍による公民支配は、本貫地(本籍地)における支配を基本とし、本貫地を離れて所在する浮浪人対策が不可欠となる。さらにその支配の基準となる国境確定が、六八三(天武十二)—六八五年に行われた。庚寅年籍は、兵士の簡点や班田収授をともない、これ以降、六年一造籍が行われるようになったという点、律令制下の造籍の最初というべきであろう。

## (7)　大津皇子事件

139 〔懐風藻〕 **大津皇子伝**

大津皇子、四首(1)

皇子者、浄御原帝(天武)之長子也(2)。状貌魁梧(3)《ニシテ》、器宇峻遠(4)《ナリ》。幼年《ニシテ》好《ミ》レ学《ヲ》、博覧《ニシテ》而能《ク》属《つくル》レ文《ヲ》。及《ンデ》レ壮《ニ》愛《シ》レ武《ヲ》、多力《ニシテ》而能《ク》撃《ツ》レ剣《ヲ》。性頗《ル》放蕩《ニシテ》、不レ拘《ハラ》二法度《ニ》一、降《シテ》レ節《ヲ》礼《ス》レ士《ヲ》。由《テ》レ是《ニ》人多《ク》付託《ス》。時《ニ》有《リ》二新羅《ノ》僧行心《トイフモノ》一、解《ス》二天文卜筮(5)《ヲ》一。詔(謂)《シテ》二皇子《ニ》一曰《ハク》、「太子(大津)《ノ》骨法、

不是人臣之相。以此久在下位、恐不全身」。因進逆謀。迷此詿誤《かい》(6)、遂図不軌(7)。嗚呼惜哉。蘊《つつ》彼良才、不以忠孝保身。近此奸豎(8)、卒以戮辱自終。古人慎交遊之意、因以深哉。時年二十四。

(1)四首　以下に掲載される大津皇子の漢詩の数。(2)浄御原帝之長子　大津皇子は天武天皇の長子ではなく、第三皇子。(3)状貌魁梧　体が大きく逞しい。(4)器宇峻遠　度量が大きい。(5)卜筮　亀卜と易筮。(6)詿誤　欺き誤らす。(7)不軌　謀反。(8)奸豎　よこしまな小人。

140〔日本書紀〕

**天武十年(六八一)二月甲子(二十五日)条**

是日、立草壁皇子《くさかべみこ》尊、為皇太子。因以令摂万機(1)。

**天武十二年(六八三)二月己未朔条**

大津皇子、始聴朝政。

**朱鳥元年(六八六)九月辛酉(二十四日)条**

殯《もがり》(2)于南庭。即発哀。当是時、大津皇子、謀反於皇太子(草壁)。

**持統称制前紀朱鳥元年十月己巳(二日)条**

皇子大津謀反発覚。逮捕皇子大津。

**朱鳥元年十月庚午(三日)条**

賜死皇子大津於訳語田舎《おさだのいえ》(3)。時年廿四。妃皇女山辺被《くだしみだ》髪徒跣、奔赴殉焉。見者皆歔欷《なげ》。皇子大津、天渟中原瀛《あめのぬなはらおきの》真《ま》人《ひと》(天武)天皇第三子也。容止墻岸、音辞俊朗。為天命開《あめみことひらかす》別《わけの》(天智)天皇所愛。及長弁有才学。尤愛文筆。詩賦之興、自大津始也。

(1)令摂万機　皇太子に万機を委ねること。草壁皇子には、実際の政治の実権はほとんど委ねられていなかったようである。(2)殯　天武天皇の殯。(3)訳語田舎　大津皇子の家。

【解説】　大津皇子が、天武天皇の死後、殯《もがり》の儀礼が始まってまもなく、捕らえられ自殺させられた事件は、王位継承をめぐる確執による。大津皇子は、天武天皇の皇子で、母は天智の娘大田皇女。天武の妃には、大田皇女の同母妹の鸕野《うの》皇女(持統天皇)があり、大津皇子誕生一年前に草壁皇子を生んでいた。大田皇女は、天武即位以前に亡くなったが、大津皇子は文武に長じ人望も高かったとされる。天武十年(六八一)、草壁を皇太子とする『日本書紀』の記事に「万機を摂ら」しめるとあるが、大津も天武十二年には「朝政を聴く」とある。大津皇子は草壁皇子に競合する王位継承の可能性をもっていた。このことは、草壁皇子が皇太子であったとしても、王位継承権が絶対的なものではなかったことを意味する。

## (8) 王位継承

**141〔日本書紀〕**

**持統三年（六八九）四月乙未（十三日）条**

皇太子草壁皇子尊薨。

**持統四年（六九〇）七月庚辰（五日）条**

以皇子高市、為太政大臣(1)。

**持統十年（六九六）七月庚戌（十日）条**

後皇子尊《のちのみこのみこと》(2)薨。

**持統十一年（六九七）八月乙丑朔条**

天皇定策禁中、禅天皇位於皇太子(3)。

(1)太政大臣　この太政大臣の地位は、大友王子と同じように、天皇大権の代行者としてのものであろう。(2)後皇子尊　高市皇子。草壁皇子と同じく尊がつけられ、後が草壁皇子に対するものであるとすれば、高市皇子の皇位継承者としての地位によるものか。(3)皇太子　軽皇子。文武天皇。

**142〔続日本紀〕文武天皇即位前紀**

高天原広野姫《たかまのはらひろのひめの》（持統）天皇十一年、立為皇太子。

**143〔懐風藻〕葛野王伝**

葛野王《かどの》、二首

王子者、淡海帝（天智）之孫、大友太子之長子也。（中略）高市皇子薨後(1)、皇太后（持統）引王公卿士於禁中、謀立日《ひ》嗣《つぎ》。時群臣各挟私好、衆議紛紜(2)。王子進奏曰、「我国家為法也、神代以来子孫相承、以襲天位。若兄弟相及、則乱従此興。仰論天心、誰能敢測。然以人事推《おしはか》之、聖嗣自然定矣。此外誰敢間然《かんぜん》乎」。弓削《ゆげ》皇子在座、欲有言(3)。王子叱之乃止。皇太后嘉《よみ》其一言定国。

(1)高市皇子薨後　皇位継承が問題になった。(2)衆議紛紜　必ずしも皇位継承は明確ではなかった。(3)欲有言　弓削皇子（天武天皇の皇子）は、軽皇子（文武天皇）への皇位継承に異論をもっていた。

【解説】高市皇子は、天武天皇の長子であるが、母は身分の低い胸形君尼子娘であり、『日本書紀』では、母が天智の娘である草壁・大津とは区別される。しかし、高市も王位継承の可能性をもっていたことは、高市皇子の死後に王位継承をめぐる会議が開かれていることからも明らかであろう。この段階における王位継承をめぐる制度が未確立であったことは、その会議が「衆議紛紜」とされていることからうかがいうる。王位継承における皇太子の制度が確立したのは、八世紀初頭、軽皇子の立太子以降とされている。

## (9) 王権の神格化と天皇号の成立

### 144 〔万葉集〕巻十九

壬申年之乱平定以後歌二首

4260 皇者　神尓之座者　赤駒之　腹婆布田為乎　京師跡奈之都

大君は　神にしませば　赤駒の　腹ばう田井を　都となしつ

右一首　大将軍贈右大臣大伴卿(1)作《レリ》。

4261 大王者　神尓之座者　水鳥乃　須太久水奴麻乎　皇都常成通　〈作者未レ詳〉

大君は　神にしませば　水鳥の　巣だく水沼《みぬま》を　都となしつ

右件二首　天平勝宝四年二月二日聞《キテ》レ之《ヲ》　即《チ》載《ス》二於茲《ニ》一也

(1)大伴卿　大伴御行。壬申の乱で大海人皇子方で活躍。

【解説】『万葉集』に壬申の乱平定後の歌として大伴家持によって採集された二首の歌は、天皇を神格化したものとされている。内乱に勝利した天武天皇の集権的な体制が神格化を可能とした。「大君は神に坐せば」という成句は、『万葉集』二〇五・二四一にも見られる。天皇号は、法隆寺薬師如来光背銘(七三頁)によって、推古朝に成立したという説が有力であった。しかし、それは後世に刻まれた可能性が高いとされる。天皇号は、天の神の子孫という認識(天皇降臨神話)とも調和するものであり、王権の神格化の進んだ天武・持統期に採用されたとする説が有力である。『旧唐書』高宗本紀上元元年(六七六)八月壬辰条に「皇帝称二天皇一、皇后称二天后一」とあり、六七四年に唐で天皇号が採用されたことが見える。

### 145 〔野中寺金銅弥勒菩薩造像記〕

丙寅年(六六六)四月大旧八日癸卯開《ニ》記《ス》。栢寺《ノ》智識之等、詣《いたり》二中宮天(斉明カ)皇大御身労《いたつキ》坐《まシシ》之時《ニ》一、誓願《シテ》之奉《ル》二弥勒御像《ヲ》一也。友等人数一百十八。是《ニ》依《リテ》六道四生《ノ》人等、此《ノ》教《ニ》可《キ》レ相《あフ》之也。

【解説】大阪府羽曳野市に所在する野中寺《やちゅう》の弥勒菩薩像台座から一九一八年(大正七)に発見された銘文。丙寅年は、六六六年(天智五)。中宮天皇は、斉明あるいは「中皇命」とされる間人《はしひと》王女。刻銘は像の鍍金後に行われているとされ、丙寅年が作成の実年代であるかは検討を要する。銘文は後世の作とする説もある。

### 146 〔船首王後墓誌〕

惟《これ》船氏故《みまかりシ》王後首者《は》、是《レ》船氏《ノ》中祖、王智仁《ノ》首児《ノこ》、那沛故首之子也。生《マレ》二於乎娑陁《おさだノ》宮《ニ》治天下《あめのしたしろしめしし》(敏達)天皇之世《ニ》一、奉仕《つかへまつル》二於等由羅《とゆらノ》宮《ニ》治天下(推古)天皇之朝《ニ》一。至《リテ》二於阿須迦《あすかノ》宮《ニ》治天下天皇(舒明)之朝、天皇照見、知其才異、仕有功勲、勅賜官位(1)大仁(2)、品為第三。殯《いん》亡於阿須迦　天皇之末、歳次《ほしやど》辛丑(六四一)十二月三日庚寅。故《かれ》、戊辰年(六六八)十二月、殯葬於松岳山上、共婦安理故能刀自《ありこのとじ》同墓、其大兄刀羅《とら》古首《このおびと》之墓、並作墓也。即為《な》安保万代之霊基、牢固　永却之宝地(3)也。

（1）官位　この語は大宝令以降の用語。（2）大仁　六〇三年（推古十一）の冠位十二階の第三位。（3）永却之宝地　船氏の墓地を宝地として守り固める。

【解説】　大阪府柏原市国分町の松岡山から出土したと伝えられる銅製鍛造の墓誌である。墓誌は、戊辰年＝六六八年（天智七）に葬ったとし、天皇号が使われている。墓誌銘中の「官位」の語句が大宝令以降のものと考えられることなどから、墓誌は後の追葬である可能性がある。

## 147〔小野朝臣毛人墓誌〕

飛鳥浄御原宮(1)治天下天皇(天武)　御朝、任太政官(2)兼刑部大卿。位大錦上。小野毛人《えみし》朝臣(3)之墓。〈営造歳次丁丑(六七七)年十二月上旬、即葬。〉

（1）飛鳥浄御原宮　飛鳥浄御原宮の宮号が成立したのは六八六年（朱鳥元）。（2）太政官　(ア)知太政官事、(イ)納言あるいは大弁官、(ウ)太政官の官人という意、などの説がある。（3）小野毛人朝臣　朝臣の姓を小野氏が賜姓されたのは六八四年（天武十三）。

【解説】　江戸初期に、京都市左京区上高野（崇道神社付近）の石槨から出土、埋蔵の後、一九一四年（大正三）に掘り出された鋳銅製墓誌。造営年を丁丑年＝六七七年（天武六）とするが、飛鳥浄御原宮の宮号や小野氏の朝臣の姓からして、墓誌をその当時のものとすることはできない。

## 148〔銅板法華説相図銘〕

奉為《おおんため》　天皇陛下(1)、敬《つつし》造千仏多宝仏塔、（中略）歳次降婁(2)漆兎(3)上旬。道明率引捌拾許人、奉為《おんため》飛鳥浄御原大宮治天下天皇(4)敬造。

（1）天皇陛下　(ア)天武天皇あるいは、(イ)持統天皇。（2）降婁　戌の歳。（3）漆兎　「漆」は七、「兎」は月。（4）飛鳥浄御原大宮治天下天皇　(ア)天武天皇あるいは、(イ)持統天皇。

【解説】　奈良県の長谷寺《はせでら》の千仏多宝塔法華説相図銅板の銘である。作成年代については、①六八六年（朱鳥元）、②六九八年（文武二）、③七一〇年（和銅三）、④七二二年（養老六）、⑤七七〇年（宝亀元）などの説があり、①は天武天皇、②以降は、天武・持統天皇ともに成り立ち得る。

## 149〔薬師寺東塔檫盤銘〕

維清原宮(1)馭宇(天武)
天皇即位八年庚辰(六八〇)之歳、建子之月(2)、以中宮不悆、創此伽藍。而鋪《ほ》金末《きんず》遂、龍駕騰仙(3)。大上天皇(4)奉遵《したが》前緒、遂

成《ス》二斯《ノ》業《ヲ》一。（下略）

（1）清原宮　浄御原宮。（2）建子之月　陰暦の十一月。（3）龍駕騰仙　貴人の死去をいう。ここでは天武天皇。（4）大上天皇　持統天皇か。元明あるいは元正天皇という説も。

【解説】奈良市西の京の薬師寺の東塔の檫盤に刻まれた銘。成立時期については、本来薬師寺は藤原京に建築されており、東塔が平城京の現在の地に移建されたのか、新たに建築されたのかの問題にかかわって諸説がある。

**150〔飛鳥池遺跡木簡〕**

・天皇聚□（露カ）弘寅□

（一一八）×（一九）×（三）

（『日本古代木簡集成』）

【解説】この木簡が出土した同じ溝から「丁丑年」即ち天武六年（六七七）の年紀をもつ木簡が出土しており、天武期に天皇号が使用されていたことを示すものである。

## ⑽ 飛鳥浄御原宮・藤原宮と都城の形成

**151〔日本書紀〕**

**天武元年（六七二）是歳条**

営《ム》二宮室《ヲ》於岡本宮《ノ》南（1）《ニ》一。即冬《ニ》、遷《リテ》以居《ス》焉。是《ヲ》謂《フ》二飛鳥浄御原《あすかきよみはら》宮（2）《ト》一。

**天武二年（六七三）二月癸未（二十七日）条**

天皇（天武）命《ジテ》二有司《ニ》一設《ケ》二壇場《たかみくら》《ヲ》一、即《ク》二帝位《ニ》於飛鳥浄御原宮《ニ》一。

（1）岡本宮南　岡本宮・板蓋《いたぶき》宮・後《のちの》岡本宮・浄御原宮は、板蓋宮伝承地に断続的に営まれた宮であった可能性が強いとされている。岡本以外に具体的な地名をもたない点もこのことによると考えられる。（2）飛鳥浄御原宮　この宮号が正式に定められた記事は朱鳥元年（六八六）七月戊午（二十日）条。

【解説】飛鳥浄御原宮は、天武・持統期の宮で、現在、飛鳥板蓋宮上層遺構がそれにあたるとされている。

**152〔日本書紀〕**

**天武十三年（六八四）三月辛卯（九日）条**

天皇（天武）巡《シテ》二行於京師《ニ》一而定《ム》二宮室之地《ヲ》一。

**持統四年（六九〇）十月壬申（二十九日）条**

高市皇子観《ル》二藤原宮地《ノヲ》一。公卿百寮従焉。

**持統四年十二月辛酉（十九日）条**

天皇（持統）幸《みゆきシテ》二藤原《ニ》一観《ル》二宮地《ヲ》一。公卿百寮皆従《フ》焉。

**持統五年（六九一）十月甲子（二十七日）条**

遣《シテ》二使者《ヲ》一鎮《ス》二祭新益京《ノヲ》一。

**持統五年十二月乙巳（八日）条**

詔《シテ》曰《ハク》、「賜《フ》二右大臣(1)《ニ》宅地四町《ヲ》一。直広弐以上《ニハ》二町。大参以下《ニハ》一町。勤以下至《ルマデハ》二無位《ニ》一、随《ハム》二其《ノ》戸口《ニ》一。其《ノ》上戸《ニ》一町。中戸半町。下戸四分之一。王等亦准《ゼヨ》レ此《ニ》」《トノタマフ》。

**持統六年（六九二）正月戊寅（十二日）条**

(持統)天皇観《ル》二新益京《ノ》路《ヲ》一。

**持統八年（六九四）十二月乙卯（六日）条**

遷《リテ》二居《ス》藤原宮《ニ》一。

（1）右大臣　丹比（多治比）嶋。多治比（古）王の子。

153〔続日本紀〕

**文武三年（六九九）正月壬午（二十六日）条**

京職言《もうサク》、「林坊(1)《ノ》新羅《ノ》女牟久売《むくめ》一《タビニ》産《ム》二二男二女《ヲ》一」《トイフ》。賜《フ》二絁五疋・綿五屯・布十端・稲五百束・乳母一人《ヲ》一。

**大宝二年（七〇二）正月乙酉（十七日）条**

正五位下美努王《みぬ》為《ス》二左京大夫(2)《ト》一。

（1）林坊　藤原京の坊の名。（2）左京大夫　左京職の長官。

【解説】　藤原宮は、持統・文武・元明三代の宮。それまでの宮が一代限りのものであったのに対して、藤原宮にいたり、恒常的なものになり、条坊をもった整然とした京がともなうようになったとされる。しかし『日本書紀』『続日本紀』には、藤原京の名称は登場しない。藤原宮に対応する京の名は、「新益京」とされている。新益京は、「あらましのみやこ」という意味であるから、藤原京（新益京）以前に「新たに益された京」が存在したことになる。その「京」とは、白雉四年条などに登場する「倭京」であった。「倭京」の実態は明らかではないが、大王の宮を中心に緩く結合した王族の宮、豪族の宅、その地に存在している寺等の集合体ではないかともされている。藤原京（新益京）の造営については、藤原宮下層の条坊の遺構の存在から、六八四年（天武十三）の段階で、計画が立案されていたとする見解もある。藤原京（新益京）は、六九一年（持統五）の宅地班給を経て、六九四年（持統八）に遷都がおこなわれる。『続日本紀』文武三年（六九九）条が「京職」とし、大宝二年（七〇二）正月条以降、「左京」「右京」の区別がおこなわれていることからすれば、藤原京が左京・右京に分かれるのは大宝令の施行による。『続日本紀《しょくにほんぎ》』は、『日本書紀』につぐ勅撰の歴史書で、六国史の一であり、藤原継縄・菅野真道等によって、七九四年（延暦十三）から七九七年にかけて奏上された。六九九年（文武三）から七九一年（延暦十）までを、四十巻とするが、数次にわたる編纂過程を反映して、前半二十巻と後半二十巻では体裁等に違いがある。

## (11)　国号日本の成立

154〔旧唐書〕**巻百九十九　倭国・日本国伝**

倭国者《ハ》、古《ノ》倭奴国也。去《ルコト》二京師《ヲ》一一万四千里、在《リ》二新羅《ノ》東南

大海《ノ》中《ニ》一。（中略）貞観五年（六三一）、遣《シテ》レ使《ヲ》献《ズ》二方物(1)《ヲ》一。（中略）

日本国者《ハ》、倭国《ノ》之別種也。以《テ》三其《ノ》国在《ル》二日辺《ニ》一、故《ニ》以《テ》二日本《ヲ》一為《ス》レ名《ト》。或《ハ》曰《ハク》、「倭国自《ラ》悪《にくミ》二其《ノ》名不《ルヲ》レ雅《ナラ》、改《メテ》為《ス》二日本《ト》一」《トイフ》。或《ハ》云《フ》、「日本《ハ》旧《もと》小国、併《セタリ》二倭国《ノ》之地《ヲ》一」《トイフ》。其《ノ》人入朝《スル》者、多《ク》自《ラ》矜大、不二以《テ》レ実《ヲ》対《こたへ》一、故《ニ》中国疑(2)《フ》焉。又云《フ》、「其《ノ》国界《ノ》東西南北各数千里、西界南界《ハ》咸《みな》至《リ》二大海《ニ》一、東界北界《ハ》有《リテ》二大山《ニ》一為《シ》レ限《ト》、山外《ハ》即《チ》毛人《えみしノ》之国《ナリトイフ》」。長安三年（七〇三）、其《ノ》大臣朝臣真人来《リテ》貢《ス》二方物(3)《ヲ》一。

（1）貞観五年、遣使献方物　前年の六三〇年（舒明二）に出発した犬上御田鍬等の遣唐使。（2）中国　唐。（3）長安三年、其大臣朝臣真人来貢方物　前年の七〇二年（大宝二）に出発した粟田《あわた》朝臣真人等の遣唐使。

【解説】　国号日本の成立について、『日本書紀』も『続日本紀』も記さない。しかし、『旧唐書』が倭国伝と日本国伝を並記していることからして、日本国号の成立はこの時期と考えられる。『旧唐書』は倭国と日本国の関係を、①倭国と日本国は別種である、②倭国が国号を改めた、③日本国が倭国を併合した、としている。このように、三説が並記された背景には、朝貢国である倭国が勝手に国号を変えるはずはないという観念があったとされる。日本国の使者について、実をもって答えず、唐が疑ったとするのもその間のやりとりによるものである可能性もある。日本の国号の理由を、①については、日辺にあるによったためとしており、②については、倭国の国号が雅でないためとしている。②の倭国の国号を嫌ったとすることについては、文武天皇の諡《おくりな》が「倭根子豊祖父天皇」であること、「大和国」が「大倭国」と表記されていたことからすれば、そのまま肯定することはできず、対外関係を意識して、「日」を含む新しい国号を制定したことによるものとすべきであろう。倭国伝が六三〇年（舒明二）の遣唐使を、日本国伝が七〇三年（大宝二）入朝の遣唐使を記していることからすれば、日本国号が唐に伝えられたのは七〇三年の粟田朝臣真人等の遣唐使の朝貢の時点であると考えられる。日本国号の成立は、天武・持統期から大宝律令の成立までの間とすべきであろう。

第二節

# 律令法

## 1　律令法の制定

### (1)　律令法制定の経緯

**155〔類聚三代格〕弘仁格式序**

暨《およビ》二乎　推古天皇十二年(六〇四)一、上宮太子(1)親作《ラル》二憲法十七条《ヲ》一、国家《ノ》制法自《リ》レ茲始《レリ》焉。降至《テリ》二　天智天皇元年(六六二)(2)《ニ》一制《ス》二令廿二巻《ヲ》一。世人《ノ》所謂《いえる》近江朝廷之令也。爰《ここニ》逮《およビ》二　文武天皇大宝元年(七〇一)《ニ》一、贈太政大臣正一位藤原朝臣不比等《ふひと》奉《うけたまわりテ》レ勅撰《ス》二律六巻、令十一巻《ヲ》一。養老二年(七一八)、復《タ》同大臣不比等奉レ勅更《ニ》撰《シ》二律令《ヲ》一、各為《ス》二十巻《ト》一。今行《ハルル》二於世《ニ》一律令是也。

(1)上宮太子　聖徳太子。(2)天智天皇元年　天智即位元年。称制七年。

【解説】『弘仁格式《こうにんきゃくしき》』は、八二〇年(弘仁十一)撰進された律令の修正法の格と施行細則の式の法規集。現存しないが、序は『類聚三代格《るいじゅうさんだいきゃく》』所収。

### (2)　近江令

**156〔日本書紀〕天智十年(六七一)正月甲辰(六日)条**

東宮太皇弟(1)奉宣《シテ》、〈或本云、大友皇子宣命。〉施《シ》二行冠位法度之事《ヲ》(2)一、大《ス》二赦天下《ニ》一。〈法度冠位之名。具《つぶさニ》載《ス》二於新律令(3)一也。〉

(1)東宮太皇弟　大海人王子、政務担当者は大友王子にかわっていたので、注の或本の説が正しいとする説もある。(2)施行冠位法度之事　近江令の新冠位の制度を表すという説もある。しかし冠位の内容を示さないのは異例で、天智三年二月九日丁亥条に冠位二十六階の制定記事と重出とする説が有力。(3)新律令　法度冠位をのせる新律令を近江令とする説もあるが、官位令集解に「近江朝廷、唯制レ令而不レ制レ律」とあることから近江令には律がなかったとされることと矛盾する。

### (3)　飛鳥浄御原令

**157〔日本書紀〕**

**天武十年(六八一)二月甲子(二十五日)条**

天皇々后、共居《ニテ》二于大極殿《ニ》一、以喚《テめシ》二親王諸王及諸臣《ヲ》一、詔之《シテ》曰《ハク》、「朕今更欲《ス》下定《メ》二律令《ヲ》一改《メント》中法式(1)《ヲ》上。故俱《ニともニ》修《メヨ》二是事《ヲ》一。然頓《モにわかニ》就《サバ》二是務《ノヲ》一、公事有《ラン》レ闕《クルコト》。分《ケテ》レ人応《シ》レ行《フ》」。

**天武十一年(六八二)八月朔日条**

令《シテ》二親王以下及諸臣《ヲ》一各俾《しム》レ申《サ》二法式《トシテキ》　応《フ》レ用之事(2)《ヲ》一。

**持統三年（六八九）六月庚戌（二十九日）条**

班《チ》二賜《フ》諸司《ニ》令一部廿二巻《ヲ》一。

（1）欲定律令改法式　飛鳥浄御原律令の編纂開始を示す記事。（2）俾申法式応用之事　飛鳥浄御原律令の編纂の資料として王臣の意見を述べさせたものか。

【解説】　日本律令編纂については、①弘仁格式序等から天智期に近江令が、『日本書紀』等から持統期に飛鳥浄御原律令が継起的に編纂されたとする説、②弘仁格式序の近江令と『日本書紀』の飛鳥浄御原律令が共に「二十二巻」とあることから、天智期に編纂開始された令が持統期に完成したとする説、③近江令を認めない説がある。現在では体系的な法典としては近江令は完成しなかったとする③説が有力。また、持統三年に班賜されたのが令のみであるように飛鳥浄御原律令段階では律は完成せず唐律が准用されたとする説が有力。

### (4)　大宝律令

158〔続日本紀〕

**文武四年（七〇〇）三月甲子（十五日）条**

詔《シテ》二諸王臣《ニ》一読二習《セシム》令文《ヲ》一。又撰二成《セシム》律条《ヲ》一。

**文武四年六月甲午（十七日）条**

勅《シテ》二浄大参刑部《おさかべ》親王(1)、直広壱藤原朝臣不比等、直大弐粟田朝臣真人、直広参下毛野《しもつけの》朝臣古麻呂、直広肆伊岐《いき》連博得《はかとこ》(2)、直広肆伊余部《いよべ》連馬養《うまかい》、勤大壱薩弘恪《さつこうかく》(3)、勤広参土部《はじ》宿禰甥《おい》、勤大肆坂合部《さかいべの》宿禰唐《もろこし》、務大壱白猪《しらい》史骨《ほね》、追大壱黄文《きぶみ》連備《そなう》・田辺史百枝・道君首名《みちのきみのおびとな》・狭井宿禰尺《さか》麻呂、追大壱鍛《かぬち》造大角《おおすみ》、進大壱額田部《ぬかたべ》連林《はやし》、進大弐田辺史首名・山口伊美伎《いみき》大麻呂、直広肆調《つき》伊美伎老人《おきな》等《ニ》一、撰二定《セシム》律令《ヲ》一。賜《フコト》レ禄《ヲ》各有《リ》レ差。

**大宝元年（七〇一）三月甲午（二十一日）条**

始《テ》依《リテ》二新令《ニ》一改二制《ス》官名位号《ヲ》一。（中略）始《テ》停《メ》レ賜《フ》レ冠《ヲ》、易《フルニ》以《テス》二位《い》記《きヲ》一(4)。

**大宝元年四月庚戌（七日）条**

遣《シテ》二右大弁従四位下下毛野朝臣古麻呂等三人《ヲ》一、始《テ》講《ゼシム》二新令《ヲ》一。親王・諸臣・百官人等就《キテ》而習《フ》レ之《ヲ》。

**大宝元年六月壬寅朔条**

令《ム》三正七位下道君首名《ヲシテ》説《カ》二僧尼令《そうにりょうヲ》于大安《だいあん》寺《ニ》一。

**大宝元年六月己酉（八日）条**

勅《シタマフ》、「凡其《ソノ》庶務《ハ》一《ニ》依《レ》二新令《ニ》一。」《トノタマフ》（中略）是《ノ》日、遣《シテ》二使《ヲ》七道《ニ》一、宣下告《ス》依《リテ》二新令《ニ》一為《シ》レ政《ヲ》、及給《フ》二大租《ヲ》一之状《ヲ》上。

**大宝元年八月癸卯（三日）条**

遣《シテ》二三品刑部《おさかべノ》　親王、正三位藤原朝臣不比等、従四位下下毛野朝臣古麻呂、従五位下伊吉連博徳、伊余部連馬養等《ヲ》一、撰二定《セシムコト》　律令《ヲ》一。於《テ》レ是《ニ》始《テ》成《ル》。大略以《テ》二浄御原朝庭《ヲ》一為《ス》二准正《ト》一。仍《テ》賜《フコト》レ禄《ヲ》有《リ》レ差《しな》。

**大宝元年八月戊申（八日）条**

遣《シテ》二明法博士《ヲ》於六道《ニ》一〈除二西海道一。〉講《ゼシム》二　新令《ヲ》一。

**大宝二年（七〇二）二月戊戌朔条**

始《テ》頒《ツ》二新律《ヲ》於天下《ニ》一。

**大宝二年七月乙亥（十日）条**

詔《シテ》、令《ム》三内外《ノ》文武官《ヲシテ》　読二習《セ》新令《ヲ》一。(5)

**大宝二年七月乙未（三十日）条**

始《テ》講《ズ》レ律《ヲ》。

**大宝二年十月戊申（十四日）条**

頒二下《チス》律令《ヲ》于天下《ノ》諸国《ニ》一。

（1）刑部親王　本来は皇子とあるべき。天武天皇の皇子。母は宍人《ししひと》臣大麻呂の娘欙媛《かじひめのいらつめ》娘。大宝律令撰定事業の総裁。（2）伊岐連博得　斉明五年の遣唐使に従い入唐。唐の百済遠征により長安に抑留。この間の事情は斉明五年七月紀等に所引の伊吉連博得書に詳しい。（3）薩弘恪　唐人の渡来一世。斉明五年九月紀等には音博士《おんはかせ》。（4）始停賜冠易以位記　『日本書紀』持統三年九月条に「給レ送二位記一」とあり、位記の発行は飛鳥浄御原令の施行によって開始された。大宝令の朝服の冠は位の高下にかかわらず黒い漆の冠であり、位記によって身分を表す大宝令の原則を示す。（5）新令　『類聚国史』や『日本紀略』が「新律」とするのに従うべき。

【解説】　従来大宝律令の編纂・施行の過程は、文武四年（七〇〇）三月条が編纂の着手、同六月条が編纂員の任命、大宝元年（七〇一）三月条が施行のはじめとし、以後徐々に施行されて、大宝二年にいたって全面的に施行されたとされてきた。しかしそれでは、大宝令が、編纂開始以後一年で編纂されたことになり、編纂完了以前に一部施行されたことになる。文武四年三月条の記事は、令の編纂が終わり律の編纂に重点が移ったと理解すべきであろう。同六月条は、令編纂に対する賜禄、大宝元年三月条は新令の官名位号、朝服を採用することを宣言し、同四月条、六月朔条の講説の前提として、新令が諸司に頒布され、六月八日条で新令によって政を行うことが宣せられた。同八月三日条は、大宝律の撰定完了に関する賜禄、大宝律は同二年二月に諸司頒布され、講説がおこなわれ、同十月条の天下諸国への頒下によって大宝律令の施行が完了したという説が有力。

## (5) 養老律令

159 〔続日本紀〕

**養老六年(七二二)二月戊戌(二十七日)条**

賜《フ》二正六位上矢集《やづめ》宿禰虫麻呂《ニ》田五町、従六位下陽胡《やこ》史真身《まみニ》四町、従七位上大倭忌寸《やまとのいみき》小東人(1)《ニ》四町、従七位下塩屋連吉麻呂《ニ》五町、正八位下百済人成《ニ》四町《ヲ》一。並《ニ》以《テ》下撰《スル》二律令《ヲ》一功《ヲ》上也。

**天平宝字元年(七五七)五月丁卯(二十日)条**

又勅《シテ》曰《ハク》、「頃年、選人依《リテ》レ格《ニ》結《ビ》レ階《ヲ》、人々位高《クシテ》不レ便《ナラ》二任官《ニ》一。自《リ》レ今以後、宜《シ》レ依《ル》二新令(2)《ニ》一。去養老年中、朕外祖故太政大臣(3)、奉《リテ》レ勅《ヲ》刊二修《スル》律令《ヲ》一。宜《シ》下告《ゲ》二所司《ニ》一早《ク》使《ム》中施行《セ》上。」《トノタマフ》

**天平宝字元年十二月壬子(九日)条**

太政官奏《シテ》曰《ハク》、「(中略)正五位上大和宿禰長岡、従五位下陽胡史真身、並《ニ》養老二年修《ムルノ》二律令《ヲ》一功田各四町。外従五位下矢集宿禰虫麿、外従五位下塩屋連吉麿、並《ニ》同年《ノ》功田各五町。正六位上百済人成同年《ノ》功田四町。五人並《ニ》執二持《シテ》刀筆《ヲ》一刪二定《ス》科条《ヲ》一。成《スコト》レ功《ヲ》縦《いと》多《ケレドモ》、事匪《あらズ》二匡難《ニ》一。比校《スルニ》一同《ジ》二下毛野朝臣古麿等(4)《ニ》一。依《ルニ》レ令(5)《ニ》下功《ナリ》。合《ベシ》レ伝《フ》二其《ノ》子《ニ》一。」《トマウス》

(1)大倭忌寸小東人　天平宝字元年(七五七)十二月九日条の大和宿禰長岡と同人。(2)新令　養老令。(3)朕外祖故太政大臣　孝謙天皇の外祖父藤原不比等。歿後の養老四年(七二〇)十月二十三日条に太政大臣を贈られた。(4)下毛野朝臣古麿等　大宝律令撰定者。(5)依令　田令6功田条に「凡功田大功世々不レ絶。上功伝二三世一。中功伝二二世一。下功伝レ子。」とある。

【解説】　養老律令の編纂過程については『続日本紀』に記事がみえないが、弘仁格式序及び天平宝字元年十二月条に養老二年編纂とある。しかし、編纂に対する賜禄が七二二年(養老六)になされていること、編纂者の一人である大倭小東人が七一七年(養老元)進発の遣唐使に参加して七一八年(養老二)十月に帰国していること、養老律令の中に七一八年以後改正された制度の規定を含むことから、編纂事業は七一八年に完了せず、その後も続けられ、七二〇年八月に主宰者の藤原不比等の死によって頓挫したとの説が出された。この七一八年(養老二)成立否定説に対して、養老律令の編纂は以前からおこなわれており、小東人の入唐も養老律令の編纂に関わるものである可能性もあること、七一八年以後改正された制度も養老律令の一部が先取りして施行されたものとも理解できるとの反論もある。養老律令は、養老年中には施行されず、七五七年(天平宝字元)五月になってはじめて施行される。養老律令はその後、江戸時代まで公家法の基本法でありつづけた。

## 2 律――養老律

養老律は、冒頭の律目録により、名例《みょうれい》、衛禁《えごん》、職制《しきせい》、戸婚《ここん》、厩《きゅう》庫《こ》、擅興《せんこう》、賊盗《ぞくとう》、闘訟《とうしょう》、詐偽《さぎ》、雑《ぞう》、捕亡《ぶもう》、断獄《だんごく》の十二篇目であったことが確認できるが、そのうち写本として現存するのは、職制・賊盗律および名例律の前半・衛禁の後半・闘訟律の一部であって、残りは諸史料のなかに逸文として存在する。大宝律は写本として現存するものはなく、一部が逸文として残る。養老律は、本文・注・疏文の三つから構成されている。唐のように律が編纂され後に疏が付加されたのではなく、律が疏文付きで編纂されたのである。大宝律も同様であったとされる。

## 160〔名例律〕

笞《ち》罪(1)五　笞十贖銅《しょくどう》一斤(2)　笞廿贖銅二斤　笞卅贖銅三斤　笞卌贖銅四斤　笞五十贖銅五斤
杖《じょう》罪(3)五　杖六十贖銅六斤　杖七十贖銅七斤　杖八十贖銅八斤　杖九十贖銅九斤　杖一百贖銅十斤
徒《ず》罪(4)五　徒一年贖銅廿斤　徒一年半贖銅卅斤　徒二年贖銅卌斤　徒二年半贖銅五十斤　徒三年贖銅六十斤
流《る》罪(5)三　近流贖銅一百斤　中流贖銅一百廿斤　遠流贖銅一百卌斤
死《し》罪(6)二　絞斬二死　贖銅各二百斤

(1)笞罪　笞で身体(尻と腿)を打つ刑。(2)贖銅　銅を提出することで、実刑に代える刑。(3)杖罪　杖で身体を打つ刑。笞罪と杖罪では、数の違いでわけ、刑具は共に長さ三尺五寸で、杖が太いものを使う点が異なる。(4)徒罪　懲役刑。所定の年数、都の土木工事や地方での労役に従わせた。(5)流罪　遠隔の地への強制移住(配流)と一年の服役を組み合わせたもので、服役の後その地に定住させた。(6)死罪　死刑。絞(しばりくび)と斬(くびきり)で、斬が重い刑である。

### 八虐

一曰、謀反《むへん》(1)。〈謂《いうこころハ》、謀危国家。〉(疏文略)(2)
二曰、謀大逆(3)。〈謂、謀毀《こぼタムト》山陵及宮闕。〉(疏文略)
三曰、謀叛《むほん》(4)。〈謂、謀背国従偽。〉(疏文略)
四曰、悪逆(5)。〈謂、殴《うチ》及謀殺祖父母父母、殺伯叔父・姑・兄姉・外祖父母・夫・夫之父母。〉(疏文略)
五曰、不道(6)。〈謂、殺一家非死罪三人、支(7)解人。〉(疏文略)〈造畜虫毒(8)、厭魅(9)。〉(疏文略)〈若殴《うチ》告《もうシ》及謀殺伯叔父・姑・兄姉・外祖父母・夫・夫之父母。〉(疏文略)〈殺四等以上尊長。〉(疏文略)〈及妻。〉
六曰、大不敬(10)。〈謂、毀大社、及盗大祀神御之物、乗輿(11)服御物。〉(疏文略)〈盗及偽造神璽・内印。〉(疏文略)〈合和御薬、誤不如本方。〉(疏文略)〈及封題誤。〉(疏文略)〈若造御膳、誤犯食禁。〉(疏文略)〈御幸舟船、誤不牢固。〉(疏文略)〈指斥乗輿、情理切害。〉(疏文略)〈及対捍詔使、而無人臣之礼。〉(疏文略)
七曰、不孝(12)。〈謂、告言《こうげん》(13)詛詈《そり》(14)祖父母父母。〉(疏文略)〈及祖父母父母在、別籍異財(15)。〉(疏文略)〈居父母喪、身自嫁娶、若作《おこシ》楽、釈《ぬイデ》服従吉。〉(疏文略)〈聞祖父母父母喪、匿《かくシテ》不挙哀(16)。〉(疏文略)〈詐称祖父母父母死。〉(疏文略)〈姦父祖妾。〉
八曰、不義(17)。〈謂、殺本主、本国守、見《げん》受業師。〉(疏文略)

〈吏卒殺《シ》二本部五位以上官長《ヲ》一、〉（疏文略）〈及《ビ》聞《キテ》二夫《ノ》喪《ヲ》一、匿《シテ》不二挙哀《セ》一、若《クハ》作《シ》レ楽《ヲ》、釈《イデ》レ服《ヲ》従《ヒ》レ吉《ニ》、及《ビ》改嫁《セシモノ》。〉（疏文略）

（1）謀反　天皇に対する殺人予備罪。国家とは天皇を意味する。（2）疏文　この部分に「謂。臣下将レ図二逆節一。而有二無レ君之心一。不三敢指二斥尊号一。故託云二国家一」という疏文がはいる。以下も同様。（3）謀大逆　御陵・皇居の毀損を謀る罪。（4）謀叛　反乱者や蕃国に投降・逃亡する罪。（5）悪逆　直系尊属の暴行・殺人予備。近親尊長の殺害という儒教上最大級の犯罪。（6）不道　人間性に反する大量殺人、残虐な殺人、呪術による傷害殺人の罪。（7）支解　肢体切断。（8）虫毒　毒虫から製造した伝染性のある毒。（9）厭魅　呪術によって人を害そうとすること。（10）大不敬　天皇に対し不敬にあたる罪。（11）乗輿　天皇。（12）不孝　直系尊属に対する罪。（13）告言　官司に訴えること。（14）詛詈　面と向かって罵詈すること。（15）異財　戸籍・家産を分けること。（16）挙哀　号泣の声をあげる。（17）不義　礼儀に反する罪。

六議《りくぎ》

一《ニ》曰《ハク》、議親(1)。〈謂《ハ》、皇親及《ビ》皇帝五等以上親《ノ》及《ビ》太皇太后・皇太后《ノ》四等以上親《ノ》。〉（疏文略）〈皇后《ノ》三等以上《ノ》親。〉

二《ニ》曰《ハク》、議故(2)。〈謂《ハ》、故旧。〉（疏文略）

三《ニ》曰《ハク》、議賢(3)。〈謂《ハ》、有《ルモノ》二大徳行一。〉（疏文略）

四《ニ》曰《ハク》、議能(4)。〈謂《ハ》、有《ルモノ》二大才芸一。〉（疏文略）

五《ニ》曰《ハク》、議功(5)。〈謂《ハ》、有《ルモノ》二大功勲一。〉（疏文略）

六《ニ》曰《ハク》、議貴(6)。〈謂《ハ》、三位以上。〉

（1）議親　天皇の血族、姻族で律の適用に際して優遇をうける議の範囲。（2）議故　天皇の恩顧を得るものを議の対象とする規定。（3）議賢　賢人・君子を議の対象とする規定。（4）議能　軍隊の指揮官、政治家として優れた者を議の対象とする規定。（5）議功　軍功をあげ、あるいは困難を越える使者を議の対象とする規定。（6）議貴　三位以上を議の対象とする規定。

【解説】名例律《みようれい》は、律の総論的な位置を占め、刑名等、律全体の通則を規定する。唐律五十七条。養老律はその前半に相当する三十二条が現存し、他は逸文が散見する。ここに掲げたのは、その冒頭の刑名、八虐、六議の規定の部分で原則規定。刑名は刑罰の種類の規定であり、八虐は支配体制と社会秩序を揺るがす重大犯罪を律の諸条から抽出しその性格を規定し裁判、行刑を厳しくしようとするもの、六議は逆に刑の減刑を与える特典の範囲を定めたもの。八虐は唐律が十悪とするものから不睦、内乱の二項目を整理したものである。六議も唐律の八議から議勤、議賓を整理したものである。律は一般的には唐律の規定を継承したものが多いとされているが、八虐、六議など基本的な規定で改変がある。

## 161〔衛禁律〕17 車駕行衝隊条

凡《ソ》車駕(1)行《クニ》、衝《ツク》レ隊《ヲ》者《ハ》、杖一百。若《シ》衝《ク》二兵衛及《ビ》内舎人仗《ノ》(2)一者《ハ》、徒一年。〈謂《ハ》、入《レルモノ》二仗隊間《ノ》一者。〉（疏文略）誤《ラバ》者、各減《ゼヨ》二二等《ヲ》一。（疏文略）若《シ》畜産唐突《スルニ》、守衛不《シテ》レ備《ヘ》、入《ラバ》二宮門《ニ》一者、杖七十。衝《カバ》二仗衛《ヲ》一者、笞五十。（疏文略）

（1）車駕《きよが》　行幸中の天子を指す尊称。（2）兵衛及内舎人仗　衛士の隊列である「隊」よりも、天子に近い兵衛・内舎人の隊列。

【解説】 衛禁律は、宮城の警護、関の守固に関する刑罰規定。唐律三十三条。養老律はその後半部十四条が現存。本条は、行幸時の隊列に人畜が突入したときの罰則規定である。

**162〔職制律〕1 官有員数条**

凡《ソ》官《ニ》有《ルニ》二員数一、而署置(1)過《ギ》レ限《ヲ》、及《ビ》不《ルニ》レ応《カラ》レ置《ク》而置《カバ》、〈謂《ハ》、非《ザル》二奏任《ニ》一者。〉一人《ニ》杖一百。三人《ニ》加《ヘ》二一等《ヲ》一、十人《ニ》徒二年。(疏文略)後人知《リテ》而聴《ス》者《ハ》、減《ゼヨ》二前人《ノ》署置《ノ》一等《ヲ》一。(疏文略)規求(2)《スル》者《ハ》、為《セ》二従坐(3)《ト》一。(疏文略)被《ルル》二徴《セ》須一者《ハ》勿論(4)。(疏文略)即《もシ》軍機要速《ニシテ》、量《リテ》レ事《ヲ》権《かりニ》置《ク》者《ハ》、不《レ》レ用《ヰ》二此律《ヲ》一。(疏文略)

(1)署置　人を官職に置くこと。(2)規求　自ら違法な署置を求めて任官した者。(3)従坐　初置官(首犯)に対して従犯とする。(4)被徴須者勿論　召し出されて任官した者は罪を問わない。

【解説】 職制律《しきせい》は官人の服務規程違反に対する罰則規定。唐律五十九条。養老律は五十六条全文が現存。本条は、令に定められた定員を超過したり、官制にない官人を任命することに対する罰則規定。

**163〔賊盗律〕9 謀殺人条**

凡《ソ》謀(1)《リタル》レ殺《サムト》レ人《ヲ》者《ハ》、徒二年。已《ニ》傷《ケタル》者《ハ》近流《きんる》。已《ニ》殺《シタル》者《ハ》斬。(疏文略)従《ヒテ》而加《ヘタル》(2)レ功《ヲ》者《ハ》、加役流(3)。(疏文略)不《ル》レ加《ヘ》レ功《ヲ》者《ハ》、近流。(疏文略)造意(4)《ノ》者《ハ》、雖《モ》レ不《ルト》レ行《ハ》、仍《リテ》為《セ》レ首《ト》。(疏文略)〈雇《ヒテ》レ人《ヲ》殺《シタル》者《モ》、亦同。〉(疏文略)即《もシ》従者不《ハ》レ行《カ》、減《ゼヨ》二行者《ノ》一等《ヲ》一。〈余条不《ハ》レ行《カ》准《ゼヨ》レ此《ニ》。〉(疏文略)

(1)謀　二人以上の場合をいう。(2)加功　殺人の実行に加わった者。(3)加役流《かやくる》　流罪は近・中・遠ともに配所での役は一年であるが、役三年を課す刑。(4)造意　犯行を首唱したもの。

【解説】 賊盗律は、反逆・殺人などの賊叛と窃盗・強盗などの劫盗に関する刑罰規定。唐律五十四条。養老律は五十三条全文が現存。本条は謀殺人の一般規定である。律では、殺人を謀殺、故殺、闘殺、戯殺、誤殺、過失殺に分ける。

**164〔闘訟律〕4 闘殴折跌人支体条**

凡《ソ》闘殴《シテ》折(1)《シ》三跌人《ノ》支体《ヲ》一、及《ビ》瞎(2)《セル》二其一目《ヲ》一者《ハ》、徒三年。〈折《ルトハ》レ支《ヲ》者、折《ルナリ》レ骨《ヲ》。跌《ストハ》レ体《ヲ》者、骨節差跌《シ》、失《フナリ》二其常処《ヲ》一。〉辜(3)内《ニ》平復《スラバ》者、各減《ゼヨ》二二等《ヲ》一。〈余条折跌平復准《ゼヨ》レ此《ニ》。〉(疏文略)即《もシ》損《シ》二二事以上《ヲ》一、及《ビ》因《リテ》二旧患《ニ》一、令《メ》レ至《ラ》二篤疾《ニ》一、若《シクハ》断《チ》レ舌《ヲ》及《ビ》毀《スル》三敗人《ノ》陰陽(4)《ヲ》一者《ハ》遠流《おんる》。(疏文略)

(1)折跌　折は骨折、跌《てつ》は捻挫させること。(2)瞎《かつ》　盲目にすること。(3)辜　傷害罪の場合に傷の軽重が定まるまでの間、犯人を留置し、処分を保留する制度。(4)毀敗人陰陽　男女の性器を損ない、生殖不能にすること。

【解説】 闘訟律《とうしょう》は、各種の闘殴による殺傷および告訴(訴訟)に関する刑罰規定。唐律六十条。養老律は三条が残るのみ。本条は、唐律第四条に相当する闘殴して骨折その他の傷害を与えたときの刑罰規定。

## 3　令——養老令

養老令は、官位、職員《しきいん》、後宮職員《こうきゅう》、東宮職員《とうぐう》、家令職員《かれい》、神祇《じんぎ》、僧尼《そうに》、戸《こ》、田《でん》、賦役《ぶやく》、学、選叙《せんじょ》、継嗣、考課、禄、宮衛《くえい》、軍防、儀制、衣服、営繕《えいぜん》、公式《くしき》、倉庫、厩牧《くもく》、医疾、仮寧《けにょう》、喪葬、関市《げんし》、捕亡《ぶもう》、獄、雑の三十篇目である。養老令そのものは残っていないが、倉庫・医疾令を除いては、九世紀の注釈書である『令義解《りょうのぎげ》』・『令集解《りょうのしゅうげ》』に収録されている。倉庫・医疾二令は逸文により復原が試みられている。以下に示すのは、それらから抽出した養老令文である。大宝令は、『令集解』所引の古記等から内容を知ることができる。

**165〔官位令〕**

親王
一品《ぼん》　太政大臣《だいじょう》
二品　左右大臣
三品
四品　大納言《だいなごん》　大宰ノ帥《だざいのそち》　八省ノ卿

諸王　諸臣
正一位《しょう》
従一位《じゅ》
　太政大臣
正二位
従二位
　左右大臣
正三位《さんみ》
　大納言　勲一等(1)
従三位
　大宰ノ帥　勲二等
正四位《しい》
　皇太子ノ傅《ふ》　中務卿
　以前上階
　七省ノ卿　勲三等
従四位
　弾正尹《だんじょういん》　左右大弁《だいべん》
　以前上階
　神祇伯《はく》　中宮大夫《だいぶ》
　春宮大夫《しゅんぐう》　勲四等

(1)勲一等　勲位は軍功によって与えられる栄典。十二等まである。官位令に勲位が登場するのは、位階と勲位が相当関係にあるのではなく(当然官職とも相関関係はない)、朝参行立などの際の勲位と位階の対応関係を示すため。

【解説】　官位令は十九条で、官職と位階の相当の規定。唐の官品令では、官品は官職を正一品から従九品下まで品階に分け、その尊卑を定める基準であって、それ自体が官人に与えられることはなかった。これに対して、日本では、位階が各官人に与えられるものであり、官位令は位階を与えられた官人がつくべき官職を示す位階と官職の相当の規定となっており、唐の官品制に比してより身分制的な性格をもつとされている。位階と官職の相当は一二二頁の表2-2のとおりである。

## 166〔職員令〕1　神祇官条

神祇官

伯《はく》一人。〈掌《つかさどル》三神祇ノ祭祀、祝部《はふりべ》(1)神戸(2)ノ名籍、大嘗(3)、鎮魂(4)、御《み》巫《かんなぎ》(5)、卜兆(6)、惣二判スルコト官ノ事一ヲ。余ノ長官判ズルコトレ事ヲ准ゼヨレ此ニ。〉大副《だいふく》一人。〈掌ルコト同ジレ伯ニ。余ノ次官不レ注サレバ二職掌ヲ一者、掌ルコト同ジ二長官ニ一。〉少副一人。〈掌ルコト同ジ二大副ニ一。〉大祐《だいゆう》一人。〈掌ル下糺二判(7)シ官内ヲ一、審二署シ文案ヲ一(8)、勾《かんがへ》二稽失ヲ一(9)、知ル中宿直ヲ上。余ノ判官准ゼヨレ此ニ。〉少祐一人。〈掌ルコト同ジ二大祐ニ一。〉大史一人。〈掌ル下受ケレ事ヲ上抄(10)シ、勘二署シ文案ヲ一、検二出シ稽失ヲ一、読中申スルコト公文ヲ上。余ノ主典准ゼヨレ此ニ。〉少史一人。〈掌ルコト同ジ二大史ニ一。〉神部《かんべ》卅人。卜部《うらべ》廿人。使部《しぶ》卅人。直丁《じきちょう》二人。

(1)祝部　下級神職。大きな社では神主や禰宜の下に多くの祝がいたが、村々の小さな社には祝だけのこともあった。(2)神戸　官社に世襲的に所属する戸。神戸の負担する調庸及び田租は神宮の造営や供神の調度に充てられた。(3)大嘗　天皇が宮中において新穀による神饌を諸神に供し、天皇自らも食する祭儀。(4)鎮魂　天皇の霊魂が身体から遊離しないようにする祭祀。(5)御巫　カンナギは神を和らげ神に願うことまたはその人。本来は女性。(6)卜兆　亀卜による占い。(7)糺判　非違を糾弾し決裁に関与すること。(8)審署文案　公文草案は主典(神祇官では大少史)が勘造し署名し、判官(大少祐)が審査し署名した。(9)勾稽失　公務の遅滞、公文の過失は主典が検出、指摘し、判官が判断した。(10)上抄　授受した公文を記録する。

## 〔職員令〕2　太政官条

太政官

太政大臣一人

　右師二範シテ一人ニ一(1)、儀二形タリ四海ニ一、経《おさメ》レ邦ヲ論ジレ道ヲ、燮《しょうりス》二理陰陽ヲ一(2)。無クバ二其人一則チ闕ケヨ。

左大臣一人。〈掌ル下統二理シ衆務ヲ一、挙二持シ綱目ヲ一、惣中判スルコト庶事ヲ上。弾正(3)ノ糺サレバ不レ当ラ者、兼テ得レ弾スルコトヲ之。〉右《う》大臣一人。〈掌ルコト同ジ二左大臣ニ一。〉大《だい》納《な》言《ごん》四人。〈掌ル下参二議シ庶事ニ一(4)、敷《ふ》奏《そう》、宣旨《せんじ》、侍従、献替ヲ上(5)。〉少納言三人。〈掌ル下奏二宣シ小事ヲ一、請二進シ鈴印伝符ヲ一(6)、進二付シ飛駅《ひやく》ノ函鈴ヲ一(7)、兼テ監スルコト中官印ヲ上。其ノ少納言、在リ二侍従ノ員《かず》ノ内ニ一。〉大外記《だいげき》二人。〈掌ル下勘シ二詔奏ヲ一、及ビ読二申シ公文《くもん》ヲ一、勘二署シ文案ヲ一、検中出スルコト稽失ヲ上。〉少外記二人。〈掌ルコト同ジ二大外記ニ一。〉史生《ししょう》十人。〈掌ル下繕二写シ公文ヲ一(8)、行中署スルコト(9)文案ヲ上。余ノ史生准《ゼヨ》

此。〉左大弁《さだいべん》一人。〈掌管中務《なかつかさ》・式部・治部《じぶ》・民部、受付庶事、糺判官内、署文案、勾《かんがへ》稽失、知諸司宿直、諸国朝集。若右弁官不在、則併行之。〉右大弁一人。〈掌管兵部《ひょうぶ》・刑《ぎょう》部《ぶ》・大蔵・宮内。余同左大弁。〉左中弁一人。〈掌同右大弁。〉右中弁一人。〈掌同左大弁。〉左少弁一人。〈掌同右中弁。〉右少弁一人。〈掌同左中弁。〉左大史二人。右大史二人。左少史二人。右少史二人。左史生十人。右史生十人。左官《さか》掌《じょう》二人。〈掌通伝訴人、検校使部、守当官府、庁事舗設。〉右官掌二人。〈掌同左官掌。〉左使部八十人。右使部八十人。左直丁四人。右直丁四人。巡察使。〈掌巡察諸国。不常置。応須巡察、権於内外官、取清正灼然者充。巡察事条及使人数、臨時量定。〉

(1)一人　天皇。(2)儀形四海、経邦論道、燮理陰陽　(天皇の師範として)、天下の規範を示し、政治姿勢を正し、天地の運行を穏やかにする。「経邦論道、燮理陰陽」は『書経』による。(3)弾正　弾正台。(4)参議　大臣と共に政治を審議する。(5)献替　側近にあって、是非を献言する。非があればそれに替えて正しい判断を献言する。(6)鈴印伝符　駅馬のための鈴と伝馬のための伝符。(7)飛駅函　飛駅のための函。(8)繕写　浄書し複写し装丁する。(9)行署　主典以上のところに行って署名を取る。

## 〔職員令〕66 左京職条

左京職《さきょうしき》〈右京職准此。管司[1]一。〉大夫一人。〈掌左京戸口名籍、字《じ》養《よう》百姓、糺察所部、貢挙[2]・孝義・田宅・雑徭・良賤・訴訟・市廛[3]・度量・倉廩《そうりん》・租調・兵士・器仗[4]・道橋・過所[5]・闌遺[6]雑物・僧侶名籍《みょうぜき》事。〉亮《すけ》一人。大《だい》進《じょう》一人。少進二人。大属《だいさかん》一人。少属二人。坊令《ぼうれい》十二人。使部卅人。直丁二人。

(1)司　市司。(2)貢挙《ぐこ》　こうきょ。国学修了者(貢人《くにん》)、大学修了者(挙人《こにん》)を推挙すること。(3)市廛《してん》　市と店(廛)。(4)器仗　兵器と儀仗。(5)過所《かしょ》　関の通過許可書。(6)闌遺《らんい》　遺失物。

【解説】 職員令の八十条は、中央、地方の官司の構成、官名・定員とその職掌規定。大宝令では官員令と称した。神祇官を官司規定の冒頭とするが、神祇伯の相当官位従四位下は、太政官の大弁、八省の卿よりも下位。太政官は、①太政大臣、左右大臣、大納言が議政官である政務審議機関、②その下の少納言局が少納言、外記、史生を構成員としての事務局、③左右大中少弁以下弁官の弁・史・史生が議政官の指揮を受けて八省以下の行政機構を指揮・命令する事務局という三つの部分からなっている。左弁官局が中務以下の四省、右弁官局が兵部以下の四省を管轄。八省の下には、職・寮・司などの官司が付属。それらの官司機構から独立して、弾正台《だんじょうだい》は官司機構の監察にあたり、また左右衛士府《えじふ》、左右兵衛府《ひょうえふ》などが軍事にあたった。地方では国・郡の官司が支配機構を形成した(国・郡の職員規定は、

## 表2-2 官位相当表

その①

| 官＼位 | 正一位<br>従一位 | 正二位<br>従二位 | 正三位 | 従三位 | 正四位上 | 正四位下 | 従四位上 | 従四位下 | 正五位上 | 正五位下 | 従五位上 | 従五位下 | 正六位上 | 正六位下 | 従六位上 | 従六位下 |
|---|---|---|---|---|---|---|---|---|---|---|---|---|---|---|---|---|
| 神祇官 | | | | | | | | 伯 | | | | 大副 | 少副 | | 大祐 | 少祐 |
| 太政官 | 太政大臣 | 左右大臣 | 大納言 | | | | 左右大弁 | | 左右中弁 | 左右少弁 | | 少納言 | 左右大史 | | | |
| 中務省 | | | | | 卿 | | | | 大輔 | | 少輔 | 侍従<br>大監物 | 大内記 | 大丞 | 少丞<br>中監物 | |
| 式部省<br>治部省<br>民部省<br>兵部省<br>刑部省<br>大蔵省<br>宮内省 | | | | | | 卿 | | | | 大輔<br>大判事 | | 少輔 | | 大丞<br>中判事 | 少丞 | 少判事<br>大主鑰 |
| 中宮職<br>春宮坊 | | | | | 皇太子傅 | | | 大夫 | | | | 亮<br>皇太子学士 | | | 大進 | 少進 |
| 大膳職<br>左右京職<br>摂津職 | | | | | | | | | 大夫 | | | | | | | 大進 |
| 左右大舎人寮<br>図書寮<br>大学寮<br>雅楽寮<br>玄蕃寮<br>主計寮<br>主税寮<br>木工寮<br>左右馬寮<br>左右兵庫 | | | | | | | | | | | 頭 | | | 助<br>大学博士 | | |
| 内蔵寮<br>縫殿寮<br>陰陽寮<br>散位寮<br>大炊寮<br>主殿寮<br>典薬寮 | | | | | | | | | | | | 頭 | | | 助 | |

| | | | | | | | | | | | | | | | | |
|---|---|---|---|---|---|---|---|---|---|---|---|---|---|---|---|---|
| 画工司 内薬司 諸陵司 兵馬司 造兵司 鼓吹司 贓贖司 囚獄司 典鋳司 掃部司 正親司 内膳司 造酒司 鍛冶司 官奴司 園池司 東西市司 | | | | | | | | | | | | | 正 内膳奉膳 | 内薬侍医 | | |
| 内礼司 葬儀司 主船司 漆部司 縫部司 織部司 土工司 采女司 隼人司 内兵庫 | | | | | | | | | | | | | | 正 | | |
| 主水司 主油司 内掃部司 筥陶司 内染司 舎人監 主膳監 主蔵監 | | | | | | | | | | | | | | | 正 | |
| 主鷹司 主殿署 主書署 主漿署 主工署 主兵署 主馬署 | | | | | | | | | | | | | | | | 正 首 |
| 弾正台 | | | | | | | 尹 | | | 弼 | | | 大忠 | 少忠 | | |
| 衛門府 左右衛士府 左右兵衛府 | | | | | | | | | 衛門督 左右衛士督 | | 左右兵衛督 | 衛門佐 左右衛士佐 | | 左右兵衛佐 | | 衛門大尉 左右衛士大尉 |
| 大宰府 | | | | 帥 | | | | | 大弐 | | | 少弐 | | 大監 | 少監 | 大判事 |
| 国 | | | | | | | | | | | 大国守 | 上国守 | | 大国介 中国守 | 上国介 | 下国守 |

その②

| | | | | | | | | |
|---|---|---|---|---|---|---|---|---|
| 正七位上 | | 大外記 左右少史 | 大録 中内記 | 大録 | | 少進 | | 内蔵大主鎰 |
| 正七位下 | | | 少監物 大主鈴 | 判事大属 | | 主醤 主菓餅 | 大允 助教 | 医博士 陰陽博士 天文博士 |
| 従七位上 | | 少外記 | | | | | 少允 音博士 書博士 算博士 | 允 陰陽師 暦博士 呪禁博士 |
| 従七位下 | | | 大典鎰 | 刑部大解部 少主鎰 | | | | 医師 漏刻博士 針博士 |
| 正八位上 | | | 少録 少内記 少主鈴 | 少録 典履 典革 | | | | 内蔵少主鎰 呪禁師 針師 薬園師 |
| 正八位下 | 大史 | | | 治部大解部 刑部中解部 判事少属 | 大属 | 大属 | | 按摩博士 |
| 従八位上 | 少史 | | 少典鎰 | | 少属 | 少属 | 大属 雅楽諸師 馬医 | 按摩師 |
| 従八位下 | | | | 刑部少解部 治部少解部 | | | 少属 主計算師 主税算師 | 大属 |
| 大初位上 | | | | | | | | 少属 |
| 大初位下 | | | | | | | | |
| 少初位上 | | | | | | | | |
| 少初位下 | | | | | | | | |

| | | | | | | | |
|---|---|---|---|---|---|---|---|
| | | | | 大疏 | 衛門少尉<br>左右衛士少尉 | 大工<br>少判事<br>大典<br>防人正 | |
| | | | | 巡察 | 左右兵衛大尉 | 主神 | 大国大掾 |
| | | | | | 左右兵衛少尉 | | 大国少掾<br>上国掾 |
| 佑<br>内膳典膳 | | | | | | 博士 | |
| | 佑 | | | 少疏 | | 少典<br>陰陽師<br>医師<br>少工<br>算師<br>防人佑<br>主船<br>主厨 | 中国掾 |
| | | 佑 | | | 衛門大志<br>左右衛士大志<br>衛門医師<br>左右衛士医師 | | |
| | | | | | 衛門少志<br>左右衛士少志<br>左右兵衛大志<br>左右兵衛医師 | | 大国大目 |
| | | | | | 左右兵衛少志 | | 大国少目<br>上国目 |
| 大令史<br>令史<br>画師 | | | | | | 判事大令史 | |
| 少令史 | 令史<br>桃文史 | | | | | 判事少令史<br>防人令史 | 中国目 |
| | | 令史<br>染師 | | | | | 下国目 |
| | | | 令史 | | | | |

一七七頁史料250参照)。国は、大国、上国、中国、下国の等級により官人の構成を定める。郡は大、上、中、下、小の五等区分。国司が中央派遣官であったのに対して、郡司は在地の首長を任命したもので、終身官で外位を与えられる、官位相当のない官職であり、官位令にも登場しなかった(大宝官位令には規定があったが、官位相当でなかったことは同様であった)。京は、国郡制の施行範囲ではなく、京職の管轄下におかれた(この点が、国郡制の前提である唐の州県制が都城までを含む行政組織であったこととの相違である)。京職に準ずるものとして、難波京を含む摂津《せっつ》職《しき》がおかれた。また西海道は、国の上に七世紀後半に国宰の上級官司であった大宰府《だざいふ》が残った。

律令官制を図で示すと次のとおりである。

- 神祇官
- 太政官
  - 左弁官局
    - 中務省
      - 中宮職
      - 左右大舎人寮・図書寮
      - 内蔵寮・縫殿寮・陰陽寮
      - 画工司・内薬司・内礼司
    - 式部省 ― 大学寮・散位寮
    - 治部省
      - 雅楽寮・玄蕃寮
      - 諸陵司・葬儀司
    - 民部省 ― 主計寮・主税寮
  - 少納言局
  - 右弁官局
    - 兵部省
      - 兵馬司・造兵司・鼓吹司
      - 主船司・主鷹司
    - 刑部省 ― 贓贖司・囚獄司
    - 大蔵省 ― 鋳典司・掃部司・漆部司・縫部司
    - 宮内省
      - 大膳職
      - 大炊寮・主殿寮・典薬寮
      - 正親司・内膳司・造酒司・鍛冶司
      - 官奴司・園池司・土工司・采女司
      - 主水司・主油司・内掃部司・筥陶司
      - 内染司

禅正台
衛門府 ― 隼人司
左右衛士府

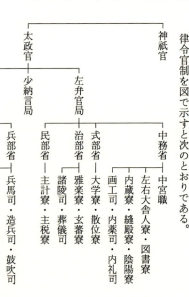

左右兵衛府
左右馬寮
左右兵庫
内兵庫
左右京職ー東西市司
摂津職
大宰府ー国ー郡
国ー軍団
国博士・医師
春宮坊ー舎人監・主膳監・主蔵監
主殿署・主書署・主醬署・主工署・主兵署・主馬署

**167〔後宮職員令〕1　妃条**

妃《ひ》二員
右四品以上。(1)

**〔後宮職員令〕2　夫人条**

夫人《ぶにん》三員
右三位以上。

**〔後宮職員令〕3　嬪条**

嬪《ひん》四員
右五位以上。

(1)右四品以上　官位相当ではないので一ー四品。妃（キサキ）は、立皇するとオホキサキ即ち皇后であり、妃が一ー四品即ち皇女から選ばれることは、皇后が皇女であることを予定していたことを示す。

【解説】　後宮職員令は十八条で、後宮の妃・夫人・嬪の号名・定員・品位・宮人の職名・定員・職掌及び関連規定である。とりあげたのは後宮の構成である妃条、夫人条、嬪条。

**168〔東宮職員令〕1　東宮傅条**

傅《ふ》一人。〈掌《ル》下以《テ》二道徳《ヲ》一輔中導《スルコトヲ》東宮《ヲ》上。〉学士二人。〈掌《ル》二執《リテ》レ経《ヲ》(1)奉説《スルコトヲ》一。〉

(1)経　儒教の教典。学令では大学で教授すべき経書として周易、尚書、周礼、儀礼、礼記、毛詩、春秋左氏伝をあげる。

【解説】　東宮職員令は十一条で皇太子に附属する家政機関とその職員、職掌を定める。本条は皇太子輔導の官である傅および学士の定員と職掌の規定。

**169〔家令職員令〕1　一品条**

親王〈内親王准《ゼヨ》レ此《ニ》。但《シ》文学不レ在《ラ》二此例《ニ》一。〉一品
文学(1)一人。〈掌《ル》二執《リテ》レ経《ヲ》講授《スルコトヲ》一。以下准《ゼヨ》レ此《ニ》。〉家令《かれい》一人。〈掌《ル》レ惣二知《スルコトヲ》家事《ヲ》一。余《ノ》家令准《ゼヨ》レ此《ニ》。〉扶《ふ》一人。〈掌《ルコト》同《ジ》二家令《ニ》一。余《ノ》扶准《ゼヨ》レ此《ニ》。〉大従一人。〈掌《ル》レ検二校《スルコトヲ》家事《ヲ》一。余《ノ》従准《ゼヨ》レ此《ニ》。〉少従一人。〈掌《ルコト》同《ジ》二大従《ニ》一。〉大書吏一人。〈掌《ル》三勘二署《スルコトヲ》文案《ヲ》一。余《ノ》書吏准《ゼヨ》

レ此ニ。〉少書吏一人。〈掌ルコト同ジ二大書吏ニ一。〉

(1)文学　家庭教師。内親王の場合は置かない。

【解説】　家令職員令は八条で、有品親王と職事三位以上の家政機関の職員およびその職掌の規定。家令以下の四等官は、ここにかかげた一品の親王の場合で、家令(従五位下)、扶(従六位上)、大従(従七位上)、少従(従七位下)、大書吏(従八位上)、少書吏(大初位上)は、上国の守(従五位下)、介(従六位上)、掾(従七位上)、目(従八位上)に相当する。

170〔神祇令〕10 即位条

凡ソ天皇即位シタマフトキハ、惣ベテ祭レ二天神(1)地祇(2)ヲ一。散斎(3)ハ一月。致斎(4)ハ三日。其ノ大幣(5)ハ者、三月之内、令メヨ二修理(6)訖ワラ一。

(1)天神　天の神。昊天上帝など、我が国では神話で高天原にいた神およびその子孫の神である、アマテラスなどのアマツ神。(2)地祇　地の神。后土など、我が国では神話でアマツ神に対立する、オオクニヌシに代表される神である、クニツ神。(3)散斎　アライミ。致斎の略式。其の行動等を慎む。(4)致斎　マイミ。其の心に思うことを専らにするためにするものいみ。(5)大幣　おおみてぐら。即位に際して諸神に奉る幣帛。(6)修理　幣帛を新たに造ること。

【解説】　神祇とは天神地祇のことであり、神祇令は神祇信仰にもとづく公的祭祀の大綱の規定。唐令の祠令にもとづく。神祇令は二十条で、本条は一―九条の公的祭祀の規定に続いて、十条目の天皇即位にあたる祭り、斎の期間、奉幣の規定。

171〔僧尼令〕1 観玄象条

凡ソ僧尼、上観テ二玄象(1)ヲ一、仮説キ二災祥ヲ一、語及ビ二国家(2)ニ一、妖惑シ二百姓ヲ一、并ニ習読シ二兵書ヲ一、殺シレ人ヲ姦盗シ、及ビ詐称セラバレ得タリト二聖道ヲ一、並ニ依テ二法律ニ一、付ケテ二官司ニ一科セヨレ罪ヲ(3)。

(1)上観玄象　天文現象の観察。(2)国家　天皇。(3)並依法律……科罪　まず還俗させてその上で俗人と同じく官司に付して、律令の罪科に付す意。

【解説】　僧尼令は二十七条で、唐令にはなく、唐の道僧格に基づいてつくられた、僧尼の統制、および不法な布教や自由な出家、犯罪、破戒者への刑罰などの規定である。本条は国家に対する重大な犯罪行為、僧尼の最大の破戒行為についての規定。

172〔戸令〕1 為里条

凡ソ戸ハ、以テ二五十戸ヲ一為スレ里ト。毎ニレ里ニ置ケ二長一人(1)ヲ一。〈掌ル下検校シ二戸口ヲ一、課殖セシメ二農桑ヲ一、禁察シ二非違ヲ一、催駆スルコトヲ中賦役《ぶやく》ヲ上。〉若シ山谷阻険ニシテ、地遠ク人稀レノ之処ニハ、随ヒテレ便ニ量リ置ケ。

〔戸令〕3 置坊長条

凡ソ京ハ、毎ニレ坊ニ置ケ二長一人(2)ヲ一。四坊ニ置ケ二令(3)一人ヲ一。〈掌ル下検校《けんぎょう》シ二戸口ヲ一、督察シ二姦非ヲ一、催駆スルコトヲ中賦傜(4)ヲ上。〉

〔戸令〕18 造計帳条

凡ソ造ラムハ二計帳ヲ一、毎ニレ年六月卅日ヨリ以前ニ、京国ノ官司(5)責こへ二所部ノ手実(6)ヲ一。

具《ニ》注《セ》二家口年紀《ヲ》一。若《シ》全戸(7)不《レバ》レ在《ラ》レ郷《ニ》者、即《チ》依《リテ》二旧籍《ニ》一転写《セヨ》。并《テ》顕《しるセ》下不《ル》レ在《ラ》所由《ヲ》上。収訖《リラバ》、依《リテ》レ式(8)《ニ》造《レ》レ帳(9)《ヲ》。連署《シテ》、八月卅日《ヨリ》以前《ニ》、申二送《セヨ》太政官《ニ》一。

〔戸令〕19 造戸籍条

凡《ソ》戸籍《ハ》、六年《ニ》一《タビ》造《レ》。起《シテ》二十一月《ノ》上旬《ヨリ》一、依《リテ》レ式(10)《ニ》勘造《ヘレ》。里別《ニ》為《セ》レ巻《ト》。惣《ベテ》写《セ》二三通《ヲ》一。其縫《ニ》皆注《セ》二其(11)《ノ》国其《ノ》郡其《ノ》里其《ノ》年《ノ》籍《ト》一。五月卅日《ノ》内《ニ》訖《レ》。二通《ヲ》申二送《セヨ》太政官《ニ》一。一通《ヲ》留《メヨ》レ国《ニ》。〈其雑戸陵戸《ノ》籍《ハ》、則《チ》更《ニ》写《シ》二一通《ヲ》一、各送《レ》二本司《ニ》一。〉所《ノ》レ須《もちキム》紙筆等《ノ》調度(12)《ハ》、皆出《サシメヨ》二当戸《ニ》一。国司勘二量《ヘテ》所《ノ》レ須《キム》多少《ヲ》一、臨時《ニ》斟酌《セヨ》。不《レ》レ得《レ》侵二損《スルコトヲ》百姓《ヲ》一。其《ノ》籍至《ラバ》レ官《ニ》、並《ニ》即《チ》先《ヅ》納《メテ》後《ニ》勘《ヘヨ》。若《シ》有《ラバ》二増減隠没《シテ》不同《ナルコト》一、随《ヒテ》レ状《ニ》下推《セヨ》。国承《ラバ》二錯失《セリト》一、即《チ》於《テ》二省籍(13)《ニ》一、具《ニ》注《セ》二事由《ヲ》一。国(14)亦注《セ》二帳籍《ニ》一。

(1)長　里長。霊亀年間以降の郷里制施行期には郷長、その下に二～三の里正がおかれた。(2)長　坊長。(3)令　坊令。(4)催駆賦徭　里長の職掌の催駆賦役に対して、催駆賦徭とあるのは、京畿には庸(歳役)が課されなかったことによる。(5)京国官司　京職と国司。唐令では里正。(6)手実《しゅじつ》　戸主が戸口の実状を申告する申告文書。(7)全戸　一戸全体。(8)式　養老元年五月に大帳式。(9)帳　大宝令では国帳。(10)式　例えば養老五年籍式。(11)其　『令集解』、唐の例からして、「其」は「某」の誤写とされる。(12)調度　戸籍の作成に必要な材料。(13)省籍　太政官に送られた二通の戸籍は、一通は中務省へ、一通は民部省に送られる。(14)国　大宝令では国郡とあったが、郡に戸籍を保持する規定がないので省かれた。

【解説】戸令は四十五条で、人民把握の基本規定であり、行政区画、編戸、造籍、造籍帳、戸内および国郡司の教化策、良賤の秩序などの規定。1為里条は、里の構成と里長の職掌規定、3置坊長条は、京の坊長・坊令の任用・職掌規定、18造計帳条・19造戸籍条は、戸籍計帳の作成規定。

173〔田令〕1 田長条

凡《ソ》田《ハ》、長《サ》卅歩、広《サ》十二歩《ヲ》為《ヨ》レ段《ト》。十段《ヲ》為《ヨ》レ町《ト》。〈段《ノ》租稲二束二把《わ》、町《ノ》租廿二束。〉

〔田令〕3 口分条

凡《ソ》給《たまハムコトハ》二口分田《くぶんでんヲ》一者、男《ハ》二段。〈女《ハ》減《ぜヨ》二三分之一《ヲ》一。〉五年以下(1)《ニハ》不《レ》レ給《ハ》。其地有《ラバ》二寛狭一者、従《よレ》二郷土《ノ》法(2)《ニ》一。易田(3)《ハ》倍給《ヘ》。給《ヒ》訖《リナバ》、具《ニ》録《セ》二町段及《ビ》四至《ヲ》一。

〔田令〕4 位田条

凡《ソ》位田(4)《ハ》、一品《ニ》八十町。二品《ニ》六十町。三品《ニ》五十町。四品《ニ》卌町。正一位《ニ》八十町。従一位《ニ》七十四町。正二位《ニ》六十町。従二位《ニ》五十四町。正三位《ニ》卌町。従三位《ニ》卅四町。正四位《ニ》廿四町。従四位《ニ》廿町。正五位《ニ》十二町。従五位《ニ》八町。〈女《ハ》減《ぜヨ》二三分之一《ヲ》一。〉

〔田令〕 5 職分田条

凡職分田(5)、太政大臣卌町。左右大臣卅町。大納言廿町。

〔田令〕 21 六年一班条

凡田、六年一班《たま》(6)。〈神田、寺田、不在此限(7)。〉若以身死、応退《かえ》田者、毎至班年、即従収授。

〔田令〕 23 班田条

凡応班田者、毎班年、正月卅日内、申太政官。起十月一日、京国官司(8)、預校勘造簿。至十一月一日、総集応受之人、対《むか》共給授。二月卅日内使訖。

(1)五年以下　年齢とする説と期限・期間とする説がある。(2)郷土法　口分田を班給できるかによって地域ごとの基準を定めた。(3)易田　やせていて、隔年で耕作する田。(4)位田　品位階に応じて班給される田。(5)職分田《しきぶんでん》　官職に応じて班給される田。太政大臣は一位、左右大臣は二位、大納言は正三位相当。(6)六年一班　六年毎に班田収授する。唐では戸籍は三年毎で田の収授は毎年行われていたが、日本令では、戸籍の六年一造に対応する。(7)神田……此限　神田と寺田は班田収授の対象から除外。(8)京国官司　京職と国司。

【解説】　田令は三十七条で、田積、田租、口分田・位田・職分田・功田など耕地の官人・百姓への支給・管理法、諸司田・官田などに関する規定。1田長条は、田積および田租の規定。3口分条は口分田の、4位田条は位田の、5職分田条は職分田の、班給基準規定。21六年一班条は、田を収授する年次についての規定、23班田条は、班田の日程や手続きに関する規定である。

174 〔賦役令〕 1 調絹絁条

凡調ノ絁《あしぎぬ》(2)糸綿布(3)(4)、並随郷土所出。正丁一人、絹絁八尺五寸、六丁成疋《ひき》。〈長五丈一尺、広二尺二寸。〉美濃絁、六尺五寸、八丁成匹《ひき》。〈長五丈二尺、広同絹絁。〉糸八両(5)、綿一斤、布二丈六尺。並二丁成絇屯端《くとんたん》(6)。〈端長五丈二尺、広二尺四寸。〉其望陁布《もうた》(7)、四丁成端。〈長五丈二尺、広二尺八寸。〉若輸雑物(8)者、鉄十斤、鍬三口、〈毎口三斤。〉塩三斗、鰒《あわび》十八斤、堅魚《かつお》卅五斤、烏賊《いか》卅斤、螺《つび》卅二斤、熬海鼠《いりこ》廿六斤、雑《くさぐさ》魚楚割《すわやり》(9)五十斤、雑鱐《ほしお》一百斤、紫菜《むらさきのり》卌八斤、雑海菜《もは》一百六十斤、海藻《め》一百卅斤、滑海藻《あらめ》二百六十斤、海松《みる》一百卅斤、凝海菜《こるもは》一百廿斤、雑腊《きたい》六斗、海藻根《まてがいのね》八斗、未滑海藻《かちめ》一石、沢蒜《ねびる》一石二斗、嶋蒜《あさつき》一石二斗、鰒鮓《あわびすし》二斗、貽貝鮓《いかい》三斗、白貝葅《おふなまり》三斗、辛螺頭打《あぎかぶち》六斗、貽貝後折《しりおり》六斗、海細螺《したたみ》一石、棘甲蠃《うに》六斗、甲蠃《かせえ》六斗、雑鮨《すし》五斗、近江鮒《ふな》五斗、煮塩年魚《にしおあゆ》四斗、煮堅魚《にかつお》廿五斤、堅魚煎汁《いろり》四升。次丁(10)二人、中男(11)四人、並准正丁一人。其調副物《そわつもの》(12)、正丁一人、紫三両、紅《くれのあい》三両、茜《あかね》二斤、黄連《おうれん》二斤、東木綿《あずまゆう》十二両、安藝木綿四両、麻《お》二斤、熟麻《にお》十両十六銖、葈《けむし》十二両、黄蘗《きはだ》

七斤、黒葛《つづら》六斤、木賊《とくさ》六両、胡麻油ノ七夕、麻子油ノ七夕、荏《え》ノ油一合、曼椒《ほそぎ》ノ油一合、猪ノ脂三合、脳《なづき》一合五夕、漆《うるし》三夕、金漆《こしあぶら》三夕、塩一升、雑ノ腊《きたい》二升、堅魚煎汁一合五夕、山薑《わさび》一升、青土《そに》一合五夕、橡《つるばみ》八升、紙六張、〈長サ二尺、広サ一尺。〉篋柳《はこくさ》一把、七丁ニ席《むしろ》一張、苫《とま》一帳、鹿角一頭《づ》、鳥羽《とりは》一隻《しゆく》、砥《と》一顆《か》。二丁ニ簀《す》一帳。三丁ニ薦《こも》一帳。十四丁ニ樽《こむか》一枚。〈受ク二三斗ヲ一。〉廿一丁ニ樽一枚。〈受ク二四斗ヲ一。〉卅五丁ニ樽一枚。〈受ク二五斗ヲ一。〉京及ビ畿内(13)ハ、皆正丁一人ニ、調布一丈三尺。次丁二人、中男四人ハ、各同ジ二一正丁ニ一。

〔賦役令〕4 歳役条

凡ソ正丁ノ歳役(14)ハ十日、若シ須クバ収ルレ庸ヲ(15)者、布二丈六尺。〈一日ニ二尺六寸。〉須クバ二留役(16)ス一者、満タバ二卅日ニ一、租調俱ニ免ゼヨ。〈役日ノ少キ者、計ヘテ二見役(17)日ヲ一折免ヘギゼヨ。〉通ハシテ二正役(18)ニ一、並ニ不レ得レ過グルコトヲ二卅日ヲ一。次丁二人ハ同ジ二一正丁ニ一。中男及ビ京畿内(19)ハ、不レ在ラ二収ルレ庸ヲ之例ニ一。其ノ丁ノ赴クレ役ニ之日ニハ、長官親《みずから》ラ自ラ点検シ、并テ閲シテ二衣粮ヲ一周ク備ヘ、然ル後ニ発遣セヨ。若シ欲セバ下雇ヒ二当国郡ノ人ヲ一、及ビ遣シテ二家人ヲ一代役セシメムト上者、聴《ゆる》セ之。劣弱ナラバ者不レ合ベカラ。即チ於ノニ送ル簿名ノ下ニ一、具《つぶさ》ニ注セ二代人ノ貫属姓名ヲ一。其ノ匠《たくみ》(20)ハ欲セバ下当色ヲ雇ヒ二巧人ヲ一代役セシメムト上者、亦聴セ之。

(1)調　ツキ、ミツキ。本来は服属集団の貢納物。(2)絁　ふとぎぬ。

悪しき絹の意。粗く織った絹織物。(3)綿　真綿。キヌワタ。(4)布　麻・からむしなど植物繊維で織った布。(5)両　両・斤は重量の単位。一斤＝十六両。大小二種あり、大一斤は約六七〇グラム、大一両は約四十二グラム。(6)絢屯端　絢は綿の計量単位。一絢は十六両。屯は綿の計量単位。一屯は二斤。端は調布の丈量単位。(7)望陁布　上総国望陁郡で織られた特殊な布。(8)雑物　調は本来絹や布等の繊維製品で輸することを基本としたと考えられ、以下各地の特産物で輸する物を雑物とする。(9)楚割　魚肉を細長く割いて塩辛にしたもの。(10)次丁　六十一歳から六十五歳の良民男子と軽い身障疾病者。(11)中男　十七歳から二十歳までの良民男子。中男の調と調の副物は七一七年(養老元)に廃止され、中男作物とされた。(12)調副物　調に付随して正丁に課された賦課。(13)京及畿内　京・畿内は、布だけ、量を半分とし、調副物は課されなかった。(14)歳役《さいえき》　歳ごとに一定の期日徴発される力役。(15)若須収庸者　大宝令では「皆収庸布」となっており、実際にも歳役が徴発されることはなく、庸布が徴収された。(16)留役　規定の十日を越えて留め役する。(17)見役　現に役した日。(18)正役　留役に対する語。(19)京畿内　京・畿内は庸ばかりではなく、歳役も免除された。(20)匠　技能のあるもの。

【解説】　賦役令は、三十九条で、調・庸及び義倉、諸国の貢献などの賦税と、歳役・雑徭などの力役の規定。1調絹絁条は、調の賦課基準や品目についての規定、4歳役条は、もう一つの代表的な賦役である歳役と庸についての規定。戸令、田令、賦役令は、戸籍に編附し、班田収授を行い、課役を収集するという人民支配の基本的な内容を規定する。

175
〔学令〕2 大学生条

凡ソ大学生《しよう》(1)ニハ、取リテ二五位以上ノ子孫(2)、及ビ東西史部《やまとかわちのふひとべ》(3)ノ子ヲ一為ヨ

之。若《シ》八位以上子《ノ》、情願《ニハバ》者聴《セ》。国学生《ノ》(4)《ニハ》、取《テ》二郡司《ノ》子弟《ヲ》一為《ヨ》之。〈大学生《ハ》式部補《あテヨ》。国学生《ハ》国司補《テヨ》。〉並《ニ》取《テ》二年十三以上、十六以下《ニシテ》、聡令《ナラム》者《ヲ》一為《ヨ》之。

(1)大学生　式部省所管の大学寮の学生は四百人。(2)五位以上子孫　令制で五位以上が貴族身分であったことのあらわれであるが、実際には、五位以上の子弟は、大学に入学するより、蔭位の特典で出身したとされる。(3)東西史部　渡来人の子孫で文筆を職とした諸氏。東が大和、西は河内。(4)国学生　国学の定員は職員令に大国五十人から下国の廿人まで規定されている。

【解説】　学令は、二十二条で、大学・国学の教官・入学・教科・試験など、学生一般の規定。2大学生条は、大学・国学の入学資格の規定。大学は中央官僚育成機関であり、国学は地方の官僚養成機関。唐の学制が入学資格を一般庶民にまで開いていたのに対して、日本令は特定の階層を対象としているところに特徴がある。

176〔選叙令〕　2　内外五位条

凡《ソ》内外(1)《ノ》五位以上《ハ》勅授(2)。内八位、外七位以上《ハ》奏授(3)。外八位及《ビ》内外《ノ》初位《ハ》、皆官《ノ》判授(4)。

〔選叙令〕　3　任官条

凡《ソ》任《ゼムコトハ》レ官《ニ》、大納言以上、左右大弁、八省卿《ノ》、五衛府督《ノかみ》、弾正尹《ノかみ》、大宰帥《ノそちハ》勅任。余《ノ》官《ハ》奏任。主政、主帳、及《ビ》家令等《ハ》、判任。舎人、史生、使部、伴部《はんぶ》、帳内《ちょうない》、資人《しじん》等《ハ》、式部《ノ》判補。

(1)内外　内位と外位。外位は大宝令以降、正五位上から少初位下まで二十階、郡司、軍毅、国博士、国医師、帳内、資人に与えられた位階。(2)勅授　式部、兵部二省からの考文が太政官で勘校されて、太政官からの報告によって天皇が授与すべき位階を決定する。(3)奏授　太政官が授位の案を天皇に奏上し、裁可を経た後、授位される。(4)判授　太政官の授位の案がそのまま確定案となる。

【解説】　選叙令は、三十八条で、位階の叙位と官職の任官の規定である。大宝令では選任令。ここにかかげた、2内外五位条は、位階の叙位の勅授、奏授、判授の区別の規定、3任官条は官職の任官の勅任、奏任、判任の区別の規定である。

177〔継嗣令〕　1　皇兄弟子条

凡《ソ》皇《ノ》兄弟皇子(1)《ヲバ》、皆為《ヨ》二親王《ト》一。〈女帝《ノ》子《モ》亦同《ジ》。〉以外並《ニ》為《ヨ》二諸王(2)《ト》一。自《リ》二親王一五世《ハ》、雖《モ》レ得《ルト》二王名《ヲ》一、不レ在《ラ》二皇親《ノ》之限《ニ》(3)一。

(1)皇兄弟皇子　天皇の兄弟及び皇子。(2)諸王　女子は女王。(3)自親王……之限　親王より五世は王号を称しうるが皇親の範囲外とする。六世以降は原則として姓を賜り諸臣の例に入る。

【解説】　継嗣令は、四条で、皇親の身分、継嗣法及びその手続き規定。冒頭の皇兄弟子条は親王、諸王及び皇親の範囲の規定。

178〔考課令〕　1　給季禄条

凡《ソ》内《ノ》外文武官《ノ》初位以上《ハ》、毎《ニ》レ年当司《ノ》長官、考《セヨ》二其《ノ》属官(1)《ヲ》一。応《クバ》レ考《ス》者、皆具《ニ》録《シテ》二一年《ノ》功過行能(2)《ヲ》一、並《ニ》集《メテ》対《むかヒテ》読《メ》。議《シテ》二其《ノ》優劣《ヲ》一、定《メヨ》二九等第(3)《ヲ》一。八月卅日《ヨリ》以前《ニ》校《ヘ》定《メヨ》。京官畿内《ハ》、十月一日《ニ》、考文《ヲ》申二送《セヨ》太政官一《ニ》。外国《ハ》、十一月一日《ニ》、附《シテ》二朝集使一《ニ》申送《セヨ》。考《ノ》後《ノ》功過《ハ》、並《ニ》入《レヨ》二来年一《ニ》。〈若《シ》本司考訖《リテ》以後、省(4)未《ル》レ校《ヘ》以前《ニ》、犯《シ》レ罪《ヲ》断《ジ》訖《ヘラム》。准《なぞらへテ》レ状《ニ》合《ベクバ》二解及《ビ》貶降(5)《ス》一者、仍《テ》則《チ》附《シテ》校《ヘヨ》。有《リテ》レ功応《クバ》レ進《ム》者、亦准《ゼヨ》レ此《ニ》。〉無《クバ》二長官一次官考《セヨ》。

(1)其属官　省・寮・司の長官がそれぞれの次官以下を考ずる。所管(省)の長官が、被管(寮・司)のすべての考を行うとの明法家の見解もある。(2)功過行能　勤務評定の項目。(3)九等　上上から下下までの九段階の評定。(4)省　太政官に集められた考文は、太政官内の考文とともに、式部・兵部両省で勘校される。(5)貶降　官職を解く、あるいは考を降ろす。

【解説】　考課令は、七十五条で、内・外官、文武官の叙位・昇任などを決定する勤務評定、官人登用の試験などの規定。大宝令では考仕令。冒頭の内外官条は、初位以上の内外文武官の勤務評定書(考文)の作成手続き・提出期限等の規定。

## 179　〔禄令〕1 給季禄条

凡《ソ》在京《ノ》文武《ノ》職事、及《ビ》太宰、壱伎、対馬《ニハ》、皆依《リテ》二官位(1)一《ニ》給《ヘ》レ禄《ヲ》。自《リ》二八月一至《ルマデ》二正月一《ニ》、上日(2)一百廿日以上者《ナラバ》、給《ヘ》二春夏《ノ》禄一《ヲ》。正従一位《ニ》、絁(3)(三)参拾疋、綿参拾屯、布壱佰(一)端、鍬壱佰(四)肆拾口。正従二位《ニ》、絁(二)弐拾疋、綿弐拾屯、布陸(六)拾端、鍬壱佰口。正三位《ニ》、絁拾肆疋、綿拾肆屯、布肆拾弐端、鍬捌(八)拾口。従三位《ニ》、絁拾弐疋、綿拾弐屯、布参拾陸端、鍬陸拾口。正四位《ニ》、絁捌疋、綿捌屯、布弐拾弐端、鍬肆拾口。従四位《ニ》、絁柒(七)疋、綿柒屯、布拾捌端、鍬参拾口。正五位《ニ》、絁伍(五)疋、綿伍屯、布拾弐端、鍬弐拾口。従五位《ニ》、絁肆疋、綿肆屯、布拾端、鍬弐拾口。正六位《ニ》、絁参疋、綿参屯、布伍端、鍬拾伍口。従六位《ニ》、絁参疋、綿参屯、布肆端、鍬拾伍口。正七位《ニ》、絁弐疋、綿弐屯、布肆端、鍬拾伍口。従七位《ニ》、絁弐疋、綿弐屯、布参端、鍬拾伍口。正八位《ニ》、絁壱疋、綿壱屯、布参端、鍬拾伍口。従八位《ニ》、絁壱疋、綿壱屯、布参端、鍬拾口。大初位《ニ》、絁壱疋、綿壱屯、布弐端、鍬拾口。少初位《ニ》、絁壱疋、綿壱屯、布弐端、鍬伍口。〈家令《ハ》降《ス》二一級一。唯《シ》文学《ハ》不レ在《ラ》二降《スル》限一《ニ》。〉秋冬《モ》亦如《クセヨ》レ之《ノ》。

## 〔禄令〕10 食封条

凡《ソ》食封(4)《ハ》者、一品《ニ》八百戸(5)。二品《ニ》六百戸。三品《ニ》四百戸。四品《ニ》三百戸。〈内親王《ハ》減半《セヨ》。〉太政大臣《ニ》三千戸(6)。左右大臣《ニ》二千戸。大納言《ニ》八百戸。〈若《シ》以《テ》レ理《ヲ》解官《げかんセム》、及致仕《ちしノ》者《ハ》、減半《セヨ》。〉正一位《ニ》三百戸(7)。従一位《ニ》二百六十戸。正二位《ニ》二百戸。従二位《ニ》一百七十戸。正三位《ニ》一百卅戸。従三位《ニ》一百戸。其《レ》五位以上(8)《ハ》、不レ在《ラ》二食封之例一《ニ》。正四位《ニ》絁十疋、綿十屯、布五十端、庸布三百六十常。従四位《ニ》絁八疋、綿八屯、布卌三端、庸布三百常。正五位《ニ》絁六疋、綿六屯、布卅六端、庸布二百卅常。従五位《ニ》絁四疋、綿四屯、布廿九端、庸布一百八十常。〈女《ハ》減半《セヨ》。〉其《レ》無故《クシテ》不《レバ》上《つかへ》二年《マデニ》者、則停《メヨ》給《フコトヲ》。中宮湯沐《とうもく》(9)《ハ》二千戸。東宮一年《ノ》雑用料(10)《ニ》、絁三百屯、綿五百屯、糸五百絇、布一千端、鍬一千口、鉄五百廷。

(1)官位　大宝令では「品位」。本人の位階ではなく、任ぜられている官職の相当位階によっての意味。(2)上日　勤務した日数。(3)絁・綿・布・鍬の組み合わせは一位から初位まで変わらず。(4)食封《じきふ》　位階または官職に応じて課戸を賜い、そこからの調庸と租の半分を取得せしめる制度。(5)一品八百戸　以下は親王、内親王に支給される品禄。(6)太政大臣三千戸　以下職封。(7)正一位三百戸　以下は位封。(8)其五位以上　大宝令以前は、五位(直冠)以上が位封の対象であったが、大宝禄令によって三位以上となり、四位・五位には位禄が支給されるようになった。(9)湯沐　食封の一種。斎戒沐浴の料に原義がある。(10)東宮一年雑用料　東宮の一年間の生活費。

【解説】　禄令は、十五条で、季禄・食封・功封・皇親に支給する時服など、官人等に対する俸禄に関する規定。1給季禄条は、季禄の受給資格、内容の規定。10食封条は、位封・職封・中宮湯沐の戸数、位禄・東宮年間雑用料に関する規定。学・選叙・継嗣・考課・禄の各令は、官人に関する規定。官人養成(学)を経て、官人として官職に選任され、位階に叙され(選叙)、勤務評定を受け(考課)、禄を給される(禄)。

## 180〔宮衛令〕1 宮閤門条

凡《ソ》応《キ》入《ル》宮閤門(1)《ニ》者《ヲバ》、本司(2)具《ニ》注《シテ》官位姓名《ヲ》、送《リ》中務省《ニ》、付《ケヨ》衛府(3)《ニ》。各従《テ》便門(4)《ニ》着《ケヨ》籍(5)《ヲ》。但五位以上《ハ》、着《ケヨ》籍《ヲ》宮門(6)《ニ》。皆非《レバ》着《ケシ》籍《ヲ》之門《ニ》者、並《ニ》不《レ》得《レ》出《ルコトヲ》。若《シ》改《マリ》任《シ》行《カムニ》使之類者《ハ》、本司当日《ニ》、牒《シテ》省《ニ》除《ケ》籍《ヲ》。毎《ニ》月《ノ》一日、十六日、各一《タビ》換《ヘヨ》籍《ヲ》。〈宿衛人《ノモ》准《ゼヨ》此《ニ》。〉

(1)宮閤門　宮門《きゅうもん》と閤門《こうもん》。京城外郭の門を京城門、宮城外郭の門を宮城門、その内側の内裏の門を宮門、そのさらに内側の天皇の居所に近い門を閤門という。(2)本司　官人の所属する官司。(3)衛府　宮門が衛門府、閤門は左右兵衛府。(4)便門　出入りに便利な門。(5)籍　門籍《もんじゃく》。宮城諸門の出入りを許可された者の名簿。便門の門籍に登録する。(6)宮門　五位以上の者は便門だけでなく、全ての宮城門の門籍に登録する。

【解説】　宮衛令は、二十八条で、内裏《だいり》・大内裏諸門の開閉・警護、京内通行、及び行幸の警護に関する規定。1宮閤門条は、宮門・閤門に出入りする官人の規制に関する規定。

## 181〔軍防令〕1 軍団大毅条

凡《ソ》軍団(1)《ノ》大毅《だいき》《ハ》、領《セヨ》一千人《ヲ》。少毅《ハ》副領《セヨ》。校尉《きょうい》《ハ》二百人。旅帥《りょすい》《ハ》一百人。隊正《ハ》五十人。

### 〔軍防令〕3 兵士簡点条

凡《ソ》兵士《ノ》簡《えらび》点《さむ》之次《ついで》《ハ》、皆令《メヨ》比近(2)《ニテ》団割《セ》。不《レ》得隔越《スルコトヲ》。其《レ》応《キハ》点《シテ》入《ル》軍《ニ》者、同戸之内《ノ》、毎《ニ》三丁(3)取《レ》一丁《ヲ》。

### 〔軍防令〕8 兵士上番条

凡《ソ》兵士《ノ》上番《セムハ》者、向《ハムハ》京(4)《ニ》一年、向《ハムハ》防(5)《ニ》三年。不《レ》計《かぞへ》行程《ヲ》。

(1)軍団　軍団の組織は、次の通りである。大毅(一人)・少毅(二人)兵士千人を統領。校尉(五人)各二百人を統領。旅帥(十人)各百人を統領。隊正(二十人)各五十人を統領。軍団については不明な点が多いが、全国にほぼ均等に設置されていたらしい。(2)比近団割　兵士の本貫の近くの軍団に配属する意。(3)毎三丁　正丁三人につき一人の兵士を出させるこの基準は、一戸から一人の兵士を出す意味をもっていたとする説がある。さらに、戸は一戸から一人の兵士を出しうるような均等な戸を人為的につくったとする説もある。(4)向京　向京兵士は衛士。(5)向防　向防兵士は防人。

【解説】　軍防令は、七十六条で、軍団の編成・指揮、兵士・防人・衛士などの装備・訓練・軍規・軍功などの規定。1軍団大毅条は、軍団の兵士統率の体制に関する規定、3兵士簡点条は兵士の徴発、軍団への配属の規定。8兵士上番条で、衛士・防人が軍団兵士から供給されることを定めるように、律令軍制は、一般百姓からの徴発兵による軍団を基礎にしていた。一戸毎に一人兵士を出すとすれば、隊正の統括する五十人は一里に相当することになる。軍団の官人は大毅以下すべて、現地採用。律令軍団制は在地社会に依拠していた。

### 182〔儀制令〕5 文武官条

凡《ソ》文武官初位以上《ハ》、毎《ニ》二朔日《ノ》一(1)朝《セヨ》。各注《シテ》二当司《ノ》前月《ノ》公文《ヲ》一、五位以上《ハ》、送《リ》二着《ケヨ》朝庭(2)《ノ》(3)案上《ニ》一、即《チ》大納言進奏《セヨ》。若《シ》逢《テ》レ雨《ニ》失《ヒ》レ容《ヲ》、及《ビ》泥潦《アラバ》、並《ニ》停《メヨ》。〈弁官取《レ》二公文《ヲ》一、惣《テ》納《レヨ》二中務省《ニ》一。〉

(1)毎朔日　毎月朔日。(2)朝庭　朝堂院の庭。(3)案　つくえ。

【解説】　儀制令は、二十六条で、朝儀に関する規定と祥瑞、国郡の祭礼および親族の範囲とその関係などの規定。5文武官条は、毎月朔日に文武官人が朝堂に集合し、天皇が大極殿で大納言が進奏する前月の各官司の公文(告朔文)を視る儀式、視告朔《こうさく》の規定。律令国家にとって、儀礼は政治の表現形態とも言え、視告朔の儀礼は、天皇を頂点とした官僚機構及び身分秩序を直接的に表現する場であった。

### 183〔衣服令〕5 朝服条

朝服(1)

一品以下、五位以上《ハ》、並《ニ》皀《くりノ》羅(2)《ノ》頭巾《ときん》。衣《ノ》色《ハ》同《ジ》二礼服(3)《ニ》一。牙笏《げノしやく》。白袴《キ》。金銀装《つくりノ》腰帯。白襪《キひらみ》。(4)烏皮履《くろノくつ》。六位(5)《ハ》深緑《キノ》衣。七位《ハ》浅緑《キノ》衣。八位《ハ》深縹《キはなだノ》衣。初位《ハ》浅縹《キノ》衣。並《ニ》皀縵(6)《ノ》頭巾。木笏《ノ》。〈謂《ハ》、職事。(7)〉烏油《くろつくりノ》腰帯。白袴《キ》。白襪《キ》。烏皮履《ノ》。袋《ハ》従《ヘ》二服色《ニ》一。親王《ハ》緑緋《ノ》緒。一品《ハ》四《ノ》(8)結。二品《ハ》三結。三品《ハ》二結。四品《ハ》一《ノ》結。諸王《ノ》三位以上《ハ》同《ジ》二諸臣《ニ》一。正四位《ハ》深緋《キ》。従四位《ハ》深緑《キ》。正五位《ハ》浅緋《キ》。従五位《ハ》深縹《キ》。結《ハ》同《ジ》二諸臣《ニ》一。諸臣《ノ》正位《ハ》紫《ノ》緒。従位《ハ》緑《ノ》緒。上階《ハ》二《ノ》結。下階《ハ》一《ノ》結。唯一位《ハ》三《ノ》結。二位《ハ》二《ノ》結。三位《ハ》一《ノ》結。以《テ》レ緒《ヲ》別《チ》二正従《ヲ》一、以《テ》レ結《ヲ》明《ラカニス》二上下《ヲ》一。朝庭《ノ》公事《ニ》、即服《セヨ》之。

### 〔衣服令〕6 制服条

制服(9)

無位。皆皀縵ノ頭巾。黄ノ袍(10)。烏油ノ腰帯。白キ襪。皮ノ履。朝庭ノ公事ニ、即服セヨ之。尋常通ヒテ得サシメヨレ着クコトヲ二草鞋ヲ一。〈家人奴婢ハ、橡《つるばみ》墨ノ衣(11)。〉

(1)朝服　朝庭の公事に着用する服。(2)羅　薄く織った絹布。(3)礼服　大祀・大嘗・元日に着用する服。衣の色は、親王(一品から五品)は深紫、諸王の一位は深紫、二位から五位は浅紫、諸臣の一位は深紫、二・三位は浅紫、四位は深緋、五位は浅緋。(4)襪　沓または靴の中にはく一種の足袋。(5)六位　六位以下には礼服の規定がないのでここで改めて衣の色を規定。(6)縵　あやのない絹布。(7)職事　現に職掌のある官人。散位に対して言う。(8)結　緒につけた結び目の数。(9)制服　無位の服は朝服といわず制服という。家人・奴婢の規定を含むこと、また後の宮人の無位の制服の規定が庶女を含むことからすれば、無位の官人だけでなく白丁(一般百姓)をも含むと考えられる。(10)袍　裾のついたものを袍、裾のないものを衣という。(11)橡墨衣　橡の実を煎じた汁で染めた衣。

【解説】衣服令は、十四条で、皇太子・親王・諸王・諸臣の礼服、親王以下有位の官人の朝服、無位の制服、内親王以下有位の女官の礼服・朝服、無位の宮人・庶女の制服、武官の礼服・朝服の規定である。5朝服条は、朝庭の公事に着用する朝服、6制服条は、無位の制服を規定する。衣服令の規定は、前の儀制令を中心に規定された儀礼における衣服を規定したものであった。儀礼が天皇を頂点とした身分秩序を直接的に表現するものであるとすれば、衣服はその表現の重要な手段であったはずである。こうした身分秩序は、官人世界ばかりでなく、一般百姓、家人、奴婢をも同心円的に含み込むものであることは、制服の規定が示している。

## 184〔営繕令〕12 津橋道路条

凡ソ津(1)橋道路ハ、毎レ年起テ二九月半ヨリ一、当界(2)修理セヨ。十月ニ使メヨレ訖ラ。其要路陥壊レテ、停メレ水ヲ、交《にわか》ニ廃タラバ二行旅ヲ一者、不レ拘ラ二時月ニ一、量テ差《つかわ》シ二人夫ヲ一修理セヨ。非レバ二当司(3)能弁ニ一者、申請セヨ。

(1)津　船着き場。(2)当界　国。(3)当司　国司。

【解説】営繕令《えいぜん》(ようぜんりょう)は、十七条で、建物・橋梁・堤防その他の物品の造営・製作・修繕等に関する規定。12津橋道路条は、津橋道路の修理に関する規定。

## 185〔公式令〕1 詔書式条

詔書式

明神《あらみかみと》御宇《あめのしたしらす》日本ノ天皇(1)ガ詔旨《みことらまと》云云。咸《ことごと》クニ聞《き》キタマヘ。

明神と御宇らす天皇が詔旨らまと云云。咸クニ聞キタマヘ。

明神と御らす二大八州《おおやしまぐに》一天皇が詔旨らまと云云。咸クニ聞キタマヘ。

天皇が詔旨らまと云云。咸クニ聞キタマヘ。

詔旨らまと云云。咸クニ聞キタマヘ。

年月御画かキタマフ(2)レ日ヲ。

中務卿位臣姓名ガ宣(3)

中務大輔位臣姓名ガ奉

中務少輔位臣姓名《ガ》行(4)
太政大臣位臣姓
左大臣位臣姓
右大臣位臣姓
大納言位臣姓名等言《ス》。
詔(5)書如《シ》レ右《ノ》。請奉《フテ》レ詔《ヲ》、付《ケテ》レ外《ニ》施行《セムト》。謹《かしこみ》言《もうス》。
　年月日(6)
可(7)。御画《かきタマフ》。

右御画日(8)者《ハ》、留《メテ》二中務省《ニ》一為《ヨ》レ案《ト》。別写《ニシテ》二一通《ヲ》一印署《シテ》、送《レ》二太政官《ニ》一。大納言覆奏《セヨ》。画《キタマフコト》レ可《ヲ》訖《リナバ》、留《メテ》為《ヨ》レ案《ト》。更写《ニシテ》二一通《ヲ》一誥(9)《セヨ》。訖《リナバ》施行《セヨ》。中務卿若《シ》不《レバ》レ在《ラ》、即於《ニ》二大輔姓名下《ノニ》一、注《セ》レ宣《ト》。少輔姓名下《ノニ》、注《セ》二奉行《ト》一。大輔又不《レバ》レ在《ラ》、於《ニ》二少輔姓名下《ノニ》一、併注《テセ》二宣奉行《ト》一。若《シ》少輔不《レバ》レ在《ラ》、余官《ノ》見《ニ》在《ラム》者、並《ニ》准《ゼヨ》レ此《ニ》。

(1)明神御宇日本天皇　以下詔書冒頭の天皇の表記に五種ある。五種の使い分けは、大宝令に対する天平年間の明法家の説(古記)では、隣国・蕃国への詔、大事が二つ、小事が二つであった。また、養老令に対する公式解釈書である『令義解』は、蕃国使への大事、蕃国使への次事、朝廷大事、中事、小事の順となっている。(2)日　天皇が日付を入れる。(3)宣　詔書を中務卿が宣し、大輔がこれを奉じ、少輔が行する。少輔が行うのは太政官に送付すること。(4)行　ここまでを中務の内記が草案をつくる。(5)詔　以下は中務省から送られてきた、詔書の施行の許可を天皇に求める文言。(6)日　ここまでの草案を太政官の外記がつくる。(7)可　天皇が「可」を書き加える。(8)御画日　天皇が日付を入れた。「年月日」までの、詔書の原本。(9)誥　告に同じ。

【解説】　公式令《くしき》は、八十九条で、公文書の様式、作成および施行手続き、印章、駅制、朝廷の礼式、作法などに関する規定。律令国家の官僚機構は、文書により運営され、膨大な公文書が作られた。詔書式条は、次条の勅旨式条とともに天皇の勅令の下達の際の公文書の規定。天皇の勅令もそのままで有効となったのではなく、中務省・太政官という官僚機構がかかわって初めて、公的にその機能を発揮した。

## 186　〔倉庫令〕（1）倉於高燥処置条

凡《ソ》倉(1)《ハ》、皆於《ニ》二高《ク》燥《ケル》処《ニ》一置《ケ》之。側《ニ》開《ケ》二池渠《ヲ》一。去《ルコト》レ倉《ヲ》五十丈《ノ》内《ニ》、不《レ》レ得レ置《クコトヲ》二館舎《ヲ》一。

(1)倉　令では、調庸物などを収めるクラには蔵、田租その他の米穀類を収めるクラには倉、兵器及び文書を収めるクラには庫の字を充てている。

【解説】　官の諸倉庫の設置、出納、管理、欠損した官物の補塡などを規定した倉庫令は、早くから散逸している。『令集解』目録によると二十二条であり、現在十六条が復原されている。倉於高燥処置条は倉を設置すべき場所と条件に関する規定。

## 187　〔厩牧令〕14　諸道置駅条

凡《ソ》諸道(1)《ニ》須《クバ》レ置《ク》レ駅(2)《ヲ》者、毎《ニ》二卅里(3)《ニ》一置《ケ》二一駅《ヲ》一。若《シ》地勢阻険、及《ビ》

無《カラム》二水草一処《ハ》、随《テ》レ便《ニ》安置《セヨ》。不《レ》レ限《ラ》二里数《ヲ》一。其乗具及《ビ》蓑笠等《ハ》、各准《ジテ》二所《ノ》レ置《ケル》馬数《ニ》一備《ヘシメヨ》之。

(1)諸道　東海・東山・北陸・山陰・山陽・南海・西海の七つの官道。(2)駅　官道に置かれた駅家に駅馬および駅戸が配置され、官司の急使に利用された。一方伝馬は、七道ぞいの郡家に配置されて、地方官の赴任など不急の旅に利用された。(3)卅里　約十六キロメートル。

【解説】厩牧令は二十八条からなり、中央の厩、地方の牧、厩馬飼育、牧長・牧子の採用、軍馬、駅馬、伝馬などの規定。14諸道置駅条は、駅の設置に関する規定。

## 188〔医疾令〕1 医博士条

凡《ソ》医博士(1)《ハ》、取《リ》二医人(2)《ノ》内《ノ》、法術優長《ナル》者《ヲ》一為《ヨ》之。按摩(3)呪禁博《ノ》士(4)《モ》、亦准《ゼヨ》レ此《ニ》。

(1)医博士　宮内省所管典薬寮所属の医術の教官。(2)医人　典薬寮所属の医師。(3)按摩　典薬寮所属の按摩術の教官。(4)呪禁博士　同じく典薬寮所属で、道教系の病災を防ぐ呪術である呪禁術の教官。

【解説】医博士・医針生、薬園の管理、試験など医薬関係についての規定である医疾《いしつ》令もまた早くから散逸している。『令集解』目録により二十七条からなることが知られ、現在二十六条分が復原されている。医博士条は、医博士・按摩《あんま》博士・呪禁《じゅごん》博士の典薬寮所属の医療関係の博士の任用規定。

## 189〔假寧令〕1 給休假条

凡《ソ》在京《ノ》諸司(1)《ハ》、毎《ニ》二六日(2)一、並《ニ》給《ヘ》二休假一日《ヲ》一。中務、宮内、供奉《ノ》諸司(3)、及《ビ》五衛府《ハ》、別《ニ》給《ヘ》二假五日(4)《ヲ》一。不《レ》レ依《ラ》二百官之《ノ》例《ニ》一。五月、八月《ニハ》給《ヘ》二田假(5)《ヲ》一。分《テ》為《ヨ》二両番《ト》一。各十五日。其風土異《ニシ》レ宜《ヲ》、種収不《バ》レ等《カラ》、通《シテ》随《テ》レ便《ニ》給《ヘ》。外官《ハ》不《レ》レ在《ラ》二此限《ノ》一《ニ》。

(1)在京諸司　京官。それ以外を外官すると公式令に規定されている。(2)毎六日　これを六假という。(3)供奉諸司　天皇に供奉する官司。(4)五日　六假で月五日になる假をまとめて与えられると解されている。(5)田假　農繁期の休暇。

【解説】假寧《けねい》令(けにょうりょう)は、十三条で、官人の休暇に関する諸規定。1給休假条は、京官の基本的な休暇に関する規定。その他、長上官の父母に対する機嫌伺いの定省假、喪に遭ったときの解官・假など各種の假の規定がある。

## 190〔喪葬令〕4 百官在職条

凡《ソ》百官在《テ》レ職《ニ》薨卒(1)《セバ》、当司分番《シテ》会《ヘ》レ喪《ニ》。親王及太政大臣、参一位《ハ》、治部《ノ》大輔監護(2)《セヨ》二喪《ノ》事《ヲ》一。左右《ノ》大臣、及散二位《ハ》、治部《ノ》少輔監護《セヨ》。三位《ハ》、治部《ノ》丞監護《セヨ》。三位以上及皇親《ハ》、皆土部《はじべ》(3)示《セ》二礼制(4)《ヲ》一。〈内親王、女王、及内命婦《ないみょうぶ》《モ》亦准《ゼヨ》レ此《ニ》。〉

(1)薨卒　親王及び三位以上の死を薨とし、五位以上を卒とする。ただし初位までを卒とする場合もある。(2)監護　監は監督、護は護助。(3)土部　諸陵司の伴部。(4)礼制　喪事の儀礼。

【解説】喪葬令は十七条からなり、陵墓、天皇以下諸臣の喪に遭ったときの服喪、葬送についての規定。4百官在職条は、五位以上の官人の葬儀の執行についての規定。

### 191〔関市令〕1 欲度関条

凡ソ欲《ねが》ハバレ度《こ》ヘムトレ関ヲ者、皆経テ二本部本司(1)ニ一、請ヘ二過所(2)ヲ一。官司検勘シテ、然ル後ニ判テ給ヘ。還リナバ者連シテ二来文(3)ニ一、申牒シテ勘ヘ給ヘ。若シ於二来文ノ外ニ一、更ニ須クバレ附ク者、験ヘテレ実ヲ聴セ之。日別ニ惣テ連ネテ為ヨ(4)トレ案。若シ已ニ得テ二過所ヲ一、有テレ故卅日不ハレ去《ゆか》者、将テ二旧ノ過所ヲ一、申牒シテ改メテ給ヘ。若シ在テレ路ニ有ハレ故者、申セ二随近ノ国司ニ一。具ニシテレ状ヲ送レ関ニ。雖モレ非ト二所部(5)ニ一、有ラバ二来文一者亦給ヘ。若シ船筏経テレ関ヲ過バ者、亦請ヘ二過所ヲ一。

(1)本部本司　本部とは居住地の国郡。本司とは所属官庁及び京職。(2)過所　関の通行証明書。(3)還者連来文《らいもん》　往きのときの過所に申請書を添えて。(4)日別惣連為案　過所を発行した官司が日別にまとめてその控えを作れとの意。(5)所部　本部本司。

【解説】　関市令《げんしれい》は二十条で、関の通過取り締まり・管理規定、市《いち》の管理、交易に関する規定。冒頭の1欲度関条は、写本が欠損し、『令集解』職員令68摂津職条及び公式令22過所式条の逸文から復原されている。本条は関の通過、過所の手続き規定である。

### 192〔捕亡令〕1 囚及征人条

凡ソ囚(1)及征人、防人《さきもり》、衛士《えじ》、仕丁(2)、流移人ノ(3)逃亡、及ビ欲セバレ入ラムト二寇賊(4)ニ一者、経《ふ》レテ二随近官司ニ一申牒セヨ。即チ告ゲ二亡者ノ之家居所属、及ビ亡処ノ比国比郡(5)ニ一追捕セシメヨ。承ケムレ告ヲ之処、下シテ二其ノ郷里隣保ニ一、令メヨレ加ヘ二訪ヒ捉フルコトヲ一。捉ヘ得ル之日、送テ二本司(6)ニ一、依テレ法(7)ニ科断セヨ。其ノ失ラム処モ得ラム処(8)モ、並ニ申セ二太政官ニ一。

(1)囚　囚人のみならず、被疑者をも含む、収監されている者。(2)征人……仕丁　征行の軍に従う征人から仕丁までは、課役にあるものの逃亡。(3)流移人　流罪の者。及び殺人を犯し、赦にあって復讐を防ぐため移郷された者。(4)寇賊　人々を攻め劫かして害をなすもの。(5)比郡　逃亡した者の本貫地及び逃亡地の近隣地。(6)本司　逃亡した者の所属の官司。(7)法　捕亡律。(8)失処得処　逃亡した地点の官司と捉えた地点の官司。

【解説】　捕亡令は十五条で、囚人・課役に徴発されている者の逃亡、犯罪人の追捕、逃亡した官私奴婢の捕獲などに関する規定。1囚及征人条は、官司に収監されている者ないし課役に徴発されている者が逃亡した場合の捕捉に関する規定。

### 193〔獄令〕1 犯罪条

凡ソ犯セラバレ罪ヲ、皆於テ二事発(1)スルノ処官司ニ一推断(2)セヨ。在京ノ諸司ノ人、京及ビ諸国ノ人、在京諸司ニシテ事発スル者、犯セラバ二徒以上ヲ一、送レ二刑部省ニ一。杖罪以下ハ当司(3)決セヨ。其レ衛府ノ糺シ二捉ヘタラム罪人ヲ一、非ズハレ貫ニ二属セルニ京ニ一者、皆送レ二刑部省ニ一。

### 〔獄令〕2 郡決条

凡ソ犯セラバレ罪ヲ、笞罪ハ(4)郡決セヨ之。杖罪以上ハ、郡断定シテ送レ国(5)ニ。覆審(6)シ訖テ、徒杖ノ罪、及ビ流ノ応キ二決杖(7)ス一、若シ応クバレ贖ス者、即チ決配徴贖セヨ。〈其ノ刑部断ゼムモ二徒以上ヲ一、亦准ゼヨレ此ニ。〉刑部省及諸国、断ゼラバ二流以上若クハ除免官当《(8)ヲ》一者、皆連二写《シテ》案《ヲ》一、申《セ》二太政官《ニ》一。按覆《スルニ》理尽《キナバ》申奏《セヨ》。即按覆《スルニ》事有《ラバ》レ不《ルコト》レ尽《クサ》(9)、在外者《ハ》、遣《テ》レ使《ヲ》就《テ》覆《セ》。在京者《ハ》、更就《テ》レ省《ニ》覆《セヨ》。

(1)事発 告言(告発)等で犯罪が発覚すること。(2)推断 審理し、判決を下すこと。(3)当司 最初に審理した官司。(4)郡決 判決で笞罪となった者は郡が判決を執行する。(5)郡断定送国 杖罪以上の罪は郡が判決を下して国に送る。(6)覆審 国は再審する。(7)応決杖 律により、家に働き手の無いとき及び雑戸・陵戸などの場合は、徒流罪を杖罪に換算して決する。(8)除免官当 除は除名、免は免官。官爵すべてを剝奪し官人の名籍を削り庶民とする意で、免官は官職、位階、勲等を剝奪する意。ともに五刑に付加する刑罰。官当は、実刑を受ける代わりに、官位の剝奪によって換算する官人の特権。(9)按覆……不尽 太政官の再審で不審が明らかになったときは。

【解説】 獄令は六十三条で、裁判及び課刑に関する規定。1犯罪条と2郡決条は、犯罪が発覚し裁判が行われる過程、国・郡・刑部省・太政官での裁判・刑執行の管轄の原則の規定。

### 194〔雑令〕9 国内条

凡《ソ》国《ノ》内《ニ》有《ラム》下出《ダス》二銅鉄《ヲ》一処上、官未《レバ》レ採《ラ》者、聴《セ》二百姓私《ニ》採《ルコトヲ》一。若納《レテ》二銅鉄《ヲ》一、折《ギ》三充《テバ》庸調《ニ》一者聴《セ》。自余非《レバ》二禁処《(1)ニ》一者、山川藪沢之《ノ》利《ハ》、公私共《(2)ニセヨ》之。

(1)禁処 禁野《しめの》。天皇の遊猟のための原野で一般の出入りを禁じたところ。(2)山川……公私共 未開発地の利用は、公(官)と私(民)が共にする。

【解説】 雑令は四十一条で、令の諸篇に収めきれなかった度量衡、天文暦法、山川藪沢、出挙、儀式などの雑多な規定。9国内条は、銅鉄採取及び山川藪沢利用についての規定。

第三節

# 律令政治の展開

## 1　政治権力と抗争

### (1)　藤原宮子称号事件

195〔続日本紀〕

**神亀元年(七二四)二月丙申(六日)条**

勅《みことのり》シテ、尊二ビテ正一位藤原夫人(宮子)ヲ一、称《もう》ス二大夫人(1)ト一。

**神亀元年三月辛巳(二十二日)条**

左大臣正二位長屋王《ながやのおおきみ》等言《もう》ス、「伏シテ見ルニ二二月四日勅(2)ヲ一、「藤原夫人ヲ天下皆称セ二大夫人ト一」者トノタマフ、臣等謹ミテ検ズルニ二公式令(3)ヲ一、云ヘリ二皇太夫人ト一。欲セバレ依ラムト二勅号ノニ一、応シレ失フ二皇字ヲ一。欲セバレ須《もち》キムト二令文ヲ一、恐ルラクハ作ナラム二違勅ト一。不レ知ラ所ヲレ定ムル。伏シテ聴カム二進止ヲ一」。詔シテ曰ハク、「宜シク下文ニハ則チ皇太夫人トシ、語ニハ則チ大御祖(4)トシ、追二収シテ先勅ヲ一、頒中下スヲ後号ヲ上」トノタマフ。

(1)大夫人　万葉集一四六五の題詞で夫人を「大刀自」としていることからして、オホトジと発音されたか。(2)二月四日　二月六日丙申条に勅で称号が定められたとある。二月四日庚午は聖武天皇の即位日。天皇即位と同日に母宮子の称号の勅が出されたと考えられ、二月六日に文書としての勅の公布が行われたか。(3)公式令　公式令三十六条は、改行して常に行頭に書いて敬意を表す(平出)べき語句の一つとして、天皇の母の称号に、皇太后・皇太妃・皇太夫人をあげる。聖武天皇母の藤原宮子は、文武天皇の夫人であったので皇太夫人が相当する。(4)文……大御祖　文字では皇太夫人と書き、口語ではオホミオヤとせよとする。

【解説】　聖武天皇の母藤原宮子の称号をめぐって、天皇の発した勅が、律令の規定を理由とした長屋王等の奏上(おそらく太政官論奏)によって撤回されたこの事件は、天皇の権力が律令法及び太政官によって規制される国家権力の一部であることを示す。この事件の背後には、聖武天皇即位をめぐり、母藤原宮子を擁する藤原氏、元正太上天皇、長屋王等の王族などの諸勢力の抗争があった。

### (2)　長屋王の変と光明子立后

196〔続日本紀〕

**天平元年(七二九)二月辛未(十日)条**

左京人ノ従七位下漆部《ぬりべ》造君足、無位中臣宮処《なかとみのみやこ》連東人《あずまひと》等告ゲテレ密ヲ称《もう》ス、「左大臣正二位長屋王私《ひそか》ニ学ビ二左道(1)ヲ一、欲スレ傾ケムト二国(2)家ヲ一」。其ノ夜、遣シテレ使ヲ固ク守ラシム二三関(3)ヲ一。因リテ遣シテ二式部卿ノ従三位藤原朝臣宇合《うまかい》、衛門ノ佐《すけ》従五位下佐味《さみ》朝臣虫麻呂、左衛士ノ佐外従

五位下津嶋朝臣家道、右衛士佐《ノ》外《げ》従五位下紀朝臣佐《さ》比《ひ》物《もち》等《ヲ》一、将《キテ》二六衛兵《ヲ》一、囲《マシム》二長屋王《ノ》宅《いえヲ》一。

**天平元年二月壬申（十一日）条**

以《テ》二大宰《ノ》大弐正四位上多治比《たじひ》真人県守《あがたもり》、左大弁正四位上石川朝臣石足《いわたり》、弾正尹《ノ》従四位下大伴宿禰道足《ヲ》一、権《かりニ》為《ス》二参議(4)《ト》一。巳《みノ》時、遣《シテ》二一品舎人《とねり》親王、新田部《にいたべ》親王、大納言従二位多治比真人池守、中納言正三位藤原朝臣武智麻呂《むちまろ》、右中弁正五位下小野朝臣牛養《うしかい》、少納言外従五位下巨勢《こせ》朝臣宿奈麻呂《すくなまろ》等《ヲ》一、就《キテ》二長屋王宅《ニ》一窮三問《セシム》其《ノ》罪《ヲ》一。

**天平元年二月癸酉（十二日）条**

令《ム》二王《ヲシテ》自尽(5)《セ》一。其室二品吉備内親王、男従四位下膳夫《かしわで》王、無位桑田王、葛木《かづらき》王、鉤取《かぎとり》王等、同《ク》亦自《ラ》経《くびル》。乃《チ》悉《ク》捉《ヘテ》二家内《ノ》人等《ヲ》一、禁三着《ス》於左右衛士、兵衛等《ノ》府《ニ》一。

**天平元年二月甲戌（十三日）条**

遣《シテ》レ使《ヲ》葬《ラシム》二長屋王・吉備内親王《ノ》屍《ヲ》於生馬《いこま》山《ニ》一。仍《よりテ》勅《みことのりシテ》曰《のたまハク》、「吉備内親王者《ハ》無《シ》レ罪。宜《シ》二准《ジ》レ例《ニ》送葬《ス》一。唯停《メヨ》二鼓吹《ヲ》一。其《ノ》家令・帳内等《ハ》並《ニ》従《ヘ》二放免《ニ》一。長屋王者《ハ》依《リテ》レ犯《ニ》伏《ス》レ誅《ニ》。雖《モ》レ准《ズト》二罪人《ニ》一莫《なかレ》レ醜《いやしクスルコト》二其葬《ヲ》一矣《トノタマフ》」。長屋王《ハ》、天武天皇之孫、高市《たけち》親王之子也。吉備内親王《ハ》日《ひ》並知皇子尊《なみしのみこのみこと》（草壁）之皇女也。

**天平元年八月戊辰（十日）条**

詔《シテ》、立《テテ》二正三位藤原夫人(6)《ヲ》一、為《す》二皇后《ト》一。

**天平十年（七三八）七月丙子（十日）条**

左兵庫少属《さひょうこしょうさかん》従八位下大伴宿禰子虫、以《テ》レ刀斫《ヲきり》三殺《ス》右兵庫頭《かみ》外従五位下中臣宮処連東人(7)《ヲ》一。初《メ》子虫事《つかヘテ》二長屋王《ニ》一頗《ル》蒙《ル》二恩遇《ヲ》一。至《リテ》レ是《ニ》、適《たまたま》与二東人一任《ズ》二於比寮《ニ》一。政事之隙、相共囲《ム》レ碁《ヲ》。語及《ビ》二長屋王《ニ》一、憤発《シテ》而罵《リ》、遂引《ニぬキテ》レ剣《ヲ》斫《リテ》而殺《ス》之。東人、即誣三告(8)《セシ》長屋王《ノ》事《ヲ》二之人也。

（1）左道　邪道、人を呪う呪法。（2）国家　名例律八逆条謀反で国家を危うくするとは、君主を殺そうとすることとある。（3）三関　伊勢国鈴鹿《すずか》関、美濃国不破《ふわ》関、越前国愛発《あらち》関。（4）権為参議　参議が正官になったのは天平三年八月十一日丁亥条に「並為二参議一」と参議が初めて官名として使われたときと考えられる。多治比真人県守と大伴宿禰道足は天平三年八月に参議。（5）自尽　獄令7決大辟条に「五位以上及親王、非二悪逆以上一、聴レ自三尽於家二」。長屋王の嫌疑は八逆の謀反であり、悪逆以上であるが、自尽が認められている。（6）藤原夫人　藤原不比等の娘。母は県犬養橘三千代《あがたいぬかいのたちばなのみちよ》。光明子、安宿媛《あすかべのひめ》。（7）中臣宮処連東人　長屋王を告発した功績により、天平元年二月二十一日壬午条で漆部造君足と共に外従五位下を授けられた。（8）誣告　故意に事実をねじ曲げて訴えること。ここで誣告の語を使っていることは、『続日本紀』の編者が、長屋王の変を誣告によるものと認識していることを示す。

【解説】　長屋王が冤罪により自尽させられた事件は、光明子が生んだ皇太子基《もとい》王が病死し、藤原氏が光明子の立后を策すにあたって、その障害となる太政官筆頭の長屋王を除こうとしたものとされる。また、高市皇子の子であり、文武、元正天皇の姉妹である吉備内親王の夫である長屋王も皇位継承候補者の一人と意識されていたことになり、皇位継承をめぐる抗争の一つとすることもできる。

### (3)　藤原広嗣の乱

**197〔続日本紀〕**

**天平十二年（七四〇）八月癸未（二十九日）条**

大宰少弐《だざいのしょうに》(1)従五位下藤原朝臣広嗣《ひろつぐ》上《たてまつ》表、指《しめ》時政之得失、陳天地之災異。因以除僧正玄昉《げんぼう》法師、右衛士督従五位上下道《しもつみちの》朝臣真備《まきび》為言《こと》。

**天平十二年九月丁亥（三日）条**

広嗣遂起兵反。勅以従四位上大野朝臣東人為大将軍、従五位上紀朝臣飯麻呂為副将軍。軍監軍曹各四人。徴発東海、東山、山陰、山陽、南海五道軍一万七千人(2)、委東人等、持節(3)討之。

**天平十二年九月癸丑（二十九日）条**

勅筑紫府(4)管内諸国官人百姓等曰、「逆人広嗣小来《もとより》凶悪、長益詐姦。其父故式部卿（藤原宇合）常欲除弃、朕不能許。掩蔵《かく》至今。比《このころ》在京中、讒乱親族。故令遷遠、冀《ねが》其改心。今聞、「擅《ほしいまま》為狂逆、擾乱人民」。不孝不忠、違天背地。神明所弃《す》、滅在朝夕。前已遣勅符、報知彼国。又聞、或有逆人、捉害送人、不令遍見。故更遣勅符数千条、散擲諸国。百姓見《みば》者、早宜承知。如《もし》有人、雖本与広嗣同心起謀、今能改心悔過《とが》、斬殺広嗣而息《やす》百姓者、白丁賜五位已上、官人随等加給。若身被《れ》殺者、賜其子孫。忠臣義士、宜速《すみやか》施行《せぎょう》。大軍続須発入。宜知此状」。

**天平十二年十月壬戌（九日）条**

大将軍東人等言、「逆賊藤原広嗣、率衆一万許《ばかり》騎、到板《いた》櫃《ひっ》河(5)。広嗣親自《みずから》率隼人軍、為前鋒。即編木為船、将《す》渡河。于時、佐伯宿禰常人《つねひと》、安倍朝臣虫麻呂、発弩(6)射之。広嗣衆却列《つらな》於河西。常人等率軍士六千余人、陳《つらな》于河東。即令隼人等呼云、「随逆人広嗣、拒捍官軍者、非直《ただ》滅其身、罪及妻子親族」者。則広嗣所率隼人并兵等、不敢発箭《や》。于時、常人等呼広嗣十度。而猶不答。良久《やや》、広嗣乗馬出来云、「承勅使到来。其勅使者為誰」。常人等答云、「勅使衛門督佐伯大《たい》夫《ふ》、式部少輔《せうふ》安倍大夫、今在此間」者。広嗣云、「而今知勅使」。即下馬、両段再拝申云、「広嗣不敢捍《てこばま》朝命。但《ただ》請朝庭乱人二人(7)耳《のみ》。広嗣敢捍朝庭者、天神地祇罰殺」。常人等云、「為賜勅符、喚大宰典《さかん》已上、何故発兵押来」。広嗣不能弁答。乗馬却還。時隼人三人、直従河中泳来降服。則朝庭所遣隼人等、扶救遂得着岸。仍降服隼人二十人、広嗣之衆十許騎、来帰官軍。獲虜器械如別。又降服隼人贈唹《そお》君多理志佐《たりしさ》申云、「逆賊広嗣謀云、『従三道往。即広嗣自率大隅《おおすみ》・薩摩《さつま》・筑前《ちくぜん》・豊後《ぶんご》等国軍合五千人、従鞍手道往。綱手(広嗣弟)率筑《ちく》後《ご》・肥前《ひぜん》等国軍合五千許人、従豊後《ぶんご》国往。多胡《たご》古麻呂、〈不知所率軍数。〉従田河道往』。但広嗣之衆到来鎮所、綱手・多胡古麻呂未到(8)」。

### 天平十二年十一月戊子(五日)条

大将軍東人等言、「以今月一日、於肥前国松浦《まつら》郡、斬広嗣・綱手已訖。菅成《すがなり》以下従人已上、及僧二人者、禁正身置大宰府。其歴名如別。又以今月三日、差《つかわ》軍曹海犬養五百依《あまのいぬかいのいおえ》発遣、令迎逆人。広嗣之従三田兄人《えひと》等廿余人申云、「広嗣之船従知《ち》賀《か》嶋(9)発、得東風往四箇日、行見嶋。船上人云、『是耽羅《たむら》嶋(10)也』。于時、東風猶扇《ふ》、船留海中、不肯進行。漂蕩已経一日一夜。而西風卒《にわか》起、更吹還船。於是、広嗣自捧駅鈴一口云、『我是大忠臣也。神霊弃我哉。乞頼神力、風波暫静』、以鈴投海。然猶風波弥甚、遂着等《と》保《ほ》知《ち》賀《か》嶋(11)色都《しこつ》嶋矣」」。広嗣式部卿馬養《うまかい》之第一子也。

(1)少弐　大宰府の次官。ただし、長官の帥《そち》は空席で、大弐の高橋安麻呂は右大弁を兼任していて遥任と考えられ、広嗣は同僚の少弐多治比伯《おおぢ》とともに長官代行の地位にあったと推定される。(2)徴発……　一万七千人　北陸道が除かれている。すでに天平十一年六月に軍団兵士が停止されているので、帰農した兵士を徴発したか。(3)持節　軍隊を指揮命令するにあたり天皇大権を委譲する節刀を授けること。(4)筑紫府　筑紫大宰府。(5)板櫃河　北九州市小倉北区紫川下流。(6)弩　おおゆみ。引き金のある発射機に短く強い弓を装置した武器。軍防令では一隊五十人につき二人を弩手《どしゅ》とする。(7)朝庭乱人二人　玄昉と吉備真備。(8)逆賊広嗣謀云……未到　広嗣の動員計画では鞍手道を左翼とし、豊後国を右翼、田河道を中央として、三方から関門海峡に集結する計画であったが、この時点で左翼の広嗣軍のみが到着している。(9)知賀嶋　長崎県五島列島。(10)耽羅嶋　済州島。(11)等保知賀嶋　遠値嘉島、五島列島中の福江島か。

【解説】　長屋王の変以後、藤原不比等の子、武智麻呂、房前《ふささき》、宇合《うまかい》、麻呂のいわゆる藤原四子がそろって昇進したが、天平九年に天然痘のため次々と病死し、橘諸兄《もろえ》が太政官の筆頭となった。宇合の長子広嗣も、七三八年(天平十)に大養徳(大和)守から大宰少弐に左遷された。広嗣は玄昉、吉備真備を除くことを名目に反乱を起こした。北九州における反乱であるが、兵士を動員した反乱という意味では、壬申の乱以来のものであり、奈良時代の政治史を画するものである。聖武天皇は、この乱のさなか、平城京を去り、山背《やましろ》の恭仁《くに》京、近江の紫香楽《しがらき》宮、摂津の難波京を転々とした。この間、国分寺建立、大仏造立の詔が出された。

### (4)　橘奈良麻呂の乱

**198**〔続日本紀〕天平宝字元年（七五七）七月庚戌（四日）条

詔、更遣中納言藤原朝臣永手等、窮問東人（小野）(1)等。款《もう》云、「毎事実也。無異斐太《ひだ》都《つ》語。去六月中、期会謀事三度。始於奈良麻呂家、次於図書《づしよ》蔵辺庭、後於太政官院庭。其衆者、安宿《あすかべ》王・黄文《きぶみ》王(2)・橘奈良麻呂・大伴古麻呂・多治比犢養《こうしかい》・多治比礼麻呂・大伴池主・多治比鷹主・大伴兄人。自余衆者闇裏、不見其面。庭中礼拝天地四方、共歃《すすり》塩汁、誓曰、『将以七月二日闇頭(3)、発兵囲内相(4)宅、殺劫、即囲大殿《おおとの》(5)、退皇太子。次傾皇太后宮（光明子）而取鈴・璽(6)。即召右大臣（藤原豊成）、将使号令。然後、廃帝（孝謙）、簡四王中(7)、立以為君』」。於是、追被告人等、随来悉禁着、各置別処、一々勘問。（中略）

辞雖頗異、略皆大同。勅使又問奈良麻呂云、「逆謀縁何而起」。款云、「内相行政、甚多無道。故先発兵、請得其人、後将陳状」。又問、「政称無道、謂何等事」。款云、「造東大寺、人民苦辛。氏々人等、亦是為《す》憂。又置剗(8)奈羅、為已大憂」。問、「所称氏々、指何等氏。又造寺元起自汝《いまし》父時(9)。今噵人憂、其言不似」。於是奈良麻呂辞屈而服。（中略）於是、一皆《もはら》下獄。又分遣諸衛、掩捕逆党。更遣出雲守従三位百済王敬福《くだらのこにきしきょうふく》、大宰帥《そち》正四位下船王《ふねのおおきみ》等五人、率諸衛人等、防衛獄囚、拷掠窮問。黄文《ふみ》〈改名多夫礼《たぶれ》〉・道祖《ふなど》〈改名麻度比《まどひ》〉・大伴古麻呂・多治比犢養・小野東人・賀茂角《つの》足《たり》〈改姓乃呂志〉等、並杖下死(10)。安宿《あすかべ》王及妻子配流佐渡《さど》。信濃国守佐伯大成、土佐国守大伴古慈斐二人、並便流任国。其支党人等、或死獄中。自外《そのほか》悉依法配流(11)。（中略）

又勅陸奥国、令勘問守佐伯全成《またなり》。款云、「去天平十七年（七四五）、先帝陛下（聖武）行幸難波、寝膳乖《そむけり》宜。于時、奈良麻呂謂全成曰、『陛下枕席不安、殆至大漸(12)。然猶無立皇嗣(13)。恐有変乎。願率多治比国人・多治比犢養・小野東人、立黄文而為君、以答百姓之望。大伴・佐伯之族、随於此挙、前将無敵。方今、天下憂

苦《シテ》、居宅無《ク》レ定《マルコト》、(14)乗路哭叫《シテ》、怨歎実《ニ》多《シ》。縁《リテ》レ是《ニ》議謀《はからハバ》、事可《シ》ニ必《ズ》成《ル》一。相随《ハムヤ》以否《いなやトイヘリ》」。（中略）」《トイフ》勘問畢《リテ》而自経《ラくびル》。

(1)東人　前備中守小野東人。それ以前からいくつかの密告はあったが、七月二日、中衛舎人上道《かみつみち》臣斐太都《ひだつ》が東人の言を密告し、奈良麻呂派の逮捕が始まり、三日から窮問が行われたが白状させることはできなかった。斐太都は、その功によって従四位下に叙され、朝臣の姓を与えられた。(2)安宿王、黄文王　長屋王の子。(3)闇頭　夜が更け始める頃か。(4)内相　紫微内相藤原仲麻呂。紫微中台の長官は令で仲麻呂がこれに任じていたが、天平宝字元年五月名称を内相とするとともに職掌を拡大し、左右大臣に准じさせた。(5)大殿　藤原仲麻呂宅である田村第の中に設けられた天皇及び皇太子の居所。(6)鈴・璽　駅鈴と天皇御璽。鈴璽が藤原光明子の皇太后宮にあったということは当時、天皇大権が実質的にここにあったことを示す。(7)四王　道祖王、塩焼王、安宿王、黄文王。(8)剗《せき》　剗は職員令に「三関国又掌ニ関剗及関契一」とあり、関の小規模のもので、出雲国風土記等に実例がある。(9)汝父時　奈良麻呂の父、前左大臣橘諸兄、この年の正月に死亡。(10)杖下死　拷問の結果死んだ。獄令35は「若囚因レ訊致レ死者、皆具申ニ当処長官一。在レ京者、与ニ弾正一対験」と拷問による死の手続きを規定している。(11)其支党人等……配流　ここまでの処分者のなかに首謀者である橘奈良麻呂の名が見えない。あるいは獄死したか。(12)陛下……大漸　聖武天皇が難波において病床につき、不安な様態が十日以上続き、病状が段々と悪化していった。(13)無立皇嗣　天平十年に阿倍内親王(孝謙天皇)が皇太子に立てられているにもかかわらず、天平十七年の段階でそれを無視する言辞がなされているのは、阿倍内親王の立太子に反対し、それを中継ぎの臨時の処置とする考えによるものか。(14)居宅無定　遷都が度々行われて居所が定まらない。

【解説】　奈良麻呂のクーデター計画は、これ以前に、七四五年(天平十七)阿倍内親王(孝謙天皇)の立太子に対する不満を底流に聖武《しょうむ》天皇の重病時、七四九年(天平勝宝元)孝謙天皇が即位し、光明皇太后のために紫微《しび》中台《ちゅうだい》が設置され藤原仲麻呂がその長官(令)となった時、七五六年(天平勝宝八歳)聖武太上《だじょう》天皇が危篤に陥り橘諸兄が致仕した直後の三回計画された。阿倍内親王の立太子と即位という皇位継承、その母光明皇太后の庇護の下に台頭する藤原仲麻呂の権力拡大に対する不満が、七五七年(天平宝字元)、聖武太上天皇の病死、道祖王の廃太子、仲麻呂と姻戚関係のある大炊《おおい》王(舎人《とねり》親王の子)の立太子を契機として、クーデター計画の実行に向かわせた。計画実施の七月二日以前から密告者が相次ぎ、実施当日に参加者の逮捕、追及が行われ挫折し、仲麻呂の専制体制を確立させる結果となった。この計画には王族及び大伴・多治比・佐伯氏等の中央官人の参加のみならず、仲麻呂の兄の豊成の関与もうかがわれる。さらに事件の十日後に諸司、畿内の村長以上を朝廷に集めて、謀反の内容と処分を発表し、謀反人に欺かれた公民を出羽《でわ》国小勝《おかち》村の柵戸にするとした。このように橘奈良麻呂の変は、分裂と抗争の深さと広がりにおいて、藤原広嗣の乱に比して極めて深刻であった。

## (5)　恵美押勝の乱

199〔続日本紀〕

**天平宝字八年(七六四)九月壬子(十八日)条**

軍士石村村主《いわれのすぐりの》石楯斬《リテ》ニ押勝《おしかつヲ》一、伝《フ》ニ首《ヲ》京師《ニ》一。押勝《ハ》者、近江朝《ノ》内大臣藤原朝臣鎌足曾孫、平城朝贈太政大臣武智麻呂之第二子也。（中略）宝字元年（七五七）、橘奈良麻呂等謀欲除之、事渉廃立(1)、反為所滅。其年任紫微内相《しびないしょう》。二年拝大保《たいほ》(2)。優勅加姓中恵美《えみ》二字、名曰押勝。賜功封三千戸、田一百町、特聴鋳銭、挙稲及用恵美家印。四年転太師(3)。（中略）其余顕要之官、莫不姻戚。独擅権威、猜防日甚。時道鏡《どうきょう》常侍禁掖、甚被寵愛(4)。押勝患之、懐《こころ》不自安。乃諷高野天皇（孝謙太上天皇）、為都督使(5)、掌兵自衛、准拠諸国試兵之法、管内兵士毎国廿人、五日為番、集都督衙、簡閲武芸。奏聞畢後、私益其数、用太政官印而行下之。大外記高丘比良麻呂、懼禍及己、密奏其事。及収中宮院鈴印(6)、遂起兵反。其夜相招党与、道《ゆ》自宇治奔拠近江(7)。（中略）官軍攻撃之。押勝衆潰《つい》、独与妻子三四人乗船浮江。石楯獲而斬之。及其妻子徒党卅四人皆斬之於江頭。独第六子刷雄以少《わか》修禅行、免其死而流隠岐国。

**天平宝字八年十月壬申（九日）条**

高野《たかの》天皇(8)、遣兵部卿和気王《わけのおおきみ》、左兵衛督山村王、外衛《がいえ》大将百済王敬福等、率兵数百囲中宮院。時帝遽《にわか》(9)而未及衣履。使者促之。数輩侍衛奔散、無人可従。僅与母家三両人、歩到図書寮《づしょりょう》西北之地。山村王宣詔曰、「挂末久毛《かけまくも》畏《かしこき》朕我《わが》天先帝乃《あめのさきのみかどの》御命以天《おおみこともちて》朕仁《われに》勅之久《のりたまいしく》、天下方《あめのしたは》朕子《わがこ》伊末之仁《いましに》授給《さずけたまう》。事乎之云方《ことをしいわば》、王乎《おおきみを》奴止成止毛《やつことなすとも》、奴乎《やつこを》王止云止毛《おおきみというとも》、汝乃為牟末仁末仁《いましのせむまにまに》。仮令《たとい》後尓《のちに》帝止立天在《みかどとたちてある》人伊《ひとい》、立乃後仁《たちののちに》汝乃多米仁《いましのために》无礼之天《あやなくして》不従《したがわず》、奈米久在牟《なめくあらむ》人乎方《ひとをば》帝乃位仁《みかどのくらいに》置許止方《おくことは》不得《えずあれ》(10)。（中略）今聞仁《いまきくに》、仲麻呂止同心之天《なかまろとおなじこころして》窃《ひそかに》朕乎《われを》掃止《はらわんと》謀家利《はかりけり》。（中略）故是以《かれここをもちて》、帝位乎方《みかどのくらいをば》退《しりぞけ》賜天《たまいて》、親王乃位《みこのくらい》賜天《たまいて》淡路国乃公《あわじのくにのきみ》止退賜止《としりぞけたまうと》勅御命乎《のりたまうおおみことを》聞食止宣《ききたまえとのる》」。事畢、将公及其母到小子門《ちいさこべ》、処道路鞍馬騎之。右兵衛督《ひょうえのかみ》藤原朝臣蔵下麻呂《くらじまろ》、衛送配所(11)、幽于一院(12)。（下略）

（1）廃立　天皇の廃立。（2）大保　天平宝字二年、官名が唐風に改められ、太政大臣を大師、左大臣を大傅《ふ》に、右大臣を大保に改め、大保に仲麻呂が任ぜられた。（3）太師　大師。太政大臣。（4）道鏡……寵愛　孝謙太上天皇が、七六一年（天平宝字五）十月から翌年五月まで、保良宮《ほらのみや》に行幸した際、病をえた太上天皇を道鏡が看病し、治癒したことによって寵愛されるようになったとされる。（5）都督使　九月二日丙申条に藤原恵美《えみ》朝臣押勝《おしかつ》を都督四畿内三関近江丹波播磨等国兵事使とするとある。（6）及収中宮院鈴印　密告を受けた孝謙太上天皇方は、淳仁《じゅんにん》天皇の居所である中宮院に、少納言山村王を派遣して、駅鈴と内印を収めた。これを知った押勝は、直ちに淳仁天皇に侍していた子の訓儒麻呂《くすまろ》に命じて鈴・印を奪わせた。孝謙方は、坂上苅田麻呂《さかのうえのかりたまろ》、牡鹿嶋足《おしかのしまたり》らを遣し訓儒麻呂を射殺させた。押勝方は、中衛将監《しょうげん》矢田部老《やたべのおゆ》を遣わしたが、孝謙方の授刀《たちはき》紀船守《ふなもり》が老を射殺して、山村王は鈴・印を孝謙方にもたらした。(7)道自宇治奔拠近江　押勝は宇治から近江国府に入り、さらに東国へ向かおうとしたが、勢多橋を焼かれて、琵琶湖湖西を北上し、愛発《あらち》関に入ることを阻止されて壊滅した。(8)高野天皇　孝謙太上天皇。『続日本紀』は、孝謙天皇の巻については、尊号にしたがって、「宝字称徳孝謙皇帝」と記すが、退位後の孝謙太上天皇や重祚後の称徳天皇については高野天皇と記す。(9)帝　淳仁天皇。廃位された後は、大炊親王、淡路廃帝、淡路公、淡路親王などとあり、『続日本紀』は単に廃帝とする。淳仁天皇の称号は一八七〇年(明治三)に追贈されたもの。(10)挂末久毛……不得　聖武太上天皇は遺詔によって、天下を孝謙にさずけ、帝位をまかせたとする。聖武太上天皇の遺詔とは、天平勝宝八歳五月二日乙卯条に「是日、太上天皇崩二於寝殿一。遺詔、以二中務卿従四位上道祖王一為二皇太子一」とあり、本条の宣命、神護景雲三年十月朔乙未条の宣命からすると、聖武太上天皇の遺詔は、道祖王を皇太子とするが、その変更はありうること、皇位継承の判断は孝謙の判断によれとの内容であったと考えられる。(11)配所　淡路国。(12)幽于一院　一年後の天平神護元年(七六五)十月二十一日己卯条によれば、淳仁は垣を越えて逃亡をはかり、阻止されて、次の日に院中で死んだ。

【解説】　律令制下の天皇権力は、持統―文武、元明―元正、元正―聖武、聖武―孝謙、孝謙―淳仁という太上天皇―天皇によって構成されていた。退位した天皇である太上天皇もまた天皇と同等の権力をもっていた。さらに孝謙太上天皇は、皇位を自由にする権力を聖武によって与えられたとしている。大炊王(淳仁天皇)を即位させ、孝謙太上天皇―光明皇太后―藤原仲麻呂(恵美押勝)―淳仁天皇の結合によってなりたっていた仲麻呂の権力は、七六〇年(天平宝字四)光明皇太后の死により不安定になる。さらに孝謙太上天皇の道鏡との結合によって、孝謙太上天皇―道鏡、淳仁天皇―仲麻呂に分裂することになる。支配層の分裂と抗争は、天皇の廃位にまで結果したのである。

## (6)　宇佐八幡神託事件と道鏡

### 200〔続日本紀〕

**神護景雲三年(七六九)九月己丑(二十五日)条**

初メ大宰主神ノ習宜阿曾麻呂《すげのあそまろ》、希ヒテレ旨《うまき》ヲ媚ビ三事《つか》フ道鏡ニ一。因リテ矯《いつわ》リテ二八幡《やはた》(1)ノ神教ト一言ハク、「令メバ三道鏡ヲシテ即カ二皇位ニ一、天下太平ナラン」トイフ。道鏡聞キテレ之ヲ、深ク喜ビテ自負ス。天皇(称徳)召シテ二清麿(和気)ヲ於牀下ニ(2)一、勅シテ曰ハク、「昨夜夢ミルニ、八幡神ノ使来リテ云ハク、『大神為ニレ令メムガレ奉《うケタマハラ》レ事ヲ、請フト二尼法均ヲ(3)一』トノタマフ。宜シ三汝清麿相代リテ而往《ゆ》キテ聴ク二彼神ノ命ヲ一」トノタマフ。臨ミテレ発スルニ、道鏡語リテ二清麿ニ一曰ハク、「大神所以《ゆえ》ハ請フレ使者ヲ、蓋シ為ナラムレ告ゲムガ二我即位之事ヲ一。因リテ重ネテ募ルニ以テセム二官爵ヲ一」トマウス。清麿行キテ詣ズル二神宮ニ一。大神託宣シテのたまハク、「我ガ国家開闢以来、君臣定リヌ矣。以チテレ臣ヲ為スコトハレ君ト、未ダ二之レ有ラ一也(4)。天之《あまつ》日嗣《ひつぎ》ハ必ズ立テヨ二皇緒ヲ一。无道《むどう》之人ハ宜シ二早ク掃除《はらひのぞ》ク一」トノタマフ。清麿来帰シテ、奏スルコト如シ二神教ノ一。於テレ是ニ、道鏡大キニ怒リテ、解キテ二清麿ノ本官ヲ一、出シテ為す二因幡ノ員外(5)ノ介《すけ》ト一。未ルニレ之《ゆ》カ二任所ニ一、尋《つい》デ有リテレ詔、除名(6)シテ配ス二於大隅ニ一。其ノ姉法均ハ還俗《げんぞく》シテ配ス二於備後《びんご》ニ一。

**宝亀元年(七七〇)八月丙午(十七日)条**

葬ル二高野天皇(称徳)(7)ヲ於大和国添下《そうのしも》郡佐貴《さき》郷高野《たかの》ノ山陵ニ一。(中略)天皇尤モ崇《あが》メテ二仏道ヲ一、務メテ恤《めぐ》ミタマフ二刑獄ヲ一。勝宝之際、(8)政称セリ二倹約ヲ一。自リ二太師(9)ヲ被レテレ誅セ、道鏡擅《ほしきまま》ニシレ権ヲ、軽《かろかろ》シク興《おこ》シ二力役ヲ一、務メテ繕《おさ》ム二伽藍ヲ一。公私彫喪シテ、国用不レ足ラ。政刑日ニ峻《きび》シク、殺戮妄ニ加フ。故ニ後之言フレ事ヲ者《ひと》、頗ル称《い》フ二其ノ冤ヲ一焉。

**宝亀元年八月庚戌(二十一日)条**

皇太子(白壁王)令旨スラク、「如《きくならく》聞、道鏡法師、窃《ひそか》ニ挟ミテ二舐糠《しこう》(10)之心ヲ一、為スコトレ日ヲ久シ矣。陵土未ルニレ乾カ、姦謀(11)発覚ス。是レ則チ神祇ノ所レ護ル、社稷ノ攸《ところ》ナリレ祐《たす》クル。今顧《み》ルニ二先聖(12)ノ厚恩ヲ一、不レ得ニ二依リテレ法ニ入ルルコトヲ一レ刑ニ。故ニ任ジテ二造下野国薬師寺別当ニ一発遣ス。宜シクレ知ルレ之ヲ」トノタマフ。

(1)八幡神　宇佐《うさ》八幡神。豊前国宇佐郡に鎮座する本来は北九州の地方神。藤原広嗣の乱に際しての祈禱や東大寺大仏造立を通じて、律令国家との関係を深めていった。(2)牀下　玉座のもと。(3)尼法均　和気清麻呂の姉。和気広虫。孝謙太上天皇に随って出家し尼法均を名のった。(4)以臣為君、未之有也　この論理は、先の淳仁天皇廃位の宣命における王を奴となすも奴を王となすも孝謙の意志であるとする論理に対置されるものである。(5)為因幡員外介　この人事は既に八月十九日に出されていた。(6)除名　位階、勲位、官職を悉く剝奪する。(7)高野天皇　孝謙太上天皇及び重祚した称徳天皇を高野天皇と記す。(8)勝宝之際　孝謙天皇としての時代。(9)太師　藤原仲麻呂。(10)舐糠　舐糠か。糠を舐め尽くせば米に至る、土を削り尽くせば国を滅ぼすに至るに喩えた。(11)姦謀　二十三日壬子条に坂上苅田麻呂が告言した功によって叙位されている。(12)先聖　称徳天皇。

【解説】　淳仁天皇が廃位され、孝謙太上天皇が称徳《しょうとく》天皇として重祚すると、道鏡は、七六五年(天平神護元)、太政大臣禅師《ぜんじ》に任ぜられ、さらに天平神護二年には、法王となり、その月料(待遇)を天皇の供御《くご》に準ずると定められ、天皇に準ずる地位についた。七六九年(神護景雲三)の宇佐八幡神託事件は、道鏡が皇位を窺ったものとされる。称徳天皇が皇嗣を定めなかったこともそれに沿ったことであろう。和気清麻呂《わけのきよまろ》の奏上により道鏡を皇位につけることに失敗した称徳が翌七七〇年(宝亀元)に歿すると、道鏡は失脚し、下野《しもつけ》国薬師寺に左遷された。和気清麻呂の背景には、藤原永手《ながて》等の貴族層がいたとされる。道鏡の権力が称徳との結合にのみ依拠しており、その基盤の狭さが指摘される。恵美押勝の乱が天皇廃位という事態を生み出したのに対して、宇佐八幡神託事件は、王族以外のものが天皇になろうとするという、皇位継承そのものの変質を生み出そうとしたものであった。それは実現しなかったが、称徳の死は、皇統の転換という形で皇位継承に重大な変化を生み出した。

## (7)　皇統の転換　天武系から天智系へ

201 〔続日本紀〕

**宝亀元年(七七〇)八月癸巳(四日)条**

天皇(称徳)崩ズ二于西宮ノ寝殿ニ一。春秋五十三。左大臣従一位藤原ノ朝臣永手、右大臣正二位吉備朝臣真吉備《まきび》、参議兵部卿従三位藤原朝臣宿奈麻呂《すくなまろ》、参議民部卿従三位藤原朝臣縄麻呂、参議式部卿従三位石上朝臣宅嗣《やかつぐ》、近衛《ノ》大将従三位藤原朝臣蔵下麻呂等、定《メテ》二(1)策《ヲ》禁中《ニ》一、立《テテ》レ(2)諱《ヲ》為《ス》二皇太子《ト》一。左大臣従一位藤原朝臣永手、受《ケテ》二遺宣《ヲ》一曰《ク》、「今詔《いまのりたまわく》久、事卒然尓《ことにわかに》有依天《あるによりて》(3)、諸臣《おみ》等議天《たちはかりて》、白壁王《しらかべのおおきみ》波諸王《おおきみ》能中仁《のなかに》年歯毛《よわいも》長奈利《このかみなり》。又《また》先帝《さきのみかどの》能功《みいさおも》毛在故仁《あるゆえに》、太子《ひつぎのみこと》止定天《さだめて》、奏流麻仁麻尓《もうせるまにまに》(4)宣給布《のりたまふ》止勅久《とのりたまわく》止宣《とのる》」《トイフ》。

**宝亀元年十月朔日己丑条**

即《キタマフ》二天皇《ノ》位《ニ》於大極殿《ニ》一。

**宝亀二年（七七一）正月辛巳（二十三日）条**

立《テテ》二他戸《おさべ》親王(5)《ヲ》一為《ス》二皇太子《ト》一。

**宝亀三年（七七二）三月癸未（二日）条**

皇后井上内親王坐《シテ》二巫蠱《ふこ》(6)《ニ》一廃《セラル》。

**宝亀三年五月丁未（二十七日）条**

廃《シテ》二皇太子他戸王《ヲ》一為《ス》二庶人《ト》一。詔《シテ》曰《ハク》、「天皇御命《すめらがおおみこと》良麻止《らまと》宣《のりたまう》御命《おおみことを》乎、百官人《もものつかさのひとども》等、天下百姓《あめのしたのおおみたから》、衆《もろもろ》聞食《ききたまへ》倍止宣《とのる》。今《いま》皇太子《ひつぎのみこと》止定賜《さだめたまへる》部流他戸王《おさべのおおきみ》、其母井上内親王《そのははいのうえのひめみこ》乃魘魅《えんみ》大逆《たいぎゃくの》之事《こと》、一二遍《ひとたびふたたび》能味《のみ》仁不在《にあらず》、遍麻年久《たびまねく》発覚奴《あらわれぬ》。其高御座《それたかみくら》天之《あめの》日《ひ》嗣座《つぎのくらい》波、非吾一人之私座《われひとりのくらいにあらず》止奈毛《となも》所思行須《おもおしめす》。故《かれ》、是以《ここをもちて》、天之《あめの》日《ひ》嗣《つぎと》止定賜比《さだめたまひ》儲賜部流《もうけたまへる》皇太子位《ひつぎのみこのくらいに》仁、謀反大逆人之子《むへんたいぎゃくのひとのこ》乎《を》治賜部例婆《おさめたまへれば》、卿《まえつきみたち》等、百官人等《もものつかさひとども》、天下百姓《あめのしたのおおみたからの》能念《おもえ》良麻《らま》久毛《くも》、恥志賀多自気奈志《はずかしかたじけなし》。加以《しかのみにあらず》、後世乃《のちのよの》平久《たいらけく》安《やすらけく》長久《ながく》全久《またく》可在伎《あるべき》政《まつりごとに》仁毛不在止《もあらずと》、神奈賀良母《かんながらも》所念行須仁依而《おもおしめすによりて》奈母《なも》、他戸王《おさべのおおきみを》乎皇太子之位《ひつぎのみこのくらい》停賜比《とどめたまひ》却賜布止《しりぞけたまふと》宣《のりたまう》天皇御命《すめらがおおみことを》乎、衆《もろもろ》聞食倍止宣《ききたまへとのる》」。

**宝亀四年（七七三）正月戊寅（二日）条**

立《テテ》二中務卿四品諱(7)《ヲ》一為《ス》二皇太子《ト》一。

**宝亀四年十月辛酉（十九日）条**

是日、詔《シテ》、幽《こメシム》二内親王及《ビ》他戸王《ヲ》于大和国《ノ》宇智《うち》郡《ノ》没官《もつかん》之《ノ》(8)宅《ニ》一。

**宝亀六年（七七五）四月己丑（二十七日）条**

井上内親王、他戸王並《ニ》卒《しゅっス》(9)。

(1)策　称徳没後の立太子問題。(2)諱《いみな》　白壁王。天智天皇の孫、志紀親王の男。即位して光仁天皇。(3)事卒然尓有依天　称徳が病気の急変により皇太子を定めることになったとする。(4)奏流麻仁麻尓　奏上の通り。諸臣会議の奏上を称徳が承認したという形で白壁の立太子が行われた。(5)他戸親王　母は聖武天皇の娘の井上内親王であり、他戸親王の立太子により天武系の皇統も彼を通じて伝えられるはずであった。(6)巫蠱　まじないをして人を呪うこと。(7)諱　山部《やまべ》王。母は百済系の高野新笠《たかののにいがさ》。即位して桓武《かんむ》天皇。(8)没官之宅　恵美押勝の乱において没官された押勝が伝領した宇智郡所在の藤原武智麻呂の田宅ではとの説もある。(9)並卒　母子が同日に死んだことは不自然であり、自殺ないしは暗殺か。

【解説】　八世紀の抗争と分裂を通して、天武系の王族は自滅していった。白壁王立太子の宣命は諸臣の会議の結果を称徳が承認した形式をとるが、『続日本紀』の地の文では、諸臣の会議が称徳没後であることは明らかである。立太子の宣命では、王族中の最年長者であることがあげられているが、白壁王が天智の孫であり、政争において無傷であろうと処してきたこと、妻が聖武の娘井上内親王であることなどが考えられる。皇太子他戸親王は、父の天智系の皇統と母の天武系の皇統を統一する存在であった。井上内親王と他戸親王の廃后、廃太子の背景には、王権からの天武系の排除の意図があった。山部親王の立太子は、天武系皇統から天智系皇統への転換を意味し、桓武即位は新王朝の創出とも意識された。

## 202〔日本紀略〕宝亀元年（七七一）八月四日条

百川《ももかわ》伝、云々。宝亀元年三月十五日、天皇（称徳）聖体不豫。不《ザルコト》レ視レ朝《ヲ》百余日。天皇愛《ミテ》二道鏡法師《ヲ》一将レ失《ハムト》二天下《ヲ》一。道鏡欲《シテ》レ快《サムト》二帝《ノ》心《ヲ》一、於《テ》二由義《ゆぎ》宮《ノ》《ニ》一以《テ》二雑物《くさぐさ》《ヲ》一進《たてまつルモ》レ之《ヲ》、不レ得レ抜《クヲ》。於《テ》レ是《ニ》、宝命(1)白頽(2)《シテ》、医薬無《シ》レ験《しるし》。或尼一人出来《リテ》云《ハク》、「梓《ノ》木《ニテ》作《リ》二金筋《ヲ》一、塗《リテ》レ油《ヲ》挟《ミ》出《サバ》、即全《まったカラム》二宝命《ヲ》一」《トイフ》。百川窃《ニ》逐却《ス》。皇帝（称徳）遂《ニ》八月四日崩《ズ》。天皇平生未レ立《テ》二皇太子《ヲ》一。至《リテ》レ此《ニ》、右大臣真備《まきび》等論《ジテ》曰《ハク》、「御史大夫従二位文室浄三《ふんやのきよみのまひと》真人(3)、是《レ》長親王(4)之子也。立《テテ》為《サム》二皇太子《ト》一」《トイフ》。百川与《ニ》二左大臣（藤原永手）・内大臣（藤原良継）一論《ジテ》云《ハク》、「浄三真人《ニハ》有《リ》二子十三人一。如《いかん》二後世一何《せむトイフ》」。真備等都《すべテ》不レ聴《カ》レ之。冊《シテ》二浄三真人《ヲ》一、為《サムトス》二皇太子《ト》一。浄三確辞《かくじス》。仍更冊《テチシテ》二其弟参議従三位文室大市真人《ヲ》一為《サムトス》二皇太子《ト》一。亦所《ナリ》レ辞《スル》レ之。百川与二永手・良継《よしつぐ》一定《メテ》レ策《ヲ》、偽《リテ》作《ル》二宣命《ノ》語《ヲ》一。宣命使《ヲ》立《テテ》レ庭《ニ》令《ム》二宣制《セ》一。右大臣真備巻《キテ》レ舌《ヲ》無《シ》二如何《スルコト》一。百川即《チ》命《ジテ》二諸仗《ニ》一冊《シテ》二白壁王《ヲ》一為《ス》二皇太子《ト》一。

(1)宝命　天の命令。(2)白頽　明らかにくずれる。(3)文室浄三真人　初め智努王と称し、のちに文室真人を賜姓される。珎努、珍努にもつくり、のち浄三と改めた。(4)長親王　天武天皇の第四子。母は大王天智の娘大江王女。

【解説】　『日本紀略』は、著者不詳。平安後期に成立した、神代から一条天皇までの歴史書で、前半は六国史から抄録し、後半は公私の記録にもとづいて編纂されている。この藤原百川伝は、『続日本紀』にはみえない異伝。これが事実であるとすれば、白壁王立太子の中心人物は百川で、藤原永手・良継と提携して、称徳天皇の宣命を偽作し、吉備真備などを押さえ、立太子を強行したことになる。

## 2　人民支配の展開　郷里制と浮浪逃亡政策

### (1)　郷里制

**203〔出雲国風土記〕総記**

（略）

九郡、(1)郷六十二里一百八十一、余戸《あまるべ》(2)四、駅家《うまや》(3)六、神戸《かむべ》(4)七里一十一。意宇郡、郷一十一里卅三、余戸一、駅家三、神戸三里六。島根郡、郷八里廿四、余戸一、駅家一。（中略）右件郷字ハ依リテ㆓霊亀元年（七一五）ノ式ニ㆒、改メテ㆑里ヲ為ス㆑郷ト。其ノ郷ノ名字ハ、被リテ㆓神亀三年（七二六）ノ民部省ノ口宣《くぜん》(5)ヲ㆒、改ム之ヲ。（下略）

(1)九郡　出雲国は意宇《おう》・島根・秋鹿《あいか》・楯縫《たてぬい》・出雲・神門《かんど》・飯石《いいし》・仁《に》多《た》・大原の九郡からなる。(2)余戸　五十戸で一里(郷)を編成して余った民戸。(3)駅家　駅馬の飼育、駅田の耕作など駅務に従う駅戸。(4)神戸　田租・調庸が神社の運営に当てられる神社の封戸。(5)口宣　口頭で伝えられる命令。

**204〔平城宮木簡〕**

隠伎国周吉郡 上部里日下部礼師軍布六斤 霊亀三年

（一六九×三八×四　荷札）

（『日本古代木簡選』）

**205〔平城宮木簡〕**

志摩《しま》国志摩郡伊雑《いぞう》郷□理里戸主大伴部小咋《おくい》調海藻六斤 養老二年四月三日

（三一四×三二×三　荷札）

（『平城宮木簡』二）

【解説】　郷里制は、大宝令の里を郷とし、郷を二から三の里に分割したもので、郷の責任者が郷長、里の責任者は里正。同時に従来の戸を郷戸とし、そのなかを二、三の房戸に分けることも行われた。その意図は新たな行政組織による支配の深化にあった。『出雲国風土記』によれば、霊亀元年(七一五)の式によって施行されたことになる。しかし、ここであげた木簡は、204の七一七年(霊亀三)の木簡が里制、205の七一八年(養老二)の木簡が郷里制である。さらに霊亀《れいき》三年五月二十二日に諸国に頒下された青苗簿《せいびょうぼ》式に郷里制と関係の深い房戸のことがみられる。このことから、郷里制の施行は、七一七年(霊亀三)であり、『出雲国風土記』の「元年」は「三年」の誤写である可能性が高い。霊亀三年に施行された郷里制は、七四〇年(天平十二)には廃止され、里と房戸が廃止されて国郡郷制となった。

## (2)　浮浪逃亡政策

**206〔続日本紀〕**

**和銅二年(七〇九)十月丙申(十四日)条**

禁制、畿内及近江国百姓、不畏法律、容隠浮浪及逃亡仕丁(1)等、私以駆使。由是多在彼、不還本郷本主。非独百姓違慢法令、亦是国司不加懲粛。害蠹公私、莫過斯弊。自今以後、不得更然。

**霊亀元年(七一五)五月辛巳朔条**

勅諸国朝集使曰、「天下百姓、多背本貫《ほんがん》、流宕《るとう》他郷、規避課役。其浮浪逗留、経三月以上者、即云断(2)輸《いだ》調庸、随当国法」。

**養老元年(七一七)五月丙辰(十七日)条**

詔曰、「率土《そつと》百姓、浮浪四方、規避課役(3)、遂仕《つかへ》王臣、或望資人(4)、或求得度(5)。王臣不経《ふ》本属、私自駆使、嘱請国郡、遂成其志。因茲、流宕天下、不帰郷里。若有斯輩、輒《たやすく》私容止者、揆《はかり》状科罪、並如律令」。

**天平九年(七三七)九月癸巳(二十二日)条**

詔曰、「如聞《きくならく》、臣家之稲、貯蓄諸国、出挙百姓、求利交関《きようかん》。無知愚民、不顧後害、迷安乞食、忘此農務、遂逼《せまら》乏困、逃亡他所、父子流離、夫婦相失。百姓弊窮、因斯弥甚。実是、国司教喩、乖《そむ》方《ほう》之所致也。朕甚愍《あわれむ》焉。済民之道、豈合如此。自今以後、悉皆禁断。(後略)」

(1)浮浪及逃亡仕丁　唐律令を継受した律令の規定では、課役及本貫地から逃れたものを逃亡とし、逃亡の結果ではなく、本貫地以外に不法に所在する行為を浮浪としている。仕丁の役にあって本主から逃れたものが浮浪、仕丁の役が終わっても本郷に帰らないものが逃亡とされている。(2)云断　写本では「云断」であるが「土断」の誤写であろうとされている。その内容は、本貫地以外に所在する浮浪人から所在地で調庸を収取する政策であった。(3)浮浪四方、規避課役　課役を忌避するために本貫地以外に所在することは、律令の規定では、逃亡であり、浮浪ではない。しかし、ここでは、課役からの逃亡の結果で本貫地以外に所在することをも浮浪としている。(4)資人　諸王、諸臣に給される従者。(5)得度《とくど》　公験を得て僧尼になること。

**207〔類聚三代格〕巻十七　弘仁二年(八一一)八月十一日太政官符**

太政官符

応浮浪人水旱不熟之年准平民免調庸事

右、大納言正三位藤原朝臣園人《ノ》奏状《ニ》偁《ハク》、「謹《ミテ》検《ズルニ》二去《ヌル》和銅(七一五)八年五月一日格《ノ》(1)《ヲ》一偁《ハク》、「天下《ノ》百姓、多《ク》背《キ》二本貫《ニ》一、浮二浪《シテ》(2)他郷《ニ》一、規二避《ス》課役《ヲ》一。自レ今以後、浮浪逗留《シテ》、経《ルハ》二三月以上《ヲ》一、輸《サシメヨ》二調庸《ヲ》一。仍《リテ》録《シ》二国郡姓名《ヲ》一、附《シテ》二調使《ニ》一申送《セヨ》」者《トイヘリ》。又天平(七三六)八年四月七日格《ノ》(3)《ニ》偁《ハク》、「養老(七二一)五年四月廿七日格《ノ》(4)《ニ》云《ハク》、『見《ニ》獲《ヘ》二浮浪《ヲ》一、実得《テ》二本貫《ヲ》一、如《もシ》有《ラバ》二悔《キテ》レ過《ヲ》欲《スルコト》一レ帰《ルヲ》、遁二送《セヨ》本土《ニ》一』者《トイヘレバ》、遁二送《スルニ》本土《ニ》一、更《ニ》煩《ハス》二路次《ヲ》一。請《フラクハ》、随《ヒテ》二其《ノ》欲《スルニ》一レ帰《ルヲ》、与《ヘテ》レ状《ヲ》発遣《シ》、不《レ》レ労《セ》二遁送《ヲ》一』。又云《ハク》、「『自余《ノ》無《キハ》レ貫、編二附《セヨ》当処《ニ》一』者《トイヘレバ》、請《フラクハ》、不《レ》レ用《ヒ》二編附《ヲ》一、直《ニ》録《シテ》二名簿《ニ》一、令《メヨ》レ輸《サ》二調庸《ヲ》一」者《トイヘリ》。拠二検《ズルニ》格旨《ヲ》一、並《ビニ》是欲《ニす》レ令《ムルト》三浪人《ヲ》還《サ》二本土《ニ》一也。至《リテ》二于宝亀(七八〇)十一年《ニ》一、願《フノ》レ留《ルヲ》之輩《ハ》、編二附《シ》当処《ニ》一、願《フノ》レ還《ルヲ》之侶《ヲ》、差《シテ》レ綱《つかいヲ》遁送《ス》。延暦(七八二)元年、亦下《シ》二諸国《ニ》一、尽《シテ》レ頭《ヲ》編附《ス》。准《シ》二拠此《ノ》格《ニ》一、各任《ス》二其《ノ》使《ニ》一。今法家所《ノ》レ勘《スル》、雖《モ》レ遭《フト》二水旱《ニ》一、一《ニ》無《ク》レ所《ノ》レ免《ズル》、全輸之苦、異《ナル》二於平民《ニ》一。夫撫二綏《スルハ》百姓《ヲ》一、良宰是資《ナリ》。今吏或《ハ》非《ラズ》二其《ノ》人《ニ》一、侵擾无《シ》レ已《やムコト》。棄《テ》レ家《ヲ》失《ヒテ》レ業《ヲ》、浮二宕《ス》他郷《ニ》一。尋《ヌルニ》二其《ノ》由趣《ヲ》一、過在《リ》二官吏《ニ》一。又一天之下、咸《みな》悉《ク》王臣、含養之恩、理須《シ》二一同《ニ》一。望請《フラクハ》、件《ノ》浪人等、遭《ハバ》二水旱《ニ》一者、准《ジテ》二於平民《ニ》一、免《ゼム》二其調庸《ヲ》一」者《トイヘレバ》、右大臣宣《ス》、「奉《うケタマハルニ》レ勅《ヲ》、『依《レ》レ奏《ニ》。但人之寄住、各有《リ》二其《ノ》主《ニ》一。宜下勘《シテ》二其《ノ》主戸《ノ》損《ヲ》一免上レ之《ヲ》。不《レ》レ得《ズ》三因《リテ》レ此《ニ》濫《ニ》致《スヲ》二姦詐《ヲ》一。』」《トノタマフトイヘリ》

弘仁二年八月十一日

(1)和銅八年(七一五)五月一日格　前掲『続日本紀』霊亀元年(七一五)五月朔日条の勅。「附調使申送」まで。(2)浮浪　『続日本紀』では流宕。(3)天平八年(七三六)四月七日格　同格は養老五年(七二一)四月二十七日格を引用する形になっており、「令輸調庸」まで。(4)養老五年四月廿七日格　同格は「遁送本土」までと、「自余無貫、編附当処」の部分。

【解説】　律令制下の浮浪逃亡政策は、律令の課役・本貫地からの逃亡を中心にした規定から、浮浪人をどのように把握するかに重点が移っている。この背景には、律令国家が課役を忌避するものとして取り締まりの対象とする浮浪人が、出挙の展開など社会の変動により、広範に発生したことがある。

弘仁二年(八一一)太政官符は、律令国家の浮浪逃亡政策を総括し、和銅八年(霊亀元)格の所在地で調庸を収取する政策や、天平八年格の浮浪人を本貫地に返し、戸籍に編附されていない無貫の者だけを所在地で調庸を収取する政策を、共に浮浪人を本貫地に返すことを基本とする政策であったとした上で、七八〇年(宝亀十一)に至って、本貫地の有無にかかわらず願うものを所在地で編附し、延暦元年に浮浪人を所在地で編附するにいたったとする。即ち本貫地での戸籍把握を前提にしつつも、所在地で戸籍に編附せずに把握するという浮浪人把握という律令の規定にはない新たな政策の出発点となった。さらに延暦元年の全ての浮浪人を所在地で戸籍に編附するという政策は、延暦四年(七八五)六月二十六日太政官符(『類聚三代格』巻十二)において、口分田班給に支障があるとの理由で停止され、所在地で名簿に録して浮浪人として把握する政策に転換した。

『類聚三代格《るいじゅうさんだいきゃく》』は、編者不明であるが、十一世紀に編纂された、『弘仁格』『貞観格《じょうがん》』『延喜格』に収録されていた八世紀から十世紀の格を項目別に分類編纂した法令集。

## 3　田地支配の展開

### (1)　良田百万町開墾計画

**208**〔**続日本紀**〕**養老六年(七二二)閏四月乙丑(二十五日)条**

太政官奏《シテもうサク》曰、「(中略)又食之《タノ》為《ル》レ本、是民所《レノナリ》レ天《トスル》。随《ヒテ》レ時《ニ》設《クルハ》レ策《ヲ》、治国《ノ》要政《ナリ》。望請《ミフラクハ》、勧《メ》レ農《ヲ》積《ミテ》レ穀《ヲ》、以備《テヘ》二水旱《ニ》一、仍《リテ》委《ネテ》二所司《ニ》一、差二発《シテ》人夫《ヲ》一、開二墾膏腴之地《シこうゆノ》(1)良田一百万町《ヲ》一、其《ノ》限《ルコト》レ役《ヲ》十日《ニシテ》、便《ニ》給《ヒ》二粮食《ヲ》一、所《ノ》レ須《キル》調度《(2)ハ》、官物借《シ》レ之《ヲ》、秋収《ヨリ》而後《ニ》、即《チ》令《メムコトヲ》二造備《セ》一。若有《シラバ》下国郡司詐《リテなシテ》作《ニ》二逗留《ヲ》一、不《ルコト》中肯《テ》開墾《セ》上、並《ビニ》即解却《チげきやくシ》、雖《モ》レ経《ルト》二恩赦《ヲ》一、不《ラ》レ在《ズル》二免限《ニ》一。(後略)」《トマウス》

(1)膏腴之地　肥沃な地。(2)調度　開墾用具。

【解説】　良田百万町を開墾するという太政官奏は、この前後の奏状が陸奥に関するものであることから、この奏上も同様であるとの説もある。しかし、陸奥に関するものとしては田数があまりにも多く、『倭名類聚抄』でも、全国の田数は八六万余である。全国を対象としたとしても多いが、条里制開発が進められる中で、水田だけでなく、陸田をも含んで、計画されたものともされている。

### (2)　三世一身法

**209**〔**続日本紀**〕**養老七年(七二三)四月辛亥(十七日)条**

太政官奏《スラク》、「頃者《このころ》、百姓漸《ク》多《クシテ》、田池窄狭《ナリ》。望請《ミフラクハ》、勧二課《メおおセテ》天下《ニ》一、開二闢《セシメムコトヲ》田疇《ヲ》一。其《それ》有《ラバ》下新《ニ》造《リテ》二溝池《ヲ》一、営《ム》二開墾《ヲ》一者《ひと》上、不レ限《ラ》二多少《ヲ》一、給《ヒテ》伝《ヘム》二三世《(1)ニ》一。若逐《シしたがハバ》二旧溝池《ニ》一、給《セム》二其《ノ》一身《(2)ニ》一」《トマウス》。奏《スルニ》可《かトシタマフ》之。

(1)三世　新しい用水施設を作って開墾した本人、子、孫の三代とされるが、田令功田条の「伝三世」は、本人から子へ、孫へ、曾孫への三回の伝世を意味する。(2)一身　既存の用水施設を使って開墾した場合には開発者の死亡時までの保有を認める。

【解説】　前年の良田百万町開墾計画が、国家が資材・労役を投入する公功による開発を推進しようとするものであったのに対して、この三世一身法は私功の投下による開墾の権利を認めたものといえる。日本の田令は、熟田のみを把握する制度であって、開墾田についての明確な規定が無く、三世一身法によって、開墾田を田制に組み込むことが可能となったともされる。条里制下の開発においても、国家の公功による開発が存在しており、あるいはその前提として、私功による開発が並行して、それを奨励し、把握する制度をつくることが必要であった。

### (3) 墾田永年私財法

**210〔続日本紀〕天平十五年(七四三)五月乙丑(二十七日)条**

詔《シテのたまハク》曰、「如《ク》聞、墾田依《ルニ》二養老七年格《(1)ニ》一、「限満《ルノ》之後、依《リテ》レ例《ニ》収授《ストイフ》」。由《リテ》レ是《ニ》、農夫怠倦《シ》、開《キタル》地後《ニ》荒《レヌ(2)》。自《リ》レ今以後、任《ほしきままニ》為《シテ》二私財《ト》一、無《ク》レ論《ズルコト》二三世一身《ヲ》一、咸悉《みなことごとク》永年莫《なかレ》レ取《ルコト》。其親王一品及《ビ》一位《ニハ》五百町、二品及《ビ》二位《ニハ》四百町、三品四品及《ビ》三位《ニハ》三百町、四位《ニハ》二百町、五位《ニハ》百町、六位已下八位已上《ニハ》五十町、初位已下至《ルマデハ》二于庶人《ニ》一十町。但郡司者《ハ》、大領少領《ニハ》三十町、主政主帳《ニハ》十町。若《シ》有《ラバ》三先《ニ》給《ヒシ》地過多《ナルコト》茲《ノ》限《リヨリ》一、便即《すなわち》還《セ》レ公《ニ》。姦作隠欺《ハ》、科《スコト》レ罪《ヲ》如《クセヨ》レ法《ノ》。国司在《ル》レ任《ニ》之日《ハ》、墾田一《ニ》依《レ》二前格《(3)ニ》一」《トノタマフ》。

(1)養老七年格　七二三年(養老七)の三世一身法。(2)由是、農夫怠倦、開地後荒　収公の時期が近づくと、農夫が耕作を怠り、開墾した田地がまた荒廃してしまう。(3)前格　『続日本紀』天平元年(七二九)十一月七日癸巳条の太政官奏に「諸国司等前任之日、開墾水田者、従養老七年以来、不論本加功人、転買得家、皆咸還収、便給土人。若有遷替者、依常聴佃。自余開墾者、一依養老七年格」とある。

**211〔類聚三代格〕巻十五　天平十五年五月二十七日勅**

勅《シタマハク》、「墾田《ハ》、拠《ルニ》二養老七年格《ニ》一、「限満《ルノ》之後、依《レ》例収獲《ストイフ》」。由《リテ》レ是《ニ》、農夫怠倦《シ》、開《キタル》地復荒《タレヌ》。自《リ》レ今以後、任《ままニ》為《シテ》二私財《ト》一、無《ク》レ論《ズルコト》二三世一身《ヲ》一、悉咸《ことごとくニ》永年莫《レ》レ取《ルコト》。其国司在《ル》レ任《ニ》之日《ハ》、墾田一《ニ》依《レ》二前格《ニ》一。但人為《シ》二開《キ》レ田《ヲ》占《メムト》レ地《ヲ》者、先《ズ》就《キテ》レ国《ニ》申請《シヒ》、然《ル》後《ニ》開《ケ》之。不《レ》レ得三因《リテ》レ茲《ニ》占請《スルヲ》百姓有《ルノ》レ妨之地《ヲ》一。若《シ》受《クルノ》レ地《ヲ》之後至《ルニ》二于三年《ニ》一、本主不《レバ》レ開《カ》者、聴《セ》二他人開墾《スルヲ》一」《トノタマフ》。

天平十五年五月廿七日

【解説】　墾田永年私財法は、『続日本紀』『類聚三代格』では内容が異なる。『続日本紀』では、①墾田の収公規定を廃止し私財田化する規定、②位階等による墾田地の制限面積規定、③国司在任時の墾田の規定、からなる。『類聚三代格』では、①、③に、④開墾地の占地の手続き及び有効期限規定が付く。この相違は、両者の史料としての性格の相違によるものと考えられる。『続日本紀』は、何度かの編集の過程で、巻によっては、細かい規定等を削除している。④の部分も手続き規定であることによって、編集過程で削除されたと考えられる。一方、『類聚三代格』の前提となった三代の格は、墾田永年私財法が含まれる『弘仁格』も含めて、単なる法令資料集ではなく、編纂時における有効法を集めたものであった。墾田永年私財法は、『弘仁格』編纂時には、位階等による墾田面積制限規定が既に無効となっていたために、その部分が削除されたものと考えられている。墾田永年私財法は、三世一身法における墾田の収公規定を廃止し、一方で墾田地の面積を位階等によって制限し、開墾地の占地の手続きを規定したものである。墾田の収公を廃止したことによって、律令制的な土地制度を動揺させる法令とされてきた。これに対して近年では、国家の田地把握を深化させた法令という評価が有力となっている。唐の均田制は、熟田を班給していく屯田制的要素と未開墾地を含め占地の面積を制限する限田制的な要素をもっており、日本の田令の班田制は、前者の熟田の管理規定を継承したものに過ぎなかったので、墾田永年私財法は日本の田制に限田制の要素を付け加えたとされている。

### (4) 加墾禁止令と撤回

**212〔続日本紀〕天平神護元年（七六五）三月丙申（五日）条**

勅《シタマハク》、「今聞《ク》、墾田《ハ》、縁《ルニ》二天平十五年（七四三）格《ノ》(1)一、「自レ今以後、任《ニ》為二私財一、無レ論二三世一身一、咸悉永年莫レ取」。由《リテ》レ是《ニ》、天下《ノ》諸人競《ヒテつくル》為二墾田《ヲ》一。勢力之家《ハ》、駆二役《シ》百姓《ヲ》一、貧窮《ノ》百姓《ハ》、無《シ》レ暇《いとま》二自在《スルニ》一。自レ今以後、一切禁断《シテ》、勿《レ》レ令《ムルコト》二加墾《セ》一。但《シ》寺《ノ》先《さき》来《ごろ》定《ムル》地、開墾《スルノ》之次《ハ》、不レ在《ラ》二禁限《ズルニ》一。又当土《ノ》百姓《ノ》一二町者《ハ》、亦宜《シ》レ許《ス》レ之《ヲトノタマフ》」。

(1)天平十五年格　前掲の天平十五年（七四三）五月二十七日の墾田永年私財法をさす。

**213〔類聚三代格〕巻十五　宝亀三年（七七二）十月十四日太政官符**

太政官符

聴《ス》二墾田《ヲ》一事

右、検《ズルニ》二案内《ヲ》一、去天平神護元年（七六五）三月六日下《ス》二諸国《ニ》一符(1)《ニ》偁《ハク》、「奉《ルニ》レ勅《ヲ》、「如聞《ク》、天下《ノ》諸人競《ヒテつくル》為二墾田《ヲ》一。勢力之《ノ》家《ハ》、駆二使《シ》百姓《ヲ》一、貧窮之《ノ》民《ハ》、無《シ》レ暇二自存《スルニ》一。自《リ》レ今以後、一切禁断《シ》、勿《レ》レ令《ムルコト》二加墾《セ》一」」者《トノタマフトイヘリ》、今被《ルニ》二右大臣宣《ヲ》一偁《ハク》、「奉《ルニ》レ勅《ヲ》、「自レ今以後、任《ニ》令《メヨ》二開墾《セ》一。但其《ノ》仮《リテ》レ勢《ヲ》苦《ムル》二百姓《ヲ》一者《ハ》、宜《シ》四厳《ニ》禁断《シテ》莫《カル》三令《ムルコト》二更《ニ》然《ラ》一《トノタマフトマウス》」」

宝亀三年十月十四日

(1)天平神護元年三月六日下諸国符　前掲の『続日本紀』天平神護元年（七六五）三月五日丙申条の勅、加墾禁止令をさす。

【解説】　墾田永年私財法によって墾田が私財田とされると、寺社や貴族層は盛んに墾田開発を進め、一般百姓を駆使しその経営を圧迫した。その結果、七六五年（天平神護元）には、寺院の既に申請が終わった地を除き開墾が禁止されたが、七七二年（宝亀三）に禁止令は撤回された。

### (5) 公田

**214〔東南院文書〕第三櫃十八　天平神護二年（七六六）十月二十一日越前国司解**

亦以《テ》二天平宝字四年（七六〇）《ヲ》一、校田駅使(1)正五位上石上朝臣奥継等、寺家所《ヲ》レ開《ク》不レ注《サ》二寺田《ト》一、只注《シ》二今新之《ノ》田《ト》一、即入《レテ》二公田之《ノ》目録

数《ニ》一、申《スコト》レ官《(2)ニ》已《ニ》訖《おわりヌ》。仍《リテ》以《テ》二天平宝字五年（七六一）《ノ》班田《ノ》之日《ヲ》一、授《ケ》二百姓《ノ》口分《ニ》一、并《ビニ》所《ナリ》レ注《スル》二公田《(3)ト》一。今改《メ》レ帳《(4)ヲ》並《ビニ》為《スコト》二寺家《ノ》田《ト》一已《ニ》訖《ヌ》。但《シ》百姓《ノ》口分《ノ》代《ハ》者、以《テ》二乗田《(5)ヲ》一替《ヘテ》授《ク》レ之《ヲ》。

（『大日本古文書』家わけ第十八　東大寺文書之二）

（1）校田駅使　班田に先だって、田地の地目、面積、田主関係などを調査する校田使を巡察使が兼ねる場合、校田駅使と呼ぶことがあった。（2）官　太政官。（3）公田　律令における公田は無主田であり、乗田をさした。百姓口分田は有主田であって、私田に区分されているが、ここでは、百姓口分田が公田とされている。（4）帳　校田の結果を記す校田帳。（5）乗田　口分田を班給して残った田。

【解説】『東南院文書』は、現在正倉院に収蔵されているが、本来は東大寺の上司倉（油倉）にあった印蔵に収納されていた文書が、明治初年に天皇家に献納されたもので、本来の『正倉院文書』とは区別される。奈良時代から戦国時代にわたる東大寺の補任や寺領、堂舎の修造などに関する文書が多い。

215〔続日本紀〕神護景雲二年（七六八）九月辛巳（十一日）条

又先《ニ》レ是《ヨリ》勅《シタマハク》、「如聞《ク》、大宰府、収《メ》二観世音寺《かんぜおんじノ》墾田《ヲ》一、班二給《ストキク》百姓《ニ》一。事如《もシ》有《ラバ》レ実《まこと》、深乖《クケリ》二道理《ニ》一。宜《シ》下下《シテ》二所由《(1)ニ》一研《きわむ》中其根源《ヲ》上」《トノタマフ》。即《チ》仰《セテ》二大宰《ニ》一、捜二求《セシム》旧記《ヲ》一。至《リテ》二是《ノ》日《ニ》一、奉《ルニ》レ勅《ヲ》、「班二給《セル》百姓《ニ》一見開田十二町四段《ヲ》捨二入《シ》寺家《ニ》一、園地卌六町六段《ハ》依《リテ》レ旧《もとニ》為《せヨ》二公地《(2)ト》一」《トノタマフ》。

（1）所由　属下の官司。（2）公地　百姓に班給される園地は、律令では私地であるのに、ここでは百姓の園地が公地とされている。

【解説】律令の「公―私」の概念は「官―民」に近く、百姓に班給される口分田は私田であった。百姓の口分田をも公地とする公地公民制の公地の概念は、律令の規定とは異なるものである。百姓口分田をも含む公田の概念が登場するのは八世紀後半である。その契機は、墾田永年私財法によって、墾田が私財田とされたことであったとされる。天平神護二年（七六六）十月二十一日越前国司解は、越前国における東大寺の寺田の回復・集中という東大寺の要求によって行われた校田の結果を報告したものであることを考えるならば、越前国司解が百姓口分田を公田としたのは、東大寺の墾田開発に対してであると解される。また、園地という百姓農桑地を含む公地の概念も観世音寺の墾田に対置されているものであることに注目する必要がある。百姓口分田を含む公田や百姓農桑地を含む公地は、寺社・貴族層の墾田開発によって、百姓の経営が圧迫されようとしたとき、それを保護する概念として登場したと考えられる。

# 第四節　都城とその世界

## 1　遷　都

### (1)　平　城　京

**216〔続日本紀〕**

**慶雲四年(七〇七)二月戊子(十九日)条**

詔諸王臣五位已上、議遷都事(1)也。

**和銅元年(七〇八)二月戊寅(十五日)条**

詔曰、「朕(元明天皇)祗奉《つつしミテうけたまわリテ》上玄(2)、君臨宇内。以非薄之徳、処紫宮(3)之尊。常以為《おもへラク》、作《なス》之者労《いたわシ》、居之者逸《やすシトオモヘリ》。遷都之事、必未遑《いとまアラ》也。而王公大臣咸《みな》言、「往古已降、至于近代、揆《はかリ》日瞻《みテ》星、起宮室之基、卜《うらなヒ》世相《みテ》土、建帝皇之邑。定鼎《じょうてい》(4)之基永固、無窮之業斯在」。衆議難忍、詞情深切。然則京師者、百官之府、四海所帰。唯朕一人、豈独逸豫《たのしビあそビ》、苟《いやしくモ》利於物、其可遠乎。昔殷王五遷、受中興之号。周后三定、致太平之称。安以遷其久安宅《いえ》。方今、平城《なら》之地、四禽叶(5)図《とニ》、三山作鎮(6)、亀筮《きぜい》(7)並従。宜建都邑。其営構資、須随事条奏。亦待秋収後、合造路橋。子来之義(8)、勿致労擾。制度之宜《ぎ》、合後不加」。

**和銅元年九月戊子(三十日)条**

以正四位上阿倍朝臣宿奈麻呂《すくなまろ》、従四位下多治比真人池守、為造平城京司長官。従五位下中臣朝臣人足、小野朝臣広人、小野朝臣馬養《うまかい》等為次官。従五位下坂上忌寸忍熊《おしくま》為大匠《おおたくみ》。判官《はんがん》七人、主典《さかん》四人。

**和銅二年(七〇九)十月庚戌(二十八日)条**

詔曰、「比者《このごろ》、遷都易邑、揺動百姓。雖加鎮撫、未能安堵。毎念於此、朕甚愍《あわレム》焉。宜当年調租並悉免之」。

**和銅三年(七一〇)三月辛酉(十日)条**

始遷都于平城。以左大臣正二位石上朝臣麿為留守(9)。

**天平十七年（七四五）五月戊辰（十一日）条**
是《ノ》日、行二幸《(10)シ》平城一《ニ》、以《テ》二中宮院一《(11)ヲす》為二御在所一《ト》。旧《ノ》皇后宮《ノヲ》為二宮寺一《(12)ト》也。諸司百官、各帰《ル》二本曹一《(13)ヘ》。

(1)遷都事　この記事によって遷都が文武期から計画されていたことがわかる。(2)上玄　天帝、その命。(3)紫宮　天子の居所。(4)定鼎　鼎は鼎。都を定めること。(5)四禽　東は青龍、南は朱雀、西は白虎、北は玄武の四神獣。(6)三山　東の春日、北の奈良、西の生駒の山をいう。(7)亀筮　亀は亀卜、筮は筮占。(8)子来之義　天子の徳を慕って庶民が子の如く労役を提供する。(9)留守　藤原京の留守官。(10)行幸　行幸とあるが平城京への還都。(11)中宮院　平城宮内の中宮。(12)宮寺　のちの法華寺。もとの藤原不比等第。(13)本曹　平城宮の曹司。

## (2) 恭仁京

**217〔続日本紀〕**

**天平十二年（七四〇）十二月戊午（六日）条**
是《ノ》日、右大臣橘宿禰諸兄《もろえ》、在《リテ》レ前《ニ》而発《シ》、経二略《ス》山背《やましろ》国相楽《さがらか》郡恭仁《くに》郷一《(1)ヲ》。以《テノ》レ擬《スルヲ》二遷都一《ヲ》故《ナリ》也。

**天平十二年十二月丁卯（十五日）条**
皇（聖武天皇）帝在《リテ》レ前《ニ》幸《ス》二恭仁宮一《ノニ》。始《テ》作《ル》二京都一《ヲ》矣。太上天皇（元正）・皇后（光明）、在《リテ》レ後《ニ》而至《ル》。

**天平十三年（七四一）正月癸未朔条**
天（聖武）皇始《テ》御《シテ》二恭仁宮一《ノニ》受《ク》レ朝《ヲ》。宮垣未《ならラ》レ就。繞《めぐらスニ》以《テス》二帷帳一《ヲ》。

**天平十三年正月癸巳（十一日）条**
遣《シテ》二使《ヲ》於伊勢大神宮及《ビ》七道諸社一《ニ》奉《ラシメテ》レ幣《ヲ》、以《テ》告《ゲシム》下遷《ルノ》二新京（恭仁）一《ニ》之状《ヲ》上也。

**天平十三年九月己未（十二日）条**
遣《シテ》二木工頭《もくのかみ》正四位下智努《ちぬ》王、民部《ノ》卿従四位下藤原朝臣仲麻呂、散位外従五位下高岳《たかおかの》連河内、主税頭外従五位下文忌《ふみのいみ》寸《き》黒麻呂四人一《ヲ》、班二給《セシム》京都《ノ》百姓《ニ》宅地一《ヲ》。従《リ》二賀世山西路一《(2)ノ》以東《ヲ》為《シ》二左京一《(3)ト》、以西《ヲ》為《ス》二右京一《ト》。

**天平十三年十一月戊辰（二十一日）条**
右大臣橘宿禰諸兄奏《スラク》、「此《ノ》間朝庭以《テ》二何《ノ》名号一《ヲ》伝《ヘム》二於万代一《ニ》。」天皇（聖武）勅《シテ》曰《ハク》、「号《シテ》為《す》二大養徳《やまと》恭仁大宮《くにのおおみや》一《(4)ト》也《トノタマフ》」。

**天平十五年（七四三）十二月辛卯（二十六日）条**
初《メテ》壊《チテ》二平城《ノ》大極殿并《(5)セテ》歩廊一《ヲ》、遷《シ》二造《ルコト》於恭仁宮一《ニ》四年《ニシテ》、於《テ》レ茲《ニ》其功纔《わずカニ》畢《リヌ》矣。用度《ノ》所《ノ》レ費《サルル》不《ル》レ可《カラ》二勝《あげテかぞフ》計一。至《リテ》レ是《ニ》、更《ニ》造《ル》二紫香楽《しがらきノ》宮一《ヲ》。仍《テ》停《ム》二恭仁宮《ノ》造作一《ヲ》焉。

**天平十六年(七四四)閏正月乙丑朔条**

詔《シテ》喚二会《シテ》百官《ヲ》於朝堂一《ニ》、問《ヒテ》曰《ハク》、「恭仁・難波二京《ノ》、何《レヲカ》定《メテ》為レ《サム》都《ト》。各言二《ヘ》其《ノ》志一《ヲ》」《トノタマフ》。於レ《テ》是《ニ》、陳二《ブル》恭仁京《ノみやこノ》便宜一《ヲ》者《ひと》、五位已上廿四人、(6)六位已下百五十七人。陳二《ブル》難波京《ノ》便宜一《ヲ》者、五位已上廿三人、六位已下一百卅人。

(1)恭仁郷　和名抄にこの郷名なし。現在の京都府相楽郡加茂町の木津川右岸、瓶原付近。(2)賀世山　現在の加茂町鹿背山。加茂町と木津町の間。西路とは、木津川の左岸、加茂町と木津町を結ぶ道。(3)左京　恭仁京の右京・左京は、木津川の左岸にあり、中央の山地をはさんで左右京に分かれ、左京の北、木津川をはさんだ右岸に恭仁宮の宮城が位置するとされる。(4)大養徳　七三七年(天平九)十二月に大倭の国号を大養徳に変更した。ただし、恭仁京は山背国に所在するので、日本という意味か。(5)大極殿　恭仁京に移築された平城宮の大極殿は、柱間の寸法などからいわゆる第一次朝堂院の大極殿とされる。(6)五位已上廿四人　五位以上の者は百人以上いたと考えられるので、恭仁京を支持した者と難波京を支持した者の両者を合わせても意見を述べた者は五位以上の全体ではない。

## (3) 難波京

218 〔続日本紀〕

**天平十六年(七四四)二月乙未朔条**

遣二《シテ》少納言従五位上茨田王《ヲ》于恭仁宮一《ノニ》、取二《ラシム》駅鈴(1)・内外印一《ノ》(2)《ヲ》。又追二《やル》諸司及《ビ》朝集使等《ヲ》於難波宮一《なにはノニ》。

**天平十六年二月戊午(二十四日)条**

取二《リテ》三嶋路一(3)《ヲ》、行二幸《シタマフしがらきノ》紫香楽宮一《ニ》。太上天皇(元正)及《ビ》左大臣橘宿禰諸兄、留二《リテ》在《リ》難波宮一《ノニ》焉。

**天平十六年二月庚申(二十六日)条**

左大臣(橘諸兄)宣レ《のリテ》勅(4)《ヲ》云《ハク》、「今、以二《テ》難波宮一《ノヲ》定為二《テス》皇都一《ト》。宜下《シ》知二《リテ》此《ノ》状一《ヲ》京戸《ノ》百姓任レ《ままニ》意《ノ》往来上《ス》」《トイヘリ》。

**天平十六年三月甲戌(十一日)条**

石上《いそのかみ》・榎井《えのい》二氏樹二《ツ》(5)大楯・槍《ヲ》於難波宮中外門一《ノノトノ》(6)《ニ》。

(1)駅鈴　駅馬の利用の資格を証する鈴。(2)内外印　天皇御璽の内印と太政官印の外印。(3)三嶋路　摂津国嶋上、嶋下郡を通過する山陽道のこと。両郡の地域がかつて三嶋と呼ばれていたことによるか。(4)勅　天皇が行幸出発後、天皇不在の難波宮を皇都とする勅を左大臣が宣している。天皇の勅ではなく、太上天皇の勅とする説、太上天皇・橘諸兄と皇后光明子・藤原仲麻呂の対立を想定する説もある。(5)石上・榎井二氏　両氏は大嘗祭や遷都の際に大楯を樹てる。それは難波宮に遷都したことを表示する行為である。(6)内外門　中門と外門。

## (4) 紫香楽宮

219 〔続日本紀〕

**天平十四年(七四二)八月癸未(十一日)条**

詔《シテ》曰《ハク》、「朕将レ《ム》行二幸近江国《ノ》甲賀《こうが》郡紫香楽村一《しがらきノ》(1)《ニ》」《トノタマフ》。即《チ》以《テ》二

造宮卿正四位下智努王、輔《すけ》外従五位下高岡連河内等四人ヲ一、為《す》二造離宮司(2)ト一。

**天平十五年(七四三)十月壬午(十六日)条**

東海・東山・北陸三道ノ廿五国ノ今年ノ調庸等ノ物、皆令ムレ貢《たてまつ》ラ二於紫香楽宮ニ一。

**天平十七年(七四五)正月己未朔条**

廃朝ス。乍《たちまち》遷リ二新京(3)ニ一、伐リレ山ヲ開キテレ地ヲ、以テ造ル二宮室ヲ一。垣墻未レ成ラ、繞ラスニ以テス二帷帳ヲ一。令ム三兵部ノ卿従四位上大伴宿禰牛養、衛門ノ督従四位下佐伯宿禰常人ヲシテ樹テ二大楯槍(4)ヲ一。〈石上・榎井二氏倉卒ニシテ不レ及ニ二追集一。故令二二人為一レ之。〉是ノ日、宴ス二五位已上ヲ於御在所(5)ニ一。賜フコトレ禄ヲ有リレ差《しな》。

(1)紫香楽村　現在の滋賀県甲賀市信楽《しがらき》町。同町宮町地区、大字黄瀬内裏野地区がその地域。(2)造離宮司　紫香楽宮造営のための官司。(3)新京　紫香楽宮。聖武天皇は七四〇年(天平十二)二月以来紫香楽宮に滞在している。信楽町宮町地区から宮殿の遺構が発見されている。(4)樹大楯槍《ほこ》　遷都を表示する行為である。本来は石上・榎井両氏の職掌であるが、遷都が急なため両氏を呼び寄せることができず、宮門の警護に関係する大伴氏と佐伯氏が選ばれたか。(5)御在所　それ以前は内裏と同じ意味で使用されていた御在所は、恭仁遷都以後、一時的な行宮の意味で使われる。ここでは内裏が未完成であることによるか。

【解説】　藤原京から平城京への遷都は、大宝令による官僚制の確立それに対応した都城の整備という点から、文武の時期から構想されていた。七〇八年(和銅元)九月、新都の地が平城と定められ造営が開始され、七一〇年(和銅三)三月遷都がおこなわれた。七四〇年(天平十二)の藤原広嗣の乱のさなか、聖武天皇は東国への行幸をおこなったが、平城京に帰ることなく、その途次十二月恭仁京への遷都がおこなわれた。恭仁京は、平城京から大極殿が移築されるなどして造営されたが、七四三年(天平十五)末までには造営が中止され、翌年二月難波京に遷都された。難波宮は、大化の難波長柄豊碕宮以降、天武期においても造営された。聖武期における造営は、平城宮の副都としてのものであったとされるが、この時点で都とされた。しかし、遷都の時点で聖武天皇は紫香楽宮に行幸しており、翌七四五年(天平十七)正月には、紫香楽宮に遷都された。紫香楽宮は恭仁京造営期の七四二年に離宮として造営され、聖武天皇が幾度も行幸し、七四四年十一月それまで難波宮にあった元正太上天皇が紫香楽宮に移り、翌年遷都されたのである。しかし、その年の七月には、平城京への還都がおこなわれ、都城の彷徨というべき事態もここに終わった。

## 2　都城と宮の構造

### (1)　平城京と平城宮

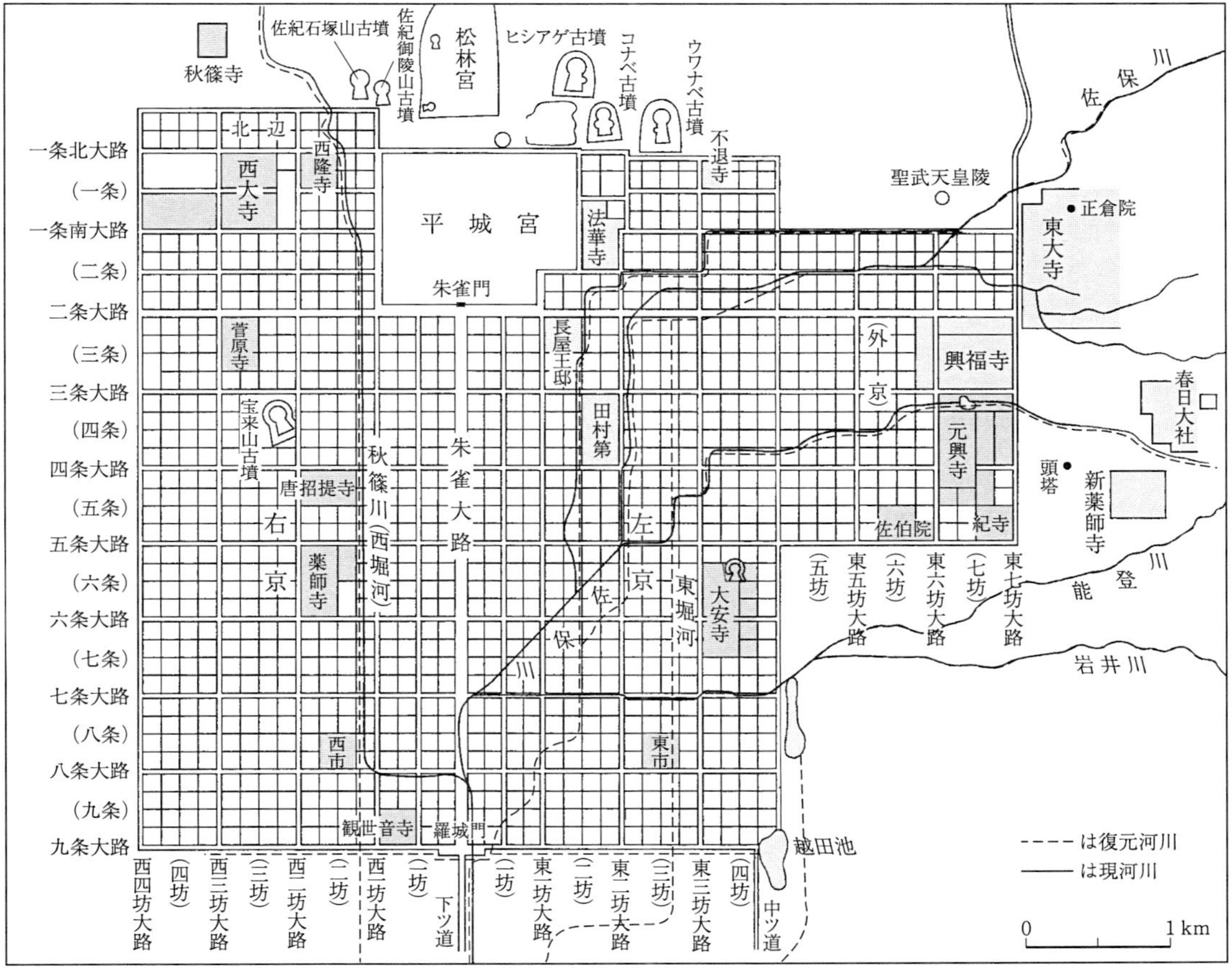


図 2-1　平城京図（『岩波日本史辞典』1999 より，舘野和己氏作成．）

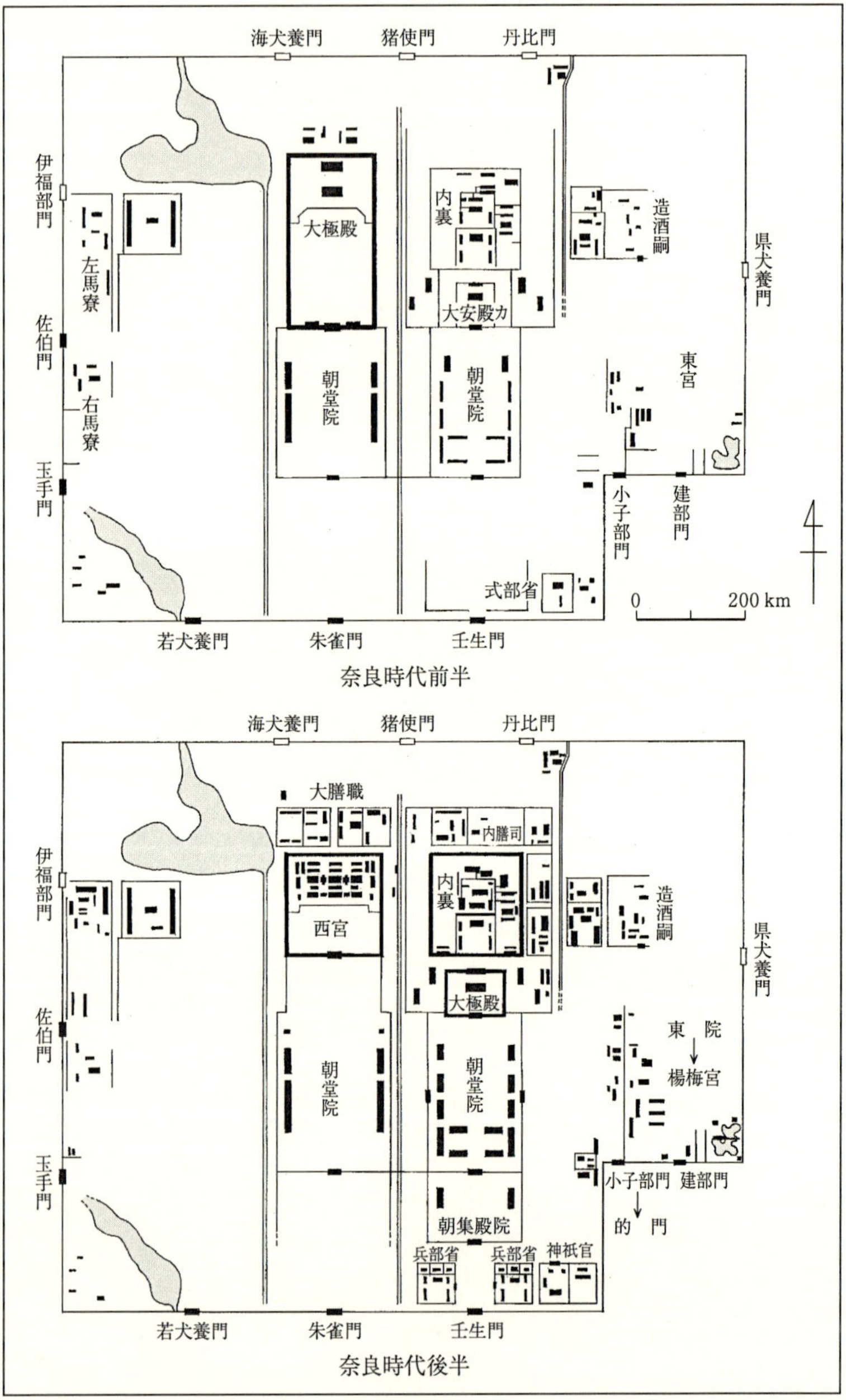


**図 2-2　平城宮図**(『岩波日本史辞典』1999 より，舘野和己氏作成.)

## (2)　都城と木簡 1　木簡の諸類型

**220**〔**陰陽寮移木簡**〕

(表) 陰陽寮移　大炊寮　給飯捌升右依

(裏) 例給如件録状故移　従八位下□□□

(平城宮跡出土　縦四一九㎜×横三五㎜×厚さ五㎜　短冊型)

【**解説**】木簡は、文書木簡、付札木簡、習書・落書その他に内容分類される。文書木簡はさらに狭義の文書木簡と記録簡(帳簿・伝票など)とに分けられ、付札木簡は貢進物荷札と物品付札とに分けられる。文書木簡は、多く短冊形の形態(〇一一型式)をとり、官司・官人間で情報伝達に用いられた。公式令に定められた書式に従う場合もあるが、紙の文書と違って日常的に使われることが多く、しばしば簡略な書式で記載されている。この木簡は、陰陽寮《おんみょうりょう》が米飯を管轄する大炊《おおい》寮に宛てて発行した食料の飯を請求する文書木簡で、「故移」の書きとめ文言など公式令12移式に従う。

**221**〔**召喚状木簡**〕

(表) 府召　牟儀猪養　右可問給依事在召宜知

(裏) 状不過日時参向府庭若遅緩科必罪　翼　大志　少志
四月七日付県若虫

(平城宮跡出土　二八二×二八×五　短冊型)

【**解説**】文書木簡の中に例が多くみられる、召文と呼ばれる召還状木簡である。兵衛府が配下の牟儀猪養《むぎのいかい》を急ぎ呼び出したもので、「右、問い給う可き事在るに依りて召す」という和化漢文で記されている。「召」から書き始めることも多く、召喚対象者、理由、出頭先、遅れたときの処罰文言、発行者、日付、使者名が記される。「翼」以下は兵衛府次官以下の官職名で、名前は省略されており、県《あがた》若虫はこの召喚状を託された使者。この木簡は再び平城宮に戻ってきてから廃棄された。

**222**〔**進上状木簡**〕

(表) 進上瓦三百七十枚 女瓦百六十枚　宇瓦百卅八枚
鐙瓦七十二枚 ||
||功卅七人 十六人各十枚　卅三人各六枚
九人各八枚

(裏) 付葦屋石敷　神亀六年四月十日穴太□
主典下道朝臣向司家

(平城京跡出土　二六五×二三×五　短冊型)

【**解説**】文書木簡の一典型である進上状木簡。神亀六年(七二九)に、平城京の造営に用いる瓦を、おそらく京の北方に位置する奈良山の造瓦所から京内の上級官司に運んだ時の進上状。「女《め》瓦」は平瓦、「宇《のき》瓦」は軒平瓦、「鐙《あぶみ》瓦」は軒丸瓦。運搬にあたる人夫一人あたりが運んだ瓦の枚数が知られる。葦屋石敷《あしやのいわしき》はこの木簡を託されて瓦の進上にあたった使者で、穴太《あなほ》□はこの木簡を書いた人物。

**223**〔**過所木簡**〕

(表) 関々司前解　近江国蒲生郡阿伎里人大初上阿□(伎カ)勝 ||

＝足石許田作人

（裏）同伊刀古麻呂　大宅女右二人左京小治町大初上笠阿曽弥安戸
送行乎我都　鹿毛牡馬歳七　里長尾治都＝
＝人右二
留伎

（平城宮跡下層出土　六五六×三六×一〇　短冊型）

【解説】古代の通行証としての過所《かしょ》木簡。平城宮跡の下層に走る下ツ《しもつ》道《みち》の側溝から出土した。近江国（滋賀県）の蒲生《がもう》郡阿伎《あき》里から藤原京（六九四―七一〇年）の小治《おはり》町に赴く阿伎勝《あきのすぐり》・伊刀古麻呂らのために、阿伎里長が関々の司宛てに発行したもの。山背から大和との境にある奈良山《ならやま》を越えた所で不要となり廃棄された。国郡里制（七〇一―七一七年）と藤原京時代ということから、七〇一―七一〇年の時期の木簡である。大宝令では、過所として竹木を用いることが認められており（『令集解』公式令40天子神璽条古記）、七一五年（霊亀元）に過所に国印の捺印が求められるまでは過所木簡が機能した。本木簡は六五・六センチメートルと大型であるが、実際に近江から大和まで持ち運ばれた。「司の前に解す……」という古い書式が残っている。

## 224〔告知札〕

告知　往還諸人　走失黒鹿毛牡馬一匹　在験片目白 額少白

件馬以今月六日申時山階寺南花薗池辺而走失也　九月八日

若有見捉者可告来山階寺中室自南端第三房□

（平城京跡出土　一〇〇〇×七三×九）

【解説】平城京左京一条三坊の、東三坊大路の側溝から出土した告知札。伴出した告知札から、九世紀初頭のものと分かる。山城から奈良山を越えるウワナベ道が大和国に入った交通の要衝の地点が、「往還諸人」への告知の場であった。山階寺《やましなでら》（興福寺）の僧坊の中室に住む僧が、南花薗池（猿沢池）で失ってしまった馬についての情報提供を求める内容。下端を尖らせた長大な形態を持ち、表面の上部のみに表記されて下端部は風化による腐食が少ないことから、地面に突き立てて使用されたことが知られる。なお、捕亡令4亡失家人条に規定された、雑畜を失った時の官司への報告事項と記載事項が共通している。

## 225〔考選木簡〕

（表）少初位下高屋連家麻呂　年五十 右京　六考日并千九十九＝

＝六年中

（裏）陰陽寮

（平城京跡出土　二八九×三〇×九　短冊型）

【解説】平城宮東張出し部東南隅の坊間大路側溝近くから出土。文官官人の人事を扱う式部省関係の木簡の一つ。平城宮東南隅には式部省があり、式部省跡と周辺からは毎年の勤務評定である考課と、一定年限毎の位階昇進の機会である選叙に関わる考選木簡が、大量の削屑《けずりくず》をふくんで出土した。陰陽寮に属し、五十歳で右京に本籍をもつ下級官人の高屋家麻呂《たかやのいえまろ》が、六年間で一〇九九日の勤務日を重ねた上、「中」の勤務評定であったことを示す。彼はこれにより、少初位下から少初位上に昇叙されるはずである。考選木簡に特徴的な形態をもち、短冊型の材の上端側面から小孔を穿っている。紐に通すことによって木簡を横に連ね、さらに木簡を別の順序に並べ替えることができ、カードとして利用するための形態と考えられる。

226〔宿直札〕

大学寮解　中宿直官人事　少允従六位上紀朝臣直人
神護景雲四年八月卅日

（平城京跡出土　三〇〇×四〇×一　短冊型）

【解説】神護景雲四年（七七〇）に、大学寮が宿直《とのい》する官人の名を式部省に報告した、「宿直札《とのいふだ》」と呼ばれる文書木簡。「（某官司）解　申宿直官人事」と書き出し、二行書きにして宿直官人名と日付を記載する、同様の宿直札が多数出土している。官人は、大納言以上や八省の卿を除き、交替でそれぞれの官司の宿（夜）・直（昼）に当たることになっていた（公式令59百官宿直条）。木簡は式部省近くから出土しており、毎日の宿直勤務にかかわる報告が木簡で伝達されていたことが知られる。

227〔文書軸〕

・大倭国志癸上郡大神里　（木口）
・和銅八年
　計帳　（木口）

（平城京跡出土　長さ二一五×径一九　棒軸）

【解説】文書軸には題籤軸と棒軸がある。巻物に仕立てた紙の文書群の軸（往来軸《おうらいじく》）に、見出し部を長方形に作り出して文書の内容を記したものが題籤木簡である。また、本木簡のように棒軸の木口《こぐち》に小さく文字列を記載したものもみられる。和銅八年（七一五）の大和国城上《しきのかみ》郡大神《おおみわ》里の計帳の軸であり、大和国司から平城宮に提出された公文書にともなっていたものである。「志癸上」（磯城が上下に分かれた）という三文字の郡名記載などは八世紀初頭までの古い記載法を残しており、国―郡―里という地方行政区画が機能した七〇一―七一七年の間にちょうど収まる和銅八年（七一五）の年紀をもっている。

## (3)　都城と木簡　2　貢進物荷札

228〔上総国貢進物荷札〕

己亥年十月上狭国阿波評松里

（藤原宮跡出土　（一七五）×二六×六）

【解説】上総《かずさ》国阿波《あわ》評松里（のちの安房国安房郡松樹郷）から藤原宮に送られた貢進物に付された荷札。己亥年は六九九年。大宝令で「郡」となる地方行政区画が、飛鳥浄御原令時代には「評」と表記されていたことが明らかとなり、いわゆる「郡評論争」に決着をつけた木簡の一つである。藤原宮は六九四年から七一〇年までの宮都であったが、大宝令以前の荷札木簡はすべて「評」記載をとっている。また大宝令以前は、冒頭に年紀を干支で記載している（大宝令以降は末尾に元号で記載する）。

229〔若狭国調塩荷札〕

（表）丁酉年若狭国小丹生評岡田里三家人三成

（裏）御調塩二斗

（藤原宮跡出土　一四八×一六×二　短冊型）

【解説】若狭《わかさ》国から藤原宮に送られた、六九七年（丁酉年）の調の塩の貢進物荷札木簡。若狭国は塩を貢納する御食国《みけつくに》であり、その荷札が藤原宮・平城宮から多数出土している。大宝令以前は、干支による年紀を冒頭に記載し、またコホリを「評」と記載する（大宝令で「郡」になる）。また、八世紀初めに諸国郡郷の地名を二字の好字で表記するように改められる以前には、三文字ないし一文字の地名表記が、藤原宮木簡にしばしば見られる。「小丹生《おにう》評」の表記は、大宝令以降は、次の230のように「遠敷《おにゅう》郡」となる。

230〔若狭国調塩荷札〕

（表）若狭国遠敷郡 木津郷少海里 土師竈御調塩三斗

（裏）神亀五年九月十五日

（平城宮跡出土　一三二×二六×四）

【解説】若狭国遠敷郡木津郷少海里の土師竈《はじのかまど》なる人物が負担した調塩の荷札木簡。賦役令2調皆随近条には「凡そ調は、皆近きに随いて合せ成せ。絹、絁、布の両つの頭、及び糸、綿の囊には、具に国、郡、里、戸主の姓名、年月日を注して、各国の印を以て印せ」とあり、木簡の荷札でも大宝令からはほぼ国・郡・里・戸主姓名・年月日の順に記載されている。飛鳥浄御原令では国—評—里であった地方行政区画は、七〇一年の大宝令からは国—郡—里、さらに七一七—七四〇年には国—郡—郷—里（郷里制）となり、七四〇年からは国—郡—郷に変化したが、この木簡は七二八年（神亀五）で郷里制の時代に属している。

231〔若狭国調塩荷札〕

三方郡弥美郷中村里 別君大人 三斗

（平城宮跡出土　二〇一×四一×四）

【解説】若狭国からの塩の荷札木簡のうち、229・230など遠敷郡からの荷札は、ほぼ表裏二面を用いて裏に年月日を記載するのに対して、三方《みかた》郡からの荷札は、このように一面のみに記載して、年月日を省略することが多い。郡別の記載様式の相違は、郡単位に貢進物荷札木簡が作成されたためと考えられている。

232〔隠岐国調鰒荷札〕

隠伎国海部郡 佐吉郷日下マ止々利 調鰒六斤 養老七年

（平城宮跡出土　一五六×三二×七）

【解説】隠伎《おき》国（島根県隠岐郡。八世紀後半まで隠伎と表記）から貢進されたアワビに付されていた荷札木簡。平城宮木簡中の貢進物荷札木簡には、若狭国や志摩国の塩、隠岐国の海藻、三河《みかわ》国の鮫、伊豆《いず》国の鰹、安房《あわ》国の鰒などの海産物が数多くみられる。律令国家以前の御食国《みけつくに》の伝統を引き継ぎながら、食料として各地の特産品が宮都に集められていた様子が知られる。

233〔備中国白米荷札〕

(表) 備中国賀夜郡阿宗里白米五
(裏) 斗　天平十九年二月九日

(平城宮跡出土　一九九×二五×五　短冊型)

【解説】 備中《びっちゅう》国賀夜《かや》郡阿宗《あそ》里から七四七年(天平十九)に平城宮に貢進された白米の荷札木簡。田租・正税の中から舂《つ》いた白米を都まで運ぶ仕事は、米が重貨であるだけに重い負担であった。白米は五斗を一俵にしてこうした荷札木簡を付し、馬ならば三俵、人だと一俵を担って宮都まで運ばれた(水運も利用した)。こうして集められた米は、「諸司常食」「朝夕料」などとして中央政府に勤める貴族・官人たちの食料に宛てられた。

220―226、228、230、232、233は『日本古代木簡選』、227、229は『日本古代木簡集成』、231は『平城宮木簡』一による。

## (4)　長屋王家木簡から見る貴族の生活

234〔吉備内親王大命符木簡〕

(表) 吉備内親王大命以符　婢筥入女進出□ □□
(裏) 五月八日少書吏国足　家令　家扶

(長屋王邸宅跡出土　二六六×二六×三　下部破損)

【解説】 平城京左京三条二坊の一・二・七・八坪に位置する広大な長屋王邸宅から出土した約三万五千点にのぼる長屋王家木簡の一つ。長屋王家木簡は、出土木簡の年紀から、七一六年(霊亀二)末から間もない次期に一括廃棄されたとされる。長屋王妃の吉備内親王が発した「大命」(おほみこと)を下達する「符」の文書木簡で、婢の筥入女を召したもの。家政機関の職員として家令・扶のほか少書吏がみられるので、三品であったとされる吉備内親王が二品クラスの家政機関を持っていたことが知られる(家令職員令)。また、天皇以外の貴人の場合でも「大命」の語が用いられた実例となる。以下の長屋王家木簡は『平城京長屋王邸宅と木簡』による。

235〔雅楽寮移木簡〕

(表) 雅楽寮移長屋王家令所　平群朝臣広足 右人請因倭儛
(裏) 故移　十二月廿四日　少属白鳥史豊麻呂 少允船連豊

(長屋王邸宅跡出土　二二〇×三七×三　短冊型)

【解説】 雅楽寮《ががくりょう》(うたりょう)から長屋王の家政機関「長屋王家令所」宛てに送られた「移」の木簡。長屋王家にいた倭舞の上手な平群広足《へぐりのひろたり》という人を借りたいという内容。長屋王邸で開かれた宴では楽曲が奏されたことが『懐風藻』の漢詩によって知られるが、舞手も抱えていたのであろう。

236〔文書木簡〕

(表) 当月廿一日御田苅竟大御飯米倉古稲
(裏) 移依而不得収故卿等急下坐宜

（長屋王邸宅跡出土　二一九×一四×二　短冊型）

【解説】長屋王家の経済基盤の一つである大和周辺の「御田《みた》」（山背《やましろ》・耳梨《みみなし》・山田・渋川などが知られる）の管理組織から、王家の家政機関宛てに送られた文書木簡。「当月二十一日には御田の稲を刈り終えたものの、大御飯の米倉の古稲を移したことから収めることができなくなってしまいました。卿（まへつきみ）たちも急いでお越し下さい」の意。助字「宜」を動詞の下に書くなどの和化漢文の表記が特徴的である。

### 237〔山背薗司進上木簡〕

（表）山背薗司　進上　大根四束 交菜二斗　遣諸月

（裏）和銅七年十二月四日　大人

（長屋王邸宅跡出土　二五五×三〇×四　短冊型）

【解説】長屋王家の経済基盤の一つで山背国にあった「山背御《やましろのみ》薗《その》」を管理する薗司から、長屋王邸宅に送られた大根や交菜に添えられた進上状の文書木簡。蔬菜類は、大和や畿内に置かれた薗で生産され、平城京の長屋王邸宅に送られている。山背薗司の大人、進上物や木簡を運んだ諸月などの人々が姓（ウヂ名・カバネ）抜きで記されているが、これは彼らが奴婢であったのではなく、家政機関の中で姓無しでも通用したからである。

### 238〔鶴司飯支給木簡〕

（表）鶴司少子 虫麻呂 田人　国嶋　右三人飯六升受

（裏）得万呂　十月廿五日　老

（長屋王邸宅跡出土　二一九×二九×二　短冊型）

【解説】別の木簡から長屋王邸宅では鶴二隻を飼育していたことが分かるが、その鶴の飼育にあたった鶴司に属する少子《しょうし》（四―十六歳の男子）たち三人に米飯を支給したことを記録した帳簿木簡。米の支給を担当した家政機関の職員の老や、米飯を受け取った得万呂も、少子ともども姓を略して記されている。

### 239〔考課木簡〕

无位出雲臣安麻呂 年廿九 山背国乙当郡　上日 日三百廿 夕百八十五　「并五百五」

（長屋王邸宅跡出土　（二六二）×二二×六　短冊型）

【解説】長屋王家に仕えた下級官人出雲臣安麻呂の勤務評定の木簡。位階・年齢・本籍地とともに一年間の出勤日数「上日《じょうじつ》」を記し、さらに日勤と夜勤の合計日数を別筆で記している。年間五百五日夜は精勤である。一年間の考課（勤務評定）に用いられた木簡で、上日を満たした上で、彼の場合上・中・下の三段階の評定を受ける。木簡は、長方形の材の上端に側面から小孔を穿ち、横に紐を通せるようにした形態であり、平城宮の式部省跡から出土した考課・選叙木簡と共通する。家政機関に属する官人の勤務評定は本主が行ったことを受けて、長屋王家木簡中には考課・選叙関係の木簡群が含まれている。

### 240〔封緘木簡〕

「封」北宮進上　津税使

（長屋王家跡出土　三〇〇×二七×三）

【解説】「北宮《きたのみや》」とも称された長屋王家に宛てた、摂津の「津税使」からの封緘《ふうかん》木簡。封緘木簡は、長方形の材の下端を羽子板の柄状に作り、二枚に割り込んだ形態をとり、しばしば上部の左右に切り欠きを入れている。紙の文書を挟んで切り欠き部に紐をかけ、上から「封」字を墨書し、宛先・差出を記したものである。紙の文書の進上関係が津税使と長屋王家政機関との間にあったことが知られる。

## 3　銭貨

### (1)　銭貨の鋳造

**241**〔**日本書紀**〕**持統八年（六九四）三月乙酉（二日）条**

以テ二直広肆《じきこうし》大宅朝臣麻呂、勤大弐《ごんだいに》台《うてな》忌寸八嶋、黄書《きふみ》連本実等ヲ一、拝ス二鋳銭司(1)ニ一

**242**〔**続日本紀**〕

**文武三年（六九九）十二月庚子（二十日）条**

始メテ置キ二鋳銭司《じゅせんし》ヲ一、以テ二直大肆中臣朝臣意美麻呂《おみまろ》ヲ一為ス二長官ト一。

**和銅元年（七〇八）正月乙巳（十一日）条**

武蔵国ノ秩父《ちちぶ》郡献ズ二和銅ヲ一。詔シテ曰ハク、「（中略）故ニ、改メテ二慶雲五年ヲ一而和銅元年ト為シ而、御世ノ年号止《と》定メ賜フトノタマフ」。（下略）

**和銅元年二月甲戌（十一日）条**

始メテ置キ二催鋳銭司《さいじゅせんし》ヲ一、以テ二従五位上多治比真人三宅麻呂ヲ一任ズレ之ニ。

**和銅元年五月壬寅（十一日）条**

始メテ行フ二銀銭(2)ヲ一。

**和銅元年七月丙辰（二十六日）条**

令ム三近江国ヲシテ鋳セ二銅銭ヲ一。

**和銅元年八月己巳（十日）条**

始メテ行フ二銅銭ヲ一。

**和銅二年（七〇九）八月乙酉（二日）条**

廃シテ二銀銭ヲ一、一ニ行ハシム二銅銭ヲ一。

（1）鋳銭司　じゅせんのつかさ。大宝・養老令の官制になく、鋳銭の都度、臨時におかれたものと考えられる。文武三年の鋳銭司、和銅元年の催鋳銭司も同じ。（2）銀銭　「和同開珎」の銭文をもつ和同銀銭。銅銭も「和同開珎」の銭文をもつ。

## (2) 蓄銭叙位令

**243〔続日本紀〕**

**和銅四年(七一一)十月甲子(二十三日)条**

詔《シテ》曰《ハク》、「夫《レ》銭之《ノ》為《たるハ》レ用、所三以《ナリ》通《かよわシテ》レ財《ヲ》貿二易《スル》有无《ヲ》一也。当今百姓、尚《ホ》迷《ヒテ》二習俗《ニ》一、未《ダ》レ解《サ》二其《ノ》理《ヲ》一。僅《ニ》雖《モ》二売買《スト》一、猶《ホ》无《シ》二蓄《フル》レ銭《ヲ》者一。随《テ》二其《ノ》多少《ニ》一、節級《シテ》(1)授《ケヨ》レ位《ヲ》。其《それ》従六位以下(2)、蓄銭有《ル》二一十貫(3)以上一者《ひとハ》、進《メテ》二位一階《ヲ》一叙《セヨ》。廿貫以上《ニハ》進《メテ》二二階《ヲ》一叙《セヨ》。初位以下、毎《ニ》レ有《ル》二五貫一進《メテ》二一階《ヲ》一叙《セヨ》。大初位上若《クハ》初位、進《ミテ》入《ラムニハ》二従八位下《ニ》一、以《テ》二一十貫《ヲ》一為《セヨ》二入限(4)《ト》一。其《ノ》五位以上及《ビ》正六位、有《ラム》二十貫以上一者《ハ》、臨時《ニ》聴《ケ》レ勅(5)《ヲ》。或《ハ》借《リテ》二他銭《ヲ》一、而欺《サバ》三為《ヲ》官一者、其《ノ》銭《ハ》没官、身《ハ》徒一年、与《くみスル》者《ハ》同罪。夫《それ》申《サムハ》二蓄銭《ノ》状《ヲ》一者、今年十二月内《ニ》、録《シテ》二状《ヲ》一并《セテ》銭《ヲ》一申送《シ》訖《レ》。太政官議奏《シテ》、令《メヨ》レ出《サ》二蓄銭《ヲ》一」《トノタマフ》。勅《シタマハク》、「有《ラバ》レ進《ムルコト》二位階《ヲ》一、家存《シ》二蓄銭之心《ヲ》一、人成《ス》二逐《ちく》繦《きょう》之《ノ》趣(6)《ヲ》一。恐《クハ》、望《ム》レ利《ヲ》百姓、或《ハ》多《カラム》二盗鋳《ヲ》一。於レ律(7)《ニ》、私鋳《ハ》猶《シ》レ軽《キガ》二罪法《ニ》一。故権《かりニ》立《テテ》二重刑《ヲ》一、禁三断《ス》未然《ニ》一。凡《ソ》私《ニ》鋳《スル》レ銭《ヲ》者《ハ》斬、従者《ハ》没官(8)、家口《ハ》皆流《る》。五保知《リテ》而不《ハ》レ告《もうサ》者《ハ》与同罪《よどうざい》(9)。不《ル》レ知《ラ》レ情《ヲ》者《ハ》減《ジテ》二五等《ヲ》一罪《セヨ》レ之《ヲ》。其《ノ》銭雖《モ》レ用《フト》、悔《イテ》レ過《ヲ》自首《セバ》、減《ゼヨ》二罪一等《ヲ》一。或《ハ》未《シテ》レ用《キ》自首《セバ》免《ゆるセ》レ罪《ヲ》。雖《モ》二容隠人《ノ》(10)《ト》一、知《リテ》レ之《ヲ》不《ハ》レ告《サ》者与同罪。或告者(11)《ハ》同《ジ》二前首法《ニ》一」《トノタマフ》。

**和銅七年(七一四)九月甲辰(二十日)条**

制《スラク》、「自《リ》レ今以後、不《レ》レ得《えルコト》レ択《ヲ》レ銭。若《シ》有《ラバ》下実《まことニ》知《リテ》二官銭《ト》一、輒《すなわチ》嫌《ヒ》択《ル》者《ひと》上、勅《シテ》使《シムコト》レ杖一百。其《ノ》濫銭(12)者《ハ》、主客相対《シテ》破《リ》之、即《チ》送《レ》二市司《ニ》一」《トマウス》。

(1)節級　等級をもうける。(2)従六位以下　従八位以上。(3)貫　銭一千文＝一千枚。(4)入限　大初位もしくは初位のものが、従八位下となる場合には十貫で一階とする。(5)勅　選叙令2内外五位条で五位以上は勅授とされているので、五位以上と六位で五位になる可能性のあるものは、勅が必要となる。(6)逐繦之趣　逐は競うこと、繦は銭さし、競って銭を蓄えること。(7)律　唐雑律3には私鋳銭について流三千里以下の罰則規定がある。日本雑律は現存しないが、この記事から少なくとも大宝雑律に私鋳銭についての規定があったことが想定される。(8)没官　国家所有の官戸にする。(9)与同罪　真犯と同じ罪にすること。(10)容隠人　名例律によって近親者同士や家人奴婢が主人の犯罪を隠しても罪に問われないこと。そのような人でも罪に問うという趣旨。(11)告者　容隠人で告げた場合は自首の法に同じ。(12)濫銭　偽造された銭。

【解説】 銅銭の鋳造は、唐と同じく銅銭を流通貨幣の中心としようとする律令国家にとって、不可欠の政策であった。和同開《わどうかい》弥《ちん》鋳銭以前にも、『日本書紀』持統八年(六九四)や『続日本紀』文武三年(六九九)十二月二十日庚子条の記事のように、鋳銭司の記事がみえ、銭貨が鋳造されていたと考えられる。和同開弥以前の銭貨としては、無文銭が鋳造されたとする説と銀の地金が銭貨として流通していたとする説があった。しかし、平城京跡等から出土し、当初は厭勝銭《ようしょうせん》(まじない銭)とされていた富《ふ》本銭《ほんせん》は、奈良県飛鳥池遺跡から工房跡が発見されたことなどから、和同開珎に先行する流通銭とする見解が有力となっている。銭貨は、律令国家にとっては一方的な支払手段であったが、平城京の造営等においては、大量の銭貨を必要としたと考えられ、蓄銭叙位令は、一定の制限のもとで叙位と交換に、律令国家への銭貨の環流をはかる政策の一つであった。銭貨が律令国家にとって支払い手段である以上、地金の価値以上の価値が付与されており、私鋳銭《しちゅうせん》の禁止は必須の要件であった。律令国家は、貨幣価値の下落や私鋳銭の横行に対処するために乾元大宝まで改鋳を繰り返した。

# 第五節　国府・郡家と農村

## 1　国府と郡家

### (1)　国司と郡司の職掌

**244〔職員令〕70 大国条**

大国(1)

守《かみ》一人。〈掌ル下祠社、戸口ノ簿帳、字二養シ百姓ヲ一、勧二課シ農桑ヲ一、糺二察シ所部ヲ一、貢挙《ぐこ》、孝義、田宅、良賤、訴訟、租調、倉廩、徭役、兵士、器仗、鼓吹、郵駅、伝馬、烽候、城牧、過所、公私ノ馬牛、闌遺《らんい》ノ雑物、及ビ寺、僧尼ノ名籍《みようぜき》ノ(2)事ヲ上。余ノ守准ゼヨレ此ニ。其陸奥、出羽、越後等ノ国ハ、兼ネテ知ル二饗給、征討、斥候(3)ヲ一。壱岐、対馬、日向、薩摩、大隅等ノ国ハ、惣二知スル鎮捍、防守、及ビ蕃客、帰化(4)ヲ一。三関《さんげん》(5)国又掌ル二関剗《せん》及ビ関契(6)ノ事ヲ一。〉介《すけ》一人。〈掌ルコト同ジレ守ニ。余ノ介准ゼヨレ此ニ。〉大掾《だいじよう》一人。〈掌ル下糺二判シ国内ヲ一、審二署シ文案ヲ一、勾《かんがへ》二稽失ヲ一、察スルコトヲ中非違ヲ上。余ノ掾准ゼヨレ此ニ。〉少掾一人。〈掌ルコト同ジ二大掾ニ一。〉大目《だいさかん》一人。〈掌ル下受ケテレ事ヲ上抄シ、勘二署シ文案ヲ一、検二出シ稽

失《ヲ》㆒、読㆗申《スルコトヲ》公文《ヲ》㆖。余《ノ》目准《ゼヨ》㆑此《ニ》。〉少目一人。〈掌《ルコト》同《ジ》㆓大目《ニ》㆒。〉史《し》生《しょう》三人。

〔職員令〕74 大郡条

大郡⑺

大領一人。〈掌《ル》㆘撫㆓養《シ》所部《ヲ》㆒、検㆗察《スルコトヲ》郡事《ヲ》㆖。余《ノ》領准《ゼヨ》㆑此《ニ》。〉少領一人。〈掌《ルコト》同《ジ》㆓大領《ニ》㆒。〉主政《しゅせい》三人。〈掌《ル》㆘糺㆓判《シ》郡内《ヲ》㆒、審㆓署《シ》文案《ヲ》㆒、勾《ヘ》㆓稽失《ヲ》㆒、察㆗《スルコトヲ》非違《ヲ》㆖。余《ノ》主政准《ゼヨ》㆑此《ニ》。〉主帳《しゅちょう》三人。〈掌《ル》㆘受《ケテ》㆑事《ヲ》上抄《シ》、勘㆓署《シ》文案《ヲ》㆒、検㆓出《シ》稽失《ヲ》㆒、読㆗申《スルコトヲくもんヲ》公文㆖。余《ノ》主帳准《ゼヨ》㆑此《ニ》。〉

(1)大国　国には、大国・上国・中国・下国の等級があり、それぞれについて職員の定数が規定されている。(2)掌……名籍事　祠は祭、社は神社、貢挙は国学の学生を官人の候補者として推挙すること、孝義は孝子・順孫・義夫・節婦を太政官に申すこと、器仗は武器と儀仗、鼓吹は軍団を指揮命令する楽器、烽候は烽《のろし》火と斥候で敵の来襲を知らせる制度、城牧は城・柵と官馬を飼育する諸国牧、過所は関を通過するための許可書、闌遺雑物とは拾得された遺失物のことで、守の職掌は律令の全体に関わっている。(3)饗給……斥候　饗給とは、食を饗し禄を供すること によって蝦夷を帰順させること。征討、斥候も蝦夷に関わること。(4)鎮捍……帰化　鎮捍は、鎮め衛ることで防守に同じ。蕃客とは外国の使節、帰化とは、「化外人」が王化に帰し、渡来すること。(5)三関国　鈴鹿・不破・愛発の関を所管する伊勢国・美濃国・越前国。(6)関剗及関契　三関と三関国に配備される割符。関契の一片は蔵司に保管されていた。(7)大郡　戸令2定郡条に里の数によって大郡・上郡・中郡・下郡・小郡の等級が規定されている。

【解説】　国司の職掌については、具体的な事項があげられているが、郡司については、「郡事」という一般的な抽象規定しか存在しない。『続日本紀』延暦五年(七八六)六月朔日条に「撫㆓育百姓㆒、糺㆓察部内㆒、国郡官司、同㆓職掌㆒也」とあることから、国司・郡司の職掌は基本的に人民支配という点では同じとされるが、職員令での規定のあり方は大きく異なる。

## (2)　国府・郡家の命令 —— 国符・郡符

245 〔正倉院文書〕続修後集三十三裏　天平宝字六年(七六二)四月八日近江国符案

国符⑴《ス》　坂田郡司

東大寺天平宝字四年料《ノ》租米⑵百九十九石五斗三升

右、得《ルニ》㆓造寺司⑶今月五日牒⑷《ヲ》㆒偁《ハク》、「造《ル》㆓彼郡石山寺《ノ》㆒食料《ヲ》、便《ニ》充《テヨ》㆓件《ノ》租《ヲ》㆒」者《トイヘレバ》、郡宜《ク》承知《シ》、依《リテ》㆑数《ニ》進上《シ》、不《レ》㆑得㆓退遅《スルヲ》㆒。符到《ラバ》奉行《セヨ》。

記事 忍坂《おしさかの》忌寸麻呂

史生山口忌寸真島

天平宝字六年四月八日

(『大日本古文書』十五)

(1)国　坂田郡を統括する近江国。(2)租米　坂田郡に所在する東大寺の封戸の租米。(3)造寺司　造東大寺司《ぞうとうだいじし》。(4)牒　令の規定では、官人個人が官司に上申する際、または仏教界を統制する僧綱・三綱及寺院が俗官との間の移の形式で出す文書様式。牒は、実際にはさらに広範囲に使われているが、この場合は令制の後者か。

【解説】　国が郡に出す命令文書が国符で、案はその写し。七六一年（天平宝字五）から翌年にかけて近江国に石山寺（大津市に所在）が造営された。造営を担当したのは、造東大寺司のもとに設置された造石山寺所《ぞういしやまじしょ》であった。食料が欠乏した造石山寺所は、造東大寺司に要求し、造東大寺司がとった処置の一つが、東大寺の封戸《ふこ》租米を充てることであった。この国符は、造東大寺司が近江国司に対して、天平宝字四年分の封戸租米を造石山寺所の食料に充てるよう牒を出し、それによって、近江国司が坂田郡司に対して、その処置を命令したものである。国符が坂田郡司に出されると同時に、国符案が造東大寺司に送られたものと考えられる。造東大寺司は、坂田郡司に国符案をもった使を派遣し封戸租米を造石山寺所に送るよう要求している（「造東大寺司牒案」『大日本古文書』十五－一八八）。『正倉院文書』は、東大寺正倉院宝蔵に伝来した奈良時代の文書で、正倉院宝蔵に収納された器物に関連して残存した文書、東大寺写経所でおこなわれた写経事業の文書などからなる。それ自体貴重な史料であるだけでなく、これらの文書には、戸籍・計帳などの公文書類の裏を使用しているものも多く、奈良時代の社会の実態を伝える貴重な史料群である。

**246〔新潟県八幡林遺跡出土木簡〕**

（表）郡司符(1)　青海郷(2)事少丁高志君大虫　右人其正身率＝

＝□

（裏）虫大郡向参朔告司(3)□(身カ)率申賜(4)　符到奉行火急使(5)高志君五百嶋
九月廿八日主帳丈部

（五八五×三四×五　短冊型）

（『日本古代木簡集成』）

（1）郡司　青海郷が所属する越後国蒲原郡司。（2）青海郷　新潟県加茂市加茂に青海神社が所在し、その付近か。（3）朔告司　国府の機構の一つ。告朔《こうさく》とは、毎月一日におこなわれる行政報告の儀式で、朝堂において天皇に対しておこなわれると共に、地方においては、国司に対して、郡司が告朔帳を提出した。（4）申賜　ここでの「賜」は宣命における「聞賜」と同じく、上から下への命令で、「申しあげよ」との意。（5）火急使　この郡符の発給日は九月二十八日であり、国府で十月一日におこなわれる告朔の儀式にまにあうように、火急使として使が派遣されたか。

【解説】　蒲原郡司の符は、青海郷にかかわることについて、国府の告朔に少丁高志君大虫《こしのきみおおむし》を赴かせるものであった。郡符は、それを持つ者の証明書の意味を有した。高志君大虫は郡符をもって国府に行き、帰路、隣接する古志《こし》郡に属する八幡林遺跡で不必要となった木簡を廃棄したとされている。

## (3)　郡司と在地首長

**247〔続日本紀〕**

**天平七年（七三五）五月丙子（二十一日）条**

制(1)スラク、「畿内七道ノ諸国ハ、宜下シク除二クノ国擬(2)ヲ一外、別ニ簡《えら》ビテ二難波朝庭ヨリ以還《このかた》(3)、譜第重大(4)ナル四五人ヲ一副上フ之ニ。如《も》シ有下ラバ雖レモ无二シト譜第一、而身才絶倫ニシテ、并《あわ》セテ労効聞ヘタルレ衆ニ者《ひと》上、別ニ状ヲ亦副ヘテ、並ビニ附二シテ朝集使ニ一申送セヨ。

其《ノ》身《ハ》、限《リテ》二十二月一日《ヲ》一集《メヨ》二式部省《ニ》一」《トイフ》。

**天平十四年(七四二)五月庚午(二十七日)条**

制《スラク》、「凡《ソ》擬《スハ》二郡司少領已上《ヲ》一者、国司史生已上、共《ニ》知《リテ》簡《ビ》定《メヨ》。必《ズ》取《レ》二当郡推服《シ》、比郡知聞《スル》者《ヲ》一。毎《ニ》レ司(5)依《リテ》レ員《かずニ》貢《ぐ》挙《こセヨ》。如《シ》有《ラバ》二顔面《おもねリテ》濫《リニ》挙《セル》一者、当時《ノ》国司随《テ》レ事《ニ》科決《セヨ》(下略)」《トイフ》。

**天平勝宝元年(七四九)二月壬戌(二十七日)条**

勅《シテ》曰《ハク》「頃年之間、補二任《スルニ》郡領《ヲ》一、国司先《ヅ》検《ジテ》二譜第《ノ》優劣、身才能不《ノ》、舅甥之列(6)、長幼之序《ヲ》一、擬《シテ》申《ス》二於省《ニ》一(7)。式部更《ニ》問《ヒ》二口状《ヲ》一(8)、比二校《シテ》勝否《ヲ》一、然後《ニ》選任《ス》。或《ハ》譜第雖《モ》レ軽《シト》、以《テ》レ労薦《メ》レ之《ヲ》、或《ハ》家門雖《モ》レ重《シト》、以《テ》レ拙却《ク》レ之《ヲ》。是《ヲ》以《テ》其《ノ》緒《しょ》非《ズ》レ一《ニ》、其《ノ》族多《ク》レ門、苗裔尚繁《なおしげクシテ》、濫訴無《シ》レ次《ついで》。各迷《ヒテ》レ所《ニ》レ欲《スル》、不レ顧《ミ》二礼義《ヲ》一。孝悌之道既《ニ》衰《ヘテ》、風俗之化漸《ク》薄《シ》。朕窃《ひそカニ》思量《スルニ》、理不レ可《カラ》レ然《ル》。自《リ》レ今已後、宜《シ》下改《メテ》二前例《ヲ》一、簡二定《ビメテ》立《テシ》レ郡《ヲ》以来譜第重大之《ノ》家《ヲ》一、嫡々相継《シテ》、莫《カラシム》上レ用《キルコト》二傍親《ヲ》一。終《ニ》絶《チテ》二争訟之《ノ》源《ヲ》一、永《ク》息《やメム》二窺窬《きゆ》之望《ヲ》一(9)。若《シ》嫡子有《ラバ》二罪疾及《ビ》不《ルコト》上レ堪《ヘ》二時務《ニ》一(10)者、立替《フルコト》如《クセヨ》レ令(11)《ノ》」《トノタマフ》。

(1)制　『続日本紀』などで単行法令を表記する際にもちいられており、①詔勅と同義の場合、②詔勅または奏勅を経た法令、③太政官奏による法令、太政官が天皇の裁許を経ずに法令を施行する太政官処分と同義の場合などが含まれていた。(2)国擬　国司の銓擬した郡司。(3)難波朝庭以還　郡司制の起点が難波朝廷(孝徳天皇の難波長柄豊碕宮)に求められている。(4)譜第重大　譜第とは、系図、譜系の事。ここで譜第重大としているのは、郡司に何代も就任しているとの意味。(5)毎司　欠員の生じた郡司ごとに。(6)舅甥の列　世代の上下関係。(7)省　式部省。(8)口状　口頭試問。(9)窺窬之望　身分不相応な望み。(10)時務　選叙令13郡司条の郡司の任用条件に「堪二時務一」とある。(11)立替如令　嫡子を継嗣令の規定によって立て替える意か。

**248 〔正倉院文書〕 正集四十四　他田日奉部直神護解**

謹《つつしミテ》解《げ》(1)　申《シ》請《シ》海上《うなかみ》(2)郡大領司仕《ニつかへ》奉《まつル》事

中宮舎人《ちゆうぐうとねり》(3)　左京七条《ノ》人従八位下海上国造(4)他田日奉部直《おさだひまつりべのあたい》神《じん》護《ご》我《が》下総国海上郡《ノ》大領司尓《に》仕奉《つかへまつルと》止申故波《スは》、神護我《が》祖父小乙下(5)忍《ハ》、難波朝庭(孝徳)《ニ》少領司尓(6)《に》仕奉支《へりき》。父追広肆宮麻呂(7)《ハ》、飛鳥(天武)朝庭《ニ》少領司尓《に》仕奉支《へりき》。又外正八位上給(8)《ヲ》弖《はりて》、藤原朝庭(持統・文武)尓《に》大領司尓《に》仕奉支《へりき》。兄外従六位下勲十二等国足《ハ》、奈良朝庭(元明・元正・聖武)《ニ》大領司尓《に》仕奉支《へりき》。神護我《が》仕奉状《ヘルハ》、故兵部卿従三位藤原卿(麻呂)《ノ》位分資人(9)《トシテ》、始《メテ》二養老二年(七一八)《ヨリ》一至《ル》二神亀五年(七二八)《ニ》一、十一年、中宮舎人《トシテ》、始《メテ》二天平元年(七二九)《ヨリ》一至《ル》二今廿年(七四八)《ニ》一、合卅一歳。是《ヲ》以《テ》祖父父兄良我《らが》仕奉祁《へりけ》留《る》次尓《に》在故尓《に》海上郡《ノ》大領司尓《に》仕奉止《ヘルと》申《ス》。

(『大日本古文書』三)

(1)解　律令の規定では下位の官司が直属の上位官司に出す上申文書だが、ここでは個人が官司に出す上申文書。(2)海上郡　現在の千葉県市原市の養老川左岸、姉崎町・南総町付近の地域。(3)中宮舎人　中宮職に属する舎人(天皇・皇族に近侍し、警護する下級職員)。令制では中宮職は、中務省に属し、皇后関係の事務を担当する職であるが、実際には文武天皇の夫人藤原宮子(?—七五四)のための官司として機能していた。(4)国造　大化前代の地方にあって、王権に服属し貢納・奉仕を担った。令制においては、一国単位で祭祀をつかさどったともされるが、海上国造は別、選叙令13郡司条では、大領少領に優先されるとある。(5)小乙下　六六四年(天智三)施行の冠位二十六階の第二十四位。以下冠位位階については、八九頁の表2-1参照。(6)少領司　少領は令制の郡司の二等官。本来孝徳期の地方制度は評。九〇頁参照。(7)追広肆　天武十四年施行の冠位四十八階の第四十位。(8)外正八位上　外位は大宝令官位で郡司・軍毅等に与えられる位階。(9)位分資人《いぶんしじん》　五位以上のものの警護・雑務にあたる従者。藤原麻呂は、七一七年(養老元)従五位下となった。

【解説】郡司の大領・少領(郡領)任用は、国司の銓擬を経て、式部省に上申されることになっていたが、郡司制の起点(評の設置)と意識されていた難波朝廷以来、郡領として代々任用されてきた譜第重大の者を任用する方針が天平年間に打ち出された。しかし、譜第家の分立・抗争によって、譜第重大の者は明確ではなく、律令国家は譜第重大の家を定めて嫡系相続の方針を打ち出した。これらは、郡内のものが推服する力量をもった在地首長層を把握し、郡領に任用しようとする政策であったと考えられる。他田日奉部直神護は、そうした譜代重大の者の具体例である。彼は、譜代重大と中央官司に舎人として勤務している実績から大領への任用を求めている。

## (4) 国府・郡家の機構と機能・構成

### 249〔下野国府木簡〕

(表)都可郷(1)進藤一荷□

(裏)(異筆)「検領(2)□(藤カ)所返抄(3)　郡雑器所(4)　申送」

(一九〇)×二九×五)

(『日本古代木簡選』)

(1)都可《つか》郷　下野国都賀郡の郷。都可郷の現在地は不明だが、都賀郡は、現在の栃木県栃木市・日光市・壬生町・石橋町・国分寺町・西方町・都賀町・大平町・鹿沼市・小山市・藤岡市、岩舟町の大部分、今市市・粟野町の一部にあたる地域。(2)検領　検査し収納する。(3)返抄　受領書(を出す)。(4)郡雑器所　都賀郡の雑器所。

【解説】この木簡は、都可郷の藤一荷を都賀郡の雑器所が申送し、国府の藤所が検領、返抄したことを表している。国府に「藤所」、郡家には「雑器所」などの「所」と称される機構があった。また、下野国府木簡二一六五号には「造瓦倉所」がみられる。

### 250〔類聚三代格〕巻六　弘仁十三年(八二二)閏九月二十日

### 太政官符

太政官符《ス》

応《キ》レ給《ス》二食《ヲ》徭丁(1)一事

四度使雑掌(2)《ノ》廝丁(3)　朝集使四人　自余三使各二人

大帳税帳所書手(4)　大国十八人　上国十六人　中国十四人　下国十二人

造国料紙丁　大国六十人　上国五十人　中国四十人　下国三十人

造筆丁　国別二人　造墨丁　国別一人　装潢《そうこう》丁　大国六人　上国五人　中国四人　下国三人

造函并札丁(5)　大国六人　上国五人　中国四人　下国二人

造年料器仗長(6)　国別一人　同丁　大国百廿人　上国九十人　中国六十人　下国卌人

国駆使《くし》(7)　大国三百廿人　上国二百六十人　中国二百人　下国百五十人

収納穀類正倉官舎院守　院別十二人

採《ル》二黒葛《つづら》(8)《ヲ》一丁　国別二人。不《ル》レ貢《ガ》二御贄(9)《ヲ》一国不《ハ》レ在《ラ》二此限《ニ》一、

事力《じりき》(10)　毎二一人一　断《よほろ》丁四人

郡書生(11)　大郡八人　上郡六人　中郡四人　下郡三人　毎《ニ》レ郡案主(12)二人

鎰取《かぎとり》二人　税長正倉官舎　院別三人

徴税丁　郷別二人　調長二人　服長《はとり》(13)　郷別一人

庸長　郷別一人　庸米長　郷別一人　駆使　大郡十五人　上郡十二人　中郡十人　下郡八人

厨《くりや》(14)　長一人　駆使五十人　器作二人　造紙丁二人

採松丁一人　炭焼丁一人　採藁丁二人

芻《まぐさ》丁三人　駅伝使舗設(15)丁　郡并駅家別四人　伝馬長　郡別一人

右諸国言上参差《しんし》不レ同《カラ》。仍《テ》折中《シテ》所レ定《ム》如《シ》レ件《ノ》

調綾師并生(16)及造《ル》レ筬《おさ》(17)《ヲ》等丁　不《ル》レ貢《ガ》レ綾《ヲ》国不《ハ》レ在《ラ》二此限《ニ》一、　進レ官雑物

綱丁(18)并持丁。国司交替并貢調使国郡司送丁及持《ツ》二公文《ヲ》一

丁　伝使厨人并駅子及伝馬丁渡子等　採《ル》二甘葛《あまずら》(19)汁蜜及猪《いの》

膏《あぶら》等《ヲ》一丁、又(不カ)進レ官国不《ハ》レ在《ラ》二此限《ニ》一、

右可《キ》レ役《ス》之丁。或《ハ》本自有《リ》レ格。或《ハ》臨《ミテ》レ事《ニ》可《シ》レ処《ス》。仍《テ》不レ載《セ》二

人数《ヲ》一、宜《シ》二商量《シテ》行《フ》一レ之《ヲ》。

以前、得《ル》二伊賀・近江等諸国《ノ》解《ヲ》一偁《いハク》、「案《ズルニ》下太政官去《ル》七月廿

九日下《ス》二五畿内七道諸国《ニ》一符《ヲ》上偁《ハク》、「案《ズルニ》二今月廿八日《ノ》詔旨《ヲ》一、

『免《ズ》二天下百姓《ノ》徭《ヲ》一。事不《シテ》レ得レ已《やむヲ》可《クバ》レ従《フ》二公役《ニ》一者、給《セ》レ食《ヲ》』

者《トイヘレバ》、仍《リテ》可《キ》レ給《ス》レ糧《ヲ》法《ハ》、人別日米一升。其《ノ》粮《ハ》充《テ》二用《ヰヨ》正税《ヲ》一」

者《トイヘレバ》、謹《ミテ》依《リテ》二符旨《ニ》一、可《キ》レ役《ス》色目、勘定《シテ》言上《ス》」者《トイフ》。検《ズルニ》二其解《ノ》

文《ヲ》一、或不《ハ》レ可《カラ》レ役《ス》而濫《リニ》言《ス》。或可《キニ》レ役《ス》而漏《シテ》不レ言《サ》。彼《モ》此《モ》参差《しんし》《シ》、

多《ク》言《ス》二人数《ヲ》一。事乖《キ》二公平《ニ》一、理不レ可《カラ》レ然《ル》。被《ルニ》二右大臣宣《ヲ》一偁《ハク》、

「宜《シ》二諸国一同依《リテ》レ件《ニ》下知《ス》一。若有《ラバ》二除《ク》レ此《ヲ》之外不《シテ》レ得レ止《ムヲ》必《ズ》可《キ》

レ役者《スひと》一、宜《シ》二言上《シ》聴《ク》一レ裁《ヲ》」《トイフ》。

(1)徭丁　律令制下で国郡司の徴発する雑徭に動員された者。(2)四度使雑掌　四度使は毎年上京する朝集使・大帳使・貢調使・正税帳使の総称。雑掌はその従者。(3)廝丁《しちょう》　四度使及びその雑掌の食事等生活の世話をする者。(4)大帳税帳所書手　七一七年(養老元)に整備された計帳を大計帳・大帳という。税帳とは正税の収支決算報告書である正税帳。大帳所は国府の機関で、大帳税帳を作成する大帳所、税帳所。書手とは、大帳所、税帳所において書写を担当する者であるが、他の史料にみえる国書生とは別のものか。(5)造国科紙丁……造函并札丁　紙と書写する筆と墨、できた文書・帳簿類を装丁し、文書を函に入れる、さらにそれらに伴う木簡と、国府における文書行政がうかがえる。(6)年料器仗　年

間に国府が作製する武器。(7)駆使　駆使丁。官司の労働力。(8)黒葛　つづらふじ。つるをかごにあむ。(9)御贄《みにえ》　令に規定されない天皇への魚介類を中心とした食料品の貢納物。(10)事力《じりき》　地方官人に給せられた下級の従者。労働力。(11)郡書生《しょしょう》　郡家の書生。書記。(12)案主《あんじゅ》　文書の作成、保管にかかわるもの。(13)服長　「調庸物運上の責任者」「機織指導者」などの説があるが、繊維製品の調成をおこなうか。(14)厨　食事を供給する所。(15)舗設　施設を整備する者。(16)調綾師并生　調の綾を生産する責任者及び労働力。(17)筬　機を織る時に、経糸《たていと》を整え、緯糸《よこいと》を織り込むための道具。(18)綱丁《こうちょう》　調庸物を京に運送する際の責任者となった正丁。(19)甘葛汁　ツタ類の樹液である甘葛汁を濃縮した甘葛煎は、蜂蜜・飴とならんで古代の重要な甘味料。

【解説】　国府・郡家《ぐうけ》の「所」などの諸機構は、一般百姓の雑徭による労働によっても担われていた。弘仁十三年(八二二)閏九月二十日太政官符は、当年の百姓の雑徭が免除されたのにともなって、必要不可欠の労働については食を給しても確保する必要が生じ、その員数を規定したものである。その員数は、最低限のものであるが、国府・郡家の機能の内、雑徭労働に担われる部分が少なくなかったことをうかがうことができる。国府・郡家は、国司・郡司の官人以外に、雑任《ぞうにん》と呼ばれる者によっても担われていた。令制下の官司は、四等官クラスの狭義の官人、その下級職員で広義の官人である雑任(史生、舎人、兵衛、掌類、伴部、使部など)、白丁の力役負担者で構成されていた。地方組織における雑任の代表的なものは、国府に分番する外位の散位《さんに》である外散位《げさんに》である。本官符に登場する力役負担者も、国別の員数規定のあるものを国雑任、郡書生以下郡・郷別に員数規定のあるものを郡雑任と従来理解されてきた。徴税等の責任者と考えられる者など、単なる力役負担者とはしがたいものも含んでいるが、それらを含んで雑徭《ぞうよう》労働ととらえるのが、本官符の立場であろう。

## 2　地方官衙と文書

### (1)　戸　籍

**251〔正倉院文書〕続修四　御野国味蜂間郡春部里大宝二年(七〇二)戸籍**

(継目裏書)(1)「御野《みの》国味蜂間《あはちま》郡春部《かすがべ》里(2)太宝弐年戸籍」

上政戸(3)国造族《くにのみやつこのやから》石足《いわたり》ノ戸《こ》口《こう》十三　正丁二(4)兵士二　少丁三(5)小子二(6)　緑児一(7)　并十

正女二(8)緑女一(9)　并三

下々戸主石足(10)年卅三兵士　戸主ノ兄国足《くにたり》年卅四正丁　嫡子安倍《あへ》(11)年六小子

戸主ノ弟高嶋《たかしま》年廿七兵士　嫡子八十麻呂《やそまろ》年二緑児　戸主ノ弟久留麻呂《くるまろ》年廿五正丁　次大羆《おおくま》(12)年廿少丁　次広国《ひろくに》年十九少丁　次友乎《ともを》年十八少丁

戸主ノ甥奈世麻呂《なせまろ》年十小子　戸主ノ母国造族麻奈売《まなめ》年卌七正女　戸主ノ妻国造族志祁多女《しけため》年卅二正女　大羆ノ児阿尼売《あねめ》年二緑女

(『大日本古文書』一)

(1)継目裏書　文書の改竄を防ぐ等のため継目の裏に文書名等を書したもの。(2)春部里　味蜂間郡春部里は現在の岐阜県揖斐郡池田町・揖斐川町の辺り。(3)上政戸《じょうせいこ》　現存の戸籍の中で大宝二年御野国だけに見える三等戸(上政戸・中政戸・下政戸)区分。調庸負担者数による。(4)正《せい》丁《ちょう》　律令の六段階の年齢区分の一つ。二十一―六十歳の成年男子で、調・庸や兵士役などの課役の中心的な負担者。(5)少丁《しょうちょう》　十七―二十歳の男子。正丁の四分の一の調・雑徭を負担した。(6)小子　四―十六歳の男子。(7)緑児　一―三歳の男子。(8)正女　二十一―五十九歳の成人女子。(9)緑女　一―三歳の女子。(10)下々戸主　大宝令において資財の多少によって戸を九等に分け、義倉に貯えるために等級によって粟を納めさせた。農民は圧倒的に下々が多い。(11)嫡子　嫡妻所生の長子。(12)次　前の戸主弟高嶋の嫡子。八十麻呂は戸主弟に同じ。

## 252〔正倉院文書〕正集三十八　筑前国嶋郡川辺里大宝二年(七〇二)籍

(継目裏書)「筑前《ちくぜん》国嶋《しま》郡川辺《かわべ》里大宝二年籍」(1)

筑前国嶋郡戸籍川辺里　　大宝二年

戸主卜部乃母曽《うらべののもそ》、年肆(四)拾玖(九)歳　正丁　課戸(2)
母葛野部伊志売《かどのべのいしめ》、年柒(七)拾肆歳　耆女(3)
妻卜部甫西豆売《ほしつめ》、年肆拾柒歳　丁妻
(4)男卜部久漏麻呂《くろまろ》、年拾玖歳　少丁　嫡子
男卜部和哿志《わかし》、年陸(六)歳　小子　嫡弟
女卜部哿吾良売《かわらめ》、年拾陸歳　小女
女卜部乎哿吾良売《をかわらめ》、年拾参(三)歳　小女　上件二口　嫡女
従父弟(5)卜部方名《かたな》、年肆拾陸歳　正丁
妻中臣部比多米売《なかとみべのひためめ》、年参拾柒歳　丁妻
男卜部黒《くろ》、年拾柒歳　少丁　嫡子
男卜部赤猪《あかい》、年拾陸歳　小子
男卜部乎許自《をこじ》、年弐(二)歳　緑児　上件二口　嫡弟
女卜部比佐豆売《ひさつめ》、年拾捌(八)歳　次女
女卜部赤売《あかめ》、年拾参歳　小女
女卜部羊売《ひつじめ》、年玖歳　小女
女卜部麻呂女《まろめ》、年壱(一)歳　緑女　上件四口　嫡女

凡口壱拾陸
- 口壱拾弐不課
  - 口二小子
  - 口一緑児
  - 口二丁女
  - 口一次女
  - 口四小女
  - 口一緑女
  - 口一耆女
- 口肆課
  - 口二正丁
  - 口二少丁

受田(6)弐町弐段陸拾歩

（『大日本古文書』一）

(1)川辺里　嶋郡川辺里は現在の福岡県糸島郡志摩町馬場地区の辺り。(2)課戸　調庸などを出す課口のいる戸。(3)耆女《きじょ》　六十歳以上の女子。(4)男　息子。(5)従父弟　父方の従弟《いとこ》。(6)受田　班田によって、この戸に与えられる田数。

## 253 〔正倉院文書〕正集二十　下総国葛飾郡大嶋郷養老五年（七二一）戸籍

（継目裏書）「下総《しもうさ》国葛飾《かつしか》郡大嶋《おおしま》郷(1)養老五年戸籍主帳(2)无位(3)刑部少倭」

下総ノ国葛飾郡大嶋郷戸籍　　養老五年
甲和《こうわ》里(4)戸主孔王《あなほ》部《べの》小《こ》山《やま》、年肆拾捌歳　正丁　課戸
妻孔王部阿古《あこ》売《め》、年伍(五)拾弐歳　丁妻
(5)妾孔王部小宮《こみや》売《め》、年参拾捌歳　丁妾
男孔王部忍羽《おしは》、年弐拾弐歳　正丁　兵士　嫡子(6)
男孔王部忍秦《おしはた》、年柒歳　小子　嫡弟(7)
男孔王部広国《ひろくに》、年伍歳　小子
女孔王部大根《おおね》売《め》、年弐拾柒歳　丁女　嫡女(8)
女孔王部古富根《こふね》売《め》、年拾玖歳　次女
女孔王部若大根《わかおおね》売《め》、年拾伍歳　小女
女孔王部刀自《とじ》売《め》、年参歳　緑女
女孔王部小刀自《ことじ》売《め》、年弐歳　緑女
従父妹孔王部小宮《こみや》売《め》、年参拾捌歳　丁女
従父妹孔王部宮《みや》売《め》、年肆拾歳　丁女
姪孔王部手子《てこ》売《め》、年参拾弐歳　丁女

合口壱拾肆
- 口壱拾弐不課
  - 口二小子
  - 口六丁女
  - 口一次女
  - 口一小女
  - 口二緑女
- 口弐課
  - 口一兵士
  - 口一正丁

(9)戸(10)郷長孔王部志己夫《しこぶ》、年伍拾捌歳　正丁　課戸、戸主孔王部小山兄
男孔王部麻呂、年弐拾壱歳　正丁　嫡子
男孔王部若麻呂《わかまろ》、年弐拾歳　少丁　嫡弟
男孔王部広国、年拾壱歳　小子
男孔王部真国《まくに》、年肆歳　小子
女孔王部古伊呂《こいろ》売《め》、年弐拾柒歳　丁女
女孔王部若《わか》売《め》、年弐拾弐歳　丁女
女孔王部広刀自《ひろとじ》売《め》、年弐歳　緑女

娣孔王部宮売《みやめ》、年弐拾参歳　丁女

「口陸(六)不課 ─┬─「口二小子

(『大日本古文書』一)

(1)大嶋郷　現在の東京都葛飾区・江戸川区の辺り。(2)主帳　郡司第四等官で事務を担当。葛飾郡の主帳で戸籍の清書等で作成に関与したか。(3)無位　官職につきながら位階をもたないもの。一般人民で位階を当然もたないものは白丁という。(4)甲和《こうわ》里　現在の東京都江戸川区小岩町付近。(5)妾　律令によって、嫡妻と区別された次妻。(6)嫡子　嫡妻所生の長男。(7)嫡弟　嫡妻所生の次男。(8)嫡女　嫡妻所生の娘。(9)戸　房戸《ぼうこ》。郷里制施行にともなって、郷戸の内部に設けられた戸。(10)郷長　郷里制施行によって、それまでの里長は郷長とされた。

【解説】戸籍は、身分把握、班田収授、課役徴発などの支配の根本台帳であり、戸令19造戸籍条によれば、六年に一度、式によって三部作成し、国府に一部保存し、中央の民部省と中務省に一部ずつ京進する規定になっている。民戸から手実《しゅじつ》(戸主の申告書)を徴収する規定はなく、計帳をもとに国府で作成されたと考えられる。式によって作成する規定であるが、現存する戸籍の様式は多様である。同じ大宝二年の戸籍でありながら、御野国戸籍と筑前国など西海道の戸籍の様式は全くと言ってよいほど異なっている。前者が浄御原令の式によっているのに対して、後者が大宝令の式によっていることによるともされている。養老五年の下総国戸籍は、西海道戸籍と似ているが、戸(郷戸)がさらに小さな戸(房戸)に分けられている。戸籍が実態としての親族や家族をどのように反映したものであるかは、議論の多いところであるが、房戸がほぼ単系小家族に近く、郷戸は戸主の小家族を中心に傍系親族を含みこんだものともされている。

## (2) 計帳

**254〔正倉院文書〕正集九　天平五年(七三三)右京三条三坊手実**

右京三条三坊(1)

戸主於伊《うえのい》美吉《みき》子《こ》首《おびと》戸手実(2)　天平五年

去年計帳定良賤口拾伍(五)人　男六人 奴四人 女四人 婢一人

今年計帳見定良賤大小口拾伍人

不課(3)口拾肆(四)人

男伍人　一人六位　四人小子

女肆人

賤口伍(一)人　奴四人 婢一人

課口壱人

見輸壱人　正丁

課戸主従六位上於伊美吉子首　年柒拾玖　下野国薬師寺造司工(4)

嫡子於伊美吉豊人《とよひと》、年拾肆　小子

男於伊美吉伊賀麻呂《いがまろ》、年肆拾柒　正丁 左下脣黒子(5)
女於伊美吉酒刀自売《さかとじめ》、年参拾弐　正女 左頬黒子
伊賀麻呂男於伊美吉足次《たりつぐ》、年拾陸　小子 鼻上黒子
男於伊美吉石次《いわつぐ》、年拾壱　小子
男於伊美吉馬養《うまかい》、年捌　小子
女於伊美吉古阿麻売《こあまめ》、年弐拾　少女 頸左黒子
寄口(6)市往刀自売《いちゆきとじめ》、年肆拾参　正女
弟市往伊毛売《いもめ》、年参拾弐　正女
戸主奴大伴《おおとも》、年陸拾参　和銅七年逃(7)(七一四)
　奴尼麻呂《にまろ》、年陸拾壱
奴黒栖《くろす》、年捌
　奴小黒栖《おくろす》、年柒
　　婢乎売《をめ》、年柒拾参　和銅七年逃
(別筆)「正丁一　天平五年七月十二日文進(8)伊賀麻呂
百廿　紙二」　令(9)大初《だいそ》位下《いノげ》尾張連牛養《おわりのむらじうしかい》　「勘(10)守マ(部)小床《もりべのおとこ》」
(『大日本古文書』一)

(1)右京三条三坊　平城京の右京三条三坊。現在の奈良市菅原町・宝来町の辺り。(2)手実　戸主が戸口の年齢等を書いて提出する計帳手実。(3)不課　課役を負担しない戸口。(4)下野国薬師寺造司工　下野薬師寺の造営をおこなう司に所属する工《たくみ》。(5)左下脣黒子《ほくろ》　身体特徴。国司の実見にそなえたか。(6)寄口《きこう》　非血縁の没落農民という説と戸主や兄弟の婚族という説がある。(7)和銅七年逃　逃亡の年次。(8)文進　手実の提出者。(9)令　坊令。八位以下の者から任用し、各条の東西に並ぶ四ヵ所の坊を管轄し、各坊におかれた坊長の上に立つ。(10)勘　手実を勘検する主体。京職の下級職員か。

## 255〔正倉院文書〕正集三十七　阿波国大帳(年度不明)

戸壱拾弐不課(1)
　戸参耆老口旧
　戸陸小子口旧
　戸弐癈疾口旧
　戸壱寡妻口旧
戸伍課
　戸弐進中男口旧
　戸壱小子戸内割得課丁口旧
　戸弐寡妻戸内割得課丁口旧
都合今年計帳新旧定見戸伍仟陸拾捌(2)
戸壱伯参拾参不課 乗去年七
　戸壱八位
　戸壱拾捌耆老
　戸参拾小子
　戸伍篤疾《とくしつ》

（『大日本古文書』一）

（1）戸壱拾弐不課　『延喜式』民部下・大帳式によれば、この前に「去年帳後已来新附戸拾柒」とあったはずであり、前年の計帳以後、新たに附された戸について課戸と不課戸の内容のそれぞれを記す。（2）都合今年計帳新旧定見戸伍仟陸拾捌　今年度の戸数の合計を記す。戸数五〇六八戸からして、阿波国全体についての統計部分か。

## 256 〔正倉院文書〕正集十一　山背国愛宕郡出雲郷雲上里神亀三年（七二六）計帳

（継目裏書）「山背《やましろ》国愛宕《おたぎ》郡出雲《いずも》郷雲上《くもかみ》(1)里神亀三年史生(2)従八位下間人《はしひと》宿禰男君」

戸主従八位下勲十二等出雲臣真足《いずものおみまたり》ノ戸
　去年帳定良賤口肆拾人　男十八　女十三　奴六　婢三
　　帳後新附壱人　緑子
　今年計帳定見良賤大小口肆拾壱人(3)　男十九　女十三　奴六　婢三
　　不課口参拾陸人　旧卅五　新一
　　　男弐拾人　八位二　授刀舎人一　兵衛一　小子九　緑子一　奴六
　　　女拾陸人　妻一　丁女五　少女二　小女二　緑女二　耆女一　婢三
　　課口伍人
　　　見不輸壱人　少丁
　　　見輸肆人　正丁
　　　　輸調銭(4)参拾陸文

戸主従八位下勲十二等出雲臣真足、年伍拾壱歳、正丁
母赤染依売《あかぞめのよりめ》、年柒拾柒歳、耆女　筑紫国(5)
妻佐太忌寸意由売《さたのいみきおゆめ》、年伍拾伍歳、丁妻　右頬黒子
男出雲臣田主《たぬし》、年参拾壱歳、正丁　筑紫国在
男出雲臣首名《おびとな》、年拾陸歳、小子　右頬疵
男出雲臣美阿良賀《みあらか》、年拾壱歳、小子　左鼻柱黒子
男出雲臣殿麻呂《とのまろ》、年玖歳、小子
女出雲臣田越売《たこしめ》、年弐拾壱歳、丁女　随田主
弟従八位下勲十二等出雲臣豊足《とよたり》、年肆拾捌歳、正丁　左眉黒子
　男出雲臣豊浜《とよはま》、年弐拾壱歳、正丁
　男出雲臣金縄《かねつな》、年（拾脱カ）参歳、小子
　男出雲臣布賀麻呂《ふかまろ》、年拾弐歳、小子
　男出雲臣鯖麻呂《さばまろ》、年玖歳、小子
　女出雲臣豊浦売《とようらめ》、年弐拾肆歳、丁女
　女出雲臣豊虫売《とよむしめ》、年弐拾弐歳、丁女
　女出雲臣豊刀自売《とよとじめ》、年拾玖歳、少女　右六口、筑紫在、
弟少初位上出雲臣国上《くにかみ》、年参拾伍歳、正丁　授刀舎人(6)
　男出雲臣陳師、年柒歳、小子

男出雲臣陳法、年肆歳、小子
女出雲臣大浦売《おおうらめ》、年拾弐歳、小女　筑紫
女出雲臣小浦売《こうらめ》、年参歳、緑女
弟小初位上出雲臣国継《くにつぐ》、年参拾弐歳、正丁　右兵衛(7)、
額黒子
男出雲臣継麻呂《つぎまろ》、年柒歳、小子
男出雲臣継手《つぎて》、年弐歳、緑子　生益
女出雲臣継刀自売《つぎとじめ》、年肆歳、緑女(小女カ)
女出雲臣宅主売《やかぬしめ》、年弐歳、緑女
弟出雲臣楫取《かじとり》、年弐拾弐歳、正丁　右手指黒子
弟出雲臣船人《ふなひと》、年弐拾歳、少丁　目間黒子
妹出雲臣形名売《かたなめ》、年参拾歳、丁女
妹出雲臣多理売《たりめ》、年肆拾参歳、丁女　右二人、和銅五
年逃、
従父出雲臣法麻呂《のりまろ》、年参拾陸歳、正丁　養老二年、逃二
近江国蒲生《がもう》郡一、
従父妹出雲臣愛売《えめ》、年肆拾参歳、正丁(丁女)　和銅二年逃
奴諸国《もろくに》、年伍拾弐歳、逃
大麻呂《おおまろ》、年肆拾柒歳、頤黒子
赤麻呂《あかまろ》、年肆拾参歳、逃
禰麻呂《ねまろ》、年参拾玖歳、逃
毛人《えみし》、年参拾壱歳、逃
爾閉《にへ》、年参拾歳、逃
婢歳売《としめ》、年伍拾肆歳、逃
子売《こめ》、年弐拾壱歳、逃
御衣売《みえめ》、年伍拾陸歳、右手於《に》黒子、上件玖口、戸主奴婢、

(『大日本古文書』一)

（1）出雲郷雲上里　出雲郷雲上里は現在の京都市北区の辺り。（2）史生　四等官の下にあって公文書を清書し署名を取るなどする下級職員。ここでは山背国の史生で計帳の清書等にあたったか。（3）見　現在。（4）調銭　銭貨で納められる調。（5）筑紫国　赤染依売の所在地。（6）授刀舎人《たちはきとねり》　宮中の警固、儀礼の取り締まりにあたる。（7）兵衛　六—八位の中央官人の嫡子、郡司の子弟から選抜され、天皇近辺の警護をおこなった。

【解説】戸令によれば、計帳は、京国の官司が所部の各戸から手実を提出させ、京職や国司はこの手実をもとに一定の様式の計帳を作成し、太政官へ申し送る規定であった。京進される計帳は、大宝令では特に国帳とされており、国郡単位に戸数・口数・調庸物数を集計した統計的文書を意味した。戸令に規定する計帳とは、ここに掲げた右京計帳とされてきた「右京三条三坊手実」のような手実と「阿波国大帳」のような統計文書である国帳(目録)であった。その他に、坊・里(郷)ごとに成巻された「歴名《れきみょう》」と称される計帳文書も現存する。従来計帳の代表とされてきたのは「山背国愛宕郡出雲郷雲上里神亀三年計帳」の

ような「歴名」であるが、これは京職や国司により作られた、手実から統計文書を作成し、戸籍を作成するための文書である。計帳歴名が京進されたかについては疑問もだされている。

## (3) 正　税　帳

**257〔正倉院文書〕正集四十二　天平九年（七三七）豊後国正税帳**

（継目裏書）「豊後《ぶんご》国天平九年正税帳守《しゅ》外従五位下楊胡《やこ》史真身」

球珠《くす》郡

天平八年定正税稲穀(1)壱萬柒仟弐伯弐拾斛《こく》陸斗捌升弐合弐夕(勺)

簸《はしん》(2)振量定壱萬参仟参伯陸拾参斛捌斗参升玖合陸夕 振入(3)一千二百十四斛八斗九升三合七夕

定実(4)壱萬弐仟壱伯肆拾捌斛玖斗肆升伍合玖夕

振量未簸(5)参仟捌伯伍拾陸斛捌斗肆升弐合陸夕 振入三百五十斛六斗二升一合九夕

定実(6)参仟伍伯陸斛弐斗弐升柒夕

合定実(7)壱萬伍仟陸伯伍拾伍斛壱斗陸升陸合陸夕

不動(8)壱萬壱仟陸伯伍拾弐斛壱斗捌升壱合捌夕

動用(9)肆仟弐斛玖斗捌升肆合捌夕

振量未簸粟(10)弐伯弐拾捌斛伍斗陸升壱合弐夕 振入廿斛七斗七升八合二夕

定実弐伯柒斛柒斗捌升参合

穎《えい》(11)稲柒萬参仟捌伯伍束弐把捌分

糒《ほしいい》 壱仟陸拾弐斛

酒壱拾玖斛肆合

醬《ひしお》 参斛壱斗伍升

酢柒斛伍斗

雑用(12)壱仟参伯壱拾参束柒把 穀十九斛二斗、穎稲一仟一百廿一束七把

酒肆斗壱升陸合

依《リテ》二五月十九日　恩勅(13)一《ニ》 賑《しんごうスルコト》二給　高年并鰥寡《かんか》(14) 之徒一《ヲ》合《セテ》

肆拾捌人、振量未簸稲穀壱拾玖斛弐斗 人別四斗

国司巡《スルコト》二行　部内一《ヲ》合《セテ》 壱拾肆度、惣単壱伯壱拾捌人、

上参拾捌人、 目以上廿五人、史生十三人、 従捌拾人、食稲参拾玖束弐把 上人別四把、従三把、 酒参斗伍升肆合 目以上人別一升、史生人別八合、

参度(15)《ハ》 正税出挙并収納《ニ》 一度守一人、従三人、二度掾一人、従二人、 并四人五日、并三人六日、

単参拾捌人、上壱拾壱人、 掾以上、 従弐拾柒人、

参度《ハ》賑二給《ス》貧病人并高年之徒一《ヲ》。 一度守一人、従三人、一度掾一人、従二人、一度史生一人従一人、并九人並二日、 単壱拾捌人、上陸人、 掾以上四人、史生二人、 従壱拾弐人、

壱度《ハ》随《ヒテ》二府（太宰）使一《ニ》賑二給《ス》貧病人一《ヲ》、 守一人、従一人、従三人、史生一人、并六人三日、

単壱拾捌人、上陸人（守三人、史生三人）、従壱拾弐人、
壱度《ハ》蒔三営《ス》紫草園(16)《ヲ》一（守一人、従三人、并四人二日）、単捌人、上弐人、守、
従陸人、
壱度《ハせム》責二計帳手実(17)《ヲ》一（史生一人、従一人、并二人三日）、単陸人、上参人、
史生、従参人、
壱度《ハ》随《ヒテ》二府使《ニ》一検三校《ス》紫草園《ヲ》一（守一人、従三人、并四人一日）、単肆人、上、
壱人守　従参人、
壱度《ハ》収《ム》レ庸《ヲ》、（史生一人、従一人、并二人三日）単陸人、上参人、史生、
従参人、
壱度《ハ》検《ズ》二田《ノ》熟不《ヲ》一、（史生一人、従一人、并二人二日）単肆人、上弐人、史
生、従弐人、
壱度《ハ》掘《ル》二紫草根《ヲ》一、（守一人、従三人、并四人二日）単捌人、上弐人、守、
従陸人、
壱度《ハ》問《フ》二伯姓《ノ》消息《ヲ》一、（守一人、従三人、并四人二日）単捌人、上弐人、守、
従陸人、
往来《セル》伝使(18)合《セテ》頭参人（二人三日、一人一日）、従柒人（六人三日、一人一日）、惣単弐拾
陸人（頭七人、従十九人、）食稲捌束伍把（頭四把、従三把）、酒陸升弐合、（三人別一升、四人別八合、）
買《フ》二胡麻子参斛肆斗肆升《ヲ》一、直稲壱(伯脱カ)柒拾肆束、（束別二升、）儲府
料春稲玖伯束、

出挙陸仟弐伯壱拾弐束（死伯姓五十六人、免給稲一千八百五十束、）
定納本肆仟参伯陸拾弐束
利弐仟壱伯捌拾壱束
合応納(19)陸仟伍伯肆拾参束
見納肆仟玖拾捌束
未納弐仟肆伯肆拾伍束
国司借貸肆仟伍伯束
遺稲穀(20)壱萬柒仟弐伯壱斛肆斗捌升弐合弐夕
穎稲(21)陸萬壱仟玖伯柒拾壱束伍把捌分
従《リ》二国埼《くにさき》郡一来納《セル》粟伍拾壱斛陸斗伍升捌合捌夕（振入四斛六斗九升六合二夕）
定実肆拾陸斛玖斗陸升弐合陸夕
従《リ》二速見《はやみ》郡一来納《セル》稲穀玖拾陸斛弐斗伍升柒合肆夕（振入八斛七斗五升六夕）
定実捌拾柒斛伍斗陸合捌夕
天平五年未償壱仟肆伯捌拾肆束伍分
天平六年未償壱仟柒伯玖拾参束伍把（並依二恩勅(22)一放免畢、）
都合穀(23)壱萬柒仟弐伯玖拾柒斛柒斗参升玖合陸夕（振入一千五百七十二斛五斗一升九合七夕）
定実壱萬伍仟柒伯弐拾伍斛弐斗壱升玖合玖夕

簸振量定壱萬参仟参伯陸拾参斛捌斗参升玖合陸夕 振入一千二百十四斛八斗九升三合七夕
　定実壱萬弐仟壱伯肆拾捌斛玖斗肆升伍合玖夕
振量未簸参仟玖伯参拾参斛玖斗 振入三百五十七斛六斗二升六合
　定実参仟伍伯柒拾陸斛弐斗柒升肆合
合定実壱萬伍仟柒伯弐拾伍斛弐斗壱升玖合玖夕
　不動壱萬壱仟陸伯伍拾弐斛壱斗捌升壱合捌夕
　動用肆仟柒拾参斛参升捌合壱夕
振量未簸粟[24]弐伯捌拾斛弐斗弐升 振入廿五斛四斗七升四合
　定実弐伯伍拾肆斛柒斗肆升陸合
穎稲[25]柒萬伍伯陸拾玖束伍把捌分
糒壱仟陸拾弐斛 養老二年以前四百六十二斛　天平六年六百斛
酒壱拾捌斛伍斗捌升捌合
甕肆口 大甕二口　中甕一口　小甕一口
醤参斛壱斗伍升
甕壱口 小甕
酢柒斛伍斗
甕壱口 小甕
正倉壱拾柒間 板倉十二間　円倉一間　塗壁屋三間　草屋一間
義倉為《ヲす》二正税倉《ト》一一間 板倉
借屋壱間 草屋一間
都合壱拾玖間 不動倉五間　糒倉二間　動用五間　穎稲納倉七間
　領[26]外正八位下勲九等国前臣《くにさきのおみ》「龍麿」
　主帳外大初位下勲十等生部《みぶべ》「宮立」
（『大日本古文書』二）

(1)天平八年定正税稲穀　前年天平八年度の決算穀数。穀とは籾状態の稲。(2)簸振量　天平八年度稲穀数の内、振入以外新たに損耗量を計算しなくてもよい穀数。簸とは、ふって穀類の糠や屑を除く意味。(3)振入　倉に入れる穀は、積むことによって目減りするが、その目減り量、通常十一分の一を慣例とする。一対十に分ける。(4)定実　簸振量の分について、振入を除いた穀数。(5)振量未簸　天平八年度稲穀数の内、損耗量を計算しなければならない穀数。(6)定実　振量未簸について、振入を除いた穀数。(7)合定　先の(4)の定実と(6)の定実を足した穀数。天平八年度穀数から振入を除いた穀数。不動穀と動用穀に分かれる。(8)不動　非常時に備え不動倉に貯蔵された穀。(9)動用　主として高齢者等に食料・衣服を支給する賑給《しんごう》に用いられた。(10)振量未簸粟　稲の代わりに輸納された粟について、振入を計算する前の数字。次行の定実が振入を計算した後の粟数。振量未簸分のみ。(11)穎稲《えいとう》　穂首《ほくび》で刈り取られた稲。穎一束は、穀(籾殻付きの米)で一斗、舂米(脱穀した米)五升に相当する。穀とは別計算で、賑合以外の様々な雑用や出挙に用いられた。(12)雑用　これ以前が天平八年度の決算量。以下が天平九年度の支出量。(13)五月十九日恩勅　『続日本紀』天平九年五月十九日壬辰条に対応記事がある。(14)鰥寡《かんか》　老いて妻無きを鰥、夫無きを寡という。(15)参度　春夏の出挙と収納。(16)紫草　紫草はその根に含まれる色素を染料に使う。(17)責計帳手実　戸令造計帳条(一二八頁)の規定によれば、計帳作成にあたり各戸の手実を国司が徴収する。計帳手実(一八二頁)参照。(18)伝使　伝馬を使用する使。先の国司巡行の条にある大宰府使の日数に一致。(19)合応納　出挙について、死者の免給を引き、徴収すべき元利を計算した束数。以下は現在納入された束数と未納の束数。(20)遺稲穀　天平八年度決算穀数(振入を減じない数)から、雑用以下の支出の穀を減じた数。(21)穎稲　遺穎稲の意味。天平八年度決算穎稲から支出、出挙、国司貸借を減じた数。出挙元利の見納数は加えられていない。(22)恩勅　天平五年と天平六年に未納となっていた穎稲を免ず。『続日本紀』天平九年八月十三日甲寅条に対応する記事。(23)都合穀　先の遺稲穀に速見郡から来納の穀を加えたもの。次行の定実は、後の合定実に一致。(24)振量未簸粟　天平八年度の振量未簸粟に国埼郡から来納の粟を加えた数。(25)穎稲　先の(21)の穎稲に出挙の見納数および国司貸借を加えた数。(26)領　職員令の規定によれば、小郡(二一三里)の郡司は領一人、主帳一人。球珠郡は豊後国風土記・和名抄では三郷(里)。

【解説】　正税帳は、各郡の正倉に収納し国司が管理する稲である正税の収支決算報告書。正税帳使が京に携帯し、民部省主税寮で監査をうけた。蓄積された稲穀量、出挙量、田租収入の他、一年間に正税から支出された費目が記されており、国府、郡家における運営などが知られる。豊後国正税帳は、国府全体の部分は失われているが、球珠郡に関しては、全体が残る。

## (4)　計会帳

### 258　〔正倉院文書〕正集三十　天平六年(七三四)出雲国計会帳

(継目裏書)「出雲国計会帳《けいかいちょう》天平六年八月廿日正八位下目小野臣淑奈麻呂《すくなまろ》」

(前略)

節度使符《ふ》(1)(2)参拾弐条

天平五年

八月

一七日符壱道　却還雑工生伊福部《いふきべ》小嶋等合六人状　以二八月廿二日一到レ国、(3)

一廿日符壱道　国造帯意宇《おう》郡大領外正六位上勲十二等出雲臣広嶋追状(4)　以二八月廿五日一到レ国、

一同日符壱道　為教習造弩(5)追工匠二人状　以二八月廿六日一到レ国、

(中略)

解《げ》(6)、弁官(7)解文肆拾壱条

天平五年

八月

一二日進上公文《くもん》(8)　柒巻肆紙、　調帳肆巻、運調脚帳壱巻、匠丁帳弐巻弐紙、過期限帳壱紙、運調綱帳壱紙、(9)

右、附シテ二運調使史生(10)《ししょう》少初位上子々法次《しののりつぐ》ニ一進上ス、

一九日夏調過ギテ二期限ヲ一遅進スル事、

一同月十九日進上スル水精《すいしょう》玉壱伯伍拾顆《か》事、

一同日進上主スル二当ヲ調庸一国郡司歴名《れきみょう》ノ事、

一同日進上無キ三国司等営スル二造ヲ家一事、

一同日進上主二当《スル》地子(11)交易(12)《ヲ》一国司　目《さかん》正八位下小野臣淑
奈麻呂事
一同日進上公文壱拾捌巻参紙、大帳(13)二巻、郷戸課丁帳一巻、括出帳一巻、走還帳一巻、放奴婢帳一巻、逃亡満六年帳一巻、神亀五年以来逃亡帳一巻、割付奴婢帳一巻、争戸帳一巻、遭服人帳一巻、高年及残疾以上帳一巻、計会帳一巻、大税出挙帳一巻、郡稲出挙帳一巻、公用稲出挙一巻、九等戸帳一巻、麦帳一巻、主当調庸国司并郡司帳一紙、主当地子交易国司歴名帳一紙、無国司造家帳一紙、
一同日進上駅起稲出挙帳(14)壱巻、
一同日進上真珠《しんじゅ》参拾顆、上一十顆、中五顆、下一十五顆、
一同日進上水精玉壱伯顆事、
右、捌条、附《シテ》二大帳使史生大初位上依網《よさみの》連意美《おみ》
麻呂《まろ》ニ一進上《ス》、
（中略）
石見国送到移《い》(15)　弐拾柒条
天平五年
七月
十三日移節度使符壱道　差点儲士并国司郡司等応会集状
十四日移節度使符壱道　国別応備幕状
廿三日移壱道　部下出雲郡河内郷大麻里日置牛之奴乙麻呂状
廿五日移壱道　差点学生参拾人状
（下略）

（『大日本古文書』一）

（1）節度使　辺境防備・対新羅戦のために置かれた臨時の軍政官。七三二（天平四）―七三四年と七六一（天平宝字五）―七六四年におかれた。（2）符　上位の官司から直属の下位官司への命令文書。解に対応。これ以前の数行に符の項目がある。（3）到国　出雲国衙に到着した日付。（4）追状　出頭命令書。（5）教習造弩　天平四年に任命された節度使の命による弩の製造・教習。（6）解　下位の官司が直属の上位官司に出す上申文書。（7）弁官　太政官の事務組織。国から太政官への上申は弁官宛であり、弁官解文となる。（8）公文　公文書。（9）調帳　調の品目・数量等を記した帳簿。その他の多くの付属文書枝文《えだぶみ》をともなった。納入・監査・天皇御覧に使用された。考文（地方官の勤務評価書）・大帳・正税帳とともに四度公文という。（10）運調使　貢調使とも。朝集使・大帳使・正税帳使とともに四度使という。（11）地子《ぢし》　班田後の剰余田（公田）の賃租料。太政官に納められた。（12）交易《きょうえき》　代価を支払って物品を購入すること。国府の交易の中には、物品を交易して中央官衙に進上する交易進上物があった。（13）大帳　従来の計帳に改訂・整備を加えた大計帳の書式が七一七年（養老元）に布告され、この大計帳が大帳とされた。戸数・課口数・調庸物数を記した統計的帳簿。多くの付属文書をともなう。大帳使によって京上された。（14）駅起稲出挙　駅家の費用に充てるための出挙稲《すいこ》。駅田の獲稲。駅起稲《えききとう》は七三九年（天平十一）に正税に混合された。（15）移　所管を異にする同等の官司が相互に用いた文書。石見《いわみ》国から送達された文書。弁官解文と石見国送到移の間に、中務省解文・民部省解文・兵部省解文・節度使解文・伯耆国送到移などが存在したと考えられる。

【解説】　計会帳は、太政官以下の諸官司が八月一日から翌年七月末日までに授受した公文書の記録で、太政官に提出され、行政命令の履行を確認するための文書。国府行政は、出雲国計会帳に登場するような多様な文書によって運営されていた。

## 3　初期荘園

**259〔東南院文書〕第三櫃第十一巻　越前国使解**

□□□□□(越前国使解)　□(申)勘定《かんじょう》桑原《くわばら》(1)庄所雑物并治開《はり》田事

(中略)

以前、被《こうむ》寺家去九月十五日口宣《くぜん》(2)偁、「彼所公文《くもん》(3)者、国史生安都《あと》宿禰雄足《おたり》、与足羽《あすは》郡大領生江《いくえの》臣東人《あずまひと》等、共勘定署名進上。仰既畢。何故去八九(天平勝宝)歳公文、田使曾禰《そねの》連乙《おと》万呂《まろ》一人耳《のみ》署名進上。此不理。仍還却。如件。宜承知状、与上件人等勘定署名、早速進上」者、謹依宣旨、当年地子(4)并田並雑物勘定、去七八九三箇年公文、副附寺家舎人(5)粟田人麻呂《あわたのひとまろ》、謹申送。以解(6)。

天平宝字元(七五七)年十一月十二日　専当《せんとう》田使曾禰連「乙万呂(7)」

勘定収納坂井郡散仕(8)阿刀僧

知足羽郡大領生江臣「東人」

国史生安都宿禰「雄足」

(『大日本古文書』家わけ第十八　東大寺文書之二)

(1)桑原庄　現在の福井県坂井郡金津町桑原付近を中心とする地域に所在。(2)口宣　口頭での命令。(3)公文　公式書類。(4)地子　田の賃租の地代。(5)寺家舎人　造東大寺司の舎人(雑務をおこなう下級官人)。(6)解　下位の官司が上位の官司に上申する文書。その書き止め。(7)「　」内は自署。以下同様。(8)散仕《さんじ》　正税帳等にみえる国の下級職員(雑任)の郡散事と同じものか。

【解説】　初期荘園は、墾田永年私財法(一五六頁)を契機として、奈良時代に成立した、寺社・貴族の荘園であり、律令制の官衙との結合が強く、律令制の動揺とともに荒廃することから、中世荘園と区別して初期荘園と称される。越前国坂井郡の東大寺領桑原荘は、大伴宿禰麻呂から買得した地をもって成立した。東大寺は、大伴麻呂時代にすでに開かれていた田地を賃租する一方、未開地の開墾も進める。現地管理責任者は、専当田使曾禰連乙万呂であるが、造東大寺司は、乙麻呂の提出した報告書を返却し、越前国史生安都宿禰雄足と足羽郡大領生江臣東人の連署した報告書の提出を求めた。雄足は造東大寺司の舎人から越前国史生に送り込まれた現地の最高責任者であった。東人は、隣接郡の大領であったが、かつて造東大寺司の史生を経験していた。さらに、坂井郡散仕阿刀僧が署名していることは、造東大寺司が、国―郡という律令国家の支配機構に依拠して荘園経営をおこなおうとしていたことを示すものであろう。

**260〔東南院文書〕第三櫃第十二巻　越前国坂井郡司解**

越前国坂井《さかい》郡司解(1)　申請裁事

不勘進上地子事

右、被去天平宝字元(七五七)年九月十四日符(2)偁、「寺家所(3)進墾田一百町《ノ》之地子《ヲ》進上《セヨトイヘレバ》」者、謹《デ》依《リテ》二符旨《ニ》一可《シ》レ進《ル》。雖《モ》レ然《リト》、以《テ》二同年四月廿日《ヲ》一所《ナリ》レ進《レル》。此《レ》以《テ》二同年潤八月廿日《ヲ》一寺使《ニ》所《つかわサレ》レ遣二子細《ヲ》一校《ヘ》二寺家《ノ》田《ト》一定《メ》畢《ヌ》。今営田貴賤(4)、元春三箇月(5)《ノ》之間、苗子《ヲ》下《シ》共《ニ》競《ヒ》作《ルヲ》為《ス》レ常《ト》。而《シテ》所《ノ》レ進《ル》田一百町、此者《ハ》苗子下《シ》畢《リ》、過《グル》二競作《ノ》時《ヲ》一後《ニ》進《ル》。亦《タ》寺《ノ》財《ト》校《ヘ》治《メ》賜《フ》時《モ》後《ナリ》。以《テ》レ是《ヲ》元年《ノ》之地子所《ニ》レ進《ム》不レ堪《ヘ》。望《ミ》請《フラクハ》、始《メテ》二当年《ヨリ》一将《ニ》進《ラン》二地子《ヲ》一。仍《テ》具《ニ》注《シ》レ状《ヲ》、謹《デ》請《ヒテ》レ裁《ヲ》申上《ス》。謹《デ》解《ス》。

天平宝字二(七五八)年正月十二日大領外正六位上品治部《ほむちべの》君「広耳《ひろみみ》」(6)

（下略）

（『大日本古文書』家わけ第十八　東大寺文書之二）

(1)解　下位の官司が上位の官司に上申する文書。個人が官司に上申する場合にも使われたが、この解状には、坂井郡印が捺してあり、坂井郡司から越前国司への解状と考えられる。(2)符　上位の官司から下位の官司への命令文書。越前国司から坂井郡司への符。(3)寺家　東大寺。(4)営田貴賤　様々な階層の耕作者。(5)元春三箇月　一月から三月。(6)大領外正六位上品治部広耳　天平四年度(七三二)の越前国郡稲帳では、坂井郡主帳、無位とみえる。

【解説】　坂井郡大領品治部広耳によって寄進された墾田について、寄進した年の天平宝字元年分の地子を進上せよとの命令に対して、広耳が、現地では、春三カ月の「競作」の間に賃租の契約が結ばれる慣行であって、その後の四月に寄進されたので、元年分の地子は進上できず、天平宝字二年度分から進上したいとしたものである。地子の進上命令が国司から郡司への符でおこなわれていることからして、国司－郡司という律令国家の地方支配機構に依拠していた点では、桑原庄の場合と同じである。さらに、広耳が現地の慣行をもって地子の進上を拒否していることは、寄進がおこなわれた後も、広耳所有時の経営のあり方が存続していることを示すものであろう。

**261〔東南院文書〕第三櫃第十六巻　越前国足羽郡大領生江臣東人解**

足羽郡大領正六位上生江東人謹解《デシ》　申《ス》御使(1)《ノ》勘問《ノ》事

合《セテ》五条

『道守庄《ちもりノ》』(2)(朱書)

一、東人之所《ノ》レ進《ル》墾田壱伯町(3)《ノ》之溝事

右、従《リ》レ元就《キテ》二公川(4)《ニ》一治《はり》通《ス》溝 長二千五百許丈、広六尺、深四尺以下三尺以上。 未《ル》レ任《ゼ》二郡領《ニ》一時、以《テ》二私功力《ヲ》一治開《リク》。是《ヲ》以《テ》治《リ》得《ル》田《ハ》、如《ク》レ員《かずノ》東大寺功徳料《どくりようトシテ》　進上《スルコト》　已畢《ニヌ》。自《リ》レ爾《そレ》以来、無《ク》二公私障《ニさわり》一、勘定申《シ》送《スルコト》　已訖《ニヌ》。

一、墾田壱伯拾捌町

右、先後使(6)《ノ》勘定《スルコト》　已訖《ニヌ》。然《ルニ》之《こノ》田不二治《リ》開《カ》一、先百姓《ノ》之墾田(7)幷《ビニ》今新《ニ》相交《まじル》。是《ヲ》以《テ》依《リテ》二先案(8)《ニ》一田籍(9)《ヲ》造《ル》処《ヲ》、寺使僧幷《ビニ》東人等勘《ヘ》付《ルコト》　已訖《ニヌ》。而《ルニ》東人預《リテ》二公事(10)《ニ》一入京《ノ》後、勘外《へはずス》　田捌町

捌段弐伯柒拾弐歩。

『栗川《くりかわ》庄(11)』

一、栗川田寺使与百姓相訴事

右、実寺田知、判充奉已訖。後他司(12)所勘事、東人不知。

一、宇治知《うじのち》麻呂《まろ》事

右、依田使僧等牒(13)、東人私誂《あつらへ》件人、水守《みもり》(14)充奉已訖。不知知麻呂決罰由。

一、為論雑務《ぜむ》田使僧等所召不参二度事

右、依一度神社春祭礼、酔伏不勘装束不参。

一度病臥未療之間、不参向。但使進上。

以前五条事、東人之身遅鈍幷老衰、毎事闕怠。更不得避罪。仍具録事状、請使裁。謹解。

天平神護二年(七六六)十月十九日大領正六位上生江臣「東人」

(『大日本古文書』家わけ第十八　東大寺文書之二)

(1)御使　東大寺から派遣された勘問の使者。(2)道守庄　現在の福井市西部足羽川・日野川の合流地一帯の地域。(3)東人之所進墾田壱伯町　道守庄の南半分は東人の寄進した墾田によっていた。(4)公川　公私共用の自然河川。阿須波束麻呂過状に登場する寒江之沼と関係するか。(5)未任郡領時　少なくとも七五五年(天平勝宝七歳)には足羽郡大領であった。(6)先後使　東大寺が七四九年(天平勝宝元)と七五九年(天平宝字三)に使を派遣したことが知られる。(7)先百姓之墾田　東大寺に先行して百姓が開発した墾田。(8)先案　天平勝宝元年の結果。(9)田籍　田図とともに土地管理の台帳となる帳簿。田主と面積、位置を列記する。(10)公事　公用。(11)栗川庄　現在の福井市南郊の中荒井・引目・江端・下荒井・下莇生田・下河北の一帯。(12)他司　少領の阿須波束麻呂か。(13)牒　本来公式令の規定によれば、主典以上の四等官の官人が官司に上申する文書であるが、僧綱・寺院と俗官との間、令外の官と令制官との間の文書として用いられた。(14)水守　道守庄の用水管理者。

## 262〔東南院文書〕第三櫃第十六巻　越前国足羽郡少領阿須波束麻呂解

足羽郡少領阿須《あす》波束麻呂《はのつかまろ》解　申過状(1)事

一、預郡家佃《つくだ》勅旨御田《みた》(2)(六)陸町受漑寒江《さがえ》之沼水、元来公私共用之水者、

(朱書)『道守庄』

専当(3)少領阿須波束麻呂

右、件御田之水、作東大寺道守野《ちもりの》庄所妨停、不堪佃状、附散仕(4)五十《いそ》公《きみの》諸羽《もろは》申上国府。即依諸羽申状、下国符(5)偁、「喚草原《くさはら》郷人宇治智《うじのち》麻呂《まろ》進」者、郡依符旨、進上其智麻呂。此過。

一、東大寺栗川《くりかわ》庄所田堺未勘事

『栗川庄』

右、部下ノ野田《のだ》郷百姓車持姉売《くるまもちのあねめ》ノ辞状(6)ニ云ハク、「寺家ノ庄所ノ使取リテ二
己ガ口分田捌(八)段ヲ一、不レ令ルヲレ佃シメ愁フトイヘレバ」者、仍テ勤スル二班田ヲ一時、書生(7)
委文土麻呂《しつりのつちまろ》、田領(8)別竹山《わけのたけやま》(9)二人ヲ充テレ使ニ、令レ勘メムガタメ二虚実ヲ一、
発スレ遣所在ノ口分ニ一。斯ノ土麻呂等申シテ云ハク、「正ニ認ムニ東西ノ之畝ヲ一、彼
此相違ストイヘレバ」者、仍テ未レ与ヘ二判断ヲ一。此ノ過。
以前二条ノ事、注顕シテ申送シルコト如シレ件ノ。謹デス解。
天平神護二年(七六六)十月廿日足羽少領外従八位下阿須波臣
「東麻呂」

（『大日本古文書』家わけ第十八　東大寺文書之二）

(1)過状　怠慢などによる過失や罪の事実を認め陳謝する文書。(2)勅旨御田　天皇の勅旨で空閑地・荒田などが開墾された田。(3)専当　本来四等官は連帯責任を負うが、そのなかで特定業務を専門に担当すること。(4)散仕　正税帳などに国府の下級職員(雑任)として登場する郡散事と同じものか。ここでは、国府と郡家の間を結ぶ存在である。(5)国符　越前国司から坂井郡司への命令書。(6)辞状　公式令の規定では、下級官人及び庶民が官司に上申するときの文書。ここでもその意味で使われている。ただし、一般的には解が用いられていた。(7)書生《しょしょう》　国府と郡家に書生がいたが、ここでは、少領が使に充てているので郡家の書生か。一七七頁の弘仁十三年官符に郡書生が登場する。(8)田領《たつかい》　注(7)の書生と同様に郡の下級職員か。(9)別竹山　栗川庄の田地をめぐって、東大寺と争っていた足羽郡上家郷戸主別竹山(鷹山)と同一人物と考えられる。

【解説】　越前国足羽郡大領生江臣東人解と同郡少領阿須波東麻呂解はともに、七六六年(天平神護二)の東大寺使の喚問に答えたものである。大領の生江臣東人は、造東大寺司史生を経て足羽郡大領となり、東大寺領荘園の経営に参画してきた。一方少領阿須波臣東麻呂は、勅旨田の経営に関して東大寺領荘園と用水を巡って対立していた。対立がそれに止まらなかったことは、東麻呂が東大寺領荘園と墾田所有を争っていた別竹山を東大寺領荘園の土地争いに派遣していることからうかがわれる。道守庄の水守宇治知麻呂の処罰にみられるように、東麻呂は東大寺田を抑圧しようとする越前国司と結びついて、東大寺領荘園と対抗しようとしていたと考えられる。東人も東大寺使の召喚に応じないこともあった。七六四年(天平宝字八)の藤原仲麻呂の乱において、越前国府を支配していた同派の勢力が後退することによって、こうした事態が一変し、東人は解状を、東麻呂は過状を、東大寺使に提出することとなったのである。

## 4　農村の生活

### (1)　貧窮問答歌

**263**　〔**万葉集**〕**巻五**

貧窮問答歌一首　幷短歌

892　風雑　雨布流欲乃　雨雑　雪布流欲波　為部母奈久　寒
之安礼婆　堅塩乎　取都豆之呂比　糟湯酒　宇知須々呂

比弖　之叵夫可比　鼻毘之毘之尓　志可登阿良農　比宜
可伎撫而　安礼乎於伎弖　人者安良自等　富己呂倍騰
寒之安礼婆　麻被　引可賀布利　布可多衣　安里能許等
其等　伎曾倍騰毛　寒夜須良乎　和礼欲利母　貧人乃
父母波　飢寒良牟　妻子等波　吟泣良牟　此時者　伊可
尓之都々可　汝代者和多流　天地者　比呂之等伊倍杼
安我多米波　狭也奈里奴流　日月波　安可之等伊倍騰
安我多米波　照哉多麻波奴　人皆可　吾耳也之可流　和
久良婆尓　比等々波安流乎　比等奈美尓　安礼母作乎
綿毛奈伎　布可多衣乃　美留乃其等　和々気佐我礼流
可々布能尾　肩尓打懸　布勢伊保能　麻宜伊保乃内尓
直土尓　藁解敷而　父母波　枕乃可多尓　妻子等母波
足乃方尓　囲居而　憂吟　可麻度柔播　火気布伎多弖受
許之伎尓波　久毛能須可伎弖　飯炊　事毛和須礼提　奴
延鳥乃　能杼与比居尓　伊等乃伎提　短物乎　端伎流等
云之如　楚取　五十戸良我許恵波　寝屋度麻侶　来立呼
比奴　可久婆可里　須部奈伎物能可　世間乃道

893
世間乎　宇之等夜佐之等　於母倍杼母　飛立可祢都　鳥
尓之安良祢婆

風雑《まじ》り　雨降る夜《よ》の　雨雑り　雪降る夜は　術《すべ》もなく
寒くしあれば　堅塩《かたしお》(1)を　取りつづしろひ　糟湯酒《かすゆざけ》(2)　うち
啜《すす》ろひて　咳《しわぶ》かひ　鼻びしびしに(3)　しかとあらぬ(4)　鬚《ひげ》か
き撫《な》でて　吾をおきて(5)　人は在らじと　誇《ほこ》ろへど　寒く
しあれば　麻衾《あさぶすま》(6)　引き被《かがふ》り　布肩衣《ぬのかたぎぬ》(7)　有りのことごと(8)
服襲《きそ》へども(9)　寒き夜すらを　我よりも　貧しき人の　父
母は　飢ゑ寒《こ》ゆらむ　妻子《めこ》どもは　吟《によ》び(10)泣くらむ　此の
時は　如何にしつつか　汝が世は渡る(11)
天地は　広しといへど　吾《あ》が為は　狭《さ》くやなりぬる　日
月は　明《あか》しといへど　吾が為は　照りや給はぬ　人皆か
吾のみや然る　わくらばに(12)　人とはあるを(13)　人並みに
吾も　作るを(14)　綿も無き　布肩衣の　海松《みる》(15)の如《ごと》　わわけ
さがれる(16)　襤褸《かかふ》(17)のみ　肩にうち懸け　伏廬《ふせいお》(18)の　曲廬《まげいお》(19)の内
に　直土《ひたつち》に　藁《わら》解き敷《し》きて　父母は　枕頭《まくら》の方に　妻子《めこ》
どもは　足《あと》の方に　囲《かく》み居て　憂へ吟《さまよ》ひ　竈《かまど》には　火気《ほけ》
(20)ふき立てず　甑《こしき》(21)には　蜘蛛《くも》の巣懸《か》きて　飯炊《いいかし》く　事も忘
れて　鵼鳥《ぬえどり》の　呻吟《のどよ》ひ(22)居るに　いとのきて(23)　短き物を
端截《はしき》る(24)と　云へるが如く　楚取《しもと》(25)る　里長《さとおさ》が声は　寝屋戸《ねやど》
まで　来《き》立ち呼ばひぬ　斯《か》くばかり　術《すべ》無きものか
世間《よのなか》の道

世間を憂《う》しとやさしと思へども(26)飛び立ちかねつ鳥にしあらねば

(1)堅塩 粗製の塩。(2)取りつづしろひ 少しずつ食う。(3)鼻びしびしに 鼻汁をすする形容。(4)しかとあらぬ それというほどではない。(5)おきて さしおいて。(6)麻衾 麻の寝具。衾は身体にかける寝具。(7)布肩衣 布(麻)の袖無し。(8)有りのことごと 有る物ことごとく。(9)服襲へども 重ね着をするけれども。(10)吟び 力のない声を出して。(11)汝が世は渡る ここまでが問い。以下が答え。(12)わくらばに たまたま。(13)人とはあるを 人として生まれたのに。(14)作る 耕作する。(15)海松 海藻の一種。(16)わわけさがれる やぶれてぶらさがった。(17)襤褸 ぼろ。(18)伏廬 つぶれたような家。(19)曲廬 曲がって倒れかけた家。(20)火気 湯気。(21)甑 米をふかす器。(22)呻吟ひ 細々と力のない声を出して。(23)いとのきて 特別に。(24)短き物を端截る 諺で悪い上に悪いことが重なる意味。(25)楚 細い枝の笞。(26)憂しとやさしと思へども つらいと思い身がやせるような気持ちがすると思うけれども。

【解説】 山上《やまのうえの》憶良《おくら》は、現実を直視し、人生の価値を積極的に問おうとする歌人とされ、農民の困窮と農村の疲弊に対して、貧窮者の苦悩を問答形式で表現した貧窮問答歌は憶良の代表作とされている。ただし、憶良の歌には中国の詩が前提とされており、貧窮問答歌をそのまま日本の古代社会の実態とすることはできないともされる。

## (2) 村の祭祀と首長

### 264〔常陸国風土記〕行方郡条

古老《ノ》曰《ハク》、石村玉穂《いわれたまほノ》宮《ニ》大八洲《おおやしま》所馭《しろしめす》(継体)天皇《ノ》之世、有《リテ》レ人、箭括《やはずの》氏麻多智《うじまたち》(1)、截《きりはらヒ》二自《リ》レ郡(2)西《ノ》谷《ノ》之葦原《あしはらヲ》一、墾闢《シ》新《ニ》治《ル》レ田《ヲ》。此《ノ》時、夜刀《やと》神《ノ》(3)相群《レ》引率《ひきいテ》、悉尽《ことごとニ》到《リ》来《テ》、左右《ニ》防障(4)《シテ》勿《シ》レ令《ムルコト》二耕佃《たつからヲ》一。俗云、「謂レ蛇為二夜刀神一。其形蛇身頭角。率引免レ難時、有二見人一者、破二滅家門一、子孫不レ継」。凡此郡側郊原、甚多所レ住之。於《テ》レ是《ニ》、麻多智、大《ニ》起《シ》二怒情《ヲ》一、着《つ》二被《ケテ》甲鎧《ヲ》一之、自身執《リ》レ仗《ヲ》、打《チ》殺《シ》駆逐《ス》。乃《テ》至《リ》二山口(5)《ニ》一、標《ノ》梲《つえヲ》置《たテ》二堺《ノ》堀《ニ》一、告《ゲテ》二夜刀《ノ》神《ニ》一云《ハク》、「自《リ》レ此以上《ハ》、聴《サム》レ為《スコトヲ》二神《ノ》地《ト》一。自《リ》レ此以下《ハ》、須《シ》レ作《なス》二人《ノ》田《ト》一。自《リ》レ今以後、吾為《リテ》二神《ノ》祝《はふりト》一、(6)永代《とこしえニ》敬《ヒ》祭《ラム》。冀《ハクハ》勿《カレ》レ祟《ルコト》 勿《カレ》レ恨《ムコト》」《トイフ》。設《ケテ》レ社《ヲ》初《メテ》祭《リキ》者。即《チ》還《リテ》、発《おこス》二耕田《つくだ》一十町余《ヲ》一。麻多智《ノ》子孫、相承《ケテ》致《シ》レ祭《ヲ》、至《ルマデ》レ今《ニ》不レ絶《へ》。其《ノ》後、至《リ》二難波《なには》長柄《ながら》豊前《とのさきノ》大宮《ニ》臨軒《あめのしたしろシメス》(孝徳)天皇《ノ》之世《ニ》一、壬生《みぶ》連麿(7)、初《メテ》占《メテ》二其《ノ》谷《ヲ》一、令《しメキ》レ築《カ》二池堤《ヲ》一。時《ニ》夜刀《ノ》神、昇《リ》二集《マリ》池辺之椎《ノ》株《ニ》一、経《レドモ》レ時《ヲ》不レ去《ラ》。於《テ》レ是《ニ》、麿、挙《ゲテ》レ声《ヲ》大《ニ》言《ハク》、「令《ムルハ》レ修《メ》二此《ノ》池《ヲ》一、要《ハ》在《リ》レ活《いカスニ》レ民《ヲ》。何《ノ》神《あまつかみ》誰《ノ》祇《くにつかみ》、不《ルヤ》レ従《ハ》二風化(8)《ニ》一」《トイフ》。即《チ》令《おほセテ》二役民(9)《ニ》一云《ハク》、「目《ニ》見《ル》雑物、魚虫《ノ》之類、無《ク》レ所《ル》二憚《リ》懼《ル》一、随尽《ことごとニ》打《チ》殺《セトマウス》」。言《ヒ》了《ハルその》応時、神蛇避《ケ》隠《リキ》。所《ノ》レ謂《フ》其《ノ》池、今号《なづク》二椎井《しいい》池《ト》一。池《ノ》回《リニ》椎《ノ》株《アリテ》、清泉所レ出《ズル》、取《リテ》レ井《ヲ》名《ツク》レ池《ニ》。即《チ》、向《フ》二香島《かしまニ》一陸《ノ》之駅道也(10)《ナリ》。

(1)箭括氏麻多智　他に見えず。氏とあって、カバネをもたない、豪族より下位の階層。(2)郡　郡家。(3)夜刀神　谷《やと》の神。蛇を指す。(4)防障　人が入って来るのをさえぎり妨げる。(5)山口　山の登り口。(6)神祝　神を祭る祭祀者。(7)壬生連麿　茨城国造小乙下。癸丑年(白雉四年、六五三)に、那珂国造大建壬生直夫子等とともに、行方郡(当時は行方評)を建郡したとある。(8)風化　天皇の徳に従う。皇化、教化。(9)役民　堤をつくる課役に従う人民。(10)向香島陸之駅道　陸路で鹿島郡に至る駅路が通る。

【解説】　箭括氏麻多智のように、カバネをもたず、すなわちヤマト王権と直接に結合関係をもたない階層が、田地の開発をめぐって在地神の祭祀者となり、律令制下まで継承されているとする。また、その上位の国造クラスの在地首長層が七世紀半に中央の王権を背景に開発を通じて在地神を圧倒するという二重の構造をもつ、『常陸国風土記』に記された伝承は、風土記の編纂された律令制下の在地社会を考える上で貴重な史料である。

## 265〔令集解〕儀制令春時祭田条古記

古記《こき》(1)云、春時祭田之日、(2)謂《いふこころは》　国郡郷里毎村在社神。人夫集聚《あつまりテ》祭。若放《ならフカ》祈年祭(3)歟也。行郷飲酒礼(4)、謂令其郷家備設(5)也。一《あるひと》(6)云、毎村私置社官(7)。名称社首(8)。村内之人、縁公私事往来他国、令輸神幣(9)。或毎家量状取斂稲、出挙《すいこ》(10)取利、預《あらかジメ》造設酒。祭田之日。設備飲食幷人別設食。男女悉集、告国家法令知訖。即以歯(11)居坐、以子弟等充膳部(12)、供給飲食。春秋二時祭也。此称尊長養老之道也。

(1)古記　大宝令の注釈書。七三八年(天平十)ごろの成立とされる。(2)春時祭田之日　大宝令の条文の一部。中国の尊長・養老を目的とする祭にならい、それを春の田祭の日におこなうとした。(3)祈年祭　二月に宮中でおこなわれる豊穣祈願の予祝の祭り。(4)行郷飲酒礼　大宝令の条文の一部。郷飲酒は、礼記に規定があり、郷学の優等者を君に推薦する時に、郷大夫が開く送別の宴をいう。ここでは村毎に老者を集め、酒を飲み交わす儀礼。(5)備設　準備する。(6)一云　古記が引用する大宝令の注釈書。(7)社官　祭祀者。(8)社首《やしろのおびと》　他には見えない。古代の一般的な祭祀者は祝《はふり》。(9)神幣　神への捧げ物。(10)出挙　利子付きの貸与。(11)歯《よわい》　年齢。(12)膳部《かしわで》　給仕役。

【解説】　『令集解』所引古記が引用する一云によれば、村ごとに神社があり、社首という祭祀者がいて、村人が村外に往来するときに幣を出させたり、稲を徴収して、出挙して利子を取り、祭りの飲食を準備した。春と秋の祭りの日には、国家の法が告げられ、村人の共同の飲食が行われたとある。律令の規定と異なる一云の記述には、現実の古代の村落の姿が反映されているものと考えられる。

### (3)　村落と貸借関係

## 266〔日本霊異記〕下巻　第二十六縁　強非理以徴債取多倍而現得悪死報縁

強非理以徴《はたり》債取多倍(1)而現得悪死報《むくい》縁　第廿六

田中真人広虫女者《ひろむしめは》、讃岐国美貴《みき》(2)郡大領外従六位上小屋《おやの》県主《あがたぬし》宮手之妻也。産《うみ》生《なし》八子、富貴宝多、有《たもてり》馬牛、奴婢、稲銭、田畠等。天年《ひととなり》(3)無道心(4)、慳貪《けんどん》無給与(5)。酒加水多、沽取多直《あたい》。貸日与小升、償日受大升。出挙《すいこ》時用小斤《はかり》、償収大斤。息利強徴《はたる》、大甚。非理或十倍徴、或百倍徴。債人渋取、不為甘心。多人方《まさ》愁、棄家逃亡、跉跰《さすら》他国、無逾《すぎ》此甚。広虫女、以宝亀七年六月一日、臥病床而歴数《あまた》日。故、至七月廿日、呼集其夫並八男子、語夢見状而言、「閻魔王闕《みかど》所召《め》而示三種之夢(罪)。一者三宝物多用不報之罪、二者沽酒加多水取多直之罪、三者斗升(6)斤両種用之与他時用七目、乞徴時用十二目而収。依此罪召汝、応得現報今示汝耳」。伝語夢状、即日死亡。（中略）於是、望《のぞき》棺而見、甚臭無比《たぐい》。自腰上方、既成牛、額生角、長四寸許《ばかり》。二手作《なり》牛足、爪皴《さけ》似牛足甲。自要(腰)下方、成人形。（中略）是以定知、非理現報、無義悪報矣。現報猶然。況亦誘(後)(7)報乎。如経(8)説、「債《はた》物不償《つぐな》、作馬牛償」云々。負人如奴、物主如君。負人如雉、物主如鷹。唯雖負物而徴《はた》非分、返作馬牛、更役《つか》償人故、莫過徴通(迫)也。

（1）多倍　高利。（2）讃岐国美貴郡　三木郡。現在の香川県木田郡。（3）天年　生まれつき。（4）道心　信仰心。（5）給与　人に物を与える。（6）斗升　一斗入る升。（7）後報　来世の報。（8）経　成実論か。

【解説】　九世紀の前半に成立した仏教説話集である『日本霊異記《にほんりょういき》』には、借財を返済せずに死んで牛馬になって償う話やこの説話のように過分に取り立てたり、不正をおこなうことによって同じく死後牛馬となる話が登場する。古代の村落のなかにこうした貸借関係が存在していたことを前提とするものであろう。

# 第六節　「東夷の大国」

## 1　遣唐使

**267〔冊府元亀〕外臣部・朝貢四**

**開元二十一年（七三三）八月条**

日本国朝賀使真人広成与㆓傔従五百九十㆒舟行ス。遇ヒテ㆓風飄ニ㆒至ル㆓蘇州(1)ニ㆒。刺使銭惟正以テ聞ス。詔シテ㆓通書舎人韋景先ニ㆒往キテ㆓蘇州ニ㆒宣慰セシム焉。

**開元二十二年（七三四）四月条**

日本国遣使来朝シテ、献ズ㆓美濃絁二百匹、水織絁二百匹ヲ㆒。

(1)蘇州　中華人民共和国江蘇省呉県。

【解説】『冊府元亀』は、北宋の王欽若等が勅によって撰した類書。一〇一三年（大中祥符六）なる。五代に至る君臣の政治に関する事跡を、帝王部から外臣部までに分け、年代順位に配列する。

**268〔続日本紀〕**

**天平四年（七三二）八月丁亥（十七日）条**

以テ㆓従四位上多治比《たじひ》真人広成ヲ㆒為シ㆓遣唐大使ト㆒、従五位下中臣朝臣名代《なしろ》ヲ為ス㆓副使ト㆒。判官《はんがん》四人。録事《ろくじ》四人。

**天平五年（七三三）閏三月癸巳（二十六日）条**

遣唐大使多治比真人広成辞見ス。授ク㆓節刀(1)ヲ㆒。

**天平五年四月己亥（三日）条**

遣唐ノ四船自リ㆓難波ノ津㆒進発ス。

**天平六年（七三四）十一月丁丑（二十日）条**

入唐大使従四位上多治比真人広成等来㆓着ス多褹嶋《たねのしま》ニ㆒。

**天平七年（七三五）三月丙寅（十日）条**

入唐大使従四位上多治比真人広成等自リ㆓唐国㆒至リテ進《たてまつ》ル㆓節刀ヲ㆒。

**天平七年四月辛亥（二十六日）条**

入唐留学生(2)従八位下下道《しもつみち》朝臣真備《まきび》献ズ㆓唐礼(3)一百卅巻、太衍《たいえん》暦《れき》経(4)一巻、太衍暦立成《りゅうせい》十二巻、測影鉄尺(5)一枚、銅律管(6)一部、鉄如方響写律管声(7)十二条、楽書要録(8)十巻、絃纏漆角弓(9)一張、馬上飲水漆角弓(10)一張、露面漆四節角弓(11)一張、射甲箭(12)

廿隻、平射箭(13)十隻ヲ一。

**天平七年五月庚申(五日)条**

天皇御シテ二北松林ニ一覧タマフ二騎射《うまゆみ》ヲ一。入唐ノ廻使及ビ唐人奏シ二唐国・新羅ノ楽ヲ一挊《もてあそ》ブレ槍《ほこ》ヲ。五位已上ニ賜フコトレ禄ヲ有リレ差《しな》。

**天平七年五月壬戌(七日)条**

入唐使献ズ二請益《しょうやく》(14)秦《はた》大麻呂ノ問答六巻ヲ一。

**天平八年(七三六)八月庚午(二十三日)条**

入唐ノ副使従五位上中臣朝臣名代等率キテ二唐人三人、波斯(15)一人ヲ一拝スレ朝ヲ。

**天平十一年(七三九)十月丙戌(二十七日)条**

**表2-3 遣唐使表**

| 任命・出発 | 使者 | 主な随行者等 | 帰国 | 主な随伴者 |
|---|---|---|---|---|
| ・舒明 二(六三〇)・八発 | 犬上御田鍬<br>薬師恵日 | | 舒明 四(六三二)・八 | 唐使高表仁・僧旻 |
| ・白雉 四(六五三)・五発 | 大使・吉士長丹<br>副使・吉士駒 } 一船<br>大使・高田根麻呂<br>副使・掃守小麻呂 } 一船 | 道昭・定慧 | 白雉 五(六五四)・七 | |
| ・白雉 五(六五四)・二 | 押使・高向玄理<br>大使・河辺麻呂<br>副使・薬師恵日 | | 斉明 元(六五五)・八 | |
| ・斉明 五(六五九)・七発 | 大使・坂合部石布<br>副使・津守吉祥 | 伊吉博徳 | 斉明 七(六六一)・五 | |
| ・天智 四(六六五) | 守大石等 | | 天智 六(六六七)・一一 | |
| ・天智 八(六六九) | 河内鯨 | | | |
| ・大宝 元(七〇一)・正任<br>二(七〇二)・六発 | 執節使・粟田真人<br>大使・高橋笠間<br>副使・坂合部大分 | 道慈 | 慶雲 元(七〇四)・七<br>四(七〇七)・三 | |
| ・霊亀 二(七一六)・八任 | 押使・多治比県守 | 吉備真備・大倭小東人・阿倍仲麻呂・玄昉 | 養老 二(七一八)・一〇 | 大倭小東人・道慈 |

| | | | | |
|---|---|---|---|---|
| ・養老　元(七一七)・三発 | 大使・阿倍安麻呂<br>大使・大伴山守<br>副使・藤原馬養 | | | |
| ・天平　四(七三二)・八任<br>五(七三三)・四発 | 大使・多治比広成<br>副使・中臣名代 | 栄叡・普照 | 天平　六(七三四)・一一<br>八(七三六)・八 | 吉備真備・玄昉・菩提 |
| ・天平勝宝二(七五〇)・九任<br>四(七五二)・閏三発 | 大使・藤原清河<br>副使・大伴古麻呂<br>副使・吉備真備 | 藤原刷雄 | 天平勝宝六(七五四)・正<br>五(七五三)・一二 | 鑑真・法進・思託・普照 |
| ・天平宝字三(七五九)・正任<br>二発 | 迎入唐大使使・高元度 | | 天平宝字五(七六一)・八 | 唐使沈惟岳 |
| ・天平宝字五(七六一)・一〇任<br>派遣中止 | 大使・仲石伴<br>副使・石上宅嗣<br>副使・藤原田麻呂 | | | |
| ・天平宝字六(七六二)・四任<br>派遣中止 | 送唐客使・中臣鷹主<br>副使・高麗広山 | | | |
| ・宝亀　六(七七五)・六任<br>八(七七七)・五発 | 大使・佐伯今毛人<br>副使・大伴益立<br>副使・藤原鷹取<br>副使・小野石根<br>副使・大神末足 | | 宝亀　九(七七八)・一〇 | 唐使孫興進 |
| ・宝亀　九(七七八)・一二任<br>一〇(七七九)・五発 | 送唐客使・布勢清直 | 唐使孫興進 | 天応　元(七八一)・六 | |
| ・延暦　二〇(八〇一)・八任<br>二三(八〇四)・三発 | 大使・藤原葛野麻呂<br>副使・石川道益 | 橘逸勢・最澄<br>空海 | 延暦　二四(八〇五)・六<br>大同　元(八〇六)・一〇 | 橘逸勢・最澄<br>空海 |
| ・承和　元(八三四)・正任<br>五(八三八)・七発 | 大使・藤原常嗣<br>副使・小野篁 | 円仁 | 承和　六(八三九)・八<br>七(八四〇)・四 | |
| ・寛平　六(八九四)・八任<br>派遣中止 | 大使・菅原道真<br>副使・紀長谷雄 | | | |

入唐使判官外従五位下平群《へぐり》朝臣広成幷渤海客等入京《みやこ》。

**天平十一年十一月辛卯(三日)条**

平群朝臣広成拝朝。初広成、天平五年随大使多治比真人広成入唐、六年十月事畢却帰、四船同発従蘇州入海。悪風忽起、彼此相失。広成之船一百一十五人、漂着崑崙《こんろん》国[16]。有賊兵来囲、遂被拘執。船人或被殺或迸散。自余九十余人着《つか》瘴[17]死亡。広成等四人僅免死得見《まみ》崑崙王。仍給升粮安置悪処。至七年、有唐国欽州[18]熟崑崙到彼。便《すなわ》被偸《ひそか》載出来既帰唐国。逢本朝学生阿倍中満[19]、便奏将《もち》入朝、請取渤海路帰朝。天子許之、給船粮発遣。十年三月、従登州[20]入海。五月到渤海界。適遇《たまたま》其王大欽茂差《つかわ》使欲聘我朝。即時同発、及渡海、渤海一船遇浪傾覆。大使胥要徳《しょようとく》等卅人没死。広成等率遺衆、到着出羽《でわ》国。

(1)節刀　天皇が全権を委ねる印の刀。(2)入唐留学生　遣唐使に従う留学生。下道朝臣真備は霊亀二年に入唐、多治比広成等と共に帰国。(3)唐礼　唐の国家的な儀典の次第を中心に、官人の冠・婚・喪などを記す。唐礼には貞観・永徽・開元の三種あるが、巻数からして永徽礼か。(4)太衍暦　七二七年(開元十七)から七六三年(広徳元)の三十五年間実用されたこの段階で唐の最新の暦。経は本体部分で、立成は太衍暦を実用するための準則・数表・暦計算など。(5)測影鉄尺　日影測定用の尺。(6)銅律管　音階調律用の管。(7)鉄如方響写律管声　鉄の小板を架に吊り下げた方響(方磬)という楽器のような音階調律器。(8)楽書要録　音楽理論書。(9)絃纏漆角弓《つるまきうるしぬりのつのゆみ》　つるを巻いた上に漆を塗った角で弓筈をつくった弓。(10)馬上飲水漆角弓　馬上飲水の絵の描かれた漆塗りの角弓か。(11)露面漆四節角弓　四カ所の節を漆塗りにし残りは生地そのままの角弓か。(12)射甲箭　甲を貫く鋭い矢。(13)平射箭　遊技用の矢か。(14)請益　短期間入唐して理解不十分な点について教えを請うこと、およびその人。入唐請益生。秦大麻呂がその成果を問答六巻にして献上した。(15)波斯　『唐書』西域伝に「波斯居達遏水西」とあり、波斯はペルシア、現在のイラン。(16)崑崙国　『旧唐書』南蛮伝に「自林邑以南、皆巻髪黒身、通号為崑崙」とあり、林邑《りんゆう》(インドシナ半島メコン川流域)以南。(17)瘴　熱病。(18)欽州　中華人民共和国広西壮族自治区欽州県。(19)阿倍中満　阿倍仲麻呂。七一七年(養老元)遣唐使に従い留学したが、暴風によって帰国できず、唐朝に仕えた。(20)登州　山東半島。

**269〔文苑英華〕翰林制詔・蕃書四　勅日本国王書**

勅日本国王主明楽美御徳《すめらみこと》、彼礼儀之国、神霊所扶、滄溟往来、未嘗為患。不知去歳何負幽明。丹墀《たじひ》真人広成[1]等、入朝東帰、初出江口、雲霧斗《たちまち》暗、所向迷方。俄遭悪風、諸船漂蕩。其後一船在越州界[2]。即真人広成、尋《つ》已発帰、計当[3]至国。一船漂入南海。即朝臣名代[4]、艱虞備至、性命僅存。名代未発之間、又得広州表奏、朝臣広成[5]等、漂至林邑国[6]。既在異域、言語不通。並被劫掠、或殺或売。言念災患、所不忍聞。然則林邑諸国《ハ》、比常《つねひごろ》朝貢《ス》。朕已勅《シテ》二安南都護《(7)ニ》一、令《メテ》二宣勅告示《セ》一、見在《ノ》者令《メ》二其送来《セ》一、待《チテ》二至《ルノ》之日《ヲ》一、当《シ》二存撫《シテ》発遣《ス》一。又一船不《ハ》レ知《ラ》二所在《ヲ》一。永《ク》用《もつて》疢《きう》懐《セム》。或《ハ》已《ニ》達《シ》二彼蕃《ニ》一、有《ラバ》二来人《ニ》一可《シ》二具奏《ス》一。此等《ノ》災変、良《ニ》不レ可《カラ》レ測《ル》。卿等《ノ》忠信《ナルコト》則爾《チしかルモ》、何《ゾ》負《ヒテ》二神明《ニ》一、而使《ムルヤ》三彼《ノ》行人《ヲシテつらナラ》羅二其凶害《ニ》一。想《フニ》卿等聞《カバ》レ此《ヲ》、当《ニ》用《テ》驚嗟《セム》。然《レドモ》天壌《ハ》悠悠《トシテ》、各有《ル》レ命也。中冬甚《ダ》冷《シ》。卿及首領・百姓、並《ビニ》平安《ニシテ》好《カレ》。今朝臣名代還《ルニ》、一一令《ム》二口具《セ》一。遣書《ノ》指《ストコロ》、不二多《クハ》及《バ》一。

(1)真人広成　多治比真人広成。(2)越州　中華人民共和国浙江省紹興県。(3)計当　計略がうまくいく。(4)朝臣名代　中臣朝臣名代。(5)朝臣広成　平群朝臣広成。(6)林邑国　インドシナ半島メコン川流域。(7)安南都護　唐初の交州都護を改めたもので、ベトナム北部トンキンにおかれた。

【解説】　古代の外交関係は、中国を中心とした国際関係の中に包摂されて存在する。秦漢以来の中国皇帝は、周辺諸国・諸民族の国王・首長を冊立し、冊封関係のなかに組み入れた。唐に対して、日本は、冊封をうけないまま遣唐使を派遣した。遣唐使の派遣には、判官平群広成の例をあげるまでもなく、多くの困難があった。それにもかかわらず遣唐使を派遣した一つの理由は、唐の進んだ文物・制度を導入することにあった。もう一つは、唐を中心とした外交関係に参加することであった。日本の律令国家は、唐を模倣し、諸蕃(新羅・渤海)や夷狄(南島・隼人・蝦夷)の朝貢を受ける「東夷の大国」として振る舞った。しかし、そうした、外交関係も唐を中心とした国際関係の中にあった。日本の律令国家は唐の冊封をうけていなかったが、唐にとっては「外臣」であって、遣唐使は朝貢使以外のものではなく、史料の唐皇帝の日本国王への外交文書が勅の形式をとっているように、唐は日本を臣下として扱った。日本の律令国家の「大国」は当初から矛盾を抱えたものであった。『文苑英華』は、中国・宋の李昉等が勅によって撰した総書。北宋・太宗の九八六年(雍熙三)になる。梁の昭明太子の『文選』を継承し、南朝梁以後、五代に至る諸家の詩賦・文章を収録。

## 2　新　羅

**270**〔**続日本紀**〕

**天平七年**(**七三五**)**二月癸卯**(**十七日**)**条**

新羅《ノ》使金相貞等入《ル》レ京《ニ》。

**天平七年二月癸丑**(**二十七日**)**条**

遣《シテ》二中納言正三位多治比真人県守《あがたもりヲ》於兵部《ノ》曹司《(1)ニ》一、問《ハシム》二新羅《ノ》使入朝《ノ》之旨《ヲ》一。而新羅国《ノ》輙《たやすク》改《メテ》二本号《ヲ》一曰《フ》二王城国《(2)ト》一。因《テ》レ茲《これニ》返二却《スノヲ》其使《ヲ》一。

**天平八年**(**七三六**)**二月戊寅**(**二十八日**)**条**

以《テ》二従五位下安倍朝臣継麻呂《つぎまろヲ》一、為《ス》二遣新羅《ノ》大使《ト》一。

**天平九年**(**七三七**)**正月辛丑**(**二十六日**)**条**

**表2-4　新羅使表　天武朝以降**

| 来着 | 使者 | 目的・対応等 |
|---|---|---|
| 天武　元(六七二)・一一 | 金押実 | 天武の賀騰極使 |
| 天武　二(六七三)・閏六 | 金承元 | 天智の弔喪使 |
| | 金薩儒 | |
| 天武　四(六七五)・二 | 王子忠元 | 進調 |
| 　　　　三 | 朴勤修 | 進調 |
| 天武　五(六七六)・一一 | 金清平 | 請政 |
| | 金好儒 | 進調 |
| 天武　七(六七八) | 金消勿 | 進調。途中遭難、送使のみ来着 |
| 天武　八(六七九)・一〇 | 金項那 | 貢調 |
| 天武　九(六八〇)・一一 | 金若弼 | 進調 |
| 天武　一〇(六八一)・一〇 | 金忠平 | 貢調 |
| 天武　一二(六八三)・一一 | 金主山 | 進調 |
| 天武　一三(六八四)・一二 | 金物儒 | 入唐留学生、百済の役での唐の捕虜を送る |
| 天武　一四(六八五)・一一 | 金智祥 | 請政・進調 |
| 持統　元(六八七)・九 | 王子金霜林 | 請政・献調賦 |
| 持統　三(六八九)・四 | 金道那 | 天武の弔喪使。学問僧明聡等を送る |
| 持統　四(六九〇)・九 | 金高訓 | 入唐学問僧・捕虜等を送る |
| 持統　六(六九二)・一一 | 朴億徳 | 進調 |
| 持統　七(六九三)・二 | 金江南 | 神文王の喪を告げる使 |
| 持統　九(六九五)・三 | 王子金良琳 | 請政・進調・献物 |
| 文武　元(六九七)・一〇 | 金弼徳 | 貢調 |
| 文武　四(七〇〇)・一一 | 金所毛 | 新羅王母の喪を告げる使 |
| 大宝　三(七〇三)・正 | 金福護 | 新羅国王(孝昭王)の喪を告げる使 |
| 慶雲　二(七〇五)・一〇 | 金儒吉 | 貢調 |
| 和銅　二(七〇九)・三 | 金信福 | 貢方物 |
| 和銅　七(七一四)・一一 | 金元静 | 朝貢 |

遣新羅使《ノ》大判官《だいはんがん》従六位上壬生使主宇太麻呂《みぶのおみうだまろ》、少判官正七位上大蔵忌寸《おおくらのいみき》麻呂等入《ル》レ京《ニ》。大使従五位下安倍朝臣継麻呂泊《テ》二津嶋[3]《ニ》一卒《しゅっス》。副使従六位下大伴宿禰三中染《そみテ》レ病《ニ》不レ得二入京《スルコトヲ》一。

**天平九年二月己未(十五日)条**

遣新羅使奏[4]《スラク》、「新羅国《ノ》失《シテ》二常礼《ヲ》一、不レ受《ケ》二使《ノ》旨《ヲ》一」《トマウス》。於《テ》レ是《ニ》、召《シテ》二五位已上并《セテ》六位已下《ノ》官人惣卌五人《ヲ》于内裏《ニ》一、令《ム》レ陳《ベ》二意見《ヲ》一。

**天平九年二月丙寅(二十二日)条**

諸司奏《まうス》二意見《ノ》表《ヲ》一。或言《ハク》、「遣《シテ》レ使《ヲ》問《ハシム》二其《ノ》由《ヲ》一」《トマウシ》、或、「発《おこシテ》レ兵《ヲ》加《ヘム》二征伐《ヲ》一」《トマウス》。

**天平勝宝六年(七五四)正月丙寅(三十日)条**

副使[5]大伴宿禰古麻呂自《リ》二唐国一至《リヌ》。古麻呂奏曰《シテいハク》、「大唐《ノ》天宝十二載(七五三)、歳在《ル》二癸巳《ニ》一正月朔癸卯、百官諸蕃[6]朝賀《ス》。天子(玄宗皇帝)於《テ》二蓬莱宮含元殿[7]《ニ》一受《ク》レ朝《ヲ》。是日《ノ》、以《テ》レ我《ヲ》次《つギ》二西畔第二吐蕃[8]《ノ》下《ニ》一、以《テ》二新羅使《ヲ》一次《グ》二東畔第一大食国[9]《ノ》上《ニ》一。古麻呂論曰《ジテいハク》、「自《リ》レ古至《ルマデ》レ今《ニ》、新羅《ノ》之朝貢《スルコト》二大日本国《ニ》一久《シ》矣。而《ルニ》今、列《シ》二東畔《ノ》上《ニ》一、我反《かえリテ》在《リ》二其《ノ》下《ニ》一。義不レ合《カラ》レ得」《トイフ》。時《ニ》

| | | |
|---|---|---|
| 養老　三(七一九)・五 | 金長言 | 貢調 |
| 養老　五(七二一)・一二 | 大使金乾安 | 貢調。元明太上天皇崩により筑紫より放還 |
| 養老　七(七二三)・八 | 金貞宿 | 貢調 |
| 神亀　三(七二六)・五 | 金造近 | 貢調 |
| 天平　四(七三二)・正 | 金長孫 | 貢調。来朝の期限を三年に一度とする |
| 天平　六(七三四)・一二 | 金相貞 | 貢調。国号を王城国と改めたため却還 |
| 天平　一〇(七三八)・正 | 金想純 | 大宰府より放還 |
| 天平　一四(七四二)・二 | 金欽英 | 恭仁京の宮室未完成のため大宰府より放還 |
| 天平　一五(七四三)・三 | 金序貞 | 調を土毛と称し、常礼を失したため大宰府より放還 |
| 天平勝宝四(七五二)・閏三 | 王子金泰廉<br>大使金暄 | 貢調。王子の入朝を嘉するが、今後国王の入朝を求め、代理の場合は必ず表文を持参することを要求 |
| 天平宝字四(七六〇)・九 | 金貞巻 | 朝貢。約束に反し、使人が軽微であるとして放還 |
| 天平宝字七(七六三)・二 | 金体信 | 朝貢。今後、王子または執政大夫の入朝を要求して追却 |
| 天平宝字八(七六四)・七 | 金才伯 | 日本僧戒融の着不を問う。日本の軍備強化の虚実を尋ねる |
| 神護景雲三(七六九)・一一 | 金初正 | 調を土毛と称したが、在唐大使藤原清河等の書をもたらしたことによって、大宰府で饗し、追還 |
| 宝亀　五(七七四)・三 | 金三玄 | 在唐大使藤原清河の書をもたらしたが、貢調を国信と称したことによって、大宰府より放還 |
| 宝亀　一〇(七七九)・七 | 金蘭孫 | 貢調・賀正 |
| 延暦　二二(八〇三)・七 | 〈未詳〉 | 『三国史記』に記事 |
| 承和　七(八四〇)・一二 | 〈未詳〉 | 新羅の臣張高宝の使で王の使者でないことによって追却 |

将軍呉懐実見二知《シテ》古麻呂《ガ》不レ肯《かへニセム》色《ヲ》一、即《チ》引《キテ》二新羅使《ノヲ》一、次《ギ》二西畔第二吐蕃下《ノニ》一、以《テ》二日本使《ノヲ》一次《グ》二東畔第一大食国上《ノニ》一」《トイフ》。

**天平宝字三年(七五九)六月壬子(十八日)条**

令《ム》三大宰府《ヲシテ》造《ラ》二行軍式《ノヲ》一。以《テ》レ将《ルヲ》レ伐《タムト》二新羅《ヲ》一也。

**天平宝字三年八月己亥(六日)条**

遣《シテ》二大宰帥《そち》三品船親王《ヲ》於香椎廟《かしいノニ》一、(10)奏《セシム》下応《キ》レ伐《ツ》二新羅《ヲ》一之状《ヲ》上。

**天平宝字三年九月壬午(十九日)条**

造《ラシム》二船五百艘《ヲ》一。北陸道諸国《ノニハ》八十九艘、山陰道諸国《ノニハ》一百冊五艘、山陽道諸国《ノニハ》一百六十一艘、南海道諸国《ノニハ》一百五艘。並《ニ》逐《テ》二閑月《ヲ》一営造《シ》、三年《ノ》之内《ニ》成《サシム》レ功《ヲ》。為《ナリ》レ征《セムガ》二新羅《ヲ》一也。

(1)兵部曹司　兵部省の執務を執る官衙。(2)王城国　『三国史記』、『東国通鑑』には国号を変更したことはみえず、この国号は中国・朝鮮の史料にはみえない。(3)津嶋　対馬島。(4)遣新羅使　正月二十六日に入京した大判官等。(5)副使　遣唐副使。(6)百官諸蕃　唐の官人および唐に朝貢する使。(7)蓬萊宮含元殿　唐の長安城の北東に作られた宮城が蓬萊宮。本来、大明宮、一時蓬萊宮と改称されたが、この時期には大明宮に復している。大明宮の正殿が含元殿。(8)吐蕃　チベット。(9)大食国　アッバース朝イスラム帝国か。(10)香椎廟　福岡市東区香椎にある仲哀天皇・神功皇后を祀る香椎宮。

**表2-5　遣新羅使　天武朝以降**

| 任命 | 使節 | 帰国 | 随伴者・目的等 |
|---|---|---|---|
| 天武　四(六七五)・七 | 大使大伴国麻呂 | 天武　五・二 | |
| 天武　五(六七六)・一〇 | 大使物部麻呂 | 天武　六・二 | |
| | 〈未詳〉 | 天武　八・九 | |
| 天武　一〇(六八一)・七 | 大使采女竹羅 | 天武一〇・九 | 学問僧観常 |
| 天武　一三(六八四)・四 | 大使高向麻呂 | 天武一四・五 | |
| 持統　元(六八七)・正 | 田中法麻呂 | 持統　三・正 | 天武の喪を告げる |
| 持統　六(六九二)・一一任 | 息長老 | | |
| 持統　九(六九五)・七任 九発 | 小野毛野 | | |
| 文武　四(七〇〇)・五任 | 大使佐伯麻呂 | 文武　四・一〇 | |
| 大宝　三(七〇三)・九任 | 大使波多広足 | 慶雲　元・八 | |
| 慶雲　元(七〇四)・一〇任 | 大使幡文通 | 慶雲　二・五 | |
| 慶雲　三(七〇六)・八任 一一発 | 大使美努浄麻呂 | 慶雲　四・五 | 新羅王へ勅書 学問僧義法 |
| 和銅　五(七一二)・九任 一〇発 | 大使道首名 | 和銅　六・八 | |
| 養老　二(七一八)・三任 五発 | 大使小野馬養 | 養老　三・二 | |
| 養老　三(七一九)・閏七任 八発 | 白猪広成 | | |
| 養老　六(七二二)・五任発 | 津主治麻呂 | 養老　六・一二 | |
| 神亀　元(七二四)・八任 | 大使土師豊麻呂 | 神亀　二・五 | |
| 天平　四(七三二)・正任 | 角家主 | 天平　四・八 | |
| 天平　八(七三六)・二任 | 大使阿倍継麻呂 | 天平　九・正 | 新羅国常礼を失し使旨を受けずと報告 |
| 天平　一二(七四〇)・三任 四発 | 大使紀必登 | 天平一二・一〇 | |
| 天平　一四(七四二)・一〇 | 〈未詳〉 | | 『三国史記』に日本国使 |
| 天平勝宝四(七五二)・正任 | 山口人麻呂 | | |

【解説】　律令国家の時期における「大国」としての日本の外交においては、新羅を朝貢国とみなすことが、重要な位置を占めていた。遣唐使が、六六九年(天智八)から、白村江の敗北以降、七〇一年(大宝元)まで約三十年間空白であった期間にも、新羅との間では頻繁に相互の使が往来し、日本の律令国家の形成に大きな役割を果たした。新羅が朝貢国であることは、必須の要件であった。しかし、八世紀に入り天平年間になると、渤海と唐の対立を契機として東アジアの国際情勢は変化していった。渤海と唐の対立の中で、唐は新羅に命じて渤海を攻めさせ、一方渤海は日本に接近した。唐は新羅の朝鮮半島領有を承認し、新羅と唐の関係が安定すると、新羅は朝貢という形式を拒否し、新羅と日本は対立を深めていった。大伴古麻呂が、唐の元日朝賀の席次をめぐって新羅の使と争ったことは、その現れであった。さらに、恵《え》美押勝《みのおしかつ》政権下において、唐の安禄山の反乱という状況の中で、新羅征

| | | | |
|---|---|---|---|
| 天平勝宝五(七五三)・二任 | 大使小野田守 | | |
| 宝亀一〇(七七九)・二任 | 下道長人 | 宝亀一〇・七 | 遣唐判官海上三狩らを迎える使 |
| 延暦一八(七九九)・四任 | 大伴峰麻呂 | | 派遣中止 |
| 延暦二三(八〇四)・五 | 〈未詳〉 | | 『三国史記』に日本国使 |
| 延暦二三(八〇四)・九任 | 大伴岑万里 | | 遣唐使船の漂着の有無を問う |
| 大同元(八〇六)・三 | 〈未詳〉 | | 『三国史記』に日本国使 |
| 大同三(八〇八)・二 | 〈未詳〉 | | 『三国史記』に日本国使 |
| 承和三(八三六)・閏五任 | 紀三津 | 承和三・一〇 | 遣唐使船の漂着の有無を問う |
| 元慶二(八七八)・八 | 〈未詳〉 | | 『三国史記』に日本国使 |
| 元慶六(八八二)・四 | 〈未詳〉 | | 『三国史記』に日本国王使 |

討計画が企てられるにいたった。この計画も唐と渤海の関係修復の中で頓挫し、新羅との間の使者の往来も特に必要な場合を除いて行われないようになった。さらに新羅との交渉は政治的な性格から交易を中心とするものへと変化していった。

## 3　渤海

**271**〔続日本紀〕

**神亀四年(七二七)十二月丁亥(二十日)条**

渤海郡ノ王使高斉徳等八人入京ス。

**神亀四年十二月丙申(二十九日)条**

遣シテレ使ヲ賜フ二高斉徳等ニ衣服冠履ヲ(1)一。渤海郡ハ者、旧高麗《もとこま》(2)国也。淡海《おうみ》(天智)(六六八)朝廷七年冬十月、唐将李勣《りせき》伐テ滅ス二高麗ヲ一。其ノ後朝貢久シク絶ヘヌ矣。至リテレ是ニ、渤海郡王遣シテ二寧遠将軍(3)高仁義等廿四人ヲ一朝聘セシム。而ルニ着キテ二蝦夷ノ境ニ一、仁義以下十六人並ニ被レ二殺害セ一、首領(4)斉徳等八人僅ニ免レテレ死ヲ而来レリ。

**神亀五年(七二八)正月甲寅(十七日)条**

天皇御ス二中宮ニ一。高斉徳等上《たてまつ》ル二其ノ王ノ書并セテ方物ヲ一。其ノ詞ニ曰ハク、「武藝(5)啓(6)ス、山河異ニシテレ域ヲ、国土不レ同ジカラ。延《ほのか》ニ聴キテ二風猷《ふうゆう》ヲ一、但増ス二傾仰《けいぎょう》ヲ一。伏シテ惟ミルニ大王、天朝受ケレ命ヲ、日本開キレ基ヲ、奕葉《えきよう》重ネテレ光ヲ、本枝百世ナリ。武藝忝クモ当リテ二列国ニ一、濫リニ惣《すべ》ヘ二諸蕃ヲ一、復シテ二高麗之旧居ヲ一、有《たも》テリ二扶余(7)之遺俗ヲ一。但以シテ二天崖路阻タリ、海漢悠々タルヲ一、音耗未レ通《かよ》ハ、吉凶絶ツレ問フコトヲ。親仁結援ス。庶ハクハ叶ヒ二前経ニ一、通ハシテレ使聘ヲ、隣スルコトヲ始メムコトヲ二乎今日ヨリ一。謹ミテ遣シテ二寧遠将軍郎将高仁義、游将軍果毅都尉(8)徳周、別将(9)舎航等廿四人ヲ一、齎ラシレ状ヲ、并セテ附《さず》ケテ二貂《てん》ノ皮三百張ヲ一奉ルレ送リ。土宜雖モレ賤シト、用《もち》テ表サン二献芹ノ之誠ヲ一。皮幣非ズレ珍ニ。還テ慚ヅ二掩口ノ之誚《せめ》ヲ一。生理有リレ限、披胆未レ期セ。時ニ嗣ギテ二音徽《いんき》ヲ一、永ク敦クセム二隣好ヲ一」トイフ。於テレ是ニ、高斉徳等八人並ビニ授ケ二正六位上ヲ一、賜フ二当色ノ服ヲ一。仍テ宴ス二五位已上及ビ高斉徳等ニ一。賜フ二大射及ビ雅楽寮ノ之楽ヲ一。宴訖リテ賜フコトレ禄ヲ有リレ差。

表2-6　渤海使表

| 来着 | 使者 | 来着地 | 目的・随伴者・対応等 |
|---|---|---|---|
| 神亀　四（七二七）・九 | 首領高斉徳 | 出羽国 | 大使高仁義らは蝦夷によって殺害。入京し、国交を開くことを求める国王の啓・方物を献ずる |
| 天平　一一（七三九）・七 | 副使己珎蒙 | 出羽国 | 入唐使判官平群広成。大使ら海没 |
| 天平勝宝四（七五二）・九 | 使慕施蒙 | 佐渡島 | 貢信物。渤海王に臣としての上表を要求 |
| 天平宝字二（七五八）・九 | 大使揚承慶 | 越前国 | 遣渤海大使小野田守。上表して方物を貢ず |
| 天平宝字三（七五九）・一〇 | 大使高南申 | 対馬島 | 迎入唐大使判官内蔵全成 |
| 天平宝字六（七六二）・一〇 | 大使王新福 | 越前国 | 遣渤海副使伊吉益麻呂 |
| 宝亀　二（七七一）・六 | 大使壱万福 | 出羽国 | 王の表文が無礼であるとして、信物返却。万福表文を改修。帰路、遭難して能登国に漂着 |
| 宝亀　四（七七三）・六 | 大使烏須弗 | 能登国 | 壱万福らの消息を問う使。表函違例・無礼として、不受理。今後筑紫道よりの来朝を指示 |
| 宝亀　七（七七六）・一二 | 大使史都蒙 | 越前国 | 光仁天皇の即位を賀し、渤海王妃の喪を告げる |
| 宝亀　九（七七八）・九 | 使張仙寿 | 越前国 | 高麗殿嗣 |
| 宝亀一〇（七七九）・九 | 押領高洋粥 | 出羽国 | 鉄利人とともに来朝。進表無礼、筑紫道でないとして放還 |
| 延暦　五（七八六）・九 | 大使李元泰 | 出羽国 | |
| 延暦一四（七九五）・一一 | 使呂定琳 | 出羽国 | 上啓・方物を献じ、文王の喪を告げる使。王の啓が旧儀に違うことを責める |
| 延暦一七（七九八）・一二 | 使大昌泰 | | 上啓・方物を献じ、六年一貢の短縮を求める |
| 大同　四（八〇九）・一〇 | 使高南容 | | 上啓・方物を献ず |
| 弘仁　元（八一〇）・九 | 使高南容 | | 上啓・方物を献じ、嵯峨天皇の即位を賀す使 |
| 弘仁　五（八一四）・九 | 大使王孝廉 | 出雲国 | 上啓・方物を献ず。帰路、遭難越前国に漂着 |
| 弘仁　八（八一七） | 使慕感徳 | | 帰路遭難 |
| 弘仁一〇（八一九）・一一　または弘仁九 | 大使李承英 | | 上啓・方物を献ず |
| 弘仁一二（八二一）・一一 | 使王文矩 | | 上啓・方物を献ず |
| 弘仁一四（八二三）・一一 | 大使高貞泰 | 加賀国 | 信物・別貢物を献ず。凶作・疫病により、入京させず。来朝期限を一紀（一二年）一貢とする |
| 天長　二（八二五）・一二 | 大使高承祖 | 隠岐国 | 右大臣藤原緒嗣、来朝期限に反する「商旅」として入京停止を進言するが、容れられず |
| 天長　四（八二七）・一二 | 大使王文矩 | 但馬国 | 違期により、放還 |
| 承和　八（八四一）・一二 | 大使賀福延 | 長門国 | 上啓・信物を献ず |
| 嘉承　元（八四八）・一二 | 大使王文矩 | 能登国 | 上啓・信物を献ず |
| 貞観　元（八五九）・正 | 大使烏孝慎 | 能登国 | 上啓・信物を献ず。文徳天皇の喪により放還 |

**神亀五年二月壬午（十六日）条**

以《テ》二従六位下引田《ひけた》朝臣虫麻呂《ヲ》一、為《ス》二送渤海客使《ト》一。

**神亀五年四月壬午（十六日）条**

斉徳等八人、各賜《フコト》二綵帛綾綿一有《リ》レ差《しな》。仍《テ》賜《ヒテ》二其王《ノ》璽書《ヲ》(10)一曰《ハク》、「天皇敬《うやまヒテ》問《フ》二渤海郡王《ニ》一、省《みテ》レ啓《ヲ》具《ニ》知《リヌ》、恢二復《シテ》旧壌《ヲ》(11)一、聿《ここニ》修《ムルコトヲ》二曩好《さきノよしみヲ》一、朕以《テ》嘉《よみス》レ之《ヲ》。宜《シ》下佩《おビ》レ義《ヲ》懐《ヒ》レ仁《ヲ》、監二撫《シ》有境《ヲ》一、滄波雖《モ》レ隔《ツト》、不《ル》上断《タ》二往来《ヲ》一。便《チ》因《リテ》二首領高斉徳等《ノ》還次《ニ》一、付《さづク》二書并《セテ》信物綵帛《ノさいはく》一十疋、綾一十疋、絁廿疋、糸一百絇、綿二百屯《ヲ》一。仍《テ》差《シテ》二送使《ヲ》一発遣《シ》帰郷《セシム》。漸《やや》熱《シ》。想《フニ》平安《ニシテ》好《カラムトノタマフ》」。

(1)賜高斉徳等衣服冠履　衣服冠履を賜うことは、渤海使を日本の身分秩序に位置づけ、臣従させることを意味する。(2)高麗国　高句麗国。(3)寧遠将軍　唐制の正五品下の武散官。渤海の官制は多く唐制によっている。(4)首領　延喜式によれば、渤海使は大使、副使、判官、録事、訳語、史生、首領からな

| | | | |
|---|---|---|---|
| 貞観三(八六一)・正 | 大使李居正 | 隠岐国 | 違期・違例として放還 |
| 貞観一三(八七一)・一二 | 大使楊成規 | 加賀国 | 上啓・信物を献ず |
| 貞観一八(八七六)・一二 | 大使楊中遠 | 出雲国 | 王の啓・信物を献ず。一紀一貢の廃止を求めるが認めず、違期として放還 |
| 元慶六(八八二)・一一 | 大使裴頲 | 加賀国 | 上啓・信物を献ず |
| 寛平四(八九二)・正 | 〈未詳〉 | 出雲国 | 放還 |
| 寛平六(八九四)・一二 | 大使裴頲 | 伯耆国 | |
| 延喜八(九〇八)・正 | 大使裴璆 | 伯耆国 | 上啓・信物を献ず |
| 延喜一九(九一九)・一一 | 大使裴璆 | 若狭国 | 上啓・信物を献ず |
| 延喜二二(九二二)・九 | 〈未詳〉 | 越前国 | |

**表2-7 遣渤海使表**

| 任命・発遣 | 使者 | 帰国 | 目的・随伴者等 |
|---|---|---|---|
| 神亀五(七二八)・二任 六発 | 使引田虫麻呂 | 天平二・八 | 送渤海客使。渤海使首領高斉徳らを送る |
| 天平一二(七四〇)・正任 四発 | 大使大伴犬養 | 天平一二・一〇 | 遣渤海使。渤海副使己珎蒙らを送る |
| 天平宝字二(七五八)・二 | 大使小野田守 | 天平宝字二・九 | 遣渤海使。帰路渤海大使揚承慶 |
| 天平宝字四(七六〇)・二発 | 使陽侯玲璆 | 天平宝字四・一一 | 送高南申使。渤海大使高南申 |
| 天平宝字五(七六一)・一〇任 | 大使高麗大山 | 天平宝字六・一〇 | 遣高麗使。帰路渤海大使王新福 |
| 天平宝字六(七六二)・一一任 七(七六三)・二発 | 船師板振鎌束 | 天平宝字七・一〇 | 送高麗人使。渤海大使王新福。使多治比小耳は行かず |
| 宝亀三(七七二)・二発 | 使武生鳥守 | 宝亀四・一〇 | 送壱万福使。渤海大使壱万福 |
| 宝亀八(七七七)・五発 | 使高麗殿継 | 宝亀九・九 | 遣高麗使。渤海大使史都蒙。帰路渤海使張仙寿 |
| 宝亀九(七七八)・一二任 一〇(七七九)・二発 | 使大網広道 | | 送高麗客使。渤海使張仙寿 |
| 延暦一五(七九六)・五発 | 使御長広岳 | 延暦一五・一〇 | 送渤海客使。渤海使呂定琳 |
| 延暦一七(七九八)・四任 五発 | 使内蔵賀茂麻呂 | 延暦一七・一二 | 遣渤海使。帰路渤海大使大昌泰 |
| 延暦一八(七九九)・四発 | 使滋野船白 | 延暦一八・九 | 渤海大使大昌泰 |
| 弘仁元(八一〇)・一二任 二(八一一)・四発 | 使林東人 | 弘仁二・一〇 | 送渤海客使。渤海使高南容 |

る。(5)武藝　二代目渤海国王、武王大武芸。(6)啓　中国の冊封下にある国王同士の外交文書の様式。(7)扶余　北方ツングース系の民族。高句麗、百済も扶余族の王朝。(8)游将軍果毅都尉　唐制には、従五品上の游騎将軍と従五品下の游撃将軍が武散官にある。果毅都尉は折衝府の武官で従五品下から従六品下。(9)別将　唐制では折衝府の武官で果毅都尉の下の武官で正七品下から従七品下。(10)璽書《じしょ》　内印(「天皇御璽」の印)を捺した文書。『続日本紀』の「璽書」の用例は渤海・新羅への外交文書に限られる。(11)旧壌　古い領土。高句麗国。

【解説】　渤海を建国した高王大祚栄は、七一三年に唐から渤海郡王に封ぜられたが、二代武王大武芸は、七二六年隣接した黒靺鞨が唐に通行するとこれを撃ち、唐と対立した。渤海の日本への遣使はその翌年である。さらに渤海は、七三二年には、山東半島の登州を攻め、新羅と唐の提携が強まる中で、日本との関係強化を望んだ。日本は、使者の来航を朝貢として遇した。渤海もそれに従う形式をとったのはこうした唐・新羅への牽制という意図をもったものと考えられる。しかし、渤海と唐の関係が修復されると、その必然性は薄れ、渤海が物資の交易へとその遣使の意図を変化させるようになると、日本からの遣使は行われなくなる。

## 4　南　島

**272**〔続日本紀〕

**文武二年(六九八)四月壬寅(十三日)条**

遣《シテ》二務《む》広弐《こうに》文忌寸《ふみのいみき》博士《はかせ》等八人《ヲ》于南島《ニ》一覓《もとメシム》レ国《ヲ》。因《リテ》給《フ》二戎器(1)《ヲ》一。

**文武三年(六九九)七月辛未(十九日)条**

多褹《たね》・夜久《やく》・菴美《あまみ》・度感《とかん》(2)等人、従《ヒテ》二朝宰(3)《ニ》一而来《リテ》貢《ス》二方物《ヲ》一。授《ケ》レ位《ヲ》賜《フコト》レ物《ヲ》各有《リ》レ差《しな》。其《ノ》度感嶋通《スルコト》二中国(4)《ニ》一、於レ是《ニ》始《マル》矣。

**霊亀元年(七一五)正月甲申朔条**

天皇御《シテ》二大極殿(5)《ニ》一受《ク》レ朝(6)《ヲ》。皇太子(聖武天皇)始《テ》加《ヘテ》二礼服(7)《ヲ》一拝朝《ス》。陸奥・出羽《ノ》蝦夷幷《テ》南嶋奄美・夜久・度感・信覚《しがく》・球美《くみ》等(8)、来朝《シテ》各貢《たてまつル》二方物《ヲ》一。

(1)戎器　武器。(2)多褹、夜久、菴美、度感　多褹は種子島、夜久は屋久島、菴美は奄美大島、度感は徳之島。多禰は和銅二年六月癸丑(二十九日)条では「薩摩・多禰両国司」とあり、和銅七年四月辛巳(二十五日)条に多禰島に印を給すとある。(3)朝宰　『続日本紀』文武二年四月壬寅(十三日)条の国覓使をいうか。但し『続日本紀』文武三年十一月甲寅(四日)条に文忌寸博士等の南島からの帰還記事がある。(4)中国　日本。(5)大極殿《だいごくでん》　朝堂の北に位置する宮都の正殿。平城宮の大極殿か。(6)朝　元日朝賀。(7)礼服　大祀・大嘗・元日に着する礼装。(8)信覚、球美等　信覚は石垣島、球美は久米島。文武三年七月条から多褹が抜けているのは、多褹が国郡に編成されたことによるか。

【解説】　日本を中国と表記していることも、南島の服属が中国の中華思想に基づくものであることを示している。七一五年(霊亀元)の朝賀の儀式は、律令国家の対外秩序においては、蝦夷(・隼人)と同列に南島が服属の対象であったことを示している。六九八年(文武二)からの南島への覓国使《くにまぎ》の派遣も、大宝律令による律令体制確立に向けて、対外秩序を調整しようとする動きの一環である。

## 5　隼　人

**273**〔続日本紀〕

**和銅三年(七一〇)正月壬子朔条**

天皇御《シテ》二大極殿《ニ》一受《ク》レ朝《ヲ》。隼人、蝦夷等、亦在《リ》レ列《ニ》。左将軍正五位上大伴宿禰旅人《たびと》、副将軍従五位下穂積朝臣老《おゆ》、右将軍正五位下佐伯宿禰石湯《いわゆ》、副将軍従五位下小野朝臣馬養等、於《テ》二皇城門(1)《ノ》外朱雀《すざく》路《ノ》東西《ニ》一分頭《シテ》、陳《ニ》列《シ》騎兵《ヲ》一、引《キテ》二隼人、蝦夷等《ヲ》一而進《ム》。

**和銅三年正月戊寅（二十七日）条**
日向国貢《たてまつル》二采女(2)《ヲ》一。薩摩国貢《ル》二舎人(3)《ヲ》一。

**和銅三年正月庚辰（二十九日）条**
日向《ノ》隼人曾《そ》君細麻呂、教喩《シテ》荒俗《ヲ》一、馴服《セシム》聖化《ニ》一。詔《シテ》授《ク》二外従五位下《ヲ》一。

**養老四年（七二〇）二月壬子（二十九日）条**
大宰府奏言《ス》、「隼人反《キテ》殺《ス》二大隅《ノ》国《ノ》守陽侯《やこ》史麻呂《ヲ》一」《トイフ》。

**養老四年三月丙辰（四日）条**
以《テ》二中納言正四位下大伴宿禰旅人《ヲ》一為《シ》二征隼人持節《じせつ》大将軍《ト》一、授刀助(4)《ノ》従五位下笠朝臣御室《みむろ》、民部少輔従五位下巨勢朝臣真人《ヲ》為《ス》二副将軍《ト》一。

**養老四年八月壬辰（十二日）条**
勅《シタマハク》、「征隼人持節将軍大伴宿禰旅人宜《シ》二且《しばらク》入《ル》一レ京《ニ》。但《シ》副将軍已下《ハ》者、隼人未《レバ》レ平《カナラ》、宜《シ》二留《リテ》而屯《ス》一焉」《トノタマフ》。

**養老五年（七二一）七月壬子（七日）条**
征隼人副将軍従五位下笠朝臣御室、従五位下巨勢朝臣真人等帰還《ス》。斬首獲虜合《セテ》千四百余人。

（1）皇城門　宮城南面中央門。平安宮の朱雀門にあたる。（2）采女《うねめ》　郡司の大領・少領の姉妹・娘のうち、容姿端麗な者が貢上され、後宮に配された。（3）舎人《とねり》　天皇・皇族に近侍する下級官人であるが、日向の采女に対比すれば、郡司子弟のうち、強幹で弓馬に長じたものを郡別に貢上した兵衛を意味したか。令制では采女を貢上する郡は兵衛を出さない。日向の采女、薩摩の兵衛の貢上がなされたことは、同地方の国郡制的な支配が完成していったことを示す。（4）授刀助　七〇七年（慶雲四）七月設置の授刀舎人寮の次官。

【解説】　七一〇年（和銅三）の元日朝賀は、隼人と蝦夷が元日朝賀の儀式に参列した史料上の初見である。隼人と蝦夷は、それぞれ薩摩・大隅、陸奥・出羽という国内に居住する辺境の服属民であり、ともに反乱と征討の対象として共通性をもっていた。しかし、隼人と蝦夷には重要な違いもある。隼人には兵部省に隼人司という官司が存在する。また隼人には記紀に海幸彦・山幸彦で有名な天皇仕奉の起源神話がある。これは隼人の服属が蝦夷に比べて早い時期から進んでいたことによるのであろう。養老年間を最後に反乱は沈静し、律令国家に対する反乱の主体は蝦夷となる。

## 6　蝦　夷

**274**〔続日本紀〕
**和銅二年（七〇九）三月壬戌（六日）条**
陸奥・越後二国《ノ》蝦夷、野心難《クシテ》レ馴《なレ》、屢《しばしば》害《ス》二良民《ヲ》一。於《テ》レ是《ニ》

遣使徴発遠江・駿河・甲斐・信濃・上野・越前・越中
等国、以左大弁正四位下巨勢朝臣麻呂為陸奥鎮東将軍、
民部大輔正五位下佐伯宿禰石湯為征越後蝦夷将軍、
内蔵頭《くらのかみ》従五位下紀朝臣諸人為副将軍、出自両道(1)征伐。
因授節刀并軍令(2)。

**和銅二年八月戊申（二十五日）条**

征蝦《かい》夷将軍正五位下佐伯宿禰石湯、副将軍従五位下紀朝臣
諸人、事畢《おわり》入朝。召見特加優寵。

**和銅三年（七一〇）四月辛丑（二十一日）条**

陸奥蝦夷等請賜君姓同於編戸。許之。

**養老四年（七二〇）九月丁丑（二十八日）条**

陸奥国奏言、「蝦夷反乱、殺按察使正五位上上毛野朝臣
広人」。

**養老四年九月戊寅（二十九日）条**

以播磨按察使正四位下多治比真人県守為持節征夷将軍(3)、
左京亮従五位下下毛野朝臣石代為副将軍。軍監三人、軍
曹二人。以従五位下阿倍朝臣駿河為持節鎮狄《ちんてき》将軍(4)。軍
監二人、軍曹二人。即日授節刀。

**神亀元年（七二四）三月甲申（二十五日）条**

陸奥国言、「海道蝦夷反《そむき》、殺大掾従六位上佐伯宿禰児屋麻
呂」。

**神亀元年四月丙申（七日）条**

以式部卿正四位上藤原朝臣宇合為持節大将軍、宮内大
輔従五位上高橋朝臣安麻呂為副将軍。判官八人、主典《さかん》八
人。為征海道蝦夷也。

**神亀元年四月癸卯（十四日）条**

教坂東九国軍(5)三万人教習騎射、試練軍陳。運綵帛(6)二
百疋、絁一千疋、綿六千屯、布一万端於陸奥鎮所(7)。

**神亀元年五月壬午（二十四日）条**

従五位上小野朝臣牛養為鎮狄将軍、令鎮出羽蝦狄。軍
監二人、軍曹二人。

**神亀元年十一月乙酉（二十九日）条**

征夷持節大使正四位上藤原朝臣宇合、鎮狄将軍従五位上小
野朝臣牛養等来帰。

（1）両道　東山道と北陸道。（2）軍令　軍防令によれば軍令は将軍が定めるものであるが、ここでは授けている。（3）持節征夷将軍　節刀を与

えられた将軍。征夷将軍とは、太平洋側から進軍する軍隊を率いる将軍。（4）持節鎮狄将軍　鎮狄将軍は、日本海側から進軍する軍隊を率いる将軍。（5）軍　兵士。（6）綵帛　彩色した絹。アヤギヌ。（7）陸奥鎮所　中国では軍隊の駐屯地を鎮という。日本令では鎮の規定を取り入れなかったが、養老のころから兵営をさして鎮所と呼ぶようになる。陸奥鎮所は多賀城に置かれていた。

**天平九年（七三七）正月丙申（二十一日）条**

先是、陸奥按察使《あんさつし》大野朝臣東人等言、「従陸奥国達《いたる》出《いで》羽柵《わのき》（1）、道経男勝（2）、行程迂遠。請、征男勝村、以通直路」。於是、詔持節大使兵部卿従三位藤原朝臣麻呂、副使正五位上佐伯宿禰豊人、常陸守《ひたちのかみ》従五位上勲六等坂本朝臣宇頭麻佐《うづまさ》等、発遣陸奥国。判官四人、主典《さかん》四人。

**天平九年四月戊午（十四日）条**

遣陸奥持節大使従三位藤原朝臣麻呂等言、「以去二月十九日到陸奥国多賀柵（3）。与鎮守将軍（4）従四位上大野朝臣東人共平章（5）、且追常陸、上総《かずさ》、下総《しもうさ》、武蔵、上野《こうづけ》、下野《しもつけ》等六国騎兵惣一千人。聞、「山海両道夷狄等咸懐疑懼（6）」。仍差田夷（7）遠田郡領（8）外従七位上遠田君雄人《おひと》、遣海道、差帰服狄和我君計安塁《けあるい》、遣山道、並以使旨慰喩鎮撫之。仍抽《ぬき》勇健一百九十六人委将軍東人。四百五十九人分配玉造（9）等五柵。麻呂等帥《ひき》所余三百卌五人鎮多賀柵。遣副使従五位上坂本朝臣宇頭麻佐鎮玉造柵。判官正六位上大伴宿禰美濃麻呂鎮新田柵（10）。国大掾正七位下日下部《くさかべ》宿禰大麻呂鎮牡鹿柵（11）。自余諸柵依旧鎮守。廿五日、将軍東人従多賀柵発。四月一日、帥使下判官従七位上紀朝臣武良士《むらじ》等及所委騎兵一百九十六人、鎮兵四百九十九人、当国兵五千人、帰服狄俘（12）二百卌九人、従部内色麻《しかま》柵（13）発、即日到出羽国大室駅《おおむろのうまや》（14）。出羽国守正六位下田辺史難波将部内兵五百人、帰服狄一百卌人、在此駅、相待。以三日、与将軍東人共入賊地、且開道而行。但賊地雪深、馬芻《まくさ》難得。所以《ゆえ》雪消草生、方始発遣。同月十一日、将軍東人廻至多賀柵。自導新開通道惣一百六十里、或剋《きり》石伐樹、或填澗《たに》疏《とおす》峰。従賀美《かみ》郡至出羽国最上《もがみ》郡玉野（15）八十里、雖惣是山野形勢険阻、而人馬往還無大艱難。従玉野至賊地比羅保許《ひらほこ》山（16）八十里、地勢平坦、無有危険。（下略）」

**天平宝字二年（七五八）十二月丙午（八日）条**

徴発坂東騎兵・鎮兵・役夫及夷俘（17）等、造桃生《もものう》城（18）、小勝《おかち》柵（19）。五道倶入、並就功役。

（1）出羽柵　七三三年（天平五）十二月に秋田村高清水岡（秋田市寺内高清水岡）に移された。（2）男勝　秋田県雄勝郡羽後町付近。七三三年十二月に雄勝村に郡を建てるとある。（3）多賀柵　後に多賀城と呼ばれる（『続日本紀』では宝亀十一年三月以降）が、宮城県多賀城市市川に遺構がある。（4）鎮守将軍　陸奥鎮所に常駐する将軍。（5）平章　よく相談して。（6）山海両道　内陸の北上川沿いが山道、牡鹿半島の海岸沿いが海道。（7）田夷　山夷に対して農耕を営む夷の意味か。（8）遠田郡　宮城県遠田郡。（9）玉造（柵）　宮城県古川市大崎名生館《みょうだて》遺跡に比定される。（10）新田柵　宮城県遠田郡田尻町八幡の遺跡に比定される。（11）牡鹿柵　宮城県東松島市赤井字星場御下井遺跡に比定される。（12）俘　捕虜となるか投降して帰順した蝦夷を俘囚という。（13）色麻柵　宮城県賀美郡中新田町城生柵遺跡に比定される。（14）大室駅　山形県尾花市丹生・正厳付近とされる。（15）玉野　大室駅の所在地。（16）比羅保許山　現在の秋田・山形・宮城県境の神室山という説や山形県最上郡金山町の有屋峠という説がある。（17）夷俘　帰順した蝦夷である俘囚と帰順したが俘囚となっていない蝦夷とをあわせた呼称。（18）桃生城　宮城県石巻市飯野の遺跡に比定される。（19）小勝柵　雄勝柵。

**神護景雲元年（七六七）十月辛卯（十五日）条**

勅《シタマハク》、「見《テ》二陸奥国《ノ》所《ノ》レ奏《ヲ》、即《スル》知《チ》二伊治城《リヌ》(1)作《ノ》了《リ》一。自《ルコトヲ》レ始《リ》至《メ》レ畢《ルマデニ》、不レ満《タ》二三旬《ニ》一。朕甚《ダ》嘉《ミス》焉《トノタマフ》」。

**宝亀五年（七七四）七月壬戌（二十五日）条**

陸奥国《ノ》言《サク》、「海道《ノ》蝦夷、忽《チ》発《シテ》二徒衆《ヲ》一、焚《キ》レ橋《ヲ》塞《ギテ》レ道《ヲ》、既《ニ》絶《チ》二往来《ヲ》一、侵《シテ》二桃生《ノ》城《ヲ》一、敗《ル》二其《ノ》西郭《ヲ》一。鎮守《ノ》之兵、勢不レ能《ハ》レ支《ルコト》。国司量《リテ》レ事《ヲ》、興《シテ》レ軍《ヲ》討《ツ》レ之《ヲ》。但《シ》未レ知《ラ》三其《ノ》相戦《ヒテ》而所《ルルヲ》二殺傷《セ》一」《トイフ》。

**宝亀七年（七七六）二月甲子（六日）条**

陸奥国《ノ》言《サク》、「取《リテ》二来《ル》四月上旬《ヲ》一、発《シテ》二軍士二万人《ヲ》一、当《シ》レ伐《ツ》二山海二道《ノ》賊《ヲ》一」《トマウス》。於《テ》レ是《ニ》、勅《シテ》二出羽《ノ》国《ニ》一、発《シ》二軍士四千人《ヲ》一、道自《リ》二雄勝一而伐《タシム》二其《ノ》西辺《ヲ》一。

**宝亀九年（七七八）六月庚子（二十五日）条**

賜《フ》二陸奥出羽《ノ》国司已下、征戦有《ル》レ功者二千二百六十七人《ニ》爵《ヲ》一。授《ク》二按察使《あんさつし》正五位下勲五等紀朝臣広純《ひろすみ》《ニ》従四位下勲四等、鎮守《ノ》権副将軍従五位上勲七等佐伯宿禰久良麻呂《ニ》正五位下勲五等、外正六位上吉弥侯伊佐西古《きみこのいさせこ》、第二等伊治《これはりの》公呰麻呂《あざまろ》《ニ》並《ビニ》外従五位下《ヲ》一。自余各《ハ》有《リ》レ差《しな》。其《ノ》不《ル》レ預《カラ》レ賜《フニ》レ爵《ヲ》者禄亦有《リ》レ差。戦死《セル》父《ノ》子亦依《リテ》レ例《ニ》叙《ス》焉。

**宝亀十一年（七八〇）三月丁亥（二十二日）条**

陸奥国《ノ》上治郡《ノ》(2)大領外従五位下伊治公呰麻呂反《そむク》。率《キテ》二徒衆《ヲ》一殺《ス》二按察使参議従四位下紀朝臣広純《ヲ》於伊治《ノ》城《ニ》一。広純《ハ》大納言兼中務卿《ノ》正三位麻呂之孫《ガ》、左衛士督《さえじのかみ》従四位下宇美《ガ》之子《ナリ》也。宝亀中《ニ》出《テ》為《リ》二陸奥《ノ》守《ト》一、尋《ついデ》転《セラル》二按察使《ニ》一。在《リテ》レ職《ニ》視《ルコトヲ》レ事、見《らル》レ偁《セ》二幹済《ト》一。伊治呰麻呂《ハ》、本是夷俘《ノ》之種《ナリ》也。初《メハ》縁《リテ》レ事《ニ》有《レドモ》レ嫌、而呰麻呂匿《シテ》レ怨《ヲ》、陽《いつわりテ》媚《ビ》二事《フ》之《ニ》一。広純甚《ダ》信用《シテ》、殊《ニ》不レ介《サ》レ意《ニ》。又牡鹿《おしか》郡《ノ》大領道嶋大楯、毎《つねニ》凌二侮《シテ》呰麻呂《ヲ》一、以《テ》二夷俘《ヲ》一遇《ス》焉。呰麻呂深《ク》銜《ム》レ之《ヲ》。時《ニ》広純建《テテ》レ議《ヲ》造《リテ》二覚鱉柵《かくべつのき》(3)《ヲ》一、以《テ》遠《ザク》二戍候《ヲ》一。因《リテ》率《キテ》二俘軍(4)《ヲ》一入《ルニ》、大楯、呰麻呂並《ビニ》従《フ》。至《リテ》レ是《ニ》呰麻呂自《ラ》為《シテ》二内応《ヲ》一唱二誘《シテ》軍《ヲ》一而反《そむク》。先殺《シ》二大楯《ヲ》一、率《キテ》レ衆《ヲ》囲《ミ》二按察使広純《ヲ》一、攻《メテ》而害《ス》レ之《ヲ》。独《リ》呼《ビテ》二介《すけ》大伴宿禰真綱《ヲ》一開《キテ》二囲《ノ》一角《ヲ》一而出《シ》、護《リテ》送《ル》二多賀城《ニ》一。其《ノ》城久年国司治所《ニシテ》、兵器糧蓄不《カラ》レ可《あげテ》二勝《かぞフ》計一。城下百姓競《ヒ》入《リテ》欲《レドモ》レ保《まもラムト》二城中《ニ》一、而介真綱、掾《じょう》石川浄足、潜《ニ》出《デテ》二後門《ヲ》一而走《ル》。百姓遂《ニ》無《ク》レ所レ拠《ル》、一時《ニ》散去《ス》。後数日、賊徒乃《チ》至《リ》、争《ヒテ》取《ル》二府庫《ノ》之物《ヲ》一。尽《シテ》レ重《とうときヲ》而去《ル》。其《ノ》所《ノ》レ遺《ル》者《ハ》放火《シテ》而焼《ク》焉。

(1)伊治城　宮城県栗原市築館城生野に比定される。(2)上治郡　伊治郡か。あるいは此治郡の誤りで、栗原郡のことか。(3)覚鱉柵　宮城県古川市の宮沢遺跡ともされる。(4)俘軍　帰順した蝦夷によって編成された軍隊。

【解説】反乱の主体となったのは、藤原広嗣・恵美押勝など貴族を除けば蝦夷であった。反乱する蝦夷を征討し服属させることは、律令国家の帝国構造にとって不可欠であった。と同時に、その服属は天皇への人格的服属を表現する元日朝賀を始めとする儀礼において確認される必要があった。和銅二年の征討記事は、反乱というより、公民化のための鎮撫政策という性格をもつ。七二〇年(養老四)と七二四年(神亀元)の蝦夷の反乱はまもなく鎮圧された。八世紀後半には、陸奥国多賀城から出羽国出羽柵へ雄勝を経由する直路開通がめざされ、桃生城・伊治城などが設けられた。蝦夷の反乱が本格化したのは、八世紀末であった。一度は服属した伊治公呰麻呂等が呼応し、反乱は大規模なものとなった。七七四年(宝亀五)から八一一年(弘仁二)にわたる三十八年戦争の始まりであった。

第七節

# 白鳳文化と天平文化

## 1 文学と記紀

### (1) 万葉集

○**天智天皇**

**275〔万葉集〕巻一**

中大兄ノ〈近江宮御宇天皇〉三山ノ歌一首

13 高山波　雲根火雄男志等　耳梨与　相諍競伎　神代従　如此尓有良之　古昔母　然尓有許曽　虚蟬毛　嬬乎　相挌良思吉

香具山《かぐやま》は　畝火《うねび》雄々《おお》しと(1)　耳梨《みみなし》と　相あらそひき　神代より　斯《か》くにあるらし　古昔《いにしえ》も　然《しか》にあれこそ　うつせみも　嬬《つま》を　争《あらそ》ふらしき

反　歌

14 高山与　耳梨山与　相之時　立見尓来之　伊奈美国波良

香具山と　耳梨山と　あひし時(2)　立ちて見に来《こ》し　印《い》南国原《なみくにはら》(3)

(1)雄々しと　「雄々しと」とよんで、男らしく立派だと解し、畝火山を男性、他の二山を女性とする説と、「愛しと」とよんで、畝火山を女性、他の二山を男性とする説がある。(2)あひし時　争った時。(3)立ちて見に来し印南国原　『播磨国風土記』揖保郡上岡里条に、出雲国の阿菩(あぼ)大神が、畝火・香山・耳梨の三山が相闘うと聞いて、諫めようとしてのぼって来たが、ここまで来たとき、闘いが止んだと聞いて、その乗ってきた船を覆せて鎮座したので、神阜と名付けられたとする伝説にもとづいて、この歌がつくられている。その阿菩の大神が立って見たという印南国原(兵庫県高砂市から明石市にかけての平野)はここなのだなあの意。中大兄が王子大海人と額田王を争った嘆きをうたったとする説もあるが、印南国原がうたわれていることからすれば、旅の途中で伝説の地である印南国原をうたうことでその地霊をたたえ、旅の幸を祈ったものとする説が妥当であろう。後の額田王の歌とともに、六六一年(斉明七)の朝鮮出兵の際のものと考えられる。

○**藤原鎌足**

**276〔万葉集〕巻二**

内大臣藤原卿(鎌足)娶ル二采女《うねめ》(1)ノ安見児《やすみこ》ヲ一時作ル歌一首

95 吾者毛也　安見児得有　皆人乃　得難尓為云　安見児衣多利

吾はもや　安見児得たり　皆人の　得がてにすといふ　安見児得たり

(1)采女　地方豪族が貢進する大王・天皇に近侍する女官。采女は禁忌の対象であり、鎌足がそれを得た喜びをうたった歌。

## ○額田王

**277〔万葉集〕巻一**

額田王歌ノ(1)

8 熟田津尓　船乗世武登　月待者　潮毛可奈比沼　今者許芸乞菜

熟田津《にきたつ》に(2)　船乗りせむと　月待てば(3)　潮《しお》もかなひぬ　今は漕ぎ出でな(4)

(1)額田王歌　左注には大王斉明の歌とある。このことは、額田王が大王に成り代わってうたう御言持《みこともち》歌人であったことによるものであろう。(2)熟田津　愛媛県松山市付近。(3)月待てば　月の出を待つ。満月と新月の頃に大潮になるので、それを待つ意との説も。(4)今は漕ぎ出でな　六六一年(斉明七)朝鮮半島への出兵にあたり、熟田津に停泊した船団に対して「さあ漕ぎ出そうぞ、者どもよ」という大王斉明の号令を意味する。

## ○持統天皇

**278〔万葉集〕巻一**

天皇(持統)御製歌ノ

28 春過而　夏来良之　白妙能　衣乾有　天之香来山

春過ぎて　夏来《きた》るらし　白栲《しろたえ》の衣(1)ほしたり　天《あま》の香具山

(1)白栲の衣　楮(こうぞ)の繊維でつくった布とされるが、「白栲の麻衣」という例もある。香具山での春の神事に奉仕した人々の身につける白い衣ともされる。白衣が干してあることで夏に移った瞬間に対する驚きをうたい、そのことで、真っ先に夏のきた香具山をほめた歌。

## ○柿本人麻呂

**279〔万葉集〕巻一・巻三**

幸《みゆきシシ》二于吉野ノ宮ニ一之時(1)、柿本人麿ノ作ル歌

38 安見知之　吾大王　神長柄　神佐備世須登　芳野川　多芸津河内尓　高殿乎　高知座而　上立　国見乎為勢婆　畳有　青垣山　山神乃　奉御調等　春部者　花挿頭持　秋立者　黄葉頭刺理〈一云、黄葉加射之〉　逝副　川之神母　大御食尓　仕奉等　上瀬尓　鵜川乎立　下瀬尓　小網刺渡　山川母　依弖奉流　神乃御代鴨

やすみしし　吾大王《わごおおきみ》　神ながら　神さびせすと(2)　吉野川　激《たぎ》つ河内に　高殿を　高知りまして　登り立ち　国見をせせば　畳《たたな》はる　青垣山《あおがきやま》　山神《やまつみ》の(3)　奉《まつ》る御調《みつき》と(4)　春べは　花かざし持ち　秋立てば　黄葉《もみじ》かざせり〈一に云ふ、黄葉かざし〉　逝《ゆ》き副《そ》ふ(5)　川の神も　大御食《おおみけ》に　仕《つか》へ奉ると　上つ瀬に(6)　鵜《う》川を立て(7)　下つ瀬に　小網《さで》

さし渡す⁽⁸⁾　山川も　依りて仕ふる　神の御代かも

反　歌

39 山川毛　因而奉流　神長柄　多芸津河内尓　船出為加母

山川も　よりて仕ふる　神ながら　たぎつ河内に　船出せすかも

天皇御《いでまシシ》遊雷《いかづちノ》岳《おかニ》⁽⁹⁾之時、柿本朝臣人麿作《ノル》歌一首

235 皇者　神二四座者　天雲之　雷之上尓　廬為流鴨

皇《おおきみ》は　神にしませば　天雲の　雷の上に　廬《いお》らせるかも

(1)幸于吉野宮之時　持統天皇の吉野宮行幸に際して。吉野は、天武天皇の挙兵の出発地となるなど、天武・持統にとって原点ともすべき地であり、吉野行幸に際して、人麻呂がうたった吉野讃歌である。(2)神さびせすと　神として行動なさる。(3)山神　山の神霊。(4)御調と　貢ぎ物として。(5)逝き副ふ　吉野の山に沿って流れる。(6)上つ瀬に　上流では。(7)鵜川を立て　鵜をつかって魚をとる設備をする。(8)小網さし渡す　幾人もならんで小網をもちいる。(9)雷岳　奈良県高市郡明日香村にある丘。神話的な世界の雷神のその上に君臨する絶対的な天皇像を讃美する。

## ○高市黒人

**280〔万葉集〕巻三**

高市《たけち》連黒人羇旅《ノたびノ》歌八首

270 客為而　物恋敷尓　山下　赤乃曾保船　奥榜所見

旅にして　物恋しきに　山下の　赤《あけ》のそほ船⁽¹⁾　沖へ漕ぐ見ゆ

271 桜田部　鶴鳴渡　年魚市方　塩干二家良之　鶴鳴渡

桜田へ⁽²⁾　鶴《たづ》鳴き渡る　年魚市潟《あゆちがた》⁽³⁾　潮干《ひ》にけらし⁽⁴⁾　鶴鳴き渡る

(1)赤のそほ船　保全のために赭土(ソホ、赤土)を塗った船。赤色は官船の印であったとされ、黒人が行幸にしたがってよんだ歌とされる。(2)桜田　桜は作倉郷で、名古屋市南区桜台・元桜田・桜本町付近。(3)年魚市潟　名古屋市南区の低湿地。(4)潮干にけらし　潮がひいたらしい。潮がひけば、鶴が餌をあさる。鶴の群は、年魚市潟から伊勢湾を飛び立ち桜田の方へ渡って行く。黒人は、それとは逆に都から遠ざかって行くことをうたったたか。

## ○山部赤人

**281〔万葉集〕巻三**

山部《やまべ》宿禰赤人《あかひと》望《メル》不盡山《ふじノヤマヲ》歌一首並《ビニ》短歌

317 天地之　分時従　神左備手　高貴寸　駿河有　布士能高嶺乎　天原　振放見者　度日之　陰毛隠比　照月乃　光毛不見　白雲母　伊去波伐加利　時自久曾　雪者落家留　語告　言継将往　不盡能高嶺者

天地《あめつち》の　分かれし時ゆ⁽¹⁾　神さびて　高く貴き　駿河な

る　布士《ふじ》の高嶺を　天の原　ふり放《さ》け見れば(2)　渡る日の　影も隠《かく》らひ　照る月の　光も見えず　白雲も　い行き憚《はばか》り　時じくぞ(3)　雪は降りける　語り継ぎ　言ひ継ぎ行かむ　不盡《ふじ》の高嶺は

反　歌

318 田児之浦従　打出而見者　真白衣　不盡能高嶺尓　雪波零家留

田児の浦ゆ(4)　うち出でて見れば　真白にそ　不盡の高嶺に　雪は降りける

(1)天地の分かれし時ゆ　天地開闢の時から。神話的な語り口であるが、そうした神々しい富士の讃歌をうたっている。(2)ふり放け見れば　振り仰いでみれば。(3)時じくぞ　常に。(4)田児の浦　この当時は、静岡県庵原郡(富士川西岸)の興津川から東の地域であったらしい。山容の全体の見える田子の浦まで出てみた。

## ○山上憶良

### 282〔万葉集〕巻三

山上憶良《やまのうえのおくら》臣罷《まかル》レ宴《ヲ》歌一首

337 憶良等者　今者将罷　子将哭　其彼母毛　吾乎将待曾

憶良らは　今は罷らむ(1)　子泣くらむ　其の彼《か》の母も
吾《あ》を待つらむそ

(1)今は罷らむ　これで退出しましょう。この歌は貴人の宴席の「お開き」を告げる客側の挨拶歌とされる。

## ○大伴旅人

### 283〔万葉集〕巻三

大宰帥《だざいのそち》大伴卿《(旅人)ノ》讃《ムル》レ酒《ヲ》(1)歌十三首

338 験無　物乎不念者　一坏乃　濁酒乎　可飲有良師

験《しるし》なき　物を思はずは(2)　一坏《つき》の　濁れる酒を　飲む可くあるらし

343 中々尓　人跡不有者　酒壺二　成而師鴨　酒二染嘗

なかなかに　人とあらずは(3)　酒壺に　なりにてしかも(4)
酒に染みなむ

348 今代尓之　楽有者　来生者　虫尓鳥尓毛　吾羽成奈武

この世にし　楽しくあらば(5)　来む世には　虫に鳥にも
吾はなりなむ

(1)讃酒歌　十三首の歌は、宴席において酒を勧める歌ともされる。直前の山上憶良の宴席からの退席の歌と対で、主人の側の歌との説も。(2)験なき物を思はずは　甲斐もないことを思うよりも。(3)なかなかに人とあらずは　中途半端に人でいるよりは。(4)酒壺になりてしかも　酒壺になってしまいたいものだ。(5)この世にし楽しくあらば　この現世でさえ(酒を飲んで酔い泣きして)楽しくあるならば。

## ○東　歌

**284**〔万葉集〕巻十四

3373 多麻河泊尓　左良須弖豆久利　佐良佐良尓　奈仁曾許能
児乃　己許太可奈之伎
多摩川に(1)　さらす手作り(2)　さらさらに(3)　何ぞこの児の(4)
ここだ愛《かな》しき(5)

3384 可都思加能　麻末能手児奈乎　麻許登可聞　和礼尓余須
等布　麻末乃弖胡奈乎
葛飾《かつしか》の　真間《まま》(6)の手児奈《てごな》(7)を　まことかも　我に依すとふ(8)
真間の手児奈を

3399 信濃道者　伊麻能波里美知　可里婆祢尓　安思布麻之牟
奈　久都波気和我世
信濃道《しなのじ》(9)は　今の墾道《はりみち》(10)　刈株《かりばね》に　足踏ましむな　履《くつ》はけ
わが夫《せ》

(1)多摩川　東京湾に注ぐ川。(2)手作り　手織の布。(3)さらさらに　さらにさらに。(4)児　娘。(5)ここだ愛しき　こんなにひどくいとおしい。(6)葛飾の真間　千葉県市川市真間。(7)手児奈　少女。テゴは愛しい子の意か。(8)我に依すとふ　私と親しい仲だとうわさをたてる。(9)信濃道　信濃国へ向かう道。(10)今の墾道　最近開発された道。

## ○防　人

**285**〔万葉集〕巻二十
天平勝宝七歳《(七五五)》乙未二月、相替《リテ》遣《サレシ》二筑紫《ニ》一諸国《ノ》防人《さきもり》(1)等歌

4321 可之古伎夜　美許等加我布理　阿須由利也　加曳我牟多
祢牟　伊牟奈之尓志弖
畏《かしこ》きや(2)　命《みこと》(3)被《かがふ》り　明日ゆりや(4)　草《かえ》がむた寝む(5)　妹(6)
無しにして
右《ノ》一首《ハ》　国造丁《ノ》(7)長下《ながのしも》郡(8)《ノ》　物部秋持《ノナリ》

4323 等伎騰吉乃　波奈波佐家登母　奈尓須礼曾　波々登布波
奈乃　佐吉泥己受祁牟
時時(9)の　花は咲けども　何すれそ　母とふ花(10)の　咲き
出来《でこ》ずけむ
右《ノ》一首《ハ》、防人山名郡(11)《ノ》丈部《はせつかべ》真麿《ノナリ》

4327 和我都麻母　画尓可伎等良無　伊豆麻母加　多比由久阿
礼波　美都々志努波牟
わが妻も　画にかきとらむ　暇《いずま》も(12)が　旅行く我は　見
つつしのばむ
右《ノ》一首《ハ》　長下郡《ノ》物部古麿《ノナリ》
二月六日、防人部領使(13)遠江国《ノ》史生坂本朝臣人上《ひとかみガ》
進《たてまつレル》歌《ノ》数《ハ》十八首。但《シ》有《ルハ》二拙劣《ナル》歌十一首二不二取《リテ》載《セ》一之。

(1)防人　九州の海防のためにおかれた兵。軍防令では諸国の軍団兵士を派遣する規定であったが、実際には東国の兵士があてられた。(2)畏きや　畏れ多い。(3)命　天皇の命令。(4)明日ゆりや　明日からは。(5)草がむた寝む　萱を抱いて寝るのか。(6)妹　妻。(7)国造丁　防人の集団の長。律令制以前の国造軍の構造が防人の編成に遺制として継承されたものとされる。(8)長下郡　静岡県磐田郡竜洋町付近。(9)時時の　四季折々の。(10)何すれそ母とふ花の　どうして母という花が。(11)山名郡　静岡県磐田市から袋井市付近か。(12)暇もが　時間が欲しい。(13)部領使　防人の管理引率者。

## ○大伴家持

**286〔万葉集〕巻二十**

三年(1)春正月一日《ニ》、於《テ》二因幡《いなば》国庁(2)《ニ》一、賜《ヘル》二饗《ヲ》国郡司等《ニ》一之宴(3)《ノ》歌一首

4516 新　年乃始乃　波都波流能　家布敷流由伎能　伊夜之家余其騰

新しき　年の始の初春(4)の　今日降る雪(5)の　いや重け吉《し》事《ごと》(6)

右《ノ》一首《ハ》、守大伴宿禰家持作之。

(1)三年　七五九年(天平宝字三)。この歌が万葉集最終歌。(2)因幡国庁　『続日本紀』天平宝字二年六月丙辰十六日条に大伴家持を因幡守とするとある。(3)賜饗国郡司等之宴　儀制令に規定のある正月元日の国司が僚属郡司等を率いておこなう朝拝の後の宴。(4)初春　正月。(5)今日降る雪の　今日降る雪のように。(6)いや重け吉事　もっと積もれ良い事。

【解説】　万葉集は、大伴家持が撰者ともされており、仁徳天皇から七五九年(天平宝字三)までの四千五百余首を収録する。その歌人・歌風から四期に分けられている。第一期は、壬申の乱までで、代表する歌人は、天皇・皇后・皇子・皇女らである。類歌がしばしばあり、作者も仮託されたものであることが多い。第二期は、平城京遷都までで、代表的歌人は宮廷歌人の柿本人麻呂である。第三期は七三三年(天平五)までで、代表的な歌人は大伴旅人・山上憶良・山辺赤人である。この時代を代表する彼らの歌風には一人一人の個性が登場するとされている。第四期は、大伴家持の歌の七五九年(天平宝字三)までである。大伴家持は、旅人の子で万葉集に四百数十首の歌を残しており、万葉集の編纂にも大きな役割を果たしたと考えられている。衰えつつある大伴一族の長として、政治的にも不遇であった、このことが彼の作風に影響を与えていたとされている。万葉集には貴族・僧以外の歌として、東歌《あづまうた》、防人歌《さきもりうた》がある。東歌は東国の方言を豊富に使用した素朴で生気にあふれる生活感覚にもとづいた、恋・旅・労働をうたったものが多い。防人歌は、防人に動員された東国の兵士及びその家族の歌である。

## (2) 懐　風　藻

**287〔懐風藻〕序**

(上略)及《ビテ》レ至《ルニ》二淡海先帝(大王天智)之受《クルニ》一レ命《ヲ》也、恢《ニシ》二開帝業《ヲ》一、弘《こう》二闡《せんシ》皇猷《こうゆう》(1)《ヲ》一、道格《いたり》二乾坤《ニ》一、功光《てらス》二宇宙《ヲ》一。既《ニシテ》而以為《おもヘラク》、調《ヘ》レ風《ふうヲ》化《スルハ》

レ俗《ヲ》、莫《ク》レ尚《たかキハ》二於文《ヨリ》一、潤《シ》レ徳光《ラスハ》レ身《ヲ》、孰《レカ》先《ナラムト》二於学《ヨリ》一。爰《ニ》則《チ》建《テテ》二庠序《しょうじょ》(2)《ヲ》一、徴《もとメ》二茂才(3)《ヲ》一、定《メテ》二五礼(4)《ヲ》一、興《ス》二百度(5)《ヲ》一。憲章法則、規摹弘遠《ナルコト》、夐古《けいこ》(6)以来、未《ダ》二之《レ》有《ラ》一也。於《テ》レ是《ニ》三階平煥(7)《ニシテ》、四海殷昌《ニ》、旒纊《りゅうこう》(8)無為《ニシテ》、巌廊(9)多《シ》レ暇。旋《やや》招《キ》二文学之士《ヲ》一、時《ニ》開《ク》二置醴之遊(10)《ヲ》一。当《リ》二此之際《ニ》一、宸翰垂《レ》レ文《ヲ》、賢臣献《ズ》レ頌《ヲ》。雕章麗筆、非《ズ》二唯百篇《ノミニ》一。但《シ》時経《テ》二乱離(11)《ヲ》一、悉《ク》従《フ》二煨燼(12)《ニ》一。言《ここニ》念《ヒ》二漂滅(13)《ヲ》一、軫悼(14)《シテ》傷《ム》レ懐《ヲ》。自《リ》レ茲以降、詞人(15)間出《ヅ》。龍潜《ノ》王子、翔《リ》二雲鶴《ヲ》於風筆(16)《ニ》一、鳳翥《しょノ》天皇、泛《ブ》二月舟《ヲ》於霧渚(17)《ニ》一。神納言之悲《シミ》二白鬢(18)《ヲ》一、藤太政之詠《ズル》二玄造(19)《ヲ》一、騰《ゲ》二茂実《ヲ》於前朝《ニ》一、飛《バス》二英声《ヲ》於後代《ニ》一。余以《テ》二薄官《ノ》余閑(20)《ヲ》一、遊《バセ》二心《ヲ》文囿《ゆうニ》(21)一、閲《シ》二古人《ノ》之遺跡(22)《ヲ》一、想《フ》二風月之旧遊《ヲ》一。雖《モ》二音塵眇焉《ナリト》一、而《モ》余翰斯在《ニリ》。撫《シテ》二芳題《ヲ》一而遥《カニ》憶《ヒ》、不レ覚《エ》二涙之泫然《タルヲ》一。攀《ヂテ》二縟藻《ヲ》一而遐《カニ》尋《ネ》、惜《ム》二風声之空《シク》墜《チムコトヲ》一。遂《ニ》乃《チ》収《メ》二魯壁之余蠹(23)《ヲ》一、綜《すブ》二秦灰(24)《ノ》之逸文《ヲ》一。遠《ク》自《リ》二淡海一、云《ここニ》暨《およブマデ》二平都(25)《ニ》一、凡《ソ》一百二十篇、勒《シテ》成《ス》二一巻《ト》一。作者六十四人、具《ニ》題《シ》二姓名《ヲ》一、并《ビニ》顕《ハシテ》二爵里(26)《ヲ》一、冠《ス》二于篇首《ニ》一。余撰《ブ》二此文《ヲ》一意《ハ》者、為《メタリ》レ将《ニ》レ不《ラム》レ忘《レ》二先哲《ノ》遺風《ヲ》一。故《ニ》以《テ》二懐風《ヲ》一名《ツクト》レ之《ニ》云《フ》レ爾《しか》。于レ時天平勝宝三年(七五一)歳在《ル》二辛卯《ニ》一冬十一月也。

(1)弘闡皇猷　帝王の道をひろくひらく。(2)庠序　学校。(3)茂才　秀才。(4)五礼　吉礼(祭祀)、凶礼(喪葬)、賓礼(賓客)、軍礼(軍旅)、嘉礼(冠婚)。(5)百度　もろもろの規則。(6)夐古　はるか昔。(7)三階平煥　紫微星を守る三つの星である三階(三台)星が平らかにかがやくのは天下太平のしるし。(8)旒纊　天子王侯。(9)巌廊　朝廷。(10)置醴之遊　酒宴。(11)乱離　壬申の乱。(12)従煨燼　灰燼に帰す。(13)漂滅　滅び絶える。(14)軫悼《しんとう》　いたみ嘆いて。(15)詞人　詩文を創作する者。(16)龍潜王子、翔雲鶴於風筆　龍潜王子とは大津皇子。大津皇子の詩に「天紙風筆画二雲鶴一」とある。(17)鳳翥天皇、泛月舟於霧渚　鳳翥天皇とは文武天皇。文武天皇の詩に「月舟移二霧渚一」とある。(18)神納言之悲白鬢　神納言とは中納言大神《おおみわ》(三輪)高市麻呂。高市麻呂の詩に「臥病已白髪」とある。「鬓」は鬢。(19)藤太政之詠玄造　藤太政とは贈太政大臣藤原不比等。不比等の詩に「有二政敷玄造一」とある。(20)余　懐風藻の編者。(21)文囿　文のその(苑)。(22)遺跡　筆墨の跡。作品。(23)魯壁之余蠹《よと》　魯の孔子の旧宅の壁の中から古文の経伝を得たという故事をさす。(24)秦灰　秦の始皇帝の焚書。(25)遠自淡海、云暨平都　大津宮から平城京の時代まで。平都は平城京。(26)爵里　官位。

【解説】　『懐風藻』は、七五一年(天平勝宝三)に成立した。わが国現存最古の漢詩集であるが、撰者は不明である。大津皇子・文武天皇・藤原不比等・長屋王など六十四名の作品一二〇首を編纂したものであり(現存本では一一六または八篇)、このことは自体は、漢詩文が貴族のなかにかなり普及したことを示すものである。しかし、内容的には、模倣・習作の域をでないとされている。また、六十四名中小伝のつけられた九名の選び方に、大王天智から大友王子への王統を評価する態度があらわれているともされている。

## (3) 古事記

**288〔古事記〕序**

臣安万侶《やすまろ》(1)言《もうす》。（中略）於レ是、天皇(天武)詔之、「朕《われ》聞、諸家之所レ賷《もたる》帝紀(2)及本辞(3)、既違二正実一、多加二虚偽一。当二今之時一、不レ改二其失一、未レ経二幾年一、其旨欲レ滅。斯乃、邦家之経緯、王化之鴻基(4)焉。故惟《かれここに》、撰二録帝紀一、討《とう》二覈《かくし》旧辞一、削レ偽定レ実、欲レ流《つたへむ》二後葉一」。時有二舎人《とねり》(5)一。姓稗田《ひえだ》、名阿礼《あれ》、年是廿八。為《なり》レ人聡明、度レ目誦レ口、払《ふるれば》レ耳勒《しるす》(6)レ心。即勅二語阿礼一、令レ誦二習帝皇日継《ひつぎ》及先代旧辞一。然《ときに》、運移世異《かわりて》、未レ行二其事一矣(7)。伏惟《おもふに》、皇帝陛下(元明)、得レ一光宅(8)、通レ三亭育(9)。御二紫宸(10)一而徳被《およびて》二馬蹄之所一レ極、坐二玄扈一而化照二船頭之所一レ逮《およぶ》。日浮重レ暉《ひかり》、雲散非レ烟。連《つらねえだ》レ柯并《あはす》レ穂之瑞、史不レ絶レ書《しるす》、列レ烽重レ訳之貢、府無二空月一。可レ謂下名高二文命(11)一、徳冠《まさる》中天乙(12)上矣。於レ焉《ここに》、惜二旧辞之誤忤《さかへる》一、正二先紀之謬錯《りまじれる》一、以二和銅四年(七一一)九月十八日一、詔二臣安万侶一、撰二録稗田阿礼所レ誦之勅語旧辞一以献上者。謹随二詔旨一、子細採摭《ひろふ》。然、上古之時、言意《ことばこころ》並朴《すなお》、敷レ文構レ句、於レ字即難。已因レ訓述者、詞《ことば》不レ逮《およば》レ心。全以レ音連者、事趣更長。是以今、或一句之中、交二用音訓一、或一事之内、全以レ訓録。即、辞理叵《がたき》レ見、以レ注明、意況易《さとり》レ解、更非レ注。亦、於二姓日下《くさか》一、謂二玖沙訶一、於二名帯字一、謂二多羅斯《たらし》一、如レ此之類、随レ本《まま》不レ改。大抵所レ記者、自二天地開闢一始、以訖《おわる》二于小治田御世(推古)一。故、天御中主神《あめのみなかぬしのかみ》以下、日子波限建鵜草葺不合命《ひこなぎさたけうがやふきあえずのみこと》以前、為二上巻一、神倭伊《かむやまとい》波礼毘古《われひこ》天皇(神武)以下、品陀《ほむだ》御世(応神)以前、為二中巻一、大雀《おおさざき》皇帝(仁徳)以下、小治田《おわりだ》大宮(推古)以前、為二下巻一。并録二三巻一、謹以献上。臣安万侶、誠惶誠恐、頓首頓首。

和銅五年(七一二)正月廿八日　正五位上勲五等太《おお》朝臣安万侶

(1)安万侶　太安麻侶。大(多)の氏長として、従四位下民部卿に至り、七二三年(養老七)七月に死んだ。(2)帝紀　後の帝皇日継・先紀と同じもので、歴代天皇の皇統譜のような記録。(3)本辞　後の旧辞・先代旧辞と同じもので、神話や伝説・歌物語など。(4)鴻基　大いなる基礎。(5)舎人　天皇・皇族に近侍し、雑事に勤仕したもの。(6)度目誦口、払耳勒心　一見しただけで、すぐ声に出して節をつけてよみ、一度聞いただけで、心に刻みつけて忘れない。(7)未行其事矣　天武天皇の死によってその事業がおこなわれていない。(8)得一光宅　帝位について徳が天下に充ち満ちる。(9)通三亭育　帝位について民を化育する。(10)紫宸　皇居。次の玄扈も同じ。(11)文命　夏の禹王。(12)天乙　殷の湯王。

【解説】『古事記』は、帝紀や本辞などを前提に、諸家の所伝を正し、皇統を明らかにする目的で、天武天皇の命により稗田阿礼が誦習し、太安万侶によって編纂された歴史書である。内容は三巻に分かれ、天地の始めから大王推古に至る物語となっている。口誦をそのまま表現するために音訓を併用し変体の漢文体を用いるなどの努力がはらわれている。古事記序はその成立事情を示す唯一の史料であるが、本来は序ではなく、元明天皇への献上に際して添えられた表であり、それ故『古事記』本文と異なり、純粋な漢文体で書かれていると考えられている。

## (4)　日本書紀

**289〔日本書紀〕天武十年(六八一)三月丙戌(十七日)条**

天皇御《シテ》二于大極殿《ニ》一、以《テ》詔《シテ》二川嶋皇子(1)・忍壁《おさかべ》皇子(2)・広瀬王・竹田王・桑田王・三野王・大錦下上毛野《かみつけぬ》君三千・小錦中忌部連首《おびと》・小錦下阿曇《あづみ》連稲敷・難波連大形・大山上中臣連大嶋・大山下平群《へぐり》臣小首《こびとニ》一、令《ム》レ記《セ》二定帝紀及《ビ》上古諸事《ノ》(3)《ヲ》一。大嶋・小首親《ラ》執《リテ》レ筆《ヲ》以《テ》録《ス》焉。

**290〔続日本紀〕養老四年(七二〇)五月癸酉(二十一日)条**

先《キ》レ是《ヨリ》、一品(4)舎人《とねり》親王(5)、奉《うけたまわリテ》レ勅《ヲ》修《ス》二日本紀《ヲ》一。至《リテ》レ是《ニ》、功成《リテ》奏上《ス》。紀卅巻、系図一巻。

(1)川嶋皇子　大王天智の子。(2)忍壁皇子　天武天皇の子。後に大宝律令の撰定を主宰。(3)記定帝紀及上古諸事　帝紀は『古事記』序文にいう帝皇日継で歴代天皇の皇統譜、上古の諸事とは本辞・旧辞・先代旧辞と同一で諸種の説話等をさすもの。記定とはそれらを検討、記録することで、国家的な修史事業の開始を意味するものであろう。(4)一品　大宝令制の親王の品階(四階)の第一階。(5)舎人親王　天武天皇の皇子。皇子の大炊《おおい》王(淳仁天皇)の即位で崇道尽敬皇帝号が贈られた。

【解説】『日本書紀』は、天武期以来着手された国史編纂事業によるものであるが、『古事記』と違って、本格的な漢文体を用い、また編年体によるなど、中国の歴史書を意識したものであり、律令体制の整備の一環という性格をもったものといえる。『古事記』が、大王推古で終わるのに対して、持統末年までを内容とするのもこのことによると思われる。帝紀・旧辞以外に、朝鮮の古記録、寺院・個人の記録、氏族の家伝などが素材とされているが、神話的伝承によるもの、漢籍等による修飾・述作も多く、厳密な史料批判が必要なことはいうまでもない。『日本書紀』というようになったのは平安時代とする説もあるが、現存写本、『令集解』公式令1詔書式条古記、『万葉集』巻六・十八の左注等に『日本書紀』とあり、『日本書紀』が当初からの名称と考えられる。また系図一巻は現存しない。『釈日本紀』巻四の帝皇系図をあてる説もあるが、漢風諡号をもちいていること、横系図の形式をとっていることから疑問である。

## (5)　風土記

**291〔続日本紀〕和銅六年(七一三)五月甲子(二日)条**

畿内七道諸国《ノ》郡郷名《ニハ》着《ケ》二好字《キヲ》一(1)、其《ノ》郡《ノ》内《ニ》所《ノ》レ生《ズル》銀・銅・彩色(2)・草木・禽獣・魚虫等《ノ》物、具《つぶさニ》録《シ》二色目《ヲ》一(3)、及《ビ》土地《ノ》沃塉《よくせき》、山川原野《ノ》名号《ノ》所由、又古老《ノ》相伝《フル》旧聞(4)・異事《ヲ》、載《セテ》二于史籍《ニ》一(5)言上《セシム》。

(1)郡郷名着好字　郡郷名とあるが、里を郷に改めたのは七一七年(霊亀三)(一五二頁参照)。延喜民部省式上に「凡諸国部内郡里等名、並用二字。必取嘉名」とあるのは、この時の命令によるものであろう。(2)彩色　絵具の原料となる鉱物の類。(3)色目　種目。(4)古老相伝旧聞『常陸国風土記』冒頭に「常陸国司解申古老相伝旧聞事」はこれに対応する。(5)史籍　地誌を史籍とするのは、中国で地理書が史籍に含まれていることによるか。

## 292〔常陸国風土記〕

常陸国司解(1)　申古老相伝旧聞事

問国郡旧事、古老答曰、古者自相模国足柄岳坂《あしがらのやまさか》(2)以東諸県、惣称我姫国《あづま》(3)。是当時不言常陸《ひたち》、唯称新治《にいばり》・筑《つく》波《ば》・茨城《うばらき》・那賀《なか》・久慈《くじ》・多珂《たか》国、各遣造《みやつこ》・別《わけ》(4)令検校。其後至難波長柄豊前《ながらのとよさき》大宮臨軒《あめのしたしろしめしし》(孝徳)天皇之世、遣高向《たかむこ》臣・中臣幡織田《はたおりだ》連等、惣領自坂以東之国。于時我姫之道分為八国(5)、常陸国居其一矣。所以然号《しかなづく》者、往来道路、不隔江海《うみ》之津《つ》済《わたり》、郡郷境堺、相続山河之峰谷、取直通《ひたみち》(6)之義、以為名称焉。或曰、倭武《やまとたける》天皇(7)巡狩東夷之国、幸《いでまし》過新治之県、所遣国造毗那良珠《ひならす》命、新令掘井、流泉《いづみ》浄澄、尤有好愛。時停乗輿、翫水洗手、御衣之袖、垂泉而沾《ひづ》。便依漬《ひたす》袖之義、以為此国之名。風俗《くにぶり》(8)諺云、筑波岳《みね》黒雲掛《かかり》、衣袖漬《ひたち》国是也。

(1)解　下級官司から上級官司への公式文書。常陸国司から太政官への文書。(2)足柄岳坂　静岡・神奈川両県境にある。(3)我姫国　東(あずま)の国に同じ。(4)造・別　国造は、地方の国を領有統治する地方豪族、別は天皇の子孫で地方に封ぜられた氏族。(5)八国　相模・上総・下総・上野・下野・武蔵・常陸・陸奥国。(6)直通　舟を要しないで通れる道ということからすれば、直(ひた)道、陸路だけでゆききできる道という意。(7)倭武天皇　景行天皇の皇子。『古事記』では倭建命、『日本書紀』は日本武尊。(8)風俗諺　土地の人が言い伝えてきた詞。

## 293〔出雲国風土記〕

出雲国風土記

国之大《おおき》体《かたち》(1)、首《はじめ》震《ひがしのかた》、尾《おわり》坤《ひつじさるのかた》。東南山、西北属《つ》海。東西一百卅九里一百九歩、南北一百八十三里一百七十三歩。

(2)老細《くわし》思《かんがへ》枝葉(3)、裁《ことわり》定詞源《なのもと》(4)、亦、山野浜浦之処、鳥獣之棲《すみか》、魚貝海菜之類、良《やや》繁多、悉不陳《べ》。然不獲止《やむ》、粗《ほぼ》挙梗概《おおむね》、以成記趣。

(中略)

天平五年(5)二月卅日　勘造、

秋鹿郡(6)人　神宅臣全太理《みやけのおみまたたり》

国造　帯意宇郡(7)大領外正六位上勲十二等　出雲臣広島

(1)国之大体　地形の概観。以下『出雲国風土記』全体の首部の冒頭。(2)老『出雲国風土記』筆録編者。(3)枝葉　子孫。(4)詞源　土地の名の由来。(5)天平五年二月三十日 以下全体の奥書。(6)秋鹿郡 島根半島の中央部。島根県松江市、鹿島町等の付近。(7)意宇郡 島根県松江市、安来市、八束郡東出雲町等の付近。

【解説】 風土記は、和銅六年の詔で、諸国に物産・伝承等を報告させようとしたことにもとづく地誌で、現存するのは『出雲国風土記』で、常陸・播磨・豊後・肥前のものが部分的に現存する。風土記は、『出雲国風土記』が天平五年(七三三)の勘造と明記されているように、和銅六年の詔以降、順次編纂されていったらしい。

## 2 僧侶と仏教の展開

### (1) 道照

**294**〔続日本紀〕文武四年(七〇〇)三月己未(十日)条

道照和尚《わじょう》物化(1)。天皇甚悼惜之、遣使弔賻(2)之。和尚河内国丹比《たじひ》郡人也。俗姓船《ふね》連、父恵釈《えさか》(3)少錦下。(中略)初孝徳天皇白雉四年、随使入唐、適《たまたま》遇玄弉三蔵、師受業焉。(中略)登時《すなわチ》船進還帰本朝。於元興寺(4)東南隅、別建禅院而住焉。于時、天下行業之徒、従和尚学禅焉。於後周遊天下、路傍穿井、諸津済処儲船造橋。乃山背国宇治橋、和尚之所創造者也。和尚周遊凡十有余載。有勅請還、還住禅院。坐禅如故《もと》。或三日一起、或七日一起。倏忽《しゆくこつ》(5)香気従房出。諸弟子驚怪、就而謁和尚、端坐縄床(6)、無有気息。時七十有二。弟子等奉《う》遺教、火葬於粟原(7)。天下火葬、従此而始也。世伝云、火葬畢、親族与弟子相争、欲取和上骨斂之、飄風《つむじ》忽起、吹颺灰骨、終不知其処。時人異《あやし》焉。後遷都平城也、和尚弟及弟子等奏聞、徙《うつ》建禅院於新京。今平城右京禅院是也。此院多有経論。書《しよ》迹楷好《しやくかいこう》、並不錯誤。皆和上之所将来者也。

(1)物化 死ぬこと。(2)弔賻 物を贈って弔うこと。(3)俗姓船連、父恵釈 船連はもと船史。恵釈は恵尺とも。(4)元興寺 飛鳥の元興寺、すなわち飛鳥寺、法興寺。(5)倏忽 たちまち。(6)縄床 縄を張ってつくった腰掛け。(7)粟原《あわはら》 『大和志』に、十市《とおち》郡粟原村に粟原廃寺があるとする。今の奈良県桜井市粟原。

**295**〔宇治橋断碑〕

湎湎《べんべん》(1)横流、其疾如箭《や》、修(修(2)(3)征人、停騎成市。欲赴重深(4)、人馬亡《うしな》命。従古至今、莫知杭竿《かんこう》(5)。世有釈子(6)、名曰道登(7)。出(自山尻《やましろ》恵満《えま》之家。大化二年(六四六)、丙午之歳、構立此橋、済度人畜。)即因微善、爰発大願、結因此橋、成果彼岸(8)。法界衆

生モ、普《あまね》ク同ズレバ二此願ノ一、夢裏空中ニ、導カム二其昔縁ノ(9)ヲ一。）

（1）浼浼　水の平らかに流れるさま。（2）（　）　宇治橋断碑は、江戸時代の寛政年間の初期に、その首部（三行の碑文、各行の頭部の二句と三句目の一字目）が偶然発見された。一七九三年（寛政五）に、下半部が『帝王編年記』に掲載された原文によって復原され、宇治橋のほとりの京都府宇治市宇治東の放生院（常光寺地蔵院は旧名）境内に所在する。（　）内は復原された部分。（3）修修　長々と続くさま。（4）重深　川の深いところを渡ろうとして。（5）杭竿　杭は航。竿で川を航ること。（6）釈子　出家した僧。（7）道登　『日本霊異記』上・十二縁では、高麗学生、元興寺沙門とあり、宇治橋をつくったとある。『今昔物語集』巻十九・三十一語も同様。しかし、『続日本紀』文武四年三月己未（十日）条では、宇治橋をつくったのは道照とする。（8）成果彼岸　成仏を願う。（9）昔縁　前世からの因縁。あるいは昔の道登上人の縁か。

【解説】　七世紀半ばになると、それまで王権によって主導されてきた造寺・造仏は、地方豪族層に拡大し、各地に古墳を築造してきた彼らは、氏寺を造営していった。こうした仏教の普及のなかで、僧たちのなかには、衆生の救済を実現しようとする大乗仏教の菩薩道を実践しようと、造道・造橋などの社会事業をおこなうものも登場してきた。道照が井戸を掘ったり、渡し場の船をつくる、橋をかけるなどの事業をしたのもその一つであろう。宇治橋断碑によれば、宇治橋の造営は道登の事業であるが、どちらにしてもそうした事業の一つであろう。

## (2) 行　基

### 296〔続日本紀〕

**養老元年（七一七）四月壬辰（二十三日）条**

詔シテ曰ハク、「（中略）方今、小僧行基《ぎょうき》并セテ弟子等、零二畳シテ街衢《がいく》ニ一、(1)妄リニ説キ二罪福ヲ一、(2)合セ二構ヘテ朋党ヲ一、(3)焚キ二剝《ぎ》シ指臂《ひ》ヲ一、(4)歴テレ門ヲ仮説シテ、(5)強ヒテ乞ヒ二余物ヲ一、詐リテ称シテ二聖道ト一、妖二惑ス百姓ヲ一。(6)道俗擾乱シテ、四民棄テレ業ヲ、(7)進ミテハ違ヒ二釈教ニ一、退キテハ犯ス二法令ヲ一。（中略）自レ今以後、不レ得二更ニ然ルヲ一。布二告シテ村里ニ一、勤メテ加ヘヨ二禁止ヲ一」ト。ノタマフ

**天平三年（七三一）八月癸未（七日）条**

詔シテ曰ハク、「比年《このごろ》、随《したが》フ二逐行基法師ニ一優婆塞《うばそく》・優婆夷《うばい》等、(8)如クレ法ノ修行スル者《ひと》ハ、男年ハ六十一已上、女年ハ五十五以上、咸《ことごと》ク聴《ゆる》セ二入道スルヲ一。(9)自余ノ持シテレ鉢ヲ行クレ路ヲ者ハ、仰セテ二所由ノ司ニ一、厳ニ加ヘヨ二捉搦《そくだく》ヲ一。其ノ有リテレ遇フコト二父母・夫ノ喪ニ一、期年以内ニ修行スルハ、(10)勿レ論ズルコト」ト。ノタマフ

**天平十五年（七四三）十月乙酉（十九日）条**

（聖武）皇帝御シテ二紫香楽宮《しがらきのみや》ニ一、(11)為メニレ奉ラムガレ造リ二盧舎那仏像ヲ一始メテ開ク二寺地ヲ一。於テレ是ニ、行基法師率キテ二弟子等ヲ一、勧メ二誘《みちび》ク衆庶ヲ一。

**天平十七年（七四五）正月己卯（二十一日）条**

詔シテ、以テ二行基法師ヲ一為ス二大僧正ト一。

(1)零畳街衢　ちまたに集散する。(2)妄説罪福　僧尼令5に「妄説二罪福一……皆還俗」とある。(3)合搆朋党　徒党を組むこと。僧尼令4に「若合二搆朋党一……百日苦使」とある。(4)焚剝指臂　指肱の皮を焼き剝ぐ。僧尼令27に「不レ得二焚レ身捨一レ身。……並依レ律科断」とある。(5)歴門仮説　俗人を訪ねて教化する。僧尼令23に「歴レ門教化。……百日苦使」とある。(6)詐称聖道妖惑百姓　僧尼令1に「妖二惑百姓一、……及詐称レ得二聖道一、並依二法律一、付二官司一科レ罪」とある。(7)四民　士農工商。一般人。(8)優婆塞・優婆夷　男性と女性の在俗仏教信者。(9)入道　正式の出家。政府の許可を必要とした。(10)期年《ごねん》　服喪期間である一年間。(11)紫香楽宮　信楽宮とも。

## 297〔大僧正舎利瓶記(1)〕

和上《わじょう》ハ、法諱《いはい》(2)ハ法行、一ニ号ス二行基ト一。薬師寺ノ沙門也。俗姓ハ高志《こし》氏(3)。厥《その》考(4)ハ諱《いみな》ハ才智、字《あざな》ハ智法君之長子也。本出ツ二於百済ノ王子王爾《わに》(5)之後ヨリ一焉。厥《その》妣ハ蜂田《はちだ》氏(6)諱ハ古爾比売《こにひめ》、河内国大鳥郡ノ蜂田首ノ虎身之長女也。近江大津之朝戊辰之歳(天智七年・六六八)、誕《うまル》二於大鳥郡ニ一。至リテ二於飛鳥之朝壬午之年(天武十一年・六八二)ニ一、出家シテ帰シレ道ニ、苦行精勤シ、誘化シテ不レ息マ。人仰ギ二慈悲ヲ一、世称ス二菩薩ト一。是以テ天下ノ蒼生(7)、上及ブマデ二人主(8)ニ一、莫クレ不ルハ二望ミテレ塵ヲ頂礼(9)セ一、奔リ集ルコト如シレ市ノ。遂ニ得テ二聖朝ノ崇敬ヲ一、法侶帰服ス。天平十七年(七四五)、別ニ授ケラレ二太僧正之任ヲ一、並ビニ施サル二百戸之封ヲ一。于時ニ僧綱(10)已ニ備ハリ、特ニ居ル二其ノ上ニ一。雖モレ然リト不二以テ在懐(11)セ一、勤苦弥厲《いよいよはげム》。寿八十二(12)、廿一年(天平)(七四九)二月二日丁酉之夜、右脇ニシテ而臥シ、正念如クレ常ノ、奄《にわか》ニ終ル二於右京ノ菅原寺(13)ニ一。二月八日、火ニ葬ス二於大倭国ノ平群《へぐり》郡生馬《いこま》山之東陵(14)ニ一。是依レル二遺命ニ一也。弟子僧景静等、攀号(15)スレドモ不レ及バ、瞻仰(16)スレドモ無クレ見ルコト、唯有ルノミ二砕ケ残レル舎利《しゃり》、然《も》エ燼キタル軽灰一。故ニ蔵シテ二此ノ器ノ中ニ一、以テ為シ二頂礼之主ト一、界シテ二彼ノ山上ニ一、以テ慕フ二多宝之塔ヲ一。

天平廿一年(七四九)歳次己丑三月廿三日沙門真成

(1)大僧正舎利瓶記　行基の銀製の舎利容器(舎利瓶)は、鎌倉時代に奈良県生駒市の竹林寺の行基墓所から掘り出されたが、行基の墓誌というべき在銘銅筒に納められていた。在銘銅筒は、現在その破片の一部が残っているのみであるが、大僧正舎利瓶記によってその銘の全体を知ることができる。(2)法諱　僧名。(3)高志氏　河内の文氏の一族。(4)考　考は亡父。妣は亡母。(5)王爾　応神紀に渡来とあり、書首等の始祖とされる。(6)蜂田氏　姓氏録に「呉主孫権の後也」とあり、半島からの渡来氏族。(7)蒼生　人民。(8)人主　君主。(9)頂礼　仏教における礼法の一つで、仏や尊者の前にひれふし、頭を相手の足につけておがむこと。(10)僧綱　仏教界を統括する僧官。僧正・僧都・律師からなる。(11)在懐　その地位に安んずること。(12)八十二　『続日本紀』には八十とある。(13)菅原寺　現在の喜光寺。奈良市菅原町にある。(14)生馬山之東陵　奈良県生駒市有里。現在ここに鎌倉時代に建てられた竹林寺があり、その向かいにある往生寺は行基の火葬場とされている。(15)攀号　すがりついて泣く。(16)瞻仰　仰ぎ見て慕う。

【解説】　律令国家のもとで、仏教は鎮護国家の目的のもとに統制された。僧尼令には、寺院の外に出て勝手に布教してはいけないことをはじめとして、僧尼の行動に対するさまざまな規制を規定している。こうした統制に対して、行基とその弟子は、巷に群集し、民衆を直接教化しようとし、信仰集団を作り出していった。さらに、畿内の交通の要所に「布施屋《ふせや》」をもうけ、橋・道・船息などの交通施設、また池・溝などの灌漑施設の造営をすすめた。これは、律令国家の徭役などによって、在地社会から切り離された人々が生み出されるなかで、道照の菩薩道の事業が、その弟子の行基によって拡大して展開されたことを意味するであろう。当初、律令国家は、行基とその弟子を弾圧したが、大仏造営の知識結《ちしきゆい》の結成を呼びかけた聖武天皇に応えて、行基がその弟子たちを率いて参加すると、行基は大僧正とされた。

## (3) 鑑　真

**298〔唐大和上東征伝〕**

大和上《わじょう》(1)、諱鑒真《がんじん》、揚州江陽県人也。俗姓渟于《ていう》、斉大夫髠(2)之後。其父先就揚州大雲寺智満禅師受戒(3)、学禅門。大和上、年十四、随父入寺、見仏像感動心。因請父求出家。父奇其志許焉。是時大周則天(4)長安元年(七〇一)、有詔、於天下諸州度僧(5)。便就智満禅師、出家為沙弥《しゃみ》(6)、配住大雲寺。後改為龍興寺。唐中宗孝和聖皇帝神龍元年(七〇五)、従道岸律師受菩薩戒(7)。景龍元年(七〇七)、杖錫東都(8)、因入長安。其二年(七〇八)三月廿八日、於西京(9)実際寺、登壇受具足戒(10)。荊州南泉寺弘景律師為和上。巡遊二京、究学三蔵(11)、後帰淮南《わいなん》、教授戒律。江淮之間、独為化主(12)。於是、興建仏事、済化群生。其事繁多、不可具載。(下略)

(1)大和上　七五八年(天平宝字二)八月に授与された、受戒僧に対する最高の尊称。(2)斉大夫髠《こん》　戦国時代末期の人。(3)戒　仏道に入道した僧尼及び在家が自発的に守るべき徳目を戒といい、教団が定めた規則を律という。(4)大周則天　則天武后のとき国号を大周とした。(5)度僧　僧の出家を許す。(6)沙弥　出家して十戒を受けた男子でまだ比丘《びく》にならぬもの。(7)菩薩戒　大乗の仏門に入る人の守るべき戒律。(8)東都　洛陽。(9)西京　長安。(10)具足戒　僧尼の守るべき戒律。この戒を守れば徳は自ずから具足するとされる。(11)三蔵　仏教の教義である経・律・論の総称。蔵とは一切法義を蔵する意。(12)化主　高徳の僧。

**299〔続日本紀〕天平宝字七年(七六三)五月戊申(六日)条**

大和上鑒真物化(1)。和上者、揚州龍興寺之大徳(2)也。(中略)天宝二載(七四三)(3)、留学僧栄叡《ようえい》・業行等、白《もう》和上曰、「仏法東流、至於本国(4)。雖有其教、無人伝授。幸願《のぞみ》、和上東遊興化」。辞旨懇至、諮請不息《やま》。乃於揚州買船入海。而中途風漂、船被打破。和上一心念仏、人皆頼之免死。至於七載(七四八)、更復渡海。亦遭風浪、漂着日南(5)。時栄叡物故。和上悲泣失明。勝宝四年(七五二)、本国使適々《たまたま》(6)聘于唐。業行乃説以宿心(7)。遂与弟子廿四人、寄乗副使大伴宿禰古麻呂船帰朝(8)。於東大寺安置供養。(中略)

聖武皇帝師《トシテ》レ之《ヲ》受戒《ス》焉。及《ビテ》二皇太后不悆(9)《ニ》一、所《ノ》レ進《たてまつレル》医薬有《リ》レ験。授《ク》二位大僧正(10)《ヲ》一。俄以《テ》二綱務(11)煩雑《ナルヲ》一、改《メテ》授《ケ》二大和上之号《ヲ》一、施《スニ》以《テス》二備前国《ノ》水田一百町《ヲ》一。又施《シテ》二新田部《にいたべ》親王之旧宅(12)《ヲ》一、以為《テス》二戒院(13)《ト》一。今《ノ》招提寺是(14)《レ》也。和上預《メ》記《ス》二終日《ヲ》一。至《リテ》レ期《ニ》端坐《シ》、怡《い》然(15)《トシテ》遷化《せんげス》。時《ニ》年七十有七。

(1)物化《ぶつけ》　死ぬこと。(2)大徳　高徳の僧。(3)天宝二載　唐の玄宗の年号。七三九年天平十五)。(4)本国　日本。(5)日南　唐の州。現在のベトナム北部。(6)本国使　七五〇年(天平勝宝二)任命の大使藤原清河、副使大伴古麻呂、吉備真備の遣唐使。(7)宿心　かねてからの望み。(8)帰朝　天平勝宝六年正月十六日壬子条に大伴古麻呂の来帰とともに、鑑真等が帰朝したとある。帰朝とするのは、鑑真等が外国人であることによって、「帰化」ということを意識したことによるか。(9)皇太后不悆《ふよ》　光明子の病気。あるいは聖武天皇の母、藤原宮子か。(10)大僧正　天平勝宝八歳五月丁丑条には、大僧都とある。(11)綱務　僧綱の仕事。(12)新田部親王之旧宅　天武天皇の第七皇子。その子の塩焼王・道祖王に伝えられたとすれば、没官されていたか。(13)戒院　戒壇院か。(14)招提寺　唐招提寺。招提とは僧侶の集住する場所。唐大和上東征伝によれば、唐律招提。(15)怡然　やすらかに。

【解説】　仏教の普及、僧尼集団の拡大とともに、国家の許可を得ずに自ら得度した私度僧の増大や僧尼の行動の逸脱のなかで、仏教界の規律をただすために、授戒の制度の整備が求められた。栄叡・普照は、唐僧の道璿《どうせん》やインド僧菩提《ぼだい》らの招請に成功したが、さらに律僧として高名であった鑑真を授戒の師僧として招請した。五回渡航に失敗し、栄叡は病死、鑑真も視力を失ったが、天平勝宝六年入国し、戒律を伝え、戒壇を建立して、聖武上皇、光明皇太后らに授戒、唐招提寺《とうしょうだいじ》を創建し、随行してきた僧尼とともに、後世に大きな影響を及ぼした。『唐大和上東征伝』は淡海三船《おうみのみふね》の撰による鑑真の伝記。

## (4)　鎮護国家仏教

300　〔日本書紀〕

### 天武五年(六七六)十一月甲申(二十日)条

遣《シテ》二使《ヲ》於四方国《よもノ》《ニ》一、説《カシム》二金光明経《こんこうみょうきょう》(1)・仁王経《にんのうきょう》(2)《ヲ》一。

### 天武九年(六八〇)五月乙亥朔条

勅《シテ》、絁綿糸布《ヲ》、以施《テスコト》二于京内廿四寺《ニ》一各有《リ》レ差。是日《ノ》、始《メテ》説《カシム》二金光明経《ヲ》于宮中及《ビ》諸寺《ニ》一。

(1)金光明経　北涼曇無讖訳の金光明経四巻、または隋の宝貴訳の合部金光明経八巻。(2)仁王経　後秦鳩摩羅什訳仁王般若波羅密経二巻。

301　〔続日本紀〕

### 天平六年(七三四)十一月戊寅(二十一日)条

太政官奏《スラク》、「仏教《ノ》流伝《ハ》、必在《リ》二僧尼《ニ》一。度人(1)《ノ》才行《ハ》、実簡《バルルニ》二所司《ニ》一、比来《このころノ》出家《ハ》、不レ審《セ》二学業《ヲ》一、多由《ル》二嘱請(2)《ニ》一。甚乖《たがヘリ》二法意《ニ》一。自《リ》レ今以後、不レ論《ゼ》二道俗《ヲ》一、所《ノ》レ挙《スル》度人《ハ》、唯《ダ》取《リテ》下闇二誦《シ》法花経《ほっけ》(3)一部《ヲ》一、或《ハ》最勝王経《さいしょうおうきょう》(4)一部《ヲ》一、兼《ネテ》解《シ》二礼仏《ヲ》一、浄行三年以上《ナラム》者《ヲ》上、令《メバ》二得度《セ》一者、学問弥長《シ》、嘱請自休《マムト》。其取《リテ》二僧尼《ノ》児《ヲ》一、詐《テ》

作《シ》二男女(5)《ト》一、得《ラバ》二出家《スルコト》一者、准《ジテ》レ法科《ニセヨ》レ罪《ヲ》。所司知《リテ》而不《レバ》レ正《サ》者、与同罪(6)。得度《スル》者《ハ》還俗(7)《サセムトイフ》」。奏《スルニ》可《かトシタマフ》之。

**天平九年（七三七）八月丙辰（十五日）条**

為《メニ》二天下太平、国土安寧《ノ》一、於《テ》二宮中一十五処《ニ》一、請《まねキテ》二僧七百人《ヲ》一、令《ム》レ転《ぜ》二大般若経《だいはんにやきよう》(8)・最勝王経《ヲ》一。度《スルコト》四百人。四畿内七道《ノ》諸国《ハ》五百七十八人。

（1）度人　得度する人。（2）嘱請　僧綱などに個人的に出家を頼む。（3）法花経　鳩摩羅什訳妙法蓮華経。八巻または七巻。（4）最勝王経　唐義浄訳の金光明最勝王経十巻。（5）男女　子供。僧尼の子供を在家の子供と偽って。（6）与同罪　同じ刑を科す。（7）還俗　僧尼の資格を剝奪する。（8）大般若経　大乗仏教経典で般若経典を集大成したもの。六百巻。

【解説】　仏教の興隆によって国家の安寧をはかる鎮護国家の思想に基づき、金光明最勝王経、仁王経、法華経などの経典が尊重された。諸国及び諸寺にそれらの経典が置かれ、その暗誦が僧尼の得度の場合の条件の一つとされた。

## (5)　国分寺創建

**302〔続日本紀〕**

**天平十三年（七四一）三月乙巳(1)（二十四日）条**

詔《シテ》曰《ハク》、「朕(聖武)以《テ》二薄徳《ヲ》一、忝《かたじけなクモ》承《ク》二重任(2)《ヲ》一。未レ弘《マラ》二政化《ヲ》一、寤《ご》寐《び》(3)《ニ》多《ク》慙《ヅ》。古《ノ》之明主《ハ》、皆能《クシテ》二光業《ヲ》一、国泰《ク》人楽《ミ》、災除《キ》福至《ル》。脩《メテカ》二何政化《ヲ》一、能《クいたラムヤ》臻(ラムヤ)(イタラムヤ)二此道《ニ》一。頃者《このごろ》、年穀不レ豊《ナラ》、疫癘《えきれい》頻《ニ》至《ル》。慙懼交《こもごも》集《リテ》、唯《ただ》労《シテ》罪《ス》レ己《ヲ》。是以《ヲテ》、広《ク》為《メニ》二蒼生《ノ》一、遍《ク》求《ム》二景福《ヲ》一。故《ニ》前年(4)、馳《セテ》レ使《ヲ》増三飾《ス》天下《ノ》神宮《ヲ》一。去歳(5)、普《ク》令《ム》下天下《ヲシテ》造《リ》二釈迦牟尼仏尊像、高一丈六尺《ナル》者、各一鋪《ヲ》一、并《セテ》写《サ》中大般若経(6)各一部《ヲ》上。自《リ》二今春一已来、至《ルマデニ》二于秋稼(7)《ニ》一、風雨順《ヒ》レ序《ニ》、五穀豊穣《ナリ》。此乃《チ》、徴《シ》レ誠《ヲ》啓《ひらクコト》レ願《ヲ》、霊貺《れいきよう》如《シ》レ答《フルガ》。載《すなわチ》惶《レ》載懼《おぢテ》、無《シ》二以《テ》自《ラ》寧《キコト》一。案《ズルニ》レ経《ヲ》云《ハク》、「若有《ラム》二国土講《シ》三宣-読-誦、恭《シ》三敬-供-養《シテ》、流《スル》四通此経《ヲ》一王者、我等四王(8)、常《ニ》来《リテ》擁護《ス》。一切災障《ノ》、皆使《ム》二消殄《セ》一。憂愁疾疫、亦令《ム》二除差《セ》一。所願遂《とゲテ》レ心《ニ》、恒《ニ》生《ゼム》二歓喜《ヲ》一」者《トイヘリ》。宜《シ》レ令《ム》下天下《ノ》諸国《ヲシテ》各令《メ》レ敬《ヒ》三造《ラ》七重塔一区《ヲ》一、并《セテ》写《サ》中金光明最勝王経《こんこうみようさいしようおうきよう》・妙法蓮華経《みようほうれんげきよう》一部《ヲ》上。朕、又別《ニ》擬《はかリテ》、写《シテ》二金字《ノ》金光明最勝王経《ヲ》一、毎《ニ》レ塔各令《メムカ》レ置《カ》二一部《ヲ》一。所《ねがハクハ》レ冀、聖法之盛《ノ》、与《ともニ》二天地《ト》一而永《クつたはリ》流、擁護之恩《ノ》、被《リテ》二幽明(9)《ヲ》一而恒《ニ》満《タムコトヲ》。其造塔之寺(10)《ハ》、兼《ネテせム》為《ト》二国華一。必択《ビテ》二好処《ヲ》一、実可《シ》二久長《ナル》一。近《クハ》レ人《ニ》則《チ》不《セ》レ欲二薫臭(11)《ノ》所《ヲ》レ及《ブ》。遠《クハ》レ人《ニ》則《チ》不《セ》レ欲二労《シテ》レ衆《ヲ》帰集《スルコトヲ》一。国司等、各宜《シ》下務《メテ》存《シ》二厳飾《ヲ》一、兼《ネテ》尽《ス》中潔清《ヲ》上。近《ク》感《かまケ》二諸天(12)《ニ》一、庶《ねがフ》三幾臨護《ヲ》一。布《シ》二告遐邇(13)《ニ》一、令《メヨ》レ知《ラ》二朕《ガ》意《ヲ》一。又毎《ノ》レ国僧寺《ニハ》、施《セ》二封五十戸(14)、水田一十町《ヲ》一。尼寺《ニハ》水田十町。僧寺《ニハ》必令《メヨ》レ有《ラ》二廿僧一。其寺《ノ》名《ハ》、為《ヨ》二金光明四天王護国之寺(15)《ト》一。尼寺《ハ》一十尼。其名《ハ》為《ヨ》二法華滅罪之寺(16)《ト》一。両寺相去《リ》、宜《シ》レ受《ク》二教戒《ヲ》一。若有《ラバ》レ闕《クルコト》者、即《チ》須《シ》二補満《ス》一。其

僧尼、毎月八日《ニハ》、必《ズ》応《シ》レ転《ス》二読最勝王経《ヲ》一。毎《ニ》レ至《ル》二月《ノ》半《ニ》一、誦《シ》二戒羯磨《かいかつまヲ》(17)一、毎月六斎日(18)《ニハ》、公私不《レ》レ得二漁猟殺生《スルコトヲ》一。国司等宜《シ》三恒《ニ》加《フ》二検校《ヲ》一」《トノタマフ》。

(1)三月二十四日乙巳条　天平十九年十一月七日己卯条の詔や『類聚三代格』所収の勅には「二月十四日」とある。三月乙巳(二十四日)とするのは、『続日本紀』編纂時の際の干支のかけ方の誤りとすべきであろう。(2)重任　君主としての重い任務。(3)寤寐　寝てもさめても。(4)前年　天平九年(七三七)十一月癸酉条に神社を修造させたとある。(5)去歳　天平九年三月丁丑条に国ごとに釈迦仏一体、脇士菩薩二軀を造り、大般若経一部を写させよとの詔がある。(6)大般若経　大般若波羅密陀経六百巻。(7)自今春已来、至于秋稼　今年の春から秋の収穫まで。二月あるいは三月に出された詔文としては不適切とされる。この詔文は以前に出された国分寺造営の詔文にあらたな部分を加えて出されたか。(8)四王　仏教の守護神たる四天王、持国天王・増長天王・広目天王・多聞天王。(9)幽明　来世と現世。(10)造塔之寺　僧寺の塔が国分二寺の中心と意識されていることを示す。(11)薫臭　良い薫りと悪い臭い。(12)諸天　仏法を擁護する神々。(13)遐邇　遠く近く。(14)封五十戸　天平十三年正月丁丑条に藤原氏の封戸五千戸が返上され、そのうち三千戸を諸国の国分寺に施入との記事がある。(15)金光明四天王護国之寺　金光明最勝王経の経名と同経の四天王護国品の品名による。(16)法華滅罪之寺　法華経の経名とその思想による。(17)戒羯磨　玄奘訳の菩薩戒羯磨文一巻。受戒や懺悔の作法を説いたもの。(18)六斎日　阿含経その他に由来し、毎月八日、十四日、十五日、二十三日、二十九日、三十日には、四天王またはその使者が下界に降り立って衆生を監視するとされる。雑令に六斎日には殺生を禁ずる規定がある。

## 天平十九年(七四七)十一月己卯(七日)条

詔《シテ》曰《ハク》、「朕、以《テ》二去《ル》天平十三年(七四一)二月十四日(1)《ヲ》一、至心《ニ》発《おこシ》レ願《ヲ》、欲《シ》レ使《メムト》二国家《ヲシテ》永《ク》固《ク》、聖法《ヲシテ》恒《ニ》修《セ》一、遍《ク》詔《シテ》二天下《ノ》諸国《ニ》一、国別《ニ》令《ム》レ造《ラ》二金光明寺・法花寺(2)《ヲ》一。其《ノ》金光明寺《ニハ》各造《リ》二七重塔一区《ヲ》一、幷《ビニ》写《シテ》二金字《ノ》金光明経一部《ヲ》一、安二置《セシム》塔裏《ノうちニ》一。而《ルニ》諸国司等怠緩《シテ》不レ行《ハ》。或《ハ》処《おクニ》レ寺《ヲ》不レ便《ナラ》、或《ハ》猶《ホ》未レ開《カ》基《ヲ》。以為《おもヘラク》、「天地《ノ》災異、一二顕《レ》来《ルコト》、蓋《シ》由《よルカ》レ茲《ニ》乎」《トオモフ》。朕之《ガ》股肱(3)《ここう》、豈合《ニベケムヤ》レ如《クアル》レ此《ノ》。是《ヲ》以《テ》、差《シ》二従四位下石川朝臣年足、従五位下阿倍朝臣小嶋・布勢朝臣宅主等《ヲ》一、分《チテ》レ道《ヲ》発遣《シ》、検《しらベ》二定《メ》寺地《ヲ》一、幷《セテ》察《セシム》二作《ル》状《ヲ》一。国司宜《シ》下与《ともニ》二使及《ビ》国師(4)一簡《えらビ》二定《メテ》勝地《ヲ》一、勤《メテ》加《フ》中営繕《ヲ》上。又任《ジテ》二郡司《ノ》勇幹《ニシテ》堪《たフル》レ済《なスニ》二諸事《ヲ》一、専《ラ》令《メヨ》二主当《セ》一。限《リテ》二来《ル》三年以前《ヲ》一、造《リテ》二塔・金堂・僧坊《ヲ》一、悉《ク》皆令《メヨ》レ了《ヘ》。若《シ》能《ク》契《かなヒ》レ勅《ニ》、如《ク》レ理《ノ》修二造《セバ》之《ヲ》一、子孫無《ク》レ絶《ユルコト》、任《セム》二郡領司《ニ》一。其《ノ》僧寺・尼寺《ノ》水田者《ハ》、除《ク》二前《ニ》入《ル》数(5)《ヲ》一已外、更《ニ》加《フルコト》二田地《ヲ》一、僧寺《ニ》九十町、尼寺《ニ》四十町。便《チ》仰《セテ》二所司《ニ》一墾開《シテ》応《シ》レ施《ス》。普《あまねク》告《ゲテ》二国郡《ニ》一、知《ラシメヨ》二朕《ガ》意《ヲ》一焉」《トノタマフ》。

(1)天平十三年二月十四日　『続日本紀』では、これに対応する詔を同年三月乙巳(三月二十四日)条に収めるが、干支の係け方の誤りとすべきであろう。(2)金光明寺・法花寺　正式には金光明四天王護国之寺、法華滅罪之寺。(3)股肱　最も頼みとする臣。(4)国師　国ごとにおかれた僧官。国司とともに国内の僧尼と寺院の監督をおこなった。(5)前入数　天平十三年の詔で僧寺・尼寺に各十町が施入された。

【解説】　国分寺は、鎮護国家の思想にもとづき、各国に建立した官寺で、隋唐の大雲寺制などを参照したものとされる。国分寺建立は、六八五年(天武十四)の詔で諸国の家毎に仏像と経を置かせたことに出発があるともされるが、直接には七三七年(天平九)三月の詔で諸国に釈迦三尊像と大般若経の書写を命じたことに始まる。七四〇年六月には諸国に法華経の書写と七重塔の建立を、九月の勅で観音像の造立と観世音経の書写を命じた。七四一年正月に藤原氏より返還された封戸三千を諸国国分寺丈六仏像料に充てたことをふまえて、同年二月に国毎に国分僧寺と国分尼寺を建立し、金字最勝王経を安置すること、封戸と水田の施入など体系的な国分寺建立の詔を発した。さらに七四七年(天平十九)十一月の詔で七道に使が遣わされ、国司に三年の内に造営を終わるように督促されている。国分寺の建立時期や規模は、各国の政治財政状況によって異なるが、宝亀年間には多くの国で国分寺が造営されていたとされている。

## (6)　大仏造立

**303〔続日本紀〕**

**天平十五年(七四三)十月辛巳(十五日)条**

詔曰、「朕(聖武)以二薄徳一、恭承二大位一、(1)志存二兼済一、(2)勤撫二人物一。雖三率土之浜已霑《うるお》二仁恕一、而普天之下、未レ洽《あまねく》二法恩一。誠欲下頼二三宝之威霊一、乾坤相泰《ゆたか》、脩二万代之福業一、(3)動植(4)咸《ことごとく》栄上。粤《ここ》以下天平十五年(七四三)歳《ほし》(5)次《やど》二癸未一十月十五日上、発二菩薩大願一、(6)奉レ造二盧舎那仏《るしやなぶつ》(7)金銅像一躯一。尽二国銅一而鎔《い》レ象《かたち》、削二大山一以構レ堂、広及二法界一、為《す》二朕智識一。(8)遂使下同蒙二利益一共致中菩薩上。夫有《たも》二天下之富一者朕也。有二天下之勢一者朕也。以二此富勢一造二此尊像一。事也易レ成、心也難レ至。但恐徒有レ労レ人、無二能感レ聖、或生二誹謗一、反堕二罪辜《ざいこ》一。(9)是故、預二智識一者、懇発二至誠一、各招二介福一、(10)宜三日毎三拝二盧舎那仏一。自当下存レ念各造中盧舎那仏上也。如《も》更有レ人、情下願持二一枝草一把土一助中造像上者、恣《ほしきまま》聴《ゆる》レ之。国郡等司莫下因二此事一、侵二擾百姓一、強令中収斂上。布二告遐邇一、(11)知二朕意一焉」。

(1)大位　天皇の位。(2)兼済　あらゆるものを救う。(3)万代之福業　万代までのすぐれた事業。(4)動植　動植物。(5)歳　木星。十二年で天を一周し、一年で一次を行く。その木星が癸未に宿る年。(6)菩薩大願　菩提(悟)を求めて、衆生を救済する願い。(7)盧舎那仏　サンスクリットのバイローチャナの音訳で、意訳は光明遍照。華厳経・梵網経の教主。(8)知識　善知識の略。良き友人、教えを説き仏道に導く人を指す。ここでは、仏像を造るために心を合わせ、財や力を提供する人々の意味。(9)恐徒有労人、無能感聖。或生誹謗、反堕罪辜　恐れるのは、徒に人々に労役を課すのみで、仏の本当の有り難さを理解させることもできず、かえって誹りを生じ、罪に堕ちる者がでてくることである。(10)介福　大きな福。(11)遐邇《かじ》　あちらこちら。国内のあらゆる地域に。

**天平勝宝元年(七四九)二月丁巳(二十二日)条**

陸奥ノ国ヨリ、始メテ貢ス二黄金ヲ一。於テレ是ニ、奉リテレ幣ヲ、以テ告グ二畿内七道諸社ニ一。

**天平勝宝元年四月甲午朔条**

(聖武)天皇幸シ二東大寺(1)ニ一、御シテ二盧舎那仏像ノ前殿ニ一、北面(2)シテ対《むか》フレ像(3)ニ。皇后(光明)・(阿倍内親王)太子並ビニ侍セリ焉。群臣百寮及ビ士庶、分頭シテ行シテ二列ス殿ノ後ニ一。勅シテ、遣シテ二左大臣橘宿禰諸兄ヲ一、白《もう》サクレ仏ニ、「三宝《さんぼう》(4)乃《の》奴止《やつこと》仕奉流《つかえまつる》天皇羅我《すめらが》命《おおみことらまと》、盧舎那《るしやな》像能《かたちの》大前仁《おおまえに》奏賜部止《もうしたまへと》奏久《もうさく》、此大《このおお》倭国者《やまとのくに(5)は》、天地開闢以来尓《あめつちのはじめよりこのかたに》、黄金波《こがねは》人国用理《ひとのくに(6)より》献言《たてまつること》波《は》有登毛《あれども》、斯地者《このくには》無物止《なきものと》念部流仁《おもおへるに》、聞看食国中能東方陸奥国守《きこしめすおすくにのなかのひがしのかたむつのくにのかみ》従五位上《ひろきいつつのくらいのかみのしな》百済王《くだらのこにきし》敬福《きやうふく》伊《い》、部内少田郡《くにのうちおだのこおり(7)》仁《に》黄金在奏弖《こがねありともうして》献《たてまつれり》。此遠《こを》聞食《きこしめし》、驚《おどろき》伎悦《よろこび》備貴《とうとび》備念《おもおさ》久波《くは》、盧舎那仏乃《るしやなほとけの》慈賜比《めぐみたまひ》福波倍《さきはへ》賜物尓《たまうものに》有止《ありと》念閇《おもへ》(8)、受賜里《うけたまわり》恐里《かしこまり》、戴持《いただきもち》、百官乃人等《もものつかさのひとども》率天《をひきいて》礼拝仕奉事遠《おろがみつかえまつることを》、挂《かけまくも》畏《かしこき》三宝乃《さんぼうの》太前尓《おおまえに》、恐美《かしこみ》恐美毛《かしこみも》奏賜波久止奏《もうしたまはくともうす》」。(下略)

(1)東大寺 『続日本紀』での東大寺の初見。ここまでは金光明寺と表記。ただし天平十九年十二月の東大寺写経所解(『大日本古文書』九―六三二)がある。(2)北面 天皇は南面するのが原則。(3)像 『東大寺要録』大仏殿碑文に「以二勝宝元年歳次己丑十月二十四日一、奉鋳已了」とあるので、この段階では大仏は完成していなかった。(4)三宝 本来は、仏・法・僧の意味。ここでは仏の意味。(5)大倭国 日本全体。(6)人国 外国。(7)少田郡 宮城県遠田郡東部にあたる。(8)盧舎那仏乃慈賜比福波倍賜物尓有止念閇 盧舎那仏がさづけた黄金を賜ったと思う。

**天平勝宝四年(七五二)四月乙酉(九日)条**

盧舎那大仏像成リテ、始メテ開眼(1)ス。是ノ日、行二幸ス東大寺ニ一。天皇(孝謙)親ラ率キテ二文武ノ百官ヲ一、設斎大会ス。其ノ儀ハ一ニ同ジ二元日ニ一。五位已上ハ者、着ス二礼服(2)ヲ一。六位已下ハ者当色(3)ナリ。請フ二僧一万ヲ一。既ニシテ而雅楽寮及ビ諸寺ノ種々ノ音楽、並ビニ咸ク来リ集ル。復タ有リ二王臣諸氏ノ五節(4)・久米儛(5)・楯伏《たてふし》(6)・踏歌《とうか》(7)・袍袴《ほうこ》(8)ノ等歌儛一。東西発シレ声ヲ、分ケテレ庭ヲ而奏ス。所ノ作奇偉、不レ可カラ二勝《あげ》テ記ス一。仏法ノ東帰シテヨリ、斎会ノ之儀、未ダ三嘗テ有ラ二如クレ此ノ之盛ナルハ一也。是ノ夕、天皇還二御シテ大納言藤原朝臣仲麿ノ田村第(9)ニ一、以テ為ス二御在所ト一。

(1)開眼 仏像にまなこを入れて供養すること。この時の開眼導師は婆羅門僧菩提僊那。(2)礼服 大祀・大嘗・元日に皇太子以下五位以上が着用する服。(3)当色 位階に対応する朝服。(4)五節 五節舞とも。大嘗祭・新嘗祭における女舞。(5)久米儛《まい》 久米氏の歌舞が吸収されて服属儀礼化したもの。大伴が琴を弾き佐伯が刀を持って舞う。(6)楯伏 楯を伏せて踊る舞。土師宿禰と文忌寸が舞う。(7)踏歌 集団で歌う舞。(8)袍袴 『東大寺要録』開眼供養会条には、「唐女舞 一舞 施袴廿人」とある。(9)田村第 平城京の左京四条二坊にあった藤原仲麻呂の邸宅。

【解説】 聖武天皇が、盧舎那仏像の造立を発想したのは、七四〇年(天平十二)に河内国智識寺の盧舎那仏像を拝したことに始まるとされる。天皇は、七四三年(天平十五)十月の詔で盧舎那仏金銅像の造立を発願し、次年十一月には紫香楽宮の甲賀寺に骨柱が建てられたが、平城遷都などによって、翌年平城京の東郊の現東大寺に地を移して造立工事が再開された。盧舎那仏像の鋳造は、七四七年九月に始まり、二十六カ月八回の鋳造を経て、七四九年(天平勝宝元)十月に本体の鋳造が完成し、続いて螺髪の鋳造、大仏殿の建立がおこなわれ、七五一年には完成した。塗金作業が七五二年三月から開始されたが、その未完了のまま四月に開眼の儀式がおこなわれた。開眼会が急がれたのは聖武太上天皇の病状と関係があると思われる。

盧舎那仏像について、台座の蓮弁に梵網経に説かれる三千大世界百億須弥図を刻むことから、梵網経の教主で律の本尊とする説もあるが、蓮弁に刻入されたのは開眼後であり、開眼供養で華厳経が講説されていることからも、華厳経に説く華厳世界の教主で釈迦の本仏にあたるとすべきであろう。ただし、聖武天皇には梵網経の影響があるともされ、また梵網経は、華厳経の大本を継承している。全体として個々の世界の釈迦を盧舎那仏が統一するという仏教世界を表したものである。

# 第三章　律令国家の展開

八世紀末における平安時代への移行は、宮都の移動のみでなく、大きな時代の変化をも意味した。九世紀前半にかけて都市平安京が整備され、貴族たちの都市貴族化が進み、中国から導入した律令も、一世紀を経てそのままでは機能しにくくなったことを受けて、政治改革が行われ、法制・租税制度や官司運営などの面において、社会的実態に即した諸制度が採用された。嵯峨天皇の時期を中心として、唐の文化の摂取が進み、摂関政治への道が開かれ、国風文化展開の基礎が築かれた。

平安遷都の序曲は、桓武天皇の長岡京への遷都にはじまる。天武天皇系にかわって天智天皇系の皇統となった父の光仁天皇を受け継ぎ、桓武天皇は新しい王権の確立をめざして平城京からの遷都を進めた。反対派もあり、腹臣の藤原種継が暗殺されたり、弟の皇太子早良親王が嫌疑に抗議して憤死するという事件もあって、遷都先は長岡京から平安京へと改められた。桓武天皇は「軍事」(東北の蝦夷との戦争)と「造作」(新しい都造り)という二大政策を遂行しつつ、四半世紀にわたる在位のうちに新王権の基礎を築いた。

桓武の跡を継いだ平城天皇は、早々に弟の嵯峨天皇に皇位を譲り、自らは太上天皇として天皇と並ぶ権威を保持した。平城とその寵愛を受けた藤原薬子らは、奈良の平城京への再遷都を図り、「二所朝廷」と呼ばれる対立が生じた。ついに、太上天皇が東国入りをめざすという平城太上天皇の変(薬子の変)が起こる。迅速な対応により嵯峨天皇側が勝利したが、その過程で平安京は「万代宮」と定められた。

嵯峨天皇(太上天皇)の時代は、平城太上天皇の変を抑えた嵯峨の権威のもとで、それまで相継いだ皇位継承をめぐる争乱はなくなり、政治改革が進められるとともに、政治的安定を背景に弘仁文化が花開いた。この時代に、蔵人所や検非違使などの令外官が置かれ、格式の編纂や朝廷の儀式整備が進められた。租税制度も、律令どおりの収税が困難な状況となり、八二三年には公営田の制が行われた。調庸未進や雑米未進の進展は中央財政に危機をもたらし、それを補うために利用された地方財政も傾き出す。在地の社会では、富豪の輩が活発に経済活動するようになった一方、彼らと結んで地方からの収入を確保してしまう院宮王臣家の動きも、律令財政を脅かし、国司の守が政務・徴税を請負化することにより受領制への動きが加速した。

八四二年に嵯峨太上天皇がなくなると、すぐに承和の変が起こる。藤原良房は、藤原北家の地位を確立し、伴氏・橘氏をしりぞけた。幼少の清和天皇が即位すると、良房は外戚として実質摂政の任となった。八六六年には応天門の変によって、伴氏・紀氏を没落させた。こうした政変を通して他氏族や藤原他家を排斥しながら、藤原良房や基経によって「前期摂関政治」が進められた。八八八年には基経を関白に任ずる宇多天皇の勅書をめぐる阿衡の紛議が起こり、基経の権威が確立した。

東北では中央政府と蝦夷との戦いをへて次第に中央政府の支配領域が浸透していった。胆沢の蝦夷との戦いでは、首長アテルイの前に政府側の大軍が敗北することもあった。しかし、坂上田村麻呂の活躍で八〇二年に胆沢城が築かれると、アテルイも従うようになった。八七八年には、過酷な国司支配に対して出羽の蝦夷が反乱した(元慶の乱)が、藤原保則の活躍で終熄した。中央貴族たちは北方の産物入手に躍起で、東北では北方交易がさらに進展した。

九世紀の弘仁・貞観の文化では、唐風の文化が消化されて、のちの国風文化の前提が築かれた。仏教では平安新仏教とよばれる最澄の天台宗、空海の真言宗が広まり、密教が盛んになって仏教美術にも影響した。嵯峨天皇時代に、唐風文化が重視され「文章経国」が推進されると、勅撰漢詩集の編纂など漢文学が盛んとなり、文人貴族が輩出した。諸氏族は大学別曹を設けて子弟の教育に当たった。

九世紀の国際関係においては、商人たちによる経済的交流が活発になっていった。渤海との国交も、経済中心の関係へと推移した。新羅商人の活躍がみられ、唐・新羅・日本を結ぶ貿易に活躍した張宝高のような人物も出現した。円珍など、日本僧が唐に渡る際も遣唐使船ではなく、新羅・渤海・唐などの商人の船を利用するようになった。九世紀半ば以降、新羅海賊への警戒感が強まり新羅との関係が緊張することもあったが、貿易の展開は止まなかった。

# 第一節　平安遷都

## 1　長岡遷都

### (1)　長岡遷都

**304〔続日本紀〕**

**延暦三年(七八四)五月丙戌(十六日)条**

勅《みことのりシテ》　遣《シテ》二中納言《ちゅうなごん》正三位《しょうさんみ》藤原朝臣《ふじわらのあそん》小黒麻呂《おぐろまろ》・従三位《じゅさんみ》藤原朝臣種継《たねつぐ》・左大弁《さだいべん》従三位佐伯宿禰《すくね》今毛人《いまえみし》・参議近衛《このえ》中将正四位上紀《き》朝臣船守《ふなもり》・参議神祇伯《じんぎはく》従四位上大中臣《おおなかとみ》朝臣子老《こおゆ》・右《う》衛士督《えじのかみ》正四位上坂上《さかのうえの》大忌寸苅田麻呂《おおいみきかりたまろ》・衛門《えもん》督従四位上佐伯宿禰久良麻呂《くらまろ》・陰陽助《おんみょうのすけ》外《げ》従五位下船連《ふねのむらじ》田口等《らヲ》於山背《やましろ》国《ニ》一、相《セシム》二(1)乙訓《おとくに》郡長岡村(2)之地《ヲ》一。為《ナリ》レ遷《サンガ》レ都《ヲ》也。

**延暦三年六月己酉(十日)条**

以《テ》二中納言従三位藤原朝臣種継・左大弁従三位佐伯宿禰今毛人・参議近衛中将正四位上紀朝臣船守・散位《さんに》従四位下石川朝臣垣守《かきもり》・右中弁従五位上海上真人《うなかみのまひと》三狩《みかり》・兵部大輔《ひょうぶたいふ》従五位上大中臣朝臣諸魚《もろうお》・造東大寺次官《ぞうとうだいじじかん》従五位下文室《ふんや》真人忍坂《おしさか》麻呂《まろ》・散位従五位下日下部《くさかべ》宿禰雄道《おみち》・従五位下丈部《はせつかべ》大麻呂・外従五位下丹比《たじひ》宿禰真浄《まきよらヲ》等一、為《す》二造長岡宮使《ト》一。六位官人八人。於《テ》レ是《ニ》、経《シ》二始都城《ヲ》一、営《セシム》二作宮殿《ヲ》一。

**延暦三年十一月戊申(十一日)条**

天皇(桓武)移《みゆきシタマフ》二幸長岡宮《ニ》一。

(1)相　土地の善し悪しを占う。(2)長岡村　京都府向日《むこう》市・長岡京市と京都市西南部の一帯。

**305〔長岡京木簡〕**

(表)　造東大宮所(1)　□□(解申カ)　□

(裏)　八年正月十七日□□□(附近衛カ)

(縦(二三九㎜)×横(一〇㎜)×厚さ五㎜)

(『日本古代木簡選』)

(1)　造東大宮所　七八九年(延暦八)二月二十七日に「西宮」から移ったとみえる「東宮」(『続日本紀』同年同月庚子条)の造営にあたった官司。東宮は、長岡宮の朝堂院の北に位置した遷都当初の内裏《だいり》(西宮)に対し、朝堂院東方の新造内裏をさす。

## (2) 藤原種継の暗殺

306〔続日本紀〕延暦四年(七八五)九月乙卯(二十三日)・丙辰(二十四日)条

乙卯、中納言正三位兼《けん》式部卿藤原朝臣種継《たねつぐ》(1)、被賊射薨《こうず》。丙辰、車駕《きょが》(2)至《いたり》自《より》平城。捕獲大伴継人《つぐひと》・同《おなじく》竹良《ちくら》幷《あわ》党与数十人、推鞫《すいきく》(3)之、並皆承伏。依法推断、或斬《ざん》或流。其《そ》種継、参議式部《しきぶ》卿兼大宰帥《だざいのそち》正三位宇合《うまかい》之孫《うまご》也。神護二年(七六六)、授《さず》従五位下、除《じょ》美作守《みまさかのかみ》。稍《やや》遷、宝亀末《すえ》、補《ぶ》左京大夫《さきょうのだいぶ》兼下総守《しもうさ》、俄加従四位下、遷《うつ》左衛《さえ》士督《じのかみ》兼近江《おうみ》按察使《あんさつし》。延暦初《はじめ》、授従三位、拝中納言、兼式部卿。三年(七八四)、授正三位。天皇(桓武)甚委任之、中外之事、皆取決焉。初首《しゅ》建《た》議、遷都長岡。宮室草創、百官未《ず》就、匠手《しょうしゅ》・役夫《えきふ》、日夜兼作。至於行幸平城、太子(4)及右大臣藤原朝臣是公《これきみ》・中納言種継等、並為留守。照炬《ともしび》催検、燭下被《お》傷、明日《あくるひ》薨於第《てい》。時年卌九。天皇甚悼《いた》惜之、詔《みことのり》贈正一位左大臣。

(1)藤原種継　七三七—七八五。桓武《かんむ》天皇の信任を受け長岡遷都を推進していた藤原式家《しきけ》の有力貴族。(2)車駕　キョは車の音。天子の乗る車。転じて、行幸において天皇を称する語と儀制令に定める。(3)推鞫　罪状を調べ糺すこと。(4)太子　皇太子早良《さわら》親王(七五〇—七八五)。光仁天皇の子、桓武の同母弟、母は高野新笠。七八一年四月四日、皇太子となる。

## (3) 早良皇太子の死と怨霊

307〔日本紀略〕

延暦四年(七八五)九月二十八日条

是日《このひ》、皇太子(早良親王)自内裏(1)帰東宮。即日戌《いぬ》時、出《いだ》置《お》乙《おと》訓《くに》寺(2)。是後《これよりのち》、太子不《ず》自飲食、積十余日。遣宮内卿《くないきょう》石川垣守等、駕船移送淡路《あわじ》。比《ころおい》至高瀬橋(3)頭《ほとり》、已絶。載屍至淡路、葬(4)云々。

延暦十一年(七九二)六月十日条

皇太子(5)久病。卜《ぼく》之、崇道《すどう》天皇(6)為祟(7)。遣諸陵頭(8)・調《つきの》使王《おみのおおきみ》等於淡路国、奉謝其霊。

(1)内裏　長岡宮の内裏。(2)乙訓寺　長岡京にあった寺。京都府長岡京市今里の乙訓寺の前身。(3)高瀬橋　河内国茨田《まんた》郡高瀬郷(大阪府守口市)の淀川にかかる橋。行基《ぎょうき》創建と伝えられる。高瀬橋院とされる高瀬寺(守口市馬場町)のあたりか。(4)葬　早良親王の遺体を淡路で埋葬した。(5)皇太子　桓武の子、安殿《あて》親王。七七四—八二四・七・七。七八五年(延暦四)十一月二十五日に皇太子となり、八〇六年(延暦二十五)五月十八日に即位(平城《へいぜい》天皇)。八〇九年(大同四)四月一日、譲位。(6)崇道天皇　前皇太子で憤死した早良親王(桓武の弟)。霊を鎮めるために、八〇〇年(延暦十九)七月親王に崇道《すどう》天皇と追贈。(7)祟　桓武周囲の不幸は、早良の怨霊《おんりょう》によるとされた。(8)諸陵頭《しょりょうのかみ》　陵墓を所管する諸陵寮の長官。

【解説】　桓武天皇は七八四年、それまでの大和国の平城京から山城国の長岡京へと遷都する。新都の地を定め、造長岡宮使を任命したその年のうちの早急な遷都であり、その後も遷都当初の内裏（西宮）から東宮に移るなど、宮都の造営は続いた。わずか十年の都ながら、長岡宮と長岡京の遺跡は発掘調査で確認されている。遷都の契機には、「水陸の便」ばかりでなく、天武天皇系の都で仏教勢力の強い平城京から新しい地に京を移すことにより、天智天皇系の新王統の基盤を強める桓武の政治的意図があろう。しかし、造営を主導した桓武腹心の藤原種継が七八五年に暗殺され、その事件に春宮坊《とうぐうぼう》官人の大伴氏・佐伯氏らが関与したことから皇太子早良親王（桓武の同母弟）に嫌疑がかかり、早良親王は自ら食を絶って憤死するなど、新都における政治状況はまだ安定したものではなく、つづく平安京への遷都へと推移する。

## 2　平安遷都

### (1)　平安遷都

308〔日本紀略〕

**延暦十二年（七九三）正月十五日条**

遣《シテ》二大納言藤原小黒麻呂・左大弁紀古佐美《こさみ》等《ラヲ》一、相《セシム》二山背《やましろ》国葛野《かどの》郡宇太《うた》村(1)之地《ヲ》一、為《ため》レ遷《サムガ》レ都《ヲ》也。

**延暦十三年（七九四）十月二十八日条（遷都の詔）**

遷《ス》レ都《ヲ》。詔《シテのたまハク》曰、「云々。葛野乃《の》大宮地者《は》、山川毛《も》麗《うるわしく》久、四方国《よものくに》乃百姓《おおみたから》乃参出来《もうでくる》事《こと》毛便《たよりニして》之弖、云々」《トノタマフ》。

**延暦十三年十一月八日条**

詔《シテ》、云々。山勢実《まことニ》合《かなフト》二前聞《ニ》一、云々。此国、山河襟帯、自然作《なス》レ城(2)《ヲ》。因《よりテこノ》二斯形勝《ニ》一、可《シ》レ制《ス》二新号(3)《ヲ》一。宜《ベシ》下改《メテ》二山背国《ヲ》一為《ス》中山城《やましろ》国(4)《ト》上。又子来之民(5)、謳歌之輩(6)《ともがら》、異口同辞、号《シテいフ》曰二平安京《ト》一。

(1)宇太村　京都市。(2)自然作城　地理的環境が城のようである。(3)新号　新都の呼び名を定める。(4)山城国　平城京時代の「山背」の国名表記を、「山城」と改める。(5)子来之民　子が父母を慕い寄り来るように天子の徳を慕い集まる人民。(6)謳歌之輩　天子の徳をほめたたえる人々。

309〔日本後紀〕延暦十八年（七九九）二月乙未（二十一日）条（和気清麻呂薨伝）

贈《ぞう》正三位行《ぎょう》民部卿兼造宮大夫《だいぶ》美作備前国造《びぜんくにのみやつこ》和気清麻呂《わけのきよまろ》(1)薨《ズ》。（中略）長岡新都、経《テ》二十載(2)《ヲ》一未《ず》レ成《ラ》レ功。費《ついへ》不レ可《カラ》二勝計《ス》一。清麻呂潜《ひそカニ》奏《シ》、令《ム》下上（桓武天皇）託《シテ》二遊猟(3)《ニ》一相《セ》中葛野地《ヲ》上。更遷《ル》二上都(4)《ニ》一。（後略）

(1)和気清麻呂　七三三—七九九・二・二一。備前国の地方豪族出身で、

姉広虫とともに孝謙（称徳）天皇に信任されたが、宇佐八幡《うさはちまん》神託事件で道鏡の即位をはばみ、一時左遷された。のち桓武天皇に用いられ平安京の造営にあたった。(2)経十載　七八四年の長岡遷都から十年たっても長岡京は完成していなかった。(3)遊猟　狩猟。(4)上都　平安京。

### (2) 平安京造営

**310〔日本紀略〕延暦十四年（七九五）正月朔（一日）条**

廃朝《はいちょう》(1)《ス》。以《テ》二大極殿《だいごくでん》(2)未《ざルヲ》レ成《ラ》也。

(1)廃朝　元日の朝賀の儀式を止める。(2)大極殿　政務儀礼を行う平安宮の朝堂院の中心殿舎。

**311〔日本後紀〕延暦十八年（七九九）正月七日条**

豊楽院《ぶらくいん》(1)未《ず》レ成《ラ》レ功。大極殿前龍尾道《りゅうびどう》(2)《ノ》上《ニ》構三作《シ》借殿《かりどの》《ヲ》一、葺《ふクニ》以《テス》二彩帛《ヲ》一。天皇（桓武）臨御《シタマフ》。蕃客(3)仰望《ギミ》、以為《テリ》二壮麗一。命《ジテ》二五位以上《ニ》一宴楽《セシム》。渤海《ぼっかい》国使大昌泰等預《レリ》焉。賚《たまフコト》レ禄《ヲ》有《リ》レ差《しな》。

(1)豊楽院　平安宮の朝堂院の西に営まれた饗宴用の殿舎群。(2)龍尾道　平安宮朝堂院において、北の大極殿の一郭と南の朝堂・朝庭の一郭との間に設けられた東西方向の壇状の施設で、東西の端に階段、壇の南縁に高欄を設ける。龍尾道上とは、大極殿の南面の、朝堂・朝庭の一郭より一段高いところ。(3)蕃客　外国使節。七九八年末に、遣渤海使内蔵賀茂麻呂《くらのかもまろ》（七九八年五月出発）の帰国と共に来航した渤海国使。七九九年四月帰国。

【解説】長岡京に引き続き、桓武天皇は七九四年に平安京に遷都する。遷都の契機には、長岡京の造営が進まなかったこと、早良《さわら》親王の怨霊への畏怖、宮の規模や京の都市機能をより充実させようとしたことなどが考えられる。新都は期待を込めて「平安京」と称されたが、宮の主要な殿舎ですらすぐには完成せず、宮都造営の大事業はその後も長く続くことになった。

## 3　徳政論争

### (1) 徳政論争

**312〔日本後紀〕延暦二十四年（八〇五）十二月壬寅（七日）条**

是日、中納言近衛大将従三位藤原朝臣内麻呂《うちまろ》(1)侍《ス》二殿上《ニ》一。有《リテ》レ勅、令《ム》下参議右衛士督従四位下藤原朝臣緒嗣《おつぐ》(2)《トヲシテ》、与《ト》二参議左大弁正四位下菅野《すがの》朝臣真道《まみち》(3)一相中論《ぜ》天下《ノ》徳政《ヲ》上。于時《ニ》、緒嗣議《シテ》云《ク》、「方今、天下所《ハ》レ苦《シム》、軍事(4)《トと》造作(5)也。停《ムレバこノ》二此両事《ヲ》一、百姓安《ンぜム》之」《トイフ》。真道確《かくしつシテ》三執異議《ヲ》一、不《ず》二肯《あヘテ》聴《ゆるサ》一焉。帝（桓武）善《シトシタマヒテ》二緒嗣議《ヲ》一、即従《チ》二停廃《ニ》一。有識聞《キテ》之、莫《なシ》レ不《ざルモノ》二感歎《セ》一。

**大同元年（八〇六）四月庚子（七日）条（桓武天皇伝）**

天皇（桓武）、性《ひととなり》至孝、及《ビ》二天宗《あめむね》天皇（光仁）崩(6)《ズルニ》一、殆《ほとんド》不《ず》レ勝《たへ》レ喪《ニ》。雖《モ》レ踰《ユルト》二歳時《ヲ》一、不《ず》二肯《あへテとカ》釈一レ服《ヲ》(7)。天皇、徳度高峙《こうじ》、天姿嶷然《ぎぜん》(8)《タリ》。

不レ好《マ》二文華《(9)ヲ》一、遠《ク》照《ス》二威徳《ヲ》一。自《より》レ登《リテ》二宸極《(10)ニ》一、励《シ》二心《ヲ》政治《ニ》一、内《ハ》事《ことトシ》二興作《(11)ヲ》一、外《ハ》攘《はらフ》二夷狄《ヲ》一。雖《モ》二当年《ノ》費《ついへ(12)ト》一、後世《ノ》頼《たのムトコロナリ》焉。

(1)藤原内麻呂　藤原北家《ほっけ》の公卿。七五六―八一二。(2)藤原緒嗣　桓武擁立に功のあった式家百川《ももかわ》の子で、桓武に厚遇された公卿。七七四―八四三。(3)菅野真道　百済系渡来氏族で桓武に登用された公卿。七四一―八一四。『続日本紀』巻一―二十の撰者。造宮亮《すけ》(造宮司の次官)を七九六年から務め、平安宮造作を担当した。(4)軍事　東北の蝦夷との戦い。(5)造作　長岡京・平安京と続いた新都の造営。(6)天宗天皇崩　光仁《こうにん》天皇(七〇九―七八一)の和風諡号は天宗高紹 天皇《あめむねたかつがすすめらみこと》。光仁は七八一年(天応元)四月三日退位(同日、桓武即位)、十二月二十三日歿した。(7)不肯釈服　天皇は二等以上の親(父母、養父母、夫、子が一等、祖父母、伯叔父姑、兄弟、夫の父母、妻、妾、姪(兄弟の子)、孫、子の婦が二等。儀判令25五等条)が死亡した場合、本来は喪に服すべきところ心喪《しんそう》(心の中で喪に服す)のみ行い錫紵《しゃくちょ》(薄墨色の麻の闕腋《けってき》の袍《ほう》)を三日着す。ところが、桓武は四日以上も錫紵を着し、服喪期間の延長を求めた。父を追悼する気持が強かったことを称える記述。(8)徳度高峙天姿凝然　有徳の器量は高く峙《そび》え、容貌は高くぬきんでている。(9)不好文華　文より武を好んだ。(10)登宸極　即位してから。(11)内事興作外攘夷狄　国内では宮都の造営、対外的には東北の蝦夷との戦いを推進した。(12)雖当年費　その時の費用負担は大きいが、後にそのおかげを蒙ることになる。

## (2)　平安京の安定

**313〔日本後紀〕大同元年(八〇六)七月甲辰(十三日)条**

詔《シテのたまハク》曰、「比《このごろ》公卿奏《スルニ》、「日月云《めぐりさリテ》除、聖忌《(1)す》将レ周《めぐラムト》。国家恒例、就《ク》レ吉《ニ》之後、遷《ス》二御新宮《(2)ニ》一。請《ウ》預《あらかジメ》営構《ミエンコトヲトマウス》」者。此上都《(3)ハ》(桓武)先帝所《ノ》レ建《テタマフ》、水陸所《ノ》レ湊《あつマル》、道里惟《これ》均《ナリ》。故《ゆヘニ》不《ざレバ》レ憚《カラ》二蹔《しばらク》労《つとむルヲ》一、期《スルニ》以《テス》二永逸《ヲ(4)》一。棟宇相望、規模合《かなフ》レ度《ニ》。欲《ス》レ使《メムト》二後世《ノ》子孫《ヲシテ》无《カラ》レ所二加益《スル》一。朕(平城)忝《クモ》承《うケ》二聖基《ヲ》一、嗣二守《ス》神器《(5)ヲ》一。更《ニ》事《なサバ》二興作《ヲ》一、恐《ラクハ》乖《そむカン》二成規《ニ》一。(中略)朕為《シテ》二民《ノ》父母《ト》一、不レ欲《サ》二煩労《ヲ》一。思《フ》レ拠《よラント》二旧宮《(6)ニ》一。礼亦宜之。卿等合《ベシ》レ知《ル》二朕《ノ》此意《ヲ》一焉」《トノタマフ》。於《テ》レ是《ニ》、百官奉《リテ》レ表《ヲ》拝賀《シテ》曰《ク》、「(中略)凡厥《それ》百僚、幸々甚々。(中略)」《トマウス》

(後略)

(1)聖忌将周　桓武天皇(七三七―八〇六)の一周忌を迎えることになる。桓武は八〇六年(大同元)三月十七日歿。(2)遷御新宮　周忌があけたら新造の宮に移り住む。(3)上都　平安京。(4)永逸　永く安泰。(5)忝承聖基嗣守神器　皇位を継ぎ神器を受け継いだ。平城天皇は大同元年三月十七日践祚、五月十八日即位。(6)旧宮　これまでの平安宮。

【解説】　桓武天皇は二十五年にわたって在位する間に新しい王権の基礎を築いたが、最晩年の八〇五年(延暦二十四)に、一貫して追求してきた蝦夷との戦いと宮都の造営という二大政策を停めることとした。殿上で天下万民のための仁愛ある政治を論議させた徳政論争において、老臣の菅野真道ではなく新進の藤原緒嗣の意見を容れたのだが、有識者は皆その決断に感嘆したというから、戦争も造都もその推進はすでに限界に達していたといえよう。長岡京につづく平安京の造営は、多くの負担を国家財政そして民衆に強いるものであったが、『日本後紀』の桓武伝は「当年の費といえども、後世の頼むところなり」と評している。桓武をついだ平城天皇は、代替りの恒例として新たな遷宮を勧めた貴族たちに答え、「民の父母として煩労を欲さず」と平安宮に留まることを表明し、やはり貴族たちに喜び迎えられている。平安京にかわる新都を造営する力は国家民衆に失われつつあったと思われる。のちに、三善清行《みよしのきよゆき》の『意見十二箇条』(九一四年)によって、「桓武天皇に至りて、都を長岡に遷したまふに、製作すでに畢りて、更に上都(平安京)を営む。再び大極殿を造り、新たに豊楽院を構ふ。またその宮殿楼閣、百官の曹庁、親王・公主の第宅、后妃嬪御の宮館、皆土木の巧を究め、尽《ことごと》く調庸の用を賦す。ここに天下の費、五分にして三」と、この造都事業は批判されている。

## 第二節　国制の改革

### 1　平城上皇の変

314〔日本後紀〕弘仁元年(八一〇)九月丁未(十日)・己酉(十二日)条

丁未(十日)、縁《よりテ》二遷都《ノ》事(1)一、人心騒動《ス》。仍《よりテ》遣《シテ》レ使《ヲ》鎮三固《セシム》伊勢《いせ》・近江・美濃《みの》等三国府并《あはセテ》故関(2)一《ヲ》。正四位下巨勢《こせ》朝臣野足《のたり》・従五位下佐伯宿禰永継《ながつぐヲ》為《し》二伊勢使《ト》一、正五位下御《み》長真人《ながのまひと》広岳《ひろたけ》・従五位下小野朝臣岑守《みねもり》・坂上《さかのうえの》大宿禰《おおすくね》広野《ひろのヲし》為二近江使《ト》一、正五位上大野朝臣直雄《ヲ》為《す》二美濃使《ト》一。繫《ス》二右兵衛督《うひょうえのかみ》従四位上藤原朝臣仲成《なかなり》(3)於右兵衛府《ニ》一。詔《みことのりシテのたまハク》曰、「天皇《すめらみことが》(嵯峨)詔旨良麻止《みことのりらまと》勅御命乎《のるおおみことを》親王《みこたち》・諸王《おおきみたち》・諸臣《おみたち》・百官人等《もものつかさのひとども》天下公民《あめのしたのおおみたから》衆《もろもろ》聞食止《ききたまえと》宣《のる》。尚侍《ないしのかみ》(4)正三位藤原朝臣薬子《くすこ》(5)者《は》、挂畏《かけまくもかしこき》柏《かしわ》(桓武)原朝廷乃《はらのみかどの》御時尓《おおんときに》、春宮坊宣旨《とうぐうぼうせんじ》(6)止《と》為弖《して》任賜比支《まけたまひき》。而其為性《しかしてそのひととなり》能《の》不能所乎《あたわざるところを》知食弖《しりたまいて》、退《しりぞけ》賜比去《さり》賜弖支。然物《しかるもの》乎百方《ももへ》趁逐《おい》弖《て》、太上天皇（平城）尓近支奉流《つかえまつる》。今太上天皇《いまさきのすめらみこと》乃譲国給閇流《くにゆずりしたまへる》大慈《みめぐみ》深志《みこころ》乎不知之弖《しらずして》、己我《おのが》威権《たけきちから》乎擅為止之弖《ほしきままにせん》、非御言事《みことにあらざること》乎御言止云都々《つつ》、褒貶許止《ほめおとしむること》任心《こころにまかせ》弖、曾无所恐憚《かつておそれはばかるところなし》。如《かくの》此悪事種種在止毛《ごとくのあしきことくさぐさあるとも》、太上天皇尓親仕奉《したしくつかえまつる》尓依《より》弖思忍《おもいしのび》都々御坐《おわします》。然猶《しかるになお》不飽足《あきたらず》止之弖二所朝廷《ふたところのみかど》（7）乎母《をも》言隔《いいへだ》弖遂《つい》尓波大乱可起《おおきみだれをおこすべし》。又先帝《さきのみかど》（桓武）乃万代宮《よろずよのみや》（8）止定《さだめ》賜閇流《へる》平安京乎、棄《すて》賜比停《とどめ》賜弖之平城古京尓遷左牟止《うつさむと》奏勧《もうしすすめ》弖、天下《あめのした》乎擾乱《みだし》、百姓《おおみたから》乎亡弊《ほろぼしつかれしむ》。又《また》其兄仲成《なかなり》、己《おの》我妹《いも》乃不能所《あたわざるところ》乎波不教正《おしえたださず》之弖、還恃其勢《かえりてそのいきおいをたのみ》弖、以虚詐事《いつわりあざむけることをもちて》、先帝乃親王夫人《きさき》（9）乎凌侮《はずかしめあなどり》弖、棄家《いえをすて》乗路《みちゆき》弖東西辛苦《しんく》世之牟《せしむ》。如此《かくのごときの》罪《つみ》悪不可数尽《かぞえつくすべからず》。理《ことわり》乃任《まま》尓勘《かんがえ》賜比罪奈閇《つみなへ》賜布閇久有止毛、所思行有依《おもおしおこなうところあるにより》弖、軽《かるしめ》賜比宥《ゆるし》賜比弖、薬子者《は》位官解《くらいつかさとき》弖自宮中退《みやのうちよりしりぞけ》賜比、仲成者佐渡国権守退《ごんのかみにしりぞかしむ》止宣天皇詔旨《のるすめらがおおみこと》乎衆聞食《もろもろききたまえと》止宣《のりたまう》」。

己酉（十二日）、太上天皇（平城）至《リタマフ》二大和国添上郡越田村《そうのかみぐんこしだむら》（10）一《ニ》。即聞《チキタマヒテ》二甲兵（11）《ノ》遮《さへギルヲ》レ前《まえヲ》、不レ知レ所《ヲ》レ行《ゆキタマフ》。中納言藤原朝臣葛野麻呂《かどのまろ》・左《さ》馬頭《まのかみ》藤原朝臣真雄《まさお》等《ら》先《さきンジテ》二未然《ニ》一、雖《モ》二固諫《クムルト》一、猶不レ納《いレ》、催《シテ》レ駕《ヲ》発進《シタマフ》焉。天皇（平城）遂知《リ》二勢蹙《いきおいせまルヲ》一、乃旋《チかへリテ》レ宮《ニ》（平城宮）（12）剃髪入道《シタマフ》。藤原朝臣薬子自殺《ス》。薬子《ハ》、贈太政大臣種継之女《むすめ》、中納言藤原朝臣縄主《ただぬし》之妻也。有二三男二女一。長女《ハ》、太上天皇為《ルノ》二太子《ト》一時、以《テ》レ選《ヲ》入《ル》レ宮《ニ》。其後、薬子以《テ》二東宮宣旨《タルヲ》一出二入臥内《シ》一《ニ》、天皇《ヲ》私《わたくしス》焉。皇統弥照天皇《すめらひつぎいやてるのすめらみこと》慮《おもいはかリテ》二婬《みだら》之傷《やぶルヲ》レ義《ヲ》、即令《チム》二駆逐《セ》一。天皇（平城）之嗣《ギタマヒテ》レ位《ヲ》、徴《めシテす》為二尚侍《ト》一。巧《たくみニ》求《メ》二愛媚《ヲ》一、恩寵隆《さかりニあつク》渥、所レ言《もうす》之事、无《なシ》レ不《ざルハ》二聴容《キレ》一。百司衆務、吐納自由、威福之盛、熏《ナルコト》灼《タリ》四方《ニ》一。属《つキ》二倉卒之際《ときニ》一、与《と》二天皇一同《ジクス》（13）レ輦《ヲ》。知《リ》二衆悪之帰《スルヲ》一レ己《ニ》、遂《ニ》仰《ギテ》レ薬《ヲ》而死《ス》。

（1）遷都事　平城《へいぜい》太上天皇は嵯峨天皇のいる平安京から旧平城京に遷都しようとした。（2）三国府幷故関　東海道伊勢国の国府と旧鈴鹿《すずか》関、近江国の国府と逢坂《おうさか》関または旧愛発《あらち》関、東山道美濃国の国府と旧不破《ふわ》関の三関。三関（鈴鹿関、不破関、越前国愛発関）は七八九年（延暦八）廃止。弘仁元年の固関《こげん》（天皇、上皇の死去や謀反のときに勅使（固関使）を派遣して関を閉ざすこと）では、愛発関にかわり逢坂関（大津市南部。山城国から近江国への進入を防ぐ）が三関に入れられたとする説もある。（3）藤原仲成　七六四―八一〇。式家藤原種継の子。平城《へいぜい》太上天皇の寵愛を得た藤原薬子の兄で、一時権勢を誇った。（4）尚侍　後宮の内侍司の長官である高級女官。（5）藤原薬子　種継の娘。平城太上天皇に皇太子のころから寵愛され、勢力を振るった。（6）春宮坊宣旨　春宮坊は東宮（皇太子）の家政機関、春宮坊宣旨は東宮（ここでは皇太子時代の平城太上天皇）に近侍する女官。（7）二所朝廷　嵯峨天皇の平安京と平城太上天皇の平城京の二カ所に政府がある状況。（8）万代宮　永遠の宮。（9）親王夫人　垣武天皇の子伊与《いよ》親王とその母藤原吉子（藤原是公の女）。平城天皇即位元年の八〇七年（大同二）十月謀反の疑いをかけられ、翌月自殺。（10）大和国添上郡越田村　奈良県奈良市北之庄町付近。（11）甲兵　甲冑をまとった兵士。（12）藤原種継　七三七―七八五。第三章第一節1

(3)参照。(13)輦　天皇の行幸の時の乗物。持ち上げて運ぶ屋形の輿。

【解説】　八一〇年に平城京に還都しようとする平城太上天皇と平安京の嵯峨天皇との間で起きた争いが平城上皇の変である。「二《に》所朝廷《しょちょうてい》」と呼ばれたように、政権が分立しかける政治的混乱であったが、嵯峨天皇側の迅速な対応によって変はすぐに終熄した。変後、平城上皇の寵愛を受けて権勢を振るった藤原薬子に責任が負わせられて「薬子の変」とも呼ばれたが、本史料をみるとうかがえるように、平城上皇が変に深くかかわったことは疑えない。

## 2　令外官の設置

### (1)　蔵人所

**315〔公卿補任〕大同五年(八一〇)巨勢野足、弘仁二年(八一一)藤原冬嗣条**

嵯峨天皇
大同五年(八一〇)庚寅(中略)
参議(中略)
正四位下　巨勢《こせ》野足六十　九月十一日任。元蔵人頭《くろうどのとう》。左中将、中務大輔《なかつかさたいふ》。中将、大輔如レ元《ごとシもとノ》。十月二日兼ニ備中《びっちゅう》守一。兼官如レ元。(中略)天平廿一己丑生。延暦八十廿三(日)従五位下《じゅごいのげ》。卅一。為ニ鎮守副将軍一。(中略)弘仁元三十補《ぶス》ニ蔵人頭一。頭始也。冬嗣並《ビニ》補也。(中略)

嵯峨
弘仁二年(八一一)辛卯(中略)
参議(中略)
従四位上　藤冬嗣　正月廿九日任。六月兼ニ左衛門督一。十月停ニ式部大輔一。美作守如レ元。元蔵人頭。
右大臣内麿公二男。母同ニ真夏《まなつ》一。(中略)
宝亀六年辛卯生。延暦廿閏正六任ニ大判事一。(中略)大同元十九従五位下。任ニ春宮大進《とうぐうだいしん》一。(中略)(五年)三月十日補ニ蔵人頭一。是《これ》頭始也。野足同補之。

【解説】　八一〇年(弘仁元)、平城上皇の変の直前に嵯峨天皇近臣の巨勢野足と藤原冬嗣がはじめて蔵人頭に任じられた。天皇の意思を速やかに太政官機構に伝えるために置かれた令外《りょうげ》の官(職員令に規定された官司の外に設置された官司、官職)であり、のち天皇に近侍して身辺の雑事に奉仕し、また天皇と摂関・太政官との連絡にあたり、蔵人方《くろうどがた》の宮廷行事を執行し、御厨《みくりや》や供御人《くごにん》などの管理を行った。蔵人所は内裏の校書殿《きょうしょでん》(天皇の居所である清涼殿《せいりょうでん》の南方の殿舎)に置かれた。平安時代の朝廷で枢要な役割を果たす官職となった。蔵人頭は二人で、のち弁官と近衛中将から充てる例となり、それぞれ頭弁《とうのべん》、頭中将《とうのちゅうじょう》と称された。

令外官には、八世紀にも中納言、参議や近衛府などがあったが、九世紀には、蔵人・検非違使・関白《かんぱく》など、天皇の宣旨《せんじ》により補される新しい方式の令外官が設けられるようになった。

### (2) 検非違使

**316〔日本文徳天皇実録〕嘉祥三年(八五〇)十一月己卯(六日)条(興世書主卒伝)**

従四位下治部《ぢぶ》大輔興世《おきよ》朝臣書主《ふみぬし》卒《しゅっ》ス。書主ハ右京ノ人也。本姓ハ吉田連《むらじ》(1)。其先ハ出ズレ自《より》二百済一。祖正五位上図書頭《ずしょのかみ》兼内薬正《くすりのかみ》相模介《さがみのすけ》吉田連宜《よろし》(2)。父内薬正正五位下古麻呂。並為シテ二侍医一ト、累代供《ぐ》奉《ぶ》ス。宜等、兼《かね》テ長ジ二儒道(3)一ニ、門徒有レ録。書主為レ人《ひととなり》恭謹ニシテ、容止可ベシレ観《み》ル。昔《むかし》者 嵯峨天皇在藩之時(4)、殊《こと》ニ憐《あわれ》ミタマフ二其進退一ヲ。延暦廿五年為ル二尾張少目《しょうさかん》ト一。(中略)(弘仁)七年二月転ジテ為リ二左衛門大《だい》尉《じょう》ト一、兼《かね》テ行《ふ》フ二検非違使《けびいし》ノ事ヲ一。有リテレ頃《しばらく》遷リテ為ル二右近衛将監《しょうげん》ト一。書主雖モレ長ジタリト二儒門一ニ、身稍軽捷、超二躍高岸一ニ、浮二渡スルコト深水一ヲ、猶《なお》同ジ二武芸之士一ト。能ク弾ズ二和琴《わごん》ヲ一。仍テ為リテ二大歌所《おおうたどころ》(5)別当《べっとう》ト一、常ニ供《ぐ》二奉《ぶ》ス節《せち》会《え》(6)ニ一。(下略)

(1)吉田連　百済渡来系氏族。承和四年(八三七)に興世朝臣と改姓。
(2)吉田宜　百済からの渡来僧で、医術をよくしたことから還俗《げんぞく》させられた。(3)儒道　儒教と道教。(4)在藩之時　皇太子時代。(5)大歌所　日本の伝統的宮廷儀礼歌を担当した官司。九世紀初頃に設置か。(6)節会　節日に天皇が群臣を集めて行う宴。元日節会(正月一日)、白馬《あおうま》節会(正月七日)、踏歌《とうか》節会(正月十六日)、端午《たんご》節会(五月五日)、相撲《すまい》節会(七月七日)、重陽《ちょうよう》節会(九月九日)、豊明《とよあかり》節会(十一月)など。

【解説】　嵯峨天皇(八〇九—八二三在位)の弘仁年間(八一〇—八二四)には、令外の官として検非違使も置かれた。興世書主は八一六年(弘仁七)に検非違使となった。検非違使は京内の非違を糾弾する任であったが、やがて京内外の裁判・警察・行政権をにぎる重要な官庁となり、別当、佐《すけ》、尉《じょう》、志《さかん》、府生《ふしょう》の職制が整えられ、衛門府《えもんふ》官人が佐以下に任じられた。さらに、獄吏で犯人追捕や巡察を行う看督長《かどのおさ》や放免《ほうめん》が置かれた。

## 3　格式の編纂

**317〔類聚三代格〕巻一　弘仁格式序**

格式序

大納言正三位兼行左近衛大将陸奥《むつ》出羽《でわ》按察使《あぜち》臣《しん》藤原朝臣冬嗣《ふゆつぐ》(1)等奉《うけたまわ》リテレ勅ヲ撰ス

蓋《けだ》シ聞ク、律ハ以テ二懲粛ヲ一為シレ宗ト、令ハ以テ二勧誡ヲ一為スレ本ト。格ハ則チ量リテレ時ヲ立テレ制ヲ、式ハ則チ補ヒテレ闕ヲ拾スレ遺ヲ。四者相須《まち》テ、足《たル》ハ以テ垂ルニレ範ヲ、譬《たと》ヘテ猶《ごとシ》二

寒暑遥《はるかニシテ》以《テ》成《シ》レ歳《ヲ》、昏《こん》旦《たん》迭《たがいニシテ》而育《クメルガ》レ物《ヲ》。有《リテ》レ沿《そフコト》有《リ》レ革《あらたムルコト》。或《ハ》軽《ク》或《ハ》重《シ》。寔《まことニ》治レ国之権衡、信《まことニ》馭《ぎよスル》レ民《ヲ》之轡策《ひさくト》者《イヘルもの》也。古《いにしえは》者世質《ニシテ》時素、法令未《ずシテあらわレ》レ彰、無為《ニシテ》而治《リ》、不《ずシテしずめ》レ粛而化《おもむケリ》。（中略）以為《おもえラク》、律令是《ハ》為《たリ》二従《フノ》レ政《ニ》之本一、格式乃《ハチ》為《リ》二守《ルノ》レ職《ヲ》之要一。方今《ほうこん》、雖《モ》三律令頻《ニ》経《ルト》二刊脩《(修)ヲ》一、而《ルニ》格式未《ず》レ加《へ》二編緝《ヲ》一。稽《かんがフルニ》二之政道《ヲ》一、尚《なお》有《リ》レ所《ニ》レ闕《クル》。乃《すなわチ》詔《シテ》二贈《ぞう》従一位行左大臣藤原朝臣内麻呂・故参議従三位行常陸《ひたち》守菅野朝臣真道等《ニ》一、始《メテ》令《しム》二撰定《セ》一。草創《(2)》未《ざルニ》レ成《ラ》、遭《ヘレバ》二時遏密《あつみつニ》一、寝《やメテ》而不レ為。天朝《(3)》以《テ》レ聖承《ケ》レ聖《ヲ》、資《もとトシテ》レ明継《ゲリ》レ明《ヲ》。敷《あまねクシ》二景化《(4)》於寰中《かんちゅう(5)ニ》一、暢《のベタマフ》二仁風《ヲ》於海外《ニ》一。然而《しかれども》顧《かへりみルニ》二先緒《(6)》之未《ざルヲ》レ遂《とゲ》、切《せつニシタマフ》二堂構《(7)》於宸襟《(8)ニ》一。爰《ここニ》降《シテ》二綸言《ヲ》一、尋《たずねテ》令《しム》二脩撰《(修)セ》一。申《かさねテ》詔《みことのりシテ》二大納言正三位兼行左近衛大将陸奥出羽按察使臣藤原朝臣冬嗣・故正三位行中納言臣藤原朝臣葛野《かどの》麻呂《まろ》・参議従三位行近江守臣秋篠《あきしの》朝臣安人《やすひと》（中略）等《ニ》一、「上《ハ》遵《したがヒ》二叡旨《ニ》一、下《ハ》考《ヘ》二時宜《ヲ》一、採《とリ》二官府之故事《ヲ》一、摭《ひろヒ》二諸曹之遺例《ヲ》一、商二量今古《ヲ》一、審二察用捨《ヲ》一、以《テ》レ類相従《ヒ》、分二隷《セシメヨ》諸司《ニ》一。其随《ヒ》レ時制《スルハ》レ宜《よろしきヲ》、已経《ニ》二奉勅《ヲ》一」者《トノタマヘリ》。（中略）上《ハ》起《より》二大宝元年（七〇一）一、下《ハ》迄《まで》二弘仁十年（八一九）一、都《すべテす》為二式卅巻、格十巻《ト》一。辞《ハ》簡《ニシテ》而事《じハ》詳、文《ハ》約《ニシテ》而旨暢《(9)ナリ》。庶《ねがハクハ》使《しメヨ》下覧《みル》レ之者《ヲシテやすくさとり》易《ク》レ暁、施《ほどこス》レ之者《ヲシテ》易《クシ》レ行《ヒ》、布《しキ》二之象魏《(10)ニ》一与《ともニ》二天地《ト》一而無《ラシメ》レ窮、銘《ルコトしるシテ》二之景鐘《(11)ニ》一将《もチテ》二金石《ヲ》一而不《ざラ》レ朽《くチ》。臣等学非《ズシテ》二稽古《(12)ニ》一、才闇《シ》二当今《ニ》一。猥《みだりニ》稟《うけたまわりテ》二明詔《ヲ》一、敢《あへテ》事《つかフルハ》二銓緝《(13)ニ》一、雖《モ》レ罄《つくスト》二膚浅《(14)ヲ》一、恐《ルラクハ》多《カラム》二錯紕《ヲ》一。凡《おほよそ》厥《その》篇目列《スルコト》レ之如《シ》レ別《ノ》。

(1)藤原冬嗣　七七五─八二六。藤原北家繁栄のもとを築いた貴族。嵯峨天皇の信認厚く、蔵人頭に任じられ、左大臣に至る。弘仁格式・内裏式の編纂。女順子は正良親王(仁明天皇)妃、道康親王(文徳天皇)を生んだ。
(2)草創未成……遏密　草創は下書のこと。遏密、鳴りものをやめて静かにする。桓武天皇が歿したことにより、草稿のままとなっていた。
(3)天朝……継明　桓武・平城・嵯峨(当今)と天皇の代がうつったこと。
(4)景化　天皇の徳。(5)寰中　天下。(6)先緒　先代より続く仕事。
(7)堂構　子が父の仕事を受け継ぐこと。(8)宸襟《しんきん》　天子の心。(9)文約而旨暢　約、つづまやか。暢《ちょう》、のびやか。(10)象魏《しょうぎ》　宮城の門。法(象)を高い(魏)城門に掲げたことによる。(11)景鐘　立派な鐘。(12)稽古　学識が高いこと。(13)銓緝《せんしゅう》　編集。(14)罄膚浅　浅はかな知識を尽して空にする。

【解説】　日本における法制の歴史を述べ、格式を編纂した由来を示した「弘仁格式《こうにんきゃくしき》」の序文である(第二章第二節1(1)参照)。格式は律令のもとで官司が仕事を行う上で必要な個別法令と施行細則であり、その編纂によって律令官司の官僚制的な運用が拡充され、官僚制整備の上で大きな進展となった。

八〇三年(延暦二十二)頃、桓武天皇の命で、菅野真道らが格式の編纂を始めたが、桓武天皇の死去もあり中絶し、その後嵯峨天皇の命により藤原冬嗣らが再開し、七〇一年(大宝元)から八一九年(弘仁十)までの単行法令等をもとに式四十巻、格十巻を編集し八二〇年(弘仁十一)四月に撰進した。これを弘仁格式という。施行は八三〇年(天長七)。修訂作業が続けられ、八四〇年(承和七)改正遺漏紕謬格式として再施行された。弘仁式は、八七一年(貞観十三)の貞観《じょうがん》式施行以降も、九六七年(康保四)の延喜式施行まで併用された。弘仁式は、式部省・主税《しゅぜい》寮の式の断簡が残り(九条家本延喜式紙背《しはい》文書)、弘仁格は目録の抄本の弘仁格抄(九条家本)が残り、さらに『類従三代格《るいじゅうさんだいきゃく》』『政事要略《せいじようりゃく》』などに引用された法令が残る。

弘仁格以降の単行法を集めた貞観格十二巻は、八六九年(貞観十一)施行され、弘仁式を増補改正した条文のみ集成した貞観式二十巻は八七一年(貞観十三)施行された。貞観格式は散佚し、『類聚三代格』『政事要略』に引用された法令が残る。貞観格以降の単行法令を集成した延喜格十二巻は九〇八年(延喜八)に施行され(散佚。『類聚三代格』『政事要略』に引用された法令が残る)、延喜式五十巻は九〇五年(延喜五)に編纂が開始され九六七年(康保四)に施行された。

国司交替規則を集成した延暦交替式《えんりゃくこうたいしき》(撰定交替式、一巻、八〇三年(延暦二十二)施行)、内外官交替規則を集成した貞観交替式(新定内外官交替式、二巻、下巻存、八六七年(貞観九)選進、貞観十年施行)、延喜交替式(内外官交替式、一巻、九二一年(延喜二十一)撰進)などの官人交替の法典も相次いで定められた。弘仁式(式部省・主税寮のみ)、弘仁格抄、延喜式、延暦交替式、貞観交替式(下巻)、延喜交替式、類聚三代格、政事要略は、『新訂増補国史大系』に収録。

## 4　儀式の整備

### (1)　宮殿名の唐風化

**318〔続日本後紀〕承和九年(八四二)十月丁丑(十七日)条**

文章《もんじょう》博士従三位菅原朝臣清公《きよとも》薨(1)ズ。故遠江介《とおとうみのすけ》従五位下古《ふる》人《ひと》第四子也。(中略)弘仁(中略)九年、有リテ二詔書(2)一、天下儀式、男女衣服、皆依ル二唐法ニ一。五位已上位記、改メテ従フ二漢様ニ一。諸宮殿院堂門閣、皆着シ二新額ヲ一、又肆《つら》ヌ二百官舞踏(3)ヲ一。如キレ此ノ朝儀、並ニ得《う》二関説スルコトヲ一。

**319〔日本紀略〕弘仁九年(八一八)四月二十七日条**

是日、有リテレ制、改メ二殿閣及諸門之号ヲ一、皆題スレ額ニ之。

(1)菅原清公　七七〇—八四二。菅原道真の祖父。文章生《もんじょうしょう》・文章得業生《とくごう》から秀才に合格し、八〇四年(延暦二十三)遣唐判官として渡唐、翌年帰国し、大学頭《だいがくのかみ》などを歴任。弘仁十年文章博士となる。(2)詔書『日本紀略』弘仁九年(八一八)三月丙午(二十三日)条所引の朝会の礼などを定めた詔。(3)舞踏　拝舞《はいむ》。朝廷儀式で臣が謝意を現わす最も丁重な所作。肆、陳《つら》ねる。

【解説】　嵯峨天皇治政下、朝廷儀式整備と唐風化が進められた。その一つのあらわれが平安宮の殿舎・門への唐風の号の付与である。それまで宮城門（宮の外郭門）は、令制前から宮門を警衛した氏族（令制下では門部《かどべ》となる）の名を冠して、壬《み》生《ぶ》門（南面東門）のように称されていた（南面中門のみは朱《す》雀《ざく》門の称を使用）。弘仁九年四月に、南面東門から東面南門まで時計回りに示すと（朱雀門・上西《じょうさい》門・上東《じょうとう》門は除く）、南面門は美《び》福《ふく》門（壬生門）・皇嘉《こうか》門（若犬養《わかいぬかい》門）、西面門は談天《だんてん》門（玉手《たまて》門）・藻壁《そうへき》門（佐伯門）・殷富《いんぷ》門（伊《い》福部《ふきべ》門）、北面門は安嘉《あんか》門（海犬養《あまいぬかい》門）・偉《い》鑒《けん》門（猪《い》使《かい》門）・達智《たっち》門（丹比《たじひ》門）、東面門は陽明《ようめい》門（山《やまべ》門）・待賢《たいけん》門（建部《たけるべ》門）・郁芳《いくほう》門（的《いくは》門）の如く、氏名《うじな》の訓みに因んだ嘉字の号に改められた。南面中門を造ったと伝える大伴《おおとも》氏は（『拾芥抄』宮城部）、朝堂院南門の応天《おうてん》門にその名を残す。内裏殿舎は、前殿が紫震《ししん・ししい》殿（史料上は弘仁十四年初見）、後殿（または中殿・北殿とも）が仁寿《じじゅう》殿（史料上は貞観七年初見）の如く定められた。

## (2)　儀式書の編纂

**320**〔内裏式〕

**内裏式序**

蓋《けだし》儀注(1)之興《おこり》、其所二由来スル一久シ矣。所下以《ゆえんノ》指二暁シ於輿《よ》人《じん》一(2)ニ、納ムル中于軌物(3)ニ上者也。皇上、雖モ二以撙酌《そんしゃく》スト一(4)、節文未ズレ具《そな》ハラ。覧レ之ヲ者多《おお》ク岐《わか》レ、行レ之者滋《ますます》惑《まど》フ。乃《すなわ》チ詔シテ二正三位守《しゅ》右大臣兼行左近衛大将臣藤原朝臣冬嗣（中略）等ニ一、令《し》ム二修定セ一焉。於テレ是ニ、鈔二摭シ新式(5)ヲ一、採二綴シテ旧章ヲ一、頻要ス二修緝ヲ一。斯朝憲取捨之宜、断《ことわ》ル二於天旨一。起《よ》リ二于元正《がんしょう》一、訖《いた》ル二于季冬ニ一、所ニ常ニ履行スル一及臨時軍国諸大小事、以テレ類ヲ区分シ、勒《ろく》シテ成ス二三巻ト一。庶《ねが》ハクハ、其升降之序《ついで》、隆殺(6)之儀、披《ひら》ケバレ文ヲ即チ暁《さと》リ、臨ミテレ事ニ靡《な》クレ滞《とどこ》ホルコト、各修メテ二厥《そ》ノ職ヲ一、守テ而弗《な》クレ忘ルルコト、衆奐《あきら》カニ閲《み》レ書ヲ、義近カラムコトヲ二於此ニ一。

**内裏式　上**

元正《がんしょう》受群臣朝賀式(7)　幷兮

七日会《え》(8)式

八日賜女王《おおう》禄《ろく》(9)式　十一月日

上卯日献御杖(10)式

十六日踏歌《とうか》(11)式

十七日観射(12)式

**内裏式　中**

奏成選短冊《じょうせんたんざく》(13)式

賀茂祭《かものまつり》日警固《けいご》(14)式

奏銓擬《せんぎ》郡領(15)式

五月五日観馬射(16)式

五月六日観馬射式

七月七日相撲《すまい》(17)式

七月八日相撲式

九月九日菊花《きくか》宴式(18)
十一月進御暦《ごりやく》式(19)
十一月奏御宅田《みやけた》稲数式(20)
十一月新嘗会《しんじょうえ》式(21)
十二月進御薬《みくすり》式(22)
十二月大儺《だいな》式(23)

**内裏式　下**

叙内親王次下《じげ》式(24)
任官式(25)
任女官式(26)
詔書式(27)
(中略)
弘仁十二年(八二一)正月三十日
　　正三位守右大臣兼行左近衛大将臣藤原朝臣冬嗣
(中略)
内裏式、雖《モ》二指暁之蹋《あと》往日既《ニ》定《タルト》一、而《しかルニ》折旋之儀(28)、頃年頗《すこぶル》革《あらたまレリ》。或《ハ》有《リ》下節会供張(29)・出入門闈(30)、徒《いたずらニ》記《シテ》二旧時《ヲ》一、未《ざル》レ著《しるサ》二新変《ニタルヲ》一者《もの》上。聖上、鑑《みテ》二其蹐雑《ノせきざつ》(31)《ヲ》一、斯《すなわチ》尽《つくシテ》二会通(32)《ヲ》一、斟酌随《テ》レ宜《よろしキニ》、取捨先断《セシメタマフ》。廼《すなわち》、詔《シテ》二臣等四人《ニ》一、令《しメタマフ》二綴緝《セ》一焉。謹《ミテ》稟《うケ》二衷旨《ちゅうしヲ》一、詳《カニ》加《へ》二増損《ヲ》一、刊《けずリ》レ繆《ヲ》補《ヒテ》レ虧《ヲ》、繕写甫《はじメテ》就《なレリ》。
天長十年(八三三)二月十九日
　　正三位守右大臣兼行左近衛大将臣清原《きよはら》真人夏野《なつの》(33)(下略)

(1)儀注　朝廷の行事・礼式を記録した書。(2)輿人　衆人。(3)納于軌物　おきてを守らせる。(4)斟酌　あるいは抑えあるいは択ぶこと。(5)新式　八一八年(弘仁九)以前に編纂されたと考えられている内裏儀式(新訂増補故実叢書所収)か。(6)隆殺　尊い者には礼を隆に、卑い者には礼を減殺すること。(7)朝賀　正月一日、天皇が大極殿で百官の拝賀を受ける儀式。朝賀の後、内裏紫宸《ししん・ししい》殿と南庭《だんてい》で元日節会の饗宴が行われた。(8)七日会　白馬節会《あおうまのせちえ》。正月七日に天皇が内裏の豊楽院《ぶらくいん》(第三章第一節2(2))、後には紫宸殿で白馬(葦毛《あしげ》の馬)を覧て邪気を除く儀式とその後に行われる饗宴。(9)女王禄　正月八日と十一月新嘗祭翌日に女王に禄を賜う儀式。(10)献御杖　正月上卯日(月内の最初の卯の日)に邪気を払うため六衛府などが天皇に桃・ひいらぎなどの枝を束ねたもの(卯杖、うづえ)を献ずる儀式。(11)踏歌　唐から日本に七世紀後半に伝えられた、人々が足を踏みならしながら行進して踊る歌舞である踏歌を、正月十六日節に、天皇が覧る儀式。内教坊(女楽や踏歌を伝習し奉仕する令外の官)により女踏歌が奏され、群臣踏歌も行われた。十四日には男《おとこ》踏歌も行われたが十世紀に廃絶。踏歌は阿良礼走《あらればしり》とも称され、現在、熱田《あった》神宮などに伝わる。(12)観射　正月十七日、内裏で弓を射る射《じゃ》礼《らい》(大射)を天皇が観る儀式。七世紀末には行われていた。内裏式には、豊楽院にて行われ、天皇が出御し、親王以下諸臣と蕃客が弓射することを定める。後に天皇の出御が行われなくなり、内裏の建礼門《けんれい》の前で行われるようになる。(13)奏成選短冊　四月七日、奏授《そうじゅ》(六位・七位と内八位。外八位と初位は判授《はんじゅ》で太政官が裁決)の官人の叙位候補者を天皇に報告する儀式で擬階奏《ぎかいのそう》という。成選《じょうせん》とは、官人が考課を重ね叙位の所定年数(当時は内長上は四年)に達すること。成選短冊は、式部省(文官を所管)・兵部省《ひょうぶ》(武官を所管)が結階(叙すべき位の計算)の結果を官人ごとに記した文書。擬階奏では、紫宸殿において天皇に擬階奏文(式部省・兵部省が太政官に提出した擬階簿により作成)と成選短冊を進め、天皇がそれらを覧ずることにより叙位が承認された。のち、天皇出御や短冊御覧は行われなくなる。こののち四月十五日に成選の位記《いき》を太政官において選人に授けた。(14)賀茂祭日警固　賀茂祭は、四月中酉日に賀茂別雷《わけいかずち》神社(上賀茂神社)・賀茂御祖《みおや》神社(下鴨神社)で行われる祭。平安京遷都後、国家行事として整備され、斎院による奉斎が行われた。賀茂祭の前日に六衛府(左右近衛府・左右兵衛府・左右衛門府)に祭の警固を命じた。(15)奏銓擬郡領　四月二十日以前の吉日に行われる郡司読奏《とくそう》の儀式。郡司欠員について国司が後任の候補を選考(銓擬《せんぎ》)し、式部省は考試を行い太政官に報告する。式日、紫宸殿において、大臣は読奏(郡司の大領・少領に任命する者の一覧を記した奏文)を天皇に読みあげ、天皇の勅により読奏に定不(可否)を点じる。後、六月三十日以前に、太政官庁に本人を召して郡司に任じあわせて位記を授ける(郡司召《ぐんじめし》)。(16)観馬射　五月五日節に武徳殿《ぶとくでん》(平安宮内の内裏西方の馬場を備えた殿舎)で天皇臨御のもと近衛・兵衛が騎射《うまゆみ》を行う儀式。内裏式には五月六日にも同じく騎射を行うことが定められている。(17)相撲　七月七日に諸国から相撲人を集めて天皇・諸臣が相撲を観覧する儀式。内裏式では七月七日に神泉苑《しんせんえん》(平安京左京三条一坊東半部にあった庭園)で、八日に紫宸殿で行うと定める。式日はのち七月末(二十七・二十八日または二十八・二十九日)となった。(18)菊花宴　九月九日に行われる重陽節《ちょうようのせつ》。内裏式は神泉苑で天皇が出御し、文人を召して詩宴を催すと定める。のちに、紫宸殿で行う。(19)進御暦　御暦奏《ごりやくのそう》。十一月一日、中務省が陰陽《おんみょう》寮《りょう》の暦博士の作った翌年の新暦を天皇に献上する儀式。ついで天皇は新暦を太政官に給する。(20)奏御宅田稲数　十一月中丑日に宮内《くない》省が、御《み》田《た》(畿内に置かれた官田。屯田《みた》の系譜をひく)の獲稲数を天皇に奏上する政務。(21)新嘗会　十一月下卯(または中卯)の夜、天皇が新穀を神に供する神饌親供を中和院《ちゅうかいん》(ちゅうわいん。内裏内郭の西方)の神嘉殿《しんか》で行う新嘗祭《にいなめのまつり》の祭儀の後、翌辰日、豊楽院で豊明節会《とよあかりのせちえ》を行った。内裏式はこの節会の次第を定める。(22)進御薬　十二月晦日に中務省内薬司と宮内省典薬寮が御薬《みくすり》(天皇が正月一日朝に服する屠蘇散《とそさん》等)を進《たてまつ》る儀式。(23)大儺　十二月晦日の夜、内裏において悪鬼を追い払う儀式。大儺は、悪鬼を追い払う役(方相氏《ほうそうし》)。(24)叙内親王次下式　内親王以下女官の叙位の儀式。(25)任官式　紫宸殿において官人を任命する儀式。(26)任女官式　紫宸殿で行う女官の除目と任官の儀式。(27)詔書式　詔書の作成・施行の手続き。(28)折旋之儀　曲りめぐること。儀式における進み方。(29)供張　供帳。式場の舗設。(30)門闈　宮城の諸門。闈は宮中の小門。(31)蹐雑　蹐は小股に歩むこと。こまごまと乱れている様。(32)会通　あつめてゆきわたらせること。(33)清原真人夏野　七八二—八三七。天武天皇の玄孫。右大臣に至る。令義解《りょうのぎげ》撰定、日本後紀編纂に参加。

【解説】　九世紀には格式と共に、朝廷の儀式・政務の次第や舗設を定める儀式書が相次いで編纂された。八一八年(弘仁九)以前に内裏儀式(新訂増補故実叢書)が編纂され、八二一年(弘仁十二)には内裏式が撰進された。内裏式は、八三三年(天長十)に清原夏野らにより補訂された(群書類従・新訂増補故実叢書・神道大系)。ついで、貞観儀式(新訂増補故実叢書所収の儀式を参照)が編纂された。格式や儀式の編纂と共に、律令を時代へ適合させる解釈も試みられ、八三三年には清原夏野らにより令義解十巻が撰進され翌八三四年(承和元)施行された。令義解は、養老令本文に語句注を加えたもので、養老令にかわり令法典として使用されるようになった。九世紀には、律令制定後約百年を経過し、社会の変化に対応した新しい法典の編纂が、格式、儀式、令義解などにより行われた。『律令』(日本思想大系3)、『延喜式』などの注釈書が刊行されている。

# 第三節　財政の変質と地方の動向

## 1　財政の変質

### (1)　公営田の制

**321〔類聚三代格〕巻十五　弘仁十四年（八二三）二月二十一日太政官奏**

(1)太政官　謹奏《かしこみもうス》

応《キ》レ令《しム》三大宰府《だざいふ》管内諸国《(2)ヲシテ》　佃《つくだ(3)セく》二　公営田《えいでん》一事《ヲこと》

一、合九国口分田《くぶんでん》幷《あわセテ》　乗田《じょうでん(4)》　七万六千五百八十七町

口分田六万五千六百七十七町

乗田《じょうでん》一万九百十町

応《キ》二割取一佃一万二千九十五町、国別有レ数、

口分田五千八百九十四町

乗田六千二百一町

随《ヒテ》レ色《しきニ》可《ベシ》レ輸《いたス》二地子《(5)ヲ》一。而《しかルニ》　府解《ふげ》惣申《テス》二輸租《ト》一。宜《シ》レ依《ル》二本色《ニ》一。

応《キ》レ役　徭丁《えきスようちょう》六万二百五十七人、五人作二一町一、

右、班田之《の》歳、択《えらビとりテ》二取　百姓口分及《ビ》乗田《ノ》水旱不損之田《ヲ》一、依《よりテ》レ件《くだんニ》　割置《さキおキテ》　号《なづケ》二　公営田《くえいでんト》一。率《したがヒテ》二　徭丁五人《ニ》一令《しメ》レ営《いとなマ》二　一町《ヲ》一、給《たまフコト》二　功幷《セテ》食《ヲ》一、一《いつニ》如《クセヨ》二　民間《ノ》一。以《テ》二正税《ヲ》一充《テ》二営料《ニ》一、秋収之後、返《セシメヨ》二納　本倉《ニ》一。（中略）択《ビ》二村里幹了者《ノヲ》一、各《おのおの》為《し》二正長《しょうちょうト》一、量《リテ》二其所《ヲ》レ堪《フル》、令《メヨ》レ預《ラ》二一町以上《ヲ》一。縁《よルハ》二田之事《ニ》一、惣《テ》委《セヨ》二任之《ニ》一。若遭《シ》二風損虫霜之害《ハバ》一、依《リテ》レ実《ニ》免《ゼヨ》レ損《ヲ》。近《クシテ》二百姓居《ノ》一、各建《テ》二小院《ヲ》一、所《ル》レ獲之稲、除《ク》二田租納官《トノ》　両色《ヲ》一以外《ほか》、便《たよりニ》　納《メ》二此院《ニ》一、令《メヨやすクアラ》レ易《ニ》二　出納《ニ》一。

獲穎《かくえい》五百五万四千一百廿束

（中略）

除《ク》二三百九十七万三千六百九十九束《ヲ》一、国別有レ数、

佃功一百冊五万一千四百束　町別百廿束、

租料一十八万一千四百廿五束　町別十五束、

調庸料一百五十万七千七百九十束　人別調廿束、庸十束、

徭丁食料七十二万三千八十四束　人別米二升、

修理溝池官舎料一十一万束　国別有レ数、

納官一百八万四百廿一束

右目録也。今納官之数、超《ユ》二於論定《ろんじょう(6)》　之息利《ヲ》一。須《ベシ》下田租納官《トノ》　二色為《シテ》二糙《もみつくる》　之功《ト》一、率《したがヒテ》二　十束《ニ》一給《シ》二一束《ヲ》一、令《ム》上

易《クアラ》レ成《リ》レ事《ヲ》。

一、応《キ》レ免《ズ》二調庸《ヲ》一事

課丁六万二百卌人 九国各有レ数、

（中略）

右、課役之民、率《したがへリ》二多貧窮《ク》一。備《フルハ》レ貢《スルニ》二調庸《ヲ》一、極《メテ》為《たり》二大難一。逃亡之由、更《ニ》亦《また》無《シ》レ他《ニ》。今須《ベシ》下調庸者《ハ》夏月以《テ》二正税《ヲ》一充《テテ》二寛《やすキ》価《ヲ》一而交易《きょうやくシ》、秋収之後以《テ》二営田之獲《ヲ》一返納《セシム》上。

（中略）

一、応《キ》レ給《フ》二徭丁《ニ》粮《ヲ》一事

（中略）

以前、太政官去《さンヌル》二月廿一日論奏《ニ》偁《いへラク》、「案《かんがフルニ》二参議太宰大《だい》弐《に》従四位下小野朝臣峯守《みねもり》表《ヲ》一云《いハク》、「（中略）臣変《ヘ》二易《たやすク》常制《ヲ》一、輙《たやスク》上《たてまツレリ》二新議《ヲ》一。事之曲趣、具《つぶさニス》二于表右《ニ》一。既《ニシテ》免《ジ》二調庸《ヲ》一、兼《テ》給《フ》二粮食《ヲ》一。於レ民《ニ》為《たり》レ優《ゆう》。（中略）」《トイヘリ》（中略）然《しかれば》則《すなわち》、岑守所レ言《ス》、抑《そもそも》有《リ》レ可《キコト》レ取《ル》。但《シ》古来所レ行《ヘル》、誠《ニ》憚《はばかレリ》二卒《にわかニ》改《ムルヲ》一。臣等商量《スルニ》、試《こころミニ》限《リテ》二四年《ヲ》一、依《リテ》レ件《ニ》行《ハム》レ之《ヲ》。伏《ふシテ》聴《きク》二天裁《ヲ》一。謹《かしこみ》以《かしこミもうシタマフコトヲきこシメセトかしこムもうス》申　聞　謹　奏。」

弘仁十四年《（八二三）》二月廿一日

（1）太政官謹奏　太政官から天皇に奏上すべき事項は重要度により、大納言が奏する論奏《ろんぞう》（ろんそう。議政官の合議の結果につき天皇の裁可を乞う）と奏事（諸司解状を奏上。天皇が裁可すれば「奉勅依奏」とされる）、少納言が奏する便奏（議政官の合議を経ない日常的政務を奏上）の三種がある。これは論奏。書出し、書止めの訓みは『律令』（日本思想大系）による。（2）大宰府管内諸国　筑前・筑後・肥前・肥後・豊前・豊後・大隅・薩摩・日向国の九国。西海道には、他に壱岐・対馬・多禰（八二四年（天長元）大隅国に編入）の三島があった。（3）佃　原義は田を耕す人。日本では作り田のことをつくだと言う。また田種としての佃は、公営田とは別に直接地子経営する田。荘園領主の直営田も佃と言うようになる。（4）乗田　第二章第三節3(5)参照。（5）地子　田を一年間耕営させて納めさせる、収穫の五分の一の地代。（6）論定　国毎に一定量が定められた、国府が出挙経営する正税の稲。利息は国府の財源となる。

【解説】　参議兼大宰大弐小野峯守の上表に応じて、八二三年（弘仁十四）二月、不作などで疲弊した西海道（九州）の諸国に四年間を限って公営田の制が施行された。口分田と乗田のうちから水害や旱害にあわない田一万二千九十五町を公営田として定め、徭丁（雑徭に徴発された課丁）に佃功（町別稲百二十束（稲一束は穀一斗、米五升になる）の労賃）と食料（米一日二升（今日の約八合）の三十日分）を支給し、五人で一町を耕作させ、村里の幹了（能力があり聡明なこと）の者を正長として一町以上の経営を委ねた。徭丁にはさらに調庸を免じた（夏月に正税をもって課丁から調庸を買上げ、秋に公営田の穫稲から正税を補塡する）。このほか公営田の田種や水利施設等の修理料も穫稲でまかなった。予定の収穫量五〇五万四一二〇束から佃功・田租・調庸買上料・徭丁食料・修理池溝宮舎料を差し引いても、一〇八万〇四二一束が九国に納められる計算であった。村里の有力者が功食を給して農民に私田を耕作させる私営田《しえいでん》の経営方法をとり入れた制度。

## (2) 調庸・雑米未進の進展

**322〔日本後紀〕弘仁二年(八一一)五月辛丑(八日)条**

勅、「諸国所進《たてまつる》春米(1)・庸米、去大同三・四(八〇八・八〇九)両年、遭《あヒテ》旱不《ず》得《え》悉進。若随色弁備、恐《おそるラクハ》致《いたサム》民苦。今官庫(2)之貯《たくわえ》、頗《すこぶル》有盈余《えいよ》。宜任《まかセテ》土《くに》所生《うメル》、貿《あきなヒ》与調物(3)、進成軽貨。」

(1)春米《しょうまい》　年料春米。春米は、穎稲(稲穂)や穀を舂いて脱穀したもの。(2)官庫　春米を収納した宮内省大炊寮と庸米を収納した民部省の米蔵をさす。(3)貿与調物　米より軽い、調の品目となっている特産物と交易する。

**323〔類聚符宣抄〕八　寛平六年(八九四)八月四日太政官符**

太政官符

応依雑米未進(1)断罪国郡司返国司解由《げゆ》事

右、左大臣(源融)奏状偁、「日者《さきごろ》、大炊《おおい》(2)・廩院《りんいん》、数《しばしば》申無庫。尋其由緒、誠縁《よル》未進。凡年料白米者、以大税利稲、諸国舂進。一年応納万八千石。而或年見納六七千石、或年纔八九千石。然則《しかればすなわち》、既欠三分之一。何《なんゾ》支百僚之用。伏見格条、宝亀元(七七〇)・四(七七三)両年、頻垂法制云、「諸国雑米未進数多《あまたニシテ》、既闕国用。事《ことトすルニ》須掾・領(3)已上専当其事、史生(4)以上充綱領(5)送。若有未進、無問多少、国司史生已上、皆奪公廨《くがい》(6)。主典已上、並即貶考(7)。専当官者、解却見任《げきやくシげんにん》、郡司主帳(8)以上咸《ことごとく》取職田《しきでん》。解任貶考、亦同国司」。延暦十四年(七九五)格云、「依少奪多、事実《ことじつナラバ》不《ず》穏。而斛斗疋絹、一物未進、偏《ひとへニ》称格式、悉奪公廨。於事思量、深乖《そむケリ》弘恕。自《より》今以後《のち》、宜国司史生已上、各作《つくリテ》差法、准《なぞらヘテ》未進数、割《さキ》其公廨、随色弁備、進納京庫」。拠件等格、随未進誤公廨。雖載延暦之格、罪専当貶《おとしメルコト》綱領、尚《なお》存宝亀之制。今《いま》之所庶《ねがハクハ》、専当国司、罪如始制、綱領史生、亦解却見任。其国司進《たてまつル》解由(9)之日、知無未進、及後収之」者。中納言兼右近衛大将従三位行春宮大夫藤原朝臣時平《ときひら》宣、「奉《うけたまハルニ》勅依請」。

寛平六年八月四日(後略)

(1)雑米未進　年料舂米・庸米などの中央への未進。(2)大炊・廩院　年料舂米を納める大炊寮と庸米を納める民部省の廩院。ともに米蔵をもつ。(3)掾・領　国司の三等官である掾と郡司の長官・次官である大領・少領。(4)史生　国司の四等官の次に位置する書記官。(5)綱領　貢進物の都への運送責任者。(6)公廨　国司の収入として充てられた稲。(7)貶考　勤務評定を落とす。主典以上とは、国司の守・介・掾・目。(8)主帳　郡司の四等官。(9)解由　新任国司が前任国司に与える事務引継ぎ完了を示す文書（解由状）。

【解説】　中央の官司や都の労働力維持のための食料となった年料春米・庸米などの中央への貢進は、重い負担として次第に滞るようになり、八一一年（弘仁二）には「今官庫之貯、頗有盈余」と言われたのに、八九四年（寛平六）には「数中無庫」という状態におちいった。こうした調庸や雑米の未進の増加は、一元的な集中・分配を図る中央財政の基礎を崩していった。

### (3)　元慶官田

**324　〔日本三代実録〕　元慶三年（八七九）十二月四日条**

正三位行中納言兼民部卿藤原朝臣冬緒《ふゆを》奏状《ス》事《ヲ》。其一曰《ニク》、（中略）其二曰《ニク》、「近代以来《ちかつよりこのかた》、一年例用位禄・王禄、(1)准穀十七万余斛。又京庫未《ニ》行《ハ》衣服・月粮(2)《ヲ》、必給《ズフ》外国《ニ》。其数亦多《シ》。並《ニ》是正税用尽《シテ》、終《つひニ》行《フ》不動(3)《ヲ》。当今、除《キテ》陸奥・出羽及西海道之諸国《ヲ》、不動約計一千卌七万余斛、就中《なかんづく》、縁海近国、不出《デ》二三百万《ヲ》。而年中所用《キル》卌五六万斛。況《ヤ》亦《タ》有損之年、惣費《テス》近国之不動《ヲ》。凡厥《その》開用(4)至《リテ》多《ケレバ》、新委《ニたくわフルハ》絶《たヘテ》少《すくナシ》。窃《ひそかニ》恐《おそるルニ》、天下虚耗《シテ》、企《くはだツルハ》足《たるヲ》可《シ》待《ツ》。如今《いま》、件田散班《セバ》於人《ニ》者、口分為之《ニ》不饒《ゆたかなラ》。混入《テ》於公《ニ》者《レバ》、国用由《リテ》是《ニ》可《シ》給《フ》。伏請《ふシテこふラクハ》、割《キ》置《キテ》山城国八百町、大和国一千二百町、河内国八百町、和泉国四百町、摂津国八百町、合《セテ》四千町《ヲ》、若《もしクハ》獲稲、若《クハ》地子(5)、量《リテ》其便宜《ヲ》、以《テ》支《ヘン》公用《ヲ》」《トイヘリ》。詔《みことのりスラク》、従《へトイヘリ》之《ニ》。

(1)位禄・王禄　位禄は四位・五位の者への給付。王禄は女王禄で、女王への給付。(2)衣服・月粮　衣服は季節毎に皇親・無品親王・後宮女官や諸司・宮人に給付する衣服（時服《じふく》）。月粮は皇族や宮人に毎月支給した食料で、米は大炊寮、副食等は大膳職から支給。(3)正税用尽、終行不動　国府財政の財源である正税を使い切ってしまい、遠年の貯である不動穀に手をつけてしまう。(4)開用　本来開けないことになっている不動倉を開いて不動穀を使用する。(5)若獲稲、若地子　直接経営により収穫稲を得るか、地子経営（一年田を貸して収穫の五分の一の地代を得る）により地子を得るか。

【解説】　八七九年（元慶三）に、良吏として名のあった藤原冬緒（八〇八―八九〇。大納言）の提言により、畿内五国の田四千町を官田とし、公営田の方式で経営して中央財政の財源補充にあてた。これを元慶官田《がんぎょうかんでん》と言う。八八一年（元慶五）には、一部を官司毎の要劇田《ようげきでん》に充てた。要劇田は、劇務の官に支給された要劇料や大炊寮の年料春米の不足に対して設定された田。

## 2　在地の動向

### (1)　良吏と対国司策

**325〔類聚三代格〕巻七　天長元年（八二四）八月二十日太政官符**

太政官符

一、択《ブ》二良吏《ヲ》一事

右、検《しらブルニ》二（藤原冬嗣）右大臣奏状《(1)ヲ》一偁《いへラク》、「臣聞《クナラク》、登《のぼシテ》レ賢《ヲ》委《ゆだヌルハ》レ任《ヲ》、為《ス》レ化《ヲ》之《の》大方《たいほうナリ》。審《カニシ》レ官《ヲ》授《クルハ》レ才《ニ》、経国之要務《ナリ》。今諸国牧宰、或欲《ハ》下崇《ス》二修治化《ヲ》一樹《たテント》中之風声《ヲ》上。則拘《ゼラレテ》二於法律《ニ》一、不レ得《ち》二馳騖《ぶスルヲ》(2)一。郡国殄瘁《たへやムコト》、職《もととして》此《これに》之由《よる》。伏《ふシテ》望《のぞむラクハ》、妙《くわシク》簡《えらビ》二清公美才《ヲ》一、以《テ》任《ゼンコトヲ》二諸国守介《ニ》一。其新除《シタル》守介《ニハ》、則《チ》特《ニ》賜《リ》二引見《ヲ》一、勧二喩《シ》治方《ヲ》一、因《テ》加《ヘン》二賞物《ヲ》一。既而《ニシテ》政績有《レバ》レ著《あらハルコト》、加二増《シ》寵爵《ヲ》一、公卿有《レバ》レ闕、随即《テチ》擢用《セン》。又反《スレドモ》二経制宜《ニ》一勤《メテ》不《ざル》レ為《なサ》レ己者《ヲ》、将《ニ》従《ヒテ》二寛恕《ニ》一、無《なカレ》レ拘《ゼラルルコト》二文法《ニ》一」者《トイヘレバ》、依《レ》レ奏《ニ》。

一、遣《ス》二巡察使《ヲ》一事

右、同前奏状偁《ニへラク》、「古者《いにしえは》、分二遣《シ》八使《(3)ヲ》一、巡二行《シ》風俗《ヲ》一、考《へ》二牧宰之治否《ヲ》一、問《ヘリ》二人民之疾苦《ヲ》一。所《ゆえん》二以宣《シ》レ風《ヲ》展《ジ》レ義《ヲ》挙《シ》レ善《ヲ》弾《ズル》レ違《ヲ》也。伏《シテ》望《ムラクハ》、量《リ》二遣《シテ》件《ノ》使《ヲ》一、考《ゼンコトヲ》二其治否《ヲ》一」者《トイヘレバ》、依レ奏。

（中略）

以前、意見奏状、依《リテ》二今月八日《ノ》詔書《ニ》一頒下《スルコト》如《シ》レ件《ノ》。

天長元年（八二四）八月廿日

(1)奏状　公卿意見として天皇に奏上された文書。「依奏」と天皇の裁可が記されている。(2)馳騖　かけまわる。(3)八使　後漢の順帝が、風俗観察のために地方に巡行させた八人の使者（後漢書周挙伝）。

【解説】　八二四年（天長元）八月、地方行政改革策として、国司の治績の評価を改善し、状況に応じて弾力的に対応する国司を評価することが定められた。九世紀を中心とする時期、行政能力をもち治績をあげる国司を良吏として評価した。また、あわせて大同年間（八〇六―八一〇）には、平城天皇により地方行政監察のために畿内と七道に観察使がおかれ、観察使の奏言により種々の地方行政改革が行われた。のち観察使は廃止されたが、天長元年には巡察使を畿内と七道へ派遣する地方行政監察が企てられた。ただし、当時の巡察使の制は十分に機能したとはいえなかった。

**326〔類聚三代格〕巻七　延暦五年（七八六）四月十九日太政官奏**

太政官謹奏

一、撫育《ぶいく》有《リテ》レ方《ほう》、戸口増益《ス》、一、勧二課《シテ》農桑《ヲ》一、積二実《せきじつス》倉庫《ニ》一、

一、貢二進《スルコト》雑物《ヲ》一、依《リテ》レ限《ニ》送納《ス》、一、粛二清《シテ》所部《ヲ》一、盗賊不

起、
一、剖断合《かな》理《ことわり》、獄訟無冤、一、在職《しき》公平《くびよう》、立身清
慎、
一、且《かつ》守且耕、軍粮有儲《たくわえ》、一、辺境清粛、城隍修理、
右、国宰・郡司、鎮将・辺要等官、到任三年之内、政
治灼然、当前件二条已上者、伏望、五位已上者、
量事進階、六位已下者、擢《ぬきいで》之不次《ふじ》、授以五位。
一、在官貪濁、処事不平《らか》、一、肆《ほしきまま》行姦猾、以
求名誉、
一、畋遊《でんゆう》(1)無度、擾乱《じようらん》百姓、一、嗜《この》酒沈湎《ちんめん》(2)、廃
闕公務、
一、公節《くせち》(3)無聞、私門《かど》日《ひび》益、一、放縦子弟、請託
公行(4)、
一、逃失数多、克獲数少《すくな》、一、統摂失方、戍卒《じゆそつ》違命、
右、同前群官、不務職掌。仍《より》当前件一条已上者、
伏望、不限年之遠近、解却見任。其違乖撫育・
勧課等条者《ひと》、亦望准《なずら》此。
伏奉《うけたま》今月十一日勅、「諸国調庸支《し》度《たく》等物、毎《つね》有
未納、交《こもごも》闕国用(5)。又群官政績、多乖《そむ》朝委(6)。雖加戒
諭、曽《かつて》無改革。如《も》不《ず》黜陟《ちゆっちよく》(7)、何以勧阻(8)。所司宜作
条例奏聞」者。臣等商量、所定具如前件。謹録事
状、伏聴天裁。謹以申聞謹奏(9)。
延暦五年(七八六)四月十九日

(1)畋遊　狩猟。(2)沈湎　酒色におぼれる。(3)公節　行い治める節目。(4)公行　はばかることなく行う。(5)交闕国用　国家の用度・予算に色々とこと欠く。(6)朝委　朝廷から委ねられた任務。(7)黜陟　功あるものを陟《のぼ》せ、功なきものを黜《しりぞ》ける。(8)勧阻　善を勧め悪を阻《とど》める。(9)謹以申聞謹奏　論奏式(太政官が天皇に上奏し裁可を求める文書)の結語。「かしこみかしこミモもうシタマフコトヲきこシメセトかしこムまうス」と読む。

【解説】　地方行政の乱れによる調庸未納などの事態に対し、地方官の綱紀粛正と、優能な地方官吏の評価が試みられた。七八六年(延暦五)四月、公卿は地方行政を改善するための条例を作るべしとの勅に応じて、国司・郡司や辺境の武官の評価基準を定めた。戸口増益や田租・正税の収入確保など二件以上の功績があれば進階を行うこと、職務を務めないとされる条項に一つでもあたれば解任することが定められた。

## (2)　擬任郡司

**327**　〔類聚三代格〕巻七　弘仁十三年(八二二)十二月十八日
**太政官奏**

太政官謹奏
郡司初擬三年後乃《すなわ》預銓例《せんれい》事

右、中納言従三位兼行春宮大夫左衛門督陸奥出羽按察使良《よし》峯《みね》朝臣安世《やすよ》解偁《ニいハク》、「謹《ミテ》案《ズルニ》二太政官去弘仁三年（八一二）八月五日符《ヲ》一偁《ハク》、「自《リ》レ今以後《のち》、銓二擬《スルコト》郡司《ヲ》一、一《ニ》依《レ》二国《ノ》定《ニ》一。若選《ジ》レ非《ザルヲ》二其人《ニ》一、政績无《なクバ》レ験、則署帳之官、咸《ことごとク》解《キ》二見任《ヲ》一、永不《ざレ》二叙用《セ》一。以懲《テこらしメヨ》二将来《ヲ》一」者《トイヘリ》、知《ルノ》レ人之難《かたキコト》、古人猶病《うれフ》。吏非《ザレバ》二其人《ニ》一、何《ゾ》無《カラン》二謬挙《ヲ》一。若拠《レバ》レ行《フニ》二此格《ヲ》一、自陥《ラチン》二刑罰《ニ》一。若懼《シレテ》レ罪《ヲ》不《レバ》レ選《ゼ》、徒《いたずらニ》失《ハン》二人功《ヲ》一。望請《ミこフラクハ》、先《ニ》申《シ》二初擬《ヲ》一、歴二試《シ》雑務《ニ》一、待《チテ》レ可《キヲ》レ底《いたル》レ績《ニ》、銓擬言上《シ》、仍《テ》於《テ》二所司《ニ》一、計二会《(1)シ》功過《ヲ》一、始預《テラシメム》二見任《ニ》一。然《レバ》則《チ》、国宰免《のがレ》二濫選之責《ヲ》一、郡司絶《タム》二僥倖之望《ヲ》一。但先《ニ》尽《シ》二譜第《ヲ》一、後《ニ》及《ブコト》二芸業《ニ》一、依《レ》二前詔(2)《ニ》一」者《トマウス》。政無《ニ》二膠柱(3)一、事有《リ》二沿革《ニ》一、観《テ》レ物《ヲ》裁成《シ》、守株(4)不《ざレ》レ可《すベカラ》。臣等商量《スルニ》、所《レ》レ申合《かなへリよろしキニ》レ宜。伏《シテ》聴《カムトス》二天裁《ヲ》一。謹以申聞謹奏。

弘仁十三年（八二二）十二月十八日

聞《ぶん》(5)

(1)計会　集計。(2)前詔　八一一年(弘仁二)二月十四日詔。郡司はまず譜第を優先し、芸業による任命を従と定めた。(3)膠柱　膠柱鼓瑟。柱に膠《にかわ》して瑟を鼓す。琴柱をにかわでつけて動かなくすると音調を変えることができなくなることで、融通のきかない喩え(史記)。(4)守株　一度、兎がぶつかって死んだ木の株の番をして、再び兎のぶつかるのを待った故事で、旧風になれ、改める見識がないことの喩え(韓非子)。(5)聞　論奏を承認したことを示す天皇による書入。

【解説】　八一二年(弘仁三)太政官符により、郡司の銓擬権が国司に与えられた。但し、郡司にふさわしくない人物を選んだ場合、国司は解任とされた。しかし、弘仁三年格では銓擬する側の国司が不利になるので、八二二年(弘仁十三)に、郡司に擬したのち雑務につかせて功績をつむのを待ってから正式の郡司として銓擬することが定められた。太政官による任用以前に国司によって郡司に銓擬されているものを擬郡司という。九世紀以降、各地においては地方豪族の勢力の変化や交替があり、擬郡司や令制にない郡老《ぐんろう》・郡目代《ぐんもくだい》などの職名の郡司が任命され、伝統的な郡司氏族による支配は次第に後退していった。

第四節

# 藤原北家の擡頭

## 1 承和の変と応天門の変

### (1) 承和の変

328〔続日本後紀〕承和九年（八四二）七月

（十五日）丁未、（嵯峨）太上天皇崩《ジタマフ》二于嵯峨《さが》院《いん》(1)《ニ》一。春秋《しゆんじゆう》五十七。（下略）

（十七日）己酉、（中略）是《ノ》日、春宮坊帯刀《とうぐうぼうたちはき》(2)伴健岑《とものこわみね》(3)・但馬権守《たじまのごんのかみ》従五位下橘《たちばな》朝臣逸勢《はやなり》(4)等謀反《むへんノ》事発覚《ス》。令《ム》三六衛府《ヲシテ》固二守《セ》宮門并《あわセテ》内裏《ヲ》一。遣《シテ》二右近衛少将《このえのしようしよう》従五位上藤原朝臣富士麻呂・右馬助《うまのすけ》従五位下佐伯宿禰宮成《みやなりヲ》一、率《キテ》二勇敢近衛等《らヲ》一、各《おのおの》囲《ミ》二健岑・逸勢《ノ》私廬《しろヲ》一、捕二獲《セシム》其《ノ》身《ヲ》一。于レ時《ニ》、伊勢斎宮《ノ》主馬《しゆめ》長伴水上《みなかみ》来《リテ》在《リ》二健岑《ノ》廬《ニ》一。有《リテ》二嫌疑一同《ジク》被《ラル》レ捕《ヘ》。又召《シテ》二右近衛将曹《しようそう》伴武守《たけもり》・春宮坊帯刀伴甲雄等《ヲ》一、令《ム》レ解《カ》二兵仗《ヲ》一。并五箇人(5)分《ぶん》二付《づけテ》左近衛・左衛門《さえもん》・左兵衛《さひようえ》等《ノ》三府《ニ》一、並《ビニ》令《ム》二杻禁《ちゆうきんセ》一。仰《おおセテ》二左右京職《ニ》一警二固《シ》街巷《ヲ》一、亦令《ム》レ固《メ》二山城国《ノ》五道《ヲ》一。(6)（中略）

先《ヨリ》レ是、弾正尹《だんじようのいん》三品《さんぼん》阿保《あほ》親王(7)緘《かんシ》レ書《ヲ》、上二呈《ス》嵯峨太皇太后《たいこうたいごう》(8)《ニ》一。々々（太皇太后）喚《めシ》二中納言正三位藤原朝臣良房《よしふさヲ》(9)於御前《ごぜんニ》一、密《ひそカニ》賜《たまヒ》二緘書《かんしよヲ》一、以《テ》伝《てん》二奏《そうセシメタマフ》之《これヲ》一。其詞《ことばニ》曰《いハク》、「今月十日、伴健岑来《リ》語《リテ》云《いハク》、「嵯峨太上皇、今将《す》二登遐《とうか》(10)《セムト》一。国家之乱、在《リ》レ可レ待《ツ》也。請《こフラクハ》奉《たてまつリテ》二皇子《ヲ》一入《いラムコトヲ》二東国《ニ》一」者《トイヘリ》。書中詞《ことば》多《ク》、不《ず》レ可《ベカラ》二具《つぶさニ》載《のス》一。

（二十三日）乙卯、勅使《ちよくし》左近衛少将藤原朝臣良相《よしみ》(11)、率《キテ》二近衛卌人《ヲ》一、囲《ミ》二守《リ》皇太子《ノ》直曹《ちよくそうヲ》一〈于レ時、天皇権《かり》(12)《ニ》御《おはス》二冷然院《れいぜいいん》(13)《ニ》一。皇太子従《したがヒタマフ》(14)レ之《ニ》。〉喚《めシ》二集《あつメテ》帯刀等《ヲ》一、令《しメ》レ脱《ぬガ》二兵仗《ヲ》一、積《つミ》二置《おク》於勅使前《ノニ》一。又、直曹《ノ》前右兵衛陣下《ニ》、張《はリ》二幄《あく》(15)一宇《いちうヲ》一、散《さん》二禁《きんス》坊司及《ビ》侍者・帯刀等《ヲ》於其中《ノニ》一。自余雑色《ノぞうしきノ》諸人《ハ》、散二禁《ス》左右衛門陣《ノニ》一。又、遣《つかハシテ》二左衛門権佐《ごんのすけ》従五位下藤原朝臣岳雄《たけお》・右馬助従五位下佐伯宿禰宮成等《ヲ》一、率《キテ》二近衛《ヲ》一喚《めシ》二絆《つなギ》大納言正三位藤原朝臣愛発《あらち》(16)・中納言正三位藤原朝臣吉野(17)・参議正四位下文室《ふんや》朝臣秋津《あきつ》(18)《ヲ》一、幽《とらへ》二於院中《ニ》一、各異《ことニス》二其処《ノヲ》一。是《ノ》日、詔《みことのりシテのたまハク》曰、「現神《あきつみかみと》止大《おお》八洲国《やしまぐにしろしめす》所知須倭根子《やまとねこ》天皇《すめら》我《が》詔《おおみこと》良万止《らまと》宣《のる》御命《おおみことを》乎、親王《みこたち》・諸王《おおきみたち》・諸臣《おみたち》・百官人《もものつかさのひとども》等、天下《あめのしたのおおみたから》公民衆《もろもろ》聞食《きききたまえよ》世止宣《とのる》。不慮《おもわざる》外尓《に》太上天皇崩《かむあがる》流尓《に》依《よりて》天、昼夜《ひるよると》止无久《なく》哀迷《かなしみまどひ》比焦《こがれ》礼御坐《います》尓《に》、春宮坊乃《の》帯刀舎人伴健岑伊《い》、隙《すきに》仁乗《のりて》天、与《と》二橘逸勢一合《ちからをあわせて》レ力天、逆謀《はかりごとを》乎構成《かまえなして》天、国家《くにを》乎傾亡《かたぶけほろぼさむとす》无止須。其事《をば》乎波皇太子《ひつぎのみこは》波不知《しらず》毛《も》在《あらめ》女止《と》、不レ善人《よからぬひとに》仁依《よりて》天相累《あいかさぬることは》事波、自古《いにしえより》利言《いい》来留物《きたるものなり》奈利。又先々《さきざきに》仁毛《も》令二法師等《ほうしらをして》天呪咀《のろわしむ》一(19)止《と》云《いう》人多《おおくあり》安利。而《しかれども》止毛《も》隠《かくれたる》疵《きずを》乎撥《あばき》求《もとめむ》女无事乎不レ欲《ほりせずして》之天奈毛《なも》抑忍《おさえしのびたる》太留。又近日《ちかきひ》毛《も》或人《あるひとの》乃云《いわく》、「属《つきたる》レ坊《ぼうニ》人等《ひとども》毛《も》有レ謀《はかりごとあり》」止云《といえり》。若其事《もしそのこと》乎《を》推究《おしきわむれば》波、恐《おそらくは》波不レ善事《よからぬことの》乃多《おおく》有无《あらむ》事乎《を》、加以《しかのみならず》後《のちの》太上天皇《おおきすめらみこと》(20)乃《の》厚御恩《あつきごおんを》乎顧《かえりみて》天那毛《なも》究求《きわめもとめむ》女无事乎《を》不レ知《しらざりぬ》奴。今思保佐久《おもほさくは》波、直《ただに》仁皇太子乃《の》位《くらいを》乎停《とどめて》天、彼此《かれこれ》無レ事《ことなくは》波善《よ》久《く》有部之《あるべし》止思保之女須《とおもほしめす》。又、太皇太后《おおきさきの》乃御言《みことに》仁毛《も》如レ此《かくのごとく》久奈毛《なも》思保世留《おもほせる》。故是以《かれここをもちて》、皇太子乃《の》位乎《を》停退《とどめしりぞけ》介賜《たまふ》不。又可レ知《ことをしるべき》レ事人《ひとと》止為《し》天《て》奈《な》毛《も》、大納言《おおいものもうすつかさ》藤原朝臣愛発《あらちを》乎波《ば》廃レ職《つかさをとどめて》天京外《みやこのそとに》仁、中納言《なかのものもうすつかさ》藤原朝臣吉野乎波大宰員外帥《だざいのいんげのそちに》仁、春宮坊大夫《とうぐうぼうだいぶ》文室朝臣秋津乎波出雲国《いずものくにの》員外乃守《かみに》仁、任賜《まけたまひ》比有賜《ゆるしたまふ》不止《と》宣《のる》天皇《すめら》我《が》御命《おおみことを》乎衆《もろもろ》聞食《ききたまえよ》世止《と》宣《のルトノタマフ》」。

(二十五日)丁巳、(中略)以《もちテ》二正三位《しょうさんみ》藤原朝臣良房《ヲ》一為《す》二大納言《ト》一。右近衛大将陸奥出羽《むつでわのあぜち》按察使如《シ》レ故《もとノ》。正三位源朝臣信《(21)まことヲ》為二中納言《ト》一。左衛門督如《シ》レ故《ノ》。正四位下源朝臣弘《ひろむ》・従四位上滋野朝臣貞《さだ》主《ぬし》、並為二参議一。(下略)

(二十八日)庚申、罪人橘逸勢、除《キ》二本姓《ヲ》一、賜《たまヒ》二非人《にんノ》姓《ヲ》一、流《ながス》二於伊豆《いず》国《ニ》一。伴健岑流《ハス》二隠岐《おき》国《ニ》一。

(1)嵯峨院　平安京西郊にあった嵯峨太上天皇の住院。現、大覚寺。(2)春宮坊帯刀　皇太子の家政機関春宮坊に属する帯刀舎人《たちはきのとねり》。騎射に長じた者が選ばれ、皇太子の警護にあたった。(3)伴健岑　伴氏はもと大伴氏で、淳和天皇の諱《いみな》大伴を避けて伴氏と改称。健岑は、帯刀舎人として皇太子恒貞《つねさだ》親王に仕えたが、承和の変で伊豆に配流され、のち出雲に遷された。(4)橘逸勢　奈良麻呂の孫。唐に留学して文才を認められ、また嵯峨天皇・空海と並んで三筆に数えられる能書家。承和の変で配流される途上、病没。(5)五箇人　伴健岑・橘逸勢・伴水上・伴武守・伴甲雄。(6)山城国五道　宇治橋・大原道・大枝《おおえ》道・山崎橋・淀渡《よどのわたり》。(7)阿保親王　平城天皇の第一皇子。八一〇年平城太上天皇の変に坐し左遷されたが、八二四年嵯峨太上天皇の勅で許され、三品となり弾正尹などを歴任。八四二年承和の変を密訴することとなり、以後出仕しなかった。(8)嵯峨太皇太后　嵯峨皇后であった橘嘉智子《かちこ》。橘諸兄《もろえ》の曽孫。仁明《にんみょう》天皇と正子《まさこ》内親王(淳和皇后。皇太子恒貞親王母)の母であり、嵯峨太上天皇没後も権威を保った。(9)藤原朝臣良房　八〇四―八七二。嵯峨天皇に重用された冬嗣の子。嵯峨天皇皇女の潔姫《きよひめ》を妻に迎えた。(10)登遐　遠い天にのぼる。天子の崩御をいう。(11)藤原朝臣良相　冬嗣の子で、良房の同母弟。仁明に近臣として重用され、文徳朝の八五七年右大臣になる。八六六年の応天門の変では伴善男と相談する関係にあったが、兄良房に抑えられた。なお、この時の右近衛大将は中納言藤原良房。(12)天皇　仁明天皇。(13)冷然院　平安京左京二条二坊にあった後院。のち冷泉院と改称。(14)皇太子　恒貞親王。淳和天皇第二皇子で、母は嵯峨皇女正子内親王。淳和譲位により仁明が即位した八三三年に、九歳で皇太子となっていた。(15)幄　天幕。(16)藤原愛発　北家の内麻呂の子。良房の叔父にあたる。仁明の皇太子時代の東宮大夫で、八四〇年正三位・大納言となった。女が皇太子恒貞親王妃となっていたこともあり、承和の変で免官、京外追放された。(17)藤原朝臣吉野　蔵下麻呂《くらじまろ》の孫。淳和皇后の正子内親王の皇后宮大夫ともなっている。仁明朝には、淳和上皇に従い、中納言となるも、承和の変で左遷された。のち山城に遷されたが八四六年六十一歳で没した。(18)文室朝臣秋津　綿麻呂の弟。武官等を経て八三〇年参議となる。承和の変では、春宮大夫であった秋津は、幽閉ののち出雲員外守に左遷され、翌年配所で没した。(19)呪咀のろうこと。(20)後太上天皇　淳和太上天皇。(21)源朝臣信　嵯峨天皇皇子。八一四年に源氏賜姓。八三一年参議、八三三年従三位となる。八四二年の承和の変で中納言となり、さらに八五七年には左大臣に進む。八六六年の応天門の変で大納言伴善男との確執から陥れられかかるが、逆に伴善男が失脚した。その後政治の表には出なくなった。

【解説】　平城太上天皇の変(八一〇)からの三十年余は嵯峨天皇(太上天皇)の権威のもとで政変が起こることはなかったが、八四二(承和九)年七月、嵯峨太上天皇の死を待つかのように承和の変が起きた。春宮坊帯刀の伴健岑や橘逸勢らが謀反の嫌疑で配流され、皇太子の恒貞親王(淳和天皇第二皇子で、母は嵯峨天皇皇女の正子内親王)が、無実ながら廃せられた。かわって藤原良房の同母妹順子を母とする道康《みちやす》親王(仁明天皇第一皇子)が皇太子となり、のち文徳《もんとく》天皇となる。藤原良房は変で失脚した叔父藤原愛発の跡を襲って大納言に昇任するなど、承和の変は、外戚としての地位の確立と伝統的氏族の大伴氏・橘氏らの後退を図った藤原良房による策謀事件と考えられている。良房はさらに女明子を文徳天皇の女御とし、産まれた惟仁《これひと》親王(清和天皇)の外戚となる。文徳天皇即位の後、八五七年(天安元)に藤原良房は太政大臣となり、ついで八五八年(天安二)清和天皇が九歳で即位すると、良房は幼帝の摂政となった。幼帝の実現は、官僚機構の整備の上に天皇制が成熟したことを示す表徴ともみられる。

## (2)　応天門の変

**329**〔日本三代実録〕　貞観八年(八六六)

閏三月十日乙卯、夜、応天門(1)火《ひつ》キテ、延《の》ビテ焼ク二棲鳳《せいほう》・翔鸞《しょうらん》両楼(2)ヲ一。

八月三日乙亥、左京人ノ備中権史生《びっちゅうごんのししょう》大初位下大宅首鷹取《おおやけのおびとたかとり》告ス三大納言伴宿禰善男《とものすくねよしお》・右衛門佐《うえもんのすけ》伴宿禰中庸《なかつね》等、同ジク謀リテ行《つ》ケテレ火ヲ焼ケリト二応天門ヲ一。

七日己卯、(中略)勅シテ二参議正四位下行左大弁兼勘解由《かげゆ》長官南渕《みなぶち》朝臣年名《としな》・参議正四位下行右衛門督兼讃岐《さぬき》守藤原朝臣良縄《よしただ》ニ一、於二勘解由使局一、鞫《きく》問《もん》ス二大納言正三位兼行民部卿太皇大后宮大夫伴宿禰善男ヲ一。

十九日辛卯、勅シテ二太政大臣(藤原良房)ニ一、摂二行セシム天下之政ヲ一。

九月廿三(二)日甲子、(中略)是日、大納言伴宿禰善男、右衛門佐伴宿禰中庸、同謀者紀豊城《とよき》・伴秋実・伴清縄等五人、坐《ざ》シテレ焼クニ二応天門ヲ一当ルレ斬ニ。詔《みことのり》シテ、降シテ二死一等ヲ一、並ビニ処ス二之ヲ遠流ニ一。善男配シ二伊豆国ニ一、中庸ハ隠岐《おき》国、豊城ハ安房《あわ》国、秋実ハ壱岐嶋《いきのしま》、浄縄(清縄)ハ佐渡《さど》国、相ヒ坐シテ配流ノ者八人。(中略)善男者、左京人也。(中略)(延暦)十五年正月、超エ授ケテ二従四位下ヲ一、拝セシム二参議ヲ一。(中略)(貞観)二年正月、拝二中納言一。(中略)六年、転ズ二大納言ニ一。(中略)善男性忍酷(3)ニシテ、有リ二口弁一。当リテレ官ニ幹理シ、察断機敏ナリ。政務ニ変通シテ、

朝庭制度、多《クシテ》レ所《ヲ》二詳究《スル》一、問《フニ》無《シ》レ不《ルコト》レ対《こたへ》。但《シ》心不《ず》二寛雅《ナラ》一、出《シテ》レ言《ヲ》舛剝《せんはくシ》、弾二斥《シ》人《ノ》短《ヲ》一、無《シ》レ所《ところ》二畏避《スル》一。傲倖叨承《けうこうとうしよう》、為《たり》二人主所《ノ》レ愛《めヅル》也。（中略）貞観之初、与《と》二左大臣源朝臣信一有《リ》レ隙。数年之後、誣二告《シ》大臣一謀《リテ》為《シ》二反逆《ト》一、殆《ド》欲《す》レ陥《おとしいレント》レ害《ニ》。其後、犯《セリ》二大逆之罪《ヲ》一。（下略）

廿五日丁卯、勅《シテ》二京畿七道《ニ》一、勘二録《セシム》庶人伴善男等《らノ》資財田宅《ヲ》一。

**330〔日本三代実録〕貞観十年（八六八）閏十二月二十八日丁巳条**

左大臣正二位源朝臣信薨《ズ》。（中略）（貞観）八年春、欲《す》三遣《シテ》レ使《ヲ》囲二守《セシメント》大臣家《ヲ》一。善男通二謀《ヒリテ》右大臣藤原朝臣良相《ト》一所《フ》レ行也、于《ニ》レ時、（良房）太政大臣、不レ知《ラ》レ有《ルヲ》二此事《ノ》一。及《ビ》レ至《ルニ》二発聞《スルニ》一、愕然《トシテ》失《ヘリ》レ色《ヲ》。即便《たよりニ》奏聞《シ》、探二認《セシム》事由《ヲ》一。（清和）帝曰《のりたまハク》、「朕、曾《テ》所レ不《ル》レ聞《カ》也」《トノリタマフ》。爰《ニ》勅《シテ》遣《シテ》二参議右大弁大枝《おおえ》朝臣音人《おとひと》・左中弁藤原朝臣家宗等《ヲ》一、前後慰諭《セシム》。

（1）応天門　平安宮朝堂院の朝集殿院の南面の門。会昌門の南。（2）棲鳳・翔鸞両楼　朝集院南面の応天門の両脇の楼閣。（3）忍酷　ねばりづよくきびしい。以下、口弁は、口が立つこと。幹理、能力があること。変通、臨機応変に事を処すこと。舛剝、そこなうこと。傲倖、分外の望みを願うこと。叨承、みだりに相手の意を迎えてへつらうこと。

【解説】八六六年（貞観八）閏三月十日応天門が焼失した。平安宮造営後、最初の宮中心部の火災事故で、政権に深刻な影響を与えた。伴氏（もと大伴氏）は、六世紀以来の有力な中央豪族であったが、八世紀には藤原氏の隆盛の過程で次第に勢力が縮小した。伴善男の祖父伴継人は、延暦四年（七八五）の藤原種継暗殺事件に坐して獄死した。父国道も父の罪に坐して佐渡国に配流されたが、能吏としてのちに赦され、参議に至った。伴善男は、若くして能力を見出され、大納言に至った。伴善男は貞観初年頃から源信と対立しており、右大臣藤原良相と結んで、応天門炎上は源信（八一〇―八六八）の所為と主張した。この時、太政大臣藤原良房（八〇四―八七二）は養嗣基経（八三六―八九一）と共にこれに対し、源信を擁護した。八月に至り大宅鷹取が、伴善男・中庸の放火を密告し、善男らは逮捕され、死一等を減じて遠流に処せられた。善男は伊豆国へ配されその地で死去した。

## 2　摂政・関白への途

### (1)　清和天皇と藤原良房

**331〔大鏡〕巻一　裏書**(1)

四品惟喬《これたか》親王東宮諍事

（中略）

承平元年（九三一）九月四日夕、参議実頼《さねより》朝臣(2)来也。談及《ブニ》二古事《ニ》一、陳《ベテ》

云《ク》、「文徳天皇、最《モ》愛《ヅ》二惟喬親王(3)《ヲ》一。于レ時《ニ》、太子(4)幼沖《ナリ》。帝欲《す》下先暫《ク》立《テ》二惟喬親王《ヲ》一而太子長壮《ノ》時還《テ》継《ガシメント》中洪基《こうき》(5)《ヲ》上。其《ノ》時、先太政大臣(6)、作《たり》二太子祖父一、為《リ》二朝《ノ》重臣一。帝憚《リテ》未《ず》レ発《おこサ》。太政大臣憂《ヘテ》レ之《ヲ》、欲《す》レ使《メント》二太子《ヲシテ》辞譲《セ》一。是《ノ》時、藤原三《み》仁《ひと》善《クス》二天文《ヲ》一。諫《いさメテ》二大臣《ヲ》一曰《ク》、「懸象無《ク》二変事一、事必《ズ》不《ラム》レ遂焉」《トイヘリ》。爰《ここニ》帝召《シ》二(源)信大臣(7)《ヲ》一、清談良久《やや》《シ》。乃《すなはチ》命《ズルニ》以《テス》下立《ツル》二惟喬親王《ヲ》一之趣《ヲ》上。信大臣奏《もうシテ》曰《いハク》、「太子若《シ》有《ラバ》レ罪須《ベシ》三廃点《はいてんシ》更《ニ》不《ル》二還立《シテ》一。若《もシ》無《クバ》レ罪亦不レ可《ラ》レ立《ツ》二他人《ヲ》一。臣不二敢奉《てうけたまわラ》一レ詔《ヲ》」《トマウス》。帝甚《はなはだ》不レ悦《バ》。事遂《ついニ》無《ク》レ変、無《クシテ》レ幾《いくばくモ》帝崩《ジヌ》。太子続《ギタマフ》レ位《ヲ》。（下略）」《トイヘリ》

（1）『大鏡』裏書　醍醐天皇皇子の式部卿重明親王（九〇五―九五四）の日記『吏部王記《りほうおうき》』の逸文。（2）実頼朝臣　藤原実頼（九〇〇―九七〇）。忠平《ただひら》の長子。九四九年の忠平没後、藤原氏の氏長者として政界を首導し、太政大臣、関白、摂政となったが、外戚となることはなかった。（3）惟喬親王　八四四―八九七。文徳天皇第一皇子。母は紀名虎《なとら》の女静子。文徳天皇は藤原良房を外戚とする第四皇子惟仁《これひと》より惟喬の即位を先に望んだが、果たせなかった。八七二年出家して山城国小野に隠棲し、文学に遊んだ。（4）太子　文徳天皇の第四皇子惟仁親王（八五〇―八八〇）。のち清和天皇。母は藤原良房の女明子。八五八年文徳天皇が三十三歳でなくなると九歳で即位し、外戚の良房が天皇権を代行した。幼沖は幼いこと（沖は柔らかいの意）。（5）洪基　皇位。（6）先太政大臣　藤原良房。（7）信大臣　源信（八一〇―八六八）。嵯峨天皇皇子。賜姓源氏で、左大臣となった。

**【解説】　清和天皇と藤原良房**

八四二年（承和九）に嵯峨太上天皇が没すると、すぐに承和の変が起こり、ふたたび皇位継承をめぐる争いとともに藤原北家による他氏排斥事件が相次ぐようになる。八五八年（天安二）の清和天皇即位による幼帝（九歳）の誕生、八六六年（貞観八）の応天門の変、八八四年（元慶八）の陽成天皇退位事件、宇多天皇即位にともなう八八八年（仁和四）の阿衡の紛議、そして九〇一年（延喜元）の菅原道真左遷事件などである。

藤原良房は、最初の蔵人頭に任じられるなど嵯峨天皇の側近として活躍し左大臣になった北家冬嗣の第二子。若くして嵯峨天皇の皇女源潔姫を妻に迎え、天皇家との関係を深めた。八四二年の承和の変によって、同母妹の順子が産んだ道康親王（文徳天皇）を皇太子とすることに成功し、外戚となる。八五七（天安元）太政大臣に進み、翌年文徳天皇がなくなると、女の明子が産んだ皇太子惟仁親王を九歳で即位させ（清和天皇）、幼帝の外戚として実質的に摂政となり、八六四年（貞観六年）正月に清和天皇が十五歳で元服するまでその任にあった。八六六年（貞観八）の応天門の変では、大納言伴善男を失脚させ、同母弟の藤原良相も抑え込んで摂政となり、そののち藤原氏の中でも、良房とその養嗣基経の一流が権力中枢を掌握することになった。八七二年（貞観十四）没し、忠仁公と贈り名された。

## 3　阿衡の紛議

### (1)　関白の始まり

**332〔日本三代実録〕元慶八年（八八四）六月五日甲午条**

勅《みことのりシテ》曰《のりタマハク》、「天皇《すめらが》（光孝）詔旨《おおみこと》良《ら》万《ま》止《と》宣《のりたまう》御命乎《おおみことを》衆《もろもろ》聞食《きききたまえと》宣《のりたまふ》布。太政大臣《おおいまつりごとのおおまえつぎみ》藤原朝臣（基経）、先御世々々与利《より》天下《あめのした》乎《を》済《た》助《す》介《け》朝政《みかどのまつりごと》乎《を》総摂《すべとり》奉仕《つかえまつ》礼《れ》利《り》。（中略）大臣功績既《いさおしすでに》高天《たかくして》、古之伊霍（1）与リ毛《よりも》、乃祖《おおじ》淡海公（藤原不比等）・叔父《おじ》美濃公（藤原良房）与リ毛益《ま》左利《さり》、朕《われ》、将レ議二其賞一《そのしようをはからんとするに》尓、大臣、素《もとより》懐二謙挹心一《けんゆうのこころをいだきて》、必固辞退天《かならずかたくことわりしりぞきて》、政事《まつりごとを》若《もし》壅《ふさがせ》世无加止也々《むかとやや》美思保之天《みおもほして》、本官《もものつかさの》乃任尓《ままに》其職《そのつかさを》行《おこなわむ》牟止《と》思保之天、所司尓《つかさに》令レ勘《かんがえしむるに》尓、師範訓道（2）乃美尓波非安利介リ《あらずありけり》。内外之政、无レ不レ統久毛《すべざるところなくも》有倍加利《あるべかり》計利《けり》。仮使尓《かりに》無レ所レ職久《つかさどるところなく》可レ有久止毛《あるべくとも》、朕耳目腹心迩所レ侍《はべる》奈礼波《れば》、特分二朕憂一《ことにわがうれいをわくる》止毛《とも》思保須乎《おもほすを》、自二今日一《きょうより》官庁《つかさ》尓坐天《まして》就天《つきて》万政《よろずのまつりごとを》領行《とりおこな》比《ひ》、入輔二朕躬一《いりてはわがみをたすけ》、出総二百官一《いでてはもものつかさをすぶ》部之《べし》。応レ奏之事《もうすべきのこと》、応レ下之事《くだすべきのこと》、必先《かならずまず》諮稟《はかりうけよ》与。朕将二垂拱一而《われまさにすいきょうして》仰レ成《なるをあおがんと》止宣《のりたまう》御命乎《おおみことを》衆聞給《もろもろききたまえと》止宣《のりタマフ》」。

（1）伊霍　中国の賢臣として名高い伊尹《いいん》（殷の名相。夏の桀王を滅ぼし天下を平定）と霍光《かくこう》（前漢の政治家、武帝・昭帝・宣帝に仕えた）。（2）師範訓道　職員令に定める太政大臣の職務。

【解説】　藤原基経《もとつね》（八三六―八九一。昭宣公）は、良房の兄長良《ながら》の三男で、良房の養嗣子。八六六年の応天門の変では、伴善男を失脚させるのに活躍して昇進し、良房が亡くなる八七二年には右大臣となり、良房の後を継いだ。八七六年（貞観十八）に清和天皇が譲位し、基経の妹高子が産んだ陽成《ようぜい》天皇（貞明親王）が九歳で即位すると、幼帝の外戚として摂政となる。八八〇年（元慶四）太政大臣となり、八八四年（元慶八）には乱行のあった陽成天皇を退位に追い込み、五十五歳の光孝《こうこう》天皇（仁明天皇皇子。時康親王）を即位させ、実質的に関白の地位を得た。六月五日詔は、太政大臣の職に加えて「万政領行」「応奏之事、応下之事、必先諮稟」の権能を、基経に与えた。この権能は、後に「詔、内外奏請、上下大小雑事、先自二其人一宣行」（『西宮記』臨時五、関白）とされ、万機の政を総管するもので、一切の奏文を天皇の御覧に供する前に先ずここに関白することから職名となった関白に相当するものであり、関白の職の始まりとも評されている。

### (2)　阿衡の紛議

**333〔政事要略〕三十巻　阿衡事**

賜フ二摂政太政大臣（藤原基経）ニ一関三白セシムル万機ヲ一詔

詔《みことのりシタマハク》、朕、以テ二涼徳ヲ一奉ケ二茲乾符《けんぷ》（1）ヲ一、臨ミテ二鳳扆《ほうい》ニ（2）一而如シレ履ムガ二薄

氷一。撫《ふシテ》二龍軒(3)一而若《ごとシ》レ渉二淵水一。自《よりハ》レ非《あらザル》二太政大臣之保護扶持一、何得下恢《ひらキ》二宝命(4)於黄図《おうずニ》一、正《ただスヲ》中璇璣於紫極上哉。嗚呼《ああ》、三代摂(5)政、一心輸《いたス》レ忠。先帝(光孝)聖明、仰《おおス》二其摂籙一、朕之冲眇《ちゆうびよう》、重以二孤煢《テスこけい》(6)一。其万機巨細《こさい》、百官総レ己、皆関三白 於太政大臣一、然後奏下、一如二旧事一。主者施行。

仁和三年(八八七)十一月廿一日

左大弁橘朝臣(7)(広相)作之、(中略)

太政大臣辞二摂政一第一表 紀(長谷雄)(8)

臣基経言《もうス》、伏奉《シテうけたまハルニ》二 去月廿一日詔書一、万機巨細関三白 於臣一者、臣再三揣《はかり》レ己、遂知レ不レ堪。臣基経誠恐誠惶、頓首頓首、死罪々々、(中略)

仁和三年閏十一月廿六日

答三太政大臣辞二関白一勅 橘納言(広相)作

勅、太政大臣藤原卿、中務省昨進 表函、披《ひもとキテ》 而読レ之、有レ辞二 摂政一。撫然方寸(9)、不レ知レ所レ為。卿、(中略)爰《ここニ》従《より》二貞観一、化諧《たしなミ》二 蕭曹(10)一、洎《およビテ》二乎元慶一、寄 重二周霍(11)一。爾来三代緝熙(12)、万邦用レ能、(中略)先帝(光孝)承二 渭橋《いきよう》之拝(13)一、是卿之功。朕辱二 翼室之延一、亦誰之力。伏 案二 先帝詔命一、今以為《おもフニ》、卿勲効之高、古今未レ有。将《す》下議二其賞一答中 其労上。卿素履二謙光一、先帝懐二撝挹《きゆうヲ》一、受レ寵有二憂色一、臨レ労有二退情一。若其譲章勅答、比相往還、恐一日万機、或致二稽壅《けいようヲ》一。故言不レ及レ賞、心在二分憂一。況朕愚 未レ学レ政、孝何改レ道。卿秉鈞(14)奕《かさネ》レ世、佐レ命受レ遺。所謂《いわゆる》社稷之臣、非二朕之臣一。宜下以二阿衡《あこう》之任一、為中卿之任上。先帝右執二卿手一、左撫二朕頭一、託 以二父子之親一、結 以二 魚水之契《ちぎりヲ》一、宛《あたかも》 如レ在レ耳、豈而忘《わすれンヤ》 乎。援レ筆哽咽《こういんシ》、言不二多 及一。

仁和三年閏十一月廿七日

(1)乾符　天子のしるし。(2)鳳扆　天子の座。(3)龍軒　天子の座。(4)宝命……紫極　宝命は上帝の命令。黄図は、黄河より現われた龍馬の背に描かれた八卦図。璇璣《せんき》は、渾天儀。上帝の命令を八卦に叶うようにし、宇宙の中に紫極を位置させる。天子の位に即くこと。(5)三代清和・陽成・光孝天皇。(6)孤煢　兄弟がいないこと。助けるものがいない様。(7)橘広相《ひろみ》　八三七―八九〇。文章博士などを歴て、八八四年(元慶八)参議。当代一流の学者で、光孝・宇多の信任を得て、女義子は宇多の後宮に入っていた。(8)紀長谷雄《はせお》　八四五―九一二。文章博士などを経て従三位・権中納言に至る。詩文に優れ、宇多・醍醐に重用された。(9)方寸　心中。(10)蕭曹　劉邦をたすけた漢の宰相の蕭何《しようか》と曹参《そうさん》。(11)周霍　周の武王の弟で成王の摂政の周公旦と賢臣として名高い前漢の霍光。(12)緝熙　徳があり広く知れわたる。(13)渭橋之拝　周文王が渭水の渚に釣りする太公望を挙用した故事。(14)秉鈞　政権を執る。

【解説】　八八七年(仁和三)、なくなる直前の光孝天皇の依頼を受けて、基経は光孝第七子の源定省(宇多天皇)を即位させるが、その宇多天皇から関白に任じられる時に起きたのが、阿衡の紛議(阿衡事件)である。宇多天皇は、仁和三年八月に即位し、十一月に、清和・陽成・光孝天皇の三代の関白であった藤原基経を関白に任ずる詔を出した。基経は例に従い、閏十一月二十六日に関白の任命を辞す上表を提出した。宇多天皇は、翌日、再度、基経を関白とする勅答を下した。ところが、基経は勅の中の関白を「阿衡の任」(阿は頼る、衡ははかりで、天下の民が公平を得るの意。殷の名相の伊尹への称。転じて宰相の意)とする文言をとらえ、藤原佐世の阿衡は位名であり職名ではないとの意見を用いて、太政官の政務をとることをやめてしまった。宇多天皇は基経に屈して、橘広相が天皇の意に反した勅答を作ったとして、基経に百官を総べて天下の政を行うべきことを命じる詔を出した。基経は、宇多天皇の信任を得て後宮に女を入れていた橘広相を排斥し、宇多天皇のもとでの権力を確立しようとしたのである。藤原北家の基経の一流が、こののち代々、摂政・関白として政務を掌握する画期となったのが、この阿衡の紛議とよばれる政変であった。

こうして、良房・基経の時代に、藤原北家は他氏族や藤原他家を圧倒し、外戚の地位を築いて名実ともに摂政・関白に任じられるようになった。これを「前期摂関政治」と呼ぶこともある。天皇幼年時の摂政、天皇成人後の関白が常置されるようになるのは、十世紀後半のことであったが、良房・基経たちが摂関政治への道を開いていったということができる。

〔九－十世紀の政治事件年表〕

八四二年(承和九)　承和の変
　恒貞親王廃太子、道康親王(母良房妹順子)立太子。伴健岑・橘逸勢、藤原愛発(北家、女が恒貞親王妃)・藤原吉野(式家)らを排斥
八五八年(天安二)　清和天皇(母良房女明子)即位(九歳)
八六六年(貞観八)　応天門の変
　伴善男・紀豊城ら流罪、藤原良相(良房弟)らを排斥
　藤原良房、摂政
八八四年(元慶八)　陽成天皇退位。光孝天皇(五十五歳)即位
八八七年(仁和三)　光孝天皇没。宇多天皇即位
　藤原基経、関白
八八八年(仁和四)　阿衡の紛議
　橘広相を排斥
九〇一年(延喜元)　菅原道真左遷
　藤原時平、右大臣道真を大宰権帥に左遷
九六九年(安和二)　安和の変
　左大臣源高明を排斥

## 第五節　東北政策の展開

### 1　阿弖流為と坂上田村麻呂

334〔続日本紀〕延暦八年（七八九）六月甲戌（三日）条

征東将軍（紀古佐美）(1)奏《もうシテイハク》、「副将軍外《げ》従五位下入間《いるま》宿禰広成《ひろなり》・左中軍別将従五位下池田朝臣真枚《まひら》、与《と》二前軍別将外従五位下安倍猨嶋《さしま》臣墨縄等一議《シ》、「三軍同《おなじクシ》レ謀《はかりごとヲ》幷《あわせテ》レ力《ヲ》、渡《リ》レ河《ヲ》討《タム》レ賊《ヲ》」《トイフ》。約期已《すでニ》畢《おわル》。由《よリテ》レ是《ニ》、抽《ぬき》二出《いだシテ》中後軍各二千人《ヲ》一、同共凌渡《こへわたル》。比《ころおい》レ至《ル》二賊帥夷《えみしノ》阿弖流為《あてるい》(2)之居《ニ》一、有《リテ》二賊徒三百許《ばかり》人一、迎逢《ヘヒテ》相戦《フ》。官軍勢《いきおい》強《ク》、賊衆引遁《キル》。官軍且《カツ》戦《ヒ》且焼《キ》、至《ルトキ》二巣伏《すふせ》村(3)《ニ》一、将《す》下与《と》二前軍一合《セムト》上勢《ヲ》。而前軍為《ニ》レ賊被《ノれ》レ拒《はばマ》、不レ得《ニ》二進渡《ミルコト》一。於レ是、賊衆八百許人、更来拒《ふせギ》戦《ヘリ》。其力太《はなはだ》強《ク》、官軍稍《やや》退《クトキ》、賊徒直《ただちニ》衝《つケリ》。更有《リテ》二賊四百許人一、出《デテより》レ自二東山一、絶《たテリ》二官軍後《ノしりへヲ》一。前後受《ケタリ》レ敵《ヲ》。賊衆奮撃《シ》、官軍被《る》レ排《おサ》。別将丈部《はせつかべ》善理、進士(4)高田道成・会津壮麻呂《たけまろ》・安宿戸吉足《あすかべのよしたり》・大伴五百継《いおつぐ》等並《ニ》戦死《ス》。惣《すべテ》焼亡《セル》賊居《ハ》、十四村、宅八百許烟《えん》。器械(5)・雑物如《シ》レ別《ノ》。官軍戦死《セルヒト》廿五人、中《レルヒト》レ矢《ニ》二百卌五人、投《いリテ》レ河《ニ》溺《レ》死《ヌルヒト》一千卅六人、裸身游《ニテおよギ》来《くルヒト》一千二百五十七人。別将出雲諸上《もろかみ》・道嶋御楯《みちしまのみたて》等《ら》、引《キテ》二余衆《ヲ》一還《リ》来《レリトマウス》」。

335〔続日本紀〕延暦十年（七九一）七月壬申（十三日）条

従四位下大伴宿禰弟麻呂《おとまろヲ》為《す》二征夷大使《ト》一。正五位上百済王《くだらのこにきし》俊哲(6)・従五位上多治比《たぢひ》真人《のまひと》浜成・従五位下坂上大宿禰《おおすくね》田村麻呂(7)・従五位下巨勢朝臣野足《のたりヲ》並為《ニす》レ副《ト》。

336〔日本紀略〕

延暦十三年（七九四）正月朔（一日）条

賜《フ》二征夷大将軍大伴弟麿《ニ》節刀(8)《ヲ》一。

延暦十三年六月十三日条

副将軍坂上大宿禰田村麿已下征《ス》二蝦夷《ヲ》一。

延暦十三年十月二十八日条

征夷将軍大伴弟麿奏《もうシテイハク》、「斬首四百五十七級、捕虜百五十人、獲馬八十五疋、焼落七十五処《トマウス》」。

延暦十六年（七九七）十一月五日条

従四位下坂上大宿禰田村麻呂《ヲ》為《す》二征夷大将軍一《ト》。有《リ》二副将軍等一。

**延暦二十年(八〇一)九月二十七日条**

征夷大将軍坂上宿禰田村麿等言《もうシテイハク》、「臣聞《きクナラクしかじか》、云々。討二伏《ス》夷賊《ヲ》一」《トマウス》。

**延暦二十年十一月七日条**

詔《みことのりシテ》曰《のたまハク》、「云々。陸奥国乃蝦夷《えみし》等《ら》、歴《よをへて》レ代渉《ときをわたりて》レ時天《て》侵《へつくにをおかしみだし》二乱辺境一、殺《おおみたからをころしおかせり》二略百姓一。是以《ここをもちて》従四位上坂上田村麿大宿禰等《ら》乎《を》遣《つかわして》天、伐平掃治《うちたいらげはらいおさめしむるに》之牟流尓云々」《トノタマフ》。田村麿《ニ》授《ク》二従三位《ヲ》一。已下授位。

**延暦二十一年(八〇二)正月九日—八月十三日条**

正月丙寅(九日)。遣《シテ》二従三位坂上大宿禰田村麿《ヲ》一造《ラシム》二陸奥国胆沢《いさわ》城(9)《ヲ》一。戊辰(十一日)、勅《みことのりシタマハク》、「官軍薄《せまり》伐《うチ》、闢《ひらキ》レ地《ヲ》瞻《のぞメリ》レ遠《とおキヲ》。宜《シ》下発《おこシテ》二駿河・甲斐・相模・武蔵・上総・下総・常陸・信濃・上野・下野等国《ノ》浪人四千人《ヲ》一、配《ス》中陸奥国胆沢城《ニ》上」《トノタマフ》。四月庚子(十五日)、造陸奥国胆沢城使田村麿等言《もうサク》、「夷大墓公阿弖《たいものきみあて》利為《りい》、盤具公母礼《いわぐのきみもれ》等率《キテ》二種類五百余人《ヲ》一降《レリトマウス》」。七月甲子(十日)、造陸奥国胆沢城使田村麿来《ル》。夷大墓公二人並《ビニ》従《フ》。己卯(二十五日)、百官抗《あげテ》レ表《ヲ》、賀《ス》レ平《スルヲ》二蝦夷《ヲ》一。八月丁酉(十三日)、斬《ざんス》二夷大墓公阿弖利為・盤具公母礼等《ヲ》一。此二虜者《は》、並奥地之賊首也。斬《スルノ》二二虜《ヲ》一時、将軍等申《もうシテいハク》云、「此度任《セテ》レ願《ニ》返《かえリ》入《リ》、招《ケリ》二其賊類(10)《ヲ》一」《トマウス》。而《ルニ》公卿執論《シテもうサク》云、「野性獣心《ニシテ》、反覆《シテ》无《なシ》レ定《ルコト》。儻《もし》縁《リ》二朝威《ニ》一、獲《えテ》二此梟帥《きようすいヲ》一、縦《ほしいママニ》依《リテ》二申請《こへルニ》一、放《シテ》二還《セシムレバ》奥地《ニ》一、所謂《いわゆる》、養《ヒテ》レ虎《ヲ》遺《ス》レ患《うれヒヲ》也」《トマウス》。即捉《チ》二両虜《ヲ》一、斬《ス》二於河内国杜山《もりやまニ》一。

(1)征東将軍　参議中衛中将紀古佐美。七八八年(延暦七)七月六日、征夷大使(征東将軍・征東大将軍)に任じられ、七八九年九月に帰京、胆沢の蝦夷との戦いでの敗軍の責任を勘問された。(2)阿弖流為　—八〇二。北上川東岸を本拠とする胆沢地方(岩手県水沢市付近)の蝦夷の族長。大墓公阿弖利為とも称す。(3)巣伏村　胆沢の北川上東岸の蝦夷の村。現在の地域は未詳。(4)進士　志願兵。関東地方や陸奥国の出身。会津氏は陸奥国会津郡の氏族。(5)器械　弓箭や甲冑。(6)百済王俊哲　百済王氏は、百済滅亡により日本に亡命した善光(百済最後の義慈王の王子)の一族。百済王敬福(六九八—七六六)は陸奥守として、七四八年(天平宝字元)東大寺大仏鍍金のため黄金を献上。俊哲(—七九五)は七七五年(宝亀六)に蝦夷追討の軍功があり、のち陸奥鎮守府将軍となった。(7)坂上大宿禰田村麻呂　七五八—八一一。対蝦夷戦争に従事。八〇五年(延暦二十四)参議。清水寺《きよみずでら》を創建したと伝える。(8)節刀　節は、使者のしるしとして持つ割符。節刀は天皇の権限を代行することを示すしるしの刀で、天皇から将軍や遣唐使に賜与され、復命の際に返上された。(9)胆沢城　陸奥国の北部の支配のため設置された城。鎮守府が多賀城より移された。岩手県水沢市。発掘調査により築地・外濠や政庁などの遺構が発見され、国指定史跡となっている。(10)任願……賊類　阿弖流為らが投降し都に行くことを望んだので連れ帰った。田村麻呂の助命嘆願の奏言。

【解説】　七八九年(延暦八)には、胆沢地方(岩手県水沢市・江刺市付近)の蝦夷の制圧をめざして征東将軍紀古佐美の大軍が北上川沿いに北進したが、蝦夷の族長阿弖流為の知略に富む作戦の前に、少数の蝦夷軍に大敗を喫した。態勢を立て直し七九四年(延暦十三)に十万の大軍を進めた中央政府軍は、征夷副使坂上田村麻呂の活躍もあり、ようやく軍事的勝利を収める。その後坂上田村麻呂は七九七年(延暦十六)に征夷大将軍となり、八〇二年(延暦二十一)には胆沢に胆沢城(岩手県水沢市)を築いて、阿弖流為らの率いる蝦夷五百余人を帰順させた。同年田村麻呂に従って入京した阿弖流為は、助命を嘆願する田村麻呂の申請を退けた公卿たちの議によって斬られた。こうして胆沢地方を制圧し鎮守府を多賀城から胆沢城へと北進させた坂上田村麻呂は、さらに北上川上流に志波《しは》城(岩手県盛岡市。国指定史跡)を築き、前進拠点とした。坂上田村麻呂は、没後も平安京を守るようにと、甲冑・武器とともに東に向けて京郊の地に葬られた。

## 2　元慶の乱

**337〔日本三代実録〕元慶二年(八七八)四月四日己巳条**

出羽《では》国守正五位下藤原朝臣興世《おきよ》飛駅《ひやく》(1)《シテ》奏《シテ》言《いハク》、「秋田郡城(2)邑官舎民家、為《ニ》二凶賊《ノ》一所《ノ》二焼亡《スル》一之状、去月(二月)十七日上奏《ス》。厥《その》後、差《つかハシテ》二権掾《ごんのじょう》正六位上小野朝臣春泉・文室《ふんや》真人有房等《ヲ》一、授《クルニ》以《テシ》二精兵《ヲ》一、入《リテ》レ城《ニ》合戦《セシム》。夷党日《ニ》加《ハリ》、彼衆《おほク》我寡《すくなシ》。城北郡南公私舎宅、皆悉焼残《ケそこなヘリ》。殺虜人物不《ず》レ可《カラ》レ勝《たフ》レ計《かぞふルニ》。此国器仗、多在《クリ》二彼城(秋田城)《ニ》一。挙《あゲテ》レ城《ヲ》焼尽《ケつくシテ》、一《トシテ》無《シ》レ所《ル》レ取。加之《しかのみならず》、去年《こぞ》不レ登《みのラ》、百姓飢弊《へつかル》。差《スルニ》二発軍士《ヲ》一、曾《かつテ》無《シ》二勇敢《ニ》一。望請《のぞミこフラクハ》、(陸奥)隣国援兵《ト》、勠《あわセテ》レ力《ヲ》襲伐《センコトヲマウス》」。

(1)飛駅　非常時に中央と在外諸司や軍所との間での駅《やく》を発《た》てることによる連絡方法。下達には勅、上申には奏が作成、伝達された。京と諸国を結ぶ官道には三十里(約十六キロメートル)毎に駅家《うまや》が置かれ、駅使(駅を利用する公の使者)や公文書を駅馬で逓送した。飛駅では一日十駅以上の速度で逓送された。駅を発てるとは駅使を発遣すること。(2)秋田郡城邑　秋田郡は出羽国(現、秋田県・山形県)北部の雄物川中下流域の郡(現、秋田市・男鹿市・大館市・南秋田郡・北秋田郡)。秋田城は、はじめ七三三年(天平五)に秋田村高清水《たかしみず》に移された出羽柵《でわのさく》で、のち秋田城と改称された。出羽国府が一時置かれたとの説もあり、北方支配の拠点として機能した。秋田城跡(秋田市高清水地区)は国指定史跡で、政庁などが発見されている。

## 338〔藤原保則伝〕

（元慶）二年二月、出羽国蝦夷反乱《シ》、攻《ム》二秋田城《ヲ》一。（中略）五月二日、（出羽・陸奥）両国飛駅忽《ニ》至《リヌ》。於レ是《ここに》、（藤原基経）昭宣公大《キニ》驚《キテ》、与《と》レ（藤原保則）公謀《リタマフ》レ事《ヲ》。（中略）其月四日、叙《シテ》レ公《ヲ》為《シ》二正五位下《ト》一、即以《チテ》二右中弁兼出羽権守《ヲ》一。擢《ぬきいデテ》二（小野）春風（1）為《ス》二鎮守将軍従五位下《ト》一。（中略）公奉《うけたまハリテヨリ》レ詔《ヲ》以後《のち》、数日《ニシテ》進発《ス》。昼夜兼行《ス》。（中略）既《ニシテ》至《ル》二出羽国《ニ》一。命《ジテ》二春風・（坂上）好蔭《ニ》一、各将《ひきヰテ》二陸奥国精騎五百人《ヲ》一、直《ニ》入《ラシム》二虜境《ニ》一。召《シテ》二其酋豪《ヲ》一、宣《スルニ》以《テス》二国家之威信《ヲ》一。（中略）於レ是、夷虜叩頭拝謝《シテもうサク》云、「異時、秋田城司、貪慾暴獷、谿壑《けいがく》難《シ》レ塡《うづミ》（2）。若毫毛《モ》不《レバかなハ》レ協《ニ》二其求《ニ》一者、楚毒（3）立《たちどころニ》施《ほどこシヌ》。故不《シテ》レ堪《ヘ》二苛政《ニ》一、遂作《なセリ》二叛逆《ヲ》一。今将軍幸以《テ》二天子恩命《ヲ》一而詔《みことのりシタマフ》之。願《ねがフラクハ》改《メテ》二迷途《ヲ》一帰《セン》二命幕府《ニ》一」《トマウス》。於レ是、競《ヒテ》以《テ》二酒食《ヲ》一、饌《ス》二饗官軍《ヲ》一。其豪長数十人、相率《ヒテ》随《ヒテ》二春風《ニ》一、至《ル》二出羽国府《ニ》一。公即召見慰撫《ス》。賊亦尽《ことごとく》返下献《かえしたてまつル》先所《ノ》二虜略《セル》一生口及軍器《ヲ》上。時有《リ》二渠帥《きよすい》二人《ニ》一、不《ず》レ肯《がえんぜ》二帰附《スルヲ》一。公語《リテ》二諸豪長《ニ》一云《ハク》、「二虜不レ来《ラ》。於《ニ》二汝心《ニ》一如何《いかにソ》」《トイヘリ》。豪長等倶陳《のべテ》云《ハク》、「殊《ことニ》自有《ラリ》レ謀《はかりごと》。願《ハクハ》暫《ク》垂《レンコトヲ》二寛仮《ヲ》一」《トイヘリ》。後数日、遂斬《シテ》二両夷首《ヲ》一以献《たてまつレリ》之。公即発《シテ》二使者《ヲ》一、撫《ス》二恤余種《ヲ》一。自《より》二津軽《ニ》一至《ルマデ》二渡嶋《わたりのしまニ》一雑種夷人、前代末《さきのよ》二曽《リシテ》帰附《セ》一者《もの》、皆尽《クニ》内属《ス》。於レ是、公復《また》立《ツ》二秋田城《ヲ》一。凡厥《その》塁柵楼塹、皆倍《セリ》二旧制《ニ》一。三年、改《メテ》二権守《ヲ》一為《ス》二正守《ト》一、右中弁如《シ》レ故《もとノ》。有《リテ》レ勅、暫留鎮撫《ス》之。（中略）四年四月、依《リテ》二官符《ニ》一入《ル》レ京《ニ》。時《ニ》在《ありシみかどニ》レ朝卿相、皆賀《ス》二公《ノ》勲績《ヲ》一。

（1）春風　小野春風は、六月七日到着の出羽守の飛駅奏により翌八日に鎮守将軍に任じられ、陸奥権介坂上好蔭と陸奥国から二手に分かれ、途中賊地を平定して秋田城に至った。藤原保則《やすのり》は彼らとは別に七月初に出羽国に至り、それぞれ八月、九月に秋田城を征圧した。「藤原保則伝」に保則が、春風・好蔭に兵を授けて賊地に入らせたとするのは事実とは異なるとされている。（2）谿壑難塡　欲が深いことを谷が水を受けて尽きないことに譬える。（3）楚毒　苦しみ。

【解説】　八七八年（元慶二）に、出羽国の北部の秋田城の支配する地域で俘囚（蝦夷のうち国家に服属した民）の反乱がおきた。前年の不作と、秋田城司（出羽国の介が任じられる）良岑近《よしみねのちかし》の悪政が原因となった。俘囚は三月に秋田城と城下を襲撃し焼き払った。出羽守藤原興世は鎮圧できず陸奥国の援兵を朝廷に求めた。右大臣藤原基経《もとつね》は右中弁藤原保則を出羽権守に、前近衛将監小野春風を鎮守将軍として派遣し、乱は元慶三年に至り鎮圧された。藤原保則（八二五—八九五）は、国司として実績をあげ、出羽権守として元慶《がんぎょう》の乱を鎮圧し、のち大宰大弐《だざいだいに》を経て左大弁・参義に至った。藤原基経に重用され、三善清行（八四七—九一八）は九〇七年（延喜七）「藤原保則伝」（『日本思想大系』8古代政治社会思想）を記し良吏として称讃した。

## 3　北方交易の進展

**339〔類聚三代格〕延暦二十一年(八〇二)六月二十四日太政官符**

太政官符

禁断《スル》㆔私《ニ》交易《スルヲ》㆓狄土《てきどノ》物《ヲ》㆒事

右、被《こうむルニ》㆓右大臣(神王)宣《ヲ》㆒偁《いへラク》、「渡嶋《ノ》狄等来朝之日、所《ノ》㆑貢《たてまつル》方物、例以《テス》㆓雑皮《ヲ》㆒。而《シテ》王臣諸家競《ヒテ》買《ヒ》㆓好《よキ》皮《ヲ》㆒、所《ノ》㆑残《レル》悪物《ヲ》以《テ》擬《す》㆑進《たてまつラント》㆑官《ニ》。仍《テ》先《ニ》下《シテ》㆑符《ヲ》禁制《スルコト》已《ニ》久《シ》。而《ルニ》出羽国司、寛縦《ニシテ》曾《テ》不《ず》㆓遵奉《セ》㆒。為《たル》㆑吏之道、豈合《あニべケンヤ》㆑如《クニアル》㆑此《ノ》。自《いまよりのち》㆑今以後。厳《シク》加《ヘヨ》㆓禁断《ヲ》㆒。如《もシ》違《ヘバ》㆓此《ノ》制《ニ》㆒。必《ズ》処《セ》㆓重科《ニ》㆒。事縁《よレバ》㆓勅語《ニ》㆒。不《ざレ》㆑得《え》㆓重《ネテ》犯《スコト》㆒」《トイフ》。

延暦廿一年(八〇二)六月廿四日

【解説】　東北地方の日本海沿岸北端(秋田県北端から青森県西部)及び北海道を渡島《わたりのしま》と称した(北海道のみとする説もある)。この地域の異民族または国家に服属しない民を、渡島の蝦夷あるいは狄と称した。さらに北海道には、中国大陸、日本海沿岸やサハリンから渡来したツングース系民族とも考えられる粛慎・靺鞨(いずれも、あしはせ)と称される、蝦夷と異なる北方民族もいた。これらの蝦夷や粛慎・靺鞨を狄と総称していると考えられる。狄は、北海の産である海獣の皮や、北方のヒグマ・虎などの皮を交易に供したと考えられる。渤海使がもたらしたそれらの皮が珍品として求められたように、渡島の狄の皮も、都の王臣諸家が競い求めるところであった。

# 第六節　弘仁貞観の文化

## 1　平安新仏教

### (1)　最澄

**340**〔**天台法華宗年分縁起**〕

天台法華宗《てんだいほっけしゅう》年分学生式《ねんぶんがくしょうしき》一首《いっしゅ》

国宝《トハ》何物《ゾ》。宝《トハ》道心也。有二道心一《ルノ》人《ヲ》、名《ヅケテす》為二国宝一《ト》。故古人言《ハク》(1)、「径寸(2)十枚、非二《ズ》是国宝一《ニ》。照千一隅《しょうせんいちぐう》(3)、此則《レすなわチ》国宝《ナリトイヘリ》」。古哲(4)又云《ハク》、「能言《よくいいテ》不レ能《ルハあたハ》レ行《フコト》、国之師也。能行《クヒテ》不レ能レ言《フコト》、国之用也。能行能言《クヒクフハ》、国之宝也。三品《さんぼん》之内、唯《ただ》不レ能レ言不レ能レ行、為《なス》二国之賊一《ト》」。乃《トイヘリすなわチ》有二道心一《ル》仏子《ヲ》、西《にしニハ》称二菩薩《ぼさつ》一《シト》、東《ひむがしニハ》号二君子《くんし》一《スト》。悪事《ヲ》向《むかへ》レ己《おのれニ》、好事《ヲ》与《あたへ》レ他《ニ》、忘《レテ》レ己《ヲ》利《スルハ》レ他《ヲ》、慈悲《じひ》之極《きわみナリ》。釈教之中、出家《ニ》二類《アリ》。一《ハ》小乗《しょうじょうノ》類《たぐい》、二《ハ》大乗《だいじょうノ》類《ナリ》。道心《アルノ》仏子(5)、即《すなわチ》此類斯《レこのたぐいナリ》。今我《ガ》東州《とうしゅう》(6)、但《ただ》有二小像一《リテ》(7)、未二《ノミず》大類一《アラ》。大道未レ弘《ひろマラ》、大人(8)難レ興《だいにんがたシおこリ》。誠願《まことニねがハクハ》(桓武)先帝《ノ》御願《ごがん》、天台年分《てんだいねんぶん》(9)、永為《クなシ》二大類一《ト》、為《なサム》二菩薩僧《ぼさつそう》一《ト》。然則《しかレバすなわチ》枳王夢猴《きおうノむこう》(10)、九位列落《つらなりおチ》、覚母《かくもノ》五駕《ご が》、後三増《こうさん》レ数《サム》(11)。斯心《このこころ》斯願《このねがい》、不レ忘《わすレず》レ汲《ムコトヲ》レ海《ヲ》(12)、利《シ》レ今利《シテのちヲ》レ後、歴《ふレドモ》レ劫《ごうヲ》無《カラム》レ窮《きわまり》。

(1)古人　ここは斉の威王のこと。(2)径寸　直径一寸の珠。(3)照千一隅　千里を照らす者と一隅を守る者。(4)古哲　ここは牟融のこと。(5)仏子　仏弟子。(6)東州　日本。(7)小像　小乗の形。(8)大人　大乗の僧侶。(9)天台年分　天台宗の年分度者。(10)枳王……列落　守護国界主陀羅尼経による話で「顕戒論」下に引用。訖哩枳王が見た、十匹の獼猴《びこう》(猿)のうち、九匹の悪い猿が一匹の知足の猿を追い出すという夢。九位列落とは、九獼猴(九種の悪沙門)が消滅すること。自宗の年分度者二人は九猴に堕すことがないことを述べる。(11)覚母……増数　覚母は如来の母で文殊菩薩。文殊の問いに仏が答えて説いた五種の菩薩のうち三種(後三)の菩薩が仏果(さとり)にいたる。比叡山の大乗の戒(後三にあたる)のみが正しいことを述べる。「顕戒論」上に引用する不必定入定印経《ふひつじょうにゅうじょういんぎょう》による話。(12)不忘汲海　努力を惜しまないことの喩え。

【解説】　天台法華宗年分学生式は、桓武天皇により八〇六年(延暦二十五)一月に天台宗に与えられた年分度者についての規定で、新しい菩薩僧の理念と修行の内容を示したもので、南都戒壇の否定、僧綱支配からの離脱、従来の仏教のあり方への批判を示したものとされる(『日本思想大系』4　最澄)。

### (2)　空　海

**341**〔**続日本後紀**〕**承和二年**(**八三五**)**三月条**

(二十一日)丙寅、大僧都《だいそうず》伝灯大法師《でんとうだいほうし》位《い》空海《くうかい》終《おフ》二于紀伊国《きいのくに》禅居《のぜんきょ》一《ニ》(1)。(中略)

庚午（二十五日）、（中略）法師《ほうし》者、讃岐国多度郡《さぬきのくにたど》(2)人。俗姓佐伯直《さえきのあたい》。年十五、就舅従五位下阿刀《あと》宿禰大足《おおたり》(3)読習文書《ぶんしょ》。十八遊学槐市(4)。時有一沙門、呈示虚空蔵聞持法《こくぞうもんじほう》(5)。其経説、若《もし》人依法、読此真言一百万遍、乃《すなわ》得《え》一切教法文義暗記。於是《ここに》、信大聖之誠言、望飛焔於鑽燧《さんすい》、攀躋《はんせい》阿波《あわ》国大瀧之嶽《おおたきのたけ》(6)、観念土左《とさ》国室戸《むろと》之崎(7)。幽谷《ゆうこく》応声、明星《みょうじょう》来影。自此《これ》慧解日新《あらた》、下筆成文。世伝三教論(8)、是信宿(9)間所撰也。在於書法、最得其妙、与張芝(10)斉《ひと》名、見《ら》称《しょうせ》草聖(11)。年卅一得度。延暦廿三年（八〇四）、入唐留学(12)。遇青龍寺恵果和尚《けいかわじょう》(13)、稟学《まな》真言。其宗旨義味、莫不該通。遂《つい》懐法宝、帰来本朝(14)。啓《ひら》秘密之門、弘大日之化(15)。天長元年（八二四）、任少僧都《しょうそうず》。七年（八三〇）、転大僧都。自有終焉之《しゅうえんの》志《こころざし》、隠居紀伊国金剛峯寺《こんごうぶじ》(16)。化去《けきょ》之時、年六十三。

(1)紀伊国禅居　高野山。(2)讃岐国多度郡　現在の香川県善通寺市の善通寺が生誕の地。(3)舅従五位下阿刀宿禰大足　舅は母方のおじ。伊予親王の侍講で、儒教・文章を空海に教えたという。(4)槐市　大学。(5)虚空蔵聞持法　虚空蔵菩薩（虚空のごとく広大無辺の福徳・智慧により衆生の諸願を成就させる菩薩）を本尊として修する記憶力を増大させる行法。(6)阿波国大瀧之嶽　現徳島県阿南市の太竜寺山。(7)土左国室戸之崎　高知県室戸市の室戸岬。(8)三教論　七九七年（延暦十六）に空海が著した『三教指帰』。一気に書き終えたという。(9)信宿　二晩泊り。(10)張芝　後漢の書家で、草書を能くした。(11)草聖　空海の書は生前から名高く、とくに草書を評価された。のちに三筆の一人とされる。(12)延暦廿三年入唐留学　八〇四年（延暦二十三）五月に出発した遣唐使の大使藤原葛野麻呂の第一船に空海は乗船した。八月唐に着き、十月福州に至り、十二月長安に入った。(13)青龍寺恵果和尚　長安青龍寺の灌頂阿闍梨恵果（七四六―八〇五）。(14)帰来本朝　八〇六年八月に明州を発した遣唐使の帰国船に乗り、大宰府に至って、十月には請来した文物の目録を朝廷に献じている。入京したのは八〇九年（大同四）。(15)大日之化　大日経の教え。密教。(16)紀伊国金剛峯寺　八一六年（弘仁七）に高野山の地を与えられて空海が堂塔を建て開創した。

## 342 〔性霊集〕 巻十　天長五年（八二八）十二月十五日　綜藝種智院式

綜藝種智《しゅげいしゅち》(1)院式《いんしき》并《あわせ》序

辞《じ》納《な》言藤大卿《ごんとうたいけい》(2)有左九条宅(3)。地余《あまり》弐町、屋《おく》則五間。東隣《となり》施薬《せやく》慈院(4)、西近真言仁祠《じんし》(5)。生休帰真《せいきゅうきしん》之原迫《せまり》(6)南、衣食《いしょく》出内《すいだい》之坊居北(7)。涌泉水鏡《すいけい》而表裏、流水汎溢《はんいつ》而左右。松竹風来琴箏《きんそう》、梅柳雨催錦繍。春鳥哢《ろう》声、鴻鴈《こうがん》于飛。熱渇臨《のぞ》也即除、清涼憩《いこ》也即至。兌《にし》白虎大道、離《みなみ》朱雀小沢。緇素《しそ》(8)逍遥何必山林。車馬往還朝夕相続。貧道《ひんどう》(9)有《あり》意《こころ》済《すく》物。窃《ひそか》庶幾《こいねが》、置三教院《さんごういん》(10)。一言吐《は》響、千金即応(11)。永捨券契、遠期冒地(12)。不労給孤《きゅうこ》之敷金(13)、忽《たちまち》得勝軍《しょうぐん》之林泉(14)。本願忽感、樹《た》名曰綜藝《しゅげい》種智院《しゅちいん》。試《こころみ》造式記曰。（下略）

(1)綜藝種智　綜藝は諸学を総合すること、種智は仏智を植えることをさす。(2)辞納言藤大卿　中納言を辞した藤原三守《みもり》。(3)左九条宅　平安京左京九条の邸宅。(4)施薬慈院　京中路辺の病者、孤児らを収容する施設。(5)真言仁祠　東寺。(6)生休帰真之原　葬地。(7)衣食出内之坊　国家の倉庫。出内は出納。(8)緇素　僧俗。(9)貧道　僧侶の自称。空海のこと。(10)三教院　儒教・仏教・道教の三教を学ぶ学院。(11)一言……即応　空海が三教院創設を願うと藤原三守が邸宅を寄付したこと。(12)永捨券契遠期冒地　藤原三守は土地を永遠に施入し、将来の菩提(冒地《ボーディ》。悟)をめざした。(13)給孤之敷金　須達《すだつ》長者(給孤)は、釈迦に僧園を献ずるため黄金を敷きつめるほどの大金で土地を求めたという故事。(14)勝軍之林泉　祇園精舎が建てられた庭園。勝軍はその所有者であった波斯匿王《はしのく》(コーサラ国王)をさす。

【解説】　『性霊集《しょうりょうしゅう》』(遍照発揮性霊集《へんじょうはっき》)は、弟子真済(八〇〇—八六〇)が編纂した空海の詩文集。もと十巻。現在の巻八・九・十の三巻は一〇七九年(承暦三)に佚文を拾集したもの(『日本古典文学大系』71　三教指帰・性霊集)。綜藝種智院は、天長年間(八二四—八三四)の初めに、藤原三守の平安京左京九条の邸宅(東寄りの東方)を譲りうけて創建した、内典(仏典)と外典すなわち三教を僧俗の学生に教授する学校。

## 343〔御請来目録〕

上《ツル》二新請来《ノ》経等《ノ》目録《ヲ》一表

入唐《にっとう》学法《ノ》沙門空海言《くうかいもうス》、空海、以《テ》二去《さンヌル》延暦廿三年(八〇四)《(1)ヲ》一、銜《ふくミテ》二命《ヲ》留学之末《ニ》一、問《フ》二津《ヲ》万里之外《ニ》一。其年《ノ》臘月《ノろうげつ》(2)、得《タリ》レ到《ルコトヲ》二長安《ニ》一。廿四年二月十日、准《ジテ》レ勅(3)《ニ》配《セラル》二住西明寺《さいみようじニ》一。(4)爰《ここニ》則《チ》周《シテ》二遊諸寺《ニ》一、訪《とヒ》二択《えらブ》師依《ヲ》一。幸《ニ》遇《テ》二青龍寺灌頂阿闍梨(5)《かんじようあじやり》法号恵果和尚《けいかわじようニ》(6)一、以《テ》為《す》二師主《ししゅト》一。其《ノ》大徳《ハ》則大興善寺《だいこうぜんじ》大広智《だいこうち》不《ふ》空三蔵《くうさんぞう》(7)之付法《ノ》弟子也。弋釣《よくちよう》(8)《シ》二経律《ヲ》一、該《ス》二通密蔵《みつぞうニ》一。法之綱紀、国之所《ナリ》レ師《トスル》(恵果)。大師尚《とうとビ》二仏法之流布《るふヲ》一、歎《ク》二生民之可《べきヲ》レ抜《ぬク》(9)。授《ル》レ我《ニ》以《テシ》二発菩提心戒(10)《ヲ》一、許《ス》レ我《ニ》以《テス》レ入《ルコトヲ》二灌頂道場《かんじようどうじようニ》一。沐《スルコト》二受明灌頂(11)《ニ》一再三焉。受《うくルコト》二阿闍梨《あじやり》位《ヲ》一一度也。肘行膝歩《ちゆうぎようしつぽシテ》学《ビ》レ未《ルヲ》レ学《バ》、稽首接足《けいしゆせつそくシテ》聞《ク》レ不《ルヲ》レ聞《カ》。幸《ニ》頼《テ》二国家之大造(12)大師之慈悲《ニ》一、学《ビ》二両部之大法(13)《ヲ》一、習《フ》二諸尊之瑜伽《ゆがヲ》(14)一。(中略)今則《チ》、一百余部金剛乗教、両部大《ノだい》曼荼羅《まんだら》海会、請来《しようらいソ》見到《げんとうセリ》。(中略)謹《ミテ》附《シテ》二判官正六位上行《ぎよう》大宰大監《ノだいげん》高階真人《たかしな》遠成《とおなりニ》一奉《たてまつリテ》レ表《ひようヲ》以聞《テぶんス》。并《セテ》請来《セル》新訳経《ノ》等目録《ノ》一巻、且《しばらく》以奉進《テほうしんス》。軽《シク》黷《けがサバ》二威厳《ヲ》一、伏《シテ》増《ス》二戦越《せんえつヲ》一。沙門空海、誠恐誠惶謹言《せいきようきんげん》、

大同元年十月廿二日

入唐学法沙門空海上表

入唐学法《ノ》沙門空海大同元年請来《ニしようらいセル》経律論疏章伝記《きようりつろんそしようでんき》并《セテ》仏菩薩金剛天等像《ノ》、三昧耶曼荼羅《さんまやまんだら》、法曼荼羅《ほうまんだら》、伝法阿闍梨等《ノ》影《えい》及《ビ》道具、並《ニ》阿闍梨付嘱物《ふしよくのもの》等《ノ》目録、都合六種、就レ中、

新訳等《ノ》経、都《テ》一百四十二部二百四十七巻

梵字真言讃等、都《テ》四十二部四十四巻

論疏章等、都《テ》三十二部一百七十巻

已上三種、摠《テ》二百一十六部四百六十一巻

(中略)

大同元年（八〇六）十月廿二日　入唐学法沙門空海

（平安遺文四三二七号）

（1）延暦廿三年　八〇四年五月に出発した遣唐使の船に乗り、八月唐に着き、十月福州に至った。（2）臘月　十二月。（3）勅　徳宗皇帝の勅。（4）西明寺　長安の西明寺。（5）青龍寺　長安の青龍寺。（6）灌頂阿闍梨法号恵果和尚　灌頂は、密教における秘法の伝授。阿闍梨は秘法を伝授され、さらに伝授する資格を持つ僧。恵果は真言付法八祖（大日如来・金剛薩埵《こんごうさった》・竜猛・竜智・金剛智・不空・恵果・空海）の第七。（7）大広智不空三蔵　七〇五―七七四。真言八祖の第六。北インドの人。長安で金剛智に師事、セイロンで竜智に密教を学び、唐に戻り多くの経典を訳した。四大訳経家の一。（8）弋釣　鳥を射、魚を釣ること。精しく学ぶこと。（9）抜　救済すること。（10）発菩提心戒　菩提心は、悟りを求めて修業しようとする心。真言行者は懺悔等を行い身心を清浄にして、毎日自誓して菩提心戒を受ける。（11）受明灌頂……受阿闍梨位　受明灌頂は、密法を受学し、諸尊の印明（印契と真言）を授かる灌頂。空海は、ついで「受阿闍梨位」とあるごとく、師から弟子に法を伝える伝法灌頂を受け、恵果より真言宗の血脈を継いだ。（12）大造　大恩。（13）両部之大法　金剛界・胎蔵界の二法。（14）諸尊之瑜伽　諸尊の秘法。

**【解説】**　奈良時代末の仏教政治の弊害に対応して、桓武天皇は南都の大寺院の平安京への移転を認めなかった。そしてあたらしい仏教への動きを支持し、それまでの国家仏教とは異なる平安新仏教が展開していった。

最澄（七六七―八二二）は、近江国に生まれて僧となり、比叡山で修行して天台教学を学び、七八八年には比叡山に一乗止観院を建てた。八〇四年（延暦二十三）に遣唐使に従って入唐、新しい天台仏教を学んで八〇五年（延暦二十四）に帰国し、比叡山に天台宗をひらいた。南都諸宗と対立しつつ諸国で布教に努め、大乗仏教独自の戒壇の設立をめざした。亡くなった直後に比叡山延暦寺に戒壇が認められて、延暦寺が日本における仏教教学の中心となる基が築かれた。のち伝教大師の号を贈られた（『日本思想大系』4 最澄、参照）。

空海（七七四―八三五）は、讃岐国に生まれ都で学んだのち仏教に身を投じて四国各地で修行に励んだ。最澄と同じ八〇四年に入唐、長安の青龍寺で恵果に師事して短期間で密教の相承を受け、八〇六年（大同元）に帰国した。嵯峨天皇から信任され、八一六年（弘仁七）には高野山の地を得、のち金剛峯寺を建てて真言宗を開いた。また八二三年（弘仁十四）には平安京の東寺（教王護国寺）を得た。東寺講堂の諸仏像群は八三九年（承和六）に開眼されたもので、空海の仏教思想の世界をよく表現している。八二八年（天長五）には綜藝種智院《しゅげいしゅちいん》を設けて儒教・仏教の教育を庶民にも開放した。書は三筆の一人とされ、漢詩文にも優れ詩文集の「性霊集」が残されている。のち弘法大師号が贈られた（『日本思想大系』5 空海、参照）。

## 2　御霊会

**344　〔日本三代実録〕　貞観五年（八六三）五月二十日壬午条**

於《テ》二神泉苑（1）ニ一修《ス》二御霊会《ごりようえ》ヲ一。勅《シテ》、遣《シテ》二左近衛中将従四位下藤原朝臣基経・右近衛権中将従四位下行内蔵頭《くらのかみ》藤原朝臣常行等、監会事。王公卿士、赴集共観。霊座六前《ぜん》、設施几筵、盛陳花果、恭敬薫修。延律師慧達為講師、演説金光明《こうみょう》経一部、般若心経六巻。命雅楽寮《うたのつかさ》伶人作楽。以(清和)帝近侍児童及良家稚子為舞人。大唐・高麗《こま》(2)、更出而舞。雑伎散楽、競尽其能。此日宣旨、開苑四門、聴《ゆるす》都邑人出入縦観。所謂《いわゆる》御霊者、崇道《すどう》天皇(3)・伊予親王(4)・藤原夫人(吉子)(5)・及観察使(6)・橘逸勢《はやなり》(7)・文室宮田麻呂《ふんやのみやたまろ》(8)等是也。並坐事被誅、冤魂成厲《れいと》。近代以来、疫病繁発、死亡甚衆《おおし》。天下以為《おもふに》、此災、御霊之所生也。始自京畿、爰《ここに》及外国、毎至夏天秋節、修御霊会、往々不断。(下略)

(1)神泉苑《しんせんえん》　平安京内の天皇遊覧のための庭園。平安宮の南(三条一坊東半部)に位置する。宴、舟遊びなどが行われた。(2)大唐高麗　舞楽の唐楽・高麗楽。(3)崇道天皇　早良《さわら》親王。七八五年、藤原種継暗殺への関与を疑われ逮捕され死去。八〇〇年崇道天皇と追贈。第三章第一節1(3)参照。(4)伊予親王　―八〇七。桓武天皇第三皇子。八〇七年(大同二)、謀反を企てたとして母藤原吉子と共に大和の川原寺に幽閉され母と共に服毒自殺した。藤原仲成《なかなり》が、平城天皇の側近を排除し皇太弟神野親王(嵯峨天皇)の力を抑えるために仕組んだ陰謀による。八一九年(弘仁十)に親王号を復された。(5)藤原夫人　桓武天皇夫人藤原吉子。伊予親王の母。(6)観察使　藤原仲成とされる。七六四―八一〇。藤原薬子の兄。八〇九年(大同四)―八一〇年(大同五)に北陸道観察使。大同五年参議。薬子と共に平城天皇の信任を得て権勢を振ったが、八一〇年(弘仁元)、平城上皇の変により首謀者として殺された。(7)橘逸勢　―八四二。八四二年(承和九)承和の変の首謀者として伊豆国へ配流され、途中遠江国で死亡。冤罪であったとされる。第三章第四節1(1)参照。(8)文室宮田麻呂　生歿年未詳。八三〇年(天長七)、筑前守となり、八年に解任。在任中に大宰府で新羅商人張宝高と交易を行った。十年に、従者より謀叛を密告され、逮捕されて伊豆国へ配流された。

【解説】　御霊会は、疫病をおこす疫神や御霊を鎮めるための法会や祭礼。八六三年(貞観五)五月に平安京の神泉苑で行った御霊会が始まりで、非業の死を遂げた崇道天皇・伊予親王・藤原夫人・藤原仲成・橘逸勢・文室宮田麻呂の怨霊を鎮めることにより疫病を鎮めようとした。のちに、吉備大臣(真備)・火雷神(菅原道真)も加えられ八所御霊と称されるようになった。十一―十二世紀には、祇園社の御霊会(祇園祭)、北野天満宮の御霊会(北野御霊会)などが年中行事となった。

## 3　漢文学

### 345　〔日本後紀〕延暦十八年(七九九)二月乙未(二十一日)条
(和気清麻呂薨伝)

贈正三位《ぞうしょうさんみ》行民部卿兼造宮大夫《ぞうぐうだいぶ》美作備前国《みまさかびぜんのくに》造《みやつこ》和気《わけ》朝臣清《きよ》麻呂《まろ》薨。(1)(中略)長子広世《ひろよ》(2)、起家補文章生。延暦四年(七八五)、坐事被禁錮(3)。特降恩詔、除少判事。俄《にわかに》授従五位下、為式部少輔。便《たよりに》為大学別当、墾田廿町入寮、為勧学料(4)《ト》一。請《ヒテ》レ裁《ヲ》、闡《あらわス》二明経四科之第(5)一。又大学会《ニ》二諸儒《シテ》一、講二論《セシム》陰陽書・新撰薬経大素等《ヲ》一。大学南辺《ニ》、以《テ》二私宅《ヲ》一置《ク》二弘文院《ぶんいん》(6)《ヲ》一。蔵《ぞうス》二内外経書《ないげノきようしよ》(7)数千巻《ヲ》一。墾田卅町《ヲ》永充《あてク》二学料《ニ》一、以終《おフ》二父《ノ》志《ヲ》一焉。

(1)和気朝臣清麻呂　七三三―七九九。備前の地方豪族出身で、はじめ磐梨《いわなしのわけのきみ》別公を姓としたが改姓を重ね和気朝臣となった。姉広虫とともに孝謙天皇に用いられ、七六四年(天平宝字八)の恵美押勝の乱(第二章第三節1(5)参照)で活躍。七六九年(神護景雲三)には道鏡への譲位を期待する称徳女帝に反して宇佐八幡の神意を復命報告し、道鏡即位を止めたが、称徳により別部穢麻呂《わけべのきたなまろ》と改氏姓させられて配流された(第二章第三節1(6)参照)。光仁朝に復帰し、桓武朝には長岡遷都・平安遷都に活躍した。(2)広世　和気清麻呂の長子。大学寮の復興や一族のための弘文院の建立で知られ、また最澄の平安新仏教を支援した。八〇六年(大同元)没。(3)延暦四年坐事被禁錮　藤原種継暗殺事件か。(4)為大学別当墾田廿町入寮為勧学料　七九九年二月、墾田二十町を勧学料として大学寮に寄進した。(5)闡明経四科之第　明経道の試験制度を整えた。(6)弘文院　平安京の左京三条一坊に和気広世が創設した一族のための大学別曹。(7)内外経書　仏教教典や儒教等の典籍。

**346〔経国集〕序**

東宮《とうぐう》学士従五位下臣滋野《しげの》朝臣貞主《さだぬし》(1)上《たてまつル》、臣聞《クナラク》、天肇《メ》二書契《ヲ》一、奎《けい》(2)主《トス》二文章《ヲ》一。古《いにしえ》有《リテ》二採《ル》レ詩《ヲ》之官一、王者以《テ》知《ル》二得失《ヲ》一。故文章者、所《ゆえん》下以宣《あきらかニシ》二上下之象《かたちヲ》一、明《ラカニシ》二人倫之叙《ついでヲ》一、窮《きわメ》レ理《ヲ》尽《つくシ》レ性《ヲ》、以究《きわメル》中万物之宜《よろしキヲ》上者也。(中略)伏惟《シテおもフニ》、皇帝陛下(3)、教化簡樸《ニシテ》、文明欝興《ス》。以為《おもえらく》伝聞《スルニ》、不《ず》レ如《しカ》二親《シク》見《ルニ》一。論《ズルハ》レ古《ヲ》未《ず》レ若《しカ》レ徴《もとムルニ》レ今《ヲ》。爰詔《シテ》二正三位行中納言兼右近衛大将春宮大夫良岑《よしみね》朝臣安世《やすよ》(4)一、令《ム》三臣等《ヲシテ》鳩《あつメ》二訪《とハセ》斯文(5)《ヲ》一也。(中略)既而太上聖皇(6)、推《シテ》二玉璽《ヲ》一而蹤寂《シ》、皇帝叡主(7)、受《ケテ》二昭華《ヲ》一而徳隆《ノさかりナリ》。(中略)又先歳昇霞之駕、叡藻猶遺《のこレリ》二当代《ニ》一。重輪之光、精華弥《いよいよ》盛《ナリ》。臣閲《みルニ》二史籍之巻《ヲ》一、未《ず》レ有《ラ》二如《キ》レ此《クノ》之時一。(中略)断《さだメテ》レ自《リ》二慶雲四年(七〇七)一迄《いたル》二于天長四載(八二七)《ニ》一。作者百七十八人、賦十七首、詩九百十七首、序五十一首、対策三十八首。分《わかチテなシ》為《ト》二両帙一、編《ミテ》成《シ》二廿巻《ト》一、名《ケテ》曰《フ》二経国集《ト》一。(下略)

天長四年(八二七)五月十四日

(1)滋野貞主　七八五―八五二。儒者で参議に至る。『秘府略』『経国集』の編纂にあたった。(2)奎　二十八宿の一、文筆を掌る。(3)皇帝陛下　淳和天皇。七八六―八四〇。在位八二三―八三三。嵯峨太上天皇の異母弟。(4)良岑朝臣安世　七八五―八三〇。桓武皇子。母は百済永継。八〇二年良岑朝臣を賜姓。嵯峨朝に参議から中納言・大納言となる。『日本後紀』『内裏式』『経国集』の編纂にあたった。(5)斯文　学問。特に儒家の道。(6)太上聖皇　嵯峨太上天皇。七八六―八四二。在位八〇九―八二三。(7)皇帝叡主　淳和天皇。八二三年(弘仁十四)に嵯峨天皇の譲位により即位。

【解説】　平安遷都から九世紀代の文化は、年号をとって弘仁・貞観文化と呼ばれる。文芸を中心として国家運営をはかる「文章経国」の考えが広まり、宮廷では唐風文化が重んぜられ、漢文学が盛行した。宮廷における唐風文化を象徴する事例としては、儀式のやり方や、平安宮の宮殿殿舎の名前や門号が、中国風に改められたことが指摘できる。

「文章経国」に従い、文人貴族が登用されて政界で活躍する一方、大学の学問として文章道《もんじょうどう》(紀伝道)が重んじられるようになり、文章博士が活躍するようになる。大学では各氏族が一族子弟の教育のために大学別曹を営んだ。和気氏の弘文院(八〇〇年頃)、藤原氏の勧学院(八二一年)、橘氏の学館院(八四四年)などが知られる。

九世紀前半の嵯峨・淳和天皇の時代には漢文学が盛行し、『凌雲集《りょううんしゅう》』(八一四年小野岑守《みねもり》等編)・『文華秀麗集《ぶんかしゅうれいしゅう》』(八一八年藤原冬嗣等編)・『経国集《けいこくしゅう》』(八二七年良岑安世等編)と勅選漢詩文集の編纂が続いた。空海の『性霊集』のような優れた作品も生まれ、平安貴族たちは漢詩文の表現に熟達していった。漢字文化受容の歴史の上では、漢字文化をようやく借り物ではなく自らのものに消化した段階を迎えたといえよう。こうした漢字文化の消化を前提として、かな文字や和歌が盛んになっていったとみることができる。『経国集』はもと二十巻で六巻が残る(『群書類従』文筆部、小島憲之『上代日本文学と中国文学』下、参照)。

書においても、この時代には、のちに「三筆」と称せられた嵯峨天皇・空海・橘逸勢らの書跡にみられるような、唐風の書が重んぜられた。

# 第七節　新羅・中国との交わり

## 1　張宝高

**347**〔続日本後紀〕承和七年(八四〇)十二月己巳(二十七日)条

大宰府言《もう》ス、藩外(1)新羅臣張宝高、遣シテ㆑使ヲ献ズ㆓方物(2)ヲ㆒。即《すなわ》チ従《よ》リ㆓鎮西(3)㆒追却セシム焉。為《す》㆔人臣(4)ト㆒無シト㆓境外之交《まじわり》㆒也。

**348**〔続日本後紀〕承和八年(八四一)二月戊辰(二十七日)条

太政官仰セテ㆓大宰府㆒ニ云《い》ハク、「新羅人張宝高、去年十二月、進《たてまつ》ル㆓馬鞍等㆒ヲ。宝高、是《これ》為リ㆓他臣㆒。敢《あ》ヘテ輙《たやす》ク致《いた》サンヤ㆑貢ヲ。稽《かんが》フルニ㆓之《これ》ヲ旧章㆒ニ、不《ず》㆑合《かな》ハ㆓物ノ宜《よろし》キニ(宜)㆒。々㆘以テ㆑礼ヲ防閑(5)シテ、早ク従フ㆗返却㆖ニ。其ノ随身ノ物ハ、任《まま》ニ㆓聴《ゆる》シテ民間㆒ニ、令《さし》メヨ《ベシ》㆑得《え》㆓交関㆒スルヲ。但《ただ》シ莫《な》カレ㆑令《し》ムルコト㆘人民ヲシテ違㆓失シ沽価(6)ニ㆒、競《きそ》ヒテ傾《かたぶ》ケ㆗家資㆖ヲ。亦《また》加ヘテ㆓優恤㆒ヲ、給スルコト㆓程粮㆒ヲ、並《ならび》ニ依レ㆓承前之《の》例㆒ニ」トイフ。

349 〔続日本後紀〕承和九年（八四二）正月乙巳（十日）条

新羅人李少貞等《ら》卅人、到二着《ス》筑紫大津一《(7)ニ》。大宰府遣レ使問二来《フニ》由一《ヲ》、頭首少貞申《シテ》云《ハク》、「張宝高死《セリ》。其副将李昌珍等欲《す》二叛乱一《セント》。武（新羅）珍州別駕閻丈《(8)えんじよう》興《おこシテ》レ兵《ヲ》討平《シタレバ》、今已《すでニ》無《シ》レ虞《おそれ》。但恐《おそルラクハ》賊徒漏《シテ》網、忽《たちまちニ》到二《リテ》貴邦（日本）一《ニ》、擾二乱《センコトヲ》黎庶《れい(9)》一《ヲ》。若《もシ》有《ラバ》下舟船到《ルニ》レ彼《ニ》、不《ざル》レ執《とラ》二文符《ヲ》一者《もの》上、並請《こフ》、切命《ジテ》二所在《ニ》一、推勘収捉《セラレンコトヲ》。又去廻易使李忠・揚円等所《ところノもたらス》レ賚貨物《ハ》、乃《すなわチ》是部下官吏及故張宝高子弟所《ノナリつかわス》レ遣。請《フ》、速《すみやカニ》発遣《(10)セラレンコトヲ》。仍《よつテ》賚《もちテ》下閻丈上《たてまつレル》二筑前国一《ニ》牒状《ヲ》上参来《ストイヘリ》」者。（下略）

（1）藩外　日本へ服属している地域の外。（2）方物　地方の産物。転じて朝貢における貢進物。（3）鎮西　大宰府。（4）人臣　新羅王の臣下である張宝高。他国の臣である者とは国交を結ばない。（5）防閑　ふせぐ。閑もふせぐの義。（6）違失沽価　沽価は売買価格。適正な価格によらず法外な価格で取引してはいけない。（7）筑津大津　筑前国の那津《なのつ》（福岡市の博多港）。那珂川の西方に鴻臚館が設けられた。近世の福岡場内で鴻臚館の遺跡が発掘調査されている。（8）武珍州別駕　別駕は原文に列賀と誤記。別駕は州長官の唐名。武珍州は新羅の西南に位置し（全羅南道）、張宝高の拠る莞島《ワンド》の対岸。（9）黎庶　人民。（10）請速発遣　李忠等と貨物を新羅に送還することを要求する。

【解説】　新羅人張宝高（保皐《ほこう》、弓福）は、唐の徐州に渡り軍中小将となり、のち帰国して朝鮮半島西南の島嶼地域の、新羅と唐との海上交通の要衝であった清海に拠り、八二八年（新羅興徳王三）に清海鎮大使に任じられた（今西龍『新羅史研究』）。清海鎮は莞島におかれた。張宝高は唐の山東半島南岸東端の赤山《せきざん》浦に赤山法花院を創建した。承和遣唐使の請益僧《しょうやくそう》として入唐した円仁《えんにん》は、唐に残留するため、赤山法花院に入り唐に留まることができたことで知られる（『入唐求法巡礼行記《にっとうぐほうじゅんれいこうき》』）。張宝高は、清海を根拠地として、唐・新羅・日本を結ぶ貿易に従事し勢力を貯えていた。八三六年に興徳王が没し、その従父兄弟金均貞と金憲貞の子悌隆が王位を争い、興徳王の甥金明に擁された悌隆が均貞を殺し王（僖康王）となった。しかし、八三八年正月、金明が乱を起し僖康王を自縊させ王（閔哀王）となった。一方、同年二月、清海鎮に逃れていた均貞の子祐徴は張宝高の支援を受けて反乱を起こし、閔哀王を殺して八三九年四月王位に即いた（神武王）。張宝高は感義軍使に任ぜられ封二千戸を賜わった。神武王は七月に没し、その子金慶膺が王（文聖王）となり、張宝高は鎮海将軍に任ぜられた。

その翌年、八四〇年（承和七）十二月、張宝高は大宰府に遣使してきた。日本は、八四一年二月、張宝高は藩外新羅臣、人臣、他臣なりとして、入貢を拒絶し、民間との貿易のみ認めることとした。これは、新羅の内紛に対して、貿易は確保するが紛争には関わらないという方針によるものである。張宝高が派遣した廻易使李忠らが、同年中に大宰府に来航し、筑前守文室宮田麻呂《ふんやのみやたまろ》（八四〇年四月六日任）は、交易を行った。

ところが、八四一年十一月に張宝高は、文聖王に反したために暗殺され、その副将李昌が反乱を起したが武珍州の閻丈に討滅された。李忠らは、帰国して張宝高の死と李昌の乱に遭い、筑前に引き返してきた。八四二年（承和九）正月に、閻丈の使者李少貞が筑前に来着し、閻丈より筑前国への牒状をもたらし、張宝高の残党が日本へ来た場合の推勘収捉と、張宝高の廻易使李忠らの送還を要求してきた。朝廷は公卿会議により、閻丈の牒を返却すること、李忠らを李少貞に付して送還することはしないことを定めた。一方、前筑前守文室宮田麻呂が以前に張宝高に唐物を購入するために前払していたことから、再来した李忠らの貨物を押収したので、李忠らに返却することを定めた。文室宮田麻呂はその後、八四三年(承和十)十二月に従者から謀《む》反《へん》と密告され流罪とされたが、のち怨霊となり、八六三年(貞観五)五月二十日に神泉苑で修された御霊会では御霊の一つとして祀られることになった。

張宝高の使者派遣と追却、その死による混乱は、新羅商人を通じての新羅・唐との交易に危機をもたらしたばかりでなく、新羅の内紛は日本の西辺の安全にも危険をもたらした。

## 2　円珍の入唐

**350〔日本国大宰府公験〕** 東京国立博物館所蔵円珍関係文書(平安遺文一〇二号)

日本国大宰府(1)
延暦寺僧円珍《えんちん》 年卌、(2)臘廿一、
従者捌人
随身物経書・衣鉢・剔刀等
得《エルニ》二円珍状《ヲ》一云《いハク》、将《す》下遊《シ》二行西国《ニ》一、礼《シ》レ聖求《メント》上法(3)《ヲ》。□附大唐商人王超(4)等廻郷之船。恐《おそル》下到《レル》処所不《ランコトヲ》上詳《つまびらカニセ》二来由《ヲ》一。伏《シテ》乞《フラクハ》、判《シテ》二附公験(5)《ヲ》一、以為《テなサレンコトヲ》二憑拠《ト》一。
仁寿参年(八五三)弐月拾壱日　大典越(6)(越智)「貞原」(自署)
大監藤(藤原)「□□」(自署)　紙面ニ「大宰府印」三顆踏ス、

(1)日本国大宰府　公式令22過所式に准じて、唐へ赴く円珍に随身させた渡航証明書。(2)年卌、臘廿一　智証大師伝には年卌一、臘廿二とある。臘は僧侶になってからの年数。(3)遊行西国礼聖求法　天台山などの聖蹟を巡礼し、師のもとで教学を学ぶ。(4)王超　大唐商人とあるが新羅人。(5)公験《くげん》　広義には官署発行の証明書、狭義には官署発行の旅行証明書。(6)大典　大典は大宰府の四等官。大監は三等官。越・藤と唐風の一字姓に表記。

**351〔行歴抄〕**

天安二年、帰朝、(中略)
来正月(貞観元年・八五九)(中略)
十六日、召《ニヨリテ》入内、対《たいシマツル》二龍眼(清和天皇)《ニ》一。幷《セテもチテ》将二両部曼荼羅像幀(1)《ヲ》一、着《ス》二殿上(2)《ニ》一。御覧。仁(円仁)(天台)座主《ハ》前在《リテ》レ内見《ニみラル》。次二大臣(3)、右大弁(藤原良純)、右大将(藤原定)、宗叡師兄(4)、同見二曼荼一。其二像、便《すなわチ》留《メラル》二大政御消曹司(ママ)(5)《ニ》一了。便出《チズ》二内裏《ヲ》一。更見《まみユ》二太政・右両大臣《ニ》一。当日、帰《ル》レ寺(6)。此日、両処施物(7)《アリ》。

(1)両部曼荼羅像楨　楨は幀。八五五年(唐大中九)十月、円珍が故文徳天皇の御願により、長安の龍興寺で師の法全《はっせん》の監督の下に作成させた、胎蔵界曼荼羅と金剛界曼荼羅。内裏への献上は「円珍入唐求法目録」にも注記されている。(2)着殿上　正月十六日は前年八月に没した文徳天皇の諒闇《りょうあん》のため踏歌節会は停止されていた。円珍は清涼殿に参上した。(3)二大臣　太政大臣藤原良房《よしふさ》と右大臣藤原良相《よしみ》。良房は、円珍入唐の後援者。(4)宗叡《しゅうえい》　しゅえい。八〇九—八八四年。入唐五家の一人。この後、円珍より胎蔵界・金剛界の伝法灌頂を受け、八六三年(貞観五)、真如《しんにょ》親王と共に入唐し、長安青龍寺法全らに密教を学び、八六五年(貞観七)唐商李延孝の船で帰国。僧正に至る。京郊黒谷《くろたに》の禅林寺に住し、禅林寺僧正と称せられた。(5)大政御消曹司　太政官の曹司か。(6)寺　当時滞在中の平安京所在の上出雲寺(相国寺の北の地にあった)。最澄の草庵であった。(7)両処　太政大臣と右大臣。

【解説】　円珍《えんちん》(八一四—八九一。智証大師)は、讃岐《さぬき》国の和気《わけ》氏の出身で、母は空海の姪である。延暦寺僧として、天台宗に密教を発展させるため、円仁についで八五一年(仁寿元)に入唐を企て、藤原良房らの援助を受けることになった。八五三年に大宰府に赴き、二月に公験を給され、ようやく七月十五日新羅商人王超・渤海商人李延孝の船に乗り、八月十五日に唐の福州(福建省)に到着した。十一月、福州開元寺に至り、十二月天台山国清寺に至り、八五四年(唐大中八)九月まで滞在した。ついで、八五五年(唐大中九)長安に至り、五月より十一月まで青龍寺に滞在した。十一月には台州に至り、ついで八五八年(唐大中十二、天安二)まで開元寺に滞在し、六月八日李延孝の船に乗り、十九日肥前国に帰着した。

円珍は、青龍寺法全に密教を学び、天台宗の密教化に貢献した。十世紀後半に、天台宗は、円仁門流の延暦寺に拠る山門《さんもん》派と、円珍門流の園城寺《おんじょうじ》に拠る寺門《じもん》派に分れた。

円珍所持の文書・典籍(経典を含む)は園城寺に伝えられたが、現在は、園城寺所蔵智証大師文書典籍(国宝)と東京国立博物館所蔵円珍関係文書(国宝)として伝えられる。前者は、円珍系図や、円珍が天台山国清寺、長安青龍寺、福州開元寺で収集した経典の目録などからなる。後者は、円珍の入唐の際の公験(旅行証明書)、過所(関・津などの通行許可書)である。円珍の伝えた唐の公験・過所は、日本の寺院の宝庫に伝えられた唐の公文書として、また唐代の旅行・行政の手続を示す史料として貴重である。

円珍の旅行記の抄出本である『行歴抄《ぎょうれきしょう》』(滋賀県大津市石山寺所蔵、重文。『石山寺資料叢書』史料篇第二)、詳細な伝記の三善清行《みよしのきよゆき》撰『智証大師伝』(九〇二年(延喜二)撰、石山寺所蔵、重文。同前書)が残る。

『行歴抄』によれば、帰国した円珍は、八五八年(天安二)十二月に平安京に戻り、翌年正月十六日に清和天皇に拝謁して、唐の長安青龍寺で作成した胎蔵界曼荼羅と金剛界曼荼羅を献上した。天台宗において密教を発展させるために入唐した円珍の目的が、この日のことにも示されている。円珍については、佐伯有清『円珍』(人物叢書)、小野勝年『智証大師入唐行歴の研究』、佐伯有清『智証大師伝の研究』参照。

## 3　新羅との緊張関係

**352**〔日本三代実録〕貞観八年(八六六)十一月十七日戊午条

勅《みことのりシテのたまハク》曰、迺者《このごろ》、怪異頻《しきリニ》見《ユ》。求《もとムルニ》二之《これヲ》蓍《し》亀(1)《ニ》一、新羅賊兵、常《ニ》窺《うかがへリ》二間隙《ヲ》一。災変之《の》発《おこり》、唯縁《ただよル》二斯事《このことニ》一。夫《そレ》攘《はらヒ》二災《わざわいヲ》一未兆(2)《ニ》一、遏《ふせグハ》二賊将《ノ》来《ヲ》一、唯《ただ》是神明之冥助《ニシテ》、豈云《あニいハンヤ》二人力之所《ところトなス》レ為。宜《ベシ》レ令《しム》下能登(3)《のと》・因幡《いなば》・伯耆《ほうき》・出雲《いづも》・石見《いわみ》・隠岐《おき》・長門《ながと》・大宰等国府《ヲシテ》、班《わかチテ》二幣《みてぐらヲ》一於邑境諸神《ニ》一、以《もつテ》祈《いのラ》中鎮護之殊効《ヲ》上。(下略)

**353**〔日本三代実録〕貞観八年(八六六)七月十五日丁巳条

大宰府馳駅(4)《ちやく》奏言《スラク》、「肥《ひ》前《ぜん》国基《き》肆《い》(5)郡人《ノひと》川辺豊稲(穂)(6)告《ス》、奏《もうシテ》言《いハク》、同郡擬大領(7)山春永《やまのはるなが》語《ラヒテ》二豊穂《ニ》一云《いハク》、与《と》二新羅人珍賓長《ニ》一、共《ニ》渡《リテいル》二入新羅国《ニ》一。教《ならヒ》下造《ル》二兵弩(8)器械《ヲ》一之術《ヲ》上、還来《リ》将《リテす》レ撃《うチ》二取《とラムト》対馬嶋《ヲ》一。藤津郡領葛津《ふじつ》貞津、高来《たかく》郡擬大領大刀主、彼杵《そのき》郡人永岡藤津等《ら》、是同謀者也。仍副《そへテ》二射手卌五人名簿《ヲ》一進《たてまつル》レ之《トイフ》」。

**354**〔日本三代実録〕貞観十一年(八六九)十月二十六日庚戌条

太政官論奏(9)《シテいハク》曰、「刑部省断罪文(10)《ニいハク》云、「貞観八年(八六六)、隠岐国浪人安曇《あづみ》福雄密告《スルニ》、前守《さきのかみ》正六位上越智宿禰《おちのすくね》貞厚、与《と》二新羅人《ニ》一同《おなじくシテ》謀《はかルト》二反逆《ヲ》一。遣《ハシテ》レ使推《ヲはかラシムルニこれヲ》レ之、福雄所《ところノ》レ告事《スル》誣《ハぶ》(11)也」《トイへリ》。至《リテ》レ是《ニ》、法官覆奏《ス》、福雄応《すべシへんざ》二反坐斬《ト》一。但《ただシ》、貞厚知《しリナガラ》三部内有《ニあルヲ》二殺《シタル》レ人者《ヲ》一、不《ず》二挙劾(12)《セ》一。仍《よりテ》応《ベシ》二官当(13)《トス》一」者《トイへリ》。詔《みことのりシタマハク》、「斬罪、宜《ベシ》下減《ジテ》二一等《ヲ》一処《ヲ》中之遠流(14)《ニ》上、自余論《ズルハ》レ之如《クセヨ》レ法《ノ》」《トノタマフ》。

(1)蓍亀　占い。蓍は多年生草本のメドハギ(メゾギグサ)でその茎を占いに使用したので、竹を用いる筮竹《ぜいちく》もめどぎという。亀は、亀甲を用いる占い。(2)未兆　きざし。(3)能登……長門　新羅に対面する日本海沿岸の諸国。能登は石川県北部、因幡・伯耆は鳥取県、隠岐・出雲・石見は島根県、長門は山口県。(4)馳駅　ちえき。中央と諸国や軍所との緊急連絡のため発遣する駅使。大宰府からは最短四日の記録(天平十二年の広嗣の乱の時)がある。飛駅と同じ。(5)基肆郡　佐賀県東端。(6)告　告言《こくげん》。告発、告訴、民事訴訟の提起などに相当する行為。獄令に、告言者は真実か否かを三度確認され、被告と同様に拘束され、虚偽の告言をした場合は誣告罪となり、反坐といい、告言した内容と同等の罪が科せられた。(7)擬大領　国司に選考されたのち式部省による選考が終わる前に職務に従う郡司を擬任郡司という。八世紀後半に定員外の擬任が行われ、九世紀には郡司任用法が変わり擬任郡司が一般的となる。(8)弩　柄の先端に弓を直角につけ、弦を柄の手元に懸け引金で発射する弓。携帯用の手弩と固定型(回転式の脚に据えるものもあり)があり、後者は防禦施設などに据え付けられた。(9)太政官論奏　公式令に定める太政官が天皇に案件を奏上し裁可を求める奏のうち大事に用いる方式。

裁可された論奏の文書には天皇により「聞」の字が書き加えられた(御画聞――聞と画きたまう)。(10)断罪文　告言に対しての刑部省による判決。(11)誣　誣告。(12)挙劾　告発。(13)官当　名例律に定める、位階・勲位を削り流《る》や徒《づ》の実刑に換える刑の代替法。(14)断罪……遠流　福雄は、越智貞厚の謀反《むへん》(八逆の第一等の罪)を誣告し、それが誣告であると判定されたので、反坐の制により自らが謀反とされた。謀反は死刑(絞か斬)に処せられる規定であるが、一等を減じて遠流とされた。告言された越智貞厚は、国内でおこった殺人を告発しなかったので位を削られる処罰を受けた。

【解説】　九世紀前半期から続く新羅の政情不安と、それに伴う新羅人の頻繁な来着、新羅商人らによる東シナ海貿易の活発化に対応して、九世紀中葉から、日本では新羅に対する警戒感が強まった。八六六年(貞観八)四月には「隣国兵、可レ有二来窺一」との陰陽寮の報告により大宰府に警固が命じられ、十一月には「新羅賊兵」の来攻に備えて、日本海沿岸諸国及び大宰府の諸神に班幣が行なわれ、九年五月にも新羅に対する警備のための四天王像安置による修法が命じられた。実際、八年七月には、肥前国の郡司らが新羅に渡り弩の製法などを習い対馬嶋を襲撃するとの企てが告発され、同年には隠岐守が新羅人と共謀して謀反《むへん》を企てているとの告言もあった。これらの事件の実相は不明であるが、山陰道や西海道の国郡司や在地の有力者は、交易を通じて新羅人との密接なつながりをもっていたこと、それが各地に様々な紛争をもたらしていたことが知られる。

八六九年(貞観十一)五月二十二日夜、新羅人の海賊船が博多津の豊前国貢調船を襲撃し調絹綿を掠奪した。朝廷は、大宰府管内の貢調使が一時に出発して船団を組むべきであったのに、豊前国貢調船のみ先発させたとして、また海辺百姓が海賊を追撃して功があったのに報告しなかったとして大宰府司を譴責し、また拘束した新羅人の釈放を指示した。この事件は、貞観八年頃から、新羅海賊に対して警固の体制を強めてきた日本にとっては、国威を侮辱する事件と認識された。当時、瀬戸内海でも日本の海賊が跳梁していた。一方、放還する予定の新羅人が風待ちで滞留している間に、新羅に捕えられ逃げ帰った対馬嶋人卜部乙屎麻呂が、新羅が来侵のために武備を整えているとの情報をもたらしたことなどがあり、八七〇年(貞観十二)九月には、貞観十一年七月にいったんは釈放され新羅への放還とされた潤清らや、元来大宰府管内留住の新羅人は東国や陸奥国に遷居させられた。また、大宰府や壱岐・対馬の防備が強化された。八六九年(貞観十一)十二月には、新羅海賊や陸奥国の地震などにより、伊勢神宮・石清水八幡宮に奉幣が行われた。その告文には「彼新羅人は我日本国と久《ひさし》き世時より相敵《はむか》ひ来《き》たり」と敵国視している。さらに貞観十二年十一月には大宰少弐藤原元利《もとり》万《ま》侶《ろ》らが新羅国王と通謀したとして密告された。新羅国牒が大宰府にもたらされたことにまつわる事件と想定されるが、本当に新羅国が日本に侵攻しようとしていたかは不明である。しかし、日本が恐れた、新羅の賊の再度の来侵は、八九三―八九四年(寛平五―六)の海賊来侵までおこらなかった。

# 第四章　摂関政治体制の確立

本章では、「古代の転換期としての十世紀」と称される、律令体制の再編成を目指した延喜の国制改革を中心に、九世紀末寛平年間から十一世紀までの約二百年間を扱う。この時期は一方では、「摂関政治」が典型的に開花した時期とされるが、地方社会では確実に中世への胎動が始まった時期でもあった。

律令国家の成立以降、六国史の編纂が国家の事業として行なわれてきたが、六国史の最後の『日本三代実録』のあとを承けて編纂された官撰歴史書で「続三代実録」とも称された村上天皇の時代の『新国史』をもって官撰国史の時代は終わる。これに代わり、体系的な編纂史料としては、格・式の時代、儀式書の時代を迎える。弘仁・貞観・延喜のいわゆる三代の格式が、律令法に代わる個別単行法令の集積、施行細則の集大成として法令の規範的な位置を占めることになった。国家の事業として行なわれてきた儀式書の編纂も途絶え、『西宮記』『北山抄』などの私撰の儀式書があいついで編纂されたのもこの時期である。また、先例にもとづく朝儀の執行が、朝議に参画する官人としての政務処理能力の判断基準としても機能していた摂関政治期においては、子孫に継承すべき行為の規範としてそれらを日記に書き記しておくことが、彼らにとって重要な役目とされ、貴族の日記「古記録」が各家ごとに伝えられていった。そのため貴族の日記に記載された内容は、主として公事である宮廷の政務・儀式の記録であって、彼らが後々の参考とするために記録したという性格が強いものであった。

一方、地方社会の動向を知りうる史料としては、現代まで寺社等に伝えられた、大量の「文書」が存在する。さらには、同時代史料としての「古記録」「古文書」と並んで、説話集・漢詩文集、仮名日記などの文学作品も、それまでの時代に比べて飛躍的に増加するということもあり、これらの史料を総合的に検討することによって、時代像を再構成することが不可欠な課題となる。

九世紀後半から官司制の変質による国家機構の再編成が進むとともに、この機構を運営する公卿という上級貴族集団と、そこから疎外された下級官人群からなる新しい身分秩序が生み出され、貴族社会も再編成される。また国家機構の再編は、新しい政務の形態を生み出した。国家の意思形成の手続きとしての、上級貴族集団および天皇が関与する「政と定」と総称される政務執行形態から、日常的に中央官司内で処理される定型化された行政手続まで、執行の「場」を異にするさまざまな政務がとり行なわれていた。

九六九年（安和二）、藤原氏により左大臣源高明が大宰権帥に失脚させられた事件が安和の変である。この政変以後、「摂関常置」（実際は関白・内覧の常置）の時代へと政治体制は転換する。この後、藤原氏の内部で摂政・関白の座を争う事件が生起するが、最終的には藤原兼家から道長とその子孫へと摂関の地位は伝えられることになった。一条の即位と兼家の摂政就任、兼家の子息の中で道長がその覇権を確立した十世紀の後半から十一世紀にかけて、摂関政治体制と呼ばれる政治構造が、このような国家機構の運営方式の上に展開する。

また、二官八省という律令的な総括的官司機能が全般的に低下したこととあいまって、各官司に勤務する官人の任官方式と律令制的な位階昇進システムのあり方も変化する。官職の年労にもとづく叙位・加階方式である年労加階制・年労叙爵制、特権的な叙位方式である氏爵・年爵などが成立してくる。律令制的位階昇進システムとは異なるこれらの方式は、特定の上級貴族集団の再生産と貴族の昇進コースを固定化することになった。

十世紀になると、国司（受領）は中央へ一定額の貢納物納入を「請け負う」ことで、任国内の支配を中央政府から任される体制が確立した。その結果、彼らは私富を蓄積するため、さまざまな手段を講じ、「受領ハ倒ル所ニ土ヲ摑《つか》メトコソ云ヘ」（『今昔物語集』巻二十八「信濃守藤原陳忠落入御坂語第卅八」）といわれるような任国内からの収奪を行なった。

これに先立つ寛平期は、地方政治に関する太政官符が多く発せられた時期で、延喜期とともに国政改革が試みられた時期として評価されてきた。例えば、正税出挙の方式が変化してきている事実に対処して地方政治を進めるべきであるという道真の現実的な志向が現れる。九〇二年（延喜二)には私的大土地所有の制限を意図した延喜の荘園整理令も発令される。これを契機に、地方社会と中央との関係は大きく転換する。この背景には、租税をめぐる二つの変化があった。第一は、『延喜式』に規定された中央への貢進数量(延喜式数)の定数化であり、第二は、田租・正税・地子などが官物に、交易雑物および雑徭系負担が臨時雑役に編成替えされ、調絹・交易雑物などの全面的な田率賦課への転換とこれと並行した国司検田権の確立という国司の権限強化である。このような国司の支配に対し、人民の抵抗手段として、国司の苛政を非法として中央に訴えた「国司苛政上訴」がこの時期活発に見られるようになる。

承平・天慶年間(九三一―九四六)には、坂東と西海で承平・天慶の乱と総称される争乱があいついで起こった。それらは受領による租税の収取とそれに対捍する「私営田領主」といわれる大規模の営田活動を行なっていた在地の有力者との争いに淵源がある。この時期に活発化する上野国の群盗蜂起などの反国衙闘争を担う坂東諸国内の集団は、平将門の乱に際してその前提となったとの指摘もある。また、西海で起こった藤原純友の乱は、備前国や讃岐国の在地の有力者と受領との対立を背景としていた。

任国の政治を委ねられた受領にとっては、どの国に任じられるかは大きな関心事であった。また任期を勤め上げても、順調に次の国司の地位に就けるわけではなく、除目に際して自らの功績を主張し、欠員のある国に任じられることを希望する申文が、この時期数多く作成されている。彼らの在任中の業績は、公卿の会議である受領功過定において審査が行なわれ、功過が判定された。受領たちはよりよい条件の国に再任されるために、中央の有力貴族との関係を取り結んだ。藤原道長が自らの邸宅造営を諸国の受領に割り当てるなど、功過定を媒介として中央貴族と受領の強固な関係が形成されていく。

中央財政にとっては、延喜式数による定数化は、従来の税制の枠組みでは恒常的な税源の確保と増加が期待できなくなることであり、また臨時の行事にかかる経費調達も課題となってくる。この時期の中央財源確保は、受領の富に依拠した国家行事への新たな経費調達として、第一に必要財源の優先的確保、第二に中央官司の公事用途に即した財源の個別化・分散化の傾向として特徴づけることができる。租税収取のあり方に規定されて、国家財政構造の変化も起こってきたのがこの時期の特徴でもある。

# 第一節　寛平・延喜の政治改革

## 1　寛平の政治改革

### (1)　道真の抜擢と藤原時平

**355**〔日本紀略〕昌泰二年(八九九)二月十四日条

詔《シテ》、以《テ》二大納言正三位藤原朝臣時平《ヲ》(1)一為《ス》二左大臣《ト》一。以《テ》二権大納言正三位菅原朝臣道真《ヲ》(2)一為《す》二右大臣《ト》一。

(1)時平《ときひら》　八七一―九〇九。藤原基経《もとつね》の長男。八八六年(仁和二)の元服では、光孝天皇自らが加冠し、正五位下に叙位する位記も筆を執ったという。(2)道真《みちざね》　八四五―九〇三。菅原是善《これよし》の子。文章得業生《もんじょうとくごうしょう》から文章博士、治部大輔などを経て、八八六年讃岐守。その後、八九三年(寛平五)に参議、八九五年(寛平七)中納言、八九七年(寛平九)権大納言、八九九年(昌泰二)右大臣。九〇一年(延喜元)大宰権帥《ごんのそち》に左遷。

**356**〔菅家文草〕巻十　辞右大臣職第一表

辞《ス》二右大臣職《ヲ》一第一表

臣道ゝ(真)言《ス》、伏《シテ》奉《ルニ》二今月十四日詔旨《ヲ》(1)一、以《テ》レ臣《ヲ》任《ズ》二右大臣《ニ》一。仰《セテ》戴《キ》二天慈《ヲ》一、不《ラ》レ知《ヲ》レ所《ク》レ措。〈中謝〉臣地《ノハ》非《ズ》二貴種《ニ》(2)一、家《ハ》是《レ》儒林(3)。偏《ニ》因《リテ》二太上皇(宇多)往《いにし》年抜擢《シタマヒシ》之恩《めぐみニ》一、自《ラ》至《ルノ》二諸公卿今日昇進之次《ニ》一。無《ク》レ寝《ヌルコト》無《ク》レ食《スルコト》、以《テ》思《ヒ》以《テ》慮《ルニ》、人心已《ニ》不《セ》二縦容(4)一。鬼瞰(5)必加《へむがいさい》二睚眦《ヲ》(6)一。伏《シ》願《クハ》、陛下(醍醐天皇)高《ク》廻《めぐらシ》二聖鑒《せいかん》《ヲ》(7)一、早《ク》罷《メタマヘ》二臣《ノ》官《ヲ》一。非《ズ》下唯《ダ》不《ルノミニ》上レ奪《ハ》二志《ヲ》於匹夫《ニ》(8)一、亦《タ》復《タ》得《ム》レ従《ハムコトヲ》二望《ムニ》於衆庶《ニ》一。不《ヘ》レ堪《ニ》二懇款屏営之至《ニ》(9)一。上表《シテ》以《テ》聞《ス》。臣道ゝ、誠惶誠恐、頓首々々、死罪々々。謹言。

昌泰二年二月廿七日　正三位守右大臣兼行右近衛大将

臣菅原朝臣

(1)今月十四日詔旨　『日本紀略』にみえる詔。(2)非貴種　藤原氏、なかでも北家の家流でないこと。(3)儒林　儒者の一族。菅原氏は代々儒家を輩出した家で、父是善も儒者として著名。(4)人心已不縦容　道真の出世を人々は快く思わない。(5)鬼瞰　罰を下す鬼神。(6)睚眦　怨念。(7)聖鑒　天子の鑑識眼。(8)不奪志於匹夫　身分の低い者でもその志がしっかりしていれば何人もそれを動かすことができない。匹夫(道真のこと)の志を奪わない。(9)不堪懇款屏営之至　懇款はまごころ。屏営之至は書翰文に用いる語で、恐縮至極の意。

**357**〔寛平遺誡〕

右大将菅原朝臣、是《ハ》鴻儒《レ》也(1)。又深《ク》知《レリ》二政事《ヲ》一。朕(宇多)選《ビテ》為《シ》二博士《ト》(2)一、多《ク》受《ケタリ》二諫正《かんせいヲ》一。仍《テ》不次《ふじ》《ニ》登用《シ》(3)、以《テ》答《フ》二其功《ニ》一。加以《しかのみならず》、朕前年立《テシ》二東宮《ヲ》(4)一之日、只《ダ》与《と》二菅原朝臣一人《ト》一論《ジ》二定《メキ》此事《ヲ》一。〈女知尚侍居(5)

之、〉其時《ニ》無《シ》二共《ニ》相議《スル》者一人《モ》一。又東宮初《メテ》立《シ》之後、未レ経《ルニ》二二年《ヲ》一、朕有《リ》二譲位之意一。朕以《テ》二此意《ヲ》一、密々語《レリ》二菅原朝臣《ニ》一。而菅原朝臣申《シテ》云《ハク》、「如《キ》レ是大事《ハ》、自有《ラリ》二天時《ノ》(6)一、不レ可レ忽《カラゆるがせニス》、不レ可《カラ》レ早《クス》云々」《トマウス》。仍《テ》或《ハ》上《リ》二封事《ふうじヲ》一、或《ハ》吐《キテ》二直言《ヲ》一、不レ順《したがハ》二朕言《ニ》一。又又正論也。至《リテ》二于今年《ニ》一、告《グルニ》二菅原朝臣《ニ》一、以《テス》下朕志必可《キ》レ果《ス》之状《ヲ》上。菅原朝臣更《ニ》無《ク》レ所レ申《ス》、事々《ことごとに》奉行《セリ》。至《リテ》二于七月《ニ》(7)一可《キ》レ行《フ》之議人《ノ》口《ニ》云々。殆《ほとほとニ》至《リテ》下於欲《スルニ》上延二引《セント》一其事《ヲ》一、菅原朝臣申《シテ》云《ク》、「大事《ハ》不二再挙《ビゲ》一。事留《ルトキハ》則《チ》変生《ズ》云々」《トマウス》。遂令《テ》二朕意《ヲ》一如《ク》レ石《ノ》不《ラシメツ》レ転《ゼ》。惣《テ》而言《ヘバ》レ之《ヲ》、菅原朝臣非《ハズ》二朕之忠臣《ノミニ》一、新君之功臣乎《ナランヤ》。人《ノ》功《ハ》不レ可《カラ》レ忘《ル》、新君慎《メ》之云々。

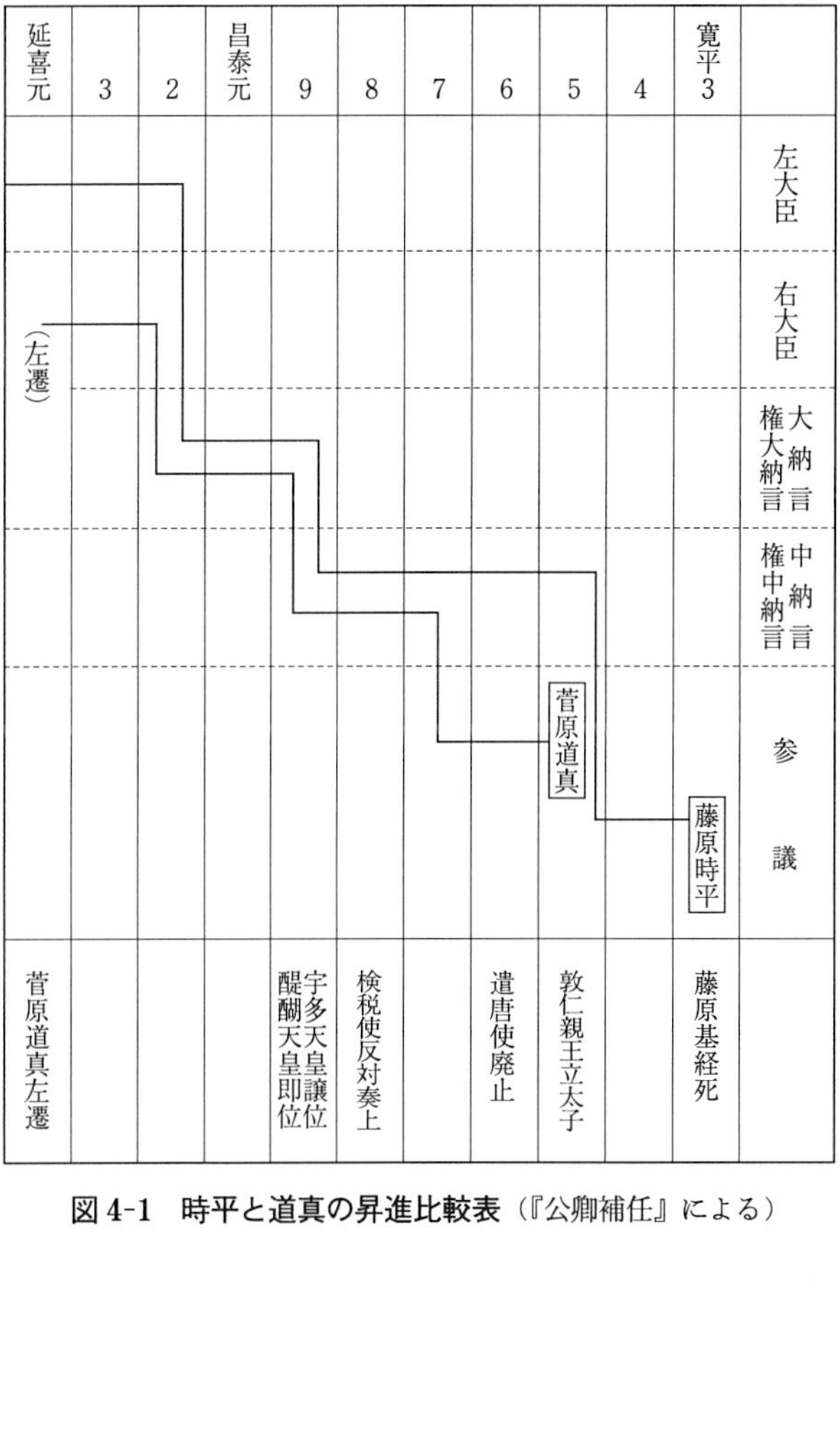


**図 4-1　時平と道真の昇進比較表**（『公卿補任』による）

(1)鴻儒　立派な儒者。(2)博士　文章博士。(3)不次登用　右大臣への抜擢。(4)東宮　八九三年(寛平五)立太子の敦仁《あつひと》親王(醍醐天皇)。(5)尚侍　藤原長良の女淑子。八八四年(元慶八)に尚侍。源定省《さだみ》(宇多天皇)の即位に大きな役割を果たした。(6)天時　天の道。(7)七月　八九七年(寛平九)七月、宇多天皇が敦仁親王に譲位。

【解説】八八七年(仁和三)即位した宇多天皇は、八九一年(寛平三)藤原基経の死後、摂政・関白をおかず、藤原氏の制約を排して政治を進めるため、菅原道真を登用した。譲位の後も道真を右大臣に進めて左大臣藤原時平とともに政務を主導させた。『寛平遺誡《かんぴょうゆいかい》』は宇多が譲位にあたり皇太子敦仁に帝王としての振る舞いを諭した訓戒書。公事《くじ》儀式のあり方から、時平・道真の人物論にも及ぶ。敦仁を皇太子とした宇多は、それから二年もたたないうちに譲位を考え、道真に諫められて思いとどまったが、八九七年(寛平九)に譲位し、醍醐天皇の背後にあって太上天皇として政治に影響力を行使した。寛平期は、この後の延喜初期とならんで地方政治に関する太政官符が多く発せられている時期で、国政改革が試みられた時期。国政上や地方政治の改革の内容については、次の(2)参照。

## (2) 道真と良吏の政治

**358〔菅家文草〕巻三　重陽日府衙小飲**

秋来客思(1)幾紛々　秋よりこのかた　客《たび》の思ひの　幾ばくか紛紛たる
況復重陽(2)暮景矄　況《いわ》復むや　重陽暮《ちようようゆうべ》の景《ひかり》の矄《く》れむや
菊遣窺園村老送　菊は園を窺はしめて村老送る
萸従任土(3)薬丁(4)分　萸《はじかみ》は土に任すに従ひて薬丁《やくてい》分つ
停盃且論輸租法(5)　盃を停《とど》めては且《しばら》く論《あげつら》ふ　租《いたしもの》を輸《いた》す法
走筆唯書弁訴文(6)　筆《ふみて》を走《は》せては　ただ書く　訴へを弁《わきま》ふる文
十八登科初侍宴(7)　十八にして登科《とうか》し　初めて宴に侍りけり
今年独対海辺雲(8)　今年は独《ひと》りい対《むか》ふなり　海の辺《ほとり》なる雲

(1)客思　旅の思い。讃岐国守として任国にある身を旅人に喩えた。(2)重陽　九月九日の節日。嵯峨天皇期以降、神泉苑で詩賦の宴が宮廷行事として開かれるようになる。ここは讃岐国庁での宴。(3)任土　その土地々々の生産物の貢納品。(4)薬丁　薬草園の園丁。(5)論輸租法　いかに租税を取り立てようかと議論する。(6)走筆唯書弁訴文　詩作どころではなく、筆を走らせて、人民からの訴訟の判決文を書いている。(7)十八登科初侍宴　貞観四年(八六二)の春、十八歳で登科、文章生となり、その年九月の重陽宴に侍することを許されたこと。(8)今年独対海辺雲　今年は一人讃岐国で、海辺の雲に相対している。

**359〔藤原保則伝〕**

(闕文)

旱《ひでり》シ、田畝(1)尽ク荒レタリ。百姓飢饉シテ、□相望メリ。群盗公行《こうこう》シ、邑里空虚《むな》シ。英賀《あが》・哲多《てた》ノ両郡(2)ハ、在リ二山谷ノ間ニ一、去ルコト(3)レ府ヲ稍《やや》遠シ。郡中ノ百姓ハ、或

劫掠相殺、或逋《のが》租逃散《ちょうさん》。境内丘墟(4)、無有単丁(5)。前守《さきのかみ》朝野貞吉(6)以苛酷而治之。郡司有小罪者皆着鉗鈦(7)、人民犯繊毫(8)者捕案《かんがへ》殺之。囚徒満獄、仆《たお》骸塞路(9)。公到任之初、施以仁政、宥《ゆる》其小過、存其大体《たいてい》。放散徒隷(10)、遍加賑俄(11)、勧《すすめ》督農桑、禁止遊費。於是百姓襁負《きょうふ》来附、如帰(12)。田園尽闢(13)、戸口殷盛(14)。門不夜扃(15)、邑無吠狗(16)。府蔵多蓄、賦税倍《ますます》入。遂受租税返抄(17)卅四箇年。受調庸返抄(18)十一箇年。自古以来、未嘗有此類也。

十三年、叙従五位上、即遷備前介、十六年転権守。公在備前、徳化仁政、一《もはら》如在備中時。（中略）

十七年秋、解《とけ》帰京。両備之民(19)、悲号遮路(20)。里老村嫗、頭戴白髪者、各捧酒肴、拝伏道辺。

(1)田畝　耕地。(2)英賀哲多両郡　備中国の二郡。(3)府　国府。(4)境内丘墟　国内のこと。(5)無有単丁　一人の人間もいなくなってしまっていること。(6)朝野貞吉　八三九年(承和六)正月美作介、八四二年七月の承和の変に際して、山崎橋守護の功により、八月中務少輔となり、八五七年(天安元)備中介、八七〇年(貞観十二)加賀守。(7)着鉗《かん》鈦《だ》　罪人に首かせ・足かせを着ける。(8)犯繊毫《せんごう》……殺之　人民がわずかの犯罪を行っただけでも捕らえ殺してしまう。(9)仆骸塞路　行き倒れになった死体が道に溢れている。(10)放散徒隷　奴僕のようにされていた百姓を解き放った。(11)遍加賑俄(貸)　貧民救済のためにあまねく無利子で稲を貸し与えた。(12)百姓襁負来附如帰　人民はたすきで幼児を背負って帰郷してきた。(13)田園尽闢　田地がことごとく開発耕作された。(14)戸口殷盛　戸口(戸籍に登録された人口)が増加した。(15)門不夜扃　盗賊がいなくなったので夜も門を閉ざさない(扃《けい》、とざし。かんぬき)。(16)邑無吠狗　不審な人がいないので犬も吠えない。(17)租税返抄　田租・出挙利稲の受領書。(18)調庸返抄　調庸の受領書。ここは、それまで未納であった備中国の三十四カ年分の租税と十一カ年分の調庸を保則が完済したことをいう。(19)両備之民　備前・備中両国人民。(20)悲号遮路……拝伏道辺　保則の帰任を悲しんで、帰京の道をふさぎ、老男・老女たちは酒・肴を捧げて彼の帰京の道端にひれ伏した。

## 360

### 〔菅家文草〕巻九　請令議者反覆検税使可否状

請令議者反覆検税使可否状

右、臣某謹言、件《くだん》検税使、始議之日、臣(道真)奏曰、臣所見、只讃岐一国(1)也。以彼国之風論之、若遣此使者、頗有物煩《わずらい》歟。（中略）

臣伏惟《おもんみ》、仮令《たとい》或国有百万之正税《しょうぜい》(2)、其見《げん》所勘収者《もの》、五十万。其遺《のこり》五十万、是返挙(3)也。収納之日、其返挙之物、只出利稲(4)、不出本稲(5)。使留在民身(6)。是又明年為返挙者也。如是之例、歴年已久。不可忽変。而其国百万正税之外、更有十万剰物。惣而計之、国中雖有百十万之官稲、其所実在者、六十万也。出挙正税、五十万。帳外剰物、一十万。其返挙之民、不給見稲《げんとう》(7)者、専依借貸《しゃくたい》(8)、多成公事。其借貸、用件剰物。爰借貸無レ利、正税《ハ》有《リ》レ利。給《シテ》二無利《ノ》之実物《ヲ》一、充《みたさムハ》二有利《ノ》之虚物(9)《ヲ》一、斯《レ》乃《チ》国司《ノ》之所《ゆえんニシテ》二以成《ス》レ事《ヲ》一、百姓《ノ》之所二以均《シク》役《スル》一也。況《ンヤ》当《リテ》二于損年《ニ》一、補《ヒ》二調庸《ノ》闕《ヲ》一、充《みたさム》二租税《ノ》欠《ヲ》一之儲《モ》、亦此《ノ》物《ナルヤ》也。天下分憂之吏(10)、不三必《ズシモ》有《ラ》二奸盗《ノ》人《ニ》一。適《たまたま》依《リテ》レ有《ルニ》二奸人私用《ノ》之疑《ヒ》一、専被《ラル》レ収《メ》二良吏非常《ノ》之儲《ヲ》一。臣所《ハ》二大《イニ》恐《ルル》一者、後代有《ムコト》下割《さきテ》二股《ももノ》肉《ししヲ》一而療《いやス》レ飢《ヲ》之喩(11)《たとい》上。是為《レテ》二国司《ト》一、可《シ》レ失《フ》二治術《ヲ》一。其否《ノ》一也。（中略）望請《ミこフラクハ》、未《ル》レ召《サ》二出使等《らヲ》一之前《さきニ》、重《ネテ》令《メンコトヲ》二大納言以下《ヲシテ》反覆議定《セ》一。臣依《リテ》三此事《ノ》之有《ラムニ》二公益一、不三敢《ヘテ》進《たてまつラ》二狂昧之諫諍(12)《ヲ》一。今所《フ》レ請者、欲《スル》レ令《メント》三群臣《ヲシテ》重《ネテ》弁議《シテ》以聞《カ》二愚臣《ガ》之鬱結(13)《ヲ》一也。使者未《ル》レ点《てんぜ》之前《ニ》、不奏之怠、臣不二敢《ヘテ》避《ケ》レ罪《ヲ》。雖《モ》レ然《リト》聖主（宇多天皇）収視反聴《シテ》、以叶《ヒタマヘ》二古人一日三省《ノ》之義(14)《ニ》一。臣某謹《ミテ》奏《ス》。

寛平八年七月五日　中納言従三位兼行左大弁春宮大夫

侍従菅原朝臣

(1)讃岐一国　道真は八八六年(仁和二)に讃岐守として赴任。(2)正税　諸国の正倉に蓄積された官稲。ここは、そのうち、利稲を地方行政や中央への進上物の調達の経費にあてる公出挙《くすいこ》によって運用する穎稲《えいとう》。(3)返挙《へんこ》　公出挙で貸し付けた本稲を回収せず、翌年の出挙に備えて私倉にとどめ、利稲のみを回収すること。(4)利稲　出挙の利息の稲。この時期は三割の利率。(5)本稲　出挙の貸し出される元本の稲。(6)留在民身　本稲を回収せず、百姓の手許にとどめておくこと。(7)見稲　実際に公出挙により貸し出される本稲。(8)借貸　無利息で借り受けた官稲を国司が利息付で貸し付ける国司借貸。(9)給無利……虚物　国家から無利息で借り受けた官稲の現物を出挙して、利息はあるが現実には返挙により回収されていない公出挙の額面上の数値を満たそうとすること。(10)天下分憂之吏　ここでは国司。(11)割股肉而療飢之喩　自分の股の肉を食して自らの飢えを癒そうとするようなものだ。(12)狂昧之諫諍　狂った蒙昧な建言。(13)愚臣之鬱結　自分の鬱屈した結論。(14)古人一日三省之義　いにしえの賢人は一日に三度の反省を行なうとの言い伝え。

【解説】　検税使(国司の地方財政を監察するため中央から派遣する使者)の派遣の可否について再検討を申請した奏状。返挙システム継続の必要性、帳外剰物の勘収は百姓の愁いとなる、検税使として派遣される者は中央での枢要な人物たちであり、中央の重要な政務が滞ってしまう、という三つの問題点を挙げて、派遣の再考を求めている。経世実務における道真の合理的な見解を見ることができる。検税使を派遣し、国司の監察を厳しくすることによって律令体制を維持し、その崩壊を食い止めようとした宇多天皇期の政治動向と、現実には正税出挙の方式が変化してきている事実に対処して地方政治を進めるべきであるという道真の現実的な志向の対比が窺われる。

## (3)　遣唐使派遣停止

**361**

**〔日本紀略〕　寛平六年(八九四)八月二十一日条**

以《テ》二参議左大弁菅原(道真)朝臣《ヲ》一為《す》二遣唐大使《ト》一。以《テ》二左少弁紀朝臣長《は》谷《せ》雄《おヲ》一為《す》二副使《ト》一。

**362**

**〔扶桑略記〕　寛平六年(八九四)九月五日条**

対馬島司言《もうス》二新羅賊徒船四十五艘到着之由《ヲ》一。太(大)宰府同九日進二上《ス》飛駅《ひやく》使一《ヲ》。同十七日記曰《ク》、同日卯時。守文室善友《ふんやのよしとも》、召《シ》二集《メテ》郡司士卒等一《ヲ》、仰《セテ》云《ハク》、「汝等若箭《や》立《テナバ》レ背者《ニ》、以二軍法一将《まさニ》科罪《セン》。立《テナバ》レ額者《ニ》、可レ被レ賞《セ》之由言上《セントイヘリ》」者。（中略）合計射殺三百二人。（中略）又奪取船十一艘。（中略）僅生《ニ》二獲《ル》賊一人一《ヲ》。其名賢春。即申《シテ》云《ハク》、「彼国年穀不レ登《みのラ》、人民飢苦、倉庫悉空。王城不二安然《ナラ》一。王仰為レ取二穀絹一、飛帆参来」《トマウス》。（中略）

〈已上日記〉

**363**〔日本紀略〕寛平六年（八九四）九月十九日条

大宰府飛駅使言上《ス》。打二殺《ス》新羅賊二百余人一《ヲ》。仍《テ》仰《セテ》二諸国《ニ》一令《ム》レ停二止《ちょうじせ》軍士警固等一《ヲ》。

**364**〔日本紀略〕寛平六年（八九四）九月三十日条

大宰府飛駅使来。言下上《ス》打二殺《ス》新羅賊廿人一《ヲ》之由上《ヲ》。賜《ヒ》二勅符《ヲ》一於彼《ノ》国《ニ》一令《ム》二警固《セ》一。（中略）其日、停《とどム》二遣唐使一《ヲ》。

**365**〔菅家文草〕巻九　奏状

請レ令《こフノせしメンコトヲ》三　諸公卿《ヲシテ》　議二定遣唐使《ノ》進止一《ヲ》状

右、臣某、謹《ミテ》案《ズルニ》下　在唐僧中瓘（1）、去年（寛平五年）三月附《シテ》二商客王訥等《おうとつらニ》一所レ到《ラシムル》之録記上《ヲ》、大唐凋弊、載《スルコト》レ之具《つぶさナリ》矣。更《ニ》告《ゲ》二不レ朝之問一、終《ニ》停《ム》二入唐之人《ヲ》一。中瓘雖《モ》二区々《タルの》之旅僧《タリト》一、為《ニ》二聖朝《ノ》一尽《ス》二其誠一《ヲ》。代馬越鳥（2）、豈非《ランヤ》二習性一《ニ》。臣等伏《シテ》検《ズルニ》二旧記一《ヲ》、度々《ノ》使等、或《ハ》有《リ》二渡《リテ》レ海《ヲ》不《ル》レ堪《ヘ》レ命《ニ》者《もの》一、或《ハ》有《リシモ》二遭《ヒテ》レ賊《ニ》遂《ニ》亡《ボス》レ身《ヲ》者一、唯未レ見三至《リテ》レ唐《ニ》有《ルヲ》二難阻飢寒之悲一。如《クンバ》三中瓘所《ノ》二申報《スル》一、未然之事、推《シテ》而可《シ》レ知《ル》。臣等伏《シテ》願《ハクハ》、以《テ》二中瓘録記之状《ヲ》一、遍《ク》下《シ》二公卿博士《ニ》一、詳《カニらレムコトヲ》被レ定《メ》二其可否《ヲ》一。国之大事、不二独《リ》為《ノミニアラ》一レ身《ノ》。且《しばラク》陳《のベ》二款誠《ヲ》一、伏《シテ》請《フ》二処分《ヲ》一。謹《ミテ》言《ス》。

寛平六年九月十四日　（遣唐）大使参議勘解由《かげゆ》次官従四位下兼

守左大弁行式部権大輔《ごんのたいふ》春宮亮《とうぐうのすけ》菅原朝臣某（道真）

（1）中瓘　八九三年（寛平五）三月に唐の凋弊を報じ、八九四年（寛平六）七月二十二日、太政官から牒と沙金一五〇両を受け取った。これは帰国する唐商王訥に託したものであろう。（2）代馬越鳥　代馬は中国北西部山西省の代郡の胡馬。越鳥は中国南部の越州の鳥。胡馬が北風にいななき、越鳥が南枝に巣をつくるように、故郷を忘れ難いこと。

【解説】　遣唐使は八九四年（寛平六）九月に廃止されたともされるが、こののちも菅原道真は遣唐大使の官を称しているので、この時は派遣が一時停止されたのである。八月に任命された道真が、九月十四日に遣唐使派遣の可否を公卿らが議定することを上表して求めたのは、前年の在唐僧中瓘からの唐朝凋弊の情報と、寛平五−六年における北九州沿岸への新羅海賊の来襲による渡海の危険とによる。寛平五年閏五月十八日臨時仁王会《にんのうえ》願《がん》文《もん》（道真作。『菅原文草』十二）に東西（出羽と西海道）の兵刃を鎮めることと海賊消滅とを願っている。これは新羅海賊の来襲のことで、海賊の出没は八九四年十月まで続いた。同年九月頃に派遣が一時停止された遣唐使は、その後の唐の混乱の継続により再度派遣されることはなかった。

## (4)　道真の左遷

**366〔日本紀略〕延喜元年(九〇一)正月二十五日条**

諸陣警固。(1)帝(醍醐)御ス二南殿一。(2)以テ二右大臣従二位菅原朝臣(道真)ヲ一任ズ二大宰権帥一。(3)以テ二大納言源朝臣光《ひかる》ヲ一任ズ二右大臣一。又権帥ノ子息等、(4)各以テ左降ス。

(1)諸陣警固　緊急事態が起こったときに、衛府が、内裏内の武官が上番して勤務する詰所である陣を警戒すること。(2)南殿《なでん》　内裏正殿の紫宸殿。(3)大宰権帥　大宰府の長官は帥であるが、親王が任命されることが多く、実際に赴任しないので権官が置かれた。左遷人事として、権帥に任命され大宰府に配されることがしばしば見られる。(4)子息『尊卑分脈』によれば、道真には子供として、男十人、女三人があった。このうち、高視《たかみ》・景行《かげゆき》・兼茂《かねもち》・淳茂《あつもち》など官人として出仕していた者はことごとく諸国に左遷された。

**367〔大鏡〕巻二**

一　左大臣時平

このおとゝ《時平》は、基経《昭宣公》のおとゝの太郎也。御母、四品(1)弾正尹(2)人康《さねやす》親王(3)の御女也。醍醐の帝の御時、このおとゝ《時平》左大臣のくらゐにて、年いとわかくておはします。菅原のおとゝは右大臣の位にておはします。そのおり、みかと《醍醐》御としいとわかくおはします。(4)左・右の大臣に、よの政をおこなうへきよし宣旨くたさしめ給へりしに、(5)そのおり左大臣《時平》御年廿八九はかりなり。右大臣《菅原》の御とし五十七八にやおはしましけん。ともによのまつりことをせしめ給しあひた、右大臣《菅原》は、才よにすくれめてたくおはしまし、御こゝろをきても(6)ことのほかにかしこくおはします。左大臣《時平》は、御としもわかく、才もことのほかにおとり給《へる》。により、右大臣《菅原》の御おほえ(7)事のほかにおはしましたるに、左大臣《時平》やすからすおほしたるほとに、さるへきにやおはしけん、(8)右大臣《菅原》の御ためによからぬ事いてきて、(9)昌泰四年正月廿五日、大宰権帥になしたてまつりてなかされ給ふ。このおとゝ《菅原》子共あまたおはせし(10)《に》。女君達はむことり、(11)男君達はみな、ほと〳〵につけて位ともおはせしを、(12)それもみなかた〳〵になかされ給てかなしきに、おさなくおはしける男君・女君達したひなきておはしけれは、「ちひさきはあえなん」(13)と、おほやけもゆるさせ給ひしそかし。みかと《醍醐》の御をきてきはめてあやにくにおはしませは、(14)この御子ともをおなしかたにつかはさゝりけり。かた〳〵に、(15)いとかなしくおほしめして、御前の梅花を御覧して、

こちふかは　にほひをこせよ　むめのはな　あるしな

しとて　はるをわするな(16)

(1)四品　親王・内親王の品位。一品から四品と无品の序列のうち第四位。(2)弾正尹　弾正台の長官。(3)人康親王　八三一―八七二。仁明天皇の皇子。母は藤原総継の女、女御沢子。八四八年(承和十五、嘉祥元)正月四品。上総太守《たいしゅ》、弾正尹、常陸太守を歴任。八五九年(貞観元)五月、病を理由に出家。法名法性。八七二年(貞観十四)五月、四十二歳で没。(4)御としいとわかくおはします　醍醐天皇は八八五年(仁和元)誕生、道真が左遷された九〇一年(延喜元)には十七歳。(5)よの政……給へりしに　『帝王編年記』醍醐天皇条に、「此時、無摂政関白、左右丞相両人内覧」とみえ、内覧を命ずる宣旨が下ったことを指す。(6)御こゝろをきても　心掟。心配り、配慮。(7)御おほえ　天皇の寵愛。(8)さるへきにやおはしけん　そうなるべき定めというべきであろうか。(9)右大臣の……いてきて　菅原道真の娘が斉世《ときよ》親王の妃となっていたので、時平は道真に斉世親王擁立の陰謀があるとの讒言を行ない、その嫌疑が失脚につながった。(10)子共あまたおはせしに　366の注(4)参照。(11)むことり　結婚。(12)ほと〳〵に……おはせしを　年齢や才能に応じてしかるべき位階を与えられていたこと。(13)ちひさきはあえなん　幼い者は道真が連れていくことは差し支えない。地方への官人の赴任にあたっては、妻子を都に置いたまま赴任するのが律令の原則であるが、この時期には家族を引き連れていくのが一般化していた。道真の場合は配流に近い左遷ということもあり、わざわざ「ゆるす」という表現が使われている。(14)みかとの御をきて……おはしませは　ご処置が極めて厳しくいらっしゃったから。(15)かた〳〵に　あれやこれやにつけて。(16)こちふかは……わするな　春になり東風が吹いたら梅の香をこれから配されていく筑紫へ送り届けてくれ、梅の花よ。主人がいないからといって、春を忘れてしまい、咲くのを忘れてしまわないでくれ。

## 2　延喜の政治改革

### (1)　延喜荘園整理令と最後の班田収授

**368**〔類聚三代格〕巻十　延喜二年(九〇二)三月十二日太政官符

太政官符

応キレ停二止ス臨時ノ御厨(1)并諸院諸宮王臣家厨(2)ヲ一事

右、案ズルニ二式条ヲ一、(中略)左大臣(藤原時平)宣ス、「奉《うけたまわル》レ勅ヲ、「内膳司(3)元来所ノレ領スル厨及所ノ二禁制スル一山河池沼等以外ハ、不レ論ゼ二公私ヲ一、宜シレ従フ二停止ニ一。若シ立ツルレ制ヲ之後、慣ルルハレ常ニ不レ赦サ」者トノタマヘリ。猶其□牒院司家司等、姓名具ニ注シ言上セヨ。随テ即チ科ス二違勅罪ヲ一。其署スルレ牒ニ之人(4)、科シテレ罪ヲ不ざレレ須《もちヰ》二蔭贖《おんしょく》ヲ一。国司許容シ為ニレ人被ルレバレ告ゲ者、即チ解キ二見任(5)ヲ一以テ懲ラサン二将来ヲ一。仍テ須シ二官符到ル後百日ノ内ニ弁ジ行ヒ、具ニレ状ヲ言上ス一」トイヘリ。

延喜二年三月十二日

(1)御厨《みくりや》　ここでは、天皇への供御の魚介類を貢納するため、河海や贄人《にえびと》の居住地周辺を禁処として設定したもの。(2)厨　院・宮・王臣家が御厨にならい、貢納物を確保するために設定した所領。(3)内膳司《ないぜんし》　天皇の食膳を調理・供進する官司。宮内省の被管官司。(4)署牒之人、科

罪不須蔭贖　王臣家がかってに厨を設定するため、王臣家が発給する「家牒」とよばれた文書を携行して現地に下ってくる使者が、百姓を凌轢することが多かった。このため、家牒発給に際して署名した人々も処罰することとした。蔭贖は、名例律に定める贖銅《しょくどう》（布銭など財貨を納付）による身体刑との換刑措置。（5）国司許容……即解見任　国司が王臣家の不法を見過ごしたときには、即座に解任することで、国司の責任も明確化した。

**369〔類聚三代格〕巻十六　延喜二年（九〇二）三月十三日太政官符**

太政官符

応レ禁ニ制諸院諸宮及王臣家占《しむる》ニ固山川藪沢一事

右、延暦三年十二月十九日騰《とう》勅符《ちょくふ》偁、（中略）左大臣宣、「奉レ勅、宜下重加ニ下知一早従中停止上。若有ニ違犯之輩一者、科レ罪還レ公、一如ニ前符一。且罰不レ在レ重、人畏ニ立決一。(1)其称レ使《便賊ト》占固者、不レ論ニ蔭贖一、決杖六十。若国司不ニ遵行一為レ人被レ告者、解ニ却見任一以懲ニ将来一。仍須下官符到後百日内弁行具レ状言上上」。

延喜二年三月十三日

**370〔類聚三代格〕巻十九　延喜二年（九〇二）三月十三日太政官符**

太政官符

応レ停下止勅旨開田(2)并諸院諸宮及五位以上買ニ取百姓田地舎宅一占中請閑地荒田(3)上事

右、検ニ案内一、頃年、勅旨開田遍在ニ諸国一。雖レ占ニ空閑荒廃之地一、是奪ニ黎元産業之便一也。(4)加之《しかのみならず》、新立ニ庄家一、多施ニ苛法一、課責尤繁、威脅難レ耐。且諸国奸濫百姓、為レ遁ニ課役一、動《ややもすれば》赴ニ京師一、好属ニ豪家一。或以ニ田地一詐称ニ寄進一、(5)或以ニ舎宅一巧号ニ売与一、(6)遂請レ使取レ牒、加レ封立レ牓。(7)国吏雖レ知ニ矯飾之計一、(8)而憚ニ権貴之勢一、鉗《つぐみ》レ口巻レ舌、不ニ敢禁制一。因レ茲、出挙之日、託ニ事権門一、不レ請ニ正税一。収納之時、蓄ニ穀私宅一、不レ運ニ官倉一。賦税難レ済、莫レ不レ由レ斯。加以、賂遺之所レ費、田地遂為ニ豪家之庄一。奸構之所レ損、民烟長失ニ農桑之地一。終無レ処ニ於容レ身、還流ニ宂(9)於他境一。（中略）左大臣（時平）宣、「奉レ勅、（中略）宜ニ当代以後勅旨開田皆悉停止令ニ民負作一。其寺社・百姓田地、各任ニ公験一、還ニ与本主一。且夫百姓以ニ田地舎宅一売ニ寄権貴一者、不レ論ニ蔭贖一、不レ弁ニ土浪一、決杖六十。若有下乖ニ違符旨一受レ嘱買取并請ニ占閑地荒田一之家上、国須下具録ニ耕主并暑（署）牒之人・使者之名一、早速言上上。論以ニ違勅一、不ニ曾寛宥一。判許之吏、解ニ却見任一。但元来相伝、為ニ庄家一券契分明、無レ妨ニ国務一者、不レ在ニ此限一。(10)仍須ニ官符到後百日内弁行

### 表4-1 荘園整理令一覧

| 整理令 | 発令年月日 | 内容 | 出典 |
|---|---|---|---|
| 延喜 | 902年(延喜2) 3月12日 | 臨時の御厨・諸院宮王臣家の厨を停止 | 類聚三代格 |
| | 902年(延喜2) 3月13日 | 当代以後の勅旨開田および諸院宮五位以上官人による百姓の田地・舎宅を買い取り，閑地・公田を占請することを禁止．ただし券契分明なもので国務を妨げないものは除く．<br>諸院宮王臣家が百姓の私宅を荘家と号して稲穀を蓄積することを禁止．ただしもともと荘家で国務を妨げないものを除く．<br>諸院宮王臣家が山川藪沢を占取することを禁止． | 類聚三代格 |
| 永観 | 984年(永観2) 11月28日 | 格後の荘園(延喜荘園整理令以後の新立荘園)を停止． | 日本紀略 |
| 永延 | 987年(永延元) 3月5日 | 王臣家が荘園・田地を設けて国郡の妨げをなすことを制止． | 尾張国郡司百姓等解文 |
| 長久 | 1040年(長久元) 6月8日 | 当任国司以後の新立荘園を停止． | 春記 |
| 寛徳 | 1045年(寛徳2) 10月21日 | 前司任中以後の新立荘園を停止．<br>官符違反の輩は，国司は現任を解却，百姓は重科に処す． | 平安遺文<br>681号<br>補273号 |
| 天喜 | 1055年(天喜3) 3月13日 | 寛徳2年以後の新立荘園を停止．<br>官符の旨を勤め行なわない国司は解却，公田を籠作する輩は，搦め取りもしくは姓名を注進させる． | 平安遺文<br>補273号<br>881号 |
| 延久 | 1069年(延久元) 2月22日 | 寛徳2年以後の新立荘園を停止．<br>瘠せた荘田と肥えた公田を不当に交換したもの，籠作した公田，浮免荘田など，諸荘園の所在・領主・田畠の総面積を注進させる． | 平安遺文<br>1039号 |
| | 1069年(延久元) 3月23日 | 寛徳2年以後の新立荘園を永く停止．往古の荘園でも券契不分明で国務に妨げあるものは停止． | 平安遺文<br>1041号 |
| | | 1069年(延久元)閏10月23日，はじめて記録荘園券契所を太政官朝所に設置． | 百練抄 |
| 承保 | 1075年(承保2) 閏4月23日 | 寛徳2年以後の新立荘園を停止．<br>加納田畠は起請(寛徳の荘園整理令)の前後を論ぜず，一切禁止．<br>起請(寛徳の荘園整理令)以前の荘園でも，国務に妨げあるものは停止． | 平安遺文<br>1118号<br>1122号<br>1205号 |
| 寛治 | 1093年(寛治7) 3月3日 | 諸国濫立の荘園を停止．「延久・応徳・寛治元年」の例により停止との基準があげられている． | 後二条師通記 |
| 康和 | 1099年(康和元) 5月12日 | 新立荘園を停止． | 後二条師通記 |

(注) 全国的に発令された，11世紀までの荘園整理令を掲げた．詫間直樹「中央・地方の財政のしくみはどう変ったか」1993参照．

具《ニシ》レ状《ヲ》言上《ス》二《トイヘリ》」。

延喜二年三月十三日

(1)立決《りっけつ》　審問後ただちに刑を執行すること。(2)勅旨開田　勅旨田。天皇の家産的財政を支えるために設定された田で不輸租田。八世紀から見られ、国司が正税や公水を用いて、雑徭《ぞうよう》・雇役《こえき》によって開発、管理運営した。九世紀前半の天長・承和年間には全国的に空閑地・野地・荒廃田の勅旨田化が進み、国家的開発事業の中心となった。大規模な勅旨田の設定は、百姓の耕作への障害として問題となっていた。(3)閑地荒田　事実書《じじつがき》にある空閑地と荒廃地(荒廃田)。空閑地は、未墾地のことで、七一一年(和銅四)には、太政官処分を得れば、国司以外のものによる開発も認められた。荒廃田は、耕作放棄によって荒廃した田。九世紀には、再開墾を行なった者の一身間の用益と免租が認められていた。空閑地・荒廃田ともにこの時期王臣家による大規模な占取の事態が起こっていた。(4)黎元　人民。(5)或以田地詐称寄進　百姓が自らの田地を王臣家に寄進したと偽ること。(6)或以舎宅巧号売与　百姓が自らの宅を王臣家に売与したと称すること。(7)請使取牒加封立牓　国司の徴税に対抗するため、百姓が王臣家の威力を借りることを目的に、「家牒」を携えた使者の派遣を要請し、田宅を封じて標識を立てること。(8)矯飾之計　偽りの企て。(9)流冗　流浪。(10)但元来相伝……無妨国務者　もともと相伝されきて、証拠の関係文書が明らかな荘家で、国司の国内政治(徴税)にとり障害とならないもの。

【解説】　九〇二年(延喜二)三月十二日と十三日に出された一連の太政官符は、私的大土地所有の制限を意図した政策で、延喜の荘園整理令と呼ばれる。第一の太政官符は、内膳司の臨時の御厨と院宮王臣家の厨の停止を、第二のものは、院宮王臣家による山川藪沢の占取の禁止を、第三のものは、勅旨開田の禁止、院宮五位以上官人による百姓の田地舎宅の買収と閑地荒田の占取の禁止を命じている。院宮王臣家による大土地所有の進展と、諸国の百姓が中央の権貴(院宮王臣家)と結びついて私的土地所有の確立を図る動きが知られる。

## (2) 格式の編纂

**371〔本朝文粋〕巻二　意見十二箇条**

臣清行言《もうス》(1)、伏《シテ》読《ムニ》二去二月十五日詔(2)《ヲ》一、遍《ク》令二公卿大夫・方伯牧宰(3)《ヲシテ》一、進《たてまつり》二讜議《とうぎヲ》一尽《シ》二謨謀《ぼぼう》(4)《ヲ》一、改《メ》二百王之澆醨《ぎょうり》(5)《ヲ》一、拯《すくわシメヨト》二万民之塗炭《ヲ》一。雖《モ》下陶唐之置《キ》二諫鼓(6)《ヲ》一、隆周之制《スト》中官箴《かんしん》(7)《ヲ》上、徳政之美、不レ能《ハ》レ過《グル》レ之《ニ》。臣清行、誠惶誠恐、頓首死罪。(中略)

一、応《キ》下消《シ》二水旱《ヲ》一求《ム》中豊穣《ヲ》上事(中略)

一、請《フ》レ禁《ゼムト》二奢侈《ヲ》一事(中略)

一、請《フ》下勅《シテ》二諸国《ニ》一随《ヒテ》二見口数(8)《ノ》《ニ》一授《ケムト》中口分田《ヲ》上事(中略)

一、請《フ》レ加《ヘ》二給《ハラムト》大学生徒(9)《ノ》食料《ヲ》一事(中略)

一、請《フ》レ減《ゼムト》二五節妓員(10)《ノかずヲ》一事(中略)

一、請《フ》三依《リ》レ旧《ニ》増《シ》二置《カムト》判事(11)《ノ》員《ヲ》一事(中略)

一、請《フ》三平均《ニ》充《テ》二給《ハムト》百官《ノ》季禄(12)《ヲ》一事(中略)

一、請《フ》レ停下止《セムト》依《リ》二諸国少吏《ノ》并百姓《ノ》告言・訴訟《ニ》一差《シ》中遣《スコトヲ》朝使《ヲ》上事(13)(中略)

一、請《フ》レ置《カムト》二諸国勘籍人(14)《ノ》定数《ヲ》一事(中略)

一、請フレ停メムト下以テ二贖労《しょくろう》ノ人(15)ヲ一補中任スルコトヲ諸国ノ検非違使(16)及弩師(17)ニ上事(中略)

一、請フレ禁ゼムト二諸国ノ僧徒ノ濫悪及宿営舎人(18)ノ凶暴ヲ一事(中略)

一、重ネテ請フレ修二復セムト播磨国魚住泊(19)ヲ一事

(1)清行　三善清行《みよしのきよゆき》。八四七―九一八。父は三善氏吉。八七三年(貞観十五)文章生。以後、大内記、備中介、文章博士、大学頭を歴任。延喜格式の編纂にも従事。この時、従四位上式部大輔。(2)去二月十五日　九一四年(延喜十四)二月十五日の醍醐天皇の詔による諮問に応えて提出した。(3)方伯牧宰　国司。(4)進讜議尽謨謀　道理にかなった議論を進め、よくはかりごとを行なう。(5)百王之澆醨　代々の王、天子の徳が軽薄となる。(6)諫鼓　中国の伝説上の聖天子である堯・舜・禹が施策について諫めようとする人民に打ち鳴らさせるために宮廷の門外に置いたとされる鼓。(7)官箴　諸臣が王の過ちを戒めるために作成した文章。(8)見口数　実際に戸籍に登録されている戸口数。(9)大学生　大学寮に所属し、秀才・明経・進士などの課試を経て官人として登用された。(10)五節《ごせち》　大嘗会や新嘗会に、公卿や国司などが進めた未婚の少女による五節舞の儀式。(11)判事　刑部省と大宰府に配置された品官。ここは刑部省の判事。解部《ときべ》の訴訟の審理を検討して、刑罰を確定し判決をつかさどる。八九二年(寛平四)年、職員令の判事の定員、大判事二人・中判事四人・少判事四人を改めて、大少判事各一人としたものを、もとに復することを主張している。(12)季禄　官人の給与。毎年二月と八月に、それぞれ半年間の上日(勤務日数)が一二〇日以上ならば、在任の官の相当位に応じて、絁《あしぎぬ》・糸(八月は綿)・布・鍬(八月は鉄)を支給。(13)請停止依諸国少吏……差遣朝使事　国守に対する訴訟が頻発すると、良吏といえども国務を遂行できず、その告訴も不実なものが多いので、一々朝使を派遣することをやめることを主張している。(14)勘籍人　勘籍によって課役負担を免除された者。勘籍は戸籍の確認のための調査で、数回前までの戸籍に遡って記載の確認を行なう。ここでは、舎人《とねり》・帳内・資人があげられている。(15)贖労人　官司に勤務して年労を積むかわりに、贖労料の財物を出して官職を得る人。(16)諸国検非違使　国検《くにけ》非違使《びいし》。諸国の非違を検察するために置かれた職。八五五年(斉衡二)大和国の例が初見。その後諸国にその例が見え、寛平六年(八九四)には任期六年とされるが、九四九年(天暦三)の例を最後とする。(17)弩師《どし》　弩の使用法を教授する官人。七六二年(天平宝字六)大宰府の者が初見。その後、陸奥・出羽、北陸・山陽・山陰・南海・西海道の沿海国に置かれ、史生に準じた待遇を得た。(18)宿衛舎人　六衛府に宿直して警衛に当たる近衛舎人・衛士等の兵士。(19)魚住泊《うおずみのとまり》　なきずみのとまり。兵庫県明石市魚住町に比定される港。当時荒廃しており、瀬戸内海の航行に備えるためその修理を建言したもの。

【解説】　意見十二箇条は、九一四年(延喜十四)、三善清行が醍醐天皇の諮問に応える形で提出したもので、序論と一二の諸施策の意見からなる。ここには当時の政治的・社会的矛盾が指摘され、律令制の変容の様子がよく表れているが、それに対する律令政治の再興のための打開策を逐条ごとに述べたもので、彼の律令制再興への政治姿勢が示されている。備中国下道《しもつみち》郡邇《に》磨《ま》郷の課丁数の減少を例にとって律令制の衰退を論じた序論は、清行の文筆家としての側面をよく窺わせる文章としても著名である。

## 372〔延喜式〕上延喜格式表

臣忠平(1)等言ス、竊《ひそか》ニ以《おもんみ》レバ、天覆《おお》ヒ地載《の》ス。聖帝則《のっと》リテレ之ニ育スレ民ヲ。陰ハ惨《いた》ミ陽ハ舒《の》ブ。明王象リテレ之ニ馭スレ俗ヲ。雖モ二則チ朴尽キ雕至ルト一、馳鶩《ちぶ》ノ之迹、古今不カラレ同。然レドモ而立テレ法ヲ垂ルルコトヲレ規、勧誡之道、夷隆一致ナリ。

嵯峨太上天皇、化周《あまねく》天壌、沢覃《ふかし》淵泉。制《つく》格式之明文(2)、貽《のこ》簡冊於昆季(3)。六典詳其綱紀、百寮無所依違。斯固《まこと》納軏《げつ》之楷模、経国之准的者也。貞観先帝(清和)、継受宝命、誕《おおい》膺《あた》洪基。救百王之澆醨(4)、導万民於富寿。憲章所以《ゆえん》畳矩、凡例由其重規。暨《およ》乎年代稍《やや》遐《はるか》、質文逓《たがひ》起、莫不変通之道、南北分岐、号令之流、浅深別《わか》派。

皇帝陛下(醍醐天皇)、道四三皇、徳六五帝。灑《そそ》甘雨以遍普天之沢、扇淳風而払率土之塵。重賞軽刑、雲鷹之翮《つばさ》(5)忘鷙《う》、省傜薄賦、野鹿之群不驚。然猶恐恵化未周《あまね》、頑民陥法、遂降沖旨、弥《いよいよ》繕《おさ》堤防、増損往策之科条、裨補前脩之残欠。臣等、謹奉《うけたまわ》綸命、忽履薄氷。於是、捜《さぐ》古典於周室、択旧儀於漢家、取捨弘仁貞観之弛張(6)、因脩永徽開元之沿革(7)、勒成二部。名曰延喜格式。但格十二巻、筆削早成、往年奏御(8)。式五十巻、撰集纔《わずか》畢、今日上聞。臣等識非老彭《ほう》(9)、勤在祖述。聊窺其腠《そう》理(10)、寧《いずくんぞ》達彼膏肓《こうこう》(11)。伏願、洪慈曲降照鑑、特《こと》垂允容。謹詣闕《みかど》拝表以聞。臣忠平等、誠惶誠恐、頓首頓首、謹言。

延長五年十二月廿六日

左大臣正二位兼行左近衛大将皇太子傅臣藤原朝臣忠平

大納言正三位兼行民部卿臣藤原朝臣清貫

従四位上行神祇伯臣大中臣朝臣安則

従五位上行勘解由次官兼大外記紀伊権介臣伴宿禰久永

外従五位下行左大史臣阿刀宿禰忠行等上表

(1)忠平《ただひら》　藤原忠平。八八〇―九四九。基経の子、母は人康親王の女。参議、権中納言、右大臣を歴任し、九二四年(延長二)左大臣。(2)制格式之明文　弘仁格式の制定。(3)貽簡冊於昆季　天子の位を弟に伝える。淳和天皇を皇太弟に立てたことを指す。(4)百王之澆醨　代々の王、天子の徳が軽薄となる。澆醨は味の薄い酒。(5)雲鷹之翮忘鷙　猛鳥が小鳥を打ち捕らえることを忘れ。(6)取捨弘仁貞観之弛張　弘仁格式や貞観格式の不備を取捨選択する。(7)因脩永徽開元之沿革　唐で格式編纂が行なわれたことに学ぶ。(8)往年奏御　延喜格を九〇七年(延喜七)に撰上したこと。(9)老彭　中国古代の伝説上の堯の時代から夏・殷末まで七百余歳もの長寿であったという彭祖。(10)腠理　人の肌のきめ。(11)膏肓　心臓と隔膜の間の部分。ここに病が入ると治らないという身体の深部。

【解説】　延喜式は、当時の現行法令であった「弘仁式」「貞観式」を集成し、その他の法令を追加したもの。九〇五年(延喜五)、藤原時平らにより編纂開始。本格的な作業は彼の死後、藤原仲平の時期で、九二七年(延長五)に撰進。律令格の施行細則の集大成としての内容をもち、以後の法令の規範的な位置を占めた。弘仁・貞観の二つの格式と延喜格をあわせて三代格式と称する。

## 373〔延喜交替式〕勘解由使謹奏

勘解由使《かげゆし》(1)　謹奏
　内外官交替式事(2)
右、交替式者、延暦(3)　　　　中所撰。其文咸出律令。　　　所以《ゆえん》壱吏耳目断官諍訟也。至于貞観九年、続亦抄内後事。往々加案、解釈疑義、改号新定内外官交替式(4)。今之所行、則斯文焉。爾《しかるに》降時更《かわり》四代(5)、歳踰五旬。或弛乍《たちまち》張、随事多変。加以《しかのみならず》伏見先格(6)。況《いはんや》一事重出、両案並存。又其撰修頗有遺漏。披閲之処、暗移主陰。行用之間、互起管見。仍叙由緒、先奉処分。而後捜集遺文、勒新制。准之諸司式、毎条立凡例、約成一軸。名曰内外官交替式。使等学滞一隅(7)、才昧《くらし》三尺(8)。叨《みだりに》備司存(9)、敢事筆削、還恐丹寸(10)之攸《ところ》不及。猶使黄中(11)而有未通、辱《かたじけなく》以上聞。伏俟《まタム》聖断。謹奏。

　延喜廿一年正月廿五日
参議左大弁従四位上兼行長官播磨権守橘朝臣清澄
従五位上行次官兼丹波介藤原朝臣久貞
次官従五位下藤原朝臣諸蔭
大納言正二位兼行民部卿藤原朝臣清貫

(1)勘解由使　官人の交替事務を監査する令外官。七九七年(延暦十六)設置、八〇六年(大同元)に廃止され、八二四年(天長元)再置。(2)内外官　内官は京官ともいい、二官八省・弾正台・衛府などの在京諸司、またその官人。外官は地方官で、大宰府の官人や国司。(3)延暦　延暦の下、律令の下の空白は、祖本の欠失部分を空格としたもの。(4)新定内外官交替式　八六七年(貞観九)に南淵年名《みなぶちのとしな》らにより撰上され、翌年に施行された交替関係の法令集、貞観交替式のこと。延暦交替式が国司のみを対象としたのに対し、京官まで対象を拡大した。(5)四代　醍醐天皇以前の清和・陽成・光孝・宇多の四天皇の代。(6)名雖称式実是似格　延暦交替式と貞観交替式は式と称していても、太政官符を配列しただけの形式のものである。(7)滞一隅　一方のことしか見ない。(8)昧三尺　法律に暗い。三尺は法律を記した簡の長さ。(9)司存　役人、役所。(10)丹寸　誠の心。(11)黄中　黄中君、天子・君子。

【解説】　交替式とは、律令制下において、官人の交替に際しての規定を定めた法令集。官撰のものとしては、「延暦交替式」がはじめのもので、「貞観交替式」「延喜交替式」とつづいて編纂された。延暦のものは国司のみの、貞観・延喜のものは内官・外官の両者の交替に関する法令集であった。

## 374〔類聚三代格〕巻十九　延喜三年(九〇三)八月一日太政官符

太政官符
　応禁遏諸使越関(1)私買唐物事
右、左大臣(藤原時平)宣、頃年如聞《きくならく》、唐人商船来著之時、諸院諸宮諸王臣家等、官使未《ざル》レ到《いたラ》之前《さきニ》、遣《シテ》レ使《ヲ》争《ヒテ》買《ヘリ》。又墎《かく》内富豪之輩《ともがら》、心愛《ニめデ》二遠物《ヲ》一、踊《あげテ》レ直《ヲ》貿易《ス》。因《リテ》レ茲《ここニ》、貨物価直、定准不《ず》レ平《たいらカナラ》。是則《こレすなわチ》、関司不《(2)ず》レ慥《たしかニセ》二勘過《ヲ》一、府吏簡二略《ニスル》検察《ヲ》一之所レ致《ス》也。律《(3)ニ》曰《ク》、「官司未《ざル》二交易《きようやくセ》一之前《さきニ》、私《わたくし》共《ニ》二蕃人《ト》一交易者《セバ》、准《ジテ》レ盗《ニ》論《ゼヨ》、罪止《ハ》二徒三年《ニ》一」《トイヘリ》。令《(4)ニ》云《ハク》、「官司未《ル》二交易《セ》一之前《ニ》、不《じ》レ得《え》下私《ニ》共《ニ》二諸蕃《ト》一交易《スルコトヲ》上。為《ためニ》レ人《ノ》糺獲《ただシえラレタラバ》者、二二分《シ》其物《ヲ》一、一分賞《ニ》二糺《たまへただシタル》人《ニ》一。一分没官《ハもっかん》。若《もシ》官司於《ニ》二所部《ニ》一捉獲《とらへえタラバ》者、皆没官《セヨ》」者《トイヘリ》。府司須《ベシ》下因《リ》二准法条《ニ》一、慎《ム》中其検校《けんぎようヲ》上。而《ルニ》寛縦《シテざレバ》不《ハ》レ行、令《しメン》二人《ヲシテ》狎侮《こうぶセ》一。宜《ベシ》下更《ニ》下知《げちシテ》公家未《ざル》二交易《セ》一之間、厳《シク》加《ヘ》二禁遏《ヲ》一、勿《なカラシム》中復《また》乖違《スルコト》上。若《もシ》猶犯《サバ》レ制《ヲ》者、没《シテ》レ物《ヲ》科《シ》罪《ヲ》、曾《かつテ》不《ざれ》二寛宥《セ》一。

延喜三年八月一日

(1)越関　関門以外を通り抜けて関を越える犯罪(衛禁《えごん》律私度関条に規定する越度《おつど》)。関の通行証である過所を所持しない無法の往来による。(2)関司　この場合、山陽道(瀬戸内海北岸)と西海道(九州)の交通を制する長門国の長門関《ながとのせき》(赤間関《あかまがせき》。山口県下関市)と豊前《ぶぜん》国の関(門司関。福岡県北九州市)。(3)律　衛禁律逸文。官司より先に外国人と交易した場合は盗に准じて科罪し、量刑は徒三年以内。(4)令　関市《げんし》令8官司条。官司より先に外国人と交易して購入した物品の処分規定。私人が糺獲した場合は当該私人(糺人)と官で二分し、官司が捉獲した場合は全て官に没収する。

【解説】　延喜三年(九〇三)十月に朝廷に羊などを献じた唐商景球の同年夏頃の大宰府への来着に伴い、官の統制下での秩序ある貿易(すなわち、天皇や官司が先に貿易し、その後に院宮王臣家等が貿易する)の確立をめざした禁令。関の不法通行の禁止と官司の先行売買権により、貿易を統制しようとした。この禁令は、唐商との貿易を禁止したものではない。当時、いかに天皇・貴族、大宰府の富豪たちが唐の文物を購入したがっていたかが知られる。

### (3)　東丹国使の来航

375〔日本紀略〕延長八年(九三〇)三月二日条

渤海存問使、(1)裴璆《はいきゆうノ》(2)進《たてまつル》二怠状《(3)ヲ》一。

376〔扶桑略記〕延長八年(九三〇)四月朔日条

唐客称《シテ》二東丹国使《(4)ト》一、著《ス》二丹後《たんご》国《ニ》一。令《しムルニ》レ問《ハ》二子細《ヲ》一、件《くだんノ》使答《タルさま》状、前後相違《ス》。重《ネテ》令《ムルニ》レ覆《セ》二問東丹使人等《ヲ》一、本雖《モ》レ為《たりト》二渤海人《ト》一、今降《リテ》為《レリト》二東丹之臣《ト》一。而対答中、多称《ク》二契丹《きったん》王之罪悪《ヲ》一云々。一日為《たラム》二人臣《ノ》一者《もの》、豈其《あニそれかくのごとくベケンヤ》如《ク》レ此乎。須《シテ》下挙《ゲ》二此旨《ヲ》一、先令《まツ》中責問《メ》上、今須《シ》レ令《ム》レ進《ラ》二過状《ヲ》一。仰《セ》二下《スルコト》丹後国《ニ》一已《すでニ》了《リヌ》。東丹国失《セリ》二礼儀《ヲ》一。

377〔本朝文粋〕巻十二　怠状

東丹国入朝使裴璆等解申進《シスル》二過状《ヲ》一事

璆奉《ジ》二臣下使《ヲ》一入《シタル》レ朝、上国《(5)ニ》一怠状

右、裴璆等《ら》、背《そむキテ》レ真向《ニヒ》レ偽《ニ》、争《ヒテ》レ善従《ト》レ悪《ヘリ》、不《ず》レ救《ハ》二先主《(6)》於塗炭

之間ニ一、猥ニ諂《へつら》ヘリ二新主ニ於兵戈之際ニ一。況乎《いわんや》、奉《う》ケ二陪臣之小使ヲ一、紊《みだ》シタレバ二上国之恒規ヲ一、望ミテ二振鷺ヲ一而面慚シ、詠ジテ二相鼠《しようそ》ヲ一而股戦《こせん》(7)ス。不忠不義、向《むか》フルニ招カム二罪過ヲ一。勘責之旨、曾《かつ》テ無シ二避陳スルコト一。仍《より》テ進レリ二過状ヲ一。裴璆等、誠惶誠恐謹言。

(1)渤海《ぼっかい》存問使　来着地において渤海国使を審問、慰労する使者。(2)裴璆　九〇八年(延喜八)、九一九年(延喜十九)に渤海国使として来航、入朝。今回は九二九年(延長七)十二月に丹後国に来着。(3)怠状　過状。過怠を認める書状。(4)東丹国　耶律阿保機《やりつあぼき》が率いる契丹《きったん》族は九〇七年に遼を建国し、九二六年正月に東隣の渤海を征服し、二月に渤海を東丹国と改め、皇太子倍を王とした。三月には渤海遺民の反乱が始まり、以後続いた。(5)上国　地位の高い国。日本。(6)先主　最後の渤海国王諲譔《インセン》。九二六年正月、契丹(遼)に降伏し、七月に耶律阿保機が没すると挙兵したが失敗。(7)望振鷺…股戦　振鷺、相鼠の故事を思い起こして慙じ入り懼れ入る。「振鷺」は、『詩経』周頌・振鷺序に出てくる、夏・殷二王の後である杞・宋の人が周に来て、その祭を助ける故事。振鷺(群がり飛ぶ鷺)は潔白の賢者のたとえ。「相鼠」は、『詩経』鄘風・相鼠に出てくる、衛文公が在位者が先君の化を承けるに礼儀なきを謗った故事。相鼠は無礼。股戦、怖くてももが戦《ふる》えること。

【解説】　中国は、九〇七年に唐が滅亡し、五代十国の興亡の時代となった。東北アジアでは、契丹が遼を建国した。朝鮮半島では新羅が九世紀末に衰退し、八九一年に江原道に弓裔が蜂起し、八九二年に全羅北道に甄萱《しんけん》が蜂起して後百済王を自称した。九一八年、弓裔の部下王建が弓裔を倒し高麗《こうらい》を建国し、新羅・後百済・高麗の三国鼎立となった(後三国という)。甄萱は九二二年に日本に使者を遣わしたが、日本は朝貢を拒絶した。後百済は、九二七年新羅王都を襲い、高麗と戦いながら、九二九年に再度日本へ使者を遣わした。日本はこれも拒絶した。このような時期、九二九年末に東丹国使が来航したのである。日本は、使者が旧知の裴璆であったが、朝鮮半島や東北アジアの争乱に巻き込まれることを防ぐために、東丹国使を無礼として放却したのである。こののち、朝鮮半島では、新羅が九三五年に王建に滅ぼされ、高麗により統一された。

# 3　天暦の政治改革

## (1)　新儀式・新国史の編纂

**378**〔**新儀式**〕

新儀式第四　臨時上

奉ルレ加ヘ二神位階(1)ヲ一事

造ル二住吉布瑠等大神社ヲ一事

伊勢大神遷宮ノ事

祈《き》年穀《ねんこく》ノ(2)事

祈《き》雨《う》祈《き》霽《せい》ノ事

天皇加フル二元服ヲ一事〈付皇大后奉リレ加ヘレ号ヲ并ニ神社禰宜《ねぎ》祝《はふり》諸寺僧尼等

給二位一階ヲ一事〉

奉二賀スル天皇ノ御算(3)ヲ一事

天皇奉賀上皇御算事
天皇賀大后御算事
勅書事
天皇遷御事
御読書事(4)付竟宴(5)
天文密奏《てんもんみつそう》(6)事
野行幸事
行幸神泉(7)覧競馬《くらべうま》事
行幸朱雀《すざく》院(8)召文人幷試擬《ぎ》文章生《もんじょうしょう》(9)事
花燕《かえん》事(10)
召雅《う》楽《た》寮(11)物師等令奏音楽・舞等事〈付諸寺法会試楽幷召試楽所管絃等事〉
御庚申事(12)
殿上侍臣賭弓《のりゆみ》(13)事
童相撲《わらわすもう》事(14)
後院事(15)
新儀式巻第五臨時下
冊命(16)皇后事〈付告山陵墓(17)幷任職司〉
皇后移徙《いし》事(18)
皇后産事〈付他皇子生誕〉
冊命皇太子事〈付告山陵任坊官監署(19)補帯刀《たちはき》(20)〉
皇太子初謁見事
皇太子加元服事
皇子給親王号事
親王初謁見事
親王加元服事
内親王初謁事
内親王初笄《ういこうがい》事
給皇子源《みなもと》朝臣姓事
源氏《げんじ》皇子初謁見事
源氏皇子加元服事
女源氏皇子初笄事
任大臣事
充封戸《ふこ》(21)事
充品位田《ほんいでん》(22)事
定検《け》非《び》違《い》使《し》(23)事
定諸司史生《ししょう》(24)諸衛府生《ふしょう》(25)事
諸司諸所人不上事
任女官事〈付補女職事〉
任僧綱《そうごう》(26)事〈付法務(27)僧綱内供《ないぐ》奉《ぶ》十禅師《じゅうぜんじ》(28)延暦寺座主《ざす》阿闍梨《あじゃり》

僧位記〉
将軍賜フ二節刀(29)ヲ一事〈付進ル二節刀ヲ一事〉
飛駅《ひえき》ノ事(30)
官奏ノ事(31)
論奏ノ事(32)
五位已上上表ノ事 付致仕《ちし》
修スル二国史ヲ一事
封事ノ事
防鴨河ノ事(33)
朔旦冬至《さくたんとうじ》ノ事(34)
大宰帥・大弐奏スル二赴任ノ由ヲ一事
諸国ノ受領《ずりようのつかさ》官奏スル二赴任ノ由(35)ヲ一事〈付鎮守府《ちんじゆふ》将軍出羽城司《じようし》〉
殿上《てんじよう》ノ小舎人《こどねり》(36)加フル二元服ヲ一事
雷鳴陣《らいめいじん》ノ事(37)
捜盗ノ事
諸陣勘計ノ事
触穢《しよくえ》ノ事(38)
恩赦ノ事
貶退ノ事
常平所《じようへいしよ》ノ事(39)
賑給《しんごう》(40)并施米《せまい》(41)ノ事
試経《しきよう》ノ事
造ル二御《ご》願寺《がんじ》ヲ(42)一事
御修法《みしほ》ノ(43)事
修スル二御諷誦《みふじゆ》ヲ一事
御属星《しよくせい》(44)并諸祭御禊《ごけい》ノ等事
大唐商客ノ事
服スル二錫紵《しやくじよ》ヲ(45)一事〈付弔問ノ事・遣ハス二固関使《こげん》(46)ヲ一事・不ルレ視レ事ヲ事・大臣已下散一位三位已上喪事〉
薨卒人加ヘ二諡号《しごう》一并贈ル二官位ヲ一事
私ニ修スル二追福法《ついふくほう》ヲ一事
内蔵寮《くらりよう》修スル二御諷誦ヲ一事
雑事等
親王大臣有リテ二別勅一聴《ゆるス》下乗リテ二輦車《れんしや》ニ(47)一出二入シ宮中ニ一帯ブル上剣ヲ事
禁二制スル深紅ヲ一事

(1)神位階　神社の祭神に授与された位階。四品以上四階からなる品位、五位以上十四階と正六位上一階からなる位階と、一等から十二等までの勲位があった。(2)祈年穀　年穀の豊穣を祈り伊勢神宮や京周辺の神社に奉幣する神事。(3)御算　算は年齢。算賀ともいい、高齢の祝の儀式。四十歳から十年ごとに行なわれた。饗宴が催され、作文《さくもん》・和歌・管絃の遊びなどが行なわれた。(4)読書　書始。禁中や公家の子弟がはじめて読書をする儀式。天皇の場合、侍読の博士や尚復を定め、侍読が『孝経』『史記』を音読し、尚復がこれをくり返した。『日本書紀』をはじめ、天皇の御前で講書が行なわれ、終了後饗宴が催されたことが記されている。(5)竟宴　講書の終了後、参加者が酒食をともにし、講じられた書物の内容に関する漢詩や和歌を詠進した。(6)天文密奏　天文の異変を、密封して天皇に奏聞すること。令制では天文博士からの報告を陰陽頭《おんみょうのかみ》から奏聞し、蔵人所の整備以降は、天文博士みずからが作成した奏を内覧を経て、蔵人《くろうど》が奏聞した。(7)神泉苑　平安京左京三条一坊にあった庭園。天皇の臨席のもとに、相撲《すまい》、菊花宴などの諸宴が行なわれた。(8)朱雀院　平安京三条大路南で朱雀大路西にあった離宮・後院。(9)擬文《ぎもん》章生《じょうしょう》　文章生を選抜する文章生試の受験者として大学寮に置かれた学生。(10)花燕　花宴のこと。季節の花を観賞しながら開かれた酒宴。とくに春の観桜の宴を指すことが多い。(11)雅楽寮　宮廷の音楽・舞踊をつかさどった官司。節会や法会に際して演奏される楽や舞を、寮に所属する諸師が、諸生に教習する体制となっていた。(12)庚申　干支の庚申にあたる日に、宮廷の貴族達が飲食をともにしながら徹夜して、語り明かし、遊興を行なった。(13)賭弓　賭射とも。二手に分かれて賞(賭物)を賭けて的を射る儀式。勝ち方は賭物を賜わり、負け方は勝ち方の罰酒をうけた。(14)童相撲　相撲に先だって行なわれた、占手《うらて》・垂髪《たれがみ》・総角《あげまき》などとよばれる小童による相撲。(15)後院《ごいん》　天皇が私有財産として有した邸宅。親王時代の私邸や外戚から供された邸宅で、なかでも冷泉《れいぜい》院と朱雀院は、代々の天皇が継承したものとして著名。(16)冊命　皇后や皇太子などを正式に立てること、またその儀式。(17)山陵墓　天皇・皇后の山陵と、皇親や天皇の外祖父母らの墓。天皇即位や立太子など朝廷の大事に際して、陵墓に報告する使者が派遣された。(18)移徙　わたまし。居所を移り変えること。(19)坊官監署　坊は春宮坊。春宮坊の官人と、被管の舎人・主膳・主蔵の三監および主殿・主書・主漿・主工・主兵・主馬の六署の官人。(20)帯刀　平安時代、皇太子の警護の兵。七七六年(宝亀七)山部親王(桓武天皇)のために置かれたのが初見。のち三十人。立太子にあたり、帯刀試により任じた。(21)封戸　食封《じきふ》支給のため封主に与えられた戸。戸からの調庸と田租が禄として支給された。(22)品位田　親王・内親王に授けられた位である品位《ほんい》と、五位以上の有位者の位階に応じて班給された田地。位田は終身用益田で輸租田とされた。(23)検非違使　京内の警察・裁判を担当した令外官。(24)史生《ししょう》　諸官司の四等官の下にあって文書の清書・書写に従事した雑任で、式部判補《はんぶ》。令制では太政官・八省など限られた官司のみに置かれたが、文書行政の進展にともなって、置かれる官司が職・寮・司へと拡大された。(25)府生《ふしょう》　衛府の武官。中衛府設置に際してまず置かれ、以後他の衛府でも置かれるようになった。史生に準じて考選された。(26)僧綱　僧尼の監督にあたる僧官で、僧正・大僧都・少僧都・律師からなる。(27)法務　僧綱が執務する僧綱所の長官。諸大寺の法会、度縁《どえん》の交付、公請《くじょう》や僧綱牒の発給にあたる最高位の僧侶。(28)内供奉十禅師　宮中の仏事や天皇の護持に従事した僧。七七二年(宝亀三)、十僧を選び、終身の供養をあてることとしたことがはじまり。宮中に供奉したことから、のちに内供奉十禅師とよばれるようになった。(29)節刀　出征する将軍や遣唐使に天皇が与えた刀。節刀を与えられることは、刑罰権を含む天皇大権を付与されたことを意味し、任務が終わったときに返還された。(30)飛駅　中央と在外諸司との間で、非常事態に際して発遣された駅による連絡。(31)官奏　太政官が天皇に奏聞して勅裁をうる政務手続き。(32)論奏　公式令に規定された太政官から天皇への上奏のための文書様式、また上奏そのものをさす。(33)防鴨河　防鴨河使《ぼうかし》は、賀茂川(鴨川)の堤防修理・管理を担当する令外官。八二四年(天長元)に任期三年となり、八六一年(貞観三)廃止されたが、その後再設置された。防鴨河使除目《じもく》で任命され、長官・判官・主典からなる。(34)朔旦冬至《さくたんとうじ》　冬至と十一月一日が一致した日に行なわれる祝宴。公卿が天皇に賀表を奉り、天皇は紫宸殿に出御し旬政を行なった。この月の豊明《とよあかりの》節会《せちえ》には叙位が行なわれることもあった。(35)諸国受領官奏赴任由　諸国に赴任する受領が天皇に罷申を行なうこと。このとき天皇から禄を賜わるとともに、勤務状態にしたがって勧賞するので、任国を興復するようにとの仰が下されることになっていた(『北山抄』巻十　吏途指南　罷申事)。(36)小舎人　蔵人所の下級職員で、殿上に召され雑用に従事。(37)雷鳴陣　雷鳴のときに、近衛大将・次将(中・少将)は内裏清涼殿の孫庇《まごびさし》に侍し、将監《しょうげん》が雷を清涼殿の階《きざはし》で追い払う鳴弦《めいげん》を行った。紫宸殿前は兵衛が、春興殿《しゅんきょうでん》では内舎人《うどねり》が陣を敷いた。(38)触穢　人・六畜(馬・牛・羊・犬・豕・鶏)の死穢・産穢などの穢に触れること。人の死穢は三十日の忌など、穢の種類による忌の期間が定められ、この間は参内《さんだい》・神事の奉仕などを憚った。(39)常平所　京内の穀価の調整を行なった官司。常平とは穀価を常に平準に保つの意。(40)賑給　国家の慶事や飢饉などに際して、稲穀や塩、布などを高齢者や鰥寡《かんか》孤独、貧窮者などに支給する。(41)施米　毎年六月、京都の山寺の貧窮僧に米や塩を施すこと。(42)御願寺　天皇や皇族などの発願により建立された寺。(43)御修法　五七日御修法。正月八日から七日間、大内裏内の真言院で、天皇の安穏を祈願した密教の修法。(44)属星　生年に対応しその人の一生を支配するといわれる星で、人ごとに配された北斗七星のこと。(45)錫紵　天皇が二等親以上の喪のために着用する喪服。浅黒染の闕腋《けってき》の束帯で、冠は無文。(46)固関使　固関は国家の非常時に三関を閉じて警固すること。三関の廃止以後も、有事には固関が行なわれた。そのために派遣された使者が固関使。(47)輦車　てぐるま。轅《ながえ》を腰に持って、人が運んだ乗り物。使用には「輦車宣旨」とよばれる勅許が必要であった。

**379**〔師光年中行事〕八月二十六日国忌事　新国史

国史(1)云ク、寛平元年八月五日、官符、定ム二光孝天皇(2)国忌《こき》(3)ヲ一。同廿六日、始テ於二西寺(4)ニ一修ム二御国忌ヲ一。

(1)国史　『新国史』。(2)光孝天皇　八三〇—八八七。在位八八四—八八七。仁明天皇皇子。諱は時康。陽成天皇退位のあとを受けて五十五歳で践祚。八八七年(仁和三)八月二十六日没。(3)国忌　代々の天皇の没した日のうち、特別に廃務すべき日と定められた日。国忌となる天皇は時代により変わる。平安時代には、仏寺で法会なども行なわれた。(4)西寺《さいじ》　平安京にあった官寺。朱雀大路をはさんで東寺と対峙して建てられた。九九〇年(正暦元)以後たびたび罹災し、一二三三年(天福元)塔が焼失して以後廃絶。

【解説】『新儀式』(目次のみ掲出)は、村上天皇の九六三年(応和三)以降、編纂された儀式書。もと六巻で、第四・第五の臨時上下の二巻が現存。「祈年穀事」「天皇加元服事」「御庚申事」など、平安前期の儀式書にみえない行事を多く含む。『新国史』は、「続三代実録」とも称され、六国史の最後の『日本三代実録』のあとを受けて編纂された官撰歴史書。『本朝書籍目録《ほんちょうしょじゃくもくろく》』によれば四十巻、『拾芥抄《しゅうがいしょう》』には五十巻とするが、逸文のみしか伝わらない。宇多・醍醐の二代、もしくは朱雀までの三代の国史で、大江朝綱または藤原実頼の撰とされる。六国史の編纂や儀式書の編纂が国家事業として行なわれてきたが、官撰の儀式書・国史の編纂事業は村上天皇の時代をもって終わる。

## (2)　乾元大宝の鋳造

**380**〔日本紀略〕天徳二年(九五八)三月二十五日条

改メ二銭貨文延喜通宝(1)ヲ一為ス二乾元大宝(2)ト一。

(1)延喜通宝　九〇七年(延喜七)十一月発行。古代に発行された銅銭のうち第十一番目。(2)乾元大宝《けんげんたいほう》　同じく第十二番目の銅銭。

**381〔日本紀略〕天徳二年(九五八)四月八日条**

今日、右大臣《師輔》(1)於テ二杖座(2)ニ一仰セテ二外記(3)ニ一令ム下二因幡《いなば》介広兼(4)・図書允(5)阿保懐之、一ヲシテ(衍)令セ二書中新銭文上ヲ。但シ被ルレ用ヒ二懐之ノ字様ヲ一。抑モ当時ノ能書、木工頭《もくのかみ》道風《みちかぜ》朝臣(6)・大内記《だいないき》藤原文正也(7)。道風ハ眼暗ク、不レ堪ヘ二細字ニ一。文正ハ触穢(8)。仍テ懐之書ス二銭文ヲ一。

(1)右大臣　藤原師輔《もろすけ》。九〇八―九六〇。師輔は、藤原忠平の次男、母は源能有《よしあり》の女。蔵人頭、参議、大納言を歴任し、九四七年(天暦元)右大臣となる。九六〇年(天徳四)五月、五十三歳で没。(2)仗座　陣座《じんのざ》ともいい、内裏の近衛陣に設けられた公卿の座。公卿らの審議(定)が行われた。(3)外記《げき》　少納言のもとで詔書・論奏や官符の作成を担当する官司。大外記二人・少外記二人。(4)介《すけ》　国司の次官。(5)図書允《ずしょのじょう》　図書寮の第三等官。(6)木工頭道風朝臣　木工寮の長官、小野道風。八九四―九六六。道風は小野葛絃の子。三蹟の一人にあげられる能書家。(7)大内記藤原文正　生没年不詳。忠紀の子。加賀守などを歴任。能書家。内記は中務省の品官で、詔書の起草・天皇の行動の記録を職掌とした。定員は令制では大・中・少各二名、八〇六年(大同元)以降、中内記は廃止された。(8)触穢　史料378注(38)参照。

【解説】乾元大宝は、本朝十二銭の最後のもので、これ以後貨幣鋳造は行なわれなくなった。本朝十二銭は、律令国家が発行した十二種類の銅銭で、貨幣価値の下落や私鋳銭の横行に対処するために改鋳が繰り返された。

**表4-2　本朝十二銭**

| 銭文 | 発行年 | 銭文 | 発行年 |
|---|---|---|---|
| 和同開珎 | 七〇八年(和銅元) | 承和昌宝 | 八三五年(承和二) |
| 万年通宝 | 七六〇年(天平宝字四) | 長年大宝 | 八四八年(嘉祥元) |
| 大平元宝 | 七六〇年(天平宝字四) | 饒益神宝 | 八五九年(貞観元) |
| 開基勝宝 | 七六〇年(天平宝字四) | 貞観永宝 | 八七〇年(貞観十二) |
| 神功開宝 | 七六五年(天平神護元) | 寛平大宝 | 八九〇年(寛平二) |
| 隆平永宝 | 七九六年(延暦十五) | 延喜通宝 | 九〇七年(延喜七) |
| 富寿神宝 | 八一八年(弘仁九) | 乾元大宝 | 九五八年(天徳二) |

*大平元宝(銀銭)・開基勝宝(金銭)もあわせて表示した。

第二節

# 受領の世界

## 1　受領の国内支配

### (1)　訴えられる国司

**382〔尾張国郡司百姓等解文〕**（平安遺文三三九号）

尾張《おわり》国郡司百姓等解シ　申シ請フ　官裁ノ事

請フレ被二裁断セムト一当国ノ守《かみ》藤原ノ朝臣元命《もとなが》(1)　三箇年ノ内ニ責取ル非法官物《かんもつ》并濫行横法三十一箇条□□

一、請レ被二裁断一例挙《れいこ》ノ外三箇年ノ収納暗《ひそか》ニ　以テ加□正税《しょうぜい》卌三万千二百卌八束ノ息利十二万九千三百七十四束四把一分ノ事(2)

（中略、以下事書のみを記す）

一、請レ被下任《まか》セテ二官符ノ旨ニ一裁下上、不レ別タ二租税地子田ヲ一偏ニ准ジ二租田ニ一加徴セル官物ノ事(3)

一、請レ被二裁断一官法ノ外ニ任セレ意ニ加徴セル租穀段別三斗六升ノ事(4)

一、請レ被二裁断一守《かみ》元命朝臣正税利稲《りとう》ノ外ニ率徴セル無キレ由稲ノ事(5)

一、請レ被二裁断一例数ノ官法ノ外ニ加徴セル段別租税地子《ちし》准頴《えい》十三束ノ事(6)

一、請レ被二裁断一所進ノ調絹ノ減直并ニ精好ノ生糸ノ事(7)

一、請レ被二裁断一号シテ二交易ト一誣取《しいと》ル絹手作布《てづくりのぬの》信濃布麻布油苧《からむし》茜《あかね》綿等ノ事(8)

一、請レ被二裁断一代々ノ国宰ノ分附セル新古ノ絹布并ニ米准頴等自リ二郡司百姓烟一責メ取ル事(9)

一、請レ被二裁断一守元命朝臣三箇年間毎月ニ号シテ二借絹ト一誣二取ル諸郡ニ一絹千二百十二疋并ニ使使ノ副取土毛《どもう》ノ事(10)

一、請レ被二裁恤ヲ一毎年不レ下二行《げぎょうせ》物実《ものざね》ヲ一立二用官帳ニ一在路《ざいろ》救民三箇年ノ料ノ籾《もみ》百五十石ノ事(11)

一、請レ被二裁断一不ル二宛テ行ナハ一諸駅伝食料并ニ駅子ノ口分田百五十六町直米ノ事(12)

一、請レ被二裁断一不ル二下行セ一三箇所ノ駅家ノ雑用ノ准頴六千七百九十五束ノ事(13)

一、請レ被二裁断一不二宛行一三箇年ノ池《ち》溝《こう》并救急料《きゅうきゅうりょう》稲万二千余束ノ事(14)

一、請レ被二裁断一不レ放タ二調絹旬法符ヲ一隔テ二五六日ヲ一面々ノ使ヲ放チ二入レ部内ニ一令ム二徴勘セ一事(15)

一、請レ被二裁断一守元命朝臣号シテ二田直代ト一所部《しょぶ》ニ徴納セル麦ノ事(16)

一、請レ被二裁断一令メ二雑使等ヲ入部セ一所ノ二責取ル一雑物ノ事(17)
一、請レ被二裁断一以テ二旧年用残稲穀《ようざんとうこく》ヲ一令ムルレ舂《つ》キ二運バ京宅ニ一事(18)
一、請レ被二停止セ一号シテ二蔵人所《くろうどところ》ノ　召ト一例貢進ノ外ニ加徴セル漆十余斛ノ事(19)
一、請レ被二裁定セ一依リレ無キ二馬津ノ渡ニ船一以テ二所部ノ小船ヲ一幷ニ津辺ノ人ヲ
令ムル二渡シ煩ハ一事(20)
一、請レ被二裁定一三分以下品官《ほんかん》以上国司等ノ公廨《くがい》俸料稲ヲ不ル二下
行セ一事(21)
一、請レ被二裁糺セ一不ルレ下二行セ書生幷ニ雑色人《ぞうしきにん》等ニ毎日食料ヲ一事(22)
一、請レ被二裁断一以テ二不法ノ貨ヲ一令ムル二京宅ニ運上セ一白糒黒米幷ニ雑物
等ノ事(23)
一、請レ被二裁断一非ザル二旧例ニ一国ノ雑色人幷ニ部内人民等ニ差《さし》二負《おほ》セテ　夫
駄ヲ一京都朝妻《あさつま》両所ニ令ムルレ運二送セ雑物等ヲ一事(24)
一、請レ被二裁断一不ルレ下二行セ国分尼寺修理料稲万八千束ヲ一事(25)
一、請レ被二裁断一不ルレ下二行セ講読師《こうどくし》ノ衣《え》供《く》幷ニ僧尼等ノ毎年施稲《せとう》万
三千百束ヲ一事(26)
一、請レ被二裁定一守元命朝臣依リレ無キ二庁務一難キレ通ジ二郡司百姓ノ
愁ヲ一事(27)
一、請レ被二裁断一元命朝臣ノ子弟郎等自リ二郡司百姓ノ手一乞ヒ二取ル雑
物ヲ一事(28)
一、請レ被二裁定一守元命朝臣息男頼方国内ニ宛テ二負セテ　数疋ノ夫駄ヲ一
其ノ功料ニ以テ二絹色ヲ一強《あながち》ニ責メ取ル事(29)
一、請レ被二永停止《ちょうじ》一守元命朝臣ノ子弟郎等毎ニ二郡司百姓一令ムル二誣
作ラ一佃《つくだ》数百町料ノ獲稲ノ事(30)
一、請レ被二裁断一守元命朝臣自リレ京下向《げこう》セル毎ニレ度《たび》引二率スル有《う》官《かん》散
位従類同キ不善輩ヲ一事(31)
一、請レ被二裁糺一去ル寛和《かんな》三年ム月ム《ぼう》諸国ニ被ル二下給シハ一九ヶ条ノ官
符ノ内三ヶ条ヲ令メ二放チ知ラ一今六ヶ条ヲ不ル二下知セ一事(32)
以前ノ条事、為メレ知ラシメンガ二憲法之貴ヲ一言上スルコト　如シレ件ノ。（中略）望ミ
請フラクハ、被レ下停二止シ件ノ元命朝臣ヲ一改中任セ良吏ヲ上、以テ将すレ令メント三他国之牧
宰ヲシテ知ラ二治国優民之褒賞ヲ一。方ニ今、不レ勝《たへ》二馬風鳥枝之愁歎ニ一。
宜シクレ銜《ふくむ》二竜門鳳闕之綸旨《りんじ》ヲ一。仍テ具ニ勒シテ二三十一箇条事状ヲ一、謹ミテ解ス。
永延二年十一月八日　郡司百姓等

(1)藤原元命　藤原経臣の男。式部丞から尾張守に任じたが、九八八年(永延二)国内の郡司百姓らによりその苛政を訴えられ、翌九八九年(永祚元)の除目で尾張守を解任された。その後、九九五年(長徳元)には散位で吉田祭を奉行している。(2)第一条　定挙(毎年二十四万六千余束)の息利(毎年七万三八六三束)を力田《りきでん》から率徴したばかりでなく、正税を加挙《かこ》して毎年四万三千束余の利稲を加徴した。(3)第二条　租税田と地子田とを区別せず、地子田にも租税田と同じく官物を加徴した。(4)第三条　租穀段別三斗六升に加徴し、四、五月の農繁期に雑使を入部させて、さきに支給した交易雑物の直稲を舂進させた。(5)第四条　正税利稲のほか、段別に二束八把の稲を加徴し、交易に使用したり、元命の京宅に舂運させるなど、私の用途にあてた。(6)第五条　例数のほか、加

徴した段別租税地子は准穎十三束に及んだ。「徴《はた》る所の一年料段別十三束二把」とあるものが、第一—四条の加徴すべてを含むか否かについて議論がある。(7)第六条　田別に賦課されていた絹の賦課基準を、田二町四段につき、調絹一疋《ひき》(ないし代米四石八斗)であったところ、田一町余あたり調絹一疋に改めた。絹一疋を出す田の面積が二町四段から、一町余段に減じられている。解文が元命の措置を減直とするのは、絹一疋の値が、二町四段(代米四石八斗)から、一町余(代米換算で二石二斗)に減じられているため。(8)第七条　年料のほかに、絹数千疋の交易雑物《ぞうもつ》を加徴した。絹は疋別四、五十束、手作布は八束、信濃布・麻布は五、六束で交易した。この交易自体は、第五条後半部分にある価直と同額である。しかし、交易で集積不能な量であった「減収の残」について、不足分を減直《げんちょく》(法定数からの不足分)の扱いとし、勘徴の使を派遣して百姓らから強制的に収納した。しかもこの使いも、土毛と称して、疋別に米一石五、六斗(本来の物品の約六割相当)、布は端別四、五斗(本来の物品と

**表4-3　国司苛政上訴一覧**

| 年 | 国司苛政上訴 | | |
|---|---|---|---|
| | 国名 | 処　分 | 史　　料 |
| 974(天延2) | 尾張 | 解任 | 日本紀略 |
| 987(永延元) | | | |
| 988(〃 2) | 尾張 | 解任 | 尾張国郡司百姓等解文・日本紀略・百錬抄・小右記 |
| 999(長保元) | 淡路 | 解任 | 小右記・日本紀略・御堂関白記 |
| 1000(〃 2) | | | |
| 1001(〃 3) | 大和 | 不明 | 権記 |
| 1007(寛弘4) | 因幡 | 解任 | 権記・日本紀略 |
| 1008(〃 5) | 尾張 | 不明 | 御堂関白記 |
| 1009(〃 6) | | | |
| 1012(長和元) | 加賀 | 処分せず | 御堂関白記 |
| 〃(〃) | | | |
| 1016(〃 5) | 尾張 | 解任？ | 御堂関白記 |
| 1017(寛仁元) | | | |
| 〃(〃) | | | |
| 1019(〃 3) | 丹波 | 不受理 | 小右記・日本紀略 |
| 1023(治安3) | 但馬 | 解任後復任 | 小右記 |
| 〃(〃) | 伯耆 | 不受理 | 小右記 |
| 1024(〃 4) | | | |
| 1026(万寿3) | 伊勢 | 不明 | 日本紀略 |
| 1027(〃 4) | | | |
| 1028(〃 5) | 但馬 | 不受理？ | 小右記 |
| 1029(長元2) | | | |
| 1036(〃 9) | 近江 | 不明 | 本朝世紀・長元九年記 |
| 1038(長暦2) | 但馬 | 不明 | 春記 |
| 1040(長久元) | 讃岐 | 解任 | 春記 |
| 〃(〃) | 和泉 | 不明 | 春記 |
| 1041(〃 2) | 和泉 | 不明 | 春記 |
| 1052(永承7) | 伊予 | 不明 | 春記 |

ほぼ同額)を責めとった。(9)第八条　代々の国司が引継いできた新古の絹・布・米・穎稲などを郡司・百姓から責めとった。帳簿(正税帳)上は国衙が保有するのが建て前であるが、この時期には彼ら「負名」のもとにあることになっている上記の品目を、国司のもとに収めさせることとした。(10)第九条　毎月の借絹とか交易と称して、三年間に絹一二一二疋をだまし取った。一疋あたり三十束から四十束で借り、受領証交付はその三分の一に過ぎなかった。元命は、借絹を収めるに使者を派遣したが、彼らも月に一、二度あるいは三、四度国内をめぐり、さらには土毛と称して絹一疋について一疋を責め取る有様であった。(11)第一〇条　官帳(正税帳)に載せながら、「在路救民料」の籾一五〇石を支出しなかった。(12)第一一条　駅伝食料田と駅料田の直を下行しなかった。駅伝食料田は官使の上下に供給するためのもの。駅料田は駅子の功粮にあてるもの。(13)第一二条　三年間、駅家雑用料として正税帳に計上しながら、支出せず着服した。駅家雑用料は、駅馬買替直籾一五〇石、秣料籾二十四石、伝馬買替直籾五十二石五斗あわせて二二六石五斗であり、三年の間に計六七九石五斗(六七九五束)を着服したとして非難。(14)第一三条　元命は、着任以来三年間、地溝料と救急料稲一万二千余束を支給しなかった。(15)第一四条　尾張国では従来からの慣行として、調絹の収納については、六月上旬から九月下旬の間に十日ごとに日を決めて取り立てることとなっていた。元命はこれを無視し、五月中旬から五、六日ごとに国内に使者を派遣し責め取った。(16)第一五条「田直代」と称して、麦などの畠作物を責め取った。対象とされた作物は、春のよもぎ・夏の麦・秋のこのみ・冬の大豆であるが、「田直代」と号したということは、水田地子に代替するものとして元命が賦課したもの。(17)第一六条　検田使を入部させ、供給調備の費用のほかに、土毛と称して多くの雑物を責め取った。彼ら元命の使者は、検田にあたって、一段の地を、二、三段あるときは町満(一町)と検田帳に記すことも行なった。彼らに対する、在地の供給は、郡ごとに六、七十石あるいは絹二疋・米六、七石におよぶこともあり、そのため一日の事務で完了するところを、滞在期間を延長し、余分の供給を受けることもあった。(18)第一七条　旧年の用残稲を着服して京宅に舂運させた。用残稲は、正税のうち諸支出を差引いて残ったもので、代々の国司が分付《ぶんぷ》に際して引継ぎ、帳外剰物と称される。(19)第一八条　蔵人所の召ありと称して、例貢進のほかに、漆十余石を加徴。尾張国の例進の漆三斗四升のほかに十余石を責め取ったという。百姓らの納めた漆の量を四、五割にしか認定しなかった。漆を納められない百姓らは、絹をもって代納したが、絹五、六疋を漆一、二斗に換算した。(20)第一九条　東海道一の難所である馬津渡(愛知県津島市)に渡船を置いていると官帳(公私船帳・津守帳等)には記しているが、実際には小船を用い、津辺の人民を渡船業務に従事させ、危険な目にあわせている。(21)第二〇条　三分以下品官以上の国司の公廨を下行しなかった。ここでの国司とは、掾《じょう》(三分)・目《さかん》(二分)・史生(一分)や品官の国博士・国医師である。(22)第二一条　書生・雑色人の食料を支給しなかった。(23)第二二条　不当に低い運賃をもって、白米・糒《ほしい》・雑物等を元命の京宅に運搬させた。(24)第二三条　雑色人や部内人民の運送労働への徴発には、国例としての限度があったが、元命はこれを無視して徴発を行ない、京宅や朝妻(近江国坂田郡の津で交通の要衝)に雑物を運搬させた。また、夫駄の役務に就けないものには「賃米」と称して、夫は一石二斗、駄は二石余を代米として責め取った。(25)第二四条　国分尼寺修理料稲一万八〇〇〇石を支出しなかった。『延喜式』主税式に定める尾張国国分寺修理料稲は二万束(毎年息利は六〇〇〇束)、元命が支出しなかった量は、三年間の息利全額一万八〇〇〇束にあたる。(26)第二五条　講師・読師の衣供・僧尼の毎年の布施稲一万三一〇〇束を下行しなかった。これらは、正税から支出すべきにもかかわらず、元命は自らの酒食にあててしまったという。(27)第二六条　元命は国司としての職務に怠慢で、郡司・百姓らの訴えをとりあげない。国庁には現われず、在京と称したり、物忌と称して彼らと会おうとはしなかった。(28)第二七条　元命の子弟郎等は、郡司・百姓らの手から雑物を無理やり奪い取っている(乞取)。以下、三条にわたり元命の息男頼方の行状が非難の対象となっている。「要毛有りと称し」て郡司・百姓らから馬や牛をまきあげ、翌日にはそれを売払ってしまったり、絹一、二疋の価値しかない馬を五、六疋で売りつけたり、牛は野にあるものを勝手に奪い取ってしまった。(29)第二八条　元命の息男頼方は国内に数匹の夫駄を課し、差し出さないものから功料として絹を責め取った。収納に際して、「不善の使」を入部させ責めるので、百姓らは「旧領の田地」を売り、駄一匹につき絹一疋を納めなければならず、使者も土毛米と称して一石以下五、六斗以上を責め取っていた。(30)第二九条　元命の子弟郎等は、国内に佃を割当てその穫稲を奪い取ってしまった。元命の息男頼方の佃は、ある郡には四、五町、ある郷には七、八町と尾張国内の八郡すべてにわたっていた。出挙の日には営料をあてず、収納の日には穫稲を奪い取られるので弁ずべき官物がなくなってしまい、徴使も土毛と称して段別に米四、五斗を責め取っていた。(31)第三〇条　元命が京から下向するたびに引き連れてきた有官・散位・従類・不善の輩を、検田使として入部させ非法を行なった。一郡二人ずつの検田使は、一段の田地を二、三段と認定し、五、六段は七、八段としてしまうので、四、五十町の田地は七、八十町として官物が賦課された。また検田の業務を一日ですむところを三、四日かけ、三、四日かかるところは七、八日に延長するので、供給のために支出する料は、供給の饗宴のほかに白米八、九斗、黒米五、六石、さらに郷ごとに絹十疋にもおよび、さらに「検田段米」を町一斗二升も収め取った。(32)第三一条　元命は九八七年(寛和三、永延元)に諸国に下された太政官符九通のうち、三通についてはその年の七月八日に国符によって国内諸郡に下したが、六通については下さなかった。後者の六通の官符のうち、「調庸雑物合期見上事」「調庸雑物違期未進国司任格見任解却事」とする官符は、『政事要略』に全文が残されており、今日その内容を知りうるが、他の四通については内容が伝えられていない。しかしその残された事書からは、「停止叙用諸国受領吏殄滅任国輩事」「禁制諸国受領吏多率五位・六位・有官・散位・雑賓趣(赴)任事」など、三〇条までにみられた元命の行動と明らかに抵触する内容の官符。

【解説】　十世紀になると、国司(受領)は中央へ一定額の貢納物を納入することを請け負うことで、任国内の支配を中央政府から任される体制が確立してきた。そのため彼らは、自らの私富を蓄積するために、尾張国解文に見られるような様々な手段を講じ、「受領ハ倒ル所ニ土ヲ爴《つか》メトコソ云ヘ」(『今昔物語集』巻二十八「信濃守藤原陳忠落入御坂語第卅八」)といわれるように国からの収奪を行なった。このような国司の国支配に対し、国内の人民の抵抗の手段として、この時期活発に見られるようになるのが、国司の苛政を非法として中央に訴えた「国司苛政上訴」である。尾張国郡司百姓等解文は、尾張守藤原元命の苛政を太政官に訴え出た文書で、苛政上訴文の典型として伝えられた(早稲田大学本を基に、東京大学史料編纂所本で補う。『平安遺文』所収)。上訴の主体は百姓とのみ記されたものや、郡司・「在庁」などを含む場合もあり、受領に対する在地勢力の抵抗と見ることができる。これに対し国司の側でも、善状と呼ばれる書状を国司の影響下にある百姓に提出させ、任期の延長を願わせることを行なった。苛政上訴と善状の提出とはことの裏表で、百姓たちが国司の評価を行ない、国司の解任や留任を中央に要求するという点では同一の行動原理であるとする説がある。

## (2)　受領の富

**383**　**〔小右記〕寛仁二年(一〇一八)六月二十日条**

土御門殿(1)ノ寝殿以テ二一間ヲ一、〈始メテレ自リ二南庇一至ル二北庇ニ一之間也。簀子《すのこ》・

高欄相加。〉配二諸受領(2)一〈不レ論二新旧一、撰(堪)二勘事者一。〉令レ螢(営カ)云々。未レ聞之事也。造作過差(3)万二倍往跡一。又伊与守(源)頼光(4)家中雑具皆悉献之。厨子・屏風・唐櫛笥《からくしげ》具・韓櫃《からびつ》・銀器・鋪設・管絃具・鈫。其外物不レ可二記尽一。厨子納(櫃)二種々物一。辛櫃《から》(櫃)等納二夏冬御装束一。件唐櫛笥等具皆有二二具一。又有二枕莒等一。屏風二十帖・几帳二十基云々。希有之希有事也。(中略)件物当日以二数多夫一運二進上東門第(5)一云々。連日京中人到二彼第一見二風流《ふりゅう》一。不レ能二比肩一、還可レ謂レ怪歟。彼(後カ)々可レ験。

(1)土御門殿《つちみかどどの》　藤原道長の邸宅。土御門大路の南、東京極大路の西に所在。一〇一六年(長和五)七月に火災で焼失、八月から再建の工事を開始、この月に完成。(2)配諸受領……令営　寝殿の造営の負担を受領に割り当てた。(3)過差　贅沢。(4)頼光《よりみつ》　源満仲《みつなか》の子、母は源俊の女。父同様、摂関家に接近し、莫大な財力で奉仕した。備前・但馬・美濃などの国司を歴任。この後、一〇二一年(治安元)摂津守に任じられ、同国で勢力を固め、摂津源氏の祖とされる。(5)上東門第《じょうとうもんてい》　土御門第のこと。

【解説】　道長の邸宅造営を、諸国の受領に割当てたことは、『小右記』の記主藤原実資に「未聞之事也」と批判の辞を記させたが、道長の権勢を物語る。世人を驚かせたのは、伊予守源頼光が家中の家具・調度一切を献上したことである。受領の富の大きさを示す。

## (3)　受領への任官

### 384〔古事談〕巻一

一条院(1)御宇、源国盛任(2)二越前守一。其時、藤原為時(3)附二於女房(4)一献レ書。其状云、「苦二学寒夜一、紅涙霑レ袖。除目春朝(5)、蒼天在レ眼云々」。天皇覧レ之、敢不レ羞《すすめ》二御膳一。入夜御帳、涕泣而臥給。左(右)相府(藤原道長)参入、知二其如レ此(6)。忽召二国盛一、令レ進(退イアリ)二辞書(7)一、以二為時一令レ任二越前守一。国盛家中上下涕泣(涕イ)。国盛自レ此受レ病、及レ秋雖レ任二播磨守一、猶依二此病一遂(以イアリ)逝去云々。

(1)一条院　一条天皇は、円融天皇の皇子。諱は懐仁。九八〇―一〇一一。在位九八六―一〇一一。国盛が越前守に任じられたのは九九六年(長徳二)正月。(2)源国盛　?―九九六。源信明の男。但馬守・常陸介・讃岐守などを歴任した受領クラスの貴族。(3)藤原為時　生没年不詳。紫式部の父。詩歌の才に優れた、受領クラスの貴族。(4)女房　宮中に部屋(房)を与えられ後宮に出仕した女性の総称。出身により大上臈《ろう》・上臈・小上臈・中臈・下臈の品格に分かれていた。(5)除目春朝　県召除目《あがためし》の朝、の意。県召除目は毎年正月に行なわれた国司任命を中心とする儀式。(6)知其如此　為時が進めた書状に一条天皇が感動して涕泣した事情を藤原道長が知っての意。(7)辞書　越前守を辞退する文。

### 385〔本朝文粋〕巻六　源為憲任官申文

散位(1)従五位上源朝臣為憲(2)誠惶誠恐謹言

請レ被下殊《ことに》蒙二天恩一依二遠江国所レ済功并成業労(3)一拝中任
美濃加賀等国守闕上状
右為憲、去正暦二年、拝二任遠江守一、長徳元年、得替解任(4)、
去年正月、依二治国一加二一階(5)一。(中略)為憲拝任之国、初其
凋残。僅廻二治略一、適《たまたま》令二興復一。是則前司任終年(6)、国内作
田千二百余町也。為憲任終年、見作(7)三千五百余町也。又
件起請官符(長徳元年八月・十月官符)未レ出之前、任中正暦五年十二月、勘二抄帳(8)一
受二惣返抄(9)一先畢。得替長徳元年十二月、勘二税帳一受二
返却帳一又畢。(中略)而去年春及二度々闕国一、拝除旧
吏一惣七人。勘帳之期、皆無下先二於為憲一之人上。撫民之聞《きこえ》、
共無下及二於為憲一之輩《ともがら》上。(中略)既而興二復任国(10)一之治術、
人口自伝、勘二済公文(11)一之年月、帳面既明。以二一身一兼二三
功一者、去今年間、為憲而已。若預二今春之拝任一、定継二去
年之謳歌一。望請、天恩被レ任二件闕一。使三当時後代仰二我后
択レ吏之明鑑一。為憲、誠惶誠恐謹言。
長徳三年正月二十三日

(1)散位《さんに》　位階だけをもち官職に就いていない者。(2)源朝臣為憲《ためのり》　文章生《もんじょうしょう》から内記・蔵人・式部丞、諸国の受領を歴任。源順《したがう》の弟子で、詩文・和歌に優れ、『口遊《くちずさみ》』『世俗諺文《せぞくげんもん》』『三宝絵詞《さんぼうえことば》』を撰した。一〇一一年(寛弘八)歿。(3)所済功并成業労　受領として納入すべき官物を完済した功績と、遠江国内の人民の生業を盛んにした労功によって、美濃・加賀等の国守に任じられたいとの希望を述べた申文。(4)得替解任　官職に就いている者が交替すること。ここは国司としての任が終わること。(5)依治国加一階　国司として国内政治を滞りなく行なったことで位階を一階昇叙された。(6)任終年　国司の任期(四年間)の最終年。(7)見作　現在実際に耕作されている状態、またその耕地。(8)抄帳　調庸・交易雑物などの勘会(文書の監査)に際して主計寮などに備えた照合のための帳簿。(9)惣返抄　任期中の調庸などを完済したときに受領に発給された受取書。(10)興復任国　荒廃した任国をもとのように立て直すこと。(11)勘済公文　勘済は勘定を済ませること。国司の任期中に、収めるべき額の調庸などを納入し、収納すべき正税出挙の額を収納すること。

【解説】　国司がどの国に任じられるかは、大国と小国とで収入に大きな差があることから、大きな関心事であった。当時の受領クラスの貴族がいかに大国の受領を望んだかが為時の話によく描かれている。また、国司を勤め上げても、順調に次の国司の地位に付けるわけではない。除目に際して自らの功績を主張し、欠員のある国に任じられることを希望する申文が、この時期数多く作成されている。

## (4)　受領功過定

**386**　**〔権記〕長保五年(一〇〇三)四月二十六日条**

有二陣定《じんのさだめ》(1)一。遠江□(守)惟貞(藤原)(2)・下総守為重(藤原)申(度カ)(3)二十个条一。上総前□□申二曲殿等事一。及二上総国・相模国申文、下総国申文・日記等事一也。□儲湯漬。又除目間□(旧カ)吏等事重被レ定。尾張元□(命カ)(藤原)(4)非レ過、紀伊条理(景カ)(大江)(5)過、阿波忠良(源)(6)・安隆(藤原)(7)等事、

非《ザル》レ可《キニ》レ謂《フ》レ過(8)《ト》之由、諸卿一同定《ニム》之。弼相公(9)独《リ》云《フ》レ過《ト》。但《シ》未《ず》二一定《セ》一。

(1)陣定　公卿が陣座(仗座)で行なった議定。陣座は、近衛陣のことで、左近衛陣は紫宸殿東北廊の南面に、右近衛陣は校書殿東庇にあり、議定の場としては左近衛陣が多く用いられた。参加した最末の公卿から意見を述べ、通常は参議大弁が定文《さだめぶみ》を作成し、上卿《しょうけい》が蔵人頭を介して奏聞した。最終決定は天皇の裁断が必要であるが、奏上どおりに裁可されることが多かった。(2)藤原惟貞　藤原文信の男。山城・尾張守などを歴任。従四位上に叙す。(3)藤原為度　藤原連真の男。伊豆守・上総介を歴任し、従五位下に叙す。(4)藤原元命　史料382の注(1)参照。(5)大江景理　九六三―一〇二八。大江通理の男。蔵人・紀伊守・東宮権大進・河内守・内蔵権頭・右中弁・備前守・左馬頭を歴任。従四位下。(6)源忠良　源仲連の男。左兵衛尉・右衛門尉に任じ、九九二年(正暦三)阿波国海賊追討使として手柄を立て阿波守。その後下総守を歴任。(7)藤原安隆　藤原棟利の男。右兵衛尉を経て、相模介、阿波・出雲・越前守を歴任。(8)過　受領功過定において、公卿の審議の結果、加階や任官を申し出た受領の申請を却下すること。「過」でないときは、「無過」(「非過」)とされた。(9)弼相公《ひつしょうこう》　弾正大弼で参議。藤原有国。九四三―一〇一一。藤原輔道の男。石見守・越後守・左少弁・蔵人・左中弁・右大弁・蔵人頭を歴任し、勘解由長官・大宰大弐に任じ、参議となる。

【解説】　受領功過定とは、除目に際して、任期が終了した受領の在任中の成績を判定する公卿の会議のこと。受領たちは、任期中の治績をもとに、加階や他国への任官を申請する申文を提出した。主計《しゅけい》・主税《しゅぜい》二寮や勘解由使《かげゆし》の勘文をもとに、調庸総返抄・雑米総返抄・勘済税帳などの文書から、財政上の業績の審査が行なわれ、功過が判定された。

## 2　国司の赴任と交通の展開

387
〔更級日記〕

あつまちのみちのはてよりも、(1)猶おくつかたにおい(生)ゝ(ひ)てたる人、(2)いか許《ばかり》かはあやしかりけむを、(3)いかにおもひはしめける事にか、世中《よのなか》に物かたりといふ物のあんなるを、いかて見はやとおもひつゝ、つれ〳〵なるひるま、よひゐ(4)なとに、あね、まゝは(5)ゝなとやうの人〳〵の、その物かたり、かのものかたり、ひか(光)る源氏(6)のあるやうなと、ところ〳〵かたるをきくに、いとゝゆかしさまされと、わかおもふまゝに、そらにいかてかおほえかたらむ。いみしく心もとなきまゝに、とうしん(等身)にやくしほとけ(薬師仏)をつくりて、(7)ゝ(手)あらひなとして、人まにみそか(密)にいりつゝ、「きやう(京)にとくあけたまひて、物かたりのおほく、候《さぶらふ》なる、あるかきり見せ給へ」と、身をすてゝぬか(額)をつき、いのり申すほとに、十三になるとし、(8)のほらむとて、(9)九月三日かとて(門出)して、いまたちといふ所にうつる。(中略)

かとてしたる所は、めくり(10)なともなくて、かりそめのかや《茅屋》ゝの、しとみ(11)なともなし。すたれかけ、まく《幕》なとひきたり。南はゝるかに野の方《かた》見やらる。ひむかし《東》西はうみ《海》ちかくて、いとおもしろし。ゆふきり立渡《たちわたり》て、いみしうお《を》かしけれは、あさい《朝寝》なともせす、かたく〳〵見つゝ、こゝをたちなむこともあはれにかなしきに、おなし月の十五日、あめ《雨》かきくらしふるに、さかひ《境》をいてて、(12)しもつさ《下総》のくにのいかたといふ所にとまりぬ。(中略)

十七日のつとめて、(13)たつ。昔、しもつさのくにゝ、まのしてら(14)といふ人すみけり。ひきぬ《疋布》(15)を千《ち》むら万《よろず》むらを《お》らせ、さらさせけるか家のあととて、ふかき河を舟にてわたる。むかしの門《かど》のはしら《柱》のまたのこりたるとて、おほきなるはしら、かは《河》のなかによ《四》つたてり。(中略)

そのつとめて、(16)そこをたちて、しもつさのくにとむさし《武蔵》とのさかひにてあるふとゐかは《河》(17)といふかゝみ《上》のせ《瀬》、まつさとのわたりのつ《津》(18)にとまりて、夜ひとよ、舟にてかつ〳〵物なとわたす。

(1)あつまち……よりも　「あずま」への道の果ての常陸国よりも。(2)猶おくつかたに……人　常陸国よりももっと奥地の上総国で成長した私(作者孝標の女)。上総国を常陸国よりも奥としたことについては、常陸で成人した浮舟を意識した虚構、東国の辺境を強調した文飾などの考え方がある。あるいは、この時代、東海道を京より下る本道ルートとしての相模→武蔵→下総→常陸のルートから分岐したより奥地の上総という意か。(3)あやしかりけむを　田舎びていたであろうに。(4)よひゐ　宵の間を過ごすこと。(5)まゝはゝ(継母)　高階成行の女。上京後作者と離別し、後一条天皇中宮の藤原威子に仕えた。(6)ひかる(光)源氏　源氏物語の主人公。(7)とうしん(等身)にやくしほとけ(薬師仏)　願主と同じ背丈の仏像。(8)十三になるとし　一〇二〇年(寛仁四)。(9)のほらむとて　父の帰任に際して上京すること。(10)めくり　塀や垣根などの家の囲い。(11)しとみ(蔀)　格子の裏に板を張った雨戸。(12)さかひ(境)をいてて　上総と下総の国境。(13)つとめて　早朝の意と翌朝の意とがあるが、ここは前者。(14)まのしてら　「まの(地名)のてう(長・長者)」の意。(15)ひきぬの(疋布)　一疋の布。(16)そのつとめて　翌朝。(17)さかひにてあるふとゐかは(河)　現在の隅田川と、その上流の荒川を指すとする説がある。(18)まつさとのわたりのつ(津)　現在の千葉県松戸市付近とする説がある。

【解説】『更級日記』は菅原孝標《たかすえ》の女《むすめ》の作。一〇一七年(寛仁元)、父の菅原孝標が上総介に任じ、継母・姉・兄らと父の任国に下ったのは作者が十歳の時。一〇二〇年(寛仁四)九月三日に出立し、十二月二日京に到着。その間の東海道の旅で目に触れたことや感慨が記されている。

## 388〔朝野群載〕巻二十二　諸国雑事上

国務条々事

一、随二身《スル》不与状幷《ニ》勘畢《かんひつ》税帳(1)《ヲ》一事

(中略、第二・七・八・十一条のみ事実書を記す)

一、赴《ク》二任国《ニ》一吉日時《ノ》事

新任之吏赴二任国一之時、必択二吉日時一可二下向一。但難(雖)レ云二吉日一、世俗之説、降雨之日尤忌レ之。出行亦改二吉日一、更出行耳《のみ》。是任二人情一非レ有二必定一。

一、出行初日、不レ可レ宿二寺社一事

一、出二京関一間、奉二幣道祖神一事

一、制二止途中闘乱一事、

一、前使レ立二吏幹勇堪郎等一両人一、令レ点定《てんじょう》二夕宿所一事

一、択二吉日時一入境事

在京之間、未レ及二吉日時一者、逗二留辺下一。(2)其間官人雑仕等、慮外来著、令レ申二事由一者、随レ乱召上、可レ問二国風一。

一、境迎《さかむかえ》事

官人・雑仕《ぞうし》等、任レ例来向。或国随二身印鎰(3)一参向。或国引二率官人雑仕等一参会。其儀式随二土風一而已《のみ》(4)。参着之間、若当二悪日一者、暫返二国庁一、吉日領レ之。

一、択二吉日時一入館(5)事

一、著館日、先令レ奉二行任符(6)一事

一、受二領印鎰一事

択二定吉日一可レ領二印鎰一。但領二印鎰一之日、即令下二前司(7)一奉中行任符上、乃後領レ之。又著館日儀式、前司差《つかわ》二官人一、分二付印鎰一。其儀前司差二次官以下目以上一両人一、令レ齎二印鎰一、令レ参二新司館(8)一。即官人就レ座之後、鎰取《かぎとり》書生、以二御鎰一置二新司前一。〈其詞云、御鎰進《たてまつ》。〉新司無レ答。〈或云、答云、与之《よし》。〉

一、停二止調備供給(9)一事

一、着館日所々雑任《ぞうにん》等、申二見参(10)一事

一、択二吉日一着座事

一、令下粛《いまし》二老者一申中風俗(11)上事

一、神拝(12)後択二吉日時一、初行レ政事

一、尋常庁事例儀式事

一、択二吉日一、始行二交替政(13)一事

一、交替程限事

一、択二吉日一、可レ度《わた》二雑公文一由、牒二送前司一事

一、可レ造二国内官物相折帳一事

一、可三限内必定二与不一事

一、可二旬納七日一事

一、可二以レ信馭一レ民事

一、為《な》レ政之処、必具二官人一事

一、定レ政之後、不レ可二輒《たやす》改一事

一、不レ可三輒解二任郡司雑色人《ぞうしきにん》一事

一、可キレ知ル二郡司雑任等ノ清濁勤惰ヲ一事
一、不ルレ可カラ三輙ク狎二近ス部内浪人幷ニ郡司雑任ニ一事
一、国内入部、供給ハ従フ二倹約ニ一事
一、不ルレ可カラ下国司无ク二殊ニ病ノ故一輙ク服ス中宍五辛ヲ上事
一、慎ムレ火ヲ事
一、可キ乙仰セ二諸郡ニ一令ムレ甲捕下進セ無ク二符宣一称シ二館人ト一、闌二入シ部内ニ一、好二濫悪ヲ一類ヲ上事
一、不ルレ可カラレ令ムレ詈二罵セ家子幷ニ無レ止《やんごとなき》郎等ヲ一事
一、就キテ二内房言ニ一、不ルレ可カラ二一切与判ス一事
一、不ルレ可カラレ用フ二讒言ヲ一事
一、不ルレ可カラレ分二別ス旧人新人ヲ一事
一、可キ下以テ二公文優長ノ人ヲ一為ス中目代(14)ト上事
一、不ルレ可カラレ用フ二五位以上ノ郎等ヲ一事
一、可キレ随二身ス能書ノ者二三人ヲ一事
一、可キレ随二身ス堪能ノ武者一両人ヲ一事
一、可キレ随二身ス験者(15)幷ニ智僧侶一両人ヲ一事

(1)税帳　正税帳。(2)逗留辺下　任国の周辺に待機する。(3)印鎰《いんやく》　国印と正倉の鍵。国司の国内支配の象徴。(4)其儀式随土風而已　境迎のやり方については、土地土地のやり方にしたがい行なう。(5)館　国司の館。(6)任符　国司の任官を赴任先の国に告げる太政官符。任じられた本人が携行していく。(7)前司　前任の国司。(8)其儀前司差……前司館　前司と新司(新任の国司)との間での、印鎰の授受について、前司が介(次官)以下の国司を新司のもとに派遣して行なう。(9)供給「たてまつりもの」ともいう。国司が派遣する使者への在地からの馬や食糧を提供すること。(10)申見参《げざん》　国司に拝謁・参向した者の名簿を奉呈すること。(11)令蕭老者申風俗　在地の古老がその土地の風習・様子を国司に申上すること。(12)神拝　国司が任国に赴任後、総社や一宮などの主要な神社に参拝する儀式。(13)交替政　前司と新司との間の事務引き継ぎ。文書や施設の照合点検から、前司から新司への事務引き渡し(分付)と新司の引き継ぎ(受領)を経て、新司が前司に解由を発給した。両者で引き継ぎの意見が一致しないときには、解由に替わって、不与解由状を後司が発給した。(14)目代《もくだい》　受領の事務を果たすために任じられた代理者。能書(公文に通じた者)を選び、任国へ随身することが望ましいとされている。(15)験者《げんざ》　加持祈禱などを行ない物怪(もののけ)などを退散させ、病気を治して霊験をあらわす行者。

【解説】　三善為康《ためやす》が編纂した『朝野群載』は、一一一六年(永久四)に成立したが、その後も追補されている。賦・詩・告文などの詩文、詔・官符・申文などの公文を内容により分類配列した書。この中には、諸国公文・諸国功過などの官人の実務遂行の模範文例集も収められており、国務条々事も、受領の交替に際して留意すべきことがらを集成している。

**389**　**〔時範記〕　康和元年(一〇九九)二月十五日条**

早旦、召シ二美書生(1)ヲ一給フ二馬一疋ヲ一。卯剋着シ二束帯ヲ一、々《おビ》レ釼(剣)ヲ騎《のリ》二黒毛馬ニ一越ユ二鹿跡《ししど》御坂(2)ヲ一。未ルニレ出レ峯ヲ下ルレ馬ヨリ。立ツ二峯上ニ一。西面。官人以下立ツ二峯下ニ一。南面。先ヨリレ是神宝前行(3)ス(々脱カ)。事相従フ。弁侍(4)リ在リ二下官(5)ノ後《しりえ》ニ一、称前ノ官人以下称フレ籍ヲ。次デ下官揖(6)ス二官人ニ一。次デ騎ルレ馬ニ。官

人騎リレ馬ニ先行ス。弁侍在リ二下官ノ後ニ一。僕従等在リ二其後ニ一。巳剋至ル二于智《ち》頭《づ》(7)郡駅家ニ一。簾中居《す》ウレ饌ヲ。先ツ食《くら》ヒレ餅ヲ、先(次カ)啜《すす》ルレ粥ヲ。以テ二其退ヲ一給フ二智頭郡司ニ一。依ル二先例ニ一也。次解脱(8)。着シ二衣冠ヲ一騎リ二他馬ニ一進発ス。山路ノ嶮難ハ如シレ対スル二九折ニ一。入テレ夜ニ着ス二惣社(9)ノ　西仮屋ニ一。依リテレ例ニ儲ク二酒肴ヲ一。于レ時戌剋ナリ。着シ二束帯ヲ一着ス二惣社ノ西舎ニ一。騎馬。先ツ以テ二官符ヲ一令ムレ給ハ二税所(10)ニ一。官人先ツ以テ奉行ス。次デ行フ二請印(11)ヲ一。次デ以テレ鎰ヲ置ク二下官ノ傍ニ一。亦給タヒレ封ヲ令ムレ付セ二印樻(櫃)ニ一。次デ着スレ府ニ。鎰取(12)在ルコトレ前ニ如シレ例ノ。入リテレ自リ二西門一於《おい》テ二南応(庭カ)ニ一下リレ馬ヲ昇リ入ル。簾中弁二備スルコト　饗饌ヲ一如シレ恒ノ。残ル二个日(13)ハ兼日下知シ停ムレ之ヲ。次デ召シ二介《すけ》久経ヲ一仰ス二神拝(14)ノ事ヲ一。次デ食スレ饗ヲ。次デ召シ二保清ヲ一令ムレ下二知セ勧農事(15)ヲ一。子剋令ムレ始メ造リ二神宝ヲ一。亦以テ二反閇(16)ヲ一令ム二潔斎セ一。為メノレ宛《テンガ》二　宇倍宮(17)ニ一神馬《しんめ》也。次就寝。今夜無シ二宿申(18)一。政始(19)之後可シレ在ル云々。

(1)美書生　美作《みまさか》国書生。書生は、各官司の文書事務を取り扱う下級職員。ここは美作国衙の書生。(2)鹿跡御坂　美作国と因幡《いなば》国との界の峠。(3)神宝　祭神の料物として奉納される物。(4)弁侍　弁官の下級職員。(5)下官《げかん》　日記でみずからを記すときに使う言葉。記主は平時範。一〇五四－一一〇九。平定家の男。蔵人、右少弁、右衛門権佐、中宮大進、因幡守などを歴任し、内蔵頭を経て右大弁。(6)揖《ゆう》　両手を組み合せて会釈すること。(7)智頭郡　因幡国南部の郡、鳥取県八頭郡。(8)解脱《げだつ》　衣服を着替えること。ここでは束帯から衣冠に着替えたことを指す。(9)惣社《そうじゃ》　総社とも。国内の多くの神社を一箇所に勧請して祀った神社。国府の近くに置かれ、国司の神拝が行なわれた。(10)税所《さいしょ》　国衙機構に置かれた所の一つ。国内の正税・官物の収納、京への貢進をつかさどった。(11)請印《しょういん》　印(国印)を捺すべき文書を進上して、押印の許可をもとめ押印する手続き。(12)鎰取　国の正倉などの鎰を管理し、開閉をする職。(13)残二个日　新任国司が任国に赴いたとき、国内の官人が三日間饗応することを「三日厨」といい、『朝野群載』国務条々事でも禁止されているが、この時期広く行なわれていた。時範は一日だけの饗応にとどめ、残りの二日間の饗応を停止することを命じた。(14)神拝　国司が任国に赴任後、総社や一宮などの主要な神社に参拝する儀式。(15)勧農　農業督励。国司の職掌の一つに「勧課農桑」があった。(16)反閇《へんばい》　陰陽道の呪術の一つで、邪気を払い、安穏を祈るために行なわれた作法。(17)宇倍宮　因幡国一宮。鳥取県国府町宮下に所在。(18)宿申《とのいもうし》　宿直申とも。ここは宿直伺候した官人の名を報告すること。(19)政始《まつりごとはじめ》　中央で年頭または天皇の代替わり・改元後にはじめて行なわれた政(中文・請印などの儀式とその後饗饌が行なわれた)にならい、諸国で受領が赴任した際に行なわれた儀式。

【解説】『時範記《じはんき》』の記主平時範は、弁官・蔵人・検非違使を兼任(三事兼帯)するなど実務にすぐれた官人。彼が、一〇九九年(康和元)二月から三月にかけて、因幡守として任国に下向したときの日記の記事は、当時の受領が行なった任国における政務のあり方をしめす史料。

# 第三節　承平・天慶の乱

## 1　承平・天慶の乱の前夜

### (1)　僦馬の党の活動

**390**　**〔類聚三代格〕巻十八　昌泰二年(八九九)九月十九日太政官符**

太政官符

応下相模《さがみ》国足柄《あしがら》坂(1)上野《こうづけ》国碓氷《うすい》坂(2)置レ関勘過上事

右、得上野国解偁、「此国頃年強盗鋒起、侵害尤甚。静尋由緒、皆出僦馬之党(3)也。何者、坂東諸国富豪之輩、啻《ただ》以レ駄運レ物。其駄之所レ出皆縁掠奪。盗山道(4)之駄以就海道(5)、掠海道之馬以赴山道。爰依一疋之駑《ど》、害百姓之命。遂結群党、既成凶賊。因レ茲、当国隣国共以追討、解散之類赴件等堺。仍碓氷坂本権《かり》置邏、令レ加勘過、兼移送相模国既畢。然而非レ蒙官符、難レ可拠行。望請、官裁。件両箇処特置関門、詳勘公験、慥加勘過」者。左大臣(藤原時平)宣、奉レ勅、宜下依レ件令レ置。唯詳拘奸類、勿上レ妨行旅。

昌泰二年九月十九日

(1)足柄坂　神奈川県南足柄市と静岡県駿東郡小山町との境にある古代東海道の足柄峠。駿河国と相模国の国境をなす。(2)碓氷坂　群馬県碓氷郡松井田町と長野県北佐久郡軽井沢町との境にある古代東山道の碓氷峠。信濃国と上野国の国境をなす。(3)僦馬之党《しゅうばのとう》　馬を利用した輸送業者の集団。僦は雇の意。(4)山道　東山道。(5)海道　東海道。

【解説】　上野国に群盗が蜂起して、侵害が甚だしいので、足柄と碓氷の両坂に関を置くこととした太政官符。翌年相模国の申請で過所によって通行を認めるように定められた。東海道諸国と東山道諸国を往来し、輸送手段としての馬を強奪したり、自らも輸送に従事する「僦馬之党」と称される集団の活動がうかがわれる。「坂東諸国富豪之輩」からなる「僦馬之党」の活動について、反国衙闘争を行なう坂東諸国内の横断的な「党的結合」を持ったもので、平将門《たいらのまさかど》の乱に際してその前提となったとの指摘もある。ここで、足柄と碓氷とが彼らの活動を制する位置にあることは、両坂が交通の要衝であり、『将門記《しょうもんき》』に将門の言として、坂東を守護するには足柄・碓氷の二関を固めればよいといった記述からもわかる。これらが坂東を守る要害とされていた。

## 2　平将門の乱

**391**〔**将門記**〕

○前常陸大掾源護との争い

夫聞、彼将門(1)、昔天国押撥《あめくにおしはるき》御宇《あめのしたしろしめす》柏原《かしわはら》(桓武)天皇五代之苗裔《びょうえい》、三世高望《たかもち》(2)王之孫也。其父陸奥鎮守府将軍平朝臣良持《よしもち》(3)也。舎弟下総介平良兼《よしかね》朝臣(4)、将門之伯父也。而良兼、以去延長九年、聊《いささか》依女論、舅甥《おじおい》之中、既相違。(以上は『将門略記』により補う。中略)

然間、依前大掾《だいじょう》源護《まもる》(5)之告状(6)、件護并犯人平将門及真樹(7)等可召進之由官府(符、以下同ジ)、去承平五年十二月廿九日府(符)、同六年九月七日到来、差左近衛番長正六位上英保純行《あほのすみゆき》・同姓氏立《うじたち》・宇自加友興《うじかのともおき》等、被下常陸・下毛《しもつけ》・下総之等(等之)国。仍将門、告人《こくにん》以前、同年十月十七日、火急上道、便参公庭(8)、具奏事由。幸蒙天判(9)、(於脱カ)検非違使所(10)被略問、允《まこと》雖不堪理務、仏神有感、相論如理。何況、一天恤上(11)有百官顧、所犯准《なずら》軽、罪過不重。振兵名於畿内、施面目於京中。経廻之程、乾徳《けんとく》(12)降詔、鳳暦(13)已改。言、帝王御冠服之年(14)、以承平八年、改天慶元年。故有此句也。故松色(15)含千年之緑、蓮糸結十善之蔓(16)。方《まさ》今、万姓重荷軽於大赦。八虐(17)大過浅於犯人。将門幸遇此仁風、依承平七年四月七日恩詔、罪无軽重、含悦靨《えくぼ》於春花、賜還向於仲夏。忝《かたじけな》辞燕丹之遑《いとま》、終《つい》帰嶋子之墟《さかい》(18)。(中略)

厥《そ》後、以同年十一月五日、介良兼・掾源護并掾平貞盛(19)・公雅(平)(20)・公連(平)(21)・秦清文、凡常陸国等(敵脱カ)、可追捕将門官府(22)、被下武蔵・安房・上総・常陸・下毛野《しもつけぬ》等之国也。於是将門頗述気附力(23)。而諸国之宰(24)、乍《なが》抱《いだ》官符慥不張行(25)、好不堀求(26)。而介良兼尚《なお》銜《ふくみ》忿怒之毒、未停《やめ》殺害之意、求便伺隙、終欲討将門。(中略)

爰貞盛、千里之粮(27)被奪一時、旅空之涙(28)灑於草目。疲馬舐薄雪而越堺、飢従含寒風(29)而憂上。然而生分有天(30)、僅届《いた》京洛。便録度々愁由、奏太政官。可糺行之天判、賜於在地国(31)。以去天慶元年六月中旬、京下之後、懐官符雖相糺、而件将門、弥《いよいよ》施逆心(32)、倍《ますます》為暴悪。

(中略)

(1)将門　?—九四〇。高望王の孫。父は良持。九三五年(承平五)頃、所領争いに端を発し、伯父平国香《くにか》や源護《まもる》らと戦い、一族の伯父良兼・良正や国香の子貞盛《さだもり》らと合戦。九三八年(天慶元)には武蔵権守興世《おきよ》王・介源経基と足立郡司武蔵武芝との争いに、九三九年(天慶二)には常陸国住人藤原玄明《はるあき》と介藤原維幾《これちか》との争いに介入し、常陸国府に攻め入り国司を追放。この後、下野・上野の国府も襲撃し国司を追放し、弟や従者を坂東の国司に任命し、自らは新皇と称した。しかし九四〇年(天慶三)二月、藤原秀郷・貞盛らの軍に敗れ、下総猿島《さしま》郡で討たれた。(2)高望王　父は高見王。国香・良持・良文らの父。上総介として下向、土着し武士団の基礎を作る。伊勢平氏・北条・千葉・三浦などの東国の武士はこの系統から出る。(3)平朝臣良持　高望の子。将門の父。鎮守府将軍に任じた。『尊卑分脈』『吾妻鏡』『神皇正統記』などは「良将」とするが、良持が正しいか。(4)平良兼　高望の子。(5)源護　常陸大掾として任国に土着し、平良兼・良正・貞盛らと姻戚関係を結んだ。(6)告状　告訴状。(7)真樹　将門の有力な同党で平真樹。(8)公庭　朝廷。(9)天判　天皇の判定。(10)検非違使所　検非違使庁のこと。(11)一天恤　天皇のめぐみ。(12)乾徳　乾(天)の徳を備えた者、天子。(13)鳳暦　天子の定めた年号を寿いでいう語。(14)帝王御冠服之年　朱雀《すざく》天皇の元服は九三七年(承平七)正月四日、天慶《てんぎょう》改元は翌年五月二十二日。(15)松色　松の寿命は長いことで、天皇の長寿を寿ぐ語。(16)蓮糸……蔓　極楽往生の縁を結ぶとされた蓮の葉や茎からとった糸。十善は、不殺生・不偸盗《ふちゅうとう》・不邪淫・不妄語・不綺語・不悪口・不両舌・不貪欲・不瞋恚《ふしんい》・不邪見の十種の善行で、前世でこの戒を守るとこの世で帝王に生まれると信じられた。(17)八虐　日本古代の律で、国家・社会の秩序を乱すものとして特に重く罰せられた罪。謀反《むへん》・謀大逆《ぼうたいぎゃく》・謀叛《むほん》・悪逆・不道・大不敬・不孝・不義の総称。(18)島子　浦島太郎のこと。(19)平貞盛　平国香の子。常陸掾として将門の追討に当たり、その功により従五位上右馬助《うまのすけ》。のち鎮守府将軍・丹波守・陸奥守などを歴任。(20)公雅　良兼の子。武蔵守。(21)公連　良兼の子。(22)追捕将門官府(符)　漢文としては「将門を追捕する官符」であるが、ここは「将門に追捕を命じた官符」の意。(23)述気附力　意気があがること。(24)諸国之宰　諸国国司。(25)不張行　強行しない。(26)不堀求　詮索、追及しない。(27)千里之粮　千里の旅をする糧秣。(28)旅空之涙　涙にかけて草の芽を目と表現したもの。(29)含寒風　寒風を忍ぶ。(30)生分有天　天運がある。(31)在地国　現地の国々。(32)施逆心　反逆の心を抱いて。

○武蔵国内紛への介入

然ル間ニ、以テ二去承平八年春二月中一ヲ、武蔵守(権脱)興世《おきよ》王(33)・介源(34)経基《つねもと》、与《と》二足立郡司判官代《ほうがんだい》武蔵武芝一(35)、共ニ各《おのおの》争フ二不治之由一ヲ。如バレ聞クガ、国司者無道ヲ為シレ宗(36)ト、郡司者正理ヲ為スレ力(37)ト。其ノ由ハ何者、縦ヒ郡司武芝、年来恪懃《かくごん》二公務一(38)シ、有テレ誉リ无シレ謗。苟《いやしクモ》武芝、治郡之名頗ル聴ヘ二国内一ニ、撫育之方普ク在リ二民家一(39)ニ。代々国宰ハ、不レ求メ二郡中之欠負一(40)ヲ。往々刺史(41)(史)ノハ、更ニ无シ二違期《いご》之譴責一(42)。而ルニ件ノ権守、正任(43)未ルレ到ラ之間ニ、推テ二擬ス入部一セント者。武芝検ズルニ二案内一ヲ、此ノ国為テ二承前之例一(44)ト、正任以前、輙《クず》不二入部之色一(45)ニアラ者。国司偏ニ称シテ二郡司之無礼一ト、恣ニ発シ二兵仗一(46)ヲ、押テ而入部ス矣。武芝為メレ恐ル二公事一(47)ヲ、暫ク匿ル二山野一(48)ニ。如ク案ノ、襲二来シテ武芝之所々舎宅・縁辺之民家一(49)ニ、掃ヒレ底ヲ捜シ取(50)リ、所ルレ遺之舎宅ハ検封シテ棄去(51)也。

(中略)

武芝已ニ雖モレ帯ブト二郡司之職一ヲ、本自リ無シ二公損之聆《きこえ》(52)一。所ルレ被セ二虜掠一之私物、可キレ返シ請フ二之由、屢《しばしば》令ム二覧挙一(53)セ。而ルニ曾テ无ク二弁糺之政一(54)、頻《しきりニ》致ス二合戦之構一ヲ。于時将門、急《にわかニ》聞キ二此由一ヲ、告ゲテ二従類一ニ云ク、「彼ノ武芝等、非ズ二我ガ近親之中一ニ。又彼ノ守・介非ズ二我ガ兄弟之胤一ニ。然ドモ而為メレ鎮メムガ二彼此之乱一ヲ、欲スレ向ヒ二相《みムト》武蔵国一ニ」者《トイへリ》。即チ率テ二自

分之兵杖(55)(仗カ)一、就二武芝当《あたり》野(56)一。（中略）而間、武芝之後陣(57)等、无レ故而囲二彼経基之営所一。介経基未レ練二兵道(58)一、驚愕分散云、忽聞二於府下一。于時将門、鎮二監(濫、以下同ジ)悪一之本意、既以相違。興世王留二於国衙一、将門等帰二於本郷一。爰経基所レ懐者、権守将門(与脱カ)被レ催二郡司武芝一、抱下擬レ誅二経基一之疑上、即乍《にわか》含二深恨一、遁二上京都一。仍為レ報《しらせ》二興世王・将門等之会稽《かいけい》一、巧《かま》二虚言於心中一、奏二謀叛之由於太政官一。因レ之京中大驚、城邑併(59)《あわ》囂《かまびす》。

爰、将門之私君太政大臣(藤原忠平)(60)家可レ挙二実否一之由御教書《みきょうじょ》(61)、以二天慶二年三月廿五日一、寄二於中宮少進多治《たじひ》真人助真(62)所一、被レ下之状、同月廿八日到来云々。仍将門、取二常陸・下総・下毛野・武蔵・上毛野《かみつけぬ》五箇国之解文(63)一、謀叛无実之由、以二同年五月二日一言上。而間介良兼朝臣、以二六月上旬一、乍レ臥二病床一、剃二除鬢髪一率(卒)去已了。自レ爾之後、更无二殊事一。

而比《ころ》、武蔵権守興世王与二新司百済貞連(64)一、彼此不知(和カ)。乍レ有二姻娅《いんあ》(65)之中一、更不レ令二庁坐(66)一矣。興世王、恨レ世寄二宿於下総国一。抑依二諸国之善状(67)一、為二将門一可レ有二功課(68)一之由、被レ議《たばか》二於宮中一。幸沐二恩涘(沢カ)於海内一、須レ満二威勢於外国一。

（33）興世王　桓武天皇皇子伊予親王の玄孫とする説もあるが、系譜不詳。源経基とともに武蔵武芝と対立、これが将門の介入のきっかけとなった。（34）源経基　？―九六一。清和天皇皇子貞純親王の子。武蔵武芝と対立するが、将門の調停で和議。その後将門と興世王の謀叛を京へ帰り報告。誣告罪に問われた経基は左衛門府に禁固されるが、将門の乱鎮圧の征討軍として下向。その後純友の乱でも追捕次官として活動、大宰少弐などを歴任した。（35）武蔵武芝　武蔵国造の系譜をひく在地豪族。（36）国司者無道為宗　国司（興世王・経基）は人道にはずれた暴悪非道を行なう。（37）郡司者正理為力　郡司（武芝）は道理にかなった正しいことを行なう。（38）恪懃　職務に忠実なこと。（39）撫育之方　民衆を慈しみはぐくむ方。（40）欠負《けっぷ》　納めるべき所定の数量に不足していること。（41）刺吏（史）国司の唐名。（42）違期之譴責　調庸・田租などの納入期日に遅れること。（43）正任　権官に対する正官。（44）承前之例　前例・旧例。（45）入部之色　色は種類。正任より以前に郡内に立ち入ることができるたぐいのものではない。（46）兵仗　武器、転じて軍兵。（47）公事《くじ》　訴訟ざた。（48）匿山野　国司や荘園領主からの租税や年貢の徴収に対して納入拒否の手段として山野に身を隠すことが行なわれていた。（49）縁辺之民家　ゆかりのある人。（50）掃底捜取　徹底的に略奪する。（51）検封棄去　差し押さえのために封印し手を触れぬようにしておく。（52）公損之聆　官物を損耗したという噂。（53）覧挙　文書提出。（54）弁糺之政　武芝からかすめ取ったものを判別して糺す措置。（55）自分之兵杖（仗カ）　将門の私兵。（56）武芝当野　武芝の本拠である足立郡か。（57）後陣　後方からの攻撃に備える部隊。（58）兵道　戦いの方法。（59）城邑　宮中・京内。（60）私君太政大臣　藤原忠平。八八〇―九四九。藤原基経の子。時平・仲平の同母弟。九〇〇年（昌泰三）参議。兄時平の死後、兄仲平を越えて権中納言に昇進し、大納言・右大臣・左大臣を歴任、九三六年（承平六）に太政大臣。朱雀天皇即位に際し摂政となり、その後は関白。村上天皇即位により引続き関白。謚、貞信公。（61）御教書　文書の様式。三位以上の公卿及びこれに準ずる諸大寺・諸社の長官の仰せを奉じた文書。（62）中宮

少進多治真人助真　中宮少進は中宮職の第三等官。良兼の上兵多治良利、将門の上兵多治経明の同族か。(63)五箇国之解文　上総国が含まれていないのは、将門の敵方良兼がいるためか。(64)百済貞連　内舎人・上総介など歴任。(65)姻娅　あいむこ。(66)不令庁座　国庁に着座するための座を与えない。(67)善状　国司の政治をほめたたえて、国内の百姓が中央に提出した解。(68)功課　官人の職務上の成績評定。

## ○常陸国の軍との合戦

而間、常陸国居住藤原玄明(69)等、素為国乱人(之脱カ)。為民之毒害也。望農節(70)則貪町満之歩数、至官物則无束把之弁済。動《ややも》凌轢国使(71)之来責、兼劫略庸民(72)之弱身。見其行、則甚於夷狄。聞其操、則伴於盗賊。于時長官藤原維幾《これちか》(73)朝臣、為令弁済官物、雖送度々移牒(74)、対捍(75)為宗《むね》、敢不府向(76)。背公、(而脱カ)恣《ほしいまま》施猛悪。居私(77)、而強寃《しえだ》部内也。長官稍《ようや》集度々過《あやまち》、依官符之旨擬追捕之間、急《にわか》提《ひさ》妻子、遁渡於下総国豊田郡之次、所盗渡行方《なめかた》・河内両郡不動倉穀(78)・糒(79)等、其数、在郡司所進之日記(80)也。仍可捕送之由移牒、送於下総国并将門。而常称逃亡之由、曾无捕渡之心。凡為国成宿世之敵、為郡張暴悪之行(81)。鎮《とこしなへ》奪往還之物、為妻子之稔《にぎわい》(82)、恒掠人民之財、為従類之栄也。(中略)

集部内之干戈、発堺外之兵類(83)、以天慶二年十一月廿一日、渉於常陸国。々兼備驚(警)固、相待将門。将門陳云、件玄明等令住国土(84)、不可追捕之牒奉国。而不承引、可合戦之由、示送返事。仍彼此合戦之程、国軍三千人、如員《かず》被討取也。(中略)

(69)藤原玄明　?—九四〇。系譜不詳。常陸国の東部を根拠とする在地の富豪層か。(70)農節　春の終りから秋にいたる農作業の季節。(71)国使　国衙派遣の使者。(72)庸民　庸は「恒」「並」。一般の庶民。(73)藤原維幾　藤原清夏の子。武蔵守を経て、この時常陸介。(74)移牒　公式令規定の文書様式。本来、移は所管関係にない諸司相互間で発給される文書、牒は主典以上の官人が諸司に差し出す文書。この時期、国使が発給する文書の形式は牒形式のものが多い。(75)対捍　官物納入を逆らい拒む。(76)不府向　国府に出頭しない。(77)居私　私宅に居る。(78)不動倉　不動穀を収納した正倉。(79)糒《ほしいい》　米を蒸して乾燥させた保存食。(80)日記　事件の事実関係を記した調書。検非違使や郡司などの官人が注進。(81)為郡張暴悪之行　行方・河内両郡の不動倉を破って穀糒を奪ったこと。(82)妻子之稔　妻子をゆたかにする。(83)堺外之兵類　部内である下総国以外の常陸・武蔵などの兵力。(84)国土　本国の土地。

## ○坂東征服の企て

于時、武蔵権守興世王、窃《ひそか》議於将門云、「令検案内、雖討一国、公責不軽。同虜掠坂東(85)、暫聞気色(86)」者。将門報答云、「将門所念啻《ただ》斯而已《のみ》。其由何者、昔斑足王子(87)、欲登天位、先殺千王頸。或太子(88)、欲奪父位、降《くだ》其父於七重之獄。苟将門、刹帝《せったい》苗裔(89)、

三世之末葉(90)也。同ジク者ハ始メテレ自リ二八国(91)一、兼テ欲スレ虜ニ領セムト二王城ヲ一。今須ク先ヅ奪ヒ二諸国ノ印鎰(92)ヲ一、一向ニ受領之限リ追ヒ二上ゲム於官堵《かんと》(93)ニ一。然レバ則チ且ハ掌ニ入レ二八国ヲ一、且ハ腰ニ附ケム二万民ヲ一」者トイヘリ。大議已ニ訖ヌ。

(85)坂東　足柄峠より東の地域。相模・武蔵・上総・下総・安房・常陸・上野・下野。(86)聞気色　様子をうかがう。(87)斑足王子　天羅国の王が雌獅子に生ませた子で、大王になろうと千人目の普明王の首をとろうとしたところ、王が一日の猶予を求めて百人の僧を請じて仁王経を講読せしめたことを聞き、その非を悟って仏教に帰依した。(88)或太子　阿闍世太子。(89)刹帝苗裔　刹帝利《せっていり》。王族・武人の階級。(90)三世之末葉　高望王から三世の意。(91)八国　坂東の八ヵ国。(92)印鎰　印は国印、鎰は動用倉・不動倉からなる正倉の鍵。国司の国内支配の象徴。(93)一向受領……於官堵　一向はひたすら。任国に赴き政務を執る国司である受領を、垣をめぐらした官庁のある都に追い払った。

○下野国制圧

又帯シテ二数千ノ兵ヲ一、以テ二天慶二年(十脱カ)二月十一日ヲ一、先ヅ渡ル二於下野国ニ一。各騎リテ二如キレ竜之馬ニ一、皆率キル二如キレ雲ノ(之脱カ)従ヲ一也。揚ゲレ鞭ヲ催シテレ蹄ヲ、将ニレ越ヘムト二万里之山ヲ一。各心勇ミ神《たましい》奢《おごリテ》、欲スレ勝タムト二十万之軍ニ一。既ニ就キテ二於国庁ニ一、張ル二其ノ儀式ヲ一。于時ニ新司藤原公雅(94)・前司大中臣全行朝臣(95)等、兼テ見テ二欲スルレ奪ハントレ国ヲ気色ヲ一、先ヅ再拝シテ二将門ヲ一、便チ擎《ささげテ》二印鎰ヲ一、跪《ひざまずキテ》レ地ニ奉ルレ授。(中略)

(94)藤原公雅　『本朝世紀』『日本紀略』等では弘雅。『将門記』の誤写。藤原春茂の子。下野守。(95)大中臣全行　『本朝世紀』では完行。丹後守・下野守など歴任。

○上野国制圧

将門、以テ二同月十五日ヲ一遷ル二於上毛野ニ一之次、下(上)毛野介藤原尚範(96)朝臣、被レ奪ハ二印鎰ヲ一、以テ二十九日ヲ一、兼テ付ケテレ使ヲ追フ二於官堵ニ一。其ノ後、領シレ府ヲ入リレ庁ニ(97)、固メ二四門之陣(98)ヲ一、且ツ放ツ二諸国之除目《じもく》ヲ一。于時ニ有リ二一昌伎《ひとりノかんなぎ》(99)一、云ヘラク者、懴《くちばしル》二八幡大菩薩ノ使ト一。奉リレ授ケ二朕ガ位ヲ於蔭子(100)平将門ニ一。其ノ位記ハ、左大臣正二位管(菅)原朝臣(101)ノ霊魂表スラク者、右八幡大菩薩、起シテ二八万軍(102)ヲ一、奉ラムレ授ケ二朕ガ位ヲ一。今須ク以テ二卅二相ノ音楽(103)ヲ一、早ク可シレ奉ルレ迎ヘ之。

(96)藤原尚範　藤原遠経の子。修理亮・上野守・下野守など歴任。(97)領府入庁　上野の国府を占領し国庁に入る。(98)固四門之陣　国庁の東西南北の諸門の警固の陣を固めること。(99)昌伎　巫女。(100)蔭子　皇親、五世王の子・孫、諸臣五位以上の子・孫など、課役免除・出身の上で特権を与えられた者。(101)管(菅)原朝臣　道真。(102)八万軍　八万は八幡にかけた言葉。(103)卅二相音楽　仏の具えている三十二のすぐれた相をあげた七言の経典を、雅楽の合奏曲に合わせて歌う音曲。

○新皇と称す

爰ニ将門、捧ゲテレ頂ニ再拝ス。況ムヤ四陣挙テ而立テ歓ビ、数千併《あわせテ》伏シ拝ス。又武蔵権守并ニ常陸掾藤原玄茂等、為テ二其ノ時ノ宰人(104)ト一、喜悦スルコト、譬《たとへバ》若《ごとシ》二貧人之得タルガレ富ヲ。美咲(105)、宛《さながラ》如シ二蓮花之開キクガ一。於テレ斯ニ自ラ製シテ奏ス二諡号ヲ一。将門ヲ名ヅケテ曰フ二新皇(106)ト一。仍テ於二公家(107)ニ一、且ツ奏スル二事ノ由ヲ一状ニ云ク、

(中略)

(104)宰人　宰は切り盛りするの意。(105)美咲　微笑。(106)新皇　京都の

天皇を本皇と呼び、新しい天皇を称したことは、二人の院を本院・新院と呼ぶのと同様に、天皇を否定したものではない。(107)公家　朝廷。

○除目

唯武蔵権守興世王ハ為リ二時ノ宰人一。玄茂等、為シテ二宣旨(108)ト一且ツ放ツ二諸国之除目ヲ一。下野守ニハ、叙ス二舎弟平朝臣将頼(109)ヲ一。上野守ニハ、叙ス二常羽御《いくはのみ》厩《うまや》別当多治経明ヲ一。常陸介ニハ、叙ス二藤原玄茂ヲ一。上総介ニハ、叙ス二武蔵権守興世王ヲ一。安房守ニハ、叙ス二文屋好立ヲ一。相模守ニハ、叙ス二平将文(110)ヲ一。伊豆守ニハ、叙ス二平将武(111)ヲ一。下総守ニハ、叙ス二平将為(112)ヲ一。且ツ諸国ノ受領ヲ点定シ(113)、且ツ成ス下可キレ建ツ二王城(114)ヲ一議ヲ上。其ノ記文(115)ニ云ク、「王城ハ可シレ建ツ二下総国之亭南(116)ニ一。兼テ以テ二檥橋《うきはし》(117)ヲ一、号ケテ為シ二京ノ山崎(118)ト一、以テ二相《そう》馬《ま》郡大井津(119)ヲ一、号ケテ為ス二京ノ大津(120)ト一」。便チ左右大臣・納言・参議・文武百官・六弁八吏(121)(史)、皆以テ点定シ、内印(122)・外印(123)、可キレ鋳ル寸法、古文・正字(124)ヲ定メ了ヌ。但孤疑スラクハ者、暦日博士(125)のみ而已。

(108)宣旨　勅旨を奉じて下達すること、またその文書。(109)平朝臣将頼　良持の子、将門の弟。(110)平将文　良持の子、将門の弟。(111)平将武　良持の子、将門の弟。(112)平将為　良持の子、将門の弟。(113)点定《てんじょう》　指定すること。(114)王城　宮城。(115)記文　諸事を記録した文書。(116)下総国之亭南　将門の下総国の第の南方。『扶桑略記』『帝王編年記』に猿島郡石井郷、『神皇正統記』に下総国相馬郡とするなど諸説ある。(117)檥橋　所在地不詳。(118)京山埼　京都府乙訓郡大山崎町。古代山陽道と南海道の分岐点である交通の要衝。(119)相馬郡大井津　下総国相馬郡大井郷内にあった津か。ここで相馬郡としているのは、これより先の亭南・檥橋は相馬郡以外の地か。(120)京大津　滋賀県大津市。東海道・北陸道諸国からの物資の集積地。(121)六弁八吏(史)　六弁は、左右それぞれの大・中・少の計六の弁。八史は、左右それぞれの大史各二人と少史各二人の計八の史。(122)内印　「天皇御璽」の印。公式令には、方三寸で、五位以上の位記と諸国に下す公文に捺すとみえる。(123)外印《げいん》　「太政官印」の印。公式令には方二寸半で、六位以下の位記と太政官の文案に捺すとみえる。(124)古文・正字　古文は隷書、正字は字画が六義にかなった文字。(125)暦日博士　暦博士のこと。陰陽寮に所属し、暦の作成・暦生の教授に当たる。

○坂東諸国巡検

偏ニ聞キテ二此ノ言ヲ一、諸国ノ長官ハ、如クレ魚ノ驚キ、如クレ鳥ノ飛ビテ、早ク上ル二京洛ニ一。然シテ後、迄《まで》ニ武蔵・相模等之国一、新皇巡検シテ、皆領三掌ス印鎰ヲ一。可キレ勤ム二公務ヲ一之由ヲ、仰ス二留守之国掌(126)ニ一。乃チ、可キレ預ル二天位ニ一之状、奏シ二於太政官ニ一、自リ二相模国一帰ル二於下総ニ一。仍テ京官(127)大イニ驚キ、宮中騒動ス。于時ニ本天ノ(朱雀)皇、請ヒ二十日之命ヲ於仏天(128)ニ一、厥《そ》ノ内ニ屈シテ二名僧ヲ於七大寺(129)ニ一、祭ル二礼奠ヲ於八大明神(130)ニ一。(中略)

(126)留守之国掌　留守所に所属し、国衙の雑務を行なう下級官人。(127)京官　在京諸司に所属した内官のこと。(128)請十日之命於仏天　十日間の猶予を仏にお願いする。仏天は仏の尊称。(129)於七大寺　南都七大寺。東大寺・興福寺・元興寺・法隆寺・西大寺・薬師寺・大安寺。(130)祭礼奠於八大明神　礼奠は神仏に供物を捧げること。八大明神は不詳。

○平貞盛・藤原秀郷との合戦

然ルニ新皇ハ、案ジテ二井ノ底ノ(之脱カ)浅励キ(131)ヲ一、不レ存《とど》メ二堺ノ外之広キ謀(132)ヲ一。即チ自リ二相模一帰リテ二本邑ニ一之後、未ルニレ休メ二馬ノ蹄ヲ一、以テ二天慶三年正月中旬ヲ一、為メ

討遣敵等(133)、帯五千之兵、発向於常陸国也。于時奈《な》何《か》・久並(慈)一両郡之藤氏等、相迎於堺、罄《つくし》美而大饗。新皇勅曰、「藤氏等、可指申掾貞盛幷為憲等之所在」。于時藤氏等奏曰、「如聞、其身如浮雲。飛去飛来、宿処不定也」奏訖。(中略)

雖歴多日、无聆《きくこと》件敵(134)。仍皆返遣諸国兵士等(135)。僅所遺之兵(136)不足千人。伝聞此事、貞盛幷押領使藤原秀郷等(137)、驚四千余人兵(138)、忽欲合戦。新皇、大驚、以二月一日(139)、率随兵超向於敵地下野之方。于時新皇将門前陣、以未知敵之所在。副将軍春茂(玄)陣頭、経明・遂高《かつたか》等後陣、以訪得敵之所在。為見実否、登高山之頂遥見北方、依実有敵。略《ほぼ》気色四千余人許《ばかり》也。(中略)

于時貞盛・秀郷等、就蹤《あと》征之程(140)、同日未申《ひつじさる》剋許(141)、襲到於川口村(142)。新皇揚声已行、振剣自戦。貞盛仰天云、「私之賊則如雲上之電。公之従則如厠底之虫。然而私方无法。公方有天。三千兵類、慎而勿帰面」者。日漸過於未剋、臨於黄昏。各募李陵王之臆《むね》(143)、皆成死生決之励(144)矣。桑弓(145)快挽、快、多乃之久《たのしく》、挽、比加礼《ひかれ》、蓬矢直中。公従者、自常強、私賊者自例弱。所謂新皇、折馬口於後、牽楯本於前(146)。昨日之雄今日之雌也(147)。故常陸国軍(148)、哂咲《あざけりわらひ》留宿。下総国兵(149)、忿愧《いかりはじ》早去。厥後、貞盛・秀郷等、相語云、「将門既非千歳之命。自他皆一生之身也。而将門、独跋踞於人寰《じんかん》(150)、自然為物防(妨カ)也。出則競監悪於朝夕(151)、入則貪勢利於国邑。(中略)」

今貞盛追尋件仇。其日尋不逢。厥朝、将門、身擐《つらぬき》甲冑、案飄序《ひょうじょ》之遁処、心懐逆悪、存衛方之乱行。白居(易脱)(152)曰、「飄序者喩於虚空也。衛方者荊府《けいふ》之人也。天性好姧猾、追捕之時、上天入地者也」。而恒例兵衆八千余人、未来集之間、啻《ただ》所率四百余人也。且《しばら》帯辛(幸)嶋郡之北山(153)、張陣相待矣。貞盛・秀郷等、翫《もてあそ》子反《はん》之鋭衛《えいえい》、練梨老之剣功。白居易曰、「子反・養由両人、昔漢斐舜岱《はいしゅんたい》之人也。子反年始卅、投鉾十五里。養由年始七十、奪剣於三千里」。故有此句也。以十四日未申剋、彼此《かれこれ》合戦。于時、新皇得順風、貞盛・秀郷等不幸立於咲下(154)。其日、暴風鳴枝、地籟《ちらい》運塊(155)。新皇之南楯払前自例(倒カ)、貞盛之北楯覆面。因之、彼此離楯、各《おのおの》合戦之時、貞盛之中陣撃変、新皇之従兵羅《つらネテ》馬討。且討取之兵類八十余人、皆所追靡也(156)。爰新皇之陣、就跡追来之時、貞盛・秀郷・為憲等之伴類二千九百人、皆遁去。只所遺精兵三百余人也。此等失方立巡《ちめぐ》之間、還得順風(157)。

于時ニ、新皇、帰ル二本陣ニ一之間、立ツ二於咲下ニ一。貞盛・秀郷等、棄テテ二身命ヲ一而力ノ限リ合戦ス。爰ニ新皇、着テ二甲冑ヲ一、疾《と》クシテ二駿馬ヲ一、而躬《み》自《みずから》ラ相ヒ戦フ。于時ニ現ニ有リテ二天罰一、馬ハ忘レ二風飛ノ之歩ヲ一、人ハ失ヘリ二梨老之術ヲ一。新皇暗《そら》ニ中《あた》リテ二神鏑(158)ニ一、終ニ戦ヒテ二於託鹿之野(159)ニ一、独リ滅ビヌ二蚩《し》尤《ゆう》之地ニ一。天下未ずレ有ラ二将軍自ラ戦ヒ自ラ死ヌルコト一。誰カ図ラム、不シテレ糺サ二少過ヲ一及ブトハ二於大害ニ一。私ニ施シテレ勢ヲ而将すレ奪ハムト二公徳(160)ヲ一。仍テ寄セテ二朱雲之人(161)ヲ一、刎《き》ル二長鯢之頸(162)ヲ一。漢書ニ曰ク、「朱雲者悪人也。昔朱雲、請ヒ二尚方之剣ヲ一、殺《き》ル二人之頸ヲ一也」。便チ自リ二下野国一副ヘテ二解文ヲ一、以テ二同年四月廿五日ヲ一、其頸ヲ言上ス。但シ常陸介維幾朝臣幷ニ交替使ハ、幸ニ遇ヒテ二理運之遺風(163)ニ一、便チ以テ二十五日ヲ一帰ルコト二任国ノ館ニ一、譬《たとへ》バ若シ下鷹前ノ之雉遺リ二於野原(164)ニ一、俎《まないた》ノ上之魚ノ帰ルガ中於海浦(165)ニ上。昨日ハ暫ク含ミ二凶叟之恨(166)ヲ一、今ハ新ニ蒙ル二亜将之恩(167)ヲ一。（中略）

(131)案井底浅励　井の底にいて天を望み、浅はかな思慮をめぐらす。(132)不存界外之広謀　国外に広く目を向けた広いはかりごとをもたない。(133)遺敵　残敵。貞盛・為憲など。(134)件敵　貞盛・為憲など。(135)諸国兵士　諸国の国衙の兵士。(136)所遺之兵　将門のもとに遺った兵、将門の私兵。(137)藤原秀郷　?—九五八?。藤原村雄の子。九一六年(延喜一六)下野国で反国衙闘争を行ない流罪となるが、将門追討のために下野掾・下野押領使に任じられた。追討の功により従四位下に叙位、功田を賜わり、下野・武蔵守に任じた。(138)驚四千余人兵　四千人余の兵をにわかに動員する。(139)二月一日　九四〇年(天慶三)二月一日。(140)就蹤征之程　追尾して攻め立てる。(141)未申剋　午後三時ごろ。(142)川口村　水口の誤りか。茨城県結城郡八千代町に水口の地名が残る。(143)募李陵王之臆　李陵は漢の武将、ここは貞盛を李陵になぞらえている。臆は胸。兵士が貞盛を盛りたてた、の意。(144)死生決之励　生死を賭けた戦闘。(145)桑弓　古代中国で男児が生まれたときに、桑の弓で蓬の矢を四方に射ることで悪霊を払った故事に喩えたもの。(146)折馬口……於前　馬首を後ろに向け、楯を前方に並べた退却の態勢。(147)昨日之雄……雌也　雄は勝者、雌は敗者。昨日の勝者は今日の敗者となった、の意。(148)常陸国軍　貞盛・為憲らが率いる兵士。(149)下総国兵　将門が率いる兵士。(150)跋扈於人寰　世の中にはびこりのさばる。(151)貪勢利於国邑　権勢や利欲をむさぼる。(152)白居易　七七二—八四六。唐代の詩人、字は楽天。詩文集に『白氏文集』。ただし、『将門記』のこの部分は『白氏文集』にはみえない。(153)恒例兵衆　召集の時にいつも集まっていた兵士。(154)咲下　「咲」は「吹」の誤りか。風下。(155)地籟運塊　烈風が地鳴りを起こして土を吹き飛ばした。(156)追靡　追撃して圧倒する。(157)還得順風　風向きが変わって追い風を受けることになった。(158)神鏑《しんてき》　神がはなった鏑矢。神によって誅されたと信じられていたとの表現。(159)託鹿之野　託鹿は涿鹿《たくろく》。黄帝が蚩尤《しゆう》と涿鹿の野で戦った中国の故事から、戦場のこと。(160)私施勢……公徳　私に勢力を広げて、天皇の徳を奪うことになった。(161)朱雲之人　漢代の人。字は游。成帝に上申して佞臣を除くための剣を請い、帝の怒りをかったという。朱雲のような人に託して、の意。(162)長鯢之頸　長鯢は巨大な鯨、悪を貪る人に喩える。(163)理運之遺風　道理にかなったよい巡り合わせ。(164)鷹前之雉遺於野原　鷹にねらわれた雉のような絶体絶命の危機からのがれること。(165)俎上之魚帰於海浦　俎板の上の魚が海に帰るように安全になること。(166)凶叟之恨　不運な目に遭った翁。(167)亜将之恩　亜将は常陸掾である貞盛。

## ○将門与党追討

于時ニ、賊首ノ兄弟及ビ伴類等可キ二追捕ス一之官符(168)、以テ二去正月十一

日、下於東海・東山両道諸国。其官符云、「若殺魁帥《しきらむかいすい》者、募以朱紫之品(169)。又斬次将軍者、随其勲功、将賜官爵(170)」者。仍詔使左大将軍参議兼修理《しゆり》大夫《だいぶ》右衛門督藤原朝臣忠文(171)・副将軍形(刑)部大輔藤原朝臣忠舒《ただのぶ》(172)等遣八国之次、賊首将門之大兄《このかみ》将頼幷玄茂等、到於相模国被殺害也。次、興世王到於上総国被誅戮也。坂上遂高《かつたか》・藤原玄明等、皆斬於常陸国。相次海道撃手(173)(副脱)将軍兼形(刑)部大補(輔)藤原忠舒、下総権少掾平公連為押領使(174)、以四月八日入部、即尋撃謀叛之類。厥内賊首将門舎弟七八人、或剃除鬢髪入於深山、或捐捨妻子各《おのおの》迷山野。猶於遺恐去。又正月十一日官符、各散四方。或馮《たのンデ》二月十六日詔使恩符、行稍公庭。

(168)可追捕之官符　『本朝文粋』巻二、天慶三年正月十一日太政官符「応抜有殊功輩加不次賞事」。(169)朱紫之品　五位以上の官。衣服令で位階によって服色を規定し、一位は深紫衣、三位以上は浅紫衣、四位は深緋衣、五位は浅緋衣と定められたことによる。(170)官爵　官職と位階。(171)藤原朝臣忠文　八七三―九四七。藤原枝良の子。左馬頭・左衛門権佐・右近衛少将、摂津・丹波・大和守など歴任。九三九年(天慶二)参議。将門の乱鎮定のため征東大将軍となるが、現地到着以前に将門は敗死し、忠文はそのまま帰京。そのため乱後の論功行賞からははずされた。(172)藤原朝臣忠舒　藤原枝良の子。忠文の弟。陸奥介・伊勢守など歴任。将門の乱鎮定のため征東大将軍となった兄忠文とともに、副将軍として派遣されたが、現地到着以前に将門は敗死し、その後押領使として下総国内の残党の捜索に当たった。(173)撃手　将門が敗死したので、征東副将軍藤原忠舒を残党追捕のための押領使に切り替えた。(174)押領使　平安時代の臨時の軍事的な職。当初は兵員の統率が任務とされたが、将門の乱などを契機に実戦に従事するようになってくる。このため在地の武士団の長が任じられる例も増えてくるが、一方で国司の兼任も多くみられ、両者が併存していた。

○源経基らの勲功

然間、武蔵介源経基・常陸大掾平貞盛・下野押領使藤原秀郷等、非無勲功之勇、有褒賞験。仍去三月九日奏、中務、軍謀克宣《よくのブ》忠節。爰着賊首戎陣(175)、到武功於三庭(176)者。今介恒(経)基也、始雖奏虚言、終依実事、叙従五位下。掾貞盛、頃年雖歴合戦、未定勝負。而秀郷、合力斬討謀叛之首。是秀郷古計之所厳《いかめシキ》(177)者。叙従四位下。又貞盛既歴多年之険難、今誅兇怒之類(178)。尤貞盛励之所致也。故叙(従)正五位上已了。

(175)戎陣　本陣。将門の本陣に攻め込んだことをいう。(176)三庭　王庭のことか。朝廷のために武功をたてた。(177)古計之所厳　古くから百戦錬磨の軍略が厳重で手抜かりがないこと。(178)兇怒之類　「怒」は「奴」の誤りか。凶悪な者どもの意。

**392**　**〔日本紀略〕天慶二年(九三九)十二月二十七日条**

下総国豊田郡武夫奉於平将門幷武蔵権守従五位下興世王等謀反、虜掠東国。

393 〔本朝世紀〕天慶二年(九三九)十二月二十九日条

辰剋、信濃飛駅使(1)到来ス。仍テ太政大臣(藤原忠平)(2)被ルレ参ラ二式御曹司《しきのみぞうし》ニ一。左大臣(藤原仲平)(3)已下ノ諸卿参入ス。太相国・左府(4)候ス二殿上ニ一。大納言(藤原)(5)実頼卿着シ二宜陽殿(6)ニ一、開キ二使ノ奏状ヲ一奏聞ス。其状云ク、「平将門等囲ミ二上野介藤尚範(7)・下野前司大中臣定(完カ)(8)行・新司藤弘雅(9)等ノ館ヲ一、奪ヒ二取リ印鎰ヲ一、追ヒ二上グ其身ヲ一。仍テ尚範等越シ二来ル信乃《しなの》国ニ一」トイヘリ者。爰ニ事出テ二非常ニ一、无シレ不ル二騒動セ一。諸卿候シ二殿上ニ一、被ルレ相ヒ二議セ三箇国固関使(10)、左右馬・兵庫寮等ノ勅使、東西要害関々処々警固使(11)ノ事ヲ一。勅符(12)・官符等請フ二内外印(13)ヲ一。又前伊与掾藤純友(14)、年来住ミ二彼国ニ一、集メレ党ヲ結ビレ群ヲ、行フ二暴悪ヲ一。去ル廿六日虜ルコト二備前介藤原子高《たねたか》ヲ一已ニ了ヌ。与《と》二平将門一合セレ謀ヲ通ジレ心ヲ、似タリレ行フニ二此事ヲ一。仍テ東西ニ遣ス二警固使ヲ一。今夜、太政大臣以下諸卿宿侍ス。

(1)飛駅使　非常事態に際して、中央と諸国や軍所との間で発せられた文書を携行する使者。(2)藤原忠平　史料391の注(60)参照。(3)藤原仲平　八七五―九四五。藤原基経の子、忠平の兄。九〇八年(延喜八)参議、中納言・大納言・右大臣を歴任し、九三七年(承平七)左大臣に就任。(4)大相国・左府　太政大臣と左大臣。(5)藤原実頼《さねより》　九〇〇―九七〇。忠平の長男、九三一年(承平元)参議、中納言・大納言・右大臣を歴任し、九四七年(天暦元)左大臣。九六七年(康保四)冷泉天皇の時、関白。九六九年(安和二)円融天皇の即位により摂政となる。諡、清慎公。(6)宜陽殿　平安宮内裏の殿舎。紫宸殿の東にある南北九間・東西二間の建物。紫宸殿をはさんで西側の校書殿と相対する。議所として、ここで公卿の審議が行なわれた。(7)藤尚範　藤原遠経の子。修理亮・上野守・下野守などを歴任。(8)大中臣定(完)行　『将門記』では大中臣全行。(9)藤弘雅　藤原春茂の子。(10)固関使《こげんし》　国家の非常時に三関を閉じて警固する固関のために派遣された使者。(11)警固使　非常の事態に備えて警戒して守りを固めるための使者。(12)勅符　公式令飛駅式下式に定める飛駅発遣に際して作成された勅命を伝達する文書。(13)請内外印　天皇御璽(内印)と太政官印(外印)を文書に捺す政務。(14)藤純友《すみとも》　?―九四一。藤原良範の子。伊予掾を勤め、九三六年(承平六)伊予守紀淑人とともに海賊追捕の宣旨を受け活動。九三九年(天慶二)瀬戸内海で反乱を起こした。中央政府は翌年従五位下の位階を授け懐柔しようとしたが失敗、純友は各地の国衙を襲撃し、九四一年(天慶四)二月政府は本格的な追討に乗り出した。追捕使小野好古・源経基らに攻撃され伊予を追われた純友は、五月大宰府の襲撃を行なったが敗北し、六月に伊予日振島に戻ったところを警固使橘遠保に討たれた。

394 〔日本紀略〕天慶三年(九四〇)正月十一日条

賜フ二官符ヲ東海・東山道ニ一。応キ丙抜《ぬき》イダシ下有ル二殊功一輩ヲ上、加フル乙不次《ふじ》ノ賞(1)ヲ甲事ナリ。

(1)不次賞　順序や通例によらない破格の賞。

395 〔貞信公記〕天慶三年(九四〇)正月十八日条

遠江ノ飛駅来ル。仍テ参入ス。定ム二大将軍(藤原忠文)以下ヲ一。又任ズ二右衛門督(藤原忠文)(1)ヲ一。賭《のり》弓《ゆみ》(2)ヲ停止ス。真貞観・元慶之間、有リ下無ク二殊ナル事一停止之例上。仍テ依リテ二彼例ニ一止ム(3)。

(1)右衛門督　右衛門府の長官。(2)賭弓　毎年正月十八日に、天皇の臨席のもと、近衛・兵衛が二手に分かれて賞を賭けて弓を射る年中行事。

(3)ミ　「真」の文字を誤って書いたため抹消したことを示す符号。

**396**〔日本紀略〕**天慶三年(九四〇)正月十九日条**

勅。以《テ》二参議修理大夫(1)藤原朝臣忠文《ヲ》一任《ジ》二右衛門督《ニ》一、為《ス》二征東大将軍《ト》一。

(1)修理大夫　修理職の長官。

**397**〔貞信公記〕**天慶三年(九四〇)二月八日条**

征東大将軍(藤原忠文)賜《ハリ》二節刀(1)《ヲ》一進発《ス》。可《ク》レ召《ス》二諸司・所々堪兵之人《ヲ》一、仰《ス》二右中弁(源相職)《ニ》一。

(1)節刀　天皇が征討軍の将軍や遣唐大使に授けた刀。天皇大権である刑罰権を与えるしるしとして授与。

**398**〔日本紀略〕**天慶三年(九四〇)二月二十五日条**

今日、修《ス》二仁王会(1)《ヲ》一。祈《ル》下征《スル》二夷賊《ヲ》一事《ヲ》上也。今日、信濃国馳駅(2)来《リ》奏《シテ》云《ク》、「凶賊平将門、今月十三日於《テ》二下総国幸島(3)《ニ》一合戦之間、為《メニ》二下野・陸奥(常陸)軍士平貞盛・藤原秀郷等《ノ》一、被《ル》二討殺《セ》一之由《ナリ》」。

(1)仁王会《にんのうえ》　百人の僧に仁王経を講じさせ、疫病や戦争などの災厄を払うための法会。(2)馳駅　緊急事態の発生に際して、中央と諸国・軍所との間で、駅使を発遣すること。(3)下総国幸島　下総国北西部の郡。現在の茨城県猿島郡・岩井市・古河市。

**399**〔貞信公記〕**天慶三年(九四〇)二月二十九日条**

遠江・駿河・甲斐等一紙飛駅《シ》、言二上《ス》将門(平)死状《ヲ》一。

**400**〔貞信公記〕**天慶三年(九四〇)三月五日条**

左中弁(藤原在衡)(1)　定《メ》二承《ル》国々所《ノ》レ申《スル》縁《ニ》レ兵雑事《ヲ》一。陸奥飛駅来《ル》。常陸・下野等任、(解カ)甲斐解文・信濃解文、秀郷(藤原)申文来《ル》。将門(平)殺状《ナリ》。右大将(藤原実頼)奏《ス》二聞秀聞《ミ》秀郷等功《ノ》可《キ》レ賞《ス》事《ヲ》一。而未《ズシテ》レ畢《ラ》大臣(藤原仲平)退出《ス》。

(1)藤原在衡《ありひら》　八九二—九七〇。大僧都如無の子。文章生から、少内記・左中弁・式部大輔などを歴任し、九四一年(天慶四)参議。その後中納言・大納言などを経て、安和の変の後、右大臣。

**401**〔日本紀略〕**天慶三年(九四〇)三月五日条**

藤原秀郷飛駅《シ》言下上《ス》殺二害《セル》平将門《ヲ》一之由《ヲ》上。

**402**〔日本紀略〕**天慶三年(九四〇)三月九日条**

以《テ》二下野掾藤原秀郷《ヲ》一叙《ス》二従四位下《ニ》一。以《テ》二常陸掾平貞盛《ヲ》一叙《ス》二従五位下(上カ)《ニ》一。並依《ル》下討《ツ》二平将門《ヲ》一之功《ニ》上也。

**403**〔貞信公記〕**天慶三年(九四〇)四月二十五日条**

左大弁(藤原元方)来《リ》、告《グ》二将門(平)《ノ》首将来《セル》状《ヲ》一。

**404**〔貞信公記〕**天慶三年(九四〇)五月十日条**

左中弁(藤原在衡)・相弁(源相職)等有《リ》下将門(平)《ノ》首不《ズ》レ収《メ》二市司(1)《ニ》一、可《キ》レ懸《ク》二外樹《ニ》一之事上、仰ス二左中弁ニ一。

(1)市司　平安京の東西市での売買・交易活動を管掌した官司。売買物の真偽、度量衡、価格を監視し、市内部の治安維持にも当たった。

405〔貞信公記〕天慶三年（九四〇）五月十五日条

大将軍(藤原忠文)進ム二節刀ヲ一。

406〔日本紀略〕天慶三年（九四〇）十一月十六日条

月蝕。今日除目(1)。任人数十人ナリ。其中従四位下藤原秀郷任ズ二下野守ニ一。依ル二軍功ニ一也。

(1)除目　官職への任命を決める政務儀式。

## 3　藤原純友の乱

407〔吏部王記〕承平六年（九三六）三月某日条〔『玉類抄』に引かれた『吏部王記』の逸文〕

伊与《いよ》前掾藤原純共(友)聚メレ党ヲ向フ二伊予ニ一。留二連ス(1)河尻ノ(2)掠内ニ(3)一。

(1)留連　ぐずぐず一所にとどまっていること。(2)河尻《かわじり》　摂津国神崎川河口の河尻か。(3)掠内　「椋《くら》」と読んで、石積みの防波堤を「石椋」ということから、防波堤に囲まれた港のなか、とする説がある。

408〔日本紀略〕承平六年（九三六）六月某日条

南海賊徒首藤原純友結ビレ党ヲ屯二聚ス伊予国日振嶋《ひぶりじま》ニ一。設ケ二千余艘ヲ一、抄二劫ス官物私財ヲ一。爰ニ以テ二紀淑人(1)ヲ一任ジ二伊予守ニ一、令ムレ兼二行セ追捕ノ事ヲ一。賊徒聞キ二其寛仁ヲ一、二千五百余人悔ヒテレ過ヲ就クレ刑ニ。魁師(2)小野氏彦・紀秋茂・津時成等、合卅余人ナリ。束《つかね》レ手ヲ進メ二交名ヲ一帰降ス。即チ給ヒ二衣食田畠ヲ一、行ヒ二種子ヲ一、令メレ勧メ二農業ヲ一、号ス二之ヲ前海賊ト一。

(1)紀淑人《きのよしひと》　?—九四三。紀長谷雄の子。(2)魁師　かしら。海賊のかしら。

409〔本朝世紀〕天慶二年（九三九）十二月二十一日条

伊予国進ル二解状ヲ一。前掾藤純友、去承平六年可キレ追二捕ス海賊ヲ一之由蒙ル二宣旨ヲ一。而ルニ近来有リ二相驚ク事一。率ヰ二随兵等ヲ一、欲スレ出ント二巨海ニ一。部内之騒、人民驚ス。紀淑人朝臣雖モレ加フト二制止ヲ一不セ二承引一。早ク被レ申二上セ純友ニ一、鎮メント二国郡之騒ヲ一云々。可キレ召ス二件ノ純友ヲ一官符等ニ請ヒ二内外印ヲ一、下ス二摂津・丹波・但馬・播磨・備前・備中・備後国等ニ一。

410〔吏部王記〕天慶二年（九三九）十二月二十九日条〔『山槐記』治承四年十二月二日条に引かれた『吏部王記』の逸文〕

下スト二宣旨ヲ警固諸陣(1)ニ一云々。十五処ノ要害各《おのおの》遣ハスト二固関便(使)ヲ一云々。

(1)警固諸陣　陣は平安宮内で衛府が警護のために詰める場所。非常の事態に備えて警戒して陣の警護を厳重にすること。

411〔本朝世紀〕天慶三年(九四〇)四月五日条

又平将門去《ル》天慶二年十二月比《ノころ》、率《ヰ》二数千人兵《ノ》一、虜二掠《シ》坂東諸国《ヲ》一、相次《ヒデ》有《リト》二入京之思《ヒ》一云々。藤原純友年来居二住《シ》伊予国《ニ》一為《テ》二海賊《ト》一、艤《ふなよそおいシ》二舟船《ヲ》一泛《うかブ》二滄海《ニ》一。其後《ノ》到《リ》二山陽・南海・西海諸国及《ビ》大宰府等《ニ》一奪二取《ヒ》公私《ノ》物《ヲ》一之後、或《ハ》致《シ》二焼亡《ヲ》一、遂至《リテ》二大宰府《ニ》一行《フ》レ火《ヲ》。因《リテ》レ茲《ニ》東国《ニ》遣《ハシ》二大将軍(藤原忠文)《ヲ》一、西国《ニ》遣《ハス》二追捕使(1)(小野好古)(2)《ヲ》一。依《リテ》二如《キ》レ此《ノ》事《ニ》一、諸社《ニ》有《リ》二御祈一。爰《ニ》平将門以《テ》二天慶三年二月(十三日)《ヲ》一、為《メニ》二下野国押領使藤原秀郷《ノ》一、被《ル》二討殺《チサ》一。四月廿五日、進《ム》二其頭《ヲ》一。

(1)追捕使《ついぶし》　追捕宣旨で任命され、凶党の追捕のため中央から派遣された使者。(2)小野好古《よしふる》　八八四―九六八。小野葛絃の子、篁《たかむら》の孫。九四〇年(天慶三)藤原純友の乱に際し、山陽道追捕使・追捕山陽・南海両道凶賊使に任命、九四七年(天暦元)参議となる。歌人としても知られる。

412〔日本紀略〕天慶四年(九四一)七月七日条

伝《フ》二賊徒藤原純友并《ニ》重太丸(1)《ノ》頭《こうべヲ》一。或《ルヒト》云《ク》、橘遠保(2)誅《スト》二純友《ヲ》一。

(1)重太丸　純友の子。(2)橘遠保　?―九四四。九四〇年(天慶三)、将門の乱に際し戦闘の功により、東国掾となり、翌年伊予警固使として、純友の追討に当たった。

413〔本朝世紀〕天慶四年(九四一)七月二十七日条

申剋、依《リテ》二殿上《てんじょうノ》召《めしニ》一大納言藤原実頼卿・参議左大弁元方朝臣(1)参入《ス》。着《ス》二宜陽殿西廂座(2)《ノ》一《ニ》。被《ル》レ定《メ》下行《ハ》以《テ》二今月廿九日《ヲ》一月次(3)《つきなみ》并《ニ》神今食《じんこんじきのまつり》祭(4)之由《ヲ》上。先《ヨリ》レ是蔵人頭左中弁兼内蔵頭源相職朝臣(5)承《リ》二太政大臣(忠平)《ノ》仰《おおせヲ》一、即又経《テ》二奏聞《ヲ》一、申《シテ》二上卿《ニ》一云《ク》、「去《ル》六月上中旬頻《リニ》有《リ》二触穢(6)《ノ》事一。不《ハ》レ行《ハ》二月次神今食祭《ヲ》一。去月廿九日自《リ》二伊予国一持(来脱カ)下去月廿日討二殺《ス》純友《ヲ》一之由解文《ヲ》上《トイヘリ》。其使者来二着《ス》於外記《ニ》一。其穢及《ブ》二禁中諸司等(7)《ニ》一。其穢不《ル》レ満《タ》レ月《ニ》。廿日、又廿一日《ナリ》」。

(1)元方朝臣　藤原元方。八八八―九五三。藤原菅根の子。文章得業生から、東宮学士・式部大輔などを経て、九三九年(天慶二)参議となり、その後中納言、大納言。(2)宜陽殿西廂《ひさし》座　公卿の座。(3)月次　毎年六月と十二月に宮中と伊勢神宮で行なわれた祭。宮中では全国の三〇四座の神々に幣帛を捧げて国家の安泰を祈った。この時は、触穢により七月に延引されていた。(4)神今食　毎年六月と十二月の月次祭の夜に行なわれる天皇の神事。月次祭終了後、天皇は潔斎し、夕御膳・暁御膳という神との供食を行なった。(5)源相職朝臣　九〇一―九四三。源当時の子。右少弁・左中弁・右大弁などを歴任し、蔵人頭も勤めた。(6)触穢　人・六畜(馬・牛・羊・犬・豕・鶏)の死穢・産穢などの穢に触れること。人の死穢は三十日の忌となるなど、穢の種類による忌の期間が定められ、この間は参内・神事の奉仕などを憚った。(7)其使者来着於外記、其穢及禁中諸司等　穢を帯びた使者が外記庁に来着したことにより、内裏と諸官司に穢れが及び、触穢となったこと。

【解説】藤原純友の乱は、九三九年(天慶二)十二月、備前介藤

原子高と承平海賊を平定した土着の勲功者藤原文元との対立に、文元の要請によって純友が介入したことから始まる。乱は、備前国の文元や讃岐国の藤原三辰らと国司との対立を背景とし、勲功をあげて伊予に土着していた前伊予掾の純友は、子高を摂津須岐駅に襲撃した。将門の乱に動揺する政府は、懐柔のため純友に従五位下を授けたが、純友はその後も淡路・讃岐・伊予・備前・備後・阿波・備中・紀伊・大宰府・周防《すおう》・土佐の各地を襲った。将門の乱が平定されると、政府は積極攻勢に転じ、九四一年（天慶四）二月、伊予の本拠地を襲撃した。追いつめられた純友は、五月に大宰府を攻撃し挽回を計ったが決戦に敗れ、六月、伊予に戻ったところを伊予警固使橘遠保に討たれた。純友のもとに結集したのは、瀬戸内海の漁民・農民などの小規模な集団で、将門の乱と比べると、機動力に富むものの、武力組織としては脆弱であったとみられる。しかし、都の近くで、物資輸送の大動脈であった瀬戸内海で起こったことから、京の経済に与えた影響ははるかに大きかったと考えられる。

## 4　志多良神の入京事件と御霊会

414〔**本朝世紀**〕**天慶八年（九四五）七月二十八日条**

近日、京洛之間有訛言。従東西国、諸神入京云々。或号《なづけ》志多良《したら》神[(1)]、或曰小藺笠《こいがさ》神[(2)]、或又称八面神。爰今日摂津国言上解文如左。

摂津国司解申請官裁事

言上神輿三前指東方荷《になひ》送状

右、得管豊嶋郡（摂津国）[(3)]今月廿六日解状偁、「号《なづくる》志多良神輿三前、以今月廿五日辰剋、従河辺郡（摂津国）[(4)]方、数百許《ばかり》人荷担三輿、捧幣撃鼓、哥儛羅列、来着当郡。道俗男女・貴賤老少、従彼日朝至于明暁、会集成市、哥儛動山。以同廿六日辰剋、荷輿捧幣、哥儛如此。其所捧之物、或菓及種々雑物、不可勝《あげて》計《かぞふ》。差嶋下《しまのしも》郡[(5)]、進発。尋其案内、一輿者《は》、以檜皮《ひはだ》葺、造鳥居。文江自在天（注）神。今二輿者、以檜葉葺、無。永春（如本）、今日巳剋到来、申云、「御輿三前、又哥儛。今朝担送於河辺郡児屋《こや》寺[(6)]」者。言上如件」。郡解之旨不可不申。仍言上如件。以解。

天慶八年七月廿八日　正六位上行大目池原朝臣安□

従五位下行守藤原朝臣文範

（1）志多羅神　十―十一世紀に信仰された疫神。「しだら」とは、歌や舞に合せて、手を打つこと。八面の仮面をつけ、小さな藺笠《いがさ》をかぶっていたという。（2）小藺笠神　志多羅神。八面の仮面を着け小さな藺笠をかぶっていたことからの名。（3）豊嶋《てしま》郡　大阪府池田市全域と豊中・箕面両市の大部分、吹田市の一部。（4）河辺《かわのへ》郡　兵庫県川辺郡、川西・宝塚・伊丹・尼崎の各市。(5)嶋下《しまのしも》郡　摂津国の一郡。大阪府茨木市・摂津市の全域と吹田・豊中・箕面の各市と豊能郡豊能町の一部。(6)児屋寺　兵庫県伊丹市にあった寺。昆陽寺のこと。『行基年譜』にみえる昆陽施院にあたるとする説がある。

## 415〔本朝世紀〕天慶八年（九四五）八月三日条

今日、(石清水)(1)八幡宮言二上《ス》解文《ヲ》一。是《レハ》去月廿八日摂津国所《ノ》二言上《スル》一六前神輿移座之由也。其解文在《リ》レ左《ニ》。

石清水八幡宮護国寺三綱等謹《デ》言上《ス》

以《テ》二今月一日辰時《ヲ》一、号《ケ》二宇佐大菩薩《ト》(2)一□(移坐神社六)所之状

一所号《ク》二宇佐宮八幡大菩薩御社《ト》一

五所社輿《ハ》、不レ注《サ》二其名《ヲ》一

副《ヘ》進《ムル》付《ス》二榊机(3)《ニ》一案文

（中略）

天慶八年八月三日

都維那大法師

寺主大法師延栄

上座大法師慶年

其歌遊之曲、有《リ》二童謡六首一。

月笠《ハ》着留《る》(4)　八幡種《ハ》蒔久《く》(5)　伊佐我等《いざわれら》は　荒田《あらた》開无《む》(6)

志多良(7)打天止《てと》　神は宣末不《のたまふ》　打《ッ》我等加《が》　命千歳

志多良米《よね》(8)　早河《かわ》は　酒盛波(礼カ)　其《ノ》酒　富る始女曽《めぞ》

志多良打《うテ》は　牛は和支支奴《わききぬ》(9)　鞍《ハ》打敷介《け》　佐米負せ无《さよねおわむ》(10)

反哥

朝与利《あしたより》　蔭和蔭礼止《かげはれど》　雨やは降る(11)　佐米古曽降礼《こそれ》(12)

富は由須み支奴《ゆすきぬ》(13)　富は鏁懸《くさりがけ》　由須み支奴《ゆす》(14)　宅儲与(15)《よ》　烟儲《けむりもうけ》

与《よ》(16)　佐天《て》我等は　千年栄天《て》

(1)八幡宮　京都府八幡《やはた》市。(2)宇佐大菩薩　宇佐神宮。大分県宇佐市。平安時代には神仏習合が進展して、『延喜式』には八幡大菩薩宇佐宮と記される。(3)榊机　神木である榊を置いた台。(4)月笠着留　巻層雲が月をおおって、赤みがかった白色の光の輪が月の周りに生じること。雨の前兆で、播種には都合のよいことをいう。(5)八幡種蒔久　八幡大菩薩のおかげで稔りがよい。(6)荒田開无　播種に先立つ荒田起こしという耕起作業をさすか。これからの豊穣を予祝する言葉。(7)志多良　歌や舞などにあわせて手を打つこと、手拍子。(8)志多良米　しだらを打って作った米。あるいは米は籾種をさすか。(9)牛は和支支奴　どこからか牛はやってきた。(10)佐米負せ无　「佐」は歌謡の囃し詞。さあ米を負わせよう。(11)雨やは降る　雨など降るものか。(12)佐米古曽降礼　いっそ米さえ降ってくれればよい。(13)富は由須み支奴　富はゆさぶりながらやってきた。(14)富は鏁懸　由須み支奴　富は鎖をつけてゆさぶりながら引き寄せよう。(15)宅儲与　宅をお建てなさい。(16)烟儲与　竈の煙を上げるよう豊かにお暮らしなさい。

【解説】　この年、九州から志多羅神の神輿が民衆の歌舞とともに上洛し、託宣と称して石清水八幡宮に至った。富をもたらす神として、民衆の信仰をうけたこの神は、八幡神と同系か八幡神の眷属神で、八面の仮面を着け小さな藺笠をかぶっていた。民衆は手を打ち鳴らし、鼓を打って熱狂し、これを祀った。志

多羅神の入京は、古代的信仰の基盤であった地域の共同体の枠を越えた信仰基盤の拡大という中世的な民衆信仰をあらわすもので、「荒田開かむ」とあるように、農村の開発を主導した大名田堵のような「富豪の輩」の活動と関連してこれをとらえるべきとする説がある。これらの史料は、「宮寺縁事抄」(『大日本古文書』石清水文書之五)にも収める。

# 第四節　安和の変と摂関政治体制の確立

## 1　安和の変

**416〔日本紀略〕安和二年(九六九)三月二十五日条**

以テ二左大臣兼左近衛大将源高明(1)《たかあきら》ヲ一、為シ二大宰員外帥(2)ト一、以テ二右大臣藤原師尹(3)《もろまさ》ヲ一為シ二左大臣ト一、以テ二大納言同在衡(4)ヲ一為ス二右大臣ト一。左馬助源満仲(5)・前武蔵介藤原善時等、密カニ告グ二中務少輔源連・橘繁延等ノ謀反《むへん》ノ由ヲ一。仍テ右大臣以下諸卿忽チ以テ参入ス。被レ行ハ二諸陣(6)三寮(7)警固(8)々関(9)ノ等事ヲ一。令下二参議文範(10)ヲシテ一、遣ハシ中密告文ヲ於太政大臣ノ職曹司(11)ニ上。諸門禁ズ二出入ヲ一。検非違使捕ヘ二‐進ム繁延・僧蓮茂(12)等ヲ一。仍テ参議文範・保光(13)〈両大弁也〉於テ二左衛門府ニ一勘ヘ二‐問ス之ヲ一。無クレ所レ避クル、伏ス二其罪ニ一。又検非違使源満季(14)捕ヘ二‐進メ前相模介藤原千晴(15)・男久頼及随兵等ヲ一禁獄ス。又召シテ二内記ヲ一有リ二勅符(16)・木契(17)ノ等ノ事一。禁中ノ騒動ハ、殆ド如シ二天慶之大乱ノ一。

(1)源高明　九一四―九八二。醍醐天皇皇子。九二〇年(延喜二十)源朝

臣賜姓。九三九年(天慶二)参議、権中納言など歴任、九六七年(康保四)左大臣。九六九年(安和二)安和《あんな》の変により大宰権帥に左遷され、九七二年(天禄三)帰京。(2)大宰員外帥《いんがいのそち》　大宰府の長官を帥というが、実務は権官である権帥や次官である大弐が行なった。中央の顕官から左遷されたものは、員外として実務は行なわなかった。(3)藤原師尹　九二〇—九六九。藤原忠平の子。九四五年(天慶八)参議、権中納言・権大納言など歴任、九六七年(康保四)右大臣。高明を左遷し、後任の左大臣となる。(4)藤原在衡　八九二—九七〇。大僧都如無の子。文章生から、少内記・式部大輔などを経て九四一年(天慶四)参議。中納言・大納言など歴任、右大臣。(5)源満仲《みつなか》　九一二—九九七。源経基の子。安和の変での密告の功により、従五位下に叙位。その後、越前守・武蔵守・左馬助・常陸介・摂津守など歴任。摂関家に仕え、多田源氏の祖。(6)諸陣　宮中の衛府の詰所。(7)三寮　左右馬寮と兵庫寮。(8)警固　非常事態に備えて陣や左右馬寮などの警護を厳重にすること。(9)固関《こげん》　国家の非常時に鈴鹿関・不破関・愛発《あらち》関(八一〇年＝弘仁元以後は逢坂《おうさか》関)の関を閉じて警戒すること。(10)文範　九〇九—九九六。藤原元名の子。文章生から出身し、九六七年(康保四)参議。この時左大弁。権中納言を経て、九七二年(天禄三)中納言。(11)職曹司《しきのぞうし》　中宮職の庁舎、内裏の北東、外記庁の北。摂関や大臣の宿所に充てられることもあった。(12)蓮茂　経歴未詳。佐渡に配流。(13)保光　九二四—九九五。代明親王の子。九六九年(安和二)蔵人頭、この時右大弁。翌年(天禄元)参議。九八八年(永延二)中納言。(14)源満季　満仲の弟。(15)藤原千晴《ちはる》　藤原秀郷の子。隠岐国に配流。(16)勅符　固関を命じるため国司に対して下された勅命を伝達する「勅」と書き出しのある符。駅伝勅符(貞観儀式)ともいう。(17)木契　固関などのために作成された木製の割り符。

**417〔日本紀略〕安和二年(九六九)三月二十六日条**

文範・保光重《ネテ》以《テ》勘二問《ス》繁延等《ヲ》一。又令《ム》レ出《サ》二春宮読経《ノ》僧等《ヲ》一。左右馬寮(1)御馬各十疋置《キ》レ鞍《ヲ》、令《ム》レ候《セ》二左衛門陣(2)《ニ》一。又武射《ノ》人々《ヲ》令《ム》レ候《セ》二鳥曹司《とりのぞうし》《ニ》一。今日、丞相(源高明)出家《ス》。

(1)左右馬寮《めりょう》　中央政府の馬の飼養を担当した官司。この時期、検非違使とならんで群盗追捕に当たるなど、衛府に準ずる警察機能も果たしており、武士が頭・助・允などに任官する例も多くなる。(2)左衛門陣　内裏東面の建春門(通常の出入門)に置かれた左衛門府の武官の詰所。

**418〔日本紀略〕安和二年(九六九)四月一日条**

(中略)

午刻、員外帥(源高明)西宮家《ノ》焼亡《ス》。所《ノ》レ残《ル》雑舎《ハ》両三也。橘繁延《ヲ》配二流《ス》土佐国《ニ》一。

**419〔日本紀略〕安和二年(九六九)四月三日条**

五畿七道諸国《ニ》可《キ》レ追二討《ス》謀反《ノ》党類源連・平貞節(1)《ヲ》一并《ニ》下野国可《キ》レ加《フ》レ教二喩《ヲ》故藤原秀郷子孫(2)《ニ》一官符等也。

(1)平貞節　貞時とも。越後国に配流。(2)藤原秀郷子孫　藤原千晴の一族。

【解説】　九六九年(安和二)三月、藤原氏の謀略により、左大臣源高明が大宰権帥に失脚させられた事件が安和の変である。藤原氏は、九六七年(康保四)、藤原師輔《もろすけ》の女安子を母とする守平《もりひら》親王(円融天皇)を冷泉天皇の皇太子に立てることに成功した。醍醐天皇の子であり筆頭の大臣でもある源高明の女を妃とする為平親王も、有力な皇位継承資格者であった。冷泉《れいぜい》天皇譲位後の皇太子問題に不安を抱いた藤原師尹・伊尹《これまさ》・兼家《かねいえ》らが高明の排斥と為平《ためひら》親王の皇位継承資格の剝奪をねらってひきおこした事件。源満仲が源連の謀反を密告したのを機に、師尹らは警固・固関を行ない、藤原千晴を逮捕。高明は大宰権帥に左遷され、千晴は隠岐に配流され、諸国に源連らの追討命令が出された。この事件は、密告の内容が明確でなく、藤原氏による陰謀との説もある。賜姓源氏の高明が政界から追放され、藤原摂関家の地位が強固なものとなり、満仲らの清和源氏の中央での擡頭という結果をもたらした。

## 2　摂関の座をめぐる争い

### 420〔大鏡〕巻五

一、太政大臣兼通《（藤原）》(1)のおとゝ

（中略）ほり川殿《（兼通）》、はてはわれうせ給はんとては、関白殿をは御いとこのよりたゝ《（藤原頼忠）》(2)のおとゝにゆつり給しこそ、よ人いみしきひかことゝそしり申しか。此むかひをるさふらひ(3)のいふやう、東三条殿《（藤原兼家）》(4)のつかさなとゝりたてまつらせ給しほとのことは、ことはりとこそうけ給はりしか。を《（お）》のれかおほちおやは、かの殿の年ころのものにて侍しかは、こまかにうけ給りしは。この殿たちのあに・おとゝ《（兼通・兼家）》の御中、としころのつかさ位のをとりまさりのほとに、御中あしくてすきさせ給しあひたに、ほり川殿やまひを《（お）》もくならせ給て、今はかきりにておはしましゝほとに、ひんかしのかたにさきをふ(5)おとのすれは、御まへに候人たち、「たれそ」なといふ程に、「東三条の大将殿《（兼家）》まいらせ給」と人の申けれは、殿《（兼通）》きかせ給て、「としころなからいよからすしてすきつるに、今はかきりになりたるときゝて、とふらひにおはするにこそは」とて、おまへなるくるしきものとりやり(6)、おとのこもりたる所(7)ひきつくろひなとして、いれ奉らむとてまち給に、「はやくすきてうちへまいらせ給ぬ」と人の申に、いとあさましく心うくて、「おまへに候人々もおこかましくおもふらん、おはしたらは、関白なとゆつることなと申さんとこそ思ひつるに(8)、かゝれはこそ、としころなからひよからてすきつれ、あさましくやすからぬ事なり」とて、かきりのさまにてふし給へる人の、「かきおこせ」との給へは、人〳〵あやしとおもふほとに、「車にさうそく《（装束）》せよ、御前もよほせ」とおほせらるれは(9)、物のつかせ給へるか(10)、うつし心はなくておほせらるゝかと(11)、あやしく見奉る程に、御かふりめしよせて、さうそくなとせさせ給て、うちへまいらせ給て、陣のうちはきんたちにかゝりて、たきくちの

ちん(12)のかたより御前へまいらせ給て、こうめいち《(昆明池障子)》のさうし(13)のもとにさしいてさせ給へるに、ひの御さ(14)に東三条大将御前に候給程なりけり。此大将殿は、堀川殿すでにうせさせ給ぬときかせ給て、うちに関白の事申さんと思ひ給て、この殿の門をとをりてまいりて申奉る程に、ほり川殿のめをつゝらかにさしいて給へるに、みかとも大将もいとあさましくおほしめす。大将はうち見るまゝにたちて、おにのま(15)のかたにおはしぬ。関白殿御まへにつゐゝ給て、御けしきいとあしくて、「さいこの除目を《お》こなひにまいり給へるなり」とて、蔵人頭めして、関白には頼忠のおとゝ、東三条殿おとゝを取て、小一条のなりときの中納言(16)を大将になしきこゆる宣旨下して、東三条殿をは治部卿になしきこえていてさせ給て、ほとなくくらうせ給しそかし。

(1)藤原兼通《かねみち》　九二五—九七七。藤原師輔の子。九六九年(安和二)参議、弟兼家に位階・官職を超されていたが、藤原伊尹《これまさ》の後継をめぐる争いで勝利し、内大臣となる。九七七年(貞元二)病没の直前に関白・氏長者《うじのちょうじゃ》の地位を頼忠に譲り、兼家を右近衛大将から治部卿に左遷する人事を行なうなど、兄弟の権力争いは著名。(2)藤原頼忠　九二四—九八九。九六三年(応和三)参議、中納言などを歴任し、九七七年(貞元二)左大臣。(3)此むかひをるさふらひ　『大鏡』の作中人物である若侍。(4)東三条殿(藤原兼家)　九二九—九九〇。師輔の子、兼通の弟。九六九年(安和二)参議を経ずに兄兼通を越えて中納言。治部卿に左遷後、蟄居していたが、兼通の死後、九七八年(天元元)参内を許され、右大臣。九八六年(寛和二)一条天皇の即位により摂政。(5)さきをふ　先追。貴人が外出する際、行列の先頭に立って路上の人が邪魔にならないよう声を出して追い払うこと。(6)おまへなるくるしきものとりやり　兼通の前にある見苦しいものを取り片付ける。(7)おとのこもりたる所　寝ている所。(8)おはしたらは、……思ひつるに　もし兼家が来たならば、関白を譲ろうなどと思っていたが。(9)御前もよほせとおほせらるれは　天皇に参内の意志をお伝えせよとおっしゃって。(10)物のつかせ給へるか　もののに憑りつかれあそばしたのか。(11)うつし心はなくておほせらるゝかと　正気の心がなくおっしゃったのかと。(12)たきくちのちん　清涼殿東庭の北方の滝口に詰めた武者の詰所。(13)こうめいちのさうし(昆明池障子)　清涼殿の東の広庇《ひろびさし》に立てられた衝立の障子。(14)ひの御さ　清涼殿内の天皇が昼間出御する座。(15)おにのま　蔵人が宿直したり、公卿が伺候した清涼殿内の一室。(16)小一条のなりときの中納言　藤原済時。九四一—九九五。藤原師尹の子。九七〇年(天禄元)参議、権中納言・中納言を歴任し大納言に至る。その女三条天皇女御娍子の立后により、右大臣を追贈。

【解説】　九七二年(天禄三)十一月、前年に太政大臣に任じられていた伊尹が死去した。その弟の兼通と兼家は後継をめぐり争った。弟の兼家に官職で先を越されていた兼通は、その争いに勝利し、内大臣に進み関白となった。『愚管抄』には、妹安子が摂政関白は兄弟順にという自筆書状を円融天皇に差し出したので、天皇も母の意に背くことができず、兼通を関白にしたとの説もみえる。兼通は、病没の直前に関白・氏長者の地位を頼忠に譲り、兼家が兼ねていた右近衛大将の職を奪って権中納言藤原済時に与え、兼家を治部卿に左遷する人事を行なった。最後まで兼家の摂関就任を妨げた兄弟間の摂関の地位をめぐる骨肉の争いは、兼通による「さいこ(最後)の除目」によくあらわれている。

## 3　寛和の新制と摂関常置への道

### (1)　寛和の新制

○破銭法・格後荘園の停止

421〔日本紀略〕永観二年（九八四）十一月二十八日条

又被《ル》レ定《メ》下嫌《ヒ》二破銭(1)《ヲ》一并停《ニ》中止《スルコトヲ》　格後《ノ》庄園(2)《ヲ》上。

（1）破銭　破銭は金銭を費やすこと、それを禁じる倹約令。（2）格後荘園　九〇二年（延喜二）の荘園整理令以後に立荘された荘園。

○新制十三箇条

422〔日本紀略〕永延元年（九八七）三月四日条

仰《セテ》二有司《ニ》一、立《ツ》二新制十三箇条《ヲ》一。

○新制十一箇条

423〔新抄格勅符抄〕長保元年（九九九）七月二十七日太政官符

太政官符

雑事拾壱箇条

一、応《キ》レ慎《ム》二神事《ノ》違例《ヲ》一事

一、応《キ》三重《ネテ》禁二制《ス》神社《ノ》破損《ヲ》一事

一、応《キ》三重《ネテ》禁二制《ス》仏事《ノ》違例《ヲ》一事

一、応《キ》下慥《たしかニ》加《フ》上三修二理《ヲ》定額《じょうがく》諸寺(1)《ノ》堂舎《ノ》破損《ニ》一事

一、応《キ》下重《ネテ》禁中制《ス》僧俗無《ク》レ故《ゆえ》住《ミ》レ京《ニ》及《ビ》号《クル》二車宿(2)《ト》一京舎宅《ヲ》上事

一、応《キ》三重《ネテ》禁二制《ス》無《ク》レ故任《セテ》レ意《ニ》触《ルル》レ穢《ニ》輩《ヲ》一事

一、応《キ》三重《ネテ》禁二制《ス》男女道俗(3)《ノ》着服(4)《ヲ》一事

一、応《キ》乙重《ネテ》禁甲下制《ス》以《テ》二金銀薄泥《ヲ》一画《キ》二扇火桶(5)《ヲ》一及《ビ》六位用《フルヲ》中螺鈿《ノ》鞍(6)《ヲ》上事

一、応《キ》三重《ネテ》禁二制《ス》六位已下《ノ》乗車《ヲ》一事

一、応《キ》三重《ネテ》禁二制《ス》諸司諸衛官人《ノ》饗宴碁手輩《ヲ》一事

一、応《キ》下重《ネテ》禁中制《ス》主計主税二寮官人称《シテ》二前分《さきわけ》《ノ》勘料《ト》一多《ク》求《メ》二賂遺《ヲ》一抑《ヲ》上留《スル》　諸国《ノ》公文《ヲ》一事

（中略）

以前条事、下知《スルコト》　如《シ》レ件《ノ》。方《まさニ》今号令之道、内外雖《モ》レ分《ツト》、遵行之旨、遠近何《ソ》異《ナラン》。同宣《ス》、「奉《ルニ》レ勅《ヲ》、若乖《シキ》二新制《ニ》一、無《キハ》レ改《ムル》二旧弊《ヲ》一、随《テ》二其状迹《ノ》一、将《ニ》レ加《ヘント》二　科断《ヲ》一」者《トイヘリ》。官宜《シク》二承知《シ》、依《リテ》レ宣《ニ》行《フ》レ之《ヲ》。事出《ツ》二綸旨《ニ》一。不《レ》レ得《ズ》二違失《ヲ》一。符到《ラバ》　奉行《セヨ》。

正五位下守右中弁源朝臣道方　正五位下行左大史多米《ため》朝臣国平

長保元年七月廿七日

（1）定額諸寺　国家により官寺に準じるものと認められた寺院。（2）

車宿《くるまやどり》　外出の際、車を寄せて牛馬の休憩に使用した控の家。女性を置いたり、女性のいる家を用いたりした。(3)道俗　僧侶と俗人。(4)着服　男女の僧尼や俗人が着ている衣服。(5)扇火桶　扇子と木製の丸火鉢。(6)螺鈿鞍　鞍橋《くらぼね》に螺鈿を施した鞍。螺鈿は真珠光を放つ夜光貝やアワビなどの貝殻をはめ込んで文様を施したもの。

【解説】　新制は、公家新制、新制官符、制符ともよばれ、十世紀半ば頃から制定されはじめた公家法。天皇や上皇の意志に基づき、公卿の議定を経て太政官符や宣旨・院宣などの形式で発布された。新制は、革正すなわち弊害を革《あらた》めるの意で用いられるが、弊害の改革とともに伝統的規定の遵守も内容としており、天皇の代替わりに制定されることも多かった。

## (2)　花山天皇の出家事件と摂関政治の確立

424 〔日本紀略〕 寛和二年(九八六)六月二十三日条

今暁丑剋許《ばかり》、天皇(花山)(1)密々出デ二禁中ヲ一、向ヒ二東山ノ華山《かざん》寺(2)ニ一落飾ス。于レ時ニ蔵人左少弁藤原道兼(3)奉ルレ従ヒレ之ニ。先ジテ二于天皇ニ一、密カニ奉リ二剣璽ヲ(4)於東宮ニ(5)一、出ヅト二宮内ヲ一云々。年十九。翌日、招キ二権僧正尋禅ヲ(6)一、剃ス二御髪ヲ一。御僧名ハ入覚。外舅中納言藤原義懐《よしちか》卿(7)・蔵人権左中弁藤原惟成《これしげ》(8)等、相次ヒデ出家ス。義懐卿ハ、法名悟真、惟成ハ法名悟妙ナリ。皇太子嗣グレ祚ヲ。

(1)花山天皇　九六八―一〇〇八、在位九八四―九八六。冷泉天皇の皇子、母は藤原伊尹の女懐子。九六九年(安和二)円融天皇践祚の日に、二歳で立太子。出家後は、書写山性空(史料470注(2)参照)に謁するなど仏道に励み、和歌など諸芸に多才であった。(2)東山華山寺　元慶寺。京都市山科区にある寺、花頂山。陽成天皇の誕生にあたり、母后藤原高子が祈願し、遍照が創建。(3)藤原道兼　九六一―九九五。兼家の子。一条天皇の即位で、権中納言に昇った。右大臣まで進み、兄道隆の死後関白となるが、すぐに死去し、「七日関白」と称された。(4)剣璽　天皇位の象徴の宝剣と神璽。神祇令によれば鏡と剣の二種。鏡・剣とは別に平安時代以降には、天皇の身辺におかれた宝剣と神璽(伝国璽)を指す用例もある。(5)東宮　後の一条天皇。九八〇―一〇一一、在位九八六―一〇一一。円融天皇の皇子、母は兼家の女詮子。(6)尋禅　九四三―九九〇。師輔の子。良源の弟子。飯室僧正。九七四年(天延二)律師を経ずに権少僧都に任じられたが、これは大臣の子で僧綱となる初例。その後、少僧都、権僧正となり、九八五年(寛和元)天台座主。九八九年(永祚元)座主・権僧正を辞し、九九〇年(正暦元)二月十七日没。一〇〇七年(寛弘四)二月十五日、諡号慈忍を追贈。(7)藤原義懐　九五七―一〇〇八。伊尹の子。九八四年(永観二)花山の即位とともに蔵人頭、九八五年(寛和元)参議、権中納言となり、姉懐子が花山の母であることから、外戚として関白頼忠にかわり政務を担った。花山の出家・退位により自らも出家した。(8)藤原惟成　九五三―九八九。雅材の子。東宮学士を経て、花山天皇期に抜擢されて蔵人権左中弁左衛門権佐民部権大輔に昇る。花山の側近として、「五位の摂政」と称され、敏腕をふるった。義懐とともに花山出家の翌日に出家。

425 〔日本紀略〕 寛和二年(九八六)七月二十二日条

華山法皇徒行シ、赴キ二播磨国書写山(1)ニ一、謁ス二性空《しょうくう》聖人(2)ニ一。

(1)書写山《しょしゃざん》　円教寺。兵庫県姫路市の西北に所在。境内には、摩尼堂・大講堂・食堂・常行堂以下の諸堂や、三重・五重塔が建てられていたが、雷火などで焼失。創建当初の作と伝えられる釈迦三尊像・四天王像が残る。(2)性空聖人　?―一〇〇七。橘善根の子。十歳で法華経を読み始めたといわれ、三十六歳で出家。比叡山に登り良源に師事したらしく、のち播磨国書写山に籠居。国司藤原季孝の援助で法華堂を建立し、円教寺を開いた。円教寺には、花山天皇の他、慶滋保胤・藤原行成・和泉式部などが参詣し、藤原道長も性空に帰依した。

## 426〔日本紀略〕寛和二年(九八六)十月日条

法皇於テ二天台山戒壇院(1)ニ一受ク二廻心戒(2)ヲ一。

(1)天台山戒壇院　延暦寺に設けられた梵網戒にもとづく大乗円頓菩薩戒を授ける施設。最澄の奏上により、彼の死後八二二年(弘仁十三)設立の勅許があり、八二七年(天長四)設立。(2)受廻心戒　廻心とは、仏の教えにしたがって悪心を悔い改め、正しい道に入ること。受戒は、守るべき戒律を授かりそれに従うことを誓うこと。

## 427〔大鏡〕巻一

一　六十五代 花山院

次帝、花山天皇と申き。冷泉院(1)第一皇子也。御母、贈皇后宮(藤原)懐子(2)と申。太政大臣伊尹(3)(謙徳公)のおとゝの第一御女なり。このみかと(花山)、安和元年戊辰十月廿六日丙子、母かたの御おほち(謙徳公)の一条の家にてむまれさせ給とあるは、世尊寺(4)のことにや。そのひは、冷泉院御時の大嘗会御禊(5)あり。同二年八月十三日、春宮にたち給、御年二歳。天元五年二月十九日、御元服、御とし十五。永観二年八月廿八日、位につかせたまふ、御とし十七。寛和二年丙戌六月廿二日の夜、あさましくさふらひしことは、人にもしらせさせ給はて、みそかに花山寺におはしまして、御出家入道せさせたまへりしこそ、御年十九。よをたもたせ給事、二年。そのゝち廿二年おはしましき。あはれなることは、おりおはしましけるよは、ふちつほのうゑの御つほねの小戸(6)よりいてさせたまひけるに、ありあけの月のいみしくあかゝりけれは、「顕証《けんしょう》(7)にこそありけれ、いかゝすへからん」とおほせられけるを、「さりとて、とまらせたまふへきやう侍らす(8)。神璽・宝剣わたり給ぬるには」と、あはたとの(道兼)のさはか(わ)し申給けるは、また御かと(花山)いてさせおはしまさゝりけるさきに、てつからとりて、春宮(一条)の御かたにわたしたてまつり給てけれは、かへりいらせ給はんことはあるましくおほして、しか申させたまひけるとそ。さやけきかけ(9)をまはゆくおほしめしつるほとに、月のかほにむら雲のかゝりて、すこしくらかりゆきけれは、「我出家は成就する成けり」とおほされて、あゆみいてさせたまふほとに、弘徽殿(10)の御文の、日比《ひごろ》やりのこして御めもえはなたす御らんしける(11)をおほし出て、「しはし」とて、とりにいらせおはしましけるかし。あはた殿の、「いかにおほしめしならせおはしましぬるそ。たゝいますき(過ぎば)は、をのつからさはりもいままうてきなん」(12)と、そらなきし給けるは(13)。さてみかとよりひんかしさまにゐていたしまいらせ給に、晴明(14)か家のまへをわたらせ給へは、みつからのこゑにて、手をおひたゝしくはたく〳〵とうつなる。「みかとおりさせ給ふとみゆる天変ありつるか(15)、すてになりにけりとみゆるかな(16)。まいりてさうそく(装束)せよ」といふこゑをきかせ給ひけん、さりともあはれにおほしめしけんかし。「かつ〳〵式神(17)一人、内裏へまいれ」と申けれは、めにはみえぬもの、戸をしあけて、御うしろをやみまいらせけん(18)、「たゝいまこれよりすきさせおはしますめり」といらへけるとかや。そのつち御かとまちくち(19)なれは、御道なりけり。花山寺におはしましつきて、御くしおろさせ給てのちにそ、あわた殿は、「まかりいてゝ、おとゝにも、かはらぬすかた今一度みえ、かくと安内(案)申て、かならすまいり侍らん」と申給ひけれは、「我(花山天皇)をははかるなりけり」とてこそなかせたまひけれ。あはれにかなしきことなりな。ひころ、よく御弟子にてさふらはんとちきりて、すかし申給けんかおそろしさよ。東三条殿(藤原兼家)は、「もしさることやしたまふ(20)」とあやうさに、さるへくおとなしき人(21)〳〵、なにかし(某)かゝし(某)といふいみしき源氏の武者達をこそ、御をくりにそへられたりけれ。京のほとはかくれて、堤の辺(22)よりそうちいてまいりける。寺なとにては、もしをして人なとやなしたてまつるとて、一尺許のかたなともをぬきかけてそまもり申ける。

(1)冷泉院　九五〇―一〇一一、在位九六七―九六九。村上天皇の皇子。母は藤原師輔の女安子。九五〇年(天暦四)五月誕生、二ヵ月後に立太子。九六七年(康保四)五月践祚、安和の変の五ヵ月後の九六九年(安和二)八月に譲位。(2)懐子　九四五―九七五。父は藤原伊尹、母は代明親王の女恵子女王。九六七年(康保四)冷泉天皇の女御となり、師貞親王(花山天皇)、宗子・尊子内親王を産む。九八四年(永観二)に皇太后宮を追贈。(3)伊尹　九二四―九七二。藤原師輔の嫡男。母は藤原経邦の女盛子。九四〇年(天慶三)元服、九五五年(天暦九)蔵人頭、九六〇年(天徳四)参議。権中納言・中納言・権大納言・大納言を経て、九七〇年(天禄元)正月右大臣、五月摂政、翌九七一年(天禄二)太政大臣、九七二年(天禄三)十一月没。(4)世尊寺　藤原行成が平安京一条大路以北の桃園にあった私邸を仏舎として創建した寺院。(5)大嘗会《だいじょうえ》御禊《ごけい》　天皇即位にともなう大嘗会に先立って十月下旬に賀茂川で禊を行なう儀式。(6)小戸　清涼殿の夜の御殿から藤壺の上の局へ通じる妻戸。(7)顕証　明るすぎて気がひける。(8)とまらせたまふへきやう侍らす　皇位におとどまりようがございません。(9)さやけきかけ　明るい月光。(10)弘徽殿《こきでん》　清涼殿の北にある後宮の建物の一つで、そこに居住する花山天皇の女御で、藤原為光の女忯子。(11)日比やりのこして……御らんしけるを　日頃破り棄てることなく残しておいて、目を離すことなく見続けていること。(12)さはりもいまもうてきなん　差し障りも出て参りましょう。(13)そらなきし給ける　うそ泣きをしなさったことでしたよ。(14)晴明《せいめい》　九二一―一〇〇五。平安中期の陰陽家。父は安倍益材。子に安倍吉平。天文博士などを歴任、一〇〇四年(寛弘元)三月を最後に以後みえない。一説に同年九月二十六日没とする。『今昔物語集』『古今著聞集』などに、占いの技量の優れていた事をしめす説話が残されている。(15)みかとおりさせ給ふと……ありつるか　花山天皇が退位するという天変があった。(16)すでになりにけりとみゆるかな　すでに御退位のことはすんでしまったとみえる。(17)式神　陰陽家が使役するという鬼神。(18)御うしろをやみまいらせけん　花山天皇の後ろ姿を見申し上げたのであろうか。(19)つち御かとまちくちなれは　土御門通りと町口通りとが交差する地点。(20)もしさることやしたまふ　もしや花山天皇と一緒に出家するかも知れない。(21)おとなしき人　思慮のある人々。(22)堤の辺　賀茂川の堤。

【解説】　この時の関白太政大臣藤原頼忠はほとんど実権を有しなかったので、義懐・惟成らが花山の側近として実力をふるった。兼家は、一条天皇即位を企図し、花山が、前年に女御忯子が死去したことに無常を感じていたのを利用し、子の道兼とともに出家を誘い、退位に追い込んだ。一条天皇の即位を実現した兼家は、その外祖父として摂政となり、この時から兼家の子孫がつねに摂関に就任することが確立し、藤原氏のなかでも彼の子孫たちの栄華の時代を迎えた。

# 第五節　摂関政治の構造

## 1　政務と儀式

### (1)　政　と　定

○政(外記政)

428 〔本朝世紀〕　寛和二年(九八六)正月二十五日条

中納言源重光(1)卿・権中納言同保光(2)卿・参議源忠清(3)卿着《ス》二左衛門《ノ》陣(4)座《ニ》一。移二着《シ》庁(5)《ニ》一聴《ク》レ政《ヲ》。有《リ》二弁申文(6)一。次《デ》移二着《ス》侍従所(7)《ニ》一。次《デ》参二着《ス》左仗座(8)《ニ》一。衙《が》後《ご》(衍)参着《ス》。左大臣(源雅信)(9)・右大臣(藤原兼家)・権中納言藤原義懐卿・参議藤原公季(10)卿・同佐理(11)卿・源伊陟(12)卿着《ス》二左仗座《ニ》一。依《リ》レ有《ル》二今明日御物忌(13)一、左大臣・右大臣・権中納言藤原義懐卿候《ス》。諸卿久《シクシテ》　退出《ス》。

(1)源重光《しげみつ》　九二三―九九八。父は代明親王、母は藤原定方《さだかた》の女。九六四年(康保元)参議。中納言などを歴任し、九九一年(正暦二)には権大納言に進み、翌年これを辞した。(2)源保光　九二四―九九五。父は代明親王、母は藤原定方の女。右大弁、蔵人頭などを経て、九七〇年(天禄元）参議。九八八年（永延二）中納言となった。（3）源忠清　九四三―九八八。父は代明親王、母は藤原仲平の女時子。九七三年（天延元）参議となる。その後、右衛門督、太皇太后宮権大夫。（4）左衛門陣　平安宮内裏外郭の東面中門の建春門外の築地沿いの南北にあった左衛門府武官の詰所。（5）庁　平安宮の建春門に面して建てられていた外記庁《げきちょう》。弁官の提出した案件を大臣以下の公卿が受理・決裁する「政」が行なわれた場。（6）弁申文《べんのもうしぶみ》　外記庁の南半分の区画にあった結政所《かたなしどころ》での結政を経て、公卿・上官《しょうかん》（太政官を構成する官人のなかで、公卿を除いた少納言局・弁官局の官人）などが庁座に着座し、弁・史が諸司の申文を読み上げること。それをうけて、政務を執り行なう最上位の公卿である上卿《しょうけい》が決裁する。（7）侍従所《じじゅうしょ》　外記庁の南に位置した建物で、南所《なんしょ》ともいう。外記庁で庁申文が行なわれたのち、上卿以下が侍従所に移動し、申文を行なったので、これを南所申文という。（8）左仗座《さじょうのざ》　左近衛陣に設けられた公卿の座。平安宮内裏の紫宸殿東北廊の南面にあり、陣定などが行なわれた場。（9）源雅信《まさのぶ》　九二〇―九九三。父は敦実親王、母は藤原時平の女。九五一年（天暦五）参議。九七八年（貞元三）左大臣。（10）藤原公季《きんすえ》　九五七―一〇二九。父は藤原師輔、母は醍醐天皇の女康子内親王。九八三年（永観元）参議。内大臣、右大臣を歴任し、一〇二一年（治安元）太政大臣となる。諡号は仁義公、閑院《かんいん》とも号する。（11）藤原佐理《すけまさ》　九四四―九九八。父は藤原敦敏、母は藤原元名の女。右中弁、左中弁などを歴任し、九七八年（天元元）参議。九九一年（正暦二）、参議を辞し、大宰大弐。能書家として知られ、三蹟の一人。（12）源伊陟　九三八―九九五。父は兼明《かねあきら》親王、母は源衆望の女。右中弁、蔵人頭などを歴任し、九七七年（貞元二）参議、九九五年（長徳元）中納言。（13）御物忌　一定の期間屋内に引き籠もり、行動を慎む行為を物忌《ものいみ》といい、ここは天皇に関する物忌で、必要な人物を事前に宮内に参籠させておくことが行なわれた。

## ○陣　定

**429**〔権記〕寛弘二年（一〇〇五）四月十四日条

有リ二陣定《じんのさだめ》(1)一。大弐(藤原高遠)(2)・上野介忠範(橘)(3)・加賀守兼親(藤原)(4)・因幡守行平(橘)(5)等ノ申請ノ事也。

（1）陣定　公卿が陣座《じんのざ》で行なった政務審議の会議。議事について天皇から定め申せとの勅を受けた上卿が陣座で関係文書を諸卿に回覧する。その後最末席の参議から順次意見を述べていき、これを参議の大弁が筆記し、定文《さだめぶみ》を作成し、上卿はこれを蔵人頭に付して天皇に奏聞する。（2）藤原高遠　父は藤原斉敏、母は藤原伊文の女。九九〇年（永祚二）従三位に叙位、一〇〇四年（寛弘元）大宰大弐。（3）橘忠範　中宮大進からこの年上野介に任。翌年五月に没。（4）藤原兼親　父は藤原長胤。この年に加賀守に任じたか。一〇〇七年（寛弘四）正月没。（5）橘行平　父は橘敏政。一〇〇五年（寛弘二）従四位上に叙位。同年、因幡守に任。国司交替に際し、同国の不動穀について、前司藤原惟憲と相論を起こし、それと関連して介因幡千里殺害事件で、一〇〇七年に守を解任された。

**430**〔条事定文写〕寛弘二年（一〇〇五）四月十四日（平松文書）（平安遺文四三九号）

□□□(大宰大弐カ)藤原朝臣(高遠)申請シフ、被レン裁二許セ雑事五箇条ヲ一事（中略）

一、(1)請フレ任センコトヲ二前例ニ一、停下止スル出納所司以テ(2)二当任《とうにん》ノ貢上物(3)ヲ一、

越上二納スルヲ往年ノ未進(4)ヲ一事

左大臣(藤原道長)(5)・右衛門督藤原朝臣(斉信)(6)□所レ進ル調庸ハ

毎《ごと》ニレ任自ラ有リ二未進一。而ルニ偏ヘニ依リテ二当任之勤ニ一、若シ放タバ二其ノ返抄(7)ヲ一者、

前任ノ調庸可シレ有ル二牢籠(8)一。然ラバ則チ縦ヒ越二納スルモ往年之未進ヲ一、猶ホ可シレ知ル二当任之勤済(9)ト一。公事ノ弁済ノ事理ニ有リレ限。猶ホ不ニ超越セ一、可キレ請フ二返抄(10)ヲ一歟。右大臣(藤原顕光)(11)・内大臣(藤原公季)(12)・右大将藤原朝臣(実資)(13)・弾正尹藤原(14)(時光)(朝臣脱)・権中納言藤原朝臣(隆家)(15)・勘解由長官藤原朝臣(有国)(16)・左兵衛督藤原朝臣(懐平)(17)・右大弁藤原朝臣(行成)(18)等定メ申シテ云ク、「彼ノ府ノ調庸以テ二当任之勤済ヲ一、補フ二前任之未進ヲ一。諸司所ノレ執ル理ハ雖モレ可シト然ル、不レ可カラ二越納ス一之由有リ二裁許之例一。然ラバ則チ依リテ二申請ニ一、可キレ被ル二裁許セ一歟」。(中略)

寛弘二年四月十四日

(1)請任前例……往年未進　前例に任せて、現在その任にあたっている任期中の分として納めた貢進物を、出納諸司が以前の未納分として収納することを停止して欲しいとする申請。(2)出納所司　調庸の収納監査事務に関わる主計寮、田租・出挙の収納監査事務に関わる主税寮。(3)当任貢上物　現在その任にあたっている任期中の分として納めた調庸物などの租税。(4)越納往年未進　前任者以前の未納分にあたるものと算定して収納すること。(5)藤原道長《みちなが》　九六六—一〇二七。父は藤原兼家《かねいえ》、母は藤原時姫。九八七年(永延元)非参議の従三位。その後、権中納言、権大納言に進み、九九五年(長徳元)には内覧の宣旨を受け、右大臣、九九六年(長徳二)には左大臣。その女彰子・妍子・威子を中宮に立て、「一家立三后、未曾有」(『小右記』)とされる栄華を築いた。一〇一六年(長和五)摂政となったが、同年左大臣を辞し、一〇一七年(寛仁元)には摂政を辞し太政大臣となった。翌年これも辞し、一〇一九年(寛仁三)には出家し准三宮《じゅさんぐう》とされた。(6)藤原斉信《なりのぶ》　九六七—一〇三五。父は藤原為光《ためみつ》、母は藤原敦敏の女。蔵人頭などを経て、九九六年(長徳二)参議、その後、大納言。一条朝の四納言の一人。(7)返抄　物品の送納に際して受領者側が発行した受取書。(8)牢籠　正当でないこと。(9)猶可知当任之勤済　任期に該当する年の分を納めたものと理解すべきである。(10)猶不超越、可請返抄　以前の未納分として納めることをせずに、返抄を請求すべきである。(11)藤原顕光《あきみつ》　九四四—一〇二一。父は藤原兼《かね》通《みち》、母は元平親王の女。九七五年(天延三)参議。その後、大納言、右大臣を歴任し、一〇一七年(寛仁元)三月左大臣。(12)藤原公季　史料428注(10)参照。(13)藤原実資《さねすけ》　九五七—一〇四六。父は藤原斉敏《なりとし》、母は藤原尹文の女。円融・花山・一条天皇の蔵人頭を勤め、九八九年(永祚元)参議、一〇二一年(治安元)右大臣となる。(14)藤原時光　九四八—一〇一五。父は藤原兼通、母は大江維時の女皎子。蔵人頭などを経て、九七六年(貞元元)参議、九九七年(長徳三)中納言。(15)藤原隆家《たかいえ》　九七九—一〇四四。父は藤原道隆、母は高階成忠の女貴子。九九四年(正暦五)非参議従三位。その後、九九六年(長徳二)、兄の伊周《これちか》とともに従者に花山法皇を射させたことが判明し、出雲権守に左遷され、但馬国に留めおかれる。翌年には召還され、一〇〇二年(長保四)権中納言に復し、その後、大宰権帥となり、任中の一〇一九年(寛仁三)刀伊《とい》の来襲に際してこれを撃退。(16)藤原有国　九四三—一〇一一。もとの名は在国。父は藤原輔道、母は源俊の女。右大弁、蔵人頭などを歴任し、九九〇年(正暦元)従三位。翌年秦有時殺害事件に連座して官位をとどめられ、九九二年(正暦三)本位に復した。一〇〇一年(長保三)参議。(17)藤原懐平　九五三—一〇一七。父は藤原斉敏、母は藤原伊文の女。九九八年(長徳四)参議、一〇一三年(長和二)権中納言。(18)藤原行成《ゆきなり》　こうぜい。九七二—一〇二七。父は藤原義孝、母は源保光の女。一〇〇一年(長保三)参議。その後、大宰権帥、権大納言を歴任。書にすぐれ、三蹟の一人。その書風は後世、世《せ》尊寺《そんじ》流として引継がれた。

【解説】　平安時代の政務は、政と定《さだめ》に大きく分けられる。政は、天皇出御のもとに行なわれる朝政《ちょうせい》・旬政《しゅんせい》などの系統と、太政官を中心とする政務である官政《かんせい》・外記政に分かれる。定には、御前定・殿上定《てんじょうのさだめ》・陣定などがある。朝政は、天皇が大極殿、後には紫宸殿に出御して、庶政を聴くものであったが、文徳天皇の時期に中断し清和天皇の時期に一時復活したが、やがて途絶え、毎月一日・十一日・十六日・二十一日に行なわれる旬政に移行し、さらに四月一日と十月一日の二《に》孟《もう》の旬に限定され年中行事化していく。これに対し官政は、大臣もしくは大・中納言が、太政官庁において諸司・諸国の庶政を聴き、あるいは奏上しあるいは太政官で処分する政務である。朝政・官政が形骸化していくのに対し、公卿議定制としての定に比重が移行していく。院政期以前においてはその中心となったのは、主として左近衛陣で行なわれた議定である陣定であった。公卿の議定とは別に政務を処理する奏事《そうじ》も、院政期に入ると院による議事決裁の掌握によって、庶政処理のうえで比重が増してくる。平安期に形成された政務処理の方式である公卿議定と奏事は、中世公家政権にも継承されて、評定と奏事、評定衆と伝奏《てんそう》の制となっていったとされる。

## (2)　朝儀の構造と年中行事

### 431〔九条右丞相遺誡〕

遺誡幷日中行事〈造次《ぞうじ》可張座右〉

先起称属星名字(1)七遍。〈微音、其七星、貪狼《とんろう》(2)者子年、巨門《こもん》者丑・亥年、禄存《ろくそん》者寅・戌年、文曲《ぶんきょく》者卯・酉年、廉貞《れんてい》者辰・申年、武曲《ぶきょく》者巳・未年、破軍《はぐん》者午年。〉次取鏡見面。見暦(3)知日吉凶。次取楊枝向西洗手。次誦仏名及可念尋常所尊重神社。次記昨日事。〈事多日々中可記之。〉次服粥。次梳《けずり》頭、〈三ケ日一度可梳之、日々不梳。〉次除手足甲(4)。〈丑日除手甲、寅日除足甲。〉(中略)

夙《つと》興照鏡、先窺形体変。次見暦書、可知日之吉凶。年中行事、略《ほぼ》注付件暦、毎《ごと》日視之次《ついで》先知其事、兼以用意。又昨日公事、若私不得止事等、為備忽忘《こつぼう》(5)、又聊《いささ》可注付件暦。但其中要枢(6)公事、及君父所在事等、別以記之可備後鑑(7)。(中略)

以前雑事書記如右。予十分未《ず》得其一端。然而常蒙《こうむり》先公(8)之教、又訪古賢、今粗《あらあら》知事要。依万一之勤(9)、雖非才智、已登崇班(10)。吾後之者、熟《つらつら》存此由、縦非如法(11)、必以用意可勤公私之事。

(1)属星《ぞくしょう》　生年にあたる星で、人の一生を支配するとされ、北斗七星の七つの星が配される。(2)貪狼　北斗七星の柄杓の椀部分にあたる第一星。以下、柄の部分にむかって巨門から破軍の順で列ぶ星の名称。(3)暦　具注暦と呼ばれる日にちごとの吉凶が記された暦。(4)甲　爪のこと。(5)忽忘　なおざりにして忘れること。(6)要枢　物事の非常に重要であること。(7)後鑑　のちのちの手本。(8)先公　師輔《もろすけ》の亡父である藤原忠平。(9)万一之勤　ごくごくわずかの勤め。(10)崇班　高い地位。(11)如法　もともとは、仏の説いた法のとおりに、の意。ここでは、規則もしくは決まりどおり程度の意。

## 432〔年中行事御障子文《ねんじゅうぎょうじのみしょうじもん》〕

年中行事

正月

元正、朝拝スル二天地・四方・属星及ビ二陵(1)ヲ一事

同日平旦。所司供《くう》ズル二屠蘇・白散(2)ヲ一事

同日、受クル二群臣ノ朝賀(3)ヲ一事

同日、小朝拝《こちょうはい》ノ(4)事

同日、宴会(5)ノ事

同日、諸司告朔《こうさく》(6)ノ公文《くもん》ヲ進《たてまつ》ル二弁官ニ一事

同日、式部省進ル二国司ノ秩満《ちつまん》帳(7)ヲ一事

同日、式・兵両省補任《ぶにん》帳(8)ヲ進ル二太政官ニ一事

同日、中務省七曜御暦(9)ノ事

同日、宮内省奏スル二氷様《ひのためし》(10)及腹赤御贄(11)ヲ一事（中略）

十二月（中略）

晦日、奏スル二瑞(12)ノ有無ヲ一事

同日、宮内省率キテ二典薬寮ヲ一進ル二御薬(13)ヲ一事

同日、東西文部《やまとかわちのあや》奉ル二祓刀《はらえのたち》(14)ヲ一事

同日、縫殿寮奉ル二荒世《あらよ》・和世《にごよ》ノ御服(15)ヲ一事

同日、神祇官奉ル二荒世・和世ノ御《み》贖《あが》(16)一事

同日、大祓(17)ノ事

同日、差シ二分ツ物聞《ものぎき》ノ(18)使ヲ一事

同日、追儺《ついな》ノ(19)事

(1)朝拝天地四方属星及二陵　正月元日の寅の時に、清涼殿の東庭に出御し、天地・四方・二陵(父母の陵)を拝する。東庭に属星(北斗七星)を拝する座・天地を拝する座・陵を拝する座の三所を設営し、属星の名を唱え、天地・四方を拝し、二陵を拝する。(2)屠蘇・白散　正月元日より三日間、屠蘇《とそ》散・白散《びゃくさん》・度嶂散《としょうさん》をそれぞれ入れた御酒を天皇に献上し、健康を祈願する儀式。(3)朝賀　年頭に群臣が大極殿において天皇に拝礼する儀。(4)小朝拝　朝賀のあと、もしくは朝賀のない時は御薬の儀のあと、清涼殿の東庭で親王以下六位以上の昇殿をゆるされた者が天皇に拝礼する儀。(5)宴会　小朝拝ののち、天皇が紫宸殿に出御して、群臣に宴を賜う儀式。(6)告朔　毎月一日に、諸司が前月の政務や官人の勤務状況などを報告した公文の進奏を受けて、天皇が朝堂院でこれを見る儀式。平安初期には、天皇が出御して行なうことは四孟月(正月・四月・七月・十月)に限られるが、『年中行事御障子文』では、四月は掲げていない。(7)秩満帳　任期満了となる国司の姓名を記した帳簿。(8)補任帳　内外諸司主典以上・諸国史生以上・博士・医師・陰陽師・弩師などの官位姓名や任官時の年月日を記した帳簿。(9)七曜御暦《ごりゃく》　毎日の干支、日・月・歳星(木星)・熒惑《けいこく》(火星)・鎮星(土星)・太白(金星)・辰星(水星)の位置と運行を記した天体暦。前年十二月に暦博士から陰陽寮に進められた暦を浄書して、正月朔日に中務省が進上する。(10)氷様　宮内省が氷室の氷の厚薄の様子を奏上する儀式。厚ければ豊作、薄ければ凶作とされ、氷の祈りとして大法秘法を行なうこともあった。(11)腹《はら》赤御贄《かのみにえ》　宮内省の奏上により、大宰府から献上された腹赤の魚(鱒)を天皇が覧ずる儀式。(12)瑞　君主の徳に応じて出現するという珍しい動植

物や自然現象である祥瑞。(13)進御薬《みくすり》　元日に用いる御薬を内裏に進める儀式。(14)祓刀　天皇の気を着けて祓いの対象とする東西文部が奉った金装横刀二口。(15)荒世和世御服《ごふく》　天皇の気息を着けて災厄を祓うための服。荒世の儀の後、和世の儀があった。(16)荒世和世御贖　中臣官人の奉る御麻で、天皇は体を摩《な》でて返し、祓いの対象とした。(17)大祓　毎年六月と十二月の晦日に行なわれた罪・穢を除くための祭儀。中央では、平安宮朱雀門前で、大臣以下百官の男女が会集して、中臣が大祓詞を唱え、卜部が祓いを行なった。(18)差分物聞使　十二月晦日の夜、近衛・兵衛を京内に派遣して、夜中の変異を見聞させ、元日の平旦にその記録を左近衛陣に報告させた。(19)追儺　十二月晦日の夜、内裏において行なわれた悪鬼を追い払う儀式。

**433〔帝王編年記〕仁和元年(八八五)五月二十五日条**

五月廿五日(1)。太政大臣、〈昭宣公(2)〉被レ進二年中行事障子一。〈立二殿上(3)一。書二一年中公事一。奥書二服假并穢(4)等一。絹突立障子也。〉今案彼年始被レ立歟。〈見二小野宮記《おののみや》(5)一。〉

(1)五月二十五日　『年中行事秘抄』は三月二十五日とする。(2)昭宣公　藤原基経の諡号。八三六−八九一。父は藤原長良《ながら》、母は藤原継縄《つぐただ》の女乙春、良房の養子。八六四年(貞観六)参議。中納言、大納言を歴任し、八七二年右大臣。八七六年陽成《ようぜい》天皇の即位とともに摂政、八八〇年(元慶四)太政大臣となり、関白に就任。(3)殿上《てんじょう》　殿上間。平安宮清涼殿の南庇《みなみびさし》にあり、公卿・殿上人が日常伺候した場所。(4)服假并穢　近親者の死により喪に服するための休暇(假)や、死・出産などを忌避し一定期間自邸内に籠もって参内や神事への参加を控えるべきとされた穢。(5)小野宮記　藤原実資の日記『小右記《しょうゆうき》』。

**434〔古事談〕巻二　臣節**

知足院殿(藤原忠実)(1)仰云、四条大納言(藤原公任)(2)ノ北山抄(3)ハ神妙之物也。大二条殿(藤原教通)(4)ヲ聟ニ取テ、九条殿(藤原師輔)(5)ノ御記ヲモ伺見テ作タル間、メデタキ物ニテアル也。江次第(6)ハ後二条殿(藤原師通)(7)ノ御料ニ作タル文也。末代之公事不レ可レ過レ其歟。但僻事《ひがごと》ドモ少々相交歟。

(1)知足院殿《ちそくいんどの》　藤原忠実《ただざね》。一〇七八−一一六二。父は藤原師通《もろみち》、母は藤原俊家の女全子。祖父師実の養子。右大臣。一一〇五年(長治二)関白、一一〇七年(嘉承二)鳥羽の践祚で摂政。次いで太政大臣、関白となったが、白河法皇の怒りを買い内覧を停止された。鳥羽院政が開始されると政界に復帰。子の忠通に不満を持ち、弟の頼長を寵愛していたことが保元の乱の一因ともなった。(2)四条大納言　藤原公任。九六六−一〇四一。父は藤原頼忠、母は代明親王の女厳子女王。九九二年(正暦三)参議。検非違使別当などを歴任し権中納言から権大納言となった。(3)北山抄《ほくざんしょう》　藤原公任が著わした有職故実の書。全十巻。各巻の基を作成したのは長和年間(一〇一二−一〇一七)前後で、十巻本にまとめたのは治安年間(一〇二一−一〇二四)頃。全十巻のうち、巻六までは年中行事以下の内容別に、巻七以下は職務別に編成。巻十は公任の自筆稿本が伝来。(4)大二条殿《おおにじょう》　藤原教通《のりみち》。九九六−一〇七五。父は藤原道長、母は源倫子。一〇一三年(長和二)権中納言。内大臣、左大臣となり、後三条天皇の即位にともない、一〇六八年(治暦四)関白、一〇七〇年(延久二)には太政大臣。(5)九条殿　藤原師輔。九〇八−九六〇。藤原忠平の次男、母は源能有の女。蔵人頭、参議、大納言を歴任し、九四七年(天暦元)右大臣。(6)江次第《ごうしだい》　江家次第。大江匡房《まさふさ》が撰述した平安後期の儀式書。本来二十一巻あったが、十九巻が現存。年中行事、臨時の神・仏事、政務の他、摂関家などの行事を含み、院政期における儀式のあり方を示す。(7)後二条殿《ごにじょう》　藤原師通《もろみち》。一〇六二−一〇九九。父は藤原師実、母は源師房女麗子。一〇七七年(承暦元)参議。ついで内大臣となり、一〇九四年(嘉保元)関白氏長者となった。

【解説】　藤原道長の祖父師輔が著した、子孫のための家訓的性格の史料である『九条右丞相遺誡《うじょうそうゆいかい》』(九条殿遺誡)には、当時の貴族が朝起きてからとるべき一日の行動が列挙されている。当時の日記は、相手に意思を伝達する文書とは異なって、原則として自己の備忘のために記されたものである。九世紀末から十世紀初頭にかけて日記の数、とくに貴族の日記の数が増えてくる背景には、当時の政治社会、とくに貴族社会の構造の変化がその要因にある。平安期に入り、貴族層とりわけ藤原氏内部の摂関を輩出する家などの家門の分立が生じ、これとあいまって貴族層全体の官職の固定化がすすみ、太政官を中心とする当時の政務・儀式遂行のために日記を記すことが盛んとなった。貴族の日記の内容は、主として、公事である宮廷の政務・儀式の記録であって、彼らが後々の参考とするために記録したという性格が強い。儀式・政務をとり行なうに際して先例を重視するという意識が存在しており、そのため日記は、宮廷儀式におけるその前例調査に重要な役割を果たしていた。また『九条右丞相遺誡』には、「要枢の公事と、君父所在のこと等は、別にもて記して後鑑に備ふべし」とみえ、師輔自身も多くの別記を残しているのをはじめ、貴族の間では本人みずからあるいはその後継者が日記の文章を抄録し、目録を作成し、項目を立てて該当の記事を抄出類聚することも一般に行なわれていた。これは部類記と称されるもので、藤原宗忠《むねただ》の場合には、一一二〇年(保安元)に、彼の日記『中右記《ちゅうゆうき》』一六〇巻を、みずから侍臣を指揮して、事項別に部類したことがみえている。

## 2　年給制と官人秩序の再編

### (1)　昇　殿　制

435 〔北山抄〕巻六　下宣旨事　聴昇殿事

蔵人所別当(1)大臣宣ス。頭蔵人(2)直ニ奉ラバ者、称セ二内侍《ないし》宣(3)ト一。往年ハ仰ス二聴《ゆる》ス昇殿ヲ一事ヲ近衛陣(4)ニ一。

(1)蔵人所別当《くろうどどころべっとう》　蔵人所は、平安時代初期にあらわれた令外官。八一〇年(弘仁元)に巨勢野足・藤原冬嗣を蔵人頭に任命したのに始まる。九世紀末の宇多天皇代に組織整備が進み、別当・蔵人頭《くろうどのとう》・五位蔵人・六位蔵人・非蔵人《ひくろうど》・所雑色《ところのぞうしき》・所衆《ところのしゅう》・出納《すいのう》・小舎人《こどねり》などがおかれた。別当は、八九七年(寛平九)に蔵人頭の上に一名置かれ、藤原時平が任じられた。(2)頭蔵人　蔵人所の長官。定員は二名。一名は弁官、もう一名は近衛中将をあてる例が多く、宣旨によって補された。(3)内侍宣　天皇の意思を承けた内侍司の女官が、太政官の上卿などに伝えた命令。(4)近衛陣　内裏紫宸殿の東北廊にあった左近衛陣と、校書殿《きょうしょでん》東庇にあった右近衛の陣。

436 〔侍中群要〕巻一　被補蔵人事

補スル二頭以下ヲ一事　近代頭承ハリ二勅語ヲ一、直ニ以テ仰セ下ス。

孫廂(1)ノ南第四間ニ、敷ク二円座《わろうだ》(2)一枚ヲ一。(中略)所ノ別当大臣参リ、着座ス。了リテ召ス二紙筆ヲ一。蔵人経テ二簀子敷ヲ一持参シ『続紙』、置ク二大臣ノ右方ニ一。〈紙屋(3)三枚。筆・硯・小刀等入ル二柳筥(4)ニ一。〉大臣定メ二下ス蔵人ニ一。、(蔵人)、仰ス二出納(5)ニ一。宣旨書ニ加フレ署ヲ。〈旧例ハ下ス二宣旨ヲ於左近陣ニ一。〉或頭以下於テ二御前ニ一定ムレ之ヲ。以テ二内侍宣ヲ一書スレ之ヲ。殿上人同ジレ之ニ。童ハ以テ二名簿ヲ一下シ給フ。其身参上ノ日、蔵人付スレ簡(6)ヲ。不二奏慶セ一。或ハ父祖候サバ二殿上ニ一者、相替リテ令ムト二奏慶セ一云々。

宣旨書体ノ(中略)

官位姓名

右被《こうむ》ルニ二別当左大臣ノ宣ヲ一偁ク、「件人宜シレ聴ス二昇殿ヲ一」トイヘリ者。

年月日　頭官位姓名奉

(1)孫廂《まごびさし》　寝殿造りの殿舎で、廂の外側に位置する部屋。清涼殿の場合には東面に設けられた。(2)円座　藺草・菅・藁などを平たく渦巻き状に編んで円形にした敷物。板敷・畳などに敷いて用いた。(3)紙屋　紙屋紙。紙屋院で漉いた上質の紙。(4)柳筥《やないばこ》　柳の枝を細く削り寄せ列べて糸で編んだ箱。(5)出納　蔵人所の下級官人。文書の出し入れ、見参《げざん》の書写、宣旨の取り次ぎなどを行なった。(6)簡　日給簡《につきゆうのふだ》。殿上人の姓名を記して、上番する日を示した札。長さ五尺三寸、幅は上端八寸、下端七寸、厚さ六分、檜でできている。

## 437〔朝野群載〕巻五　朝儀下　嘉承元年(一一〇六)正月一日殿上月奏

月奏

蔵人頭修理《しゆり》左宮城使《さきゆうじようし》正四位上行左中弁源朝臣重資(1)　上日《じようじつ》(2)廿七　夜(3)廿

正四位下行式部大輔《たいふ》藤原朝臣正家(4)　上日无　夜无(5)

正四位下行太皇太后宮権亮《ごんのすけ》源朝臣道時(6)　上日无　夜无

正四位下行左馬頭兼中宮権亮源朝臣師隆(7)　上日十一　夜七

蔵人頭正四位下行右近衛権中将兼丹波権守藤原朝臣顕実(8)　上日廿七　夜廿四

正四位下行左《さ》馬頭《まのかみ》藤原朝臣兼実(9)　上日无　夜无

正四位下行修理権大夫《だいぶ》兼東宮亮尾張守藤原朝臣為房(10)　上日五　夜二

正四位下行兵部権大輔兼安藝《あき》守藤原朝臣経忠(11)　上日一　夜一

(中略)

右、従リ二去ル十二月一日一迄二于晦日一卅个日、上日并ニ夜如シレ件ノ。

長治三年(嘉承元)正月一日　蔵人頭正四位下行右近衛権中将

丹波権守藤原朝臣顕実

別当従一位行左大臣源朝臣(俊房)(12)　修理左宮城使正四位下行

左中弁源朝臣重資

(1)源重資　一〇四五―一一二二。父は藤原経成、母は藤原泰通の女。一一〇六年(嘉承元)参議。権中納言、大宰権帥など歴任。(2)上日　官人が勤務した日数。季禄支給や考課の条件とされた。(3)夜　上夜のことで、宿直。(4)藤原正家　一〇二六―一一一一。父は藤原家経、母は藤原能通の女。文章博士、式部大輔などを歴任。大江匡房と並び称された文人。(5)无　上日や上夜の日数がゼロのこと。(6)源道時　一〇四五―一一二〇。父は源経信、母は源貞亮の女。蔵人頭など歴任。(7)源師隆　生没年不詳。父は源師忠、母は源俊長の女。左近衛少将、中宮権亮、左馬頭など歴任。(8)藤原顕実　一〇四九―一一一〇。父は藤原資仲、母は源経頼の女。蔵人頭などを歴任し、一一〇六年(嘉承元)参議。(9)藤原兼実　生没年不詳。(10)藤原為房　一〇四九―一一一五。父は藤原守隆、母は平行親の女。受領を歴任する一方、蔵人・弁官を勤め、蔵人頭から一一一一(天永二)参議となった。(11)藤原経忠　一〇七五―一一三八。父は藤原師信、母は僧増守の女。左兵衛佐、兵部大輔、右馬頭、皇后宮亮などを歴任し、一一三三(長承二)参議、一一三六年(保延二)中納言。(12)源俊房　一〇三五―一一二一。父は源師房、母は藤原道長の女尊子。一〇五七年(天喜五)参議。その後、大納言から右大臣、左大臣。

【解説】　昇殿は、主君の起居する殿舎に伺候して身辺の奉仕を行なう制で、内裏・東宮・院・女院などで行なわれたが、狭義には清涼殿南庇の殿上間に伺候する内昇殿を指す。八一〇年(弘仁元)の蔵人の設置とともに昇殿制が設けられたとする説もあるが、明確に年次を記す史料はない。しかし『公卿補任《くぎょうぶにん》』の記載などから、弘仁年間には成立していたと見られる。天皇の代替わりごとに殿上人が新たに選定されるなど、昇殿制は、律令制的な官僚機構のあり方とは異なり、蔵人や検非違使などとならんで、天皇と臣下という「私的関係」を前提にした制度であるとする見解もある。

## (2) 年給制

**438〔西宮記〕巻二　除目　寛平三年(八九一)正月十一日勘物**

内給

掾《じょう》(1)二人、目《さかん》(2)三人、一分《いちぶ》(3)廿人。

院三宮《さんぐう》(4)

毎年掾一人、目一人、一分三人、京官《ノ》允《じょう》(5)一人、爵(6)一人。〈中宮女爵〉但、内舎人《うどねりハ》(7)以《テ》二一分《ノ》一人《ヲ》一申任《スト》云々。

大臣

太政大臣目一人、一分三人。左右大臣二分一人、一分二人。但《シ》、隔年、二合《にごう》・三合《さんごう》(8)成《ス》レ介《ト》。

親王

二分一人、一分一人、作《シテ》レ巡《ヲ》而二合。〈第一《ノ》親王《ハ》、毎《ごとニ》レ年給《フ》レ之《ヲ》。依《ル》二別勅《ニ》一也。〉寛平《ノ》御後有《リ》レ例、巡給・別巡給《ト》云々。皇后腹《ノ》親王《ハ》有《リ》二別巡給一。式部卿《ハ》加《フ》二一分二人《ヲ》一。

納言以上

二分一人、一分一人、四年ニ一度二合。〈但シ、以テ二息子ノ二合ヲ一、而成ス二京官ノ助・允ト一。〉

宰相

二分一人。〈進ル二五節(9)ヲ一之時二合。天禄年中以来ノ例ト云々。息子如シレ上ノ。〉

尚侍《ないしのかみ》・典侍《ないしのすけ》・掌侍《ないしのじょう》、各一分一人。

（1）掾　国司の第三等官。国内の非違の取り締まり、目の作成した公文書の審査、公務遅滞や公文書の過失を判断する。（2）目　国司の第四等官。授受した公文書の記録、公文書の草案の作成、公務遅滞の検出などを行なう。（3）一分　国司のうち、公廨稲《くげとう》の一分（一〇パーセント）の配分を受ける官で、史生・国博士・国医師などのこと。（4）三宮　三后とも。太皇太后・皇太后・皇后の総称。（5）京官允　在京の諸司である京官のうち、寮の第三等官。（6）爵　位階のこと。ここは五位に叙位される人間を推挙する権利を指す。（7）内舎人　中務省の品官で、五位以上の官人の子弟をもってあて、宿衛、行幸の警衛に当たった。（8）二合三合　年官の特例として、二人分をあわせてより高位の一人分の推挙の権利を与えることを二合という。例えば、一分の官（史生など）一人と二分の官（目）一人のかわりに、三分の官（掾）一人とすることなど。三人分をあわせて一人分の年官とすることを三合という。（9）五節《ごせち》　新嘗祭・大嘗会・豊明節会に舞を舞う五節の舞姫のこと。

### (3)　年労加階

**439**　〔二中歴〕巻七　叙位歴

叙位歴

参議正四位下五年　従三位七年正六年　中弁正五下五年　従四(位イ)二三上五年　少弁従五上二年　正五位下五箇年　少納従五上三年　正下五年従四三　中将従四上二三　正四下二将監五　少将従五上二年　正下三四従四三　兵衛佐従五上三　正五下六従四四　侍従々五上八九　大監(1)従上七八年　大外従五上四五　中務輔従五上六　民兵刑蔵輔(2)四五　大舎人(3)大学頭(4)六七　諸寮頭従八九　蔵助馬頭助(5)六七　大膳従五上五六　策労(6)従上正下七　四位四年従上七　使民大蔵丞(7)五六　侍医博士叙七年　従五位上各十年　内官(8)三分十七八　外衛(9)十三十四年（中略）

又云ク、四位ノ参議任ズル二納言ニ一之時、必叙ス二三位ニ一。仍テ兼テ大間書《おおまがき》ニ入ルト二従三位ニ一云々。少納言尚《なお》帯セ二四位ヲ一者、四年ニ従四上。是能(10)レ(藤原)(11)季卿ノ例也。

今案ズルニ、参議ハ五年ニ叙シ二正四下ニ一、七八年アテ叙シ二従三ニ一、六七年アテ叙ス二正三ニ一。中弁ハ五年ニ叙シ二正五下ニ一、又二三年叙シ二従四下ニ一、又六七年アテ叙ス二(従イ)正四上ニ一。少弁ハ二年ニ叙シ二従五上ニ一、又五年アテ叙ス二正五下ニ一。少納言ハ三年ニ叙シ二従五上ニ一、五年叙シ二正四下ニ一、四年ニ叙ス二従三ニ一。中将ハ二三年ニ叙シ二正四上ニ一、又二年アテ叙ス二正四下ニ一。少将ハ二年ニ叙シ二従五上ニ一、三四年ニ叙シ二正四下ニ一、

四年叙《ニス》二従三位《ニ》一。余《ハ》傚《ならフ》レ之《ニ》。又云《ク》、四位《ノ》参議任《ズル》二納言《ニ》一之時、必《ズ》叙《ス》二三位《ニ》一。仍《テ》兼《テ》書《ニ》入《ルト》二従三位《ニ》一云々。少納言尚帯《セバ》二四位《ヲ》一者、四年叙《ニス》二従四上《ニ》一。是《レ》能季卿《ノ》例也。

(1)大監《たいげん》　大宰府の大判官。定員二名。(2)民兵刑蔵輔　民部省・兵部省・刑部省・大蔵省の次官の大輔《たいふ》・少輔《しょう》。(3)大舎人《おおどねり》　大舎人寮は、中務省の被管官司で、令制では左右の二寮からなり、八〇八年(大同三)二寮は合併。ここはその長官の頭を指す。(4)大学頭《だいがくのかみ》　式部省の被管官司の大学寮の長官。(5)蔵助馬頭助　内蔵寮の次官の内蔵助と左右馬寮の長官の頭と次官の助。(6)策労　方略策に及第して官人として出仕した者の勤務年数。(7)使民大蔵丞　検非違使と民部省・大蔵省の判官。(8)内官　在京諸司の官人。(9)外衛　左右兵衛府・衛門府のことで、左右近衛府に対する総称。(10)大間書　神祇官・太政官以下の官司順に欠員となっている官職を列挙し、除目の結果任官した者の位階姓名などを書き入れるための帳簿。(11)藤原能季　一〇三九―一〇七七。父は藤原頼宗、母は藤原親時の女。一〇六四年(康平七)参議、一〇七二年(延久四)権中納言。

## 440〔公卿補任〕天暦二年(九四八)条

天暦二年〈戊申〉
〈関白太政大臣〉従一位藤忠平〈六十九〉(中略)
参　議(中略)
正四位下平随時(1)〈五十九〉
仁明《にんみょう》天皇曾孫。一品式部卿本康親王孫。右馬頭従四位下雅望三男。母中納言山蔭(卿イアリ)女。延木十七正廿九美乃《みの》権大掾。〈内竪頭《ないじゅのかみ》労《ノ》(2)〉十八年正丨治部少丞。〈内竪別当〉廿一年正月式(民イ)部少丞。廿三年正月大丞。延長二正七従五下。〈宇多院御給(3)、別当(判官イ)代。〉二月一日遠江守。同七正月七日従五上。〈治国(4)〉同廿九日備中介。承平四閏正廿九美乃権守。天慶元正月防鴨河使(5)。十二十四左衛門権佐。同二正七正五下。同十六日次侍従《じじゅう》。二月一日兼丹波守。同五年十(正イ)二月停権佐。同五(同イナシ)四廿五従四下。〈佐労《すけのろう》〉同七正月廿二日兼春宮《とうぐう》権亮。同八十十四日兼修理大夫。〈亮如レ元。〉同九四廿一昇殿。同廿六日補蔵人頭。廿八日正四下。〈前坊亮〉七月十七日兼内蔵頭。天暦二正卅任三木《さんぎ》。〈修理大夫如レ元。〉

(1)平随時　八九〇―九五三。父は源雅望、母は藤原山蔭の女。九四八年(天暦二)参議。その後、大宰大弐に任じ、九五三年(天暦七)任地の大宰府で没。(2)内竪頭労　蔵人所の管轄におかれた内竪所の長官としての勤務年数。(3)宇多院御給　宇多上皇に与えられた年給である年爵と年官のうち、ここは年爵を指す。(4)治国　任期の終了した受領についての在任中の成績を判定する受領功過定で、調庸総返抄などの書類をもとに財政上の成績を審査して、功績が認められたことをいう。これにより位階を加えられることを治国加階という。(5)防鴨河使《ぼうかし》　鴨川の堤防の修理を担当する令外官、弘仁年間(八一〇―八二四)にはすでにみえており、八六一年(貞観三)に一度廃止されたがその後再び置かれた。長官一人、判官・主典。

【解説】『二中歴《にちゅうれき》』は、有職故実の類書で、十三巻からなり、鎌倉時代初期、順徳天皇の建保年間(一二一三―一二一八)末年の成立で、室町中期頃まで書き足されたと推定されている。平安時代後期に成立した『掌中歴』と『懐中歴』とを並列収録したもので、平安時代後期の内容を伝えている。『改訂史籍集覧』、『尊経閣善本影印集成』収録。

年労加階制とは、平安時代中期以降に基本的な位階昇進方式として定着した制度。特定の官職に、ある期間在職すること（年労を積むこと）により位階昇進の資格を得るシステム。律令制的位階昇進システムが、労（勤務年数）・上日（出勤日数）・考（勤務評定）によって行なわれ、在職した官職が異なっても労や考は同等であったのに対し、年労加階制では在職する官職や昇進する位階ごとに必要とされる年限が異なる。平安時代の位階昇進方式としてはこの他に、特定の官職（式部・民部・蔵人・外記・史）に在任する六位の官人から毎年一人ずつ五位に叙位する巡爵や、王氏・源氏・藤原氏・橘氏などの特定の氏族から氏長者の推挙により毎年一人ずつ五位に叙位する氏爵《うじのしゃく》、院・三宮（皇后・皇太后・太皇太后）の推挙により毎年一人ずつ五位に叙位する院宮年爵などの位階昇進方式も、承和期から貞観期にかけて成立してくる。

# 3　貴族層の再編成

## (1)　摂関の家の成立

441〔三内口決〕摂家清華事

一、摂家《せっけ》・清華《せいが》事《ノ》

摂家ト申《シ》候ハ摂政家ト云《フ》心《ニ》候《フ》。元来ハ近九之二流ニテ候《フ》。近衛ヨリ出タルヲ鷹司《たかつかさ》ト称シ、九条ヨリ別レタルヲ二条・一条ト申《シ》候《フ》。是《レ》ヲ摂家ノ五流ト号《シ》候《フ》。〈摂家ハ子細アリテ、五流ヲ為《ス》レ限《ト》。諸家ハ力量《ノ》次第《ニ》立《テ》レ家《ヲ》候《フ》。〉近衛ハ系図之面雖《モ》レ為《リト》二宗領一、名記無《シ》レ之。九条ハ雖《モ》レ為《リト》二庶流一、峯関白(1)・月輪《つきのわ》禅閤(2)・後京極《のちのきょうごく》摂政(3)之御記《ナリ》。是《レ》ヲ三代ノ正記ト号シテ、為《リ》二天下之鏡一。然《ル》間、九条ハ正嫡(統イ)ト見ヘ候哉。雖《モ》レ然《リト》諸家之用ヒハ五流無《ク》二差別一候。但《シ》二条之一流ハ南朝御出奔之後、光厳《こうごん》(4)院被《レ》開《カ》二聖運《ヲ》一、当代之御一流被《ル》レ用《ヒ》二正統一之事者《ヲ》、二条〈後普光院摂政 良基《よしもと》(5)公〉一家之勲功也。依《リテ》レ之至《ルマデ》二于今《ニ》一称《ス》二天下《ノ》御師範《ト》一。

(1)峯関白　九条道家《みちいえ》。一一九三―一二五二。父は九条良経《よしつね》、母は一条能保の女。左大臣。一二二一年(承久三)仲恭天皇の摂政。承久の乱により摂政を罷免され、一二二八年(安貞二)関白。四条天皇の即位により外祖父となり、一二三五年(嘉禎元)長子の教実の死により、再び摂政。(2)月輪禅閤　九条兼実《かねざね》。一一四九―一二〇七。父は藤原忠通、母は藤原仲光の女加賀。一一六〇年(永暦元)権中納言。その後、内大臣、右大臣などを歴任、一一八五年(文治元)内覧、翌年摂政。一一八九年(文治五)太政大臣、一一九一年(建久二)関白となったが、一一九六年(建久七)いわゆる建久の政変により官を追われた。(3)後京極摂政　九条良経。一一六九―一二〇六。父は九条兼実、母は藤原季行の女。一一八九年(文治五)参議を経ずに権中納言となる。その後、内大臣、左大臣、一二〇二年(建仁二)摂政、一二〇四年(元久元)太政大臣。(4)光厳院　一三一三―一三六四。在位一三三一―一三三三。父は後伏見天皇、母は西園寺公衡の女寧子。一三二六年(嘉暦元)立太子。一三三一年(元弘元)後醍醐天皇の倒幕計画の失敗により、幕府の推戴で践祚。一三三三年(元弘三)後醍醐天皇の詔により廃位。一三三五年(建武二)足利尊氏が後醍醐に反旗をひるがえし、弟の光明天皇を践祚させ、光厳の院政が開始された。その後、一三五二年(正平七)南朝軍の京都進出によってとらえられ、吉野の賀名生《あのう》に移され、出家。(5)二条良基　一三二〇―一三八八。父は二条道平、母は西園寺公顕の女。一三二八年(嘉暦三)従三位、内大臣、右大臣を歴任し、一三四六年(貞和二)関白。その後、左大臣、太政大臣。一三八八年(嘉慶二)摂政、次いで関白となった。

【解説】『三内口決《さんないくけつ》』は、三条西実枝《さんじょうにしさねき》が著わした有職故実の書で、綸旨事以下の三十数項目が記されており、実枝が北畠具房に書き与えたとされる。『群書類従』雑部による。ここにいう摂関家とは、摂政・関白に就任してきた家で、執柄《しっぺい》家ともいう。清和天皇の外祖父として藤原良房が摂政に就任し、養嗣子基経が摂政・関白に任じられて以来、摂関の職は藤原北家《ほっけ》に伝えられてきた。基経の子忠平の後、実頼の小野宮流・師輔の九条流へと分立してから、兼家に対する閑院《かんいん》流、道長の御堂《みどう》流に対する道隆の中関白家《なかのかんぱくけ》という北家内部での庶流の分立が続いた。道長以降、摂関の職は御堂流に定着するが、白河院政期までには、摂関の就任が外戚関係の有無に左右されず、摂関の地位と外戚関係の有無とが分離したことにより、摂関を世襲する家柄として摂関家が家格として確立してくる。忠通の後、長子基実を祖とする近衛家と、三男兼実を祖とする九条家に分かれた。九条家は、教実の時に弟良実が二条家の祖となり、実経が一条家の祖となることにより三家に分立した。一方近衛家は、兼経の弟兼平が鷹司家の祖となり、九条・二条・一条・近衛・鷹司の五摂家として並立することになった。

## (2)　家格の成立

### 442〔江家次第〕巻六　石清水臨時祭

五献、(注略)

敷《ク》㆓重坏料《ノ》円座《ヲ》㆒。(注略)

舞人《まいびと》座二所、(注略)

陪従《べいじゅう》(1)座一所、(注略)

給《フ》㆓重盃五重許《ばかりヲ》㆒。(注略)

舞人前二人、〈殿上四位、〈用《フ》㆓清華人《ノ》(2)㆒《ヲ》。〉所衆《ところのしゅう》(3)二人執《リテ》㆓瓶子(4)㆒《ヲ》相従《フ》。〉

陪従座一人、〈五位蔵人、所衆瓶子。〉

螺《ら》盃(5)・銅盞《どうせん》(6)、近代不レ行。

(1)陪従　祭礼で行なわれた神楽などで楽器の伴奏を勤めた楽人。(2)清華人　清華は公家の家格の一つで、摂家につぐ家柄。当初は公家の中で家柄の良いものを指したが、家格の形成とともに、近衛大将を経て、太政大臣に至る家を特定したよび名となった。(3)所衆　蔵人所の下級職員。(4)瓶子《へいし》　酒を入れて杯に注ぐための瓶。(5)螺盃　夜光貝などの貝殻を切って、木地や漆面に嵌め込んだり張り付けたりした螺鈿の盃。(6)銅盞　銅製の杯。

## 443 〔台記〕 久安二年(一一四六)八月十一日条

定考《こうじょう》(1)。午刻参レ官。右大弁〈非参議《ひさんぎ》俊雅(源)(2)〉・右少弁光頼(藤原)(3)之外、弁官不レ参。因レ之無二庁申文《ちょうのもうしぶみ》(4)一。有二法申《のりもうし》考所一。少納言能忠(藤原)(5)着二北第一床子《しょうじ》一。光頼着二第二床子一。少納言読レ簡。詞《ことば》似レ知二故実一。

裏書云、但太政官三字声読。於二朝所《あいたんどころ》一、責二此失一、行二罰酒一。能忠陳云、「成隆(6)所レ申」。斯少納言成隆在レ座。因問レ之、申云、「宮内卿時隆(7)朝臣〈故基綱(8)卿子〉所レ伝也」。件朝臣四代経二此職一(9)。定有レ所二習伝一。因レ之不レ行レ罰。又光頼着二二床子一。余(藤原頼長)責二定考一時、少納言着二一床子一、弁着二三床子一。是最勝之説也。或又少納言着二二床子一、弁着二三床子一。雖レ劣又有二其説一。弁着二 二床子一、未レ知二此事一。対《こたへ》云、「少納言着レ二者、弁着レ三、少納言着レ一者、弁二」。是所二習伝一也。光頼数代弁官之家(10)也。定有レ所二習知一。因レ之又不レ行レ罰。

(1)定考　上皇との音通を避け転倒して読む。八月十一日に、前年八月から当年七月までの長上官の勤務成績を大臣に上申し、承認決裁を得る儀式。この日は内大臣藤原頼長(一一二〇―一一五六)が上卿。(2)源俊雅　一一〇五―一一四九。父は源能俊、母は源頼綱の女。左右大弁などを歴任し、一一四九年(久安五)参議。(3)藤原光頼　一一二四―一一七三。父は藤原顕頼、母は藤原俊忠の女。右中弁、蔵人頭などを歴任し、一一五六年(保元元)参議。のち権大納言。(4)庁申文　太政官庁の官政や外記庁の外記政で申文を読み上げる儀式。この日は定考に先立って行なわれるはずが、中止となった。(5)藤原能忠　?―一一五一。父は藤原有家、母は藤原知綱の女。対馬守、春宮大進、民部少輔などを歴任。(6)成隆　生没年など不詳。(7)時隆　生没年不詳。あるいは、尊卑分脈にみえる基綱の子で、少納言、宮内卿を歴任した源時俊(生没年不詳)か。(8)基綱　一〇四九―一一一六。父は源経信、母は源貞亮の女。式部少丞、治部少輔、少納言、右大弁、蔵人頭などを歴任し、一〇九八年(承徳二)参議となる。その後、権中納言・大宰権帥に至る。(9)四代経此職　源経信・基綱・時隆・成隆の四代にわたって少納言を勤めてきた、の意。(10)光頼数代弁官之家　光頼の家は数代にわたって弁官を勤めてきた、の意。頼長は少納言の家や弁官の家の「習伝」を尊重した。

【解説】 摂関政治体制の確立にともなって、藤原氏の家門の分立、貴族層の官途の昇進コースの固定化がすすみ、貴族層内に家格の形成が見られるようになってくる。摂関を出す家としての摂関家(摂家)をはじめ、清華・羽林《うりん》・名家《めいか》などの家格が院政期における貴族社会の再編の過程で生まれてきた。このうち清華家は、極官《ごくかん》として太政大臣に至る家格の家で、閑院・花山《かざん》院《いん》・中院《なかのいん》(久我《こが》源氏)の三家が摂家に次ぐ家格を形成した。羽林家は近衛中少将を経て大・中納言に至るのを官途とする家で、閑院・花山院・久我諸家の庶流からなり、冷泉《れいぜい》家・山科《やましな》家などがこれに属する。名家は弁官・蔵人を経て大納言に至る家で、「弁官家」ともいわれた勧修寺《かじゅうじ》流藤原氏や、儒門から出身し「儒弁」といわれた日野流藤原氏、文章道から蔵人に出身した高棟《たかむね》流平氏などがこれにあたる。平安時代後期から室町時代を経て固定化していった家格は、江戸時代まで貴族層の階層秩序として存在した。

# 第五章　古代国家の終焉と中世社会の胎動

　本章では、十世紀末の摂関政治の全盛期から十一世紀後半の後三条天皇の親政期までの約百五十年間を扱う。

　この期間は、「後期摂関政治」の時期に該当するが、その一方では、章の題名にもあるように、中世的な社会構成が明確になる時期でもあった。本章では、どちらかというと後者に力点を置いて、その様相の具体化を試みた。

　九六九年の安和《あんな》の変以後、藤原北家の覇権が確立するが、その後は北家の内紛が激化し、政権が安定するのは藤原道長が内覧になった九九五年を待たなければならなかった。権力を掌握した道長は娘三人を入内《じゅだい》させるなどして全盛を誇り、その栄華は子の頼通の代まで及んだ。

　同時期、台頭してきた階層として「武士」が注目される。近年は「職能論的武士」論が盛んであるが、摂関家など貴族の「侍」として活躍する「都の武士」とともに、関東の俘囚《ふしゅう》の反乱鎮圧に活躍し、そのまま留住した桓武平氏に代表される「地方の武士団」の存在も見逃すことはできない。また、地方支配のために新たな武力が必要となるにしたがって、国司自身が武装し、かつその元に地方の武士を編成して、国衙に属する武士（国侍）も形成されるようになった。

　摂関政治の全盛を経済的に支えたのは、都市としての平安京の成熟と中世的な村落の形成であった。

　平安京は九世紀後半ころより「都市」としての性格を明確にしてくる。とくに、地方から平安京への住民の流入はその大きな要因であった。彼らの多くは官衙の下部《しもべ》として仕え、官衙周辺の「厨町《くりやまち》」に集住した。そのため、官衙の集まる内裏東側（左京上辺）は人口密集地となり、逆に右京は、地形的な要因があるものの、「幽居」（「池亭記」）と言われる状況であった。都市住民の増加に伴い、犯罪を取り締まる検非違使や町の自治を担う「長《おとな》しき人々」や「保刀禰《ほうのとね》」と称される人々の活躍も目立つようになった。貴族や都市住民の生活のために様々な分業が発展した。

　十一世紀中頃以降、「四至《しいし》」（東西南北の領域）で囲まれた大規模開発が本格化した。そして、それを前提に、保や別《べっ》名《みょう》、そして領域的な荘園などの大規模所領が形成され、それに伴い中世的な村落の形成が進展した。中世村落の起点となったのは「住人」と称する階層で、彼らは「在地随近刀禰」とも言われて村落秩序の維持に当たる一方で、集団で「住人等解《げ》」を荘園領主に提出し、年貢の軽減や用水・山野の領有問題など、村落が直面した様々な問題を解決するために、領主へ訴え出る主体でもあった。

中国は、唐の滅亡（九〇七年）の後、五代十国の分裂の時代を迎えたが、九六〇年に宋が建国されて統一がなされ、東アジアの国際情勢は安定へと向かった。中国の仏教への憧憬は日本の仏教界に強くあり、十世紀の混乱期においても中国へ渡る僧は続いた。その中で奝然の入宋は、『宋史』にも記されている。十世紀末以降、宋との交流は、仏教のみならず、貿易においても展開していく。

摂関政治全盛期に花開いたのが「国風文化」であった。国風文化は、浄土教の普及と末法思想の展開という思想状況を背景に、宮中のサロンで活躍した女官（女房）によって書かれた仮名文学に代表される。中でも光源氏を中心に男女の恋が織りなす人生模様を描いた『源氏物語』は、当該期の世界的な長編文学として名高いし、初期の日記文学である『土佐日記』、さらに叡知に富んだ随筆集である『枕草子』の位置も高い。『栄花物語』や『大鏡』などの歴史物語も仮名文字で叙述された。

しかし、この仮名文学の隆盛の背景に、和様化された漢文学の存在を無視することはできない。貴族の基礎教養を養った辞書や「口遊《くちずさみ》」などの初級教科書、さらに当時の貴族の生活にとって必須であった年中行事書・儀式書はその和様の漢文で書かれていた。漢文学は依然貴族社会の基底的な教養であったのである。そして、このような風潮の中で『和漢朗詠集』という独特のジャンルの作品が作られた。

また、和歌と大和絵の発展は、それまでの唐絵と漢詩の屏風に代わって、日本の季節と風物を詠み描いた和風の屏風絵を誕生させた。

第一節

# 摂関政治の展開

## 1　藤原道長・頼通の栄華

### (1)　道長の栄華

**444〔尊卑分脈〕摂家相続孫　道長公伝**

康保三（九六六）〈丙寅〉誕生。天元三（九八〇）正七従五位下(1)。同五年正十昇殿(2)。同六年正廿七侍従。（中略）正暦元（九九〇）正七正三位。同年十五中宮大夫《だいぶ》。同二年九七権大納言。同三年四廿七従二位。同六年四廿七兼《ヌ》二左大将《ヲ》一。同年五十一宣旨(3)《アリ》、「太政大臣（官カ）文書先《ツ》触《レテ》二権大納言藤原朝臣《ニ》一可《シ》二奉行《ス》一」者《トイヘリ》。同年六廿九任《ズ》二右大臣《ニ》一。（中略）長徳二（九九六）七廿転《ジ》二左大臣《ニ》一、即日叙《ス》二正二位《ニ》一、同日大将如《シ》レ元《ノ》。（中略）長和四（一〇一五）十々賀《ス》。〈五十《ノ》算〉同月廿七宣《ス》、「天皇不豫(4)之間、蒙《ムリ》二准摂政《ノ》儀《ヲ》一、可《シ》レ令《ム》レ行《ハ》二除目叙位官奏等《ノ》事《ヲ》一」者《トイヘリ》。於《イテ》二直盧《ちよくろニ》一行《フ》二件等事《ヲ》一。長和五正廿九摂政。〈同日勅授(5)〉（中略）寛仁元（一〇一七）十六重《ネテ》上三表《シテ》摂政《ヲ》一以《テ》二男頼通《ヲ》一為《ス》二摂政《ト》一。兵杖如《シ》レ元《ノ》。同日叙《ス》二従一位《ニ》一。同年十二四太政大臣。（中略）寛仁三年三月廿一日出家《ス》。〈法名行観、後改《ム》二行覚《ト》一。〉（中略）十二月四日遂《ニ》以《テ》薨逝《ス》。〈六十二〉在官関白摂政《ノ》労廿三。〈長徳元以後長和六年以前。〉

(1)天元三正七従五位下　天元三年正月七日の叙位において従五位下に叙されたこと。五位以上の官人を「通貴」と称し、従五位下に叙されることは貴族の一員となることを意味した。(2)昇殿　天皇に近侍するため、清涼殿南廂《みなみびさし》の殿上《てんじょう》の間に伺候することを許されること。四・五位で許された者を殿上人《てんじょうびと》という。(3)宣旨　内覧に任命されたことを示す宣旨。(4)不豫　本来は「不快」を意味するが、それが転じて天皇が病気になったことを意味する。(5)勅授　天皇の勅旨によって摂政に任命された。

**445〔公卿補任〕正暦六年（九九五）条**

正暦六年乙未　二月廿二日改《メテ》為《ス》二長徳元年《ト》一。〈今年所《ノ》レ薨《ズル》納言以上八人、其役十六員。〉

関　白　正二位　藤道隆《みちたか》四十三　二月廿六日抗《あゲ》レ表《ヲ》辞遁《ス》。無《シ》二勅許一。但《シ》陳《ジテ》レ病《ヲ》不二出仕《セ》一。三月廿九日宣旨《ニ》云《ク》、「関白煩《フ》レ病《ヲ》。仍《テ》巨細雑事、先《ツ》触《レテ》二内大臣伊周《これちかニ》一可《シ》二奉行《ス》一」《ト》者《イヘリ》。四月三日依《テ》二病危急《ニ》一重《ネテ》辞《ス》二関白《ヲ》一。返《シ》二随身《ヲ》一、渡《ス》二長者《ノ》印《ヲ》於右大

臣ニ一。六日出家シ入道ス。十日薨ズ二於南院第ニ一。廿四日葬ムル。（中略）

正二位　同道兼《みちかね》三十五 四月廿七日関《あずかりもうス》二白 巨細雑事ヲ一。同廿八日為ル二氏長者《うじのちょうじゃ》ト一。五月二日申ス二慶賀ヲ一。同八日薨ズ二于二条亭ニ一。十一日葬送ス。廿五日庚午薨奏ス。

（中略）

左大臣　正二位　源重信《しげのぶ》七十四 五月八日薨ズ。同廿五日（中略）今日薨奏ス。去ル十六日葬送ス。（中略）

右大臣　正二位　藤道兼　右大将。四月廿七日為ル二関白ト一。五月八日薨ズ。

従二位　同道長 三十六 六月十九日任。為ル二氏長者ト一。同廿日大将如シレ元ノ。内覧。

内大臣　正三位　同伊周 二十二 三月九日宣旨ニ云ク、「関白病ノ間可シレ行フ二公事ヲ一」云々。（中略）五月五日止ム二内覧ヲ一。八月廿八日東宮傅《ふ》。〈三条院〉兵仗。

大納言　正二位　同朝光《あさてる》四十五 三月廿日薨ズ二于枇杷第《びわのだい》ニ一。在官十九年。五月廿五日薨奏ス。（中略）

同済時 五十五 左大将。皇后宮大夫。按察使。四月廿三日辞ス二大将ヲ一。同日薨ズ二于五条第ニ一。（中略）

従二位　同顕光《あきみつ》六十二 六月十九日転ズ。同廿日右大将。

正三位　同公季 三十九 六月十九日任。大夫如シレ元ノ。

権大納言　従二位　同道長　中宮大夫。四月廿七左大将。（中略）五月十一日宣旨ス、「官中ノ雑事、触レテ二権大納言道長卿ニ一可シ二奉行ス一」者《トイヘリ》。六月五日兼宣旨《けんせんじ》。十九日右大臣。

正三位　同道頼 二十五 六月十一日薨ズ。（中略）

従二位　同顕光 六十二 四月六日任。ヽヽ転正。

中納言　従二位　同顕光　左衛門督。使別当。ヽ任権大。

正三位　源保光 七十二 正月七日従二位。五月九日薨ズ。廿五日奏。（中略）

藤公季　春宮大夫。ヽヽ任権大。

源伊陟　正月十三日転任。大夫右衛門督等如シレ元ノ。五月廿五日薨ズ。廿五日（中

薨奏《ス》。（中略）
同時中 五十四　六月十九日転《ズ》。
藤懐忠　六月十九日転《ズ》。八月廿八日左衛門督。
従三位　同隆家 十七　六月十九日転《ズ》。

【解説】九九五年（長徳元）藤原道長の兄である関白道隆とその弟道兼が病気のため相次いで死亡すると、道隆の子伊周・隆家兄弟と道長の対立が深まった。道長は姉詮子の援助も得て、五月には伊周が就任していた内覧の地位を獲得するとともに、六月には内大臣伊周を飛び越えて右大臣に昇進した。そのうえ、五月八日には左大臣源重信も死亡したため、道長は一躍朝堂の首席に登ることになり、摂関政治に向けての基盤を固めることになった。

## 446〔小右記〕寛仁二年（一〇一八）十月十六日条

今日、以《テ》二女御（1）藤原威子《ヲ》一、立《ツル》二皇后《ニ》一之日也。〈前太政大臣（藤原道長）第三《ノ》娘《ナリ》。一家《ニ》立《ツルハ》二三后（2）《ヲ》一、未《いまダ》二曾《テ》有《ラ》一〉（中略）太閤（3）招《キ》二呼《ビテ》下官（4）《ヲ》一云《ク》、「欲《ス》レ読《マムト》二和哥《ヲ》一、必《ズ》可《シ》レ和《ス》」者《トイヘリ》。答《ヘテ》云《ク》、「何《ソ》不レ奉《ラムト》レ和《ラ》乎《シ》」。又云《ク》「誇たる哥になむ有る。但《シ》非《ズ》二宿構（5）《ニ》一」者《トイヘリ》。「此世乎は我世と所《ぞ》思《フ》望月乃虧たる事も無と思へハ」。余申《シテ》云《ク》、「御歌優美也。無《シ》レ方《ニ》酬答《スルニ》。満座只《ダ》可《シ》レ誦《ス》二此《ノ》御歌《ヲ》一。（中略）」夜深《ケ》月明《カニ》、扶《ケテ》レ酔《ヲ》各各退出《ス》。

（1）女御《にょうご》　中宮。（2）立三后　一家の三人の娘がそれぞれ三人の天皇の后になること。これより前、道長の長女彰子が一条天皇の中宮、次女妍子が三条天皇の中宮になっていた。（3）太閤　摂政・太政大臣の敬称。後、関白を辞してそれを子に譲った者などを指すようになった。（4）下《げ》官《かん》　自分を指す卑称。この場合は『小右記《しょうゆうき》』の筆者藤原実資《さねすけ》。（5）宿《しゅっ》構《こう》　あらかじめ作っておくこと。それを否定することで、和歌の出来を謙遜していることを示す。

【解説】道長の三女威子の立后の日の記事。彰子・妍子・威子と三人の娘が三人の天皇の后となり、道長の権勢は不動のものとなった。藤原実資は「未曾有」の事態が生まれたことを伝える。「この世をば……」という和歌は、道長が即興で詠んだことになっている。道長の日記である『御堂関白記《みどうかんぱくき》』の同日条には「余、読和歌、人々詠之」とあるだけで、和歌そのものは記されていない。

## 447〔古事談〕巻一　王道后宮

一条院（一条天皇）崩御之後、御手習ノ反古《ほご》ドモノ御手筥《てばこ》ニ入テアリケルヲ、入道殿（藤原道長）御覧ジケル中ニ、叢蘭（臣範也）欲《スルモ》レ茂《ラント》秋風吹破《キル》、王事（或説三光欲明黒雲覆光）欲《スルモ》レ章《あきらかナラント》讒臣乱《ス》レ国《ヲ》トアソバシタリケルヲ、吾事ヲ思食《おぼしめし》テ令《メ》レ書《カ》給タリケリトテ令《メ》レ破《ラ》給ケリ。

【解説】一条天皇は道長の姉詮子（円融天皇の皇后）の子であったが、道長は外祖父として権威を振るうために、自分の娘たちの子を早く皇位に就けたいと考えていたので、一条天皇の継続には好意的でなかった。そのような道長の態度に不満を抱いて

図5-1　藤原氏と天皇家の婚姻関係

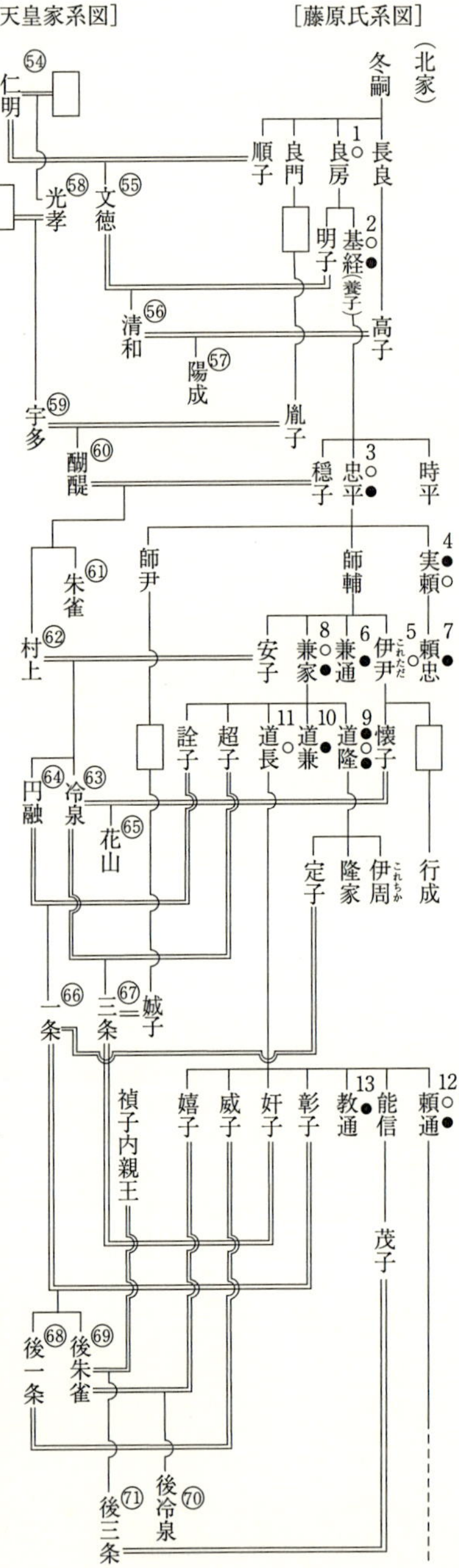


(══婚姻関係、数字は即位または就任順、○●は摂政・関白)

いたことを示すのがこの記事である。一条天皇の死後御手箱に入っていた天皇直筆の文書には、「天皇の徳を発揮したいと考えているが、讒臣(よこしまな心をもつ臣)が国を乱す」と記してあったというのである。「讒臣」とは道長のことであった。同様の話は、慈円著『愚管抄』巻三にも記されているが、事実であるか否かは確認できない。一条天皇と道長との関係を伝えるエピソードとして収録した。

## (2) 頼通の栄華

**448〔日本紀略〕寛仁元年(一〇一七)三月四日条**

宣命《ス》。以《テ》㆓右大臣藤原顕光朝臣《ヲ》㆒為《ス》㆓左大臣《ト》㆒。以《テ》㆓内大臣同公季朝臣《ヲ》㆒為《ス》㆓右大臣《ト》㆒。以《テ》㆓権大納言頼通(藤原)朝臣《ヲ》㆒為《ス》㆓内大臣《ト》㆒。大納言参議等各任《ズ》。以《テ》㆓内大臣《ヲ》㆒為《ス》㆓摂政(1)《ト》㆒。

(1)為摂政　藤原道長の長男頼通は二十六歳で権大納言から内大臣に昇進し、同日摂政に就任した。『公卿補任』では三月十六日のこととする。

同日道長が摂政を辞している。

449〔扶桑略記〕治暦三年（一〇六七）十月五日条

天皇（後冷泉）車駕幸臨宇治平等院(1)。宸儀渡御兎道《うぢ》橋之間、伶人(2)棹華船、泝《さかのぼ》河上。凡仁祠之荘厳、事絶于曩篇《のうへん》。入御之後、即駕腰輿《ようよ》、奉礼阿弥陀堂(3)。池上架錦繡仮屋、又池中有龍頭鷁首《りようとうげきす》船(4)、奏童楽訖。渡御経蔵、御覧仏具。還御之後、供御《くう》膳。以金銀珠玉儲之、事之希有。殊催叡感(5)。

（1）平等院　藤原頼通が山城国宇治郡（宇治市）に建立した寺院。（2）伶人　雅楽の奏者。（3）阿弥陀堂　平等院鳳凰堂。（4）龍頭鷁首　貴人が用いた二隻一対の船で、一隻は舳先に竜の頭、他は鷁（想像上の水鳥）の首を彫刻したもの。（5）叡感　天皇・上皇などの感嘆や賞賛。

【解説】　長和五年一月に後一条天皇が即位すると早速藤原道長が摂政となったが、その約一年後に息子の頼通《よりみち》が内大臣に上ると道長は頼通に摂政を譲り、自分は同年十二月に太政大臣に就任し、頼通政権の基盤が固まった。頼通が建立した平等院鳳凰堂は浄土教に基づく阿弥陀堂建築の代表的なもので、『扶桑略記』の記事は、そこに後一条天皇を招いた時の様子を描いたもの。その荘厳のみごとさは天皇が感嘆するほどであった。

## 2　武士の成長

### (1)　都の武士

450〔西宮記〕巻十七

滝口(1)〈在御所近辺。寛平御時(2)被置。衆十人、若《もしくは》廿人。随時議。有内官(3)。有熟食。進月奏(4)。〉

（1）滝口　清涼殿の東庭北方にある御溝水《みかわみず》の落ち口に詰めて、禁中の警護や追捕を職務とした武士。（2）寛平御時《おんとき》　八八九―八九七年。宇多天皇の治世。（3）内官　二官八省や衛府などに属する中央の官人。地方官を外官《げかん》と呼ぶのに対応している。（4）月奏《げっそう》　毎月一日に前月の勤務日数を天皇に報告すること。

【解説】　蔵人所を中心に天皇周辺の権力の強化を図っていた宇多天皇は、衛府の武官の能力が低下したこともあり、直属の武力を滝口に設置し、禁中の宿直警護に当たらせた。これを滝口の武士という。はじめ十人であったが、後二十人に増員され、一時は三十人にもなった。これによって、貴族層が自分たちの警護に武士を登用する風潮が強まることになった。

451〔今昔物語集〕巻十九　摂津守源満仲出家語第四

今昔《いまはむかし》、円融院ノ天皇ノ御代(1)ニ、左馬頭《さまのかみ》源ノ満仲《みつなか》(2)ト云フ人有ケリ。筑前守（源）経基(3)ト云ケル人ノ子也。世ニ並ビ無キ兵《つわもの》(4)

ニテ有ケレバ、公《おおや》ケモ此レヲ止事《やんごと》無キ者ニナム思食《おぼしめし》ケル。亦、大臣・公卿ヨリ始テ世ノ人皆此レヲ用ヰテゾ有ケル。

(1)円融院ノ天皇ノ御代　九六九―九八四年。(2)源ノ満仲　清和天皇の孫源経基の子。摂津国豊島郡多田荘に住し多田満仲と呼ばれた。多田源氏の祖。(3)経基　清和源氏の祖。(4)兵　武者のこと。

【解説】　清和源氏の出で多田源氏の祖である満仲が、武力を職能として多くの貴族・公卿層に登用されていたことがわかる。このように平安京にいて、貴族層の護衛などを担当して活躍していた武士を、追捕使《ついぶし》や押領使などに任じられて地方で活躍していた武士と対比して、「都の武士」という。

**452〔新猿楽記〕**

中(1)君ノ夫ハ天下第一ノ武者也。合戦《かっせん》・夜討《ようち》・馳射《はせひき》・待射《まちゆみ》・照射《ともし》・歩射《かちゆみ》・騎射《のりゆみ》・笠懸《かさがけ》・流鏑馬《やぶさめ》・八的《やつまと》・三々九《さんざく》・手挟《たばさみ》(2)ノ等上手也。或被《き》二甲冑ヲ一、帯《シ》二弓箭ヲ一、受《ケ》二干戈ヲ一、用《つかヒ》二太刀ヲ一、靡《なびカシ》レ旌《はた》、築《キ》レ楯ヲ、張《リ》レ陣ヲ、従《フル》レ兵ヲ之計、寔《まことニ》与《ヘタル》レ天之道也。手聞キ心猛《クシテ》、毎《ニ》レ臨《ム》二合戦之庭ニ一、常ニ得《タリ》二勝負(利)之名ヲ一。至《リテ》二于会稽(3)之時ニ一、未《いまダ》レ取《ラ》二属降之思(4)ヲ一ず。具《シ》二楊由(5)之弓能ヲ一、有《リ》二解烏(6)之靫《ゆき》ノ徳ヲ一。寔《まことニ》可《シ》レ謂《フ》二一人当千《ト》一。不レ知《ラ》二姓名ヲ一、字ハ元名ハ勲藤次ト云々。

(1)中君　次女のこと。(2)夜討……手挟　これらはすべて弓術の技。(3)会稽　講和のことか。(4)属降之思　降伏するという恥辱。(5)楊由　養由基のことで、中国戦国時代楚の人で弓の名手。(6)解烏　解烏のことは現行の淮南子には見えない。

【解説】　『新猿楽記《しんさるがくき》』は、文章博士《もんじょうはかせ》藤原明衡《あきひら》が十一世紀中頃に書いた作品。前半は猿楽《さるがく》のさまざまな演目と、それを演じる演者の技量の善し悪しを評価した部分であり、これは当時の芸能に関する史料として価値が高い。しかし、この部分は分量的には少なく、『新猿楽記』の大部分を占める後半は、猿楽見物にきた右衛門尉《うえもんのじょう》一家に託した職業尽くしになっている（表5-1参照）。『新猿楽記』の特徴の一つは、都市に住むさまざまな職業人の職能＝技術・技能を列挙している点にあるが、ここに書き上げられた職能から、中君の夫である「武者」の技術とはなによりも弓の技術、とくに騎上からの弓術＝弓馬の道に優れていることが必須の条件であったことがわかる。そして、合戦の場で勝利に導くことこそが彼らの職能であった。先の『西宮記《さいきゅうき》』や『今昔物語集』の記事を参照するならば、武士とは弓馬の道に優れ、その職能を用いて天皇や貴族層の近辺にいて警護にあたり、さらには合戦に優れている人々のことであった。

## (2)　地方の武士団

**453〔今昔物語集〕巻二十五　源充平良文合戦語第三**

今昔《いまはむかし》、東国ニ源充《みつる》(1)・平良文《よしふみ》(2)ト云二人ノ兵《もののふ》有ケリ。充ガ字《あざな》ヲバ□(箕)田ノ源二《げんじ》ト云ヒ、良文ガ字ヲバ村岳(岡)ノ五郎トゾ云ケル。

此ノ二人、兵ノ道ヲ挑《いどみ》ケル程ニ、互ニ中悪《あ》シク成ニケリ。二人ガ云事ヲ互ニ中言為《なかごとす》ル郎等《ろうどう》有テ、云令聞《いいきかしめ》ケル様、（中略）共ニ大キニ嗔《いかり》ヲ成シテ、「「此ク云テノミカハ可有《あるべ》キ。然ラバ日ヲ契テ可然《しかるべか》ラム広キ野ニ出合テ互ニ問《とわむ》」トナム云」ト云ヒ聞セケレバ、「其ノ日ト契テ野ニ出合ム」ト消息ヲ通ハシツ。其後ハ各軍《いくさ》ヲ調ヘテ戦ハム事ヲ営ム。

既ニ其契ノ日ニ成ヌレバ、各軍ヲ発シテ、此ク云フ野ニ、巳《み》ノ時計《ばかり》(3)ニ打立ヌ。各五六百人許ノ軍有リ。皆身ヲ棄、命ヲ不顧《かえりみず》シテ、心ヲ励マス間、一町計《ばかり》ヲ隔テ、楯ヲ突キ渡シタリ。各兵ヲ出シテ牒《ちょう》(4)ヲ通ハス。（中略）然テ其後ニ各楯ヲ寄セテ、今ハ射組《いくみ》ナムト為《す》ル程ニ、良文ガ方ヨリ充ガ方ニ云ハスル様、「今日ノ合戦ハ、各軍ヲ以テ射組《いくま》セバ、其ノ興不侍《はべらず》ラ。只君ト我レトガ各ノ手品(5)ヲ知ラムト也。然レバ、方々ノ軍ヲ不令射組《いくましめず》シテ、只二人走ラセ合テ手ノ限リ射ト思フハ何《いか》ガ思ス」ト。

充此レヲ聞テ、「我レモ然《しか》思給フル事也。速《カ》ニ罷リ出ズ」ト云セテ、充楯ヲ離テ只一騎出来テ、雁胯(6)ヲ番《つがい》テ立テリ。（中略）昔ノ兵此ク有ケル。

其後ヨリハ、充モ良文モ互ニ中吉《よ》クテ、露隔ツル心無ク思ヒ通ハシテゾ過《すぐし》ケルトナム伝ヘ語リタルトヤ。

（1）源充　嵯峨源氏源仕《つかう》の子。武蔵国足立郡箕田郷（埼玉県鴻巣市）に住して箕田を名乗った。（2）平良文　桓武平氏平高望《たかもち》の子で平将門《まさかど》の叔父。武蔵国大里郡村岡（埼玉県熊谷市）に住し村岡を名乗った。（3）巳ノ時　午前十時頃。（4）牒　宣戦布告の通牒。（5）手品《てじな》　腕前。（6）雁胯《かりまた》　先が大きく二股に分かれた矢じりを付けた矢。

【解説】　源充の父仕は嵯峨天皇の曾孫で、『尊卑分脈』によれば「従五位下、武蔵守」と記されている。また、平良文の父高望はもと高望王と称し、桓武天皇の曾孫であり、九世紀末に上総介として東国に土着したと考えられている。このように、九世紀後半以降、東国の民衆の抵抗や反乱を沈静化するために、武力を職能とする天皇家出身の下級貴族が源氏・平氏を名乗って東国に留住するようになった。この説話は、両氏族がいかに武力に優れていたかをみごとに描写している。彼らは国司の権官《かん》（正官に任じられる資格はないが、緊急事態などに対処するために便宜的に任じられた官）や国の追捕使・押領使などに任じられて、その職能を発揮し、武士団形成の足がかりを作った。九三五年から九四〇年にかけて関東一円で反乱を起こした平将門は桓武平氏の一族である。

## 454〔朝野群載〕巻二十二　諸国雑事　上

申ス下兼ネ二押領使(1)ヲ一幷セテ給ハラント中随兵ヲ上

従五位下下総《しもうさ》守藤原朝臣有行誠惶誠恐謹言

請フノレ被レント下特ニ蒙リ二天恩ヲ一、因三准シ先例ニ一、兼ネ三行ヒ押領使ヲ一、幷セテ給ハ中随

兵卅人ヲ上状

右、謹ミテ検ズルニ二案内ヲ一、当国隣国司等ノ、帯ビ二押領使ヲ一、幷セテ給ハリ二随兵ヲ一、勤三行スルコト公事ヲ一、其ノ例尤モ多シ。近キハ則チ前司従五位下菅原朝

臣名明、依天慶（九四六）九年八月六日符、兼押領使、并給随兵卅人。凡坂東諸国、不善之（2）輩《ともがら》、横行所部、道路之間、取物害人。如此物忩《ぶっそう》、日夜不絶。非施公威、何粛《ただサン》国土。望請　天恩、因准先例、不費官物、国廻方略、漸以宛行。然則、若有凶党之輩、且《かつハ》以追捕、且以言上。有行、誠惶誠恐謹言。

天暦（九五〇）四年二月廿日　　従五位下乀乀乀（3）

同年五月五日左大臣宣。奉勅依請《こう》（4）。

（1）押領使　九世紀後半以降諸国に置かれた凶党追捕のための官職。（2）不善之輩　国司の支配等に抵抗する在地の集団を指す歴史用語。（3）乀乀　署名・判を略したことを意味する。（4）奉勅依請　五月五日になって勅（天皇の命令）によってこの申請は許可された。

【解説】　十世紀中頃になると、「不善之輩」や「凶党之輩」と呼ばれた集団の追捕のために諸国に押領使が設置されるようになった。史料によると、下総国では国守が押領使を兼帯し、随兵三十人を従えることができた。国司は、中央から下ってきた武力を職能とする下級貴族や地方で武力を誇っていた武士などを随兵に登用し、武力の強化を進めた。このようにして国衙に仕える武士＝国侍《くにざむらい》が形成されていった。

## (3)　平忠常の乱

**455**〔**応徳元年皇代記**〕**万寿五年（一〇二八）条**

戊辰月日、安房《あわ》守惟忠《これただ》、為下総権介《ごんのすけ》平忠常《ただつね》（1）被焼死了《おわンヌ》。仍下遣追討使（2）右衛門尉《じょう》平直方《なおかた》・志《さかん》中原済道《なりみち》。八月五日進発。

（1）平忠常　桓武平氏の平良文の孫。千葉氏・上総氏の祖。（2）追討使　朝廷より命を受けて凶党追討に派遣された使者。

**456**〔**日本紀略**〕**長元元年（一〇二八）六月二十一日条**

甲申、右大臣（藤原実資）以下著杖座（1）、定申下総国住人前《さきノ》上総介平忠常等事。即遣検非違使（2）右衛門少尉平直方・少志中原成道等、征討之。給官符等於東海・東山道。

（1）杖座　陣座。左右近衛の官人が詰めていた場所であったが、平安中期より公卿の座もおかれ、政務の場所となった。（2）検非違使　京中の治安維持や衛生など、民政を担当した警察機構。

**457**〔**日本紀略**〕**長元三年（一〇三〇）九月二日条**

壬子、仰《おお》甲斐守源頼信（1）并坂東諸国司等、可追討平忠常之状。依右衛門尉平直方無勲功、召還之。

（1）源頼信《よりのぶ》　清和源氏の出で河内源氏の祖。源義家の祖父。

**458**〔左経記〕長元四年(一〇三一)六月十一日条

丁亥、修理進忠節来《リテ》云《ク》、「忠常《(平)ノ》子法師、去年相-従《ヒテ》甲斐守(源)頼信朝臣《ニ》二下-向《スノ》彼国《ニ》一。而《ルニ》只今京上《シテ》申《シテ》云《ク》、「忠常去《ル》六日於《テ》二美濃国野上《(1)》と云所《フニ》一死去了《シンヌ》。仍《テ》触《レテ》二在国司《ニ》一、令《メ》二見知《ラ》一、并《セテ》注《シ》二日記《(2)ヲ》一、斬《リテ》レ首《ヲ》令《メテ》レ持《タ》二彼従者《ノニ》一、上道《ス》」」者《トイヘリ》。

(1)野上　美濃国厚見郡(岐阜市・各務原市の一部)の地名。(2)日記　事件の経過などを記録した事発日記のこと。

【解説】　桓武平氏は、平将門の乱以降も平良文らの子孫が関東に勢力を張っていたが、その子孫の前下総権介平忠常が、長元元年(一〇二八)反乱を起こし国守を焼死させるという事件が起きた。朝廷は追討使として平直方らを派遣するが、忠常の勢力を恐れたのか、直方等は出発すらできなかったので、朝廷は改めて武名の高い源頼信に追討を命じた。ところが今度は、頼信の権勢の前に忠常が簡単に服従し、あっけなく乱は鎮定された。乱の要因も、あっけない乱の結末の原因も詳細は不明であるが、この乱の結果、頼信の武士団の棟梁としての名声はより高くなり、この後源氏の勢力が関東に広く拡大することになった。

# 第二節　中世成立期の都市と農村

## 1　都市平安京の変容

### (1)　東高西低

**459**〔池亭記〕(『本朝文粋』巻十二)

予《われ(1)》、二十余年以来《このかた》、歴《ニ》見《スル》東西二京《ヲ》一、西京《(2)ハ》人家漸《ようやク》稀《ニシテ》、殆《ほとほとちかシ》幾《ニ》二幽墟《ニ》一矣。人者《は》有《リテ》レ去《ルコト》無《シ》レ来《ルコト》、屋者《いえは》有《リテやぶルルコト》レ壊《ルルコト》無《シ》レ造《ルコト》。其無《ク》レ処《ノ》二移徙《(3)スルニ》一無《キ》レ憚《ルコト》二賤貧《ヲ》一者《ひとは》是居《レリ》、或楽《シミ》二幽隠亡命《ヲ》一、当《まさニ》二入《リ》レ山帰《ル》一レ田《ニ》者《べき》不《ハ》レ去《ラ》。若《ごとキ》下自蓄《ヘ》二財貨《ヲ》一、有《ルガ》上レ心《ニ》二奔営《(4)ニ》一者《ハ》、雖《モ》二一日《いつじつト》一不《レ》得《レ》住《ムコトヲここニ》之。(中略)東京《(5)ノ》四条以北《より》、乾艮《ノ》二方《(6)ハ》、人人無《ク》二貴賤《ト》一、多《ク》所《ナリ》二群聚《スル》一也。高家比《ならべ》レ門《ヲ》連《ネ》レ堂《ヲ》、小屋隔《テ》レ壁《ヲ》接《まじフのきヲ》レ簷。東隣有《レバ》二火災《ニ》一、西隣不《ハ》レ免《レ》二余炎《ヲ》一。南宅有《レバ》二盗賊《ニ》一、北宅難《シ》レ避《さり》二流矢《ヲ》一。南阮《(7)ハ》貧《シク》、北阮《ハ》富《メリ》。富《メル》者《ハ》未《ダ》二必《ズシモ》有《ラ》一レ徳、貧《シキ》者《ハ》亦猶有《リ》レ恥。又近《クシテ》二勢家《ニ》一容《いルル》二微身《ヲ》一者《ハ》、屋雖《モ》レ破《レタリト》不《レ》得《レ》葺《クコトヲ》、垣雖《モ》レ壊《やぶレタリト》不《レ》得《レ》築《クコトヲ》。有《レドモ》レ楽《シミ》不《レ》能《ハ》二大キニ開キテレ口ヲ而咲《わら》フコト一、有レドモレ哀シミ不レ能ハ二高ク揚ゲテレ声ヲ而哭《な》クコト一。進退有リレ懼《おそれ》、心神不レ安カラ。譬《たとへ》バ猶《ごと》シ三鳥雀之近ヅクガ二鷹鸇《ようせん》ニ一矣。何ゾ況ンヤ転《うたた》広クシテ二門戸ヲ一、初メテ置クヲヤ二第宅ヲ一。小屋相幷《あわせ》、少人相訴フル者多シ矣。宛《あたか》モ如シ下子孫ノ去リ二父母之国ヲ一、仙官(8)ノ謫《たく》セラルルガ中人世之塵ニ上。其ノ尤モ甚ダシキは者、或イハ至ル下以テ二狭キ土ヲ一滅ボスニ中一家ノ愚民ヲ上。或イハ卜シテ二東河之畔《ほとり》ニ一、若シ遇ヘバ二大水ニ一、与《と》ニ二魚鼈(9)一為リレ伍《ともがら》、或イハ住シテ二北野之中ニ一、若シ有レバ二苦旱一、雖モ二渇乏スト一無シレ水。彼ノ両京之中、無キ二空閑之地一歟《か》、何ゾ其レ人心之強《おそ》キコト甚ダシキヤ乎。

(1)予　慶滋保胤。(2)西京　右京。(3)移徙《いし》　移転。(4)奔営　あくせくと走り回って仕事をする。(5)東京　左京。(6)乾艮《けんごん》二方　北西と北東。(7)南阮……富　一族の内には貧しい者もいれば金持ちもいる。(8)仙官謫人世之塵　神仙の世界の役人が人間の俗世間に左遷される。(9)鼈　すっぽん。

【解説】「池亭記」は、九八二年(天元五)に十世紀を代表する文人貴族である慶滋保胤《よししげのやすたね》が、唐の白居易(楽天)の「池上篇幷序」などに学んで著した作品。鎌倉時代前期に書かれた鴨長明の『方丈記』に大きな影響を与えた。保胤は、晩年六条坊門付近に小さな邸宅を手に入れた時に託して、当時の京都の様相を左京と右京とを対比して描いた。文学的な誇張はあるが、官庁や上級貴族の邸宅の集中とそれらに仕える下部《しもべ》や従者の集住によって繁栄する左京と、湿地帯という自然環境のせいもあって、人が去り幽居になっていく右京とが対比的にみごとに描写されている。

## 460〔今昔物語集〕巻二十六　兵衛佐上倭主於西八条見得銀語第十三

今昔《いまはむかし》、兵衛佐《ひょうえのすけ》□ト云人有ケリ。冠ノ上倭《あげお》(1)ノ長カリケレバ、世ノ上倭ノ主《ぬし》トナン付タリケル。

其人、西ノ八条(2)ト京極《きょうごく》トノ畠中ニ賤《あやし》ノ小家一ツ有リ、其前ヲ行ケルニ、俄ニ夕立ノシケレバ、馬ヨリ下リテ其小家ニ入《いり》ヌ。見レバ嫗《おうな》一人居タリ。馬ヲモ引入テ夕立ヲ過サントスルニ、家ノ内ニ平ナル石ノ碁枰《ごばん》ノ様ナル、有。其ニ尻ヲ打懸テ、上倭ノ主居タルニ、石ヲ以テ此居タル石ヲ手□ニ扣《たた》キ居タレバ、被打《うたれ》テ窪ミタル所ヲ見ルニ、銀《しろがね》ニコソ有ケレト見ツレバ、剝タル所ニ塗リ隠シテ□(中略)

然《さ》テ、西ノ四条ヨリハ北、皇賀門(3)ヨリハ西ニ、人モ住ヌ浮《うき》(4)ノユウ〳〵ト為《す》ル、一町余許有。其ヲ、直《あたい》幾許モ不為《せじ》ト思テ、直只少シニ買ツ。主ハ、「不用ノ浮ナレバ、畠ニモ否《え》作《つくる》マジ、家モ不作《つくる》マジケレバ、不用ノ所」ト思フニ、「直少《すこし》ニテモ、買フ人ノ有レバ、□者カナト」思テ売ツ。

上倭ノ主、此ノ浮ヲ買取テ後、摂津《せっつ》ノ国ニ行ヌ。船四五艘、艄《ひらだ》ナド具シテ、難波ノ辺(5)ニ行テ、酒・粥ナドヲ多ク儲ケ、亦、鎌ヲ多儲テ、往還ノ人ヲ多ク招キ寄テ、「其酒・

粥ヲ皆飲ン。然《さ》テ、其替ニハ、此葦苅テ少シ得サセヨ」ト云ケレバ、或ハ四五束、或ハ十束、或ハ二三束苅テ取ラス。

如此、三四日苅セケレバ、山ノ如ク苅セ積、其ヲ船十余艘ニ積テ京ヘ上ルニ、往還ノ下《げ》衆《す》(6)共ニ、「只ニ過ンヨリハ、此船ノ縄手引《ひけ》」ト云ケレバ、酒ヲシ多ク儲タレバ、酒ヲ呑ツ、綱手ヲ引ケバ、糸疾《と》ク賀茂河尻(7)ニ引付ツ、其後ハ、車借テ、物ヲ取セツ、運ビ、往還ノ下衆共ニ如此《かくのごとく》酒ヲ呑セテ、其買得タル浮ノ所ニ皆運ビ持来ヌ。

然テ、其葦ヲ其浮ニ敷テ、其上ニ其辺《ほとりの》土ヲ救テ、下衆共ヲ多ク雇テ、刎《はね》置テ、其上ニ屋ヲ造ニケリ。

其南ノ町ハ、大納言源ノ定(8)ト云ケル人ノ家也。ソレヲ、其定ノ大納言、上倭ノ主ノ手ヨリ買取テ、南北二町ニハ成タル也。今ノ西ノ宮(9)ト云所、此也。

(1)上倭　冠の紐。「倭」は「緌」の誤りか。(2)西　西京＝右京。(3)皇賀門　皇嘉門大路のこと。朱雀大路より一本西の大路。(4)浮　湿地帯のこと。(5)難波ノ辺　淀川の河口付近。(6)下衆　一般民衆のこと。(7)河尻　賀茂川と淀川が合流する付近。(8)源ノ定《さだむ》　嵯峨天皇の皇子。八六三年(貞観五)没。(9)西ノ宮　西京の四条大路より北にあった左大臣源高明《たかあきら》の邸宅。本説話の位置は若干ずれている。

【解説】『今昔物語集』は平安時代後期(十二世紀前半)に成立した説話文学史上の傑作。三十一巻からなり、欠巻脱落はあるが、現存千余話を数えるわが国最大の説話集。編者を源隆国とする説もあるが詳細は不明。平安時代中・後期の世相を知ることができる貴重な作品。本説話は、右京の八条大路と西京極大路との交差する場末の小家で銀塊を発見した男(上倭主)が、その銀塊を資金に、同じく西京(右京)の四条より北にあった人も住まない「浮」(湿地帯)を購入して開発する説話。略した部分に、銀塊を見つけた地が「昔ノ長者ノ家」であったと記してあるが、これは、「3分業と生業」の「(1)分業の展開」史料469に後出する右馬寮史生で七条以南保長であった金集百成という男が、実は「鍛冶鋳物師并銀金細工」であった話と重なり合い、平安京の構造を考える上で興味深い。さらにその湿地帯を開発するために、淀川河口で粥と酒を振る舞って旅人に葦を刈り取らせ、さらにそれを西京まで運ばせているという事態も、文学的な誇張はあるにしても、当時の雇用労働力のあり様を示しているといえる。前記の「池亭記」のように、湿地帯であるが故に「幽居」となってしまう反面、それを安く購入し、開発して邸宅を建築してしまうという能動的な連中も出てくるのである。平安京域の開発を示す好例。

## (2)　都市住民の形成

### 461〔拾芥抄〕中　宮城部

諸司ノ厨町《クリヤマチ》(1)

神祇官町〈春日南堀川西二町、〔大炊御門北大宮東〕藍園西一町、又中御門南、西洞院東一町、又同倶(領)〉

官ノ厨家《チウゲ》〈中御門北〔堀河西〕、別納一所(町)、一条南〔堀河西〕〉
外記ノ町〈中御門北大宮東二(一)町、但勘解由ノ小路南修理職町云云〉
大舎人ノ町〈鷹司北靫負東半町、大舎人町辻子西也〉
内蔵ノ一町〈近衛南／堀河西〉
縫殿ノ一町〈正親町北／西洞院西一町〉
織部《おりべ》ノ一町〈鷹司北／猪熊(隈)西〉
木工ノ町〈二条南大宮東／三条坊門北二町〉
正親《おおきみ》町〈正親町北／西洞院東一町〉
内膳ノ町〈土御門北／烏丸西〉
大学寮ノ一町〈二条南三条坊門北／壬生西坊城東〉
采女ノ町〈土御門北／東洞院西〉
帯刀ノ町〈一条南／堀川東〉
左京ノ町〈姉小路北／坊城西〉
東宮ノ町〈中御門南〔大宮東〕／一町、堀河西〉
修理職領ノ町〈近衛南／大宮東〉
修理職ノ二町〈近衛南西洞院東／中御門北室町西〉
左近ノ四町〈土御門南近衛北／西洞院北(西)堀川東〉
左衛門府〈鷹司南大宮東／近衛北堀川西〉
右衛門府ノ四町〈土御門南西洞院東／近衛北室町西〉
使庁(検非違使庁)〈近衛北堀河西／猪隈東〉
左兵衛ノ町〈近衛南／堀川東一町〉
内豎町〈鷹司北堀川西半町／内豎辻子東〉
左獄〈近衛南／西洞院西〉
内教坊ノ町〈土御門北／堀川西〉
女官ノ町〈土御門北／堀川東〉
真言院ノ町〈春日南／堀川西一町〉
後院四ノ町〈五条ノ坊門南五条北／大宮東堀川西〉
此内一町号三条殿〈三条南大宮西也〉
又四町〈三条南四条ノ坊門北／大宮西壬生東〉

（1）厨町　二官八省に所属する諸官衙に仕える下級官人が宿舎とした地域。大内裏東辺の官衙町の位置については、図5-2を参照。

【解説】　平安京が都市として機能し始めると、その政治・行政を末端で担う人々が地方から徴発されて京中に住み着き、「下部《しもべ》」などと呼ばれる階層が成立した。彼らがそれぞれ勤務する官衙の周辺に居住した結果形成されたのが「官衙町《かんがまち》」である。そのような下部の宿所が確認できるのは八〇三年〔延暦二十二〕の「左衛士の坊」が初見といわれる。そして九世紀後半以降多くの官衙町が確認できるようになるが、それらの発展した状態を書きとどめているのが、『拾芥抄《しゅうがいしょう》』宮城部である。『拾芥抄』は鎌倉時代後期に編纂された有職故実書で、全三巻からなり、官職・地名など九十九項目にわたる百科全書的教養書。宮城部には三十余の官衙町が記されている。「諸司ノ厨町」と記されているのは、厨事をはじめとする諸雑事に従事する人々の居住区になっていたためであろう。彼らは、王族・貴族と京戸〔京

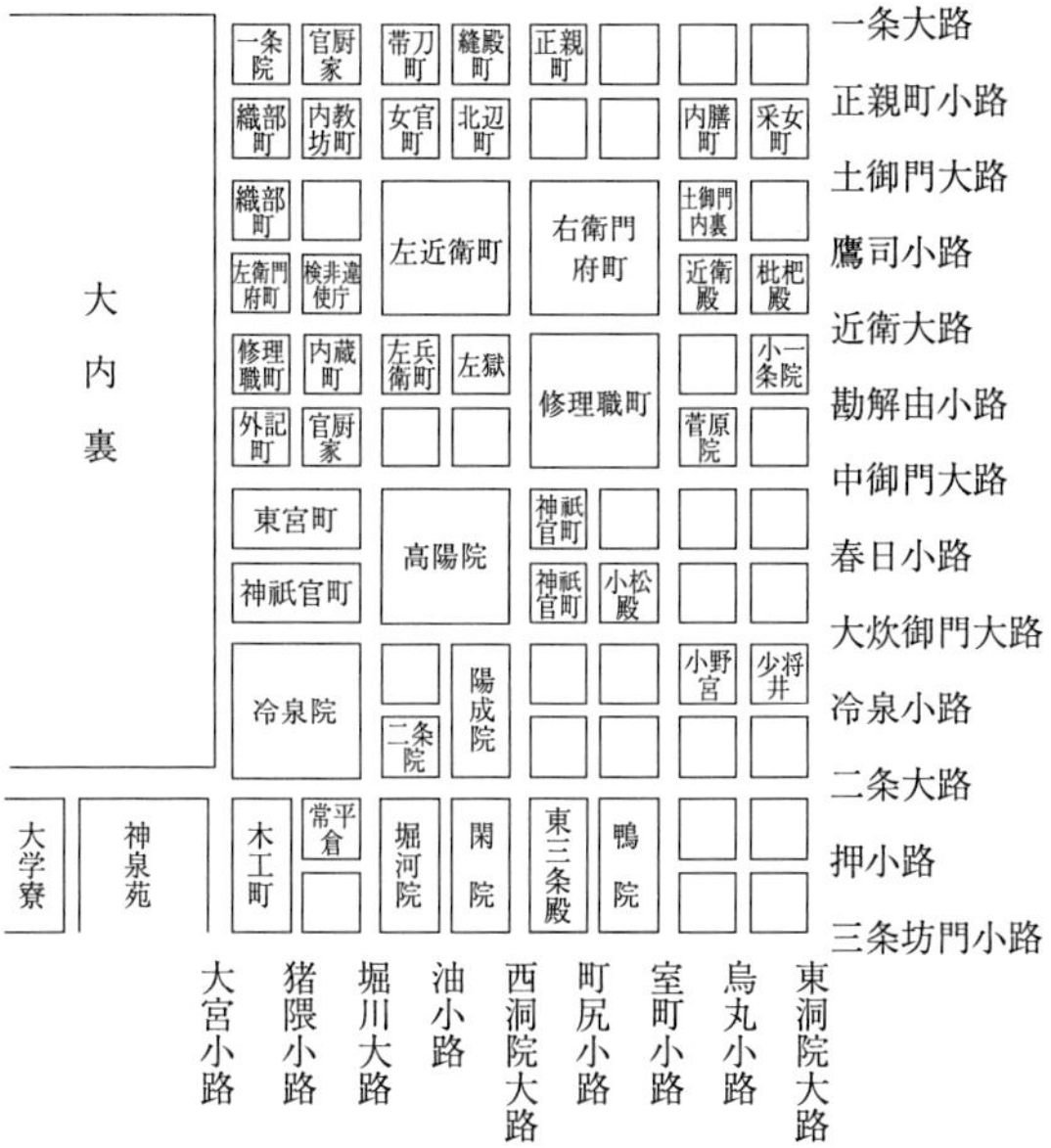


図5-2　大内裏東辺の官衙町所在地（『拾芥抄』参照）

中に宅地を班給された庶民）とともに、平安京の新しい都市住民として活躍した。

**462〔新猿楽記〕**

予⁽¹⁾、廿余季以還《このかた》、歴《へ》‐観《みルニ》二東西二京一《ヲ》、今夜猿楽⁽²⁾見物許《ばかり》之見事者《は》、於《テ》二古今《ニ》一未《ダ》レ有《ラ》。（中略）見《テ》レ之嘲《ヲあざけリ》咲《わらフ》之人、敢不《テ》レ可《カラ》二勝《あげテ》計《かぞフ》一之。就中《ニ》西《ノ》京《ニ》有《リ》二右衛門尉⁽³⁾《トイフ》者一、一家相挙《こぞりテ》来《リ》集《ル》。所謂妻《め》三人娘十六人男九人。各善悪相頒《わかレテ》、一一《ノ》所能⁽⁴⁾不《ト》レ同《ジカラ》云々。

（1）予　著者の藤原明衡のことであるが、この場合は作品の一般的な主人公を指すと考えられる。（2）猿楽　平安─鎌倉期の芸能の一種。元来滑稽な物まねの芸の総称であるが、鎌倉時代に入ると「猿楽の能」といわれるようになり、室町期に発展する能の源流の一つとなった。（3）右衛門尉　右衛門府の三等官。姓名は不明。（4）所能　職能や技芸の意。当時使用されていた芸能という語と内容的に近い。以下、妻三人・娘十六人とその連れ合い、そして男九人の所能が列記されているが、それらは表5-1を参照。

【解説】　『新猿楽記』は、史料452の解説にも記したように、十一世紀の都市平安京に住むさまざまな職業人を列挙するとともに、彼らの職能＝技術・技能を書き連ねた一種の「職業尽くし」の書。その特徴は、職業を選択する際の基準で、史料にも「善悪相頒れて、一一の所能同じからず」とあるように、職業の善悪ではなく職能・技量を基準に選んでいる点である。この基準が採用されていることは、博打・武者・田堵、そして遊女へと列挙されている職業一覧をみれば明瞭である。もう一つの特徴は、第一節「2武士の成長 (1)都の武士」の項に引用したように、その職業を行っていく上で必要と思われる多種多様な技術が列挙されている点であり、その職業の「技術尽くし」になっていることである。この史料は平安京に住む多様な職業人とその豊かな技術とを理解する上で貴重である。

表 5-1 『新猿楽記』の右衛門尉一家と職業

| A 続柄 | B 姓名・通称 | C 職業 |
|---|---|---|
| 1 本人 | — | ☆右衛門尉 |
| 2 第一の本妻 | — | — |
| 3 次の妻 | — | — |
| 4 第三の妻 | — | — |
| 5 大君の夫 | 尾藤太／伝治 | ■高名の博打 |
| 6 中の君の夫 | 元／勲藤次 | ■天下第一の武者 |
| 7 三の君の夫 | 出羽権介　田中豊益 | ▼大名の田堵 |
| 8 四の御許 | — | □覡女 |
| 9 〃 の夫 | 金集百成 | ☆△右馬寮の史生／七条以南の保長／鍛冶・鋳物師・銀金の細工 |
| 10 五の君の夫 | 菅原匡文／菅綾三 | (☆)紀伝・明法・明経・算道等の学生 |
| 11 六の君の夫 | 伯耆権介　丹治筋男 | ■高名の相撲人 |
| 12 七の御許 | — | （貪飯愛酒の女） |
| 13 〃 の夫 | 越方部津五郎／津守持行 | ▽馬借・車借 |
| 14 八の御許の夫 | 檜前杉光 | △飛驒の国の大夫大工 |
| 15 九の御方の夫 | 和気明治 | ☆■右近衛の医師 |
| 16 十の君の夫 | 賀茂道世 | ☆■陰陽の先生 |
| 17 十一の君の懸想人 | 柿本恒之 | ■一宮の先生 |
| 18 十二の君の懸想人 | — | ★侍従宰相/頭中将/上判官/蔵人少将/左衛門佐 |
| 19 十三の君 | — | （糟糠／醜陋） |
| 20 〃 の夜這人 | 壱岐大掾　山口炭武 | △炭売りの翁 |
| 21 十四の御許の夫 | — | （不調の白物） |
| 22 十五の女 | — | （孀／道心堅固・仏法帰依） |
| 23 十六の女 | — | ■▽遊女・夜発の長者／江口・河尻の好色 |
| 24 太郎 | — | ■能書 |
| 25 次郎 | — | □一生不犯の大験者／三業相応の真言師 |
| 26 三郎 | — | △細工・木の道の長者 |
| 27 四郎 | — | ☆受領の郎等／刺史執鞭の図 |
| 28 五郎 | — | □天台宗の学生／大名僧 |
| 29 六郎 | — | △絵師の長者 |
| 30 七郎 | — | △大仏師 |
| 31 八郎 | — | ▽商人の主領 |
| 32 九郎の小童 | — | ■(雅楽寮の人の養子／僧俗の寵児) |

出典） 棚橋光男『古代と中世のはざまで』北國新聞社，1997 年.

★上級貴族　☆中・下級官人　▼農業経営者　△手工業・技術者　▽交通・流通業者

■広義の芸能者　□宗教者

## 2　都市の秩序

### (1)　検非違使と犯罪

**463〔西宮記〕巻十三　諸宣旨**

下ス二検非違使一ニ宣旨、禁色(1)、雑袍(2)、帯剣〈上卿(3)下ス二宣旨ヲ一〉、著スルノ二摺衣(4)・緋鞦(5)ヲ一事、闘乱殺害事ノ〈或ハ内侍宣(6)／遠所官宣〉

(1)禁色《きんじき》　律令で決められた位階相当の色以外で、着用を禁じられた服色。(2)雑袍《ざっぽう》　直衣のことで、位階相当の色によらない「直《ただ》の衣」の意。(3)上卿《しょうけい》　儀式や行事を取り仕切る公卿。行事ごとに選ばれる。(4)摺《すり》衣《ごろも》　山藍や月草(ツユクサ)の汁で模様を摺り染めた衣。(5)鞦《しりがい》　牛馬の尾に懸ける綱。(6)内侍宣《ないしせん》　内侍所の尚侍《ないしのかみ》・典侍《ないしのすけ》などが勅命を受けて伝える宣旨。

【解説】　検非違使が宣旨を受けて行う任務の規定。これによると、検非違使の職掌は乱闘・殺害などの警察機能にとどまらず、禁色や摺衣・緋鞦など衣服の色や、雑袍など服装の規制に関するものまで、多様な分野に及ぶ。その権限は治安維持だけでなく、身分秩序を乱す行為全般に及んでいた。

**464〔三条家本北山抄裏文書〕長保元年(九九九)九月九日検非違使別当宣案(平安遺文三八六号)**

使(1)

案(2)

被レテ二(藤原公任)別当宣一セ偁《いわく》、「凡河内《おおしこうち》助則・多治比時胤・今木《いまき》為正等、無レク故《ゆえ》苅二リ運ブ大和掾(3)多治比秋友之作田玖(九)段ノ穫稲ヲ一之□(間カ)、為レメ加ヘンガ二制止ヲ一、秋友随身(4)ノ大中臣忠行・多治比菊本罷《まかり》向フ之処、助則等、不レ弁《わきまへ》二是非ヲ一、刃二リ傷シ忠行・菊本等ニ一、□(強カ)苅運ブ」者テヘレバ、「宜シク下召二シ禁ジ(5)助則・時胤・為正等ヲ一、勘《かんがへ》中(6)紏ス犯状ヲ上」者テヘリ、

長保元年九月九日　右衛門大尉藤原「経成(自署)」奉(7)

(1)使　別当宣をもって犯人逮捕に向かう検非違使のもとに使わされる使者。(2)案　控えないし写しの文書。(3)掾　国司の三等官。(4)随身《ずいじん》　従者。(5)召禁　逮捕し禁獄すること。(6)勘紏　検察してただすこと。(7)奉　別当の宣を受けて伝えたことを示す。

【解説】　多治秋友の穫稲を刈り取り、さらに制止に向かった随身らを傷つけた凡河内助則ら三人を逮捕することを命じた検非違使別当藤原公任の宣。他の史料からも検非違使が犯人逮捕などのために畿内近国に派遣されたことが確認できるから、彼らの権限は平安京にとどまるものでなかった。

**465〔小右記〕長和三年(一〇一四)四月二十一日条**

丙子、(中略)今朝、(藤原)四条大納言(公任)蜜(密)々ニ示シ送リテ云ク、「使庁(1)ノ事極メテ

多シ二奇《あやシキ》事一、是兼案也。面ジテ可シ二談説ス一トイヘリ者。誠ニ雖モ二髯公一ト、不ざルレ従ハ二諷諫(2)ニ一歟か。使庁ノ狼藉不しかずレ如二今時ニ一、看督長《かどのおさ》(3)・放免《ほうめん》(4)等横二行シ京中ヲ一、切ル二市女笠(5)ヲ一。又別当(藤原教通)ノ舎人《とねり》等同ジク切ルト云々。市女笠ハ非ズ二禁制ノ物ニ一。仮令《たとい》雖モ二禁物ト一、看督長・放免・別当下人《げにん》破却スルハ、太ダ奇怪也。別当年歯(6)極メテ若シ。又無シ二才智一。暗夜々々又暗夜也。京畿之間、昏乱無シレ度、使鼻如シレ口ノ、聖人鑒戒スルのみ而已。

(1)使庁　検非違使庁。(2)諷諫　遠回しに諫める。別当藤原教通は公任の聟。(3)看督長　検非違使庁の下級役人。(4)放免　ほうべん。刑期が終了し出獄した後、検非違使庁の下部となった者。(5)市女笠《いちめがさ》　菅製のかぶり笠。女性が多く用いた。(6)年歯　年齢。教通は十九歳。

【解説】　本来は犯罪の防止や追捕にあたるべき検非違使が、京中を横行し市女笠を切るなどの乱暴を繰り返している様相が記される。なかでも、使庁の下部である看督長や放免の乱暴はたびたび指摘されている。『小右記』の筆者藤原実資《のりみち》は、それの原因を検非違使庁別当である藤原教通（藤原道長の子）の若さに求めているが、権力をかさにきた道長一家に対する批判とも読みとれる。

## (2)　町の秩序

**466**〔**今昔物語集**〕**巻二十九　幼児盗瓜蒙父不孝語第十一**

今昔《いまはむかし》、□ノ□ト云フ者有ケリ。夏比《なつごろ》、吉《よ》キ瓜ヲ得タリケレバ、「此《こ》レハ難有《ありがた》キ物ナレバ、夕《ゆう》サリ方返来テ人ノ許《もと》ヘ遣《や》ラム」ト云テ、十果許《ばかり》ヲ厨子《ずし》ニ入レテ納メ置テ云《いわ》ク、出ヅトテ云ク、「努々《ゆめゆめ》此ノ瓜不可取《とるべから》ズ」ト云置テ出《いで》ヌル後ニ、七八歳許有ケル男子、此ノ厨子ヲ開テ、瓜一菓ヲ取テ食《くらい》テケリ。

夕サリ方祖《おや》返テ、厨子ヲ開テ瓜ヲ見ルニ、一菓失《うせ》ニケリ。然レバ、父、「此ノ瓜一菓失ニケリ。此ハ誰《た》ガ取タルゾ」ト云ヘバ、家ノ者共、「我レモ不取《とら》ズ」「我レモ不取ズ」ト諍合《あらがいあい》タレバ、「正シク此レ、此ノ家ノ人ノ為態《しわざ》也。外ヨリ人来テ可取《とるべ》キニ非ズ」ト云テ、半無《はしたな》ク責問フ時ニ、上ニ仕ヒケル女ノ云ク、「昼見候ツレバ、阿子丸《あこまる》コソ御厨子ヲ開テ、瓜一ツヲ取リ出テ食ツレ」ト。祖、此レヲ聞テ此《と》モ彼《かく》モ不云《いわ》デ、其ノ町ニ住ケル長《おとな》シキ人々(1)ヲ数《あまた》呼集メケリ。

家ノ内ノ上下ノ男女此レヲ見テ、「此ハ何ノ故ニ此ハ呼給フニカ有ラム」ト、思ヒ合タル程ニ、郷《さと》ノ人共被呼《よばれ》(2)テ皆来《き》ヌ。其ノ時ニ、父、其ノ瓜取タル児ヲ永ク不孝《ふこう》(3)シテ、此ノ人々ノ判《はん》(4)ヲ取ル也ケリ。然レバ、判スル人共、「此ハ何《いか》ナル事ゾ」ト問ヘバ、只、「然《さ》思フ様ノ侍ル也」ト云テ、皆判ヲ取ツ。（中略）

其ノ後、年月ヲ経ル程ニ、此ノ被不孝《ふこうせられ》タル児、漸ク勢長シテ、元服ナドシテ世ノ中ニ有ケレドモ、父不孝シテ後、敢テ相見ル事無カリケリ。

而《しか》ル間、其ノ冠者《かじや》(5)、可然《さるべ》キ所ニ宮仕《みやづか》ヘシケル程ニ盗ヲシテケリ。然レバ、被捕《とらえられ》テ被問《とわれ》ケルニ、「然々ノ者ノ子也」ト云ケレバ、検非違使《けびいし》ノ別当《べつとう》(6)ニ其ノ由《よし》ヲ申スニ、別当、「慥《たしか》ニ祖《おや》有ル者ナヽリ。祖ニ付テ沙汰《さた》ヲ可致《いたすべ》キ也」ト有ケレバ、庁《ちよう》ノ下部《しもべ》共、此ノ冠者ヲ前ニ立テ祖ノ家ニ行テ、此ノ由ヲ云テ追捕《ついぶ》セムト為《す》ルニ、祖ノ云ク、「此レ更ニ己ガ子ニ非ズ。其ノ故ハ、此レヲ不孝シテ敢テ不相見《あいまみえ》ズシテ、既ニ数十年ニ成ヌ」ト云ヘドモ、庁ノ下部共不用《もちい》ズシテ、恐喝《おどしののしり》ケレバ、祖、「若シ、其達此ノ事ヲ虚言《そらごと》ト思ハヾ、速《すみやか》ニ此レヲ可見《みるべ》シ」ト云テ、彼ノ在地(7)ノ判取タル文《ふみ》ヲ取出テ、下部共ニ見ス。亦、彼ノ判シタル人共ヲ呼テ、此ノ旨ヲ云ヘバ、判シタル人共、「正《まさ》シク先年ニ然ル事有キ」ト云ヘバ、下部一人返テ、検非違使ヲ以テ此ノ由ヲ申セバ、別当、「尤モ祖不知《しる》マジカナリ」ト有ケレバ、下部共可云《いうべ》キ方無クテ、其ノ冠者ヲ具シテ返ヌ。犯シ隠レ無《な》カリケレバ、獄ニ被禁《いましめられ》ニケリ。但シ、祖ハ更ニ事無クテ止《やみ》ニケリ。

然レバ其ノ時ニナム、「然《さ》マデ不有《ある》マジ」ト思ケル者共モ、「極《いみじ》ク賢カリケル人カナ」ト祖ヲ讃メ喤ケル。

(1)長キ人々　長老でその地域の有力者。(2)郷ノ人共　「長キ人々」のこと。(3)不孝　勘当。(4)判　署判、証明機能をもつ。(5)冠者　不孝された子供。(6)別当　平安京の治安を担当する検非違使庁の長官。(7)在地　本来は「当地域」の意であるが、ここでは(2)に同じく「長キ人々」のこと。

【解説】　瓜一果を盗んで食べた我が子の性癖を読みとった父親が、その子を勘当し、その子が成人になって起こした犯罪によって、子の犯罪が親にも及ぶという縁座制に懸かることから逃れることができたという説話。勘当に際してその事実を承認したのが「其ノ町ニ住ケル長キ人々」＝「郷ノ人共」であったことに注目したい。彼らは親子の法的な関係を保証する人々であり、そのような秩序を維持する機能を有していた組織であった。彼らの保証(判)は、犯罪・警察を担当する検非違使庁においても「在地ノ判」として尊重されており、狭い町＝郷だけで通用するのではなく、公の場においても有効に機能する権限であった。検非違使庁の下に成立した上記のような組織とその機能によって、在地社会の秩序の維持がはかられていたのである。

**467**〔九条家本延喜式三十九巻裏文書〕**長元九年(一〇三六)正月十二日左京三条三坊四保刀禰等解**(平安遺文五六一号)

左京三条三坊四保(1)刀禰(2)等解《げ》シ申請《シこフ》検非違使庁符ノ(3)ノ事

被《ら》ルルレ載セ壱紙博奕制止ヲスルノ状

右、去年《さんぬるとし》十二月十三日ノ庁符ノ、今年正月十一日ニ到来ス、所レ請クル如シレ件ノ、抑《そもそモ》博奕《はくえき》(4)之輩《ともがら》モ、雖レ□ニ制止ヲ一、只高家ノ雑色《ぞうしき》牛飼(5)、招《キ》レ類《ヲ》結《ビ》レ党《ヲ》、双六(6)《ヲこととす》為事、令《ム》下刀禰等不レ用《ヒ》二制止《ヲ》一、動《ややもすレバ》致《サ》中放言《ヲ》上、然《レバ》則《チ》、招《キテ》二双六《ノ》所并《ビニ》博奕輩《ノヲ》一、可《シ》レ言《ス》二上庁前《ニ》一、更《ニ》不レ及《バ》二刀禰等制止《スルニ》一、仍《テ》注《シ》二事状《ノさまヲ》一、以《テ》解《ス》、

長元九年正月十二日

刀禰粟田《あわた》延時

上道《かみつみち》「忠包」

(1)保　平安京の行政区画。四町をまとめて一保とした。(2)刀禰　保刀禰。保の民政を担当した在地の有力者。(3)符　上意下達の命令文書。(4)博奕　ばくちのこと。(5)高家雑色牛飼　身分の高い家で雑役や牛車の仕事に従事している下部。(6)双六　駒と賽とで行う現在の将棋と双六を合わせたような遊戯。

【解説】　この文書は、左京三条三坊四保刀禰らが博奕を制止せよとの命令を受け取ったことを検非違使庁に返事した時のもの。京の行政組織の末端である「保」ごとに「刀禰」という役職が置かれ、それが検非違使庁の下部組織としても働いていた。京中の犯罪防止と取り締まりは、検非違使―保刀禰という組織によって担われていた。史料466の「郷ノ人共」に通じる組織といえよう。一方で、博奕や双六を行う輩が、自分が仕えている家の身分の高さ(高家)をかさに、刀禰らの制止に従わないという状況も生まれてきていることも、都市犯罪のあり方の一端を示している。

## 3　分業と生業

### (1)　分業の展開

**468〔続左丞抄〕三　永承三年(一〇四八)八月七日官宣旨**

制三止《スル》私《わたくしニ》織《ルヲ》二綾錦《あやにしきヲ》一事

応《まさニ》レ令《しム》二検非違使《ヲシテ》制止《セ》一諸司諸衛雑色人《ぞうしきにん》并《ニ》諸宮諸臣召使出納《すいのう》等私《ニ》搆《かまへ》二機杼《はたひ》(1)《ヲ》一織三紝《しよくじんスルノ》　綾錦《ヲ》一事

右、得《ルニ》二織部司(2)去七月廿八日解状《ノヲ》一偁《いわく》、「謹《ンデ》検《ズルニ》二案内《あないヲ》一、綾羅錦縠《こく》織物□等、上《かみハより》従二御服(3)一、下《しもハ》至《ルマデ》二人用《ニ》一、為《シテ》二司家之所(4)役《ト》一、偏《ヘニ》所二謹仕《スル》一也、而《しかシテ》近年之間、諸司諸衛諸宮諸臣召使出納雑色人等、恣《ほしいままニ》搆《ヘ》二其機《ノヲ》一、任《セテ》レ意《ニ》織《リ》用《フ》、只《ただ》好《ミ》二私利《ヲ》一、不レ叶《かなハ》二公役《ニ》一、然《シテ》則《チ》、司家之勤可《シ》レ致《ス》二欠怠《ヲ》一、偏《ひとへニ》無《クサバ》二私機《ヲ》一者、誰《たれカ》遁《のがレンヤ》二公事(5)《ヲ》一乎、先年注《シ》二此旨《ノヲ》一、経《ル》二言上《ヲ》一之日、検非違使右衛門尉安倍信行・左衛門尉源清等可《キ》二制止《ス》一之由、被《ル》レ下《サ》二宣旨(6)《ヲ》一、然而《しかして》年代推移《シ》、奸隠尤甚《モシ》、望請《みこフラクハ》官裁(7)、重《ネテ》被《バ》レ下《サ》二起請《きしようノ》宣旨《ヲ》一、将《まさニ》レ仰《ガン》二厳制之貴《たつときヲ》一」者《テヘレバ》、権左中弁源朝臣経成伝宣、「権中納言源朝臣隆国宣《スルニうけたまわルニ》、奉レ勅(8)《ヲ》、宜《シク》下《べシ》

仰《おお》セテ二検非違使ニ一依テレ件ニ令ム中制止セ上」者テヘリ、

永承三年八月七日　左大史小槻《おづき》宿禰　奉

(1)機杼　機《はた》（織機）と杼《ひ》（横糸を通す道具）。(2)織部司《おりべのつかさ》　大蔵省に属し、宮廷用の錦・綾・羅などの織物と染色を司った役所。(3)御服《ごふく》　天皇の衣服。(4)司家　織部司のこと。(5)公事《くじ》　国家の政務などを勤めること。この場合は錦・綾などを朝廷に貢納すること。(6)宣旨《せんじ》　太政官の命を伝える文書の一形式。(7)官裁《かんさい》　太政官の裁許。(8)勅　日常の小事に用いられる天皇の命令。

【解説】　律令制のもとでは、多くの手工業部門の生産はそれぞれの官衙に付属した司＝工房で行われることになっていたが、十一世紀中頃になると、織物の部門などでは、官衙の下級役人や貴族に仕える下部などが私に設備を備え、生産と販売を始めるようになり、その結果織部司の機能と役割が低下し始めた。このような傾向は他の手工業生産にも及び、官衙工房に代わり私的な手工業者による生産へと移行していくことになった。

## 469〔新猿楽記〕

四ノ御《お》許者《もとは》覡女《かんなぎ》(1)也。卜占《うら》(2)・神遊(3)・寄絃《よりづる》・口寄(4)之上手也。（中略）尋ヌレバ二其ノ夫ヲ一、則チ右馬寮ノ史生(5)、七条以南ノ保長(6)也。姓ハ金集《かなつめ》、名ハ百成《ももなり》、鍛冶《かぢ》・鋳物師《いもじ》幷ニ銀《しろがね》金《こがね》ノ細工(7)也。一佩・小刀・太刀・伏突《よこはき》・鉾・剣・髪剃・矢尻、鍔《やきは》ハ如シ二寒氷ノ一、様ハ似タリ二茅ノ葉ニ一、或ハ鐙《あぶみ》、銜《くつはみ》、鎰《かぎ》、鋸、鉋《かな》、釿《ておの》、鐇《たつき》、鎌、斧《おの》、鋤《すき》、鍬《くわ》、釘、鎹《かすがい》、錐、鑷《けぬき》、鋏《はさみ》、金物等〈已上造物(8)〉、或ハ鍋、鑵《かなえ》、釜、鍑《さがり》、鼎《あしかなえ》、鉢、鋺《かなまり》、熨斗《のし》、鏡、水瓶、花瓶、閼伽器《あかつき》、匳《はこ》、火舎《かしや》、錫杖《しやくじよう》、鐃鈸《ねうはち》、香炉、独鈷《とつこ》、三鈷、五鈷、鈴《れい》、大鐘、金鼓《こんく》等ノ〈已上鋳物(9)〉上手《じようず》也。進二退スルコト鉄《くろがね》ヲ一、動《ややも》スレバ同ジ二揚州ノ莫邪(10)ニ一。錬リ二沸スコト銅ヲ一、応ベシレ疑フ二呉山ノ百錬(11)カト一乎。

(1)覡女　神に仕え、祭りに奉仕し、神おろしなどをする女性。巫女とも。(2)卜占　易卜。(3)神遊《かぐらあそび》　神楽。(4)寄絃・口寄《くちよする》　神がかりの状態になって神の言葉を伝える時、弓の絃をならしながら行うこと。(5)右馬寮史生《うまりょうのししょう》　牛馬を飼育する役所の下級書記官。(6)保長《ほうのおさ》　保は条・坊の下位にある平安京の行政機構の末端を構成する単位。保長はその責任者。(7)細工《さいく》　手工業者のこと。(8)造物　鍛造物のことで、金属を加熱し槌などで打ち延ばすなどして造りあげた製品。これを造る職人が鍛冶。(9)鋳物　鉛や錫などの金属を溶融し、鋳型に流し込んで造った器物。これを造る職人が鋳物師。(10)莫邪《ばくや》　中国春秋時代の呉にいた名剣作り干将《かんしょう》の妻。干将と力を合わせて名剣を造ったといわれる（『呉越春秋』）。(11)呉山百錬　呉山は不明。何度も金属を錬り鍛えて造った名鏡のこと。

【解説】　史料452の解説のように、『新猿楽記』は、猿楽見物にきた右衛門尉一家に託した職業尽くしとしての特徴をもっている。この史料は第四女に関する記述。娘は覡女で、その夫は鍛冶で鋳物師で金銀の細工という設定。理想化されているとはいえ、鍛造物と鋳物とに区分されて書き上げられている製品の多さの中に、平安時代中期における手工業生産の発展を読みとることができる。このような手工業者が「保《ほう》の長《おさ》」になっていることも、七条以南という地域の平安京の中における位置を示している。また、金属物を扱う夫の名が「金集百成」であるというのは言葉遊び。『新猿楽記』はこの種のパロディが集約された作品ということもできる。

**470〔今昔物語集〕巻三十一　大刀帯陣売魚嫗語第三十一**

今昔《いまはむかし》、三条ノ院ノ天皇(三条天皇)ノ東宮(1)ニテ御《おわし》マシケル時ニ、大刀帯ノ陣(2)ニ常ニ来テ、魚《うお》売ル女有ケリ。大刀帯共此レヲ買セテ食《くら》フニ、味《あじわ》ヒノ美《うま》カリケレバ、此レヲ役ト持成シテ、菜料ニ好ミケリ。干タル魚ノ切々ナルニテナム有ケル。

而ル間、八月許《ばかり》ニ、大刀帯共小《こ》鷹狩《たかがり》ニ北野(3)ニ出《いで》テ遊ケルニ、此ノ魚売ノ女出来タリ。大刀帯共、女ノ顔ヲ見知タレバ、「此奴《こやつ》ハ野ニハ何態《わざ》為《す》ルニカ有ラム」ト思テ、馳寄《はせより》テ見レバ、女、大キヤカナル籭(4)ヲ持タリ。亦、楚(5)一筋ヲ捧テ持タリ。此ノ女、大刀帯共ヲ見テ、怪ク逃目《にげめ》ヲ仕《つか》ヒテ、只騒ギニ騒グ。大刀帯ノ従者共寄テ、「女ノ持タル籭ニハ何ノ入タルゾ」ト見ムト為ルニ、女惜ムデ不見《み》セヌヲ、怪ガリテ引奪テ見レバ、蛇ヲ四寸許ニ切ツヽ入タリ。奇異《あさまし》ク思テ、「此ハ何ノ料ゾ(6)」ト問ヘドモ、女、更ニ答フル事無クテ、□テ立テリ。早ウ、此奴ノシケル様ハ、楚ヲ以テ藪ヲ驚カシツヽ、這《はい》出ル蛇ヲ打殺シテ切ツヽ、家ニ持行テ、塩ヲ付テ干テ売ケル也ケリ。大刀帯共、其レヲ不知ズシテ、買セテ役ト食ケル也ケリ。

此レヲ思フニ、「蛇ハ、食ツル人悪《あし》」ト云フニ、何ド蛇ノ不毒《どくせ》ヌ。然レバ、其ノ体慥《たしか》ニ無クテ、切々ナラム魚売ラムヲバ、広量(7)ニ買テ食ハム事ハ可止《とどむべ》シトナム、此レヲ聞ク人云《いひあつかい》繚ケルトナム語リ伝ヘタルトヤ。

(1)東宮《とうぐう》　皇太子。三条天皇の東宮の期間は九八六―一〇一一年。在位期間は一〇一一―一〇一六年。(2)大刀帯陣《たちはきのじん》　皇太子の警護にあたる者(東宮帯刀)の詰所。一条南、堀川東に所在。(3)北野　大内裏の北方、北野天満宮が鎮座する付近一帯。(4)籭《したみ》　底が四角で上の方が丸い笊《ざる》。(5)楚《すわえ》　細い木の枝。(6)此ハ何ノ料ゾ　なんのためのものか。(7)広量　大ざっぱで細心さに欠ける。

**471〔本朝無題詩〕巻二　人倫**

見売炭婦　三宮(1)
炭を売る婦を見る　三宮

売炭婦人今聞取　炭を売る婦人、今聞き取《もとむ》るに
家郷遥在大原山(2)　家郷遥か大原山にあり
衣単路嶮伴嵐出　衣単《うす》く路嶮しく嵐に伴うて出づ
日暮天寒向月還　日暮れ天寒く月に向つて還る
白雲高声窮巷裡　白雲声高し窮巷の裡《うち》
秋風増価破村間　秋風価を増す破村の間
土宜自本重丁壮　土宜《どぎ》本自《もとよ》り丁壮を重んず
最憐此時見首斑　最も憐れむ此の時首《こうべ》の斑《はん》を見る

(1)三宮　後三条天皇の第三皇子、輔仁親王。(2)大原山　京都北郊の

大原。

【解説】　史料470は、平安京の北側にある北野に住む女が、捕まえた蛇を四寸(十二センチ)ほどに切って塩づけし、日干しにしたものを干魚として下級役人に売っていた話。史料471は、大原に住む女性が炭売りをしている情景を詠んだ詩。平安京が都市として成熟するに伴い、都市生活のためのさまざまな物資の供給が必要となった。平安京近郊がそれらの物資を供給する場所としての役割を担っていた。それら商売の担い手としては女性が多かった。また、『今昔物語集』巻三十一の第三十二話には、泥酔し嘔吐したものを鮎鮨に混ぜ込んで売ろうとした販婦《ひさぎめ》の話が採録されている。同書は、平安京のなかでたくましく生きる女性の姿を活写している文献として貴重。

## (2)　災害と救済

**472**　**〔権記〕寛弘八年(一〇一一)十一月四日条**

昨日物忌(1)也。夜半許《ばかり》上東門《じょうとう》(2)ノ南、陽明門(3)ノ北、帯刀町《たちはき》(4)ノ東、西洞院路西〈自リ二鷹司小路一北者、件大路東同〉焼亡ス。都《すべ》テ七百余家ト云々。参リ二枇杷殿《びわどの》(5)ニ一帰宅ス。

(1)物忌《ものいみ》　日取りや夢見が凶に当たるとき行動を制限して謹慎すること、ないしその日。(2)上東門　大内裏の東北方にあり土御門大路に面している。(3)陽明門《ようめい》　大内裏の東面にあり近衛大路に面している。上東門より一つ南の門。(4)帯刀町　左京一条大路の南、堀河大路の東の一町。(5)枇杷殿　左京一条三坊十五町所在の邸宅。当時は藤原道長が領有。一条天皇の里内裏《さとだいり》としても利用された。

**473**　**〔御堂関白記〕長和五年(一〇一六)七月二十一日条**

丑終《しまい》ノ許《ばかり》東方ニ有リレ火。見ルニレ之《これ》相二当タル土御門《つちみかど》(1)ノ方《かた》ニ一。仍馳《は》セテ行《ゆ》クニ、従リ二惟憲《これのり》朝臣宅ノ一火出デテ遷リ付ク。馳付(ママ)風吹キ如シレ払フガ。二町同(間カ)数屋一時ニ成リレ灰ト。先ヅ令ムレ取リ三出サ大饗朱器(2)、次ニ文殿《ふどの》(3)ノ文等ヲ一。後ニ還ル二一条ノ一間ニ、申ス二法興院《ほこいん》(4)ニ火付クト一。即チ行向フニ、不レ遺《のこ》サ二一屋モ一焼亡ス。凡《およ》ソ従リ二土御門大路《おおじ》一至ルマデ二二条北ノ一五百余家焼亡ス。

(1)土御門《つちみかど》　土御門大路の南に所在した藤原道長の土御門第。(2)大饗朱器　正月に大臣家で行われる饗宴に使用する器・調度。(3)文殿　典籍や文書を保管する書庫。(4)法興院　左京二条京極に所在した寺。藤原兼家が邸宅を寺に改めた。一〇一一年(寛弘八)ほぼ全焼。一〇一三年(長和二)に道長が再建した。

**474**　**〔左経記〕長元元年(一〇二八)九月三・四日条**

三日、甲午、天晴、従リ二昨日未刻ノ一及ビレ申ニ大風フク。京中屋舎《おくしや》多ク以テ破損スト云々。富小路《とみのこうじ》(1)以東如シレ海ノ、上東門院(2)ニ并法成寺《ほうじょうじ》(3)ニ水入《い》ルト云々。(中略)

四日、乙未、天晴、従リ二右府《うふ》一被《され》テレ示《しめ》シテ云ク、「連日大風フク、不幾外(亦畿カ)ノ国多ク風損《ふうそん》スルノ由」ト云々。豊楽院《ぶらくいん》(4)門等并府庁(5)ニ之顛倒ス。府庁可キ二造立ス一事、府力難キレ及ビ歟《か》。申シレ爵ヲ加ヘテ二府力ヲ一欲スレ作ラント云々。

(1)富小路　左京東辺京極大路より一本西の小路。(2)上東門院　藤原道長の土御門第の別称。(3)法成寺　道長が建立。京都市上京区にあった寺。(4)豊楽院　朝堂院の西に位置し、国家的饗宴のための施設。(5)府庁　衛門府・検非違使の庁舎。

【解説】　左京北辺には貴族の邸宅や官衙町が集中したため、火災が発生すると大きな被害がでた（史料459参照）。史料472の出火元は官衙町の一つである帯刀町の一画であった。一〇一一年（寛弘八）に七百余家、一〇一六年（長和五）には五百余家が焼亡している。史料474は大風による被害が記されている。興味深いのが「富小路以東、海の如し」と記されていることである。富小路が京極大路の一本西側の街路であったことから判断して、大風に伴う降雨によって鴨川の堤が決壊し洪水が発生したためである。鴨川の氾濫は平安京成立当初から問題で、防鴨河使《ぼうかし》という令外官が置かれるほどであった。なお、『権記《ごんき》』は権大納言藤原行成（九七二―一〇二七年）の、『御堂関白記《みどうかんぱくき》』は摂政藤原道長（九六六―一〇二七年）の、『左経記《さけいき》』は源経頼（九七六―一〇三九年）の日記である。ともに摂関政治期の重要な史料。

## 475〔朝野群載〕巻十一　廷尉　寛治元年（一〇八七）六月二十八日賑給文

賑給文《しんごうもん》(1)
右京三四条賑給使(2)
　合人数(3)五百人
　　隠居百七十人
　　高年百卌人
　　病者四十人
　　窮者百六十人

請《うけタル》(4)米十五石　従《より》二官司一
塩一石三斗四升　従二大膳職《だいぜんしき》(5)一
　三条人数二百八十人　料米八石　塩七斗二升
　　隠居百人　料米三石 人別三升　塩三斗 人別二合九勺九才(撮)
　　高年八十人　料米二石 人別二升五合　塩一斗二升 人別一合五勺
　　　男卅人　女五十人
　　窮者百人　料米三石 人別三升　塩三斗 人別二合九勺九才
　四条人数二百廿人　料米七石　塩六斗二升
　　隠居七十人　料米二石五斗 人別三升五合八勺　塩二斗 人別二合九勺
　　高年五十人　料米二石 人別四升　塩一斗二升 人別二合四勺
　　　男廿人　女卅人
　　病者四十人　料米一石 人別二升五合　塩一斗 人別二合五勺
　　　男十人　女卅人
　　窮者六十人　料米一石五斗 人別二升五合　塩二斗 人別三合三勺六勺(ママ)
　　　男四十人　女二十人
右、去月廿九日依《テ》二宣旨《ニ》一賑給《スルコト》如《ごとシ》レ件《くだんノ》、
　寛治元年六月廿八日
　　　右兵衛少志《さかん》正六位上　藤井宿禰有友
　　　権少尉《じょう》正六位上　藤原朝臣親実
　　　勅使従五位下行佐《すけ》　藤原朝臣家輔

（1）賑給　律令制下、国家の慶事や、災害・飢饉などの凶事に際し、高齢者や病者などの弱者に食料や衣服を給する制度。（2）賑給使　賑給のために派遣された使者。史料の末尾に署名している三名。（3）合人数　右京三条・四条で賑給を受けた弱者の合計人数。（4）請米　賑給のために支給された米の量。（5）大膳職　宮廷用の饗膳の調進を司る官司。

【解説】　賑給《しんごう》は賑恤《しんじゅつ》ともいい、注にも記したように、慶事や凶事に際し、天皇の徳化を天下に示す儒教思想に基づいて、弱者の救済を目的とした制度。平安時代中期以後は形骸化し平安京のみ六月の年中行事となった。この場合も六月二十八日に行われており、「隠居」「高年」「病者」「窮者」など社会的な弱者を対象に、米塩が支給されている。律令制に基づく賑給が形骸化する一方で、上級貴族などが仏教の功徳を求めて個人的な賑給を行い始めることに注目しなければならない。その場合、本史料のような京中の弱者一般を対象とするのではなく、悲田院の病者や清水坂の病者など特定の弱者を対象にすることが多かった。この対象の固定化は、救済という側面以外に、賑給を受けた弱者を差別するという傾向も生み出すことになった。

# 4　開発の進展と大規模所領の成立

## （1）開発の進展

### 476〔田中忠三郎氏所蔵文書〕寛弘九年（一〇一二）正月二十二日和泉国符案（平安遺文四六二号）

国符(1)ス　諸郡司

可下キ普《あまねく》仰《おおせ》テ二大小田堵《たと》(2)ニ一去作《(古)さく》ノ外《ほか》令レム発中作荒田《せこうでん》ヲ上事

右、興ハ復之基、唯在リ二勧農ニ一、公私之利、又拠ル二作田ニ一、爰《ここ》ニ此ノ国所部《しょぶ》ノ雖レモ狭シト、居民有レリ数、半《ばは》ハ宗《むねと》トシ二魚釣(3)之事ヲ一、無レシ好ムコト二耕耘(4)之業《なりわい》ヲ一、浮浪之者、適《たまたま》有ルモ二其ノ心一、則《すなわち》チ依テレ無キニ二作手《つくて》(5)一不レ便《ならズびん》ナラ二寄作ニ一、富豪之輩《ともがら》素《もと》ヨリ有ルモ二領田一、亦偏《ひとへ》ニ称シ二墝埆ト一、歴年荒棄ラシツ、国之難優(憂)、民之少利、多ク莫シレ不ルハレ拠ラ二斯ニ一焉、今案ズルニ二事情ヲ一、政《まつりごと》ハ有リ二沿革一、随ツテレ時ニ弛張ス、既ニ謂フニ二公田ト一、何ゾ有ラン二私領一、然ラバ則チ、寛弘五年以往(6)ノ荒廃公田者《は》、縦《たとひ》是レ雖レモ称スルト二大名之古作ト(7)一、可シレ令ムレ許シ三作ラ二小人之申請ヲ一、但シ有リテ二本名一不レ荒サ二古作ヲ一、猶共ニ欲スレバ二加作《セント》一者、郡司慥《たしか》ニ検ジ二其ノ新古之坪ヲ一、可キレ停ム二他名之申請ヲ一也、偏《ひとへ》ニ開キ二荒田ヲ一、有ラバレ捨ツルコト(古)二去作ヲ一者、事違《たがフ》二所レ仰《おおスル》之

旨《むねニ》、更《ニ》欲《ス》尋《たずネめサント》徴其官物《ノかんもつヲ》、仍《テ》須《ラク》去(古)作之外《ほか》加作《セントセバ》彼《ノ》以往之荒田者、先《ヅ》除《キ》田率《でんりつ》之雑事《ぞうじ》(8)《ヲ》、重《ネテ》可《キ》免《ズ》官米(9)内五升《ヲ》也、是則《チ》、欲《シ》反《サント》国《ヲ》於淳素之俗《ニ》、同《ジウセントスル》民《ヲ》於陶朱(10)之輩《ニ》而已《のみ》、仍《テ》所《スルごとシくだんノ》仰如件、郡宜《シクべシ》承知《シ》、依《テ》件令《ニム》励作《セ》、若《シ》有《ラバ》称《シ》己《ノ》去(古)作《ト》、猶又妨《ゲ》荒《ス》之輩者、注《シテ》名《ヲ》言上《シ》、随《ヘ》将《ニ》勘決《ニ》、事在《ハリ》優《スルニ》復《ヲ》、莫《レ》敢忽諸(11)《テこつしよスルコト》、符到《ラバ》奉行《セヨ》、

守源朝臣(経頼)　寛弘九年正月廿二日

(1)国符　国衙発給の命令文書。(2)田堵　農業を専業とした在地の有力者。大小は経営規模を表している。(3)魚釣　漁業のこと。(4)耕耘　農業。(5)作手　耕地を耕作・経営する権利で、売買譲渡したり他人に耕作させて加地子《かぢし》などを得ることもできた。(6)寛弘五年以往　「寛弘五年」は、この史料が出される前年(寛弘八年)の三年前にあたり、それより以前の荒廃公田は再開発してもよいとされているが、これは田令荒廃条に法源をもつ「三年不耕の原則」(三年間は申請者に開発の権利が認められる)が、十一世紀初頭でも生きていることを示している。(7)古作　耕作権をもち、以前から耕作・経営してきた田地。(8)田率之雑事　田の面積に応じて賦課される雑税。(9)官米　国衙への納入を義務づけられた米。(10)陶朱　春秋時代の富豪。(11)忽諸　なおざりにする。

【解説】　平安時代中後期を「大開墾の時代」として評価しようという見解があるが、本史料は十一世紀初頭の国衙領の開発の様相を示す重要な史料。その開発の特徴は次のごとくである。第一に、国守が開発する主体として期待していたのが田堵《たと》であったことである。田堵層もこの頃になると大名田堵と小名田堵とに大きく階層分解していた。第二に、開発対象が一般的な荒野や荒田ではなく、荒廃公田であったことである。この時命じられたのは、法的には荒廃した公田の再開発であった。第三に、その再開発も古作《こさく》＝現作田を維持することが前提であり、古作を維持した上で再開発した荒廃公田については、田率雑事と官米五升が免除されるという特権が付与されていた。「半《なかば》は魚釣の事を宗《むね》とし、耕耘《こううん》の業《なりわい》を好むことなし」という和泉国に限られた特徴なのかもしれないが、古作を維持しつつ周辺の荒廃公田の再開発を大小田堵層に期待するというのが、当該期の開発の方向であった。古作を放棄しない限りは、国衙領を再開発する権限が田堵層に認められたことは、これ以後の開発の進展の前提として重要な点である。

## 477〔東大寺文書〕治暦二年(一〇六六)三月十一日大僧都有慶房政所下文案(平安遺文一〇〇二号)

(端裏)「伊賀国簗瀬《やなせ》(1)庄本券〈寺家《じけ》充文《あてぶみ》／治暦二年〉」

下《ス》　為延(丈部)《ノ》所《ニ》

早《ク》可《キ》令《ム》開発《セ》之田代《たしろ》(2)荒野等《ヲ》事

合《セテ》壱所者　於(ママ)〈在《リ》見作田拾柒(七)町弐段余歩／残《リハ》无数荒野

在《リ》名張《なばり》郡簗瀬郷(3)内《ノニ》　也〉

四至(4)〈限《ル》東寺上尾《ハニ》　限《ル》南貢御河《ハニ》／限《ル》西大河《ハニ》　限《ル》北剣山《ハノ》

北辻《ニ》〉

右、件《ノ》田代荒野等《ハ》、神戸《かんべ》住人実遠(藤原)(5)朝臣負物《ふもつノ》代《トシテ》、元興寺《がんごうじ》大

僧都御房(有慶)《ニ》弁進《スル》地也、而《シテ》為《メ》レ令《メンガ》二開発《セ》一、所二丈部《はせつかべ》為延《ニ》充行《あてがフ》一也者《テヘレバ》、開発三ケ年間《ノ》、地利《ヲ》免除《シ》、其後者於《テハ》二官物《ニ》一者、可《シ》レ弁《ス》三済国庫《ニ》一、於《テハ》二壱段別一斗《ノ》御加地子《ニ》一者、可《キ》レ弁《ス》二進領家《ニ》一者也《ものなり》、於《テハ》二作手《つくて》(6)《ニ》一者、可《キ》二為延之子孫相伝領知《ス》一也、仍《テ》為《メ》二後日《ノ》沙汰《ノ》一、所《ノ》二御下文《おんくだしぶみヲ》成給《なシたまヒ》御《たまフ》一也者《テヘレバ》、存《ジ》二此《ノ》旨《ヲ》一、可《キ》レ令《ム》二開発《セ》一之状、下知如《シ》レ件《ノ》、

治暦二年三月十一日

房官上座《じょうざ》大法師 在判

(1)簗瀬庄　伊賀国名張郡(三重県名張市)に所在した東大寺領荘園。
(2)田代　耕地一般を指す場合もあるが、この場合は開発予定地のこと。
(3)簗瀬郷　この時点ではまだ立荘されておらず、国衙領であったので「郷」と称されている。(4)四至　東西南北の境界。(5)藤原実遠《さねとう》　伊賀郡神戸《かんべ》を本拠地にして伊賀・阿拝《あへ》・山田・名張《なばり》諸郡に所領を所有し、「当国の猛者」と評されたが、十一世紀前半の私宅の焼亡を機に没落した。本文一行目の「負物」(＝負債)もこの火災に関係するものであろう。
(6)作手　史料476注(5)参照。

【解説】 十一世紀後半における国衙領の開発の一形態を示している。当地の猛者であった藤原実遠が没落し、その負債の代物として簗瀬郷内の荒野などを入手した有慶房は、その荒野の開発を条件付きで在地の土豪丈部為延に委ねた。その条件とは、①開発を開始してから三年間は地利(官物など)が免除されるが、三年を過ぎると官物(普通は一段につき米三斗)は国衙に、加地子一斗は領家である有慶房に納入すること、②その代わりに為延には「作手」が認められ、彼が開発した耕地を耕作したり、その一部を農民に貸し地子などを収取できる権限を、その子孫にいたるまで保証されるというものであった。この荒野は、官物を国衙に納入するという点では国衙領であったが、開発を請け負った有慶房と開発を実行した丈部為延、そしてその開発地を耕作する農民との間に、荘園制でみられる土地の重層的な領有関係がすでに成立している点が注目される。大名田堵層の開発の延長線上に、このような大規模所領の開発は位置づけられる。

## (2) 大規模所領の成立

**478〔高野山文書〕永承四年(一〇四九)十二月二十八日太政官符案**(平安遺文六七五号)

(押紙)
「永承四年官符案文」

太政官符《ス》民部省

応《まさニ》《ベキ》下以《テ》二金剛峯寺(1)領田《ヲ》一、相三博寺(2)《しじ》家《け》政所《まんどころ》(3)前田并荒野《ニ》一、永《ク》免中除《ス》租税官物雑役《かんもつぞうやくヲ》上事

本田肆拾壱町肆段佰伍拾歩(四)(五)

水田肆拾壱町肆段佰伍拾歩

陸田柒町佰捌拾柒歩(4)(七)(八)

伊都《いと》郡水田肆町陸段柒拾肆歩(六)

在《ル》二図里《ニ》一坪坪等在《リ》二本文《ニ》一

那賀《なか》郡水田拾肆町柒段陸拾陸歩
　在図里坪坪如本文
名草《なぐさ》郡水陸田壱拾参町肆段弐佰陸拾参歩
　図里坪坪如本文
　水田陸町肆段柒拾陸歩
　陸田柒町佰捌拾柒歩
牟婁《むろ》郡水田壱拾捌町陸段弐佰玖(九)拾肆歩
　図里坪坪如本文
今申請伊都郡荒野見作《げんさく》
四至〈東限大沓東谷　南限吉野川／西限嵯峨谷　北限大山〉
長杜村見作田拾陸町壱段弐佰捌拾歩
　（坪付略）
大野村見作田玖町柒段佰弐拾歩
　（坪付略）
右、得彼寺去五月二日解状偁《い》、「謹検案内、寺家是弘法大師入唐帰朝之後、依明神之告、撰最勝霊地所草創也、密教之興隆、源在於此砌《みぎり》、仍建立当初、請天許以降、山内幷(5)政所領里内不入国使、而及末代牢籠(6)多端、因《より》之、以去寛弘元年之比重賜官符、皆以停止、爰代代之国司乍《なが》察其旨、猶動《やや》令乱入、是以重欲被下宣旨永停止、又山高道遥、往還難通、常住禅侶、誰訪飢寒哉、適《たまたま》為助之、後院幷大師相博施入四箇郡庄田等、以去貞観十八年賜官符、雖不輸祖(租)田、代代国宰(7)多以収公、如此之間、似無其実、是依散在遠郡、自然所致歟、望請　天恩、返進件四箇郡不輸祖(租)田、新賜官符、寺家政所前荒野幷見作田、限四至、為寺領不輸祖(租)田、不入国使、免除臨時雑役《ぞうやく》、兼又《かねてまた》寺家山内政所領里等不入国使、如古《もと》被停止雑役(8)者、弥《いよいよ》厳《おごそ》大師遺跡《ゆいせき》、奉祈国主大平」者、正二位行権中納言兼左衛門督源朝臣隆国宣、「奉《うけたま》勅、依請」者、省宜(マヽ)承知、依宣行之、符到奉行、
右小弁正五位下藤原朝臣師家　従五位上行左大史兼備前介
小槻宿禰 在判
　　永承四年十二月二十八日
（以下署判略）

（1）金剛峯寺《こんごうぶじ》　空海開創の紀伊国（和歌山県伊都郡）にある真言宗の総本山。（2）相博　田地や所領の交換。（3）政所　現在の和歌山県高野口町慈尊院にあった寺領経営などの事務を担当した役所。（4）陸田　畠地。（5）山内　高野山上の伽藍全体。（6）牢籠　事件などによって窮地に陥る。（7）国宰　国司。（8）雑役　官物以外に田地に臨時に賦課された雑

税。

【解説】真言宗の本山高野山金剛峯寺に属する荘園群の中でも中心的な位置を占める官省符荘の成立＝立荘を示す史料。立荘過程で注目すべき点は、伊都郡など四郡に所有していた四十町余の田地を返却して、新たに政所前の二十六町弱の田地と荒野の領有を申請していることである。いくら四郡に散在しているとはいえ、四十町から二十六町へ減少するということは経済的に大きなマイナスである。そのようなマイナスを承知でこのような立荘を行うということは、数度にわたって指摘されている「政所前荒野」の領有こそが重要であったことを示唆している。すなわち荒野の開発による荘地の拡大である。このような開発行為を含めた申請が太政官符によって認可されることによって、荘域を四至で表現し、その内部の開発権までも認められた領域的な荘園が形成されることになった。これは、国衙領における開発をともなった領域型所領の形成と軌を一にする動向といえよう。

**479〔東寺百合文書〕承保二年（一〇七五）四月二十八日播磨国赤穂郡司秦為辰解案**（平安遺文一一一三号）

赤穂郡司解　申請国裁(2)事

請被特依且公益、且以勲功賞、令領知当郡久《ひさ》富保《とみほ》(3)字庄荒井溝(4)荒田状

荒野開発輩《ともがら》、可抽《ぬき》賞者也、無他妨《さまたげ》、永可領知之、　在判(1)

歩危《ほき》上壱所、拾捌(八)町余、当作伍町弐段、字抽井、

四至〈東限字尾朝路　南限字童堂／西限字母祚多和
北限字大蔵山〉

歩危下壱所、参拾弐丁余、字多波田井畝、

四至〈東限字童堂　南限字法師崎鷹取山／西限字長尾
北限字大蔵多和気〉

副進《たてまつる》　留守所《るすどころ》(5)　御外題《げだい》二枚《ひら》

右、謹《つつし》検案内《あない》、至于作田者致領掌、於官物者為存公益、始従《より》去年廿日(月)于《に》今、件井溝遠《を》為宿所、未私宅罷帰、而尽五千余人々劫(功)(6)者也、但件井、雖有旧跡、為難所罷立、而経年序畢、抑件井溝為体《たるやてい》、田口自迄井口遠三十町許《ばかり》、其内土樋渡程五箇所、木樋野《の》渡所五段余、山腰歩尾(危)遠穿鑿《せんさく》道事弐町余、其内誠無限巌破治所五段許除六尺余也、是当保郡入部《にゅうぶ》之毎使検白者、仍言上如件、望請国裁、任解状垂勲功之賞、被令裁定領知件荒井溝流荒田等者、対(勘カ)事状、以解、

承保二年四月廿八日　　大掾(7)秦為辰

(1)荒野……在判　国司の判断を記した外題《げだい》。解状(上申文書)を受け取った者の判断を記した文言を外題という。「在判」は原文書ではそこに

国司の判が記されていたことを示す。この場合は赤穂郡司秦為辰の解状を受け取った国司の外題。(2)国裁　国司の裁許。(3)保　別名・郷などと並ぶ国衙領の内部に形成された所領の単位。開発することを前提に認可される場合が多い。(4)荒井溝　荒れた用水路。(5)留守所　国司が遥任で在京している時、国司の代官＝目代《もくだい》と在庁官人とによって構成された国務執行機関。(6)功　資本や労働力を投下して行った功績。(7)掾　国司の三等官。

【解説】　久富保(岡山県相生市)は国衙領内部に成立した開発所領である「保」の初期の例であり、開発過程がある程度判明する希有な事例であるため、領主的開発の典型として評価されている。開発地は二ヵ所に分かれて記されているが、両方の四至の中に「童堂」があるから、そこで連結した一つの所領ということができる。面積は約五十町で当作は五町余しかないから、開発を目的とした所領形成であることがわかる。そしてその開発は、壊れた用水路を復旧し、土樋や木樋を渡し、崖(歩危)などを穿鑿するという大土木工事であった。このような開発の遂行を前提に、秦為辰は「勲功之賞」と称して久富保の領有の認可を国衙に求めているが、その勲功の内容は「五千余人の人功を尽」して開発したことであった。私の「功」を尽して開発を実現することが、所領獲得の重要な条件であったことをよく示している。

## 5　中世村落の形成と住人集団

### (1)　在地の秩序維持

**480**〔**法隆寺文書**〕**永承元年**(**一〇四六**)**十月二十八日僧長仁公験紛失状案**(平安遺文六三七号)

「徳万等作畠紛失公験案文」

案文

僧長仁解　申請在地所由(1)証判(2)事

請被殊任道理加証判、盗人盗取私所領作手畠、為永代《えいだい》公験《くげん》(3)立申紛失状、

在大和国平群《へぐり》郡坂門《さかと》郷八条九里廿九・卅両(坪脱カ)之内畠四段字小泉、

四至〈限東中垣　南中(限脱カ、以下同)垣／北大路　西中垣〉

右、紛失状者、件畠相博作手処分帳并作手私券文等所宿置於聟狛《こまノのぶしげノ》延重《》私宅、而《しかル》之間、以永承元年十月廿七日夜中、延重宅仁《に》俄強盗入来天《りて》、内財雑物等之中被取加件畠文書等所被盗取也、因茲為後公験、所愁申於在

地保刀禰ノ御前ニ耳《のみ》、望ミ請フラクハ、在地所由、被ルレバレ加ヘ二証判ヲ一、将ニレ仰ガン二正理ノ貴ヲ一、仍テ注シ二在状ヲ一、以テ解ス、

永承元年十月廿八日　　僧長仁

「畠四段之中西頬壱段分充テルコト二紀ノ守ノ女ニ一已ニ了ンヌ(4)、残三段得万実作也、」

件ノ延重ノ私宅ニ強盗入天負物等ヲ盗ミ取ル事、同ジク雖モ二愁ヒ申スト一、但シ内ノ子細ハ不ルモレ知ラ、盗人ノ入ル事白(ママ)明也、

在地刀禰
和《やまと》　在判
上野掾子部《ちいさこべ》々々
周防掾三統《みむね》々々
甲悲(ママ)介三統々々
惣刀禰春日宿院司散位藤原朝臣々々

(1)所由　在地社会の秩序維持を担当した有力者。末尾に、署判を加えている「在地刀禰」たち。(2)証判　証明の文言と署判。(3)公験　公権力が権益を正式に証明した文書。(4)「畠……了」　後に書き込まれた文言で、後にこの畠地四段のうち一段が紀守女に宛行われたことを示す。

【解説】　盗賊や火災などによって権利書(公験《くげん》)などが盗まれたり焼失してしまった時や、土地の境界などをめぐる問題が生じたとき、被害にあった者からの申請を受けて、盗難や火災の事実を認定したり、境界に関する調査をすることによって、在地社会の秩序を維持していたのが、在地刀禰である。平安時代前期においては保証刀禰と称する場合が多いが、十一世紀頃より在地刀禰の署判が多くなる。この場合は強盗によって畠地の公験が紛失してしまったことを証明してほしいという申請に対して、在地刀禰らは、盗人が入ったことは事実として認定している。この認定によって、公験の紛失まで保証されるのか否か不明だが、在地刀禰の役割の一端を示す。

### 481〔紀伊続風土記付録九山西氏文書〕寛治三年(一〇八九)五月六日散位坂上経澄解案(平安遺文一二七一号)

散位《さんに》坂上《さかのうえノ》経澄解シ申シ請フ三谷□(郷)(1)并ニ郡ノ内ノ裁事

請フレ被ソト下殊《ことに》任《まかせ》二道理ニ一裁定シ給ハ上、□下計シ経澄ガ先祖相伝ニ所知仕ル字山前山地等ヲ上、擬スル二押シテ領掌セント一不安ヲ愁フル之状

四至〈限ル二東ハ二部谷ニ一　限ル二西ハ御多良井谷ニ一、但シ天野ノ登リ道(2)、／限ル二
南ハ峯笠石三井見通ニ一　北ハ限ル二大川ニ(3)一〉

右、謹ンデ案ズルニ二事情ヲ一、件ノ山前八多山地等、従リ二経澄ガ先祖一相ヒ二伝シ之ヲ一領掌仕ル処也、而ルニ去ンヌル寛治元年頃、依リ二慮外ノ事ニ一、牢籠スル之間、作リ二謀計ノ公験《くげん》ヲ一、称シ二先祖譜代ノ処ト一、非道ニモ所レ擬スル二押領セント一也、仲清ノ無道無シレ過《す》グルハ二於斯《これに》一、就中《なかんずく》仲清先祖紀清任者、伊都ノ住人也、而シテ経澄ノ祖父散位坂上晴澄ノ宿禰《すくね》(4)ニ許来著ステヘリ者、即チ相ヒ二次イデ一清任・男重清并仲清等ニ一為テ二三代ノ家人《けにん》(5)ト一、于レ今ニ無キコト二違背一、此ノ郡

内《ノ》在地上下所《ノ》二領知《スル》一也、何《ソ》有《リテ》二道理一、仲清《ノ》時始《メテ》有《ランヤ》二相伝《ノ》之
文書一哉、望《ミ》請《フラクハ》、在地随近(6)、任《セテ》二道理《ニ》一被《ルレバ》二裁定《セ》一者、尤《モ》仰《ガン》二
正判《ノ》貴《ヲ》一、仍《テ》注《シ》二事情《ヲ》一、以《テ》解《ス》、

寛治三年五月六日　散位坂上宿禰 判

僧　頼元

件《ノ》山前八多《ノ》山地等、相伝被《シラルルコト》二領知《セ》一□見事明白也、仍《テ》在
地随近刀禰等(7)加《ヘ》二証判《ヲ》一了《ンヌ》、

郡司代　長 判
紀 判
多武峯《とうのみね》寺権都那《ついな》 判
金剛峯寺権都那 判
従六位上　多　紀 判
従　六　位(脱アラン)　坂　上 判
散位　坂上宿禰 判

件《ノ》山前八多《ノ》山地等、相伝之《シ》被《ルコト》二領知《セ》収(ママ)一見事明白也、仍《テ》在
地随近刀禰等加《ヘ》二証判《ヲ》一了《ンヌ》、

三谷在地(8)
僧
神祝《かんのはふり》丹生《にう》
神主《かんぬし》丹生
従六位坂上

依《テ》二公験《くげんノ》理明白《ニ》一、加《フ》レ判《ヲ》

金剛峯寺山上預《あずかり》 判

(1)三谷□　三谷郷のことで、紀伊国伊都郡内(伊都郡かつらぎ町)。(2)天野登道　天野丹生都姫《にうつひめ》神社への参詣道。(3)大川　紀ノ川。(4)坂上晴澄　『今昔物語集』巻二十九の第二十一話参照。(5)家人　主従制的な関係における家来。(6)在地随近　在地随近刀禰または在地刀禰とも称され、在地の権利関係の秩序維持を担った有力者集団。(7)在地随近刀禰等　坂上経澄から「裁」を求められたもののうち「郡内」に相当する集団。(8)三谷在地　同じく「三谷□」に相当する集団。

【解説】　山野領有をめぐる在地刀禰の役割を示す。坂上経澄が先祖相伝として領有していた山前八多山地が、相伝の家来である紀仲清によって横領されそうになったため、経澄が在地刀禰にそれらの地が自分の領有地であることの認定を申請したものである。ここでは、その認定主体である在地刀禰が二グループからなっている。署判の部分をみれば明らかなように、僧頼元から始まる郡内のグループと三谷在地から始まるグループの二つである。この地域の秩序維持機構である在地刀禰組織は伊都郡全体を覆うものと、伊都郡内の三谷郷を覆うものとの二重構成になっていたのであった。山地など広域的な領地の領有の認定は、郷や荘規模では実効力がなかったため、郡規模の秩序維持機構が発動された。

## (2)「住人等解」の成立

**482〔東大寺文書〕天喜元年（一〇五三）七月日美濃国茜部荘司住人等解案（平安遺文七〇二号）**

□□(所カ)別当進上庄解案文

東大寺美濃《みの》国茜部《あかなべ》御庄(1)司住人等解(2)　申請　寺家政所(3)裁下事

請被特蒙鴻慈、奏聞事由於公家(4)、改本四至(5)、打傍示(牓)(6)、令停止検田収納四度使入勘、裁免国郡差課色々雑役、偏勤仕　寺家恒例所課及御地子物弁状(7)、

四至〈東限共河　南限尾張河／西限平田御庄堺　北限三宅寺〉

右、謹案事情、東大寺御所領諸国散所、庄薗収公荒廃、尤道理也、何者《なんとなれば》　傍寺院別当多分令坐長任給者也、因之興法修理之勤、所領庄薗之愁、各期永年所被勤行也、其中於件大伽監(藍)(8)者、長吏(9)御任限四箇年矣、仍代代別当令補任給之後、寔《これ》(10)雖有庄庄之愁、称(11)新任之由、専一不被奏公底(12)、亦第二三年者、如走自《おのずか》過矣、亦於任終者、不幾《いくばく》　任限之故、不被沙汰而止、如此遷替之間、寺家庄庄或以荒廃、或以収公、適《たまたま》雖有見作、代代国司収公也者、徒《いたず》　有勅施入之名、曾《かつ》無寺家用之実、是即代々長吏遷替之所致也、不如《しかず》、於件庄庄引准　傍例、須《すべから》限四至打傍示(牓)、令停止検田収納四度使(13)等之入勘、被裁免国郡差課(14)之雑役也者、兼　亦任前前両度宣旨、被停止防河(15)造宮御馬逓送官使上下向供給駄夫等之役者、方今《まさにいま》王法(16)仏法相双、譬《たとへ》　如車二輪鳥二翼、若其一闕者、敢以不得飛輪、若無仏法者、何有　王法乎、若無王法者、豈《あ》有　仏法乎、仍興法之故王法最盛也、而　今近代国司、各《おのおの》　忘憲法、為事利潤、而間収公寺院庄田、徴責官物租税、充負臨時雑役、虚用仏物僧物、因茲寺家庄薗　弥《いよいよ》　以荒廃、御寺大愁莫過　於斯、望請　政所裁定、遠　仰本願聖霊之遺勅、近　慰末代庄薗之愁吟矣、仍録事状《さま》、以解、

天喜元年七月　日　専当秦(17)
別当守部《もりべ》
文屋《ふんや》
秦
惣検校《そうけんぎょう》僧

(1)茜部庄　岐阜県大垣市付近に所在した東大寺領の荘園。(2)解　被管関係のあるものが所管の役所などへ出す上申文書。この場合は荘園の荘官・住人が荘園領主の東大寺(政所)に上申した文書。(3)政所　東大寺の寺務機関。(4)公家　「こうけ」。朝廷のこと。(5)四至　「しいし」。

東西南北の境界点。(6)牓示《ほうじ》　荘園などの境界を示すために打たれた標。木柱や札や石柱などを用いた。(7)請……弁状　この部分を「事書《ことがき》」といい、「右」から始まる本文の内容を要約して記している。(8)件大伽藍　東大寺のこと。(9)長吏　座主や別当などの異称で、寺務を統括する責任者のこと。(10)寔《これ》　「まことに」の意。(11)称新任……而止　別当任命の初年度は新任と称して朝廷に奏せず、二・三年目はあっという間に過ぎてしまい、最後の四年目は任期があまりないことを理由になにもしないで終わってしまう、の意。(12)公庭　太政官の裁判機構のこと。(13)四度使　律令制下においては、朝集使・大帳使・貢調使・正税帳使の総称のことであるが、当該期においては国衙から派遣される国使を指す呼称。(14)差課　賦課する。(15)防河……等之役　防鴨河《ぼうか》役や造宮役など国役の賦課のために派遣された官使や、駒牽《こまびき》などで天皇に馬を運ぶ官使が上下向する時の費用や馬や人夫の負担。(16)王法……最盛也　このような考え方を王法仏法相依論という。(17)専当・別当・惣検校　ともに荘官の名称。

【解説】　九八八年(永延二)の尾張国郡司百姓等解に代表される国司苛政闘争は十一世紀第2四半期をもって消滅し、それに代わって十一世紀第3四半期よりは、荘園の住人を名乗る者たちが連署して国司の非法や年貢の減免を求める解状が現れて来る。その史料を住人等解といい、それを元にした闘争を住人等解闘争と言うが、本史料はその初見。住人等解闘争の特徴は、①「住人」と名乗る荘園の上層農民によって支えられていること、②彼らが連署して集団で要求していること、③訴える対象が荘園領主の事務機関(ここでは東大寺政所)であること、④要求の内容は、荘園の年貢や公事などの賦課に関することだけでなく、国衙からの国役や臨時雑役などの賦課をも含んでいること、などが指摘できる。国衙からの賦課の免除も、寺家政所を通じて要求しなければならなかったことが象徴的に示しているように、この闘争は、荘園制という支配の枠組みに大きく規制されて成立していた。しかし、そのような限定があったとしても、「住人等」は自分たちを含めた荘園の住民の要求を訴え出る合法的な回路を獲得していた。住人等解は、これ以後十二世紀後半まで継続するが、徐々に「百姓等申状」にとって代わられ、十二世紀末にはほとんど消滅してしまう。住人等解闘争は、中世荘園制社会成立期に特有の闘争形態であった。

## 483　〔吉田文書〕永久三年(一一一五)五月七日山城国玉井荘住人等解(平安遺文一八二七号)

玉井御庄(1)住人田堵等解シ　申シ重テ請フ本寺政所裁ノ事

請フレ被ンコトヲ下殊ニ蒙ムリ二恩裁ヲ一、任セ二前例ニ一、沙汰シ給ハ上、作田ノ分水ヲ為ニ二井《い》手《で》(2)寺別当ノ一被ルルヲ二打チ止メ一愁フルノ状、

右、謹ンデ検ズルニ二案内ヲ一、当御庄之東ニ有リ二山河一、自リ二往古一件ノ河水ノ一分ヲ下シ三流シ御庄田ニ一、所二耕作スル一也、而シテ井手寺者《は》、彼ノ於テ二河上ニ一近来打チ三止メ件ノ水ヲ一、全ク以テ不二下シ流サ一、仍テ前々注シ二件ノ由ヲ一、依テレ訴ヘ三上ルニ政所ニ一、雖モレ有ルト二其ノ御沙汰一、寄セ二事ヲ左右ニ一、敢ヘテ水ヲ不二下シ流サ一、兼ネテ又以テ二去ル春ノ比《ころ》ヲ一、住人等切々ニ歎キ三注シ子細ヲ一、依リレ訴フルニ二於御寺ノ行事所(3)ニ一、彼ノ井手寺別当之許ニ、触レ三遣ハス其ノ旨ヲ一之由、雖モレ承ルト、無ク二承引一、一滴《いってい》之水モ所レ不ル二下シ遣ハサ一也、仍テ各小田等ノ苗皆枯レ失ヒ、一段一歩ノ田モ可キ二耕作ス一之力無シレ全ク、爰ニ住人等ノ大歎、何ゾ過ギン二於斯ニ一、往古之

分水《ヲ》留《ムルノ》条、尤《モ》大愁也、若《シ》此《レ》定《メタラバ》者、於《テ》二荒地住人等《ニ》一、如何《ニ》二御庄《ノ》廻《めぐらサンヤ》レ跡《ヲ》乎、御修造之比《ころ》、尤《モ》重役也、不《レバ》レ致《サ》二耕作一者、是以《テ》二何物《ヲ》一可《ケンヤ》レ勤《ス》二仕所役《ヲ》一哉者《テヘレバ》、重《ネテ》不《ルコト》レ訴《ヘ》不《ルカ》レ可《カラ》レ有《ル》歟、望《ミ》請《フラクハ》　恩裁、早《ク》被《さレ》レ致二御沙汰《ヲ》一、任《セテ》二前例《ニ》一、件《ノ》水《ヲ》被《れバ》二分《ケ》給《ハ》一者、弥《ヨ》仰《ガン》二御威《ノ》貴《キヲ》一、以《テ》解《ス》、

永久三年五月七日

職事(4)（略押）

住人重末（花押）

住人頼安（花押）

住人是末（花押）

住人永友（花押）

住人真任

住人是さた（略押）

住人是吉（略押）

住人久行（略押）

住人是清（略押）

御庄下司安積《あさか》(5)（略押）

（1）玉井庄　京都府綴喜郡に所在した東大寺領荘園。（2）井手寺　玉井庄の東方に位置し、玉井庄が引水していた玉川の上流にあった寺院。（3）行事所　特別の行事や造営などを行う時、それを遂行するために臨時に置かれた機関。本文の後半部に「御修造之比」とあるから、東大寺でなんらかの修造が行われていたらしい。（4）職事《しきじ》　荘官の一つ。（5）下司《げし》　現地で荘園の経営にあたった荘官。在京の事務機関（政所など）の役人である上司に対する呼称。

【解説】　前史料482の場合の住人等は専当や別当など荘官を名乗る者が多かったのに対して、本史料の場合は、連署している人名の上にすべて「住人」という称を冠している点に特徴がある。隣接する井手寺との用水争論という、農民にとっては死活問題に関する解状であったため、住人等の団結を固める必要があって、一人一人住人であることが強調されたと考えられる。また末尾部分に、「御修造の比《ころ》、尤も重役なり、耕作致さざれば、これ何物をもって所役を勤仕すべけんや」とあるように、住人等が「用水争論を解決し、水田の耕作ができるようにしてくれなければ、修造のための所役を納入することはできない」と東大寺に要求していることが注目される。住人等は、自分たちが「所役を勤仕する」条件として、東大寺が荘園領主として当然果たすべき責務の遂行を要求している。荘園制というシステム内における荘園領主と荘民との双務的な関係の成立を読みとることができよう。

## 第三節　宋との交渉の始まり

### 1　奝然の渡宋

484〔宋史〕巻四百九十一　列伝二百五十　外国七　日本国

雍熙(九八四)元年、日本国僧奝然《ちょうねん》、与《とも》其徒五六人、浮海而至。献銅器十余事、并《あわせテ》本国職員今(令)・王年代紀各一巻。奝然衣緑(1)。自云《いう》、「姓藤原氏、父為《たり》真連。真連、其国五品(五位)品(衍カ)官也」。奝然善隷書、而《しかルニ》不《ず》通《ぜ》華言。問其風土、但《ただ》書以対《こたへテ》云、「国中有五経書及仏経・白居易集七十巻(2)、並得《えタリ》自《より》中国。土宜五穀而少《すくなシ》麦。交易用銅銭。文曰、乾文《けんげん》(元)大宝(3)。畜有水牛・驢《ろ》・羊、多犀・象(4)。産糸蚕、多織絹、薄緻可愛《めス》。楽有国中高麗二部(5)。四時寒暑、大《おおよソ》類中国。国之東境接海島。夷人所居(6)。身面皆有毛。東奥州産黄金、西別島(対馬)出《いダシテ》白銀、以為《テなス》貢賦。国王以王為姓、伝襲至今王六十四世。文武僚吏皆世《よよニス》官」。其年代紀所記云、「初主号天御中主《あめのみなかぬし》(7)。次曰天村雲尊《あめのむらくものみこと》。其後皆以尊為号。次天八重雲《あめのやえくも》尊、次天弥聞尊、次天忍勝《あまのおしかつ》尊、次瞻波《みは》尊、次万魂《よろずみたま》尊、次利利魂尊、次国狭槌《くにのさづち》尊、次角龒《つぬそ》魂《たま》尊、次汲津丹尊、次面垂見《おもたるみ》尊、次国常立《くにのとこたち》尊、次天鑑《あめのかがみ》尊、次天万《あめよろず》尊、次沫名杵《あわなぎ》尊、次伊弉諾《いざなぎ》尊、次素戔烏《すさのを》尊、次天照大神《あまてらすおおみかみ》尊、次正哉吾勝速日天押穂耳《まさかあかつはやひあめのおしほみみ》尊、次天彦《あまつひこ》尊(8)、次炎《ほほでみ》尊、次彦瀲《ひこなぎさ》尊。凡二十三世並都《みやこス》於筑紫日向《ひむか》宮。彦瀲第四子号神武天皇。自筑紫宮入居大和州橿原宮。即位元年甲寅当周僖王時(9)也。次綏靖《すいぜい》天皇、次安寧《あんねい》天皇、次懿徳《いとく》天皇、次孝昭天皇、次孝天皇(ママ)、次孝霊《こうれい》天皇、次孝元天皇、次開化天皇、次崇神《すじん》天皇、次垂仁《すいにん》天皇、次景行天皇、次成務天皇、次仲哀天皇。国人言《いわく》、今為《す》鎮国香椎《かしい》大神。次神功《じんぐう》天皇、開化天皇之曽孫女、又謂之息長足姫《おきながたらしひめ》天皇、国人言、今為太奈良姫《おおならひめ》大神。次応神天皇。甲辰歳始《はじめテより》於百済得中国文字(10)。今号八蕃(幡)菩薩。有大臣号紀武内《きのたけのうち》、年三百七歳。次仁徳天皇、次履中天皇、次反正《はんぜい》天皇、次允《いん》恭《ぎょう》天皇、次安康天皇、次雄略天皇、次清寧天皇、次顕宗《けんぞう》天皇、次仁賢天皇、次武烈天皇、次継体天皇、次安開(閑)天皇、次宣化天皇、次天国排開広庭《あめくにおしはらきひろにわ》天皇、亦名欽明天皇。即位十一(三)年壬申歳始伝仏法於百済国。当此土梁承聖元年(五五二)。

次敏達《びだつ》天皇、次用明天皇。有子曰聖徳太子。年三歳、聞十人語、同時解之。七歳悟仏法、于菩提寺、講聖鬘(勝)経。天雨曼陀羅華。当此土隋開皇中。遣使泛海、至中国求法華経。次崇峻《すしゅん》天皇、次推古天皇、欽明天皇之女也。次舒明天皇、次皇極天皇、次孝徳天皇。白雉四年(六五三)、律師道照求法至中国、従三蔵僧玄弉受経律論。当此土唐永徽四年(六五三)也。次天豊財重日足姫《あめとよたからいかしひたらしひめ》(斉明)天皇、当顕慶三年(斉明天皇四年)(六五八)。次天智天皇、次天武天皇、次持総(統)天皇、次文武天皇。大宝三(元)年、当長安元年(七〇一)(11)、遣粟田真人《あわたのまひと》入唐求書籍。律師道慈求経。次阿閉《あへ》(元明)天皇、次皈依《きえ》(元正)天皇、次聖武天皇、宝亀(霊)二年(七一六)遣僧正玄昉入朝。当開元四年(七一六)。次孝明(謙)天皇、聖武天皇之女也。天平勝宝四年(12)、当天宝中、遣使及僧(13)入唐、求内外経教及伝戒。次天炊(大)(淳仁)天皇、次高野姫天皇。聖武天皇之女也。次白壁(璧)(光仁)天皇二十四年(14)、遣二僧霊仙《りょうせん》・行賀《ぎょうが》(15)入唐、礼五臺山(16)学仏法。次桓武天皇、遣騰元葛野《とうげん》(藤原葛野麻呂)与空海大師及延歴(暦)寺僧澄(最澄)入唐(17)、詣天台山(18)伝智者止観義。当元和元年(八〇六)也。次諾楽《なら》(平城)天皇、次嵯峨天皇、次淳和《じゅんな》天皇、次仁明《にんみょう》天皇。当開成・会昌中(八三六―八四六)、遣僧(円仁)入唐礼五臺。次文徳《もんとく》天皇。当大中年間(八四七―五九)。次清和天皇、次陽成《ようぜい》天皇、次光孝天皇、遣僧宗睿(19)入唐伝教。当光啓元年(仁和)(八八五)也。次仁和(宇多)天皇。当此土梁龍徳中(九二一―二三)、遣僧寛建(20)等入朝。次醍醐天皇、次天慶(朱雀)天皇、次封上(村)天皇。当此土周広順年(九五一―五三)也。次冷泉《れいぜい》天皇、今為《たり》太上天皇。次守平《しゅへい》(円融)天皇、即今王也。凡六十四世」。畿内有山城・大和・河内・和泉・摂津。凡五州。共統五十三郡。東海道有伊賀・伊勢・志摩・尾張・参河・遠江・駿河・伊豆・甲斐・相模・武蔵・安房・上総・(下総脱)常陸。凡十四州、共統一百一十六郡。東山道有通江(近)・美濃・飛騨・信濃・上野・下野・陸奥・出羽。凡八州、共統一百二十二郡。北陸道有若狭・越前・加賀・能登・越中・越後・佐渡。凡七州、共統三十郡。山陰道有丹波・丹彼(後)・徂(但)馬・因幡・伯耆・出雲・石見・隠伎(岐)。凡八州、共統五十二郡。小陽(山)道有播磨・美作・備前・備中・備後・安藝・周防・長門。凡八州、共統六十九郡。南海道有伊紀(紀伊)・淡路・河波(阿)・讃耆(岐)・伊豫・土佐。凡六州、共統四十八郡。西海道有筑前・筑後・豊前・豊後・肥前・肥後・日向・大隅・薩摩。凡九州、共統九十三郡。又有壱伎(岐)・対馬・多《た》襧《ね》。凡三島、各統二郡。是謂《これい》五畿七道三島。凡三千七百七十二都(郷)、四百一十四駅、八十八万三千三百二十九、課丁、課丁之外不《ず》可詳見。皆奝然所記云。（中略）太宗召二見《ス》奝然《ヲ》一。存撫之甚厚《ダクシテ》、賜《ヒ》二紫《し》衣《え》一(21)《ヲ》、館《セシム》二于太平興国寺《ニ》一。（中略）其国多有《リ》二中国典籍一。奝然之来《リテ》、復《また》得《タリ》二孝経一巻、越王孝経新義第十五一巻《ヲ》一。皆金縷《る》紅羅標(褾)、水晶為レ軸。孝経即鄭氏注者。越王者乃唐太宗子越王貞、新義者記室参軍任希古等撰也。(22)奝然復求《ム》レ詣《ズルコトヲ》二五臺《ニ》一。許《ス》レ之《ヲ》。令《しム》二所《ニ》レ過《すグル》続《つガ》レ食《ヲ》。又求《ム》二印本大蔵経《ヲ》一。(23)詔《シテ》亦給《ハシム》レ之《ヲ》。

(1)衣緑　衣褖《いたん》。褖衣は黒い衣。(2)白居易集七十巻　白楽天（七七二―八四六）の詩文集『白氏文集』。八二四年（唐長慶四）五十巻を編し、八二八年（唐太和二）自序、後集二十巻を付し七十巻、八四五年（会昌五）にさらに続後集五巻を付し七十五巻。(3)乾元大宝　九五八年（天徳二）始用。(4)水牛……象　古代日本に水牛・驢馬・羊・犀・象はいない。(5)国中　音楽には倭楽と高麗楽の二つがある。あるいは中国の誤写ならば唐楽。(6)夷人　蝦夷。高麗楽とあわせて、日本が夷狄を従えていることを強調。(7)号天御中主……伊弉諾尊　天御中主、『古事記』に天地初発の時の造化三神の一。天村雲尊は、瓊瓊杵尊天降り仕奉の神。天八重雲尊・天弥聞尊・天忍勝尊・瞻波尊、不詳。万魂尊は神万魂尊。利利魂尊、不詳。国狭槌尊は、『日本書紀』天地剖判の時、国常立尊に次いであった神世七代の第二代、『古事記』に伊耶那岐神・伊耶那美神の子大山津見神・野椎神の子国之狭土神。角龔魂尊・汲津丹尊、不詳。面垂見尊は、『日本書紀』神世七代の第六代の神の面足尊。国常立尊は、『日本書紀』天地剖判の最初に現われた神で神世七代の第一代、『古事記』に御御中主神等別天神五柱に次ぐ神世七代の第一代。天鑑尊は、『日本書紀』神代第二段一書に国常立尊の子天鏡尊。天万尊は、同一書に天鑑尊の子で伊弉諾尊の祖父。沫名杵尊は、同一書に伊弉諾尊を生み、『古事記』に伊耶那岐神・伊耶那美神の子で水戸《みなと》神の速秋津日子神・速秋津比売神が生んだ子の沫那芸神。伊弉諾尊は、『日本書紀』による表記。(8)天彦尊……彦瀲尊　天彦尊は、天津彦彦火瓊瓊杵尊。炎尊は、天津彦彦火火出見尊。彦瀲尊は、彦波瀲武鸕鷀草葺不合尊《ひこなぎさたけうがやふきあえず》。(9)甲寅『日本書紀』に神武即位年を辛酉とする。周の僖王（在位前六八二―六七七年）の代に甲寅はなく、恵王十年（前六六七年）と匡王六年（前六〇七年）が甲寅。甲寅は『日本書紀』では東征を宣した年。(10)中国文字『日本書紀』応神天皇十五年八月丁卯条、『古事記』応神天皇段に記す阿直岐（阿知吉師）・王仁（和邇吉師）が百済より論語・千字文など典籍を伝えたとの故事。(11)大宝三年当長安元年　『旧唐書』日本国伝に長安三年（七〇三、大宝元）に粟田真人来貢とある。『続日本紀』大宝元（七〇一）年正月丁酉条に粟田真人の遣唐使任命が記される。日本の立場からは大宝元年・長安元年が正しく、中国の立場からは入朝した大宝三年・長安三年が正しい。(12)天平勝宝四年　藤原清河らの遣唐使任命は天平勝宝二年（七五〇）九月、遣唐使拝朝が四年三月、唐での朝賀参列が天宝十二載（七五三）。(13)僧　行賀。唯識・法華を学んだ。(14)白壁天皇二十四年　光仁在位は七七〇―七八〇年の十一年間。延暦二十四年（八〇五）と混乱。(15)霊仙・行賀　行賀は注(13)参照。霊仙の入唐時は延暦二十三年（八〇四）。(16)五臺山　中国山西省の仏教霊場。(17)入唐　八〇一年（延暦二十）八月に遣唐使任命、八〇四年（二十三）入唐。空海帰国は八〇六年（大同元、唐元和元）。(18)天台山　中国浙江省の仏教霊場。(19)宗睿　しゅえい。宗叡は八六二年（貞観四、唐咸通三）、真如《しんにょ》法親王に従い入唐。(20)寛建　九二七年（延長五、天成二）中国に渡る。(21)紫衣　しい。皇帝が勅許して与える最高位の僧衣。「奝然入宋求法巡礼行並瑞像造立記」（清涼寺釈迦像内納入物）に、永観元年十二月二十一日、汴《べん》京で太宗に拝謁して紫衣を賜ったとある。(22)孝経……撰也　鄭玄（一二七―二〇〇）注『孝経』と唐太宗の子越王貞の命で任希古が撰した『孝経新義』。奝然が両書を宋に持参し献じたと考えられる。(23)印本大蔵経　「奝然入宋求法巡礼行並瑞像造立記」に、雍熙二年（寛和元年、九八五）三月二日、太宗に拝謁して法済大師号と開宝勅版大蔵経四八一函五〇四八巻等を賜わったとある。

【解説】中国では、唐が九〇七年に滅亡したあと五代十国の時代となった。華北に後梁・後唐・後晋・後漢・後周（以上、五代）が、華中・華南に呉・南唐・呉越・楚・閩《びん》・南漢・荊南、四川に前蜀・後蜀、山西に北漢（以上、十国）の諸国が興亡した。揚子江河口南方の浙江の流域を中心とした呉越国（九〇七―九八七）は、日本との交易に積極的であった。宋は、九六〇年（建隆元。日本は村上天皇代の天徳四）、趙匡胤（太祖）により建国され、都が汴京《べんけい》（開封）に置かれ、九七九年（宋太平興国四。日本天元二）中国を統一した。呉越国は、九七八年に銭弘俶が宋に帰服し滅亡した。呉越国の滅亡後も、九八〇年（天元三）頃、呉越商客（呉越地方の貿易商人）陳仁爽・徐仁満が来航した。彼らは、日本側に貿易に用いる奥州の砂金が不足していたので、博多に滞留していた。彼らが帰国するのは九八三年（永観元年）八月のことで、その折、僧奝然（九三八―一〇一六）が宋に渡った。奝然は、三論宗、真言宗兼学の東大寺僧で、義蔵と共に平安京西北方の愛宕山《あたごさん》に伽藍建立を企てていた。その志を遂げるため、かねてより中国五臺山巡礼を志していた。奝然の渡宋は、彼個人の宗教的情熱に基づくが、同時に、日本の朝廷としては、中国を統一した宋の皇帝に僧の巡礼行に際して拝謁させ、朝貢ではない形式で国交を通じるという意図があったと推測される。九月に天台山を巡礼し、十二月に宋都に到り皇帝太宗に朝覲《ちょうきん》し、銅器十種、職員令《しきいんりょう》、王年代記を献上し、風土の下問を受け答えた。奝然の朝覲は、銅器と王年代記を献じ、風土を陳じたように、朝貢の礼に準ずるものであった。太宗は、「この島夷は、王の継承が久しく臣下も絶えることなく従っている。これは古の道に適う」と評価した（宋史）。奝然は、九八四年四月に五臺山を巡礼し、六月汴京に戻り拝謁し、九八五年（宋雍熙二。寛和元）三月に三度拝謁して勅版大蔵教を賜り、インドの優塡《うでん》王が釈迦を思慕して造ったと伝える栴檀《せんだん》釈迦像の模像を制作し、九八六年（寛和二）七月に宋商客の船で帰国し、九八七年（永延元）二月入京した。奝然のもたらした栴檀釈迦像（国宝）は、弟子盛算《じょうさん》が住した、嵯峨天皇皇子源融《とおる》の山荘棲霞観の跡の棲霞《せいか》寺内の釈迦堂（清涼寺と号する）に安置された。栴檀釈迦像は、胎内に絹製の五臓などを入れた生身の釈迦像として尊崇され、西大寺の釈迦像など多くの模像が製作された。また、胎内には造像記や造像に結縁した宋の僧俗の交名《きょうみょう》などが収められている。京の東の延暦寺（天台山）に対抗して五臺山を承けた寺を京の西の愛宕山に創建しようとする奝然の企ては実現しなかったが、奝然の巡礼行を利用した宋皇帝への朝覲を契機として、この後、宋商を通じての交易、日本僧の入宋巡礼が盛んに行われるようになった。

## 2　高麗との通交

**485**　**〔小右記〕長徳三年（九九七）六月十三日条**

左中弁（藤原）行成奉《うけたまわりテみことのりヲくだシたまフ》レ詔、下ニ賜右大臣大宰府解文《げぶみ》、高麗国牒三通一ヲ。〈一枚《ひとひらハ》牒（日）同本国、一枚牒対馬嶋司、一枚同嶋、〉諸卿相共《ニ》定《メ》申《ス》。大略不《ず》レ可《べカラ》レ遣《つかハス》二返牒《ヲ》一。又警二固《シ》要害《ヲ》一、兼《かねテ》致《ス》二内外祈禱《ヲ》一事。又高麗牒状、有《リ》下令《しムル》レ記(恥)二日本国《ヲ》一之文(1)上。須《シ》レ給《フ》二官符(2)《ヲ》大宰《ニ》一。其官符文、注《ス》下高麗為《ニ》二日本《ノ》一所レ称之由《ヲ》上。又可レ注事者、高麗国背《ケル》二礼儀《ニ》一事也。商客帰去之時、有《ル》レ披二露彼国《ニ》一歟《か》。但見《シルニ》二件牒《ノヲ》一、不《ず》レ似《に》二高麗国牒《ニ》一。是若《これもしくハ》大宋国《ノ》謀略歟。抑《そもそも》高麗使《ハ》大宰人《ノ》也。若不《もシずバ》レ可《べカラ》二返遣《シハス》一、可《シ》レ被《らル》レ勘《ぜ》二其罪《ヲ》一。(中略)上達部《かんだちべ》云々《しかじか》、「大宋国人近《ちかクハ》在《リ》二越前《ニ》一。又在《リ》二鎮西《ニ》一。早可《キカ》二帰《シ》遣《ハスか》一歟。就《なかんずく》レ中、在二越州一之唐人、見二聞《セル》当州衰亡《ヲ》一歟。寄二来《レルハ》近都国《ニ》一、非《ズ》レ無《キニ》二謀略一。可《キ》レ恐《ル》之事也」者《トイヘリ》。

(1)令恥日本国之文　『小右記』長徳三年六月十二日条に「勘解由長官(源俊賢)云《ク》、高麗国啓牒、有下使レ辱二日本国一之句上、所《ところ》レ非《ザル》レ無《キニ》二怖畏一者《トイヘリ》」とあるので「記」は「恥」の誤写。(2)官符　『水左記』《すいさき》承暦四年(一〇八〇)九月四日条に「長徳三年符云、須《ベシ》下専二国信一先達中大府上。何《ソ》脅《おびやかシテ》二断綆漂流之客《ヲ》一、以為《テナス》二行李《ト》一。啓牒之信事、乖二被(彼)制《ニ》一云々」(本来国書を大宰府に送るべきで、綱が切れて漂流した者(大宰府の人で高麗に漂着)を脅して使者とし、啓牒の書式で書を送ってくることは制に背く)とある。

【解説】　十世紀末から宋の商客の頻繁な来航により日宋貿易が次第に盛んになっていった。そのような時、九九七年(長徳三)、高麗から、日本からの漂流民に託して日本国宛の牒が届けられた。文中に日本側としては辱しめられたととった表現があり、陣定により、高麗に返信の牒を送らないこと、要害を警固し、祈禱を行うこと、大宰府に対応策を伝える太政官符を送ることが定められた。また、高麗に帰国する商客に日本が牒の内容をよしとしないことを伝えさせるべきではないか、そもそも牒は高麗国牒に似ておらず宋の謀略ではないかなどの意見も出された。公卿の中には、大宰府や越前に滞在している宋の商客達を早く帰国させるべきで、都に近づけるべきではないとの異国人への警戒心を述べるものもいた。

## 3　刀伊の入寇

### (1)　奄美島人

**486**〔日本紀略〕長徳三年(九九七)十月一日条

旬、天皇(一条)出二御《ス》南殿《なでんニ》一。于レ時、庭立奏《にわだちのそう(1)》之間、大宰飛駅《ひやく(2)》使参入《シテ》云《ハク》、「南蛮乱二入《シ》管内諸国《ニ》一、奪二取《ス》人物《ヲ》一」《トイヘリ》。奏楽之後、諸卿定二《メ》申《ス》件事《ヲ》一。

(1)　庭立奏　内裏正殿(南殿、紫宸殿《ししい》)の南方の内裏南庭《だんてい》に少納言が立ち読申した太政官の奏。当時は旬政などに行われた。(2)飛駅　ひえき。第三章第五節2参照。

**487**〔小右記〕長徳三年(九九七)十月一日条

左大臣(藤原道長)参上《シテ》令《ム》レ奏《(1)セ》。良久《やや》之後復座。下二給《シ》《ヒテ》大宰府言上《ごんじょう》解文等《ヲ》一、令《ム》二諸卿《ヲシテ》定申《メ(2)サ》一。奄美《あまみ》嶋者《ノもの》、乗《リ》レ船《ニ》帯《シテ》二兵具《ヲ》一、掠二奪《ス》国嶋海夫等《ヲ》一。筑前・筑後・薩摩・壱岐・対馬、或殺害《シ》、或攻《メテ》奪二取人物《ヲ》一。多《クハ》浮《ベリ》二海上《ニ》一。又為《ニ》二当国人《ノ》一、於《テ》二処々《ニ》一合戦之間、奄美人中《あたレルハ》レ矢《ニ》、亦《また》有《リ》二其数一。但当国人多被《シ》二奪取《せラレ》一、已《すでニ》及《ベリ》二三百人《ニ》一。府解文云《ク》、「先年、奄美嶋人来《リテ》、奪二取《シ》大隅《おおすみ》国人民四百人《ヲ》一、同以《テ》将《ひきヰ》志(去)。其時《ハ》不二言上《セ》一。今慣《なレテ》二彼例《ニ》一、自《おのずからニ》致《いたさシムル》二斯犯《ヲ》一歟《か》。仍徴《テ》二発《シ》人兵《ヲ》一、警二固《シテ》要害《ヲ》一、令《せシム》二追捕一也。若《シ》有《ラバ》二其勤《つとメ》一者、可《シ》レ被《こうむルけんじようヲ》二勧賞一」者《トイヘリ》。又「高麗国牒《ヒ》《シテ》二兵船五百艘《ヲ》一、向《ヒテ》二日本国《ニ》一、欲《ストイヘルハ》レ致《サント》レ許(奸)《ヲ》者、誠《ニ》雖《モ》二浮定(言)《ト》一、依《リテ》二云々《しかじかといへるところニ》所一言上《スル》也云々《トイヘリ》」。（中略）諸卿定申《シテ》云《ク》、「奄(美脱)嶋者等事、大宰府定行了《おわリヌ》。亦重《ネテ》警二固《シ》要害《ヲ》一、弥《いよいよ》加《へ》二追討《ヲ》一、兼又《かねてまた》可《シ》レ祈二禱《ス》仏神《ニ》一。若追討使々、殊《ことニ》有《ラバ》二勤節一、随《ヒテ》二其状《ニ》一遠(追)《テキ》可《ス》二褒賞一之由、可《シ》レ被《ル》レ裁(載)《セ》二報符(3)《ニ》一。大宰以《テ》二飛駅《ヲ》一雖《モ》二言上《スルト》一、事頗《すこぶル》似《タリ》レ軽《キニ》。不《ず》レ可《ベカラ》レ給《フ》二勅符《ヲ》一。只可《ただベシ》レ賜《フ》二官符《ヲ》一。又高麗国浮言、不《ず》レ可レ不《カラざル》レ信《ぜ》。可レ被二種々祈禱《セ》一」《トイヘリ》。（下略）

（1）令奏　左大臣が天皇に、飛駅使により届けられた大宰府の天皇への奏と太政官への解を奏覧する。（2）定申　天皇に奏覧した大宰府解を公卿に示して陣定を行わせる。（3）報符　太政官からの返事の官符。飛駅使の上奏に対して下達命令は勅符が飛駅使により下されるが、この場合は、「事頗る軽きに似たり」との判断で勅符を給わず太政官符のみが大宰府に送られた。

【解説】　南蛮とは、ここでは奄美島人である。九九七年（長徳三）六月に高麗牒状に対し大宰府に警備を命じていたところ、先年に大隅国（鹿児島県東部）を襲撃した奄美島人が、さらに、薩摩と北九州の国・島を襲撃し、人・物を掠奪したとの報告が大宰府よりもたらされた。同時に、高麗が五百艘の兵船をもって日本に侵攻するとの噂も伝えられた。陣定では、奄美島人に対しては要害警固と仏神祈禱を命じること、高麗については浮言ではあるが祈禱を行うことを定めた。こののち、九九八年（長徳四）九月十五日に、大宰府から、貴駕《きかい》島に南蛮（奄美島人）を捕え進めることを命じた報告があり、九九九年（長保元）八月十九日には、大宰府から南蛮の賊を追討したとの報告がなされた。七世紀末に奄美諸島、琉球諸島は朝貢し、南島と称され遣唐使の航路にも利用されたが、次第に日本の統治圏外となった。平安時代に至っても南島からは夜光貝（螺鈿材料）や赤木・ビロウ（檳榔）などの物産がもたらされ、珍重された。奄美諸島は九州から琉球・中国・南海に至る交易路であった。南蛮追討を命じられた貴駕島は薩南諸島のことと考えられる。奄美諸島は十三世紀以降、薩摩半島の千竈《ちかま》氏により交易路として把握され、十五世紀には琉球国に統治されるようになり、一六〇九年（慶長十四）に島津氏の琉球征服の際に制圧され島津家領となった。

## （2）刀伊の来襲

**488**〔日本紀略〕寛仁三年（一〇一九）四月十七日条

公卿参入、（中略）大宰府飛駅使乗馬馳《はせ》二入《ル》左衛門陣(1)《ニ》一。是刀《と》伊《い》国賊徒五十余艘起《おこリ》来《リテ》、虜《シ》二壱岐《いき》嶋《ヲ》一、殺《せつがいシ》二害守藤原理忠《ヲ》一、幷《セテ》虜《シ》二掠人民《ヲ》一、来《レリ》二筑前国怡土《いと》郡《ニ》一者。

（1）左衛門陣　内裏外郭東面の建春門は公卿・官人の日常の内裏への出入口として、左衛門府が陣を布き警固。飛駅使は、宮城東面北門の陽明門から乗馬のまま内裏東面まで進入した。

**489〔日本紀略〕寛仁三年（一〇一九）四月十八日条**

摂政（藤原頼通）以下定メ㆓申ス飛駅事ヲ㆒。仍テ賜フ㆓大宰府ニ勅符ヲ㆒。并《あわせテ》五箇条、警㆓固シ要害ヲ㆒、防㆓禦シ凶賊ヲ㆒、祈㆓禱シ仏神ニ㆒、可キ㆑守ル㆓当境ヲ㆒之由也。

【解説】　中国東北部からシベリアにかけての地は、契丹の東進による渤海滅亡（九二六年）の後、アムール川（黒竜江）流域の女《じょ》真《しん》の活動が活発となった。女真は、高麗からは、夷狄を表わすトイ（刀伊）と称されていた。刀伊の兵船五十余艘が、一〇一九年（寛仁三）三月末に対馬・壱岐を襲撃した。両島からの報を受け、大宰府は四月七日に京に飛駅使を発し、使は十七日に京に到着した。四月十八日に陣定が行われ、大宰府に飛駅使により勅符を下し、諸道に要害警固などを命じた。その一方、刀伊は四月八日に博多湾中央の能古島《のこのしま》に来り、九日湾岸に上陸を試みたが撃退され、十二日には糸島半島西南の船津《ふなつ》、十三日には肥前国松浦《まつら》を襲ったが撃退された。大宰府の軍勢が捕えた者は、刀伊を討つため派遣され、かえって捕虜とされた高麗人と称した。刀伊を撃退した大宰府は、四月十六日に改めて飛駅使を発し、大宰府解により経過を報告した。その寛仁三年四月十六日大宰府解は『朝野群載』巻二十に収められている。当時の日本は、大宰府を窓口として、宋との交易を盛んに行おうとしていたが、同時に博多湾や北九州、対馬・壱岐は財物の集まる場所、中継地として、奄美島人や刀伊の狙うところとなった。刀伊は対馬・壱岐の島人を連れ去ったが、四月二十九日に高麗軍に捕えられ（高麗史）、八月頃に高麗使が被虜人約二七〇人を対馬に送還してきた。高麗との緊張関係、奄美島人・刀伊の来襲にもかかわらず、十一世紀には宋との交易が拡大していった。

# 第四節　国風文化

## 1　浄土教と末法思想

### (1)　浄土教の普及

**490〔往生要集〕序**

往生要集　巻上　尽第四門半(1)

天台首楞厳院《しゅりょうごんいん》(2)　沙門源信撰

夫《そ》レ往生極楽《おうじょうごくらく》之教行《きょうぎょう》ハ、濁世《じょくせ》末代之目足《もくそく》也。道俗貴賤、誰カ不《ざ》ルレ帰《きせ》者アラン。但シ顕密(3)ノ教法ハ、其ノ文非《あらズ》レ一《いつ》ニ。事理ノ業因《ごういん》、其ノ行(4)惟《これ》多シ。利智精進《しょうじん》之人ハ、未《ざ》ランモレ為《な》サレ難《かた》シト、如《ごと》キレ予ガ頑魯《がんろ》(5)之者、豈《あ》ニ敢《あえ》テセンヤ矣。是《こ》ノ故ニ依リテ二念仏ノ一門(6)ニ一、聊《いささ》カ集ム二経論ノ要文ヲ一。披《ひら》キテレ之ヲ修ムルニレ之ヲ、易《やす》クレ覚《さと》リ易カランレ行《おこな》ヒ。惣《すべ》テ有リ二十門一、分《わか》チテ為ス二三巻ト一。一ニハ厭離穢土《おんりえど》(7)、二ニハ欣求浄土《ごんぐじょうど》、三ニハ極楽ノ証拠、四ニハ正修《しょうじゅ》念仏、五ニハ助念ノ方法、六ニハ別時念仏、七ニハ念仏ノ利益、八ニハ念仏ノ証拠、九ニハ往生ノ諸業、十ニハ問答料簡《りょうけん》ナリ。置キテ二之ヲ座右ニ一、備ヘン二於廃忘ニ一矣。

大文第一(8)ニ、厭離穢土者《とは》、夫レ三界(9)ハ無シレ安《やす》キコト、最モ可シ二厭離ス一。今明《あか》サバ二其ノ相《そう》ヲ一、惣《すべ》テ有リ二七種一。一ニハ地獄、二ニハ餓鬼、三ニハ畜生、四ニハ阿修羅、五ニハ人《にん》、六ニハ天、七ニハ惣結ナリ。

第一ニ、地獄ニモ亦《また》分チテ為《な》スレ八ト。一ニハ等活、二ニハ黒縄《こくじょう》、三ニハ衆合《しゅごう》、四ニハ叫喚《きょうかん》、五ニハ大叫喚、六ニハ焦熱、七ニハ大焦熱、八ニハ無間ナリ。

(1)第四門半　上巻が第四章の半ばで終わっていることを示す。(2)首楞厳院　比叡山三塔の一つである横川の中堂。(3)顕密　顕教と密教。天台宗は本来顕教に属したが、後に密教を取り入れ台密と称された。(4)行　極楽に生まれるために行うさまざまな修行のこと。(5)頑魯　かたくなで愚かな者。(6)念仏一門　念仏という限られた教え。(7)厭離穢土　汚れた娑婆世界を厭い離れること。(8)大文第一　第一章。(9)三界　欲界・色界・無色界。

【解説】『往生要集』の著者源信は、比叡山中興の祖といわれる良源《りょうげん》に学び、少僧都に任ぜられた後まもなくしてそれを辞し、横川の恵心院《えしん》に籠って著述に専念した。恵心僧都《そうず》ともいわれる。『往生要集』は九八四年(永観二)に完成した仏教経論集で、中国から将来されていた多くの経論のなかから極楽往生に関する文章を収集し、極楽と穢土とを対比的に描きながら、往生するための方法としては念仏が不可欠であることを、理論的に説いた日本の教学史上画期的な著作である。中国や朝鮮の知識の集成という側面が強いが、それらを日本の現実にあわせて組み直し、理論的に整理した仕事として、浄土教の普及に大きな影響を与えた。また、源信が宋の商人周文徳に託して『往生要集』を宋に送ったところ、天台山国清寺に施入され僧俗の帰依を受けたと報告する周文徳の書状（『往生要集』下）も、本書の内容の水準の高さを示している。

491〔三宝絵詞〕下　三月　比叡坂本勧学会

比叡《ひえい》坂本勧学会《かんがくえ》

村上ノ御代康保ノ初ノ年、（九六四）大学ノ北ノ堂ノ(1)学生《がくしょう》ノ中ニ、心ザシヲオナジクシ、マジラヒヲムスベル人アヒカタラヒテ云、

人ノ世ニアル事、ヒマヲスグル駒ノゴトシ。我等タトヒ窓ノ中ニ雪ヲバ聚《あつむ》トモ、且《しばらく》ハ門《かど》ノ外《と》ニ煙ヲ遁《のがれ》ム。願《ねがわく》ハ僧ト契《ちぎり》ヲムスビテ、寺ニマウデ会《え》ヲ行ハム。クレノ春、スヱノ秋ノ望《もち》ヲソノ日ニ(2)定テ、経ヲ講ジ、仏ヲ念ズル事ヲ其勤《そのつとめ》トセム。コノ世、後ノ世ニ、ナガキ友トシテ、法《のり》ノ道、文《ふみ》ノ道ヲタガヒニアヒスヽメナラハム。

ト云《いい》テ、始《はじめ》行ヘル事ヲ勧学会ト名ヅクルナリ。十四日ノ夕《ゆうべ》ニ、僧ハ山ヨリオリテフモトニアツマリ、俗ハ月ニ乗テ寺ニユク。道ノ間ニ声ヲ同クシテ、居易ノ(3)ツクレル、「百千万劫《こう》ノ菩提ノ種、八十三年ノ功徳《くどく》ノ林」トイフ偈《げ》(4)ヲ誦《ず》シテアユミユクニ、ヤウヤク寺ニキヌルホドニ、僧又声ヲ同クシテ、法花経ノ中ノ、「志求仏道者《しぐぶつどうしゃ》、無量千万億。咸以恭敬心《かんいくぎょうしん》、皆来至仏所《かいらいしぶっしょ》」ト云偈ヲ誦シテマチムカフ。

十五日ノ朝ニハ法花経ヲ講ジ、夕ニハ弥陀仏《みだぼとけ》ヲ念ジテ、ソノヽチニハ暁ニイタルマデ、仏ヲホメ、法ヲホメタテマツリテ、ソノ詩ハ寺ニヲク。又居易ノミヅカラツクレル詩ヲアツメテ、香山寺ニオサメシ時ニ、「願《ねがわく》ハコノ生ノ世俗文字ノ業、狂言綺語ノアヤマリヲモテカヘシテ、当来世々讃仏乗《さんぶつじょう》ノ因、転法輪《てんぽうりん》ノ縁トセム」トイヘル願ノ(5)偈誦シ、又、「此身《このみ》何足愛《なんぞあいするにたらん》、万劫煩悩《まんごうぼんのう》ノ根《こん》、此身何足厭《なんぞいとうにたらん》、一聚虚空《いちじゅこくう》ノ塵」(6)トイヘル詩ナドヲ誦スル。僧モ互ニ法花経ノ、「聞法歓喜讃《もんぽうかんきさん》、乃至発一言《ないしほついちごん》、即為已供養《そくいいくよう》、三世一切仏《さんぜいっさいぶつ》」トイフ偈、又、竜樹《りゅうじゅ》菩薩(7)ノ十二礼拝ノ偈等ヲ誦シテ夜ヲアカス。娑婆《しゃば》世界ハコヱ（声）仏事ヲナシケレバ(8)、僧ノ妙ナル偈頌《げじゅ》ヲトナヘ、俗ノタウトキ詩句ヲ誦スルヲキクニ、心オノヅカラウゴキテ、ナミダ袖ヲウルホス。

ワガミチ尽《つき》ズハ、コノ会モタヘズシテ、竜花三会《りゅうげさんえ》(9)ニイタラシメム。

トイヘリ。

（1）北ノ堂　大学寮の北側にあった紀伝道（史学）の学舎都堂院。（2）ソ

ノ日　三月と九月の十五日。(3)居易　唐代の詩人白居易。(4)百千万劫……トイフ偈　『白氏文集』二十七の「贈僧五首、鉢塔院如大師」と題する詩の初二句。偈とは、仏徳や教理を賛美する韻文のこと。(5)願文。(6)此身……虚空ノ塵　『白氏文集』二十七の中の詩文。(7)竜樹菩薩　インドの人で、初期大乗仏教を確立した。(8)娑婆世界……ナシケレバ　金光明経玄義に「この娑婆国土は音声をもて仏事となす」とある。(9)竜花三会　釈迦入滅より五十六億七千万年後に、弥勒菩薩が兜率天からこの世に下り、竜華樹の下で成道し、三回の説法を行い人々を救済すること。

【解説】　九六四年(康保元)から始められた勧学会は、大学寮紀伝道の学生二十人と比叡山の僧二十人によって構成された一種の念仏結社で、三月と九月の十五日に西坂本の一堂に会し、朝は法華経を講じ夕には阿弥陀仏を念じ、その間に偈や詩文を朗唱・詠吟して夜を明かした。『三宝絵』の著者の源為憲《ためのり》や『日本往生極楽記』の著者慶滋保胤《よししげのやすたね》らの文人貴族も参加し、さらに彼らは『往生要集』の著者源信らとも交流し、この結社の活動は浄土信仰に関する文献も著述していることから、この結社の活動は浄土教の普及・隆盛に大きな役割を果たしたことがわかる。

## 492〔日本往生極楽記〕序

日本往生極楽記

朝散大夫《ちょうさんたいふ》(1)行(2)著作郎(3)慶保胤〈慶滋〉撰

叙シテ曰ク、予《われ》自《より》二少《わか》キ日一、念ジ二弥陀仏ヲ一、行年四十ヨリ以降《このかた》、其《その》志弥《いよいよ》劇《いそが》シ。口ニ唱ヘ二名号(4)ヲ一、心ニ観ゼリ二相好(5)ヲ一。行住坐臥《ぎょうじゅうざが》、暫《しばら》クモ不レ忘レ。造次顛沛《ぞうじてんぱい》(6)、必ズ於《おい》テセリレ是《これ》ニ。夫《それ》堂舎塔廟ニ、有リ二弥陀像ノ一、有ラバ二浄土ノ図一者、莫《な》シレ不ザルコト二敬礼セ一。道俗男女ノ、有リレ志スコト二極楽ヲ一、有ルレ願フコト二往生ヲ一者ハ、莫シレ不ルコト二結縁セ一。経論疏記《そき》、説《と》キ二其ノ功徳ヲ一、述ブル二其ノ因縁ヲ一者ヲバ、莫シレ不ルコト二披閲セ一。大唐弘法寺(7)ノ釈迦才《しゃくのかざい》(8)、撰シケリ二浄土論ヲ一。其ノ中ニ戴《の》スルコト二往生者ノ二十人ヲ一。迦才ノ曰ク、「上ニハ引キテ二経論二教ヲ一、証セリ二往生ノ事ヲ一。実《まこと》ニ為《す》二良験ト一。但シ衆生智浅クシテ、不レ達セ二聖旨ニ一。若《も》シ不バレ記サ二現《うつつ》ニ往生者ヲ一、不《じ》レ得《え》レ勧二進スルコトヲ其ノ心ヲ一」トイフ。誠《まことなるかな》哉斯《こ》ノ言《ごん》。又瑞応伝(9)ニ所ノレ載スル四十余人。此ノ中ニ有リ二屠《ほふ》リレ牛ヲ販《ひさ》グレ鶏ヲ者一。逢ヒテ二善知識ニ一十念(10)ニ往生セリ。予毎《ごと》ニレ見ルニ二此ノ輩ヲ一、弥《いよいよ》固クセリ二其ノ志ヲ一。念(今)検ズルニ二国史及ビ諸人ノ別伝等ヲ一、有リ二異相往生(11)セル者一。兼テ亦訪《とひ》テ二於故老ニ一、都盧《すべて》得タリ二四十余人ヲ一。予感歎伏膺《ふくよう》シテ、聊《いささか》ニ記シ二操行ヲ一、号《なづけ》テ曰フ二日本往生極楽記ト一矣。後之見ル二此ノ記ヲ一者、莫レレ生ズルコト二疑惑ヲ一。願ハクハ我与《とも》ニ二一切衆生一、往二生セン安楽国(12)ニ一焉。

(1)朝散大夫　唐の官位で従五位下のこと。(2)行《ぎょう》　官職より官位が高い場合を「行」、その逆を「守」と書く。(3)著作郎　唐の官職名で中務省の内記に当たる。大内記は正六位上相当の官職。(4)名号《みょうごう》「阿弥陀仏」を唱えること。(5)相好《そうごう》　仏身にのみ具わる優れた美しい姿・形。(6)造次顛沛　わずかな時間。(7)弘法寺　唐の長安にあった寺。(8)釈迦才　迦才の事績は不明。(9)瑞応伝　唐の文諗・少康の共編で、東晋から唐代までの往生者四十八人の伝をおさめる。(10)十念　浄土教では十声の念仏と解する。(11)異相往生　往生のとき奇瑞などを示すこと。(12)安楽国　西方極楽浄土のこと。

【解説】　浄土信仰が広まり、極楽往生を願う者が多くなると、往生を実現するための具体的なテキストとして、すでに往生を果たした人たちの伝記が集められるようになった。日本における往生者の最初の伝記集が慶滋保胤撰の『日本往生極楽記』である(寛和年中(九八五—九八七)に成立)。保胤は聖徳太子から加賀国一婦女まで四十二項四十五人の往生者を選び、その往生の様を描いている。保胤は賀茂忠行の子であったが、家業の暦道を嗣がず菅原文時《ふみとき》に文章道を学び、その文才をうたわれた。一方浄土信仰にも関心を示し、康保元年一種の念仏結社である勧学会を興して指導的な役割を果たした。後、出家して寂心と名乗った。保胤のこの著作の影響は大きく、浄土教や末法思想の普及、さらに浄土宗の成立という時代状況も重なって、この以後鎮源撰『大日本国法華験記』、大江匡房《まさふさ》撰『続本朝往生伝』、同撰『本朝神仙伝』、三善為康《ためやす》撰『拾遺往生伝』など多くの往生伝が編纂された。

## (2)　市聖の活躍

**493**〔**日本往生極楽記**〕**十七**

沙門空也《しやもんくうやハ》、不レ言《ハ》二父母《ヲ》一、亡命《(1)シテ》在《リ》レ世《ニ》。或《ハ》云《ハク》、出《いデタリトイフ》レ自《より》二潢流《こうりゆう(2)》一。口《ニ》常《ニ》唱《フ》二弥陀仏《ヲ》一。故《かるがゆえニ》世《ニ》号《なヅク》二阿弥陀聖《ひじりト》一。或《ハ》住《シテ》二市中《ニ》一作《なス》二仏事《ヲ》一。又号《ヅク》二市聖《いちのひじりト》一。遇《ヒテハ》二嶮《さかシキ》路《ニ》一即鏟《チけずリ》レ之《ヲ》、当《リテハ》レ無《キニ》レ橋亦造《リ》レ之《ヲ》、見《ルトキハ》レ無《キヲ》レ井則掘《ル》レ之《ヲ》。号《ヅケテ》曰《フ》二阿弥陀井《ノト》一。(中略)西《ノ》京《ニ》有《リ》二一《ノ》老尼一。大和介伴典職《とものりもと》之旧室也。一生念仏《シテ》、上人《ヲ》為《セリ》レ師《ト》。上人令《ム》レ補《セ》二綴一衲衣《ノのうえヲ》一。尼補《つづリ》畢《リテ》命《ジテ》レ婢《ニ》曰《ク》、「我《ガ》師今日可《シ》二遷化《ス》一。汝早《ク》可《シ》二齎参《もテル》一」《トイヘリ》。婢還《リテ》陳《ブルトキニ》二入滅《ヲ》一、尼曾《すなわチ》不二驚歎《セ》一。見《ル》者奇《あやしブ》レ之《ヲ》。上人遷化之日着《テ》二浄衣《ヲ》一、擎《ささゲ》二香鑪《ヲ》一向《ヒテ》二西方《ニ》一以《もテ》端座《シ》、語《リテ》二門弟子《ニ》一曰《ク》、「多《クノ》仏菩薩、来迎引接《らいごういんじようシタマフトイヘリ》(3)」。気絶《いきたユル》之後、猶《なおシ》擎《ささゲタリ》二香鑪《ヲ》一。此時《ノ》音楽聞《エ》レ空《ニ》、香気満《テリ》レ室《ニ》。嗚呼《ああ》、上人化縁(4)已《ニ》尽《キテ》、帰《リ》二去《リヌ》極楽《ニ》一。天慶(九三八—九四六)以往《よりさきつかた》、道場聚落修《スルコト》二念仏三昧《ヲ》一希有也。何《いかニ》況《ヤ》小人愚女多《クいメリ》忌《ム》レ之《ヲ》。上人来《リテ》後、自《ラ》唱《ヘ》令《メヌ》二他《たヲシテ》唱《ヘ》一レ之。爾後《その》、挙《ゲテ》レ世念仏《ヲ》為《セリ》レ事《ト》。誠《ニ》是上人化《ノ》二度《スル》衆生《ヲ》一之力也。

(1)亡命　戸籍から抜けでること。命は戸籍。(2)潢流　皇族のこと。空也の出自を、『皇胤紹運録』『請門跡譜』は仁明天皇の皇子常康親王の子、『帝王編年記』『撰集抄』は醍醐天皇の皇子とする。(3)引接　阿弥陀仏が来迎して、衆生を極楽浄土へ導くこと。(4)化縁《げえん》　教化の因縁。

**494**〔**日本紀略**〕**寛弘二年(一〇〇五)五月三日条**

今日、修行聖人行円供(1)養建立《スル》一条堂(2)《ヲ》。件《ノ》聖人不レ論《ゼ》二寒熱《ヲ》一、著《ス》二鹿皮《ヲ》一。号《ヅク》二之皮聖人《ト》一。

**495**〔**日本紀略**〕**寛弘二年(一〇〇五)七月二十五日条**

皮聖人建二立《シ》行願寺(3)《ヲ》一修《ス》二八講《ヲ》一。貴賤多《ク》以《テ》結縁《ス》。

496〔日本紀略〕寛弘五年（一〇〇八）八月十四日条

皮聖人於テ二行願寺ニ一、自リ二今日一至ルマデ二于十月三日ニ一、始ム二四十八講ヲ一。擬《なぞらフ》二弥陀四十八願ニ一也。為メ二法界衆生逆修《ぎやくしゆ》(4)ノ一也。

（1）行円　九州出身の遊行の僧。（2）一条堂　次注の行願寺の前身の堂か。（3）行願寺　京都市中京区にある天台宗の寺院。革堂《こうどう》と呼ばれた。戦国時代には上京の町堂として機能し、町衆による自治の拠点としての役割を果たした。（4）逆修　生前に、死後の往生菩提を祈ること。ないしその仏事。

【解説】正式に得度せず聖として活躍した僧は空也だけではない。十一世紀初頭京都を中心に活躍した行円は、頭上に宝冠を付け革服を着ていたことから皮聖と呼ばれた。彼は、主として法華信仰に基づき、京中を遊行して布教し、一条北辺に行願寺を建立した。この寺は革堂と呼ばれ、京中民衆から厚く信仰された。また、行円は滋賀へ抜ける粟田道の開削にも力を注ぐなど社会事業にも尽力した。このような市の聖の活躍が仏教の浸透に大きな役割を果たした。

## (3)　末法思想

497〔扶桑略記〕永承七年（一〇五二）一月二十六日条

永承七年壬辰、正月廿六日癸酉、屈二請《くつしよう》(1)シテ千僧ヲ於大極殿ニ一、令ム三レ転二読セ観音経ヲ一。自リ二去ル冬一疾疫流行シ、改ムルレ年ヲ已後、弥《いよいよ》以テ熾盛《しじようス》。仍テ為メレ除カンガ二其ノ災ヲ一也。今年、始メテ入ル二末法(2)ニ一。

498〔扶桑略記〕永保元年（一〇八一）九月十五日条

十五日戊戌、未ノ時、山僧(3)引二率シテ数百ノ兵衆ヲ一、行キ二向三井寺《みいでら》(4)ニ一、重テ焼キ二残ル堂舎僧房等ヲ一畢ヌ。云ク、「堂院二十処、経蔵五所、神社九処、僧房一百八十三処。但シ舎宅ハ不レ注シ二載セ之ヲ一。不レ知ラ二其ノ数幾千ヲ一而已《のみ》ト」。門人上下各皆逃ゲ二隠レ山林ニ一、或ハ含ミテレ悲ミヲ入リ二黄泉ニ一、或ハ懐キテレ愁ヒヲ仰グ二蒼天ヲ一。今年入リテ二末法ニ一、歴ル二三十年ヲ一矣。

（1）屈請　僧侶を請い招くこと。（2）末法《まつぽう》　釈迦の入滅後、正法・像法・末法と時代が下るにつれて仏法が衰え、乱世になるという仏教的歴史観。（3）山僧　比叡山延暦寺の僧兵。山門と呼ばれたのでこの称がある。（4）三井寺　園城寺《おんじようじ》とも。もと延暦寺別院であったが、十世紀末の対立より分離独立。寺門《じもん》と称した。

【解説】末法思想は、釈迦入滅後、教・行・証が正しく機能し、行すれば証果を得ることができる正法の世が続き、その後、教・行のみで証果を得ることができない像法の世となり、さらにその後、教のみで行・証ともにまったく失われてしまう末法の世に至るという仏教的な歴史観である。正・像・末の三つの時代に至る年数は、種々の説があるが、日本では正法・像法ともに千年で、本史料にあるように永承七年（一〇五二）から末法に入るという説が広く信じられていた。このような末法思想の流布が極楽往生を願う浄土信仰の流行に拍車をかけることになった。宇治平等院鳳凰堂をはじめ、多くの阿弥陀堂建築や浄土教の教えを表す美術品が次々と生まれたことが、それをよく示している。

# 2　かな文学の世界

## (1)　かな文字の普及

499〔土佐日記〕

男もすなる日記《にき》(1)といふものを、女もしてみむ(2)、とて、するなり。

それの年(3)の十二月の二十日あまり一日の日の戌《いぬ》の刻に、門出す。そのよし、いさゝかに物に書きつく。

ある人、県(4)の四年五年はてて、例の事ども(5)みなし終へて、解由《げゆ》(6)など取りて、住む館《たち》(7)より出でて、船に乗るべき所(8)へ渡る。かれこれ、知る知らぬ、送りす。年来《としごろ》よく比べつる人〲なむ、別れ難く思ひて、日しきりに、とかくしつゝ、のゝしるうちに、夜更けぬ。

(1)男もすなる日記　当時の貴族の男性の日記は記録を目的とした漢文体の日記であった。(2)女もしてみむ　女文字であるかな文字で書いてみよう。(3)それの年　九三四年(承平四)。(4)県　地方官。ここでは、紀貫之《きのつらゆき》が九三〇年(延長八)に任じられた土佐国守を指す。(5)例の事ども　国司交替の際に行われる恒例の事務引き継ぎ。(6)解由　解由状のことで、後任の国司が書く事務引き継ぎ終了証明書。(7)館　国司の官舎。高知県南国市。(8)船に乗るべき所　高知県大津。

【解説】『土佐日記』は、紀貫之が土佐守としての任期を終えてから帰京するまでの旅の情景を描いた仮名の紀行文であり、『紀貫之集』の詞書によると、承平四年(九三四)十二月から翌年二月の入京までの期間が描かれている。『土佐日記』は単なる紀行文としての評価だけではなく、国風文化を代表する宮廷の女房たちの仮名文の日記の前提を作った作品として高い評価を受けている。当時の日記は、男性の貴族が政事や儀式などを漢字(真名)で書き留めるものであったから、男性の手によって仮名の日記が書かれたのは常識を覆すものであった。貫之が「女もしてみむ、とて」と女性に託して執筆を始めているのも当時の常識の影響のためである。『竹取物語』など仮名物語に加えて、仮名の日記文が発表されたことは、女性の仮名文学への接近を大きく前進させることになり、以後、『蜻蛉《かげろう》日記』『更《さら》級《しな》日記』『和泉《いずみ》式部《しきぶ》日記』『紫《むらさき》式部《しきぶ》日記』など多くの女性の日記文学が著述されることになった。

500〔古今和歌集〕仮名序

やまと歌は、人の心を種として、万の言の葉とぞ成れりける。世中に在る人、事、業《わざ》、繁きものなれば、心に思ふ事を、見るもの、聞くものに付けて、言ひ出せるなり。花に鳴く鶯、水に住む蛙《かわず》の声を聞けば、生きとし生けるもの、いづれか、歌を詠まざりける。力をも入れずして、天地を

動かし、目に見えぬ鬼神をも哀れと思はせ、男女の仲をも和らげ、猛き武人《もののふ》の心をも慰むるは、歌なり。（中略）

かゝるに、今、皇《すべらぎ》の、天の下知ろし召すこと、四つの時、九回りになむ、(1)成りぬる。遍き御慈みの浪、八洲(2)の外まで流れ、広き御恵みの陰、筑波山の麓よりも繁くおはしまして、万の政を、聞し召す暇、もろ〳〵の事を、捨て給はぬ余りに、古の事をも忘れじ、古《ふ》りにし事をも興し給ふとて、今も見そなはし、後の世にも伝はれとて、延喜五年(九〇五)四月十八日に、大内記《だいないき》紀友則《きのとものり》、御書所《ごしょところ》預《のあずかり》紀貫之、前《さきの》甲斐少目凡河内躬恒《おおしこうちのみつね》、右衛門府生《ふしょう》壬生忠岑《みぶのただみね》(3)らに仰せられて、万葉集に入らぬ古き歌、自らのをも、奉らしめ給ひてなむ。

それが中に、梅を(4)挿頭《かざ》すより始めて、郭公を聞き、紅葉を折り、雪を見るに至るまで、又、鶴、亀に付けて、君を思ひ人をも祝ひ、秋萩、夏草を見て、妻を恋ひ、逢坂山《おうさかやま》に至りて、手向《たむ》けを祈り、或は、春、夏、秋、冬にも入らぬ、種《くさ》〳〵の歌をなむ、選ばせ給ひける。統《す》べて、千歌、(5)二十巻、名付けて、古今和歌集と言ふ。

（1）皇の……九回りになむ　醍醐天皇の治世九年。「四つの時」は春夏秋冬の四季のこと。（2）八洲　多くの島の意で、ここでは日本を意味する。（3）壬生忠岑ら　編者に任命された四人。（4）梅を……種〳〵の歌　進上された和歌の部類分けを景物などで表現している。春・夏・秋・冬、賀・恋・羇旅、雑など古今和歌集本体の部類分けにほぼ照応している。（5）千歌、二十巻　実際は千百首。巻十九（雑体）と巻二十（大歌所御歌）を除くと符合するという。

## 501〔古今和歌集〕巻一

春歌上

旧年に春立ちける日、よめる　在原《ありはら》元方

年の内に春はきにけりひとゝせを去年《こぞ》とやいはむ今年とやいはん

春立ちける日、よめる　紀　貫之

袖ひぢてむすびし水のこほれるを春立《はるたつ》けふの風やとくらむ

【解説】『古今和歌集』には漢文で書かれた真名《まな》序と仮名で書かれた仮名序の二つの序文が残されている。仮名序の内容は、和歌の本質と働き、和歌の歴史一（起源と展開）、和歌の歴史二（万葉歌人・六歌仙）、古今和歌集の編纂などから構成されている。ここでは和歌の本質と働きと古今和歌集の編纂の部分を抄出した。『古今和歌集』は最初の勅撰和歌集であるが、九〇五年（延喜五）に成立という説と、この年から撰集が開始され延喜十二、三年に成立という説とがある。全二十巻。「万葉集に入らぬ古き歌」や「自ら」詠んだ和歌を集めて撰集されたが、儀式の和風化や仮名の使用の普及、さらに新羅を中心とする対外関係の変化などを受けて、日本的な情緒や情景を詠んだ和歌が多い点に特徴がある。具体的には、掛詞・縁語を用いた七五調の和歌が多く、理知的、婉曲・優美な歌風が勝っている特徴があり、『万葉集』の「ますらおぶり」に対して「たおやめぶり」と評される。作者としては編者四人のほか、在原業平《ありわらのなりひら》・伊勢・藤原敏行《としゆき》・同興風《おきかぜ》・小野小町・僧正遍昭《へんじょう》・清原深養父《ふかやぶ》の歌が多く選ばれているが、編者四人の和歌が合計二百五十首弱を数え、これは全千百首中詠み人が判明する和歌約五百首の半数を占めることとなり、『万葉集』以来の名歌の集大成を目指したわりには偏りがはなはだしい。最初の勅撰和歌集の成立に関しては、十世紀初頭の国政改革との関連を含めて検討される必要がある。

## (2)　女房文学の世界

### 502〔枕草子〕

春は曙。やう〳〵しろくなり行、やまぎはすこしあかりて、むらさきだちたる雲のほそくたなびきたる。

夏はよる。月のころはさら也。闇もなを《（ほ）》、ほたるの多くとびちがひたる。又、たゞ一二《ひとつふたつ》など、ほのかにうちひかりて行もお《（を）》かし。雨などふるも、お《（を）》かし。

秋は夕暮。夕日のさして山のはいとちかうなりたるに、からすの寝所へ行とて、三四、二みつなど、とびいそぐさへあはれ(1)なり。まいて雁などのつらねたるが、いとちい《（ひ）》さくみゆるは、いとお《（を）》かし。日入はてて、風の音むしの音などいとあはれなり。

冬はつとめて(2)。雪のふりたるはいふべきにあらず。霜のいとしろきも、またさらでも、いと寒きに、火などいそぎおこして、炭もてわたるもいとつき〴〵し(3)。昼になりて、ぬるくゆるびもていけば、火桶の火もしろき灰がちになりて、わろし。（一段）

にくき物(4)。いそぐ事ある折にきて長言するまらうと。あなづりやすき人(5)ならば、後にとてもやりつべけれど、心はづかしき人(6)いとにくゝむつかし(7)。

硯に髪のいりてすられたる。又墨の中に石のきし〳〵ときしみなりたる。俄にわづらう《（ふ）》人のあるに、験者《げんざ》(8)もとむるに、例ある所になくて、外に尋ありく程、いと待どを《（ほ）》に久しきに、からうじてまちつけて、よろこびながら加持せさするに、このごろ物怪《もののけ》にあづかりて困じにけるにや、ゐるまゝ(9)にすなはちねぶり声なる、いとにくし。（二十五段）

文(10)は文集(11)。文選、新賦(12)。史記、五帝本紀(13)。願文(14)。表(15)。博士の申文(16)。（百九十七段）

物語は住吉(17)。宇津保(18)、殿うつり。国譲はにくし。埋れ木(19)。

月まつ女。梅壺の大将。道心すゝむる。松が枝。こまのの物語は、古蝙蝠《ふるかわほり》(20)さがしいでて、持ていきしがをかしきなり。ものうらやみの中将。宰相に子うませて、かたみの衣など乞ひたるぞにくき。交野《かたの》の少将。

（百九十八段）

(1)あはれ　感傷的な気分を表す。(2)つとめて　早朝。(3)つきぐし　につかわしい。(4)にくき物　不快だと思う感情を示すと同時に、そのような事態を招いた主体に対する感情も表す。(5)あなづりやすき人　軽く扱ってよい人のこと。(6)心はづかしき人　心を配らなければならない人。(7)にくゝむつかし　取扱いが面倒である。(8)験者　加持祈禱にあたる密教の行者。(9)ゐるまゝに　座るや否や。(10)文　漢詩文の代表的なもの。(11)文集《もんじゅう》　白楽天の詩集『白氏文集』のこと。(12)新賦　梁の昭明太子撰の詩集。漢代の賦(韻文の一様式)を「古賦」というのに対して、六朝時代の賦を「新賦」という。(13)五帝本紀　前漢の司馬遷著の歴史書。その第一巻で、黄帝から尭・舜まで五帝を記したものを「五帝本紀」という。(14)願文　神仏への祈願文。(15)表　天皇への上奏文。(16)申文《もうしぶみ》　文章博士に代作してもらった官位嘆願書。(17)住吉《すみよし》　『住吉物語』。(18)宇津保　『宇津保物語』。「殿うつり」は『宇津保物語』の巻名らしいが伝存していない。(19)埋れ木　以下の物語は今に伝わらない。(20)古蝙蝠　古扇のこと。

【解説】　清少納言の『枕草子』は、紫式部の『源氏物語』とならんで国風文化を代表する仮名文学の傑作と評されている。繊細で才智に満ちた文章は、その簡潔な文体とあいまって清少納言の感受性豊かな個性を十分に表現している。『枕草子』は随筆に分類されるが、その内容は「類聚章段」「随想章段」「日記回想章段」に三区分される。「類聚章段」はさらに「……は」の型と「……なるもの」の型に二分される。引用した百九十七・百九十八段は前者に該当し、二十五段は後者に属する。連想のおもしろさを基調にしながらも、辞書的な要素や宮廷社会における礼儀・作法に関する要素も有しており、宮廷生活の初級テキストとして活用されたものと思われる。「随想章段」は自然や人ごとに関して自由な感想を記した部分であるが、その根底には批評的連想の手法があるといわれる。一つの事象の丁寧な描写から始まりながらも、それに関連する事象も同時に叙述されるという方法である。この点だけをとれば「類聚章段」の変形ともいえる。第一段はこの要素を多分に有している。「日記回想章段」は作者の宮仕えの経験を記したもので、彼女が仕える中宮定子を中心に宮中女房たちが形成していたサロンの雰囲気をあますところなく描いている。清少納言は文人貴族清原元輔の娘で、父の学問の影響を受けて、漢文学に関する高い素養をもっていたことは、有名な「香炉峰の雪」の段(二百八十段)によく現れているが、紫式部も「日本紀局」と呼ばれているように、当時の女性作者の基礎的な教養が漢詩文を中心とする漢文学にあったことは注目しなければならない。

## 503〔源氏物語〕桐壺

### 桐壺

いづれの御時にか、女御、更衣《こうい》あまたさぶらひ給ひける中に、いとやんごとなき際にはあらぬがすぐれてときめき給ふ(1)有けり。はじめより我はと思ひ上がりたまへる御方ぐ、めざましき物(2)におとしめそねみ給ふ。同じ程、それよりげらう(下臈)(3)の更衣たちはまして安からず。朝夕の宮仕へにつけても人の心をのみ動かし、うらみを負ふ積りにやありけむ、いとあづしくなりゆき(4)物心ぼそげに里がち(5)なるを、いよいよあかずあはれなる物に思ほして(6)、人の譏《そし》りをもえ憚《はばか》らせ給はず、世のためしにも成ぬべき御もてなしなり。

## 504〔紫式部日記〕

左衛門の内侍(7)といふ人侍り。あやしうすゞろに(8)よからず思ひけるも、え知り侍らぬ心憂きしりうごと(9)の、おほう聞こえ侍し。内裏の上(10)の、源氏の物語、人に読ませ給つゝ聞こしめしけるに、「この人は、日本紀(11)をこそ読みたるべけれ。まことに才《ざえ》(12)あるべし」とのたまはせけるを、ふと推しはかりに、「いみじうなん才がる(13)」と、殿上人などにいひちらして、日本紀の御局《みつぼね》とぞつけたりける(14)、いとをかしくぞはべる。このふるさとの女(15)の前にてだにつゝみ侍ものを、さる所にて、才さかし出ではべらんよ。

(1)ときめき給ふ　天皇の寵愛を受けている女性。この場合は桐壺の更衣。(2)めざましき物　目障りなやつだ、との意。(3)下臈　身分が低い。(4)あづしくなりゆき　病気がちになって。(5)里がち　里さがりが多い。(6)あはれなる物に思ほして　更衣の病弱がますます天皇の愛情をかりたてて。(7)内侍《ないし》　天皇に近侍し、奏請や伝宣を勤めた女房。(8)すゞろに　妙にわけもなく。(9)しりうごと　陰口。(10)内裏の上　一条天皇。(11)日本紀　『日本書紀』をはじめとする漢文体の歴史書。六国史。(12)才　漢文学の才能。(13)才がる　学問を鼻にかけている。(14)つけたりける　あだ名をつけた。(15)ふるさとの女　自分の実家の侍女たち。

【解説】　紫式部の『源氏物語』は、国風文化期の長編物語文学の最高傑作という評価だけではなく、世界の長編文学の中でも水準の高い長編文学としての評価が与えられている。しかし、その成立過程は不明な点が多く、全五十四帖が、計算された構想のもとに現行の巻の順序どおりに執筆されたものではなく、したがって主題も当初から明確に決められていたわけではなく、発展的な展開を遂げていったものであろうと考えられている。全体は大きく二分され、前編四十四帖は、光源氏の生い立ちと恋愛関係を通して、数十人の男女が織りなす複雑な関係を人生の縮図としてまとめあげており、後編十帖は源氏の子薫大将の宿命的な悲劇を描いている(宇治十帖)。全体を通じて心理描写・自然描写に優れ、愛や家族に関する認識から怨霊や死に至るまで、当時の貴族社会が置かれていた精神世界を全体的に叙述しており、最高傑作にふさわしい内容構成になっている。作者の紫式部は文人貴族であった藤原為時の娘として生まれ、二十四、五歳で藤原宣孝と結婚したがまもなく死別する。その後数年して藤原道長の娘で一条天皇の中宮彰子に仕えた。『源氏物語』はこの前後ころから執筆が始められたらしい。式部も文人貴族の娘として漢文学の素養にも優れ、彰子に『白氏文集』の講義をしたほどであった。引用の『紫式部日記』の中で、式部が「日本紀の御局」と称されたと書かれているが、彼女の漢文に関する素養の高さが衆目の事実であったことを示していよう。当該期の女性による仮名文学隆盛の前提には漢文学的教養の修得があったのであり、漢文学の日本化＝和風化という状況を抜きにして国風文化の特色を評価することはできない。

## 505〔蜻蛉日記〕上

かくありし時すぎて、世中にいとものはかなく[1]、とにもかくにもつかで世にふる人[2]ありけり。かたちとても人にもにず、こゝろだましひもあるにもあらで、かうもの《物》のえう《要》[3]にもあらであるもことは《わ》りと思ひつゝ、たゞふしを《お》きあかしくらすまゝに世中におほかるふる物語[4]のはしなどを見れば、世におほかるそらごとだにあり、人にもあらぬ身のうへ《上》[5]まで書き日記してめづらしきさまにもありなん、天下の人の品たかきやと問はんためしにもせよかし、とおぼゆるも、すぎにし年月ごろのこともおぼつかなかりければ、さてもありぬべきことなんおほかりける。（中略）

かく年月はつもれど思ふやうにもあらぬ身をしなげゝば、声あらたまる[6]もよろこぼしからず、猶ものはかなきを思へば、あるかなきかの心ちするかげろふ[7]の日記といふべし。

（1）ものはかなく　よりどころなく不安定な様子。（2）世にふる人　著者自身のこと。（3）物の要　何の役にもたつこともなくの、意。（4）ふる物語　昔物語。（5）人にもあらぬ身のうへ　人なみでもない自分の身の上。（6）声あらたまる　新年になること。（7）かげろふ　「陽炎」で、はかなさを象徴する歌語。

【解説】『蜻蛉日記《かげろう》』の作者「道綱の母」は、文人貴族藤原倫寧の娘として、九三六年（承平六）の出生と推定される。彼女は関白藤原兼家（道長の父）に嫁ぎ、右大将道綱を生んだことから「道綱の母」と称される。しかし正妻でなかったこともあり、生涯はあまり幸せとはいえなかった。物語は上・中・下の三巻からなり、兼家の求婚・結婚そして兼家との不和から説きおこし、独り寝の侘びしさ、夫へのあきらめ、子道綱への愛情などについて、九五四年（天暦八）から九七四年（天延二）の期間の結婚生活を告白風な体験記録として描いた作品。女性が初めて仮名散文によって自分の身上を描き、自らの人生を凝視した作品としてその価値は高い。ここでは上巻の冒頭と末尾を抄出したが、冒頭部の「物語という作りごとでさえもてはやされるのだから、自分の身の上を日記にして書いてみたら、いっそう新鮮なものになるにちがいない」という箇所は、当時の女性の物語観としても注目される。作者もその兄弟の長能も歌人として名高く、妹が菅原孝標《たかすえ》に嫁いで『更級日記』の作者（菅原孝標の娘）を生んだように、彼女の家系は文学的に優れた人々を輩出している。

## (3) 歴史物語

### 506〔栄花物語〕巻一

月の宴

世始りて後、この国のみかど六十余代にならせ給にけれど、この次第書きつくすべきにあらず。こち(此方)(1)よりての事をぞ記すべき。世の中に、宇多のみかど(宇多天皇)〻申みかどおはしましけり。そのみかどの御子達あまたおはしましけるなかに、一の御子敦仁《あつひと》の親王とましけるぞ、位につかせ給けるこそは、醍醐の聖帝とまして、世の中に天の下めでたき例《ためし》にひき奉るなれ。位につかせ給て、卅三年を保たせ給ひけるに、多くの女御達候ひ給ければ、男御子十六人、女御子あまたおはしましけり。その頃の太政大臣(藤原)基経(2)の大臣と聞えけるは、宇多の帝の御時にうせ給にけり。中納言長良と聞えけるは、太政大臣(3)冬嗣の御太郎にぞおはしける、後には(長良は)、贈太政大臣とぞ聞えける、かの(基経は)御三郎にぞおはしける。その基経の大臣うせ給て、後の御諡《いみな》(4)昭宣公と聞えけり。その基経の大臣、男君四人おはしけり。太郎は時平と聞えけり。左大臣までなり給て、卅九にてぞうせ給にける。二郎は仲平と聞えける、左大臣までなり給て、七十一にてうせ給にけり。三郎兼平と聞えける、三位までぞおはしける。四郎忠平(5)の大臣ぞ、太政大臣までなり給て、多くの年頃過させ給ける。

(1)こち　こちらに近い方の意で、近代を指す。(2)藤原基経　長良の三男であったが、のち叔父良房の養子となり、摂政・関白に就任する。(3)太政大臣　贈太政大臣が正しい。(4)諡　死後その人を尊び追贈する称号。(5)忠平　基経の子で、時平の弟。時平の急死の後、醍醐天皇(在位八九七—九三〇)のもとで権力を掌握し、朱雀天皇(在位九三〇—九四六)の摂政・関白として摂関政治の基礎を作った。

### 507〔大鏡〕巻一

さい(先)つころ雲林院《うりんいん》(1)の菩提講(2)にまうで〻侍りしかば、例人(3)よりはこよなうとしおひ、うたてげなる(4)おきな(翁)二人、おうな(嫗)といきあひて、おなじところにゐぬめり。あはれにおなじやうなる物のさまかなとみ侍りしに、これらうちわらひ、みかはしていふやう、「としごろ、「むかしの人にたいめして、いかでよの中の見きく事をもきこえあはせむ、このたゞいまの入道殿下(藤原道長)(5)の御ありさまをも申あはせばや」とおもふに、あはれにうれしくもあひ申たるかな。今ぞこ〻ろやすくよみぢ(黄泉路)もまかるべき。おぼしきことといはぬは、げにぞはらふくる〻心ちしける。か〻ればこそ、むかしの人は、ものいはまほしくなれば、あなをほりてはいひいれ侍りけめと、おぼえ侍り。返々うれしくたいめしたるかな。

さても、いくつにかなりたまひぬる」といへば、（中略）

「「世間の、摂政・関白と申し、大臣・公卿ときこゆる、いにしへいまの、みなこの入道殿の御ありさまのやうにこそおはしますらめ」とぞ、いまやう《(今様)》のちご《(稚児)》どもはおもふんかし。されども、それさもあらぬことなり。いひもていけば[6]、おなじたね《(種)》[7]、ひとつすぢ《(一つ筋)》[8]にぞおはしあれど、かど《(門)》[9]わかれぬれば、人〳〵の御こゝろもちゐも又、それにしたがひてこと〴〵に[10]なりぬ。このよはじまりてのち、みかどは、まづ神の世七代をゝきたてまつりて、神武天皇をはじめたてまつりて、当代まで六十八代にぞならせ給にける。すべからくは神武天皇をはじめたてまつりて、つぎ〳〵のみかどの御次第をおぼえ申べきなり。しかりといへども、それはいときゝみゝとをければ[11]、たゞちかきほどより申さんと思に侍り。文徳天皇と申みかどおはしましき。そのみかどよりこなた、いまのみかどまで、十四代にぞならせたまひにける。よをかぞへ侍れば、そのみかどくらゐにつかせ給嘉祥三年庚午の年より、ことし《(今年)》[12]までは、一百七十六年ばかりにやなりぬらん。かけまくもかしこき君の御名を申は、かたじけなくさぶらへども」とて、いひつゞけはべりし。

（1）雲林院　山城国愛宕郡（京都市北区）紫野にあった寺。（2）菩提講　極楽往生を求めて法華経を講説する法会。雲林院の場合は五月に行われた。（3）例人　普通の人。（4）うたてげなる　異様な感じのする。（5）入道殿下　藤原道長は一〇一七年（寛仁元）三月に摂政を長男頼通に譲り、同三年三月二十一日に出家した。（6）いひもていけば　煎じ詰めれば。（7）種　同一祖先。（8）一つ筋　同一の家系。（9）門　家門のこと。（10）こと〴〵に　まちまちに。（11）きゝみゝとをければ　耳遠いことだから。（12）今年　一〇二五年（万寿二）。嘉祥三年は八五〇年で、それから一七六年後はこの年に当たる。

【解説】『栄花物語』（『栄華物語』とも書く）と『大鏡』はともに藤原道長の時代を中心に摂関家藤原北家の栄華のさまを描いた歴史物語で、両者とも成立年代および作者は確定できないが、ともに十一世紀末ないし十二世紀初頭には成立していたといわれる。

『栄花物語』は、宇多天皇（在位八八七—八九七）から堀河天皇（在位一〇八六—一一〇七）まで十五代約二百年に及ぶ宮廷貴族の歴史を編年体で綴っており、正編三十巻と続編十巻に分けることができる。正編は、本書所収部分からも明らかなように、宇多朝の藤原北家の隆盛から始め摂関政治の繁栄を詳細に描写した後、後一条朝一〇二八年（長元元）の道長の死で終わっている。続編は道長の死後から堀河天皇の一〇九二年（寛治六）までを扱っているが、宗教性も強くなり宮廷生活の見聞記録的性格が強い。正編は道長の妻倫子に仕えた女房赤染衛門《あかぞめえもん》に、続編は道長の娘で一条天皇の中宮彰子に仕えた出羽の弁に、それぞれ作者が推定されているが、反論もある。この物語は、語り物語や日記文学の表現方法を用いて貴族社会の歴史を描くジャンル＝歴史物語の祖であると言うことができる。

『大鏡』は文徳天皇から後一条天皇まで、八五〇年（嘉祥三）から一〇二五年（万寿二）の貴族社会の歴史を藤原道長の栄華を中心に紀伝体によって叙述している。万寿二年五月の雲林院菩提講《ぼだいこう》に来合わせた大宅世継《おおやけのよつぎ》（百五十歳）と夏山繁樹《なつやまのしげき》（百四十歳）という翁二人の対談に若い侍を加えて話が進行するという形態をとっており、歴史を語る際の原点を現在においている点は本書の大きな特徴といえる。その原点を万寿二年に設定しているのは、道長の栄華の絶頂期に焦点をあわせるための意識的な虚構である。しかし、原点が確定していることもあって、本書の叙述は、道長を軸とした藤原北家の繁栄を無批判に賛美してはおらず、批判的な視点を保ちつつ叙述されている点にもう一つの特徴がある。本書の構成は、十四代にわたる「天皇本紀」と藤原冬嗣から道長にいたる二十人の貴族とその子孫について記述した「大臣列伝」、そして挿話を中心とした物語からなっている。作者は大江匡房らが挙げられているが推定の域をでていない。また、挿話や裏書が書き加えられており、異本も多い。

『大鏡』以後、『水鏡』『今鏡』『増鏡』が相次いで作られ、合わせて四鏡といわれる。歴史物語が現れた歴史的な背景としては、物語文学や日記文学が盛んになり、社会の様相や変化を文章で表現する文学的力量が高まってきたことと、一方で、当時の文人貴族層が「当然継続する」と思っていた摂関家を中心とする貴族政治と宮廷文化にかげりが見え始め、時代の変化に対する歴史的感覚が成長したことが考えられる。時代の変化を批判的な精神に基づきながら回顧的に叙述しようという『大鏡』にはその精神が明確に読みとれる。

## 3　漢文学の伝統

### (1)　辞典・教科書の編纂

#### 508〔口遊〕序

序

竊《ひそカニ》以《おもんミルニ》、左親衛相公《しょうこう》(1)（藤原為光）殿下第一小郎（藤原誠信）小名松雄君《まつおぎみ》、年初七歳、天性聡敏。毎レ至二耳聴目視一、莫レ不二習レ性銘一レ心。及二今年秋一、以二門下書生一為レ師読二李嶠《りきょう》百廿詠(2)一矣。学而不レ厭《いとハ》。門人皆以為《おもヘラク》、能瑩《みがクト》二岐嶷《きぎょく》(3)之性一焉。然《しかレドモ》猶《なお》、誦習之余《あまりニ》、或有二遊戯一。々々之裏《うちニ》、間《まま》有二歌謡一。蓋《けだシ》是年少之所レ致也。彼韓櫓《かんろ》帯刀《たちはき》之哥(4)、優則優矣。終非二吏幹之備一也。難波・内竪《ないじゅ》之誦(5)、妙則妙矣。豈《あに》是朝庭之儀哉。是以、経籍之文、故老之説、可レ用二朝家一、難レ抛《なげうチ》二閭巷《りょこう》一之類、勒成二一巻一、々中分レ門、々中載レ曲。凡十九門、三百七十八曲。名曰二口遊《くちずさみ》一。敢上《たてまつル》二賢郎一。其詞、或歌、欲レ令三郎耽《ふけラ》二於心一也。其体、或直、欲レ令三郎近二於俗一也。願為二此巻於掌底之玩《もてあそび》一、常為《なサンコトヲ》二其文於口中

之遊《すさみ》ト一。惣ジテ而言ヘバレ之ヲ、為《ため》ニシテ二小郎ノ一而作リ、不下為《ため》ニシテ二他人ノ一而作ラ上之ヲ也。恐ルラクハ不レ得ルレ意ヲ之人ノ、掩《おお》ヒテレ口ヲ盧《ろ》胡《こ》センコトヲ。但《ただ》待ツ下有ルレ志二於小郎ニ一之輩補闕《ほけつ》(6)センコトヲ上而已《のみ》。于時ニ天禄元年冬十二月廿七日、僕夫源為憲序。

(1)左親衛相公　参議左近衛(中将)の唐名。(2)李嶠百廿詠　唐の李嶠(六四四―七一三)の撰で、日・月・星・風などの詠物詩を集成したもの。幼学書として用いられた。(3)岐嶷《きぎょく》　幼少にして才知に優れていること。(4)韓櫓帯刀之哥　「韓櫓」は不明。「帯刀」は官職(東宮坊の役人で、東宮の警護に当たる)であると考えられ、その官にあった男の作った歌。(5)難波内竪之謌　和歌の初心者が習う歌のこと。『古今和歌集』仮名序の「難波津の歌は帝の御初めなり。安積山の言葉は采女戯れより詠みて、この二歌は歌の父母の様にてぞ、手習ふ人の初めにもしける」に拠る。後者が内竪(采女)の歌。(6)補闕　不十分な点を補うこと。

【解説】　平安中期の文人貴族源為憲が参議左近衛中将藤原為光の男誠信のために編集した教学書である。九七〇年(天禄元)に成った。諸般の知識を乾象・時節・年代など十九門に分類し、さらにそれらを全三百七十八編の短文(曲)によって構成している。年少者の学習に便利なように、暗誦しやすいよう配列して曲とし、簡単な説明を付している点に特徴がある。編者源為憲(?―一〇一一)は、大学寮で学ぶとともに、源順《したごう》に師事し詩文を学んだ。天台浄土教にも関心をもち、源信や慶滋保胤と交流があり、遊行上人空也が歿した時は『空也上人誄』を著している。為憲は初学者のための初級教科書を多く残しており、『口遊《くちずさみ》』の外に、草仮名と絵画からなる仏教の入門書である『三宝絵詞』や、当時十六歳であった藤原頼通のために漢籍・仏典の故事成語とその出典を百五十二門六百三十一章に分類して示した『世《せ》俗諺文《ぞくげんもん》』などを著した。また国司としても有能であった。幼学の会『口遊注解』(一九九七年)による。

## 509〔雲州消息〕

雲州消息上本　　出雲守明衡撰

(第一通　往状)

上二啓(1)スル案内(2)ヲ一事

右改年之後、富貴《ふつき》万福幸甚々々、抑《そもそも》陽春(3)ニ已報ズ、可レ楽キハ者是ノ時也、詩酒之会、遊覧之興、聊《いささか》欲レ付カント二驥《き》尾《び》(4)ニ一、殊ニ有ラバ二允容(5)一、所レ望ム可シレ足リヌ、毎事在リ二面拝ニ一、謹言、

正月八日　　左少弁藤原

右馬頭殿

(第二通　返状)

請クル二厳札(6)ヲ一事

右改年之後、須《すべから》ク三先ヅ拝ス二温顔(7)ヲ一也、而ルニ連日参内之間ニ、于レ今ニ欠如、悚欝《しょううつ》(8)之処ニ、故《ことさら》ニ投ゼラレタリ二玉章(9)ヲ一、且ハ為シレ悦ビト、且ハ為スノミレ恐ト耳、抑《そもそも》聴キレ鶯ヲ翫《もてあそ》ブレ花ヲ之興、已ニ得タリ二其ノ時ヲ一、策《むちうち》レ馬ニ脂《あぶら》サスレ車ニ之態、欲レ随ハント二高駕(10)ニ一、今付ク二驥尾ニ一之命(11)、還《かえ》ツテ恥ズノミ二弄言(12)ヲ一耳、今明之間、参拝シテ将ニレ遂ゲントス二心懐ヲ一、不宣(13)謹言、

廼時《ないじ》(14)　右馬頭藤原

(中略)

(第百五十八通)

今日可《シ》レ参《ズ》二貫首《かんじゅ》(15)之里亭《ニ》一、密々有《リ》二和歌之題一、早春待《ツト》レ鶯云々、芳下(16)可《キ》下令《メ》二座《ヲ》煖《あたため》《メ》一給《フ》上乎、予雖《モ》二仙郎(17)之名《アリト》一、不レ習《ハ》二人丸之詞(18)《ヲ》一、第二三之余物、可《シ》レ浴《ス》二恩波《おんばニ》一、独詠之篇、空《シク》招《ク》二胡盧《ころ》(19)《ヲ》一歟、先《ツ》是《ノ》言《ヲ》、可《ク》レ向《フ》二彼所《ニ》一侍《リ》、莫《レ》レ漏《スコト》二外聞《ニ》一、謹言、

正月　日　右兵衛佐

(1)上啓　目上に対して申し上げること。(2)案内　取り次ぎ。(3)陽春　陰暦の正月の異称。(4)驥尾　「驥」は千里を駆ける名馬のことで、すぐれた人の後につづくことを意味する。(5)允容　了承する。(6)厳札　厳めしく反対できない手紙。(7)温顔　温和な顔のことで、相手を尊敬して言う場合に用いる。(8)悚欝《しょううつ》　おそれて心がふさがる。(9)玉章　相手の手紙を敬っていう。(10)高駕　貴人の乗り物。(11)命葉。(12)弄言　自分が嘲弄されているという謙遜の意。(13)不宣　十分意を尽くしていない。(14)廼時《ないじ》　即時。(15)貫首　蔵人頭の異称。(16)芳下　「貴下」の意か。相手を敬っていう語。(17)仙郎　五位蔵人の唐名。(18)人丸之詞　歌聖といわれた柿本人麻呂の和歌のことで、作歌の作法を指す。(19)胡盧《ころ》　口をおおって笑う。

【解説】『雲州消息』は『雲州往来』『明衡往来』などとも言われ、十一世紀後半に文章博士藤原明衡《あきひら》によって編集されたと言われる。往来物(往復書簡の体裁をとった手習いの初級の手本)であったため、写本・版本も多く、状数および配列順序にもかなりの相違がある。『群書類従』本では二百十一通(内容重複を除くと二百九通)を収める。第一首と二首は、目上の人に対する新年の「詩酒之会」への案内状とそれに参加したいとの返答であり、対応しているが、第三首目は独立の状文で、蔵人宅での和歌の会に誘われたので和歌の手ほどきを受けたいという、依頼の手紙である。十世紀後半期になると『口遊』や『雲州消息』以外にも『三宝絵詞』(九八四年、源為憲)・『世俗諺文』(一〇〇七年、同)など、さまざまなジャンルで和風の漢文を用いて、日本的な知識を集成しかつそれを教え伝えるための教科書が編纂された。

## (2)　年中行事・儀式書の編纂

### 510 〔小野宮年中行事〕

小野宮年中行事　小野宮(1)右大臣(藤原)実資公

正月

元正朝拝《スル》二天地四方属星(2)及二陵(3)《ヲ》一事

鶏鳴(4)、所司依《リテ》レ例《ニ》供二奉《ス》装束《シテ》於清涼殿東庭《ニ》一。設《ク》二御座三所《ヲ》一。一所《ハ》拝《スル》二属星《ヲ》一之座、一所《ハ》拝《スル》二天地《ヲ》一之座、一所《ハ》拝《スル》二二陵《ヲ》一之座《ナリ》。天皇端《ただシテ》レ笏《ヲ》、北《ニ》向《ヒ》称《ス》二所属之星名字《ヲ》一。再拝。呪《シテ》曰(5)《ク》、「賊寇之中過度我身、毒魔之中過度我身、危厄之中過度我身、五危六害之中過度我身、百病除癒所欲悩心、急々如律令(6)」。次《デ》北《ニ》向《ヒ》拝《ス》レ天《ヲ》。次《デ》西《ニ》向《ヒ》拝《ス》レ地《ヲ》。次《デ》拝《ス》二四方《ヲ》一。

次《デ》遥㆓拝《ス》二陵《ヲ》㆒。両段再拝。雨儀(7)、所司供㆓奉《ス》装束《シテ》於射場《ニ》㆒。

同日平旦所司供《ズル》㆓屠蘇・白散(8)《ヲ》㆒事

宮内省率《キテ》㆓供奉《ノ》所司《ヲ》㆒、候《シテ》㆓射《い》場《ば》《ニ》㆒供《ズ》㆓御薬《みくすり》等《ヲ》㆒。天皇着《シ》㆓御生《みしょう》気《げ》(9)《ノ》御服《ヲ》㆒、三朝供奉《スルコト》如《シ》㆑此《ノ》。但《シ》依《リ》㆓朝賀《ニ》㆒行㆓幸《スレバ》八省院《ニ》㆒、或《ハ》於㆓小安殿《ニ》㆒供《ス》㆑之。

同日受《ク》㆓群臣《ノ》朝賀(10)《ヲ》㆒事（中略）

小朝拝(11)《ノ》事（中略）

同日宴会(12)《ノ》事

（1）小野宮　藤原忠平の一男実頼が文徳天皇の皇子惟喬親王の邸宅小野宮を領有し、居住したことからこの系統を小野宮流という。実資は実頼の孫、『小野宮年中行事』の編者。（2）属星《ぞくしょう》　北斗七星のうち、生年に当たる星。（3）二陵　天皇の父母の陵墓。（4）鶏鳴　早朝。（5）呪曰　呪文を唱える。（6）急々如律令《きゅうきゅうにょりつりょう》　道教の呪句の文言。（7）雨儀《うぎ》　雨天の儀式次第。（8）屠蘇・白散　邪気を避けるため酒に浸し正月に飲む薬。（9）御生気　十二カ月を十二支に配し、その年の吉である方角を生気といい、生気により服色を定める。（10）朝賀　天皇が大極殿に出御し、百官の拝賀を受ける儀式。（11）小朝拝《こちょうばい》　朝賀の後、清涼殿東庭で公卿・殿上人および六位以上で昇殿を許された者が天皇に拝賀する私的な儀式。（12）同日宴会　元日節会。朝賀の儀の後内裏で行われた宴会。天皇の出御・饗宴に先立ち、御暦奏・氷様奏・腹赤奏などが行われた。

## 511〔江次第抄〕第一　正月

内弁細記（中略）

小野宮流　貞信公（藤原忠平）一男摂政実頼公号《ス》㆓小野宮《ト》㆒。二男右大臣師輔公号《ス》㆓九条殿《ト》㆒。公事《ノ》秘説出《ツ》㆓此《ノ》両流《ヨリ》㆒。小野宮流尤《モ》多《シ》㆓名賢㆒。佐理・公任・実資・資仲・季仲・通俊等其《ノ》選也。

【解説】　貴族政治が成熟するに伴い、政治にとって儀式の占める位置が大きくなった。そのために儀式の集大成がはかられたが、その先鞭をつけたのは関白藤原基経が八八五年（仁和元）に献上し、清涼殿殿上の間に立てられた「年中行事御障子文」（『続群書類従』）であった。これ以後基経の教えは子の忠平、さらにその子の実頼（小野宮家）、師輔（九条家）に受け継がれ、宮中の年中行事の基本が形成された。ここに抜粋した『小野宮年中行事』は、小野宮家の祖実頼の教えを孫の実資がまとめたものである。九条家流の年中行事は師輔によって『九条年中行事』（『群書類従』）としてまとめられている。この事情を明記しているのが『江次第抄』である。この書は、室町時代中期に一条兼良《かねら》《かねよし》が大江匡房《まさふさ》の『江家次第《ごうけしだい》』を抄録し解説を加えた有職故実の解説書であるが、そこには「公事の秘説此の両流より出づ」と記されている。

## 512〔桃花蘂葉〕

一本朝本書事

（中略）

令〈十巻、吾朝《ノ》法度也。故殿受《ケ》㆓中原章忠《ノ》説《ヲ》㆒給。〉

律〈十巻、吾朝《ノ》刑書也。〉

格〈弘仁、貞観、延喜三代撰《ス》㆑之《ヲ》。臨時《ノ》処分也。〉

式〈五十巻、延喜百官ノ式也。此ノ外儀式十巻。〉
西宮抄(1)〈西宮左大臣高明《たかあきら》撰スレ之ヲ。恒例臨時公事ノ儀式也。〉
北山抄(2)〈大納言公任《きんとう》卿撰スレ之ヲ。同レ上。〉
江次第(3)〈大江匡房撰スレ之ヲ。同レ上。〉

〈西宮抄者古礼也。北山抄者一条院以来ノ儀式也。江次第者延久以後ノ礼儀也。但有リ二誤事等一。北山抄者為ル二勝書一之由、知足院殿(4)仰スル也。〉

以上吾朝ノ法令儀式等也。此ノ書籍最モ可キ二披見ス一者也。予(5)粗《あらあら》一見シ了ヌ。此ノ外弘仁式、貞観式等在リレ之。類聚国史者、菅家(6)令メレ撰バレ之ヲ給フ也。

(1)西宮抄　普通、西宮記という。安和の変で左遷された左大臣源高明が編纂した儀式書。(2)北山抄　藤原公任の編。全十巻で、十一世紀初頭の成立。小野宮流・九条流の故実を集大成した儀式書として、成立当初より定評があった。(3)江次第　江家次第。大江匡房が関白藤原師通の依頼により編纂した儀式書で、平安時代後期の朝廷の恒例・臨時の公事・儀式次第を集成。全二十一巻(十六・二十一巻は欠)。(4)知足院《ちそくいん》　関白藤原忠実。(5)予　『桃花蘂葉』の著者、一条兼良。(6)菅家《かんけ》　菅原道真。

【解説】　摂関家流の年中行事が確立するにともない、その解説や典拠をしめす多くの有職故実書が作られた。『桃花蘂葉《とうかずいよう》』(『桃華蘂葉』とも)は、一四八〇年(文明十二)に一条兼良が子冬良に一条家流の教えを説いた有職故実書。法令儀式の書として律令・格式とともに『西宮抄(記)』『北山抄』『江次第』が掲げられて、「もっとも披見すべき」書籍としている。室町時代後期に至っても、儀式・有職故実の学習・研究のためには、平安時代中期に編纂された書物が重要な位置を占めていた。

## (3) 和様漢文の集成

**513**〔**朝野群載**〕**巻三　文筆下　詩境記**

起リ二於四始(1)一、創マル二於六義(2)一。周南邵南(3)者、風之始メ也。言フ者ハ無シレ罪、聞ク者ハ足レリ二□以テ戒ムル一。詩三百篇、大概聖賢ノ発憤シテ之所レ作ル也。古詩之体ハ、今則チ取ル二賦名ヲ一。聯句ハ出ツ二於柏梁(4)一。五言ハ成ル二於李陵(5)一。(中略)我朝起リ二於弘仁・承和ニ一、盛リニシテ二貞観・延喜ニ一、中二興セリ於承平・天暦ニ一。再ビ昌ンナリ二於長保・寛弘ニ一。広クシテ謂ヘバ則チ卅余人。略スレバ二其ノ英ヲ一、莫シレ不ルレ過ギ二六七許《ばかり》ノ輩ニ一。

(1)四始　『詩経』の風・小雅・大雅・頌の四のこと。(2)六義　「毛詩序」にみえる詩の六体、風・賦・比・興・雅・頌のこと。(3)周南邵南《しゅうなんしょうなん》　両方とも中国周の文王の時代の詩編で国風第一という。「邵南」は「召南」とも書く。(4)柏梁《はくりょう》　柏梁体のことで、漢の武帝が柏梁台を築いた時、群臣を集めて七言の連句を作らせた時の詩体。七言詩の最古のもので連句の起源とされているが、後人の偽作ともいわれる。(5)李陵《りりょう》　前漢の将軍。親友の蘇武と唱和した詩は五言古詩の起源といわれる。

【解説】　「詩境記」は、院政期の文人貴族大江匡房が書いた中国および日本の漢詩文学の歴史的展開について概観した書。匡房によると、日本の漢詩文は院政期までに四期にわたって展開したことがわかる。第一期は弘仁・承和期(九世紀前半)で、漢詩文が興った時期、そして第二期の貞観・延喜期(九世紀後半から十世紀初頭)に至って盛んになり、十世紀前半は一時衰退するが、十世紀中頃の承平・天暦期に再興し、十一世紀初頭の長保・寛弘年間に「再昌」するという。長保・寛弘期というのは藤原道長が左大臣として実権を振るった時期である。摂関政治全盛期の文化を国風文化としてかな文学に代表させる傾向が強いが、この時期は漢詩文学も盛んな時期であったことに注目しなければならない。

## 514〔本朝文粋〕巻一　雑詩

無尾牛歌《むびぎゅうか》　源　順(1)

我有一牛尾已欠、人人嘲《あざけ》為《な》無尾牛。本是野犢《やとく》(2)被狼囓《かま》。免《まぬか》彼狼口実有由《ゆえ》。英霊(3)疑《うたが》是松精《しょうせい》化、肥大曾《かつ》非《あら》菓下流《たぐい》(4)。雖無一尾有五徳、請我一叩《たたき》角謳《うた》。初食弱草《わかくさ》糞共分、時不放《ほしきまま》以尾汚《けがさ》轅《ながえ》(5)。〈其徳一也〉。入園縦逢《たとひあ》園夫怒《いかり》、不可結着死牛頭。〈牛入園中、園主以《もち》死牛頭骨、結着其尾、令走《はしら》数里。此牛無所結着《びつくる》。其徳二也〉。又入曠野《あらの》群牛中、牧童《ぼくどう》遠知不尋求。〈其徳三也〉。黒牛背上白毛点《てんず》、古賢験《こけんけみ》之《これ》遂得偸《ぬすびと》(6)。君若擒《もしとら》奸《かん》兼督《またただ》盗《とう》、何必以毛告定州。短尾猶《なお》為長久験《しるし》(7)、盗者終須《すべから》為繋囚《けいしゅう》(8)。〈其徳四也〉。家々児女走車出、遠向山寺近市楼(9)。或投暮帰《いた》或隔夜、牛疲輪刓《つぶ》主人愁。我牛無尾人不借、人皆雖嘲《あざけ》我無憂。〈其徳五也〉。無尾《むび》無尾汝聴《き》取、我未《いま》以汝耕田疇。又不東西為《な》儆載(10)、一儆載《たび》之賃《つぐのい》無収。我心不是《あらず》偏《ひとえ》愛汝、家貧自《おのずか》忘《わす》農商謀《はかりごと》(11)。臨老居官官俸薄、一両僮僕不肯《あえ》留。草青春不乗肥馬(12)、雪白冬難擁《おお》善裘(13)。纔《わずか》得駕汝何忘苦、無尾無尾汝知不《いなや》。明時用忠不用富(14)、所以夙《ゆえにつと》興夜暫休(15)。愚忠若(16)遇糠豆《こうとう》瞻、数年汝功《いさおし》必将《まさ》酬《むく》。

(1)源順　平安時代中期の文人貴族。三十六歌仙の一人。『倭名類聚抄』の編者、『後撰和歌集』の選者として有名。(2)野犢　野生の牛の子。(3)英霊　この牛の偉大な霊魂。(4)肥大曾非菓下流　体の肥えて大きいことは、果実の樹の下を行くのに都合がよいほどの低く小さい牛の類ではない。(5)轅　牛車などを牛に牽かせるための二本の長い柄＝轅。(6)君　尾のない牛の主人。(7)長久の験　長生きのしるし。(8)繋囚　捕らえられて牢につながれる。(9)市楼　市中の楼閣。(10)儆載　雇われて荷物を運搬する仕事。(11)農商謀　農業や商業によって生計を立てるはかりごと。(12)不乗肥馬　肥えた馬に乗って遊びに出かけない。(13)善裘　よい毛皮の衣。(14)明時用忠不用富　聖代には忠臣を登用して財産家を挙げ用いない。(15)夙興夜暫休　朝早く起き夜は少し休むだけで忠節を尽くしている。(16)愚忠若遇糠豆瞻、数年汝功必将酬　私のこの愚かな忠勤ぶりがお上に認められて、口過ぎができるようになれば、この数年間の汝(無尾の牛)の功績に必ず報いようと思う。

【解説】『本朝文粋《もんずい》』は、平安時代中期に文章博士藤原明衡によって編纂された漢詩文集で、康平年間(一〇五八－六五年)に成立したと考えられている。弘仁期から長元期までの二百年間の名漢詩文四三二編を全十四巻に収めている。書名は宋代の『唐文粋』に倣い、わが国の文章の精粋を集めたことによる。秀句を含む文章全体の収集が求められたことや、学生の文学教育に役立ち学者が文章作成の時に参考にしたいという目的で編纂された。全体は三十九部門に分類され、その体裁は『文選《もんぜん》』に倣っているが、「和歌序」「記」などわが国独自な編目も採用されている。日本の漢詩文の一つの達成の集成を試みた書物である。収録した「無尾牛歌」の作者源順（九一一—九八三年）は、嵯峨源氏の出でありながら貴族の政治社会では不遇で、四十三歳にしてようやく文章生となり、五十歳を過ぎて民部少丞（民部省の三等官）と東宮蔵人に補せられ、五十六歳にして従五位下に叙せられて下総権守、和泉守を経て、六十九歳で能登守に任じられて、七十三歳の時任地の能登で死亡するという、まさに下級の文人貴族としての生涯を全うした人物であった。しかし一方で、順は、二十歳代の承平年間にわが国最初の分類体百科辞典である『倭名類聚抄《わみょうるいじゅうしょう》』を編述して勤子内親王に献じたり、九五一年（天暦五）には勅命により和歌所の「梨壺《なしつぼ》の五人」の一人として『後撰和歌集』の撰集に参加し、さらに『万葉集』に訓点を入れる作業に参与し、後には「三十六歌仙」の一人に数えられるなど、若い頃から文人・歌人としての才能を発揮した人物でもあった。その順が、藤原北家隆盛の時代に、自らの才能と学識を十分生かし切れない、逆に言えば政治世界で十分評価されない不満を、「尾の無い牛」に託して詠んだ七言の長詩である。尻尾を失った牛は順そのものの戯画された自画像であり、漢詩文の才能が世渡りの助けにならないことを風刺冷嘲しているという。漢文学の川口久雄氏は「ここには漢詩文の伝統たる典故と虚飾の重いくびきから解放された、平明にわが心情をそのままに訴えようとする新しい動きが認められる、（中略）中国詩にも多くみることをえない平俗ながらに深い象徴性をたたえた新しい独自な詩情が生誕しているようである」と高く評価している（『三訂　平安朝日本漢文学史の研究』中、明治書院）。

## (4) 和漢朗詠集の世界

**515〔和漢朗詠集〕巻上**

春

立春（中略）

柳気力条先動　　柳気力なくして条《えだ》先づ動く

池有波文氷尽開　白(1)　　池に波の文ありて氷尽《ことごと》く開けたり　白

今日不知誰計会(2)　　今日知らず誰か計会せし

春風春水一時来　同上　　春の風春の水一時《いつじ》に来る　上に同じ

夜向残更(3)寒磬(4)尽　　夜残更《ざんこう》になんなんとして寒磬《かんけい》尽きぬ

春生香火暁炉燃　　春香火に生《な》つて暁炉燃ゆ

良春道　　良（良岑）春道

袖ひぢて(5)むすびし(6)水のこほれるを

春立つけふの風やとくらん　　紀貫之

春立つといふばかりにやみよしの〵

山もかすみてけさはみゆらむ　　（壬生）忠岑

(1)白　中国唐代の詩人白居易（白楽天）。(2)計会　計算したようにぴったりぶつかるようにすること。(3)残更　夜を五更に分けた時の最後の第五更。夜が終わろうとしてまだ終わりきらない時刻。(4)寒磬　磬は玉石で造った楽器。(5)ひじて　濡れて。(6)むすびし　手で掬った水。

**【解説】**『和漢朗詠集』は藤原公任《きんとう》（九六六―一〇四一）が撰集した詩歌集（上下二巻）で、一〇一二年（長和元）頃の成立。白居易の漢詩文集『白氏文集』をはじめ、和漢の詩集、歌集から朗詠に適した名句と名歌約八百首を選び、題材にふさわしい漢詩と和歌を数首選び、それらを組み合わせて編集している。上巻は四季を題材とした詩歌が、下巻は「風」「雲」などを題材にとった詩歌が整然と並べられて収録されている。和歌と漢詩文とを同時に扱うという傾向は、早くは菅原道真の『新撰万葉集』（寛平五年（八九三）頃）、大江千里《ちさと》の『句題和歌』（寛平六年（八九四））などに見られるが、それが本格化するのは、いわゆる国風文化の展開のなかで、漢詩文の和習化が進み、歳事の節会に「桃花宴」や「残菊宴」など日本独自のものが生まれてきた十世紀後半以降であると考えられる。また、朗詠は佳句を音読したり楽曲の伴奏に合わせて朗誦することをいうが、この風潮も十世紀後半に盛んになってきたことが『うつほ物語』や『枕草子』によって知られるし、『源氏物語』にも、作中の人物が詩句を口ずさむ場面がしばしば描かれている。『和漢朗詠集』はこのような風潮をみごとに表現している。

## 4　浄土教美術の展開

### (1)　平等院鳳凰堂

**516**〔**僧綱補任抄出**〕**下　永承七年（一〇五二）条**

（永承）同七年壬辰

当《ル》ニ末法最初年《ニ》。

扶桑記(1)云《ク》、三月廿八日関白左大臣（藤原）頼通以《テ》ニ宇治山荘《ヲ》ー為《なシ》レ寺、号《なヅク》ニ平等院《ト》ー。

(1)扶桑記　『扶桑略記』。

**517**〔**定家朝臣記**〕**天喜元年（一〇五三）二月―三月条**

二月

十九日、参宇治殿(1)。申剋帰洛。御仏奉渡。〈丈六阿弥陀仏一躰〉丑刻出京、午剋奉坐仏壇。預此暁、寅刻、有仏壇結界云々。大僧正(明尊)被奉仕。次有行道習礼《しゅうらい》。楽人等参入。聊《いささカ》発哥笛《かてき》。法眼《ほうげん》定𠮷(2)給禄。〈昨日令着御給柳色直垂一領云々。〉

廿七日、召大外記給供養式。源《げん》大納言(師房)所製作給也。

同給左右楽行事畢《おわンヌ》。

廿九日、殿下(頼通)渡御宇治(3)了。今日始御装束了。

三月

四日甲辰、有平等院堂供養事。〈記在別。〉

(1)宇治殿　宇治にあった藤原頼通の別荘。一〇五二(永承七)に平等院となった。(2)定𠮷　大仏師定朝のこと。(3)宇治　平等院阿弥陀堂、すなわち鳳凰堂のこと。

## 518〔扶桑略記〕第二十九　康平四年(一〇六一)十月二十五日条

供養宇治平等院之塔。皇后宮職(1)造立件《くだんノ》多宝塔一基、奉安置金色摩訶毘盧遮那如来像一躰、阿閦如来像一躰、宝生如来像一躰、無量寿如来像一躰、不空成就如来像一躰。平等院者《は》、水石幽奇、風流勝絶。前有一葦之渡長河、宛《あたかモ》如導群類於彼岸。傍《かたわらニ》有二華之畳層嶺、不異積諸善而為《なル》山。是以、改賓閣(2)兮為《なシ》仏家、廻《めぐラシテ》心匠兮搆精舎。爰《ここニ》造弥陀如来之像、移極楽世界之儀。礼月輪以挙手者、仰引接《いんじょう》(3)於八十種之光明。臨露地以投歩者、縮往詣於十万億之刹土(4)。況乎弘一乗之妙文、修三昧之行業。弟子建多宝塔於斯処、安金剛界於其中、露盤之代仙掌、写輪奐於照明園之雪。風鐸之懸四端、任製造於菩提樹之月。〈已上〉

(1)皇后宮職　皇后に仕える官司。時の後冷泉天皇の皇后は頼通の娘寛子であった。(2)賓閣　別荘。(3)引接　阿弥陀仏が来迎して衆生を極楽に導くこと。(4)刹土　梵語で国土を意味する。この場合は西方十万億土にある極楽世界のこと。

## 519〔古今著聞集〕巻十一　画図

為成一日が中に宇治殿(1)の扉絵を画く事

為成(宅磨)、一日が中に、宇治殿の扉の絵を書たりけるを、宇治どの(藤原頼通)の被仰けるは、「弘高(巨勢)(2)は絵様(3)をかきて、一夜なを(ほ)よく案じてこそかきたりしか。いかにかく卒爾(4)にはかくぞ」となん仰られける。常則(飛鳥部)(5)が書きたる師子(獅)形をみては、犬ほへ(え)にらみて、おどろきけるとなん。

(1)宇治殿　藤原頼通が建立した宇治平等院。(2)巨勢弘高《こせのひろたか》　巨勢金岡《かなおか》の曾孫。平安時代中期の画師。(3)絵様　絵の下書き。(4)卒爾《そつじ》に　安直に。（5）飛鳥部《あすかべ》常則　平安時代中期の画師。

【解説】　関白藤原頼通《よりみち》は宇治にあった別荘を仏寺に造り替えて平等院とした。まず、末法に入ると言われた一〇五二年（永承七）に平等院が造立された。そして翌天喜元年には鳳凰堂が建立されて、京都で作成された本尊の丈六の阿弥陀仏が二月十九日に宇治に運ばれ仏壇に安置され、三月四日にその供養が行われた。さらに一〇六一年（康平四）には多宝塔が建立された。平等院は現世の極楽浄土としての荘厳を極めていたことが理解できる。

## (2)　定　朝

**520〔法成寺金堂供養記〕**

治安二年七月十四日壬午、天晴、此日入道太相国（藤原道長）建ㇾ立法ス成寺（1）金堂ヲ一。五大堂新仏開眼供養会也。准ジテ二御斎会（2）ニ一可ㇾキ行フ之由、被ルㇾ下サ二宣旨ヲ一。仍テ諸司供奉スルコト如シㇾ例ノ。（中略）当日寅刻発ス二小音声ヲ一。〈神分〉同刻御仏開眼ス。卯刻分ㇾ送ス諸僧ノ法服ヲ〈皆用フ二綺羅ヲ一〉僧前ニ一。〈太政大臣以下諸卿任セテ二次第ニ一被ルㇾ調ㇾ備セ僧綱料ヲ一也。〉（中略）管絃既ニ了ヌ、鳳輦欲フㇾ廻サントリ。〈有リ二御送物一珍既種々。〉先ツ有リ二賞賜一、大仏師定朝被ルㇾ叙セ二法橋（3）上人位ニ一。

（1）法成寺《ほうじょうじ》　道長の建立になる寺で、道長は出家後当寺に住した。（2）御斎会《ごさいえ》　みさいえ。宮中の年中行事で、一月八日から十四日まで大極殿で金光明最勝王経を講説し、国家安寧、五穀豊穣を祈る行事。（3）法橋《ほっきょう》　仏教界を統括する僧綱の僧位で、法印、法眼に次ぐ第三の位。

**521〔春記〕長久二年（一〇一四）二月二十三・二十四日条**

二月廿三日壬寅、（中略）又申ス二船楽雑事等ヲ一。所々可ニシㇾ遣ハス二借舞装束ヲ一。又以テ二定朝ヲ一可キㇾ令ムㇾ作ラ二竜頭（1）之事ヲ一也。

廿四日癸卯、天晴、竜頭可キㇾ作ル木尺三寸木五六尺許也。即チ以テ二但馬ノ木屋（2）ノ木ヲ一、送リ二定朝ニ一了。又絵様ノ事同ジク令メ二書キ送ラ一了。

（1）竜頭　竜頭鷁首船の竜頭のこと。（2）但馬木屋《たじまのきや》　但馬国司が管轄した材木を集散する役所。

**522〔初例抄〕上　木仏師僧綱例**

定朝《じょうちょう》、大仏師康成ノ子。治安二　七月十六日叙セラル二法橋ニ一。法成寺金堂造仏ノ賞ナリ。〈供養ノ日也。〉永承三年三月二日転ズ二法眼《ほうげん》ニ一。山階寺（1）造仏ノ賞ナリ。天喜五年八月一日入滅ス。凡外才《げざい》（2）ノ者、任ズル二僧綱《そうごう》ニ一之為スㇾ初メト。

（1）山階寺《やましなでら》　興福寺。（2）外才　技術や芸などの才能を指す言葉。転じて職人を指すようにもなる。ここでは定朝が、学問僧ではなく、仏師であったにもかかわらず僧綱の第二位である法眼に任命されたことを意味している。

【解説】　定朝は平安時代中期に活躍した大仏師。定朝は法成寺金堂建立の功により法橋に任ぜられ、さらに興福寺の造仏の賞により法眼に任ぜられるというように、仏師という職にありながら僧界の高位に登りつめた背景には、阿弥陀信仰の流行にともなう当時の造寺・造仏の隆盛があった。なお、定朝が法橋に補任された月日が、「法成寺金堂供養記」の七月十四日と「木仏師僧綱例」の七月十六日と異なっている。これは「諸寺塔供養記」によれば、手続き上も問題があり他の僧侶からの批判があったので、十四日は他の者の褒賞だけにし、定朝の法橋位昇進は十六日に延ばされたという事情によるらしい。

## (3)　大和絵と屏風絵

**523**〔**古今和歌集**〕**巻五　秋歌下**

二条《の》后(1)の、春宮(2)の御息所《みやすんどころ》(3)と申ける時に、御屏風に、龍田《たった》川《がわ》にもみぢ流れたる形を書けりけるを題にてよめる

素《そ》性《せい》(4)

もみぢ葉のながれてとまるみなとには紅深き浪やたつらむ

業平《なりひら》朝臣(5)

ちはやぶる神世もきかずたつた河から紅に水くゝるとは

(1)二条后《きさき》　藤原高子。清和天皇の后。(2)春宮《とうぐう》　皇太子の居所の称であるが、この場合は皇太子その人を指す。(3)御息所　天皇や東宮の妃の敬称。高子が皇太子(後の陽成天皇)の母であった時の意。(4)素性　僧正遍昭の子で俗名は良峯玄利。三十六歌仙の一。(5)業平朝臣　在原業平。八二五—八八〇。平城天皇皇子阿保親王の子。

**524**〔**古今和歌集**〕**巻七　賀歌**

内侍《ないし》のかみ(1)の、右大将藤原朝臣(定国)の四十ノ賀しける時に、四季の絵書ける後《うしろ》の屏風(2)に書きたりける歌

(春脱カ)(3)

春日野に若菜つみつゝ万世をいはふ心は神ぞしるらむ

夏

山たかみ雲居に見ゆるさくら花心の行てお(を)らぬ日ぞなき

めづらしき声ならなくに郭公こゝらの年を飽かずもあるかな

秋

住の江の松を秋風吹からにこゑうちそふる沖つしらなみ

千鳥なく佐保の河ぎり立ぬらし山の木の葉も色まさりゆく

秋くれど色もかはらぬときは山よそのもみぢを風ぞかしける

冬

白雪のふりしく時はみ吉野の山した風に花ぞちりける

(1)内侍のかみ　尚侍。尚侍司の一等官。天皇に常侍し、奏請・伝宣をつとめるなどを職務とした。藤原満子か。(2)後の屏風　賀算の対象となる人物(この場合は定国)の背後に立てた屏風、の意か。(3)春脱カ　「春日野に」の前に「春」とあるべきように考えられるが、伝来の資料には確認できない。

【解説】　平安時代前期の絵画は唐絵《からえ》が中心で、屏風などにも唐

絵が描かれ、それに漢詩文が付されるのが一般的であったが、九世紀後半になると大和絵が流行しはじめ、日本特有の風景や情景が屏風や障子に描かれるようになり、それまでの漢詩文に代わって、画題に見合った和歌が付されるようになった。史料523は、竜田川を流れる紅葉の屏風絵をみて詠んだ和歌であり、524は四季の屏風絵にそれぞれの絵の内容にふさわしい和歌を詠み、それを書き込んだことを示している。屏風絵は現存していないが、これらの和歌により屏風絵の内容をある程度復元することが可能になる。

**525**〔**源順集**〕（群書類従本）

右兵衛督忠公（藤原忠君）朝臣あたらしく調する屏風の歌

正月一日人の家にやり水のしもに梅花あり、

氷とくかぜにつけつゝ梅花ゆく水にさへにほふなりけり

二月旅人桜花をらせたり、

春日すら長居しつると人とはゞみせんとをれる花なら（レイ）せそ

三月人の家に女とも柳のもとにあそぶ、

枝しげみ手にかけそめて青柳のいとまなくても暮すけふ哉《かな》

四月神まつる、

夏衣きて社《こそ》まされおなじくは神のひもろぎときてかへらん

五月五日庭に馬をひかせて見る、

若駒のとさもみるべく菖蒲草《あやめぐさ》ひかぬ先にぞけふはかけまじ

六月はらひ、

岩波の立かへりせばゐせきよりなごしの祓すとやきくらん

七月七日庭にことひく女あり、

ことのね村（は）なぞやかひなき七夕のあかぬ別を引とゞめねば

八月相坂《おうさか》の関に駒むかふる人あり、

むさしのゝ駒迎《こまむかえ》にや関山のかひより（うちイ）こえてけさはきつらん

九月志賀の山越の人々、

山颪《おろし》の風にもみぢのちる時は（りゆけはイ）さゞ波ぞまついろづきにける

十月山里に狩する人来たり、

山里に心あはする人ありとわれはし鷹にかはりてぞとふ

十一月網代、

朝氷とくる網代のひをなればよれとあわにぞみえ渡りける

十二月仏名《ぶつみやう》導師にものかづく、

渡津海《わたつみ》の底の名残もけさはあらじかづくはいかに蜑《あま》ならず

共

【解説】　平安時代中期の文人貴族源順が、右兵衛督藤原忠君（―九六八。師輔の子で、祖父忠平の子となる）が新調した月次屏風の絵に合わせて詠んだ和歌とその詞書を集めたものである。これら詞書と和歌の内容から新調屏風に描かれていた十二ヵ月の風景の様相が復元できる。それによると、屏風には非常に日本的な風景が描かれていた。大和絵が描かれた屏風の普及とそれに和歌が付される習慣の流行を読みとることができる。また屏風絵の詞書と和歌は、「四月神まつる」や「十二月仏名」などのように、当時の貴族ないし民衆の一年間の行事や生活のリズムを知ることができる資料である。

## 526〔古今著聞集〕巻十一　画図

仁和寺御室に金岡《かなおか》が画ける馬近辺の田を食《くら》ふ事

仁和寺御室《おむろ》(1)といふは、寛平(宇多)法皇の御在所なり。其御所に、金岡(巨勢)(2)　筆をふるひて絵かける中に、ことに勝たる馬形なん侍《はべる》なる。其馬、夜〳〵はなれて近辺の田を食けり。なにものゝすると、しれるものなくて過侍ける程に、件の馬の足に土つきて、ぬれ〳〵とある事たび〳〵におよびける時、人々あやしみて、この馬のしわざにやとて、壁にかきたるに馬の目をほりくじりてけり。それより眼なくなりて、田食《くらふ》事とゞまりにけり。

巨勢弘高地獄変の屏風を画く事幷びに千体不動尊を画きて供養の事

弘高(巨勢)(3)、地獄変(4)の屏風を書けるに、楼の上より桙《ほこ》をさしおろして、人をさしたる鬼をかきたりけるが、ことに魂入てみえけるを、みづからいひけるは、「おそらくは我運命つきぬ」と。はたして幾程なくて失《うせ》にけり。六条宮(村上天皇皇子)具平、御堂《みどう》(藤原道長)に申給けるは、「布障子《ぬのそうじ》の役などには、いまは弘高をばめさるべからず。軽々なるべき事也」。弘高きゝて自愛しけり。此《この》弘高は、金岡が曾孫、公茂が孫、深江が子なり。公忠公茂兄よりさきは、かきたる絵、生たる物のごとし。公茂以下、今の体には成たるとなん。弘高、少年の時、出家したりけるが、後に還俗《げんぞく》(5)したるなり。其罪をおそれて、みづから千体の不動尊を書て、供養しけるとなん。

(1)仁和寺御室　京都市右京区にある古義真言宗の寺院。八八六年(仁和二)光孝天皇の勅願で着工された。その後、宇多天皇が落飾の後寺内に御室を営んだため、この名がある。(2)巨勢金岡　生没年不詳。平安時代前期の画師。九世紀後半から十五世紀頃まで続いた絵画の流派巨勢流の祖。(3)巨勢弘高　巨勢金岡の曾孫。(4)地獄変　「地獄変相」ともいい、地獄の様相を描いた絵。(5)還俗　一度出家した者が俗人に戻ること。

【解説】平安時代中頃より大和絵の画師《えし》として名声を馳せた巨勢氏の二人の画師の逸話。屏風絵の隆盛とあいまって大和絵の画師が大いに活躍したことが推測される。金岡は九世紀末(八八〇年頃から八九八年頃)に活躍した巨勢流の祖と言われる画師であるが、遺作は確認されていない。弘高は、公望(茂)の孫で深江の子、すなわち金岡の曾孫に当たるという。十世紀末から十一世紀初頭に活躍した画師で、唐絵・大和絵のほか僧侶の肖像画や仏画も描いた。『古今著聞集《ここんちょもんじゅう》』は、従五位下橘成季が一二五四年(建長六)十月に完成した。

■岩波オンデマンドブックス■

日本史史料 1　古代

2005 年 5 月27日　第 1 刷発行
2016 年 7 月12日　オンデマンド版発行

編　者　歴史学研究会《れきしがくけんきゅうかい》

発行者　岡 本　厚

発行所　株式会社　岩波書店
〒 101-8002　東京都千代田区一ツ橋 2-5-5
電話案内　03-5210-4000
http://www.iwanami.co.jp/

印刷／製本・法令印刷


ISBN 978-4-00-730441-5　　Printed in Japan